国家出版基金项目
NATIONAL PUBLICATION FOUNDATION

中国社会科学院近代史研究所中华民国史研究室
总编　李　新

中华民国史
大事记
第一卷
（1905—1915）

韩信夫　姜克夫　主编

中　华　书　局

编著者名录

1905—1910 年　韩信夫　刘明逵
1911 年　郭永才　王明湘　齐福霖　范明礼
1912 年　张允侯　张友坤　章伯锋　胡柏立
　　耿来金　刘寿林　钟碧容
1913 年　胡柏立　耿来金
1914 年　章伯锋　张允侯
1915 年　钟碧容
1916 年　郭永才　王明湘
1917 年　韩信夫　范明礼
1918 年　刘寿林　钟卓安　章伯锋
1919 年　张允侯　张友坤
1920 年　钟碧容
1921 年　齐福霖
1922 年　陈　崧　王好立
1923 年　朱信泉　任泽全
1924 年　蔡静仪
1925 年　韩信夫　丁启予　陈永福
1926 年　严如平　柏宏文
1927 年　吴以群　罗文起
1928 年　查建瑜　韩信夫
1929 年　娄献阁　白吉庵

1930 年 李静之 张小曼

1931 年 任泽全

1932 年 石芳勤 徐玉珍

1933 年 江绍贞

1934 年 熊尚厚

1935 年 吴以群 刘一凡

1936 年 郭 光

1937 年 郭大钧 王文瑞 李起民
李隆基 常丕军 刘敬坤

1938 年 陈道真 韩信夫

1939 年 李振民 张振德

1940 年 梁星亮

1941 年 陈仁庚 梁星亮

1942 年 董国芳

1943 年 李振民 张守宪

1944 年 梁星亮 张振德

1945 年 齐福霖 王荣斌

1946 年 查建瑜 任泽全

1947 年 陈 敏 章笑明 汪朝光

1948 年 卞修跃 贾 维 陈 民

1949 年 江绍贞 朱宗震

审 订 李 新 韩信夫 姜克夫 齐福霖 吴以群
（以下按姓氏笔划为序）
王学庄 江绍贞 刘敬坤 朱宗震 朱信泉
孙思白 汪朝光 李振民 严如平 杨天石

杨光辉　邱权政　张允侯　陈铁健　郑则民
尚明轩　周天度　查建瑜　贾　维　梁星亮
章伯锋　曾业英

校　阅　王述曾

修　订　韩信夫　江绍贞　齐福霖　孙思源

目　录

第三卷

第四卷

第五卷

第六卷

第七卷

第八卷

第九卷

第十卷

第十一卷

第十二卷

出版前言

《中华民国史大事记》是在《中华民国大事记》的基础上经过修订而成。

《中华民国大事记》的编撰工作，始于1972年9月。当时，根据周恩来总理的指示和1971年全国出版工作会议的精神，近代史研究所接受了编撰中华民国史的任务，随后，在李新先生的组织和领导下，近代史研究所成立了中华民国史研究组（1978年改称中华民国史研究室），拟订了编写多卷本《中华民国史》和《中华民国大事记》、《中华民国人物志》、《中华民国的政治、经济和文化（专题资料）》的编撰计划。虽然在当时的条件下，学术研究事业面临着种种困难，但是，负责大事记编撰工作的同志们仍然尽心尽力，在1973年12月编辑完成、由中华书局内部出版发行《中华民国史资料丛稿·大事记》第一辑。其后，我们不断积累研究的成果（至1990年共计出版《中华民国史资料丛稿·大事记》31辑），并以此为基础，完成了《中华民国大事记》的编撰工作，于1997年由中国文史出版社出版。

编写《中华民国大事记》的总体要求和取材方针，大体已如李新先生在1997年为《中华民国大事记》出版所撰“序”中所列明，总体要求是：观点正确，内容充实，材料准确，文字简明；取材方针是：大事突出，要事不漏。这样的总体要求和取材方针，反映了学术研究应该遵循的基本原则，体现了一切从实际出发、实事求是的科学精神。在《中华民国大事记》的撰写和编辑过程中，我们以此为指导，力求反映历史的本来面目，以科学的标准决定事件的取舍，避免主观随意性，对所用材料认真审查核对，不能确定者则宁可存疑，从而保证了编写工作的质量，也体现了“大事记”编写总体要求和取材方针的科学性与可行性。

《中华民国大事记》的编撰者，主要是民国史研究室的研究人员，也有一些室外和所外研究机构的学者，先后参与其事者有50余人，还有20余人参与审订与校阅。韩信夫主持大事记的编纂，负责审稿及定稿。姜克夫在分管大事记编纂工作期间，尽心尽力。章伯锋负责初期规划及组织编写。齐福霖、吴以群对大事记的编纂发挥了重要作用。王述曾为大事记审稿贡献殊多。我们谨对所有为“大事记”编纂付出辛劳和贡献的学界同仁表示衷心的感谢！尤其是对大事记的编撰作出开创性贡献的李新先生、姜克夫先生以及编纂者中已经故去的前辈学者，更当表示我们发自内心的敬意！中国社会科学院、近代史研究所历任领导、近代史所科研处和图书馆、海内外不少学术机构和档案图书典藏部门、民国史研究的诸多学者以及其他一些单位（如中国建设银行信托投资公司）与个人，也对《中华民国大事记》的编纂予以各种形式的支持，中国文史出版社为《中华民国大事记》的出版作出了重要贡献，我们也表示衷心的感谢！

1997年《中华民国大事记》出版后，我们不断收到各界读者的反馈，提出许多有价值的修改意见和建议。随着民国史研究事业的不断发展，民国史资料的不断开放，民国史研究环境的不断变化，已经出版的《中华民国大事记》也还存在若干不足之处，诸如一些历史事件的收录还有缺失、冗余之处，一些史实还有讹误之处，有些事件的排列顺序可能不够精确，有些文字也还不够简练平实，等等。我们本有在适当时机进行修订的计划，学术界乃至社会各界也有这样的殷切期望。因此，2009年，我们决定对《中华民国大事记》进行全面的修订，主要工作是：增删一些历史事件的条目，补正缺失、错讹之处，调整一些收录事件的排序，统一全书的技术格式，等等。我们认为，应在修订过程中，尽量利用近些年来新开放的民国史资料，吸收学术界新的研究成果，尽力做到客观求实，反映历史的本来面目，并以此为这次修订工作的基本方针。不过，考虑到修订工作的时间有限，篇幅亦不能扩充过大，我们大体维持了原先的篇幅，而着重在内容和文字方面有所增删、调整。

此次《中华民国史大事记》的修订工作，由韩信夫负责，韩信夫、江绍贞、齐福霖、孙思源分工承担，全部修订文稿由韩信夫通读订正。参加修订工作的诸位先生，均已退休多年，本应安享晚年，但他们克服年高体弱的困难，本着退而不休、善其始终的精神，继续担任修订工作，分工合作，认真负责，任劳任怨，不计名利，完成了本书的修订工作。中国社会科学院、近代史研究所的领导及近代史所科研处、图书馆和所内外的诸多学者，一如既往，对本书的修订工作大力支持。我们谨对他们表示衷心的感谢！

经过此次修订，《中华民国史大事记》收录的事件更全面，征引的资料更丰富，文字表述更简练，并采用统一的编排方式，重新排印为12卷。至此，我们堪可以新版的《中华民国史大事记》告慰于民国史研究事业的诸位开创先进、学界同仁以及广大始终关注并支持民国史研究事业的热心读者。

对于出版民国史研究室的系列著作素有渊源，贡献良多，并曾对出版《中华民国史资料丛稿·大事记》付出甚多辛劳的中华书局，此次克服诸多困难，慨然承允接手，出版本书。中华书局编辑部历史编辑室诸位先生对于本书的编辑成稿多有贡献。值此《中华民国史大事记》修订工作完成之际，对于所有曾经为本书撰写、编辑和出版作出贡献的各界人士，我们谨在此致以由衷的谢意！

《中华民国史大事记》的修订工作虽已告成，但是我们深知，囿于我们的研究水平和主客观条件的限制，本书仍然存在着一些不足之处，诸如个别历史事件或有缺失，利用新出史料尤其是海外史料还有不及，叙述还存有当年时代的痕迹，文字叙述还可以更精益求精，等等。所有这些不足之处，正是我们今后应当着力改进的方面。我们希望每过若干年，都能对本书进行新一轮的修订和增补，使其不断完善，成为学界研究民国历史和社会各界了解民国历史的可靠的、必备的参考著作，并经此而使民国史研究事业生生不息，代有传人。

中国社会科学院近代史研究所中华民国史研究室

2011年5月28日

序

李　新

《中华民国大事记》一书，经过 24 年的编纂，终于在中国文史出版社出版了。

1972 年 9 月，中国科学院近代史研究所中华民国史研究组（1978 年 9 月改为中国社会科学院近代史研究所中华民国史研究室）成立之始，就制订了编纂一部书（《中华民国史》）和三部资料长期规划。这部《中华民国大事记》，便是规划中的三部资料之一。

大事记义属编年史，编年史在我国历史载籍中是最早出现的一种体裁。流传至今的我国第一部史书鲁《春秋》，就是编年史。实际上，年代更早的殷商卜辞、西周金文，如果不是零章断简，将之按时间的顺序编排起来，也有如今天所说的大事记。现在，随着人类社会生活的发展和历史科学的进步，编年史这种体裁在历史著作中已经失去了领导地位；但由于它有着史实包容量大、客观性相对较强、形式稳定、便于查检等特点，也还有其不可替代的重要作用。我们最初决定编一部大事记，就是想利用这种传统体裁的优点，为民国史研究提供一部可供查考的参考资料。

中华民国的历史，从 1912 年南京临时政府成立，到 1949 年南京国民政府终结，前后只有 38 年。考虑到民国的创造经历了漫长的革命岁月，这部大事记将上限推前到1905年孙中山手创同盟会之日，共计44年。无论是38年，还是44年，比较起纵贯百年、千年的编年史，这部大事记须加处理的史事自然要少得多。但是，编写民国大事记，以至进行民国史研究，也有其艰难之处。民国是距今最近的一个朝代，亿万人数十年活动遗留下来的文献，虽经时间消磨，战乱毁损，依然浩如烟海，尚未很好地爬梳整理。并且，当时的社会斗争深刻地影响着不止一代人对这段历史的认识，几乎每一个稍微重要的事件和人物，都可能引起激烈的争议。即使不顾及这些，中国的社会生活发展到20世纪，其内容之丰富，其方面之广泛，也绝非是百年、千年前所能比拟的。所以，当1972年决定开展民国史研究，决定编写这样一部大事记的时候，我们的心情是诚惶诚恐的，尤其是当时还处于"文革"期间。不过，我们认为：一门学科的成立，犹如一座大厦的建造一样，总要先打好基础，我们就决心来做打基础的工作，埋头十年、二十年、三十年，做好这件事。不仅这部大事记是这样，我们的《民国人物传》和专题资料是这样，就是我们的《中华民国史》也带有这样的性质。

为了便于编写工作，我们一开始就确定，中华民国史以研究民国时期的统治阶级及其政权的活动为中心内容。它是断代专史，而且主要是断代政治专史，还不是断代通史，因此，我们的大事记只能围绕这一中心内容进行编纂，这是由于当时研究的实际状况所决定的。但在实际工作中，民国大事记纪事范围较广，不仅包括政治、军事、外交，还涉及经济、文化，甚至天灾地变；不仅包括统治阶级及其政权的活动，还涉及人民的革命斗争和自发反抗。可以说，为有利于民国史研究的发展，它提前向断代通史先走了一步。

在明确编纂指导思想后，我们草拟了《关于编写〈中华民国大事记〉的要求》。这份要求明确地规定这部大事记是供人们查考的参考资料书，同时提出"观点正确，内容充实，材料准确，文字简明"的总体要求，以及"大事突出，要事不漏"的取材方针。此外，考虑到兹事体大，决定以近代史研究所中华民国史研究组（室）为基础，广泛寻求协作，并将工作分为两步进行。第一步先编成征求意见稿，用《中华民国史资料丛稿·大事记》（即“丛稿本”大事记）的书名，在中华书局出版，共 35 辑，约 600 万字；第二步再根据“丛稿本”及各方意见加以修订，分册出版《中华民国大事记》（即“修订本”大事记）。因为情况发生变化，“丛稿本”大事记仅出版了 26 辑，“修订本”第一册发稿后还未及出版，便告中止。有鉴于此，我们从去年春天开始，组织同仁，分途审订已经出版的各辑大事记，对尚未出版的初稿进行加工修改，仍定名为《中华民国大事记》，全书共 800 余万字，改由中国文史出版社出版。

编写民国大事记是一项艰辛的工作。全体参加者筚路蓝缕，齐心协力，没有因其是参考资料书而掉以轻心，没有因经验不足、条件欠备而裹足不前，而是兢兢业业，孜孜以求，把这部资料书的编纂工作当作一项专门的研究去做，努力发掘史料和考实辨伪，注意把握民国史发展的线索，注意摸索历史事实的来龙去脉，注意吸收学术界的研究成果，并在此基础上勤加斟酌史实的取舍，叙事的详略，文字的繁简。编年史入手虽易，出手却很难。但这部大事记，包括“丛稿本”，因为经过这样反复的修改，我们对其质量还是具有信心的。诚然，这样说并不意味着这部大事记就不存在弱点和失误了，它的得失，还有赖于读者和专家们认真的批评指正。

《中华民国大事记》一书全稿杀青，距开始这项工作已经 24 年了。时隔 24 年，本书最初的编写者，有的已经辞世，有的离开了工作岗位，即使当时的青年人，现在也都年过半百，白发苍颜。想起大家所付出的辛勤劳动和宝贵年华，我们心中充满了感激和不安。对于长期以来关心和支持这部书编写、出版的同事们、朋友们，我们也怀抱着同样的心情。近年，民国史研究已经吸引了越来越多的学者，论著不断出现。它已逐渐从“险学”发展为“显学”。看到这种繁荣的景象，我们非常兴奋。我们相信：民国史将来必会成为一个不朽的史学分科，许多研究者将在此成就他们的事业。但我们仍将一本初衷，继续埋头去为未来华美的大厦做好基础工作。尔后，如果有人觉得我们今天的工作曾经激发过他们对于民国史的兴趣，曾经对他们的研究有所助益，那我们，这部书的全体编著、审订、校阅和所有为这部书出过力的人，都会感到无比的欣慰。

1996 年 5 月

凡　例

一、本书起止日期为：1905 年 8 月 20 日同盟会成立至 1949 年 9 月 30 日中华民国历史时期结束。

二、本书以反映民国时期统治阶级及其政权的活动为主；人民群众的活动（诸如：革命斗争和自发反抗，科学发明，文化艺术活动等）亦作相关的反映。

三、台港及华侨大事适当列条；世界大事凡与我国相关者适当列条。

四、本书不同于年表、月表，以记事为主，适当兼顾记言。记事要求有本有末，记言适当引用原文。

五、本书以“大事突出，要事不漏”为取材方针，努力做到“观点正确，内容充实，材料准确，文字简明”。

六、本书条目按逐年、逐月、逐日排列，并依次以大事、要事之重要程度为条目排列次序之标准。

七、本书采用公历纪年，夹注民国年代；中华民国成立前（1905 年 8 月 20 日至 1911 年 12 月 31 日）采用公历纪年，夹注清代年号；月日采用公历，夹注农历月日。

八、清政府称“清廷”。孙中山为临时大总统的中华民国临时政府称“南京临时政府”。北洋军阀统治时期中央政府称“北京政府”（其中段祺瑞为临时执政时期称“北京临时政府”，张作霖统治时期称“北京军政府”)。孙中山南下广州建立的护法政府称“广州军政府”。蒋介石等在南京建立的政府称“国民政府”,或习称“国民党政府”。日伪政权分别称为“伪满洲国”、“北平伪临时政府”、“南京伪维新政府”及“汪伪政府”。在有关涉外条目中,把当时为国际上承认的代表中国对外的中央政府一概称为“中国政府”。

九、人名一般用本名,但对某些历史人物(如蒋介石、汪精卫)习用其字或号者,则沿用其字或号。首次出现于条目的人物冠以职称。

十、地名用当时的名称。凡已改名的地方适当夹注今名。村镇地名注明所属之省县(市)名称。

十一、外国人名、地名、国名、机构及职官名称,凡一名多译者,取其标准译名。今译与旧译不相同者,取今译名,或夹注今译名。

目　录

第一卷

1905年(清光绪三十一年)

8 月

8月20日(七月二十日) 中国同盟会在日本东京正式成立。在孙中山倡导下,以兴中会和华兴会为基础,联络光复会在日本东京开正式成立会,到百余人,通过会章,以"驱除鞑虏,恢复中华,创立民国,平均地权"为宗旨,选举孙中山为同盟会总理,黄兴为执行部庶务。同盟会设本部于东京,国内外设支部,各省设分会。

△ 抵制美国迫签华工新约风潮,5月间开始以来,至7月20日因拒用美货而进入高潮。是日,湖南省绅商抵制美货禁约会在长沙开会,到4000余人,议决成立湖南办理抵制美货事务公所。

△ 驻沪美总领事罗志思照会署两江总督周馥:上海及各口岸抵制美货,实违中美约章,请设法制止。

8月21日(七月二十一日) 上海公忠演说会、文明拒约社及医药、煤业、书业等团体代表联名在《时报》上刊登广告,号召国人坚持不用美货,不买美货,直到美国将华工新约改良为止。

△ 广东学界在广州创刊《美禁华工拒约报》(即《广州旬报》),总编辑为黄节。每月三期,11月出至第九期,因美领干涉被迫停刊。

△ 清廷以禁用美货"有碍邦交",谕各省督抚晓谕商民,务令照常

贸易,对滋事者“从严查究”。

8月22日(七月二十二日) 财政处、户部会奏,遵旨设立天津银钱总厂(即户部造币总厂),并拟定《天津银钱总厂开铸,酌拟简明章程》,凡八条。

8月23日(七月二十三日) 江宁学商界700余人举行演说会,主张不用美货,戮力同心。

8月24日(七月二十四日) 江苏扬州开办酒捐,各酱坊、酒店罢市。

8月26日(七月二十六日) 外务部照会驻京美公使柔克义,排斥美货系商民行为,与政府无关。

△ 商部奏准浙江士绅筹办全省铁路,以汤寿潜为铁路总理。

8月27日(七月二十七日) 同盟会本部干部会议议决《二十世纪之支那》杂志交接办法,推宋教仁为移交者,黄兴代表同盟会接收。

△ 外务部电咨出使美国大臣梁诚通告美政府,声言业已示谕商民停止禁购美货,请速妥订工约。

△ 署两江总督周馥奏报查明江苏、安徽、江西三省所产银、铜、煤、铁各矿,苗质甚旺,拟招商集股试办,并出示禁止私售。

8月28日(七月二十八日) 日本政府以“妨害安宁秩序”为由,下令禁止宋教仁等创办之《二十世纪之支那》杂志第二期发行。

△ 安徽泗州(今泗县)农民暴动。

8月29日(七月二十九日) 中美两国在华盛顿签订《收回粤汉铁路美国合兴公司售让合同》,清廷付偿金675万美元,将铁路收回自办。

△ 云贵总督丁振铎奏请兴筑滇蜀铁路,设立公司,由滇、川、黔三省官民集资合办。

8月30日(八月初一日) 厦门商民因反对常关洋税务司苛税,举行罢市,聚众数千人捣毁该关,外国水兵竟枪杀华人四人,伤二人。

△ 上海商务总会总理曾铸8月11日发表《留别天下同胞书》,表示不计个人安危,决以身许此运动后,各地民众纷纷著文来函劝慰激

励。是日浙江崇德石门镇集会宣讲《留别书》，听者纷纷下泪，情绪激昂。

8月31日（八月初二日） 上海公忠演说会召开力维抵制美货大会，反对疏通销售积存、已订美货，到千余人，议决办法四条，决心不用美货，坚持到底。

△ 清廷谕饬各省督抚晓谕商民与美"照常贸易，共保安全"，"倘有无知之徒，从中煽惑，滋生事端，即行从严查究，以弥隐患"。

9 月

9月1日（八月初三日） 胡汉民、廖仲恺在东京由孙中山主盟加入同盟会。

△ 清廷接出使美国大臣梁诚电奏日俄和约成立，即召各王大臣开御前会议，决宜速与日本议订东三省条约。

△ 清廷谕各省多派学生游学欧美，并令各出使大臣认真监督考察。

9月2日（八月初四日） 直隶总督袁世凯、湖广总督张之洞奏请立停科举，推广学堂。清廷诏准废科举，自丙午（1906）为始，所有乡会试及各省岁科考试一律停止。

△ 晚，署两广总督岑春煊命广州府县，乘拒约会开会，逮捕其领导人马达臣、潘明信、夏重民。

9月3日（八月初五日） 宋教仁在东京向黄兴办理《二十世纪之支那》杂志移交手续，孙中山出席监收，并倾谈同盟会会务。

△ 浙江京官学生在京师集议，主废除杭甬铁路草约，招股自办。

9月4日（八月初六日） 留日学生会馆干事会开会，商议对付日政府取缔留学生及《二十世纪之支那》被禁事宜。

9月5日（八月初七日） 山东郓城县农民暴动。

△ 浙江湖州（今湖州市吴兴区）巢湖帮盐枭击败官军。

△ 《日俄和约》在美国朴茨茅斯签订，规定俄军撤出东三省，将在南满之权利转让于日本。

△ 驻京日公使内田康哉往谒总理外务部庆亲王奕劻，陈述日俄和约成立情形，宣布日本政府将与清政府协商东三省问题。

9月8日(八月初十日) 孙中山派冯自由、李自重二人到香港、广州、澳门一带组织同盟分会，并为当地主盟人。

△ 曾铸致书美商，指责美使胁迫清廷压迫拒约风潮，要求美国修改条约。

△ 公忠演说会召开“敬释谕旨大会”，解释抵制不违谕旨。

△ 上海寰球中国学生会召开大会讨论抵制美约问题，主张彻底废约，并上书外务部，致电美国总统。

9月9日(八月十一日) 江苏上海县士绅集议，选举董事创办地方自治，为全国首次举办地方自治之创例。

△ 张之洞在汉口与香港英政府签订《香港政府粤汉铁路借款合同》，总额110万英镑，用于赎回粤汉铁路。

9月11日(八月十三日) 奉天马贼齐国泗、金生等月初攻入朝阳，转攻新丘(今建平县)。是日大败，齐等被杀，金等受伤而死。

△ 驻京日、俄公使照会清外务部：日俄和约签押，两国准将东三省境内兵队定期撤退，地方权利交还中国。

9月13日(八月十五日) 上海复旦公学开学，校长马相伯。

9月15日(八月十七日) 清廷谕开放东三省，着内阁指定地界，多开场埠，推广通商，并饬地方官举办各种实业，以兴商务。

△ 清廷谕各省清理矿产，切实探勘，并按两江集股试办、禁止私售之办法，迅即筹办。

△ 日、俄两军签订停战条约，自16日起停止在东三省全部之战斗。

9月16日(八月十八日) 练兵处、兵部奏准颁行《陆军军官军佐任职等级暨补官体制摘要章程》。

9月17日(八月十九日) 清廷为变法振兴,于7月16日特简载泽、戴鸿慈、端方、徐世昌及绍英为钦差出使各国考察政治大臣,分赴东西洋考求一切政治,是日载泽等五大臣请训陛辞。

△ 清廷谕开办热河围场屯垦,派袁世凯督办。

9月18日(八月二十日) 清廷命出使各国大臣会同考察政治载泽等五大臣博采各国政情,悉心考证,以资详密。

△ 出使美国大臣梁诚谒见美国总统罗斯福,商谈美排华法案引起之中国抵制美货风潮。

9月21日(八月二十三日) 菲律宾华侨、南海冯夏威,为抗议美国华工禁约,7月16日在驻沪美领馆前自杀,灵柩南归。是日,广东学界在南武公学举行追悼会。

△ 署两江总督周馥奏准开设江宁银行。

9月23日(八月二十五日) 光复会会员徐锡麟创办之绍兴大通师范学堂开学,另一会员陶成章制订章程,该校旋成为光复会活动据点。

△ 清廷命铁路督办大臣盛宣怀收回前与英商所订《苏杭甬铁路草合同》,由浙江绅民自办。

△ 清廷允户部奏,永远停铸当十大钱。

9月24日(八月二十六日) 清廷出使各国考察政治载泽等五大臣自北京正阳门火车站乘车出洋,革命党人吴樾携预制炸弹登车行刺,炸弹遇撞引爆,伤绍英、载泽,吴樾当场死难,五大臣出洋改期。

△ 南京商学各界2000余人举行第二次抵制美约会议,决定处理违约办法。

△ 清廷谕令署两江总督周馥、江苏巡抚陆元鼎设法赎回宁沪铁路。

9月25日(八月二十七日) 清廷谕内阁责成步军统领衙门等严拿谋炸五大臣之革命党人。

△ 清廷命前内阁学士陈宝琛总理福建铁路事宜。

△ 商部顾问张謇、四品卿衔汤寿潜、候补道许鼎霖等奏准创设上海大达轮步股份有限公司，资本100万两。

9月26日(八月二十八日) 北京户部银行开市，资本50万两，是为清政府试办国家银行之始。

9月27日(八月二十九日) 清廷谕令盛宣怀，全浙铁路由绅自办，所有前与英商订之《苏杭甬铁路草合同》应迅即撤废。

△ 外务部与各国驻京公使《改订修治黄浦河道条款》在北京签订。《条款》规定归中国自办。

△ 湖广总督张之洞借英款100万两兴办自来水。

9月29日(九月初一日) 抵制美约运动团杭慎修等在北京联络宗室、满、蒙、汉军与22省代表1500余人致书美公使柔克义，声明一日不废苛约，誓一日不用美货。

△ 江苏留日学生刊物《醒狮》创刊，同盟会会员高旭等主办，主要撰稿人尚有柳亚子、朱髯侠、高吹万等。

△ 出使俄国大臣胡惟德电外务部，严防俄国侵略伊犁。

9月30日(九月初二日) 孙中山复函新加坡陈楚楠，告以近日在留日学界组成秘密团体及将赴安南(今越南)西贡筹款事。

△ 商部奏准闽省绅商自办铁路，连接赣、浙、粤三省，举陈宝琛为总办。

是月 秋瑾在东京加入同盟会，旋被推为同盟会浙江主盟人。

△ 四川留日学生刊物《鹃声》创刊，同盟会会员邓絜等主办，主要撰稿人尚有雷铁崖、张光厚等。

△ 日本在辽阳设置“关东总督府”，以陆军大将大岛义昌为总督，将南满置于日军政管理之下。

10 月

10月2日(九月初四日) 京(丰台)张(家口)铁路动工。全长130

余公里,詹天佑为总工程师。是为中国自筹工款自修铁路之始。

△ 商部尚书载振往晤驻京法公使吕班,法使提出以每年减少庚款十分之三为条件,由法中合股经营广西铁路、矿山。

10月6日(九月初八日) 中国留学生在东京召开戊戌庚子死事诸人纪念会,到会者逾千人。同盟会会员胡汉民在演说康梁保皇及立宪之谬误时,指斥自立军起义,与黄兴等两湖革命党人当场发生争论。

10月7日(九月初九日) 孙中山自横滨乘法邮船赴西贡筹款,同盟会东京本部会务由黄兴代理。

10月8日(九月初十日) 清廷设巡警部,以署兵部左侍郎徐世昌补授该部尚书。

10月中旬 孙中山乘船往安南,船过香港,为冯自由、陈少白等加入同盟会主盟。

10月11日(九月十三日) 孙中山船泊吴淞口,会见来访之法国情报军官布加卑上尉,商定派员陪同法国军官视察南方各省革命力量,以争取法方援助事。

10月12日(九月十四日) 出使俄国大臣胡惟德奏陈俄国改行立宪,我国亟应仿行,以保自立,而免受俄国或他国侵犯。

10月15日(九月十七日) 是日至17日,广东各界在华林寺为冯夏威举行追悼会,往吊者每日逾万,呼吁抵制美货到底。

△ 据修律大臣伍廷芳等奏请,谕准派刑部候补郎中董康等,前赴日本调查法制刑政。

10月16日(九月十八日) 冯自由在香港与陈少白成立同盟会香港分会,陈少白任会长。

△ 苏松太道袁树勋派李平书为总董,莫锡纶、郁怀智、曾铸、朱佩珍为办事总董,姚文枬等33人为议事经董,上海内外城厢总工程局成立。该局内设代议机关议事会、执行机关参事会,此系用民主制度管理行政事务之地方自治机构。

△ 浙江东阳县大开和尚率数千人抢夺富户,新昌县官吏恐慌,下

令关闭城门。

△ 旅沪浙江四明同乡召开拒约会议，议决抵制美货，坚持不用主义。

10月20日（九月二十二日） 清廷据练兵处、兵部奏呈筹办贵胄学堂章程，谕令王公大臣遣子弟入学。

10月22日（九月二十四日） 清廷再开御前会议，讨论辽东半岛租借、减缩撤兵日期及东清铁路三事。

10月23日（九月二十五日） 陆军在河间府会操，共有二镇四协计3.32万余人，清廷派阅操大臣袁世凯、铁良前往校阅。25日会操结束。

10月24日（九月二十六日） 安庆高等学堂学生与警察发生冲突，举行罢课。

△ 清廷谕准江苏海州自开商埠。

10月26日（九月二十八日） 上海工界和平社在豫园开抵制美约大会，一致表示继续坚持拒约斗争。

△ 清廷改派山东布政使尚其亨、顺天府丞李盛铎会同载泽、戴鸿慈、端方前往各国考察政治。

10月27日（九月二十九日） 蔡元培在上海由黄兴主盟加入同盟会，并被孙中山委任为同盟会上海分会会长。

10月28日（十月初一日） 广东廉州2000余人举行赛会，美国教士干涉，激起众怒，烧毁城西美国教堂、医院，死美教士五人。

10月30日（十月初三日） 陕西巡抚曹鸿勋奏请试办延长石油。

10月31日（十月初四日） 户部银行上海分行开幕，资本400万两，官商合办，总办为张允吉。

△ 英提督卧克纳率兵到日喀则札什伦布寺，迫班禅额尔德尼赴印度。

10月下旬 孙中山抵西贡，联络堤岸侨商李晓初、李卓峰、刘易初、黄景南等，组成同盟会分会。

是月 株(洲)萍(乡)铁路建成,全长39.7公里。

11 月

11月2日(十月初六日) 日本文部省公布取缔中国留学生规则《关于许清国人入学之公私立学校之规程》15条。

11月3日(十月初七日) 清法律馆派员赴日本调查法律。

11月4日(十月初八日) 湖广总督张之洞开办川汉、汉粤铁路局。

11月6日(十月初十日) 清廷谕准于苏、皖、赣三省设矿政调查局,派矿务议员督查矿务。

11月7日(十月十一日) 日本公使内田康哉照会外务部,满洲日兵可于六阅月内撤退,惟俄兵亦须如期照办,方能允许。

11月12日(十月十六日) 浙江天台县法国教堂被焚毁。

11月13日(十月十七日) 清廷以英国政府已承认中国为西藏主国,允代偿英军兵费之要求,是日电寄驻藏大臣有泰,此次西藏对英赔款120余万两,由国家代付。

△ 清廷命外务部加派译员,选呈东西各报。

△ 四川总督锡良奏准于成都创设银行。

△ 山东华德合资中兴煤矿有限公司成立,创办人张翼,股本40万元,添招新股160万元,华、法股本为3∶2。

△ 卢汉铁路黄河桥举行落成典礼,全长三公里。

11月14日(十月十八日) 因谋炸出国考察政治五大臣案被捕之革命党人张榕被处永久监禁。

△ 中英会议藏约,因英使费利夏迫清议约大臣张荫棠于约稿上签字未遂,罢议。

△ 俄公使璞科第往晤庆亲王奕劻,力劝中国向日本收买东清铁路,若中国需用资本,则俄国当向美法两国商借款项。

11月15日(十月十九日) 外务部照会驻京英公使萨道义,择期会议苏杭甬铁路废约事宜。

11月16日(十月二十日) 祝大椿等在上海创设公益机器纺织有限公司,集股本100万元,纺织棉纱及原白、印花各布,是日商部批准立案。

11月17日(十月二十一日) 中日两国全权大臣奕劻、小村寿太郎等在北京开议东三省条约事宜。

△ 《日韩保护协约》在汉城签订,日在韩设置统监府。12月3日,清廷令撤回驻韩使臣,改置总领事。

11月18日(十月二十二日) 清廷谕政务处王大臣等筹定立宪大纲。

11月19日(十月二十三日) 清廷明定铸造重库平一两银币为国币,铸五钱、二钱、一钱三种银币与铜元、制钱相辅而行,以整齐圜法。

11月20日(十月二十四日) 财政处电各将军督抚对各省铸造铜元予以限制,规定江苏、湖北、广东每月造数不得逾百万,直隶、四川60万,其余各省30万。

11月21日(十月二十五日) 杭州烟业工人同盟会罢工,要求店主增加工资。

11月22日(十月二十六日) 江苏泰兴县2000多人反对抽牙帖捐,将高等小学堂砸毁。

11月23日(十月二十七日) 户部招考司员50人,派赴日本学习财政法律各学门。

11月25日(十月二十九日) 清廷命各省严禁革命排满说,严拿革命党人。

△ 清廷谕政务处王大臣设立考察政治馆,延揽通才,悉心研究各国政治。

11月26日(十月三十日) 同盟会机关报《民报》在东京创刊,孙中山撰写发刊词,阐述同盟会纲领民族、民权、民生三大主义。

△ 中国留学生就读之日本东京各校是日一律贴出告示，限令中国学生本月29日前呈报原籍、住址、年龄、学历等项，“若逾期不报，则对该生不利”。

△ 清廷以日俄战事后，俄于蒙古有扩张权利之事，命肃亲王善耆往蒙古查办事宜。

11月27日(十一月初一日) 苏州城内染坊工人罢工，并印发传单，要求绸缎庄增加工资。

11月28日(十一月初二日) 《中德会订胶、高撤兵善后条款》在济南签订，德国允将1900年派往胶州、高密之军队撤回青岛。

11月29日(十一月初三日) 商部尚书载振奏请改革官制，将各部院官制及满蒙汉八旗官制逐一改正，并请将诸堂官兼差旧例统行革除。

是月 出使美国大臣梁诚与出使英国大臣汪大燮领衔，联合前出使英国大臣张德彝、前出使法国大臣孙宝琦和新任出使大臣刘式训、前出使比利时大臣杨兆鋆、前出使德国大臣荫昌、新任出使德国大臣杨晟入奏，目前应急需实行三事，以树基础：一、“宣示宗旨”，“将朝廷立宪大纲列为条款，誊黄刊贴”；二、“布地方自治之制”，“克日颁发各省督抚，分别照行”；三、“定集会、言论、出版之律”迅即颁行。“期以五年，改行立宪政体”。

12 月

12月1日(十一月初五日) 中国留日学生总会干事长杨度及全体留日学生向出使日本大臣杨枢具陈《学生公禀》，反对日本取缔留学生规则。

△ 中德《会订青岛设关征税修改办法》在北京签订，德国交还海关。

12月3日(十一月初七日) 东京宏文学院等八校中国留学生代

表在留学生会馆筹商对策，决定次日赴驻日公使馆请愿。嗣后，留学生反对取缔规则即以各校代表作为领导集体，渐扩充至十余校，形成留日各校学生代表联合会，以胡瑛、韩汝庚、宋教仁、田桐、秋瑾、吴玉章等为负责人。

△　江苏清江浦（今淮安市淮阴区）开设官盐局，私盐贩生计被夺，数百名妇女进城抗议。

12月4日（十一月初八日）　中国留日学生抗议日本“取缔规则”，开始陆续举行罢课。

△　留日女学生集会宣布罢课，推秋瑾为总代表。

△　晚，留日各校学生代表推举胡瑛、韩汝庚等为总代表，集体赴公使馆请愿，次日再往。

12月5日（十一月初九日）　留日学生300余人在东京富士见楼集会，商讨反对“取缔规则”对策。秋瑾在会上痛哭演说，提议联合罢课。会上，通过声明《东京留学生对文部省取缔规则之驳议》。

△　中英议定藏约，中国新增四款，力保主权。

12月6日（十一月初十日）　东京各校中国留学生联合罢课，并制定《自治规则》，各校自推纠察员，组成纠察部。

△　清廷颁谕设立学部，以荣庆为尚书；并令国子监归并学部。

△　旅沪皖、赣、闽、浙四省士绅集议设铁路总会。

△　驻京德、法等国公使就中日交涉会议事，分别往晤庆亲王奕劻，要求与日本利益均沾。

12月7日（十一月十一日）　钦差出使各国考察政治大臣戴鸿慈、端方离京启程，16日抵上海。19日自上海放洋。

△　京都中国留学生全体罢课。

△　东京反对罢课学生发起维持留学界同志会，次日会议于清风亭。

△　闽广农工路矿大臣张振勋呈请商部转奏，请修筑广（东）厦（门）铁路，以保路权，先筑广（州）（黄）埔一段，并请将黄埔辟为商埠。

是日，清廷颁谕允准。

12 月 8 日（十一月十二日） 同盟会员陈天华因反对日本“取缔规则”，在东京愤而赴大森投海自杀。

△ 官眷黎黄氏携带奴婢到沪，公共租界巡捕房以串拐罪捕交会审公堂审讯，会审公堂以此案证据不足主张释放，驻沪英副领事德为门令捕头、巡捕强夺人犯，双方引起冲突，酿成大闹会审公堂案。

12 月 10 日（十一月十四日） 数千中国留日学生在东京留学生会馆集会，胡瑛主席，决议一致归国。

12 月 11 日（十一月十五日） 孙中山与西贡华侨商议后成立广东募债总局，以“中华民务兴利公司”名义发行千元票面债券 2000 张，拟向南洋富商募集革命活动经费。

△ 出使各国考察政治大臣载泽、尚其亨、李盛铎自北京启程。

12 月 13 日（十一月十七日） 东京留日学生 220 人为抗议日本“取缔规则”，首批集体退学回国。至 20 日归国留日学生逾 2000 人，后络绎回国者仍不绝。

12 月 18 日（十一月二十二日） 上海商民以英副领事德为门不法，主权受辱，相率罢市，毁坏捕房六间，外国水兵上岸镇压，枪杀华人 11 人，伤数十人。

△ 出国考察政治大臣戴鸿慈、端方乘美国“西伯利亚号”轮船自上海放洋，先经日本赴美洲考察，再赴德、俄、意、奥等国。

12 月 19 日（十一月二十三日） 汉口商人胡德隆、朱益敬创办瑞丰面粉公司。

△ 日本反对党进步党决议，试于国会提出取消“取缔规则”。长冈护美子爵等时亦出面斡旋。适日本内阁及文部相更迭，当局暗示暂缓执行“取缔规则”。

12 月 20 日（十一月二十四日） 山西大学堂等校千余名学生禀请外务部赎回福公司山西矿权。

12 月 22 日（十一月二十六日） 《中日会议东三省事宜条约》在北京

签字，俄国按照《日俄和约》让与日本之东三省一切特权，清政府概行允诺。

12月24日（十一月二十八日） 维持留学界同志会设立会所，公布会章，提议劝告各校学生一体上课。该会代表理事多为立宪派，同盟会员汪精卫、胡汉民、朱执信、蒋尊簋等亦与之合作。随后联合会归国后与维持会复课派展开激烈辩论。

△ 浙江宁波铜元贬值改行银元计价，群众损失甚大，数千人逼令商店罢市。

12月25日（十一月二十九日） 张之洞以留日学生风潮为革命党孙文煽动回沪实行革命，电请川、豫、鲁、黔各省督抚迅速派员各就本省留日学生开导解散会商办法，以弭后患。

12月28日（十二月初三日） 维持留学界同志会以日本暂缓执行“取缔规则”，是日致函日本各校代表人、早稻田大学学长青柳笃恒，声明复学。

△ 浙江余杭县城当十铜元改当九文用，农民捣毁商店四家，激成罢市。

△ 粤汉铁路动工兴建。

12月31日（十二月初六日） 各校学生代表会议，商决复课日期。

是月 黄兴自日本经香港抵桂林，在随营学堂发展革命组织，次年春成立兴汉会，郭人漳、蔡锷、林虎、赵声等80余人加入。

△ 日商大仓组与奉天官方订立合同，成立中日合办本溪湖煤铁公司，资本400万元。

△ 刀客张黑子、潘占魁、王天纵等在河南汝州鲁沟地方聚众起事。

是年 冬，同盟会会员吴春阳返国，建立江淮地区外围组织武毅会。

△ 刘光汉（师培）自芜湖安徽公学因事至上海，由蔡元培、黄兴介绍加入同盟会，蔡、黄并以安徽革命事相嘱。

△ 同盟会会员李自重在原籍广东新宁（今台山市）与李是男等组织台山联志社，参加拒约运动，密谋革命。

1906年(清光绪三十二年)

1 月

1月1日(十二月初七日) 孙中山以总理名义签名的中华革命政府公债券开始在南洋发行。

△ 清廷饬商部编纂全国铁路矿产表。

△ 盛京将军赵尔巽奏准奉天设商务总局,调查全省矿产及各项商业。

1月2日(十二月初八日) 中英藏约会议,以英人增索矿权暂行停议。

1月3日(十二月初九日) 清廷派李有棻总办江西全省铁路事宜。

△ 赵尔巽奏准设立奉天银行。

1月5日(十二月十一日) 清廷授端方为闽浙总督,庞鸿书为湖南巡抚。

1月6日(十二月十二日) 外务部复照驻沪俄总领事阔雷明,同意出示晓谕百姓与从重惩办刊送罢市传单之戈忠等人,禁止演说和报馆登载有关政治得失以及中外全局之报道。

△ 清廷调吕海寰为兵部尚书,以陆润庠为工部尚书。

1月7日(十二月十三日)　留日学生各会在东京留学生会馆会商结束取缔风潮事宜，获得协议。

△　清廷授那桐为大学士，学部尚书荣庆为协办大学士。

△　商部电告四川总督锡良，开成都为商埠。

△　署两广总督岑春煊商准法领事立即撤退广西柳州驻兵。

1月9日(十二月十五日)　清廷补授徐世昌、铁良为军机大臣。

1月10日(十二月十六日)　清廷徇外人之请开放山东济南、周村、潍县为商埠。

△　清廷改世续为东阁大学士，授那桐为体仁阁大学士。

△　署黑龙江将军程德全奏请操练陆军、修筑铁路、移民实边、自开商埠等项，全力经营东三省。

1月11日(十二月十七日)　清廷在江苏创行征兵。

△　张之洞以中国矿务章程正章74款、附章73条呈奏清廷。

1月12日(十二月十八日)　出使各国考察政治大臣戴鸿慈、端方抵美国旧金山，旋赴芝加哥参观工厂。

△　清廷谕令准班禅额尔德尼由印度启程回藏，照旧恪供职守。

△　山西省绅民代表呈外务部，请饬令福公司照章退让，由该省绅民自办矿务，以挽利权。

1月13日(十二月十九日)　署黑龙江将军程德全电请外务部索还俄国在黑龙江所开金矿。

1月14日(十二月二十日)　外务部照会驻京各国公使，嗣后所订开矿合同如已期满不办，不得再请展限。

△　出使各国考察政治大臣载泽、尚其亨、李盛铎乘法国“喀利力连”轮离上海赴日本。

1月15日(十二月二十一日)　各校留日学生复课。取缔风潮结束。

△　山西绅商直隶补用道董崇仁、吏部郎中孙筍经等集股银30万两设立山西同济矿务公司，扩充开采晋省平、盂、泽、潞、平阳等处煤矿，呈请立案。

1月17日(十二月二十三日) 出使日本大臣杨枢奏陈:留日学生罢课反对日本文部省所订整顿学校章规,现已平静,已将为首滋事之胡瑛、宋教仁等19名革退。

△ 出使各国考察政治大臣载泽、尚其亨、李盛铎一行抵日本神户。1月22日抵东京访问。

1月18日(十二月二十四日) 皖绅吕珮芬等以外务部与英商订立铜官山矿合同已逾期未开,具呈该部请将英商合同作废,由绅民自办。

1月19日(十二月二十五日) 清廷电谕出使各国考察政治大臣载泽等,除考察政治外,其关系一切权利及财政等项事宜,不准与议。

1月20日(十二月二十六日) 同盟会员秋瑾由日本乘"长江号"轮抵上海。

1月22日(十二月二十八日) 《民报》第二号出版,刊载寄生《论支那立宪必先以革命》等文,继续宣传革命宗旨。

1月23日(十二月二十九日) 出使各国考察政治大臣戴鸿慈、端方抵华盛顿。

△ 署外务部右侍郎唐绍仪与驻京俄公使璞科第开议中俄条约。

1月25日(光绪三十二年正月初一日) 《新民丛报》第四年第一号始载梁启超《开明专制论》一文。

1月28日(正月初四日) 留日学生张继、赵保泰、韩汝庚、夏道南、吴玉章、曾鲲化等与日本学生代表联合发起华日学生会,促进交流。是日在东京本乡座剧场举行成立典礼,日本大隈重信、寺尾亨、福本诚等出席,大隈、马相伯、程家柽等发表演说。

△ 清廷要求俄公使璞科第明订交还东清铁路股本500万两合同。

1月29日(正月初五日) 出使英、法、德、美各国大臣声明,五年内中国必能改行立宪制度。

1月30日(正月初六日) 清廷谕准广东息借外款500万两筹办

粤省要政。

1月31日(正月初七日) 同盟会员胡毅生离粤赴桂林访黄兴,为法国情报军官调查革命实力。

2 月

2月2日(正月初九日) 清廷谕内阁:嗣后各省将军督抚等保荐人才,务当力除积弊,不得徇私滥保,并着政务处会同吏、户、兵等部妥议限制章程。

2月3日(正月初十日) 粤省绅商集议筹办粤汉铁路,即日认股300余万。

2月5日(正月十二日) 直隶总督袁世凯、署两江总督周馥、署两广总督岑春煊、湖广总督张之洞电请外务部转商驻京英公使萨道义,减少进口印度鸦片。6日,英公使萨道义答复限制印度鸦片事,须俟中国自限栽种罂粟有效,始允照办。

2月6日(正月十三日) 福建漳浦县因天主教会掳掠教民,发生教案,教堂被毁。署闽督崇善应驻厦门英领之请派兵镇压,枪毙14名,并派员与英领商议办法,以赔款了结。

2月8日(正月十五日) 清政府照请法国撤退龙州驻兵,法另索浔州(桂平)一带之内河航利以为抵制。

2月9日(正月十六日) 外务部电请两广总督岑春煊就近与英商磋议自办广九铁路事宜。

2月10日(正月十七日) 清廷着户部按年筹给军机处王大臣等养廉津贴,以禁绝贿赂之风气。

2月11日(正月十八日) 袁世凯奏设高等师范学堂于天津,鲁、豫、秦、晋、奉天等省均可派生附学。

2月12日(正月十九日) 中日签订《奉新电线借用合同》。奉(天)新(民)电线原系中国产业,后为日军占用,经清政府派员交涉,日方仅允中国借用，双方乃签订此项合同。

2 月 13 日(正月二十日) 孙中山离西贡。16 日抵新加坡。

△ 广西容县、藤县一带民众反抗清兵，同防营交战。

△ 载泽、李盛铎、尚其亨自横滨乘船前往美国。

2 月 14 日(正月二十一日) 外务部电告云贵总督丁振铎，勿许英人承筑缅甸至腾越铁路。

2 月 15 日(正月二十二日) 戴鸿慈、端方在华盛顿、纽约、费城、波士顿考察后，自纽约乘轮赴欧洲。

2 月 16 日(正月二十三日) 议约大臣张荫棠致书外务部，陈述英国谋藏及建议增兵入藏，优封达赖、班禅等项治藏政策。

△ 浙江省士绅于杭州集议筹商撤废苏杭甬铁路草约事宜；同日，浙路总办汤寿潜、刘锦藻电外务部、商部说明应废约之原因。

2 月 17 日(正月二十四日) 清廷派员出关收回东三省电报局，以结束日俄战后南北满分由两国代管局面。

△ 袁世凯奏设矿务总局于天津，严禁私售矿产于外人。

2 月 18 日(正月二十五日) 清廷命陈夔龙为江苏巡抚，张人骏为河南巡抚，恩寿为山西巡抚；命戴鸿慈升补礼部尚书，清锐为兵部尚书，松寿为工部尚书。

△ 张之洞奏报鄂、湘、粤三省官绅修筑铁路，议定 14 条款；又奏湖北境内川汉铁路修建办法大纲。

△ 安徽留日学生为支持各省收回矿权电请外务部，请拒铜官山英矿展限。

2 月 19 日(正月二十六日) 清廷命军机大臣、外务部会办大臣兼尚书瞿鸿禨为协办大学士。

2 月 20 日(正月二十七日) 英公使萨道义照会外务部，请开南宁为商埠，以防法国独占利益。

2 月 21 日(正月二十八日) 慈禧太后面谕学部实兴女学。

2 月 22 日(正月二十九日) 同盟会执行部外务程家柽应京师大

学堂农科教习聘返国。

2月23日(二月初一日) 中国公学于上海正式开学。该校为13省留日学生抵制日本“取缔规则”归国后创办,两江总督署补助经费,郑孝胥任监督。该校成为同盟会在上海活动的据点。

△ 外务部与英公使萨道义开议滇缅划界事宜。

△ 出使日本大臣杨枢奏请严定选派留学生出洋章程,并请严惩反对日本取缔留学生案首倡退学之韩汝庚、胡瑛二名及随声附和者宋教仁等17名。

2月25日(二月初三日) 南昌民众因法国传教士王安之在22日行凶刀刺知县江召棠致死,群情震怒,起而捣毁教堂,殴毙法教士王安之等六人及英教士三人。

△ 山西省同乡京官集议决定筹款自办同蒲铁路。

△ 河南巡抚张人骏奏请商办洛(阳)潼(关)铁路。

2月26日(二月初四日) 财政处奏准《整顿圜法》八条。

△ 日公使内田康哉劝告清政府请饬各省督抚设法防止排外举动。

2月27日(二月初五日) 清廷谕令江西巡抚胡廷幹督饬严拿南昌教案首要,按律惩办,仍将各处教堂极力保护。

△ 政务处、兵部奏准裁撤绿营办法,在各省挑选绿营改编为巡警队。

△ 载泽、尚其亨、李盛铎抵美国访问。

2月28日(二月初六日) 各省旅沪绅商分别电南昌巡抚、县令及商会,要求南昌教案“据理力争”,并劝戒群众切勿暴动,“以免外人口实”。

是月 刘静庵在湖北武昌正式开会成立日知会,孙武、张难先、曹亚伯等百余人入会。

3 月

3月1日(二月初七日) 山西留日学生总会禀外务部,请撤废英福公司开办山西矿务章程,以维护主权。

3月3日(二月初九日) 清廷以诚勋为江宁将军,恩铭为安徽巡抚。

3月4日(二月初十日) 孙中山自法国马赛启程东返。孙曾于巴黎谒法属安南总督杜美,商协助中国革命事。海行途中,偶遇旅法古董商人张静江,彼此畅谈后,张甚愿为革命工作略尽力量,以在欧洲经商营利贡献。嗣后,张"倾其巴黎之店所得六七万元,尽以助饷"。

3月5日(二月十一日) 清廷谕禁士民昌言排外,并请各省将军、督抚严饬文武各官切实保护外人财产及各教堂。

3月6日(二月十二日) 清廷派陕甘总督升允、陕西巡抚曹鸿勋办理陕甘铁路。

3月7日(二月十三日) 戴鸿慈、端方抵柏林,旋即参观官署、学堂、工厂。

3月9日(二月十五日) 江苏巡抚陈夔龙恐南昌教案波及上海,急电松江府尹通令所属各厅、州、县,保护教堂、教士,"勿任滋生事端"。

△ 《新民丛报》第四年第四号(总第七十六号)刊出梁启超《申论种族革命与政治革命之得失》一文,反对排满革命。

3月12日(二月十八日) 载泽等奏称,考察日本政治,其富强之效得力于改良法律,精练海陆军,奖励农工商各业,而其根本尤在教育普及。

3月13日(二月十九日) 日本交还新(民)奉(天)铁路。

△ 出使各国考察政治大臣随员杨守仁(笃生)、戢翼翚等在日本组织留学生翻译各国政治制度图籍,留学生赖译费以为学费、日用。是日,杨交《英国制度要览》一书与宋教仁译,译费88日元。宋氏经手诸

书，后均由北洋官书局出版。

3月14日(二月二十日) 豫、晋、陕三省留日学生电请清政府撤销英福公司办矿合同。

△ 载泽等离美赴英，22日至利物浦登岸。

3月15日(二月二十一日) 新加坡“中华总商会”正式成立。首创会员600人。

3月16日(二月二十二日) 浙江镇海英国教堂被毁。

3月17日(二月二十三日) 商部议准东三省设立轮船公司。

3月20日(二月二十六日) 商部会同修律大臣奏报《破产律》69条。

△ 美公使柔克义照会外务部，拟招募华工开凿巴拿马运河，外务部照复以俟禁约改后再议。

3月23日(二月二十九日) 河南西平县“仁义会”反抗官府勾结教堂欺压百姓，在会首吴太山、苗金声领导下，拆毁衙署、教堂。

△ 清廷命张之洞会同外务部妥为商办民教相安之法。

3月24日(二月三十日) 清廷谕各省将军督抚，嗣后各关道遵照限期按结具报洋税、常税。

△ 戴鸿慈、端方谒见德皇。德皇论及中国变法应以练兵为先。

3月25日(三月初一日) 清廷谕示教育宗旨以“忠君、尊孔、尚公、尚武、尚实”五端，着学部通饬遵行。

△ 吉林、黑龙江绅商电禀商部，集议自办铁路、矿业、森林业及各工艺。

△ 署两江总督周馥奏请永禁买卖人口，并拟定禁革买卖人口条款六条。

3月26日(三月初二日) 商部奏准筹办商船公会，酌拟简章咨行沿江沿海各省督抚饬属筹办。

3月28日(三月初四日) 赵声、柏文蔚、林之夏、伍崇仁、林述庆等联合军队将校数十人，设革命机关部于江宁。

△ 西北留日学生在东京成立豫晋秦陇四省协会，发表《成立通告》。

4 月

4月1日(三月初八日) 卢汉铁路建成，全线正式通车，改名京汉铁路，自北京前门西站至汉口玉带门车站，全长1214.5公里。

4月2日(三月初九日) 德兵自山东高密县撤退，前高密知县与德员所订租地合同一并索回。

4月4日(三月十一日) 学部电嘱出使各国考察政治大臣，兼行考察各国女校。

4月5日(三月十二日) 《民报》第三号出版，刊载胡汉民所撰《〈民报〉之六大主义》，阐发同盟会理论及对内对外政策。

△ 上海太古码头工人罢工，反对工头减少工资。

△ 出使俄国大臣胡惟德电请预定立宪年限。

△ 外务部再次照会驻京各国公使，嗣后矿约限满即废，概不展期。

△ 程德全奏请自开黑龙江矿务，先开金矿六处。

4月6日(三月十三日) 孙中山自欧洲至新加坡，于晚晴园设同盟会新加坡分会，选举陈楚楠为会长，张永福为副会长。此系南洋第一个同盟会分会。

△ 同盟会会员、留日归国学生姚宏业因为中国公学筹款受阻，愤慨国事，在上海投黄浦江自杀。

△ 清政府允拨官款80万两协助吉林绅商自办吉林至长春铁路。

△ 清廷通饬各省，改课吏馆为法政学堂。

4月8日(三月十五日) 留日归国江苏学生高旭等在上海组织之健行公学开学，王培孙任校长。教员高旭、陈剑虹、朱少屏、柳亚子为首之同盟会江苏分会，即以该校作为活动据点。

△　署法公使顾瑞访晤外务部议及南昌教案，法使提出不认江（召棠）令被刺及索赔等五款，外务部不允。

△　英公使萨道义照会外务部，滇缅边界以北纬25度以至30度为两国分界处。外务部即电饬云贵总督查明具复。

4月9日（三月十六日）　政务处奏准绿营一律改为巡警。

4月10日（三月十七日）　外务部电各边吏，重行具报边境矿产。

△　周馥奏请自开江苏通州（今南通市）为商埠。

4月12日（三月十九日）　考察蒙古事务大臣肃亲王善耆离京赴蒙古，清廷指示考察要事为联络蒙情、训练蒙军等五端。

4月13日（三月二十日）　同盟会湖北主盟人余诚负建立湖北分会任归国，四处访问同志。是日，会晤日知会负责人刘静庵，二日后又往访刘氏。后同盟会即以日知会为其活动基础。

4月14日（三月二十一日）　贵州毕节县"义和拳"千余人进城纵火焚烧。

4月15日（三月二十二日）　工部奏准设立工艺馆。

△　山东全省兴办征兵。

4月16日（三月二十三日）　孙中山由新加坡泊香港。

△　戴鸿慈、端方在德参观克虏伯炮厂、调查工矿及阅视西部各省兵操后，是日离柏林赴丹麦。

4月17日（三月二十四日）　孙中山自香港赴日本，临行嘱冯自由函知新加坡同志，告以孙文抵日活动之后，再到新加坡、河内布置吾党所经营各事。

△　中国至美国之太平洋海底电线铺成。

4月18日（三月二十五日）　外务部电饬各省督抚，嗣后如有未与立约国人犯案，即立派兵拿交海关道署或洋务局照例判断，无庸他国领事干预。

△　载泽、尚其亨、李盛铎离英抵法访问。

4月19日（三月二十六日）　外务部电嘱出使各国考察政治大臣，

顺便考察各国教例。

△ 禹之谟在长沙由易本羲介绍加入同盟会。

4月20日(三月二十七日) 戴鸿慈、端方游历瑞典。

4月21日(三月二十八日) 贵州独山、都匀农民反抗官府压迫，攻破都匀府署，释放囚犯，并发布揭帖反抗教会。

△ 山东巡抚杨士骧与德商采矿公司总办贝哈格签订开办山东临沂、沂水、诸城、潍县、烟台五处矿务草约。

4月22日(三月二十九日) 驻沪法国领事约见孙中山，“提醒他注意小心从事，并说明法国在处理他的问题上是十分谨慎的”。

△ 工部左侍郎盛宣怀奏准裁撤勘矿总公司，由各省自办矿务。

△ 安徽巡抚恩铭奏，皖省举办新政，拟将皖产土药膏税加征每年10万两左右。

△ 中英议定合办广九铁路。

4月23日(三月三十日) 刑部派员司饶麟昌等三人赴日本考察法律。

4月24日(四月初一日) 孙中山抵横滨。

△ 英国公使萨道义致函外务部，英商开办川矿，请地方官竭力保护。

4月25日(四月初二日) 清廷裁撤各省学政，改设提学使司提学使一员，统辖全省学务，归督抚节制。

△ 修律大臣沈家本等奏请试办刑事、民事诉讼各法。

△ 江都学绅、《扬子江丛报》、《扬子江白话报》编者杜课园，忤常镇道陶森甲，是日被诱捕，禁于丹徒县狱。

4月26日(四月初三日) 戴鸿慈、端方赴挪威。

4月27日(四月初四日) 湖北汉阳兵工厂驻守营兵与工人发生冲突，工人举行罢工，并拆毁营房。工厂会办张彪、提调黎元洪迫令工人复工。

△ 中英《续订藏印条约》在北京签订，英允“不占并藏境及不干涉

西藏一切政治”，中国亦“应允不准他外国干涉藏境及其一切内治”。

△ 袁世凯派武备学生分赴德、奥学习陆军。

4月28日(四月初五日) 《民报》发行第三号号外，揭载《民报与新民丛报辩驳之纲领》12条，声明自第四期以下分类与《新民丛报》辩论，吁请“国民平心公决之”。

△ 孙中山至东京，在民报社与宋教仁等讨论事务。

△ 江西星子县知县苛征激起民愤，吕留蕃率会党一二千人起事捣毁衙署。

4月29日(四月初六日) 上海中国公学同人召开姚宏业、陈天华二烈士追悼会，该校内务总干事、同盟会会员张邦杰主持。

5 月

5月1日(四月初八日) 戴鸿慈、端方自挪威返德，复往萨克森、巴延访问。

△ 日本首相西园寺公望来奉天游历，赵尔巽电军机处、外务部报告与西园寺公望商谈东北问题六事。

△ 英公使萨道义照会外务部，以大金沙江及龙、潞二江之分水岭为滇缅分界处。9日，外务部复照驳复英使。

5月2日(四月初九日) 出使各国考察政治大臣奏请切实保护出洋华商。

5月5日(四月十二日) 安徽建德县时山地方“洪莲会”聚众数百人起事，打毁各地教堂。

△ 外务部与驻京英公使萨道义交换西藏条约。

5月6日(四月十三日) 同盟会东京总会改订《中国同盟会总章》，凡24条。

△ 宁调元等在长沙由易本羲介绍加入同盟会。

△ 外务部照会各国，嗣后不准外国人擅自在西藏经商。

5月7日(四月十四日) 戴鸿慈、端方抵瑞士。

5月8日(四月十五日) 《复报》创刊,由同盟会会员高旭、柳亚子等在上海编辑,寄日本东京出版,主要作者尚有陈去病、赵正平、马君武、高吹万、高增等。

△ 陆军行营军官学堂在保定成立,段祺瑞任督办。

5月9日(四月十六日) 载泽等离法折回英国,继续访问。

△ 戴鸿慈、端方抵奥国京城维也纳。

△ 清廷命铁良充督办税务大臣,唐绍仪充会办税务大臣,海关华洋人员统归节制。

5月10日(四月十七日) 厦门《福建日报》言论得罪福建水陆提督马金叙,被营弁封闭。

5月上旬 中国在法留学生向出使各国考察政治大臣载泽提出召开国会及各级地方议会要求。

5月11日(四月十八日) 清廷命出使各国考察政治大臣戴鸿慈、端方顺道往荷兰考察。

5月15日(四月二十二日) 商部奏准统筹全国铁路线路,嗣后各省官绅请办铁路,应就该部所绘全图分别缓急,指明段落,集资认股。

△ 学部奏准各省提学使到任前先往国外考察三月。

△ 华工1500名由秦皇岛开赴南非洲。

5月17日(四月二十四日) 戴鸿慈、端方在奥地利、匈牙利考察后,于是日离奥赴俄。

5月18日(四月二十五日) 湖南长沙商会为粤汉铁路事开特别大会,议仿粤省章程招股,一俟招足即请商部准归商办。

5月19日(四月二十六日) 戴鸿慈、端方抵俄京彼得堡。

5月22日(四月二十九日) 杭州市民反对米商囤积不售,发生抢米风潮,后由官方出面出示平价,禁止米商闭籴,风潮始息。

5月23日(闰四月初一日) 长沙数千名学生白衣素幡,葬陈天华、姚宏业二烈士于岳麓山爱晚亭畔,禹之谟等在葬仪上发表激烈演说。

△　清廷准学部奏，将各省贡院改为学堂。

5月25日（闰四月初三日）　江苏绅商集股设立苏省铁路有限公司，公举王清穆为总理，张謇为协理，清廷从之。

△　载泽、尚其亨抵比利时访问，李盛铎已于20日先往安排。

△　清廷电饬袁世凯、赵尔巽、程德全等协力进剿马贼。

5月26日（闰四月初四日）　练兵处咨行新疆、陕西、甘肃、云南、贵州各省，按照定章编练新军。

5月27日（闰四月初五日）　中日两国代表在东京开议东三省电报交接事宜。

5月28日（闰四月初六日）　奉天日军滥伐木材，强行征税，民众愤激，奋起夺回木材。

△　戴鸿慈、端方抵荷兰海牙。

5月30日（闰四月初八日）　刑部奏请免除虚拟死罪条例，戏杀改为徒罪，误杀、擅杀一律改为流罪。

5月31日（闰四月初九日）　云南腾越干崖傣族土司刀安仁，在东京由吕志伊介绍，孙中山主盟，加入同盟会。

是月　陈家鼎携回黄兴手书，委周震鳞为同盟会湖南分会会长。

△　禹之谟、陈家鼎等设同盟会湖南分会，禹、陈相继任会长。

△　长沙绅士及各学堂监督因阻葬陈、姚于岳麓山未成，分别禀请湖南巡抚，请求饬令速为迁葬，并惩办倡首滋事者。旋长沙学生集会天心阁，商讨对付办法，发表激烈演说。

△　湖南学务处札饬长沙、善化两县，饬陈、姚两家克期迁葬，并出示晓谕，如有违抗之人，严拿到案惩办。

6　月

6月1日（闰四月初十日）　奉天日兵撤退至铁岭、抚顺地界。同日，日本公布奉天开埠。

6 月 2 日(闰四月十一日)　上海祥丰、德丰、安吉、仁和、萃丰、合丰等 14 家成衣店雇工 600 余人罢工要求增加工资。

6 月 3 日(闰四月十二日)　光绪帝在颐和园召见各大臣,询及南昌教案、关税问题及中俄交涉事宜。

6 月 4 日(闰四月十三日)　商部奏准何福堃总办山西同蒲铁路。

6 月 6 日(闰四月十五日)　清廷谕内阁开办考察政治馆,将中外政治悉力考核,详加编纂,用备甄采。

△　戴鸿慈、端方抵比利时,与正在比京之载泽等晤商考察事宜。

6 月 7 日(闰四月十六日)　日本发布敕令设立南满铁道株式会社。

△　载泽、尚其亨离比取道法国东返,李盛铎留任出使比国大臣。

6 月 8 日(闰四月十七日)　上海虹口密勒路瑞丝厂女工千人罢工,抗议资方克扣工资。

△　上海浦东陆家嘴美商晋隆洋行烟厂男女工人约千人罢工,要求增加工资。

6 月 9 日(闰四月十八日)　杭州机户工匠万人联合罢工,抗议物价上涨,向绸缎庄店主索加工资。

△　江苏东台县米价上涨,农民聚众捣毁当地富绅、地主多家及所办之学堂。

6 月 10 日(闰四月十九日)　载泽、尚其亨离马赛返国。

6 月 11 日(闰四月二十日)　清廷谕各省将军督抚振励官方,整顿吏治。

6 月 12 日(闰四月二十一日)　政务处议准饬禁官民买卖妇女。

△　学部奏准派各省提学使赴日本考察学校制度及教育行政事宜。

6 月 13 日(闰四月二十二日)　直隶总督袁世凯派马队 1200 人剿办马贼。

△　外务部奏准拟调用人员办法,并设立储才馆,又奏请按年选派

留学生，由储才馆负责办理。

△　天津北洋女子师范学堂开学。

△　日本政府公布《南满铁道株式会社条例》，资本二亿日元，日清两国政府各半，总局设于东京，支局设于大连，男爵后藤新平为总裁。

6月14日(闰四月二十三日)　商部奏准各省所设机器局兼造各种机器；若工匠及出洋毕业生果有能力制造机器，可奏明准酌借官款，俾助其成。

△　丁振铎奏请滇省干支各铁路均归铁路公司承办。

△　戴鸿慈、端方抵意大利罗马。

6月15日(闰四月二十四日)　直隶平山、灵寿两县举办警察，抽收捐款，农民聚众反抗，拆毁衙署大堂，殴击知县，捣毁学堂两所。

6月17日(闰四月二十六日)　陇海铁路汴(开封)郑(州)段竣工通车。

6月19日(闰四月二十八日)　上海租界工部局工程工人罢工，要求增加工资。

6月20日(闰四月二十九日)　安徽南陵县农民截夺过境谷米，并捣毁衙署。

△　浙江仙居县灾荒，饥民抢米，商店罢市。

△　中法订立《江西南昌教案善后合同》，清政府赔款25万两。南昌教案了结。

6月21日(闰四月三十日)　德国设置牛庄领事，兼管东三省商务。

6月24日(五月初三日)　奉天辽阳州(今辽阳县)农民焚毁州署。

6月25日(五月初四日)　法国新简公使巴思德抵任，是日呈递国书。

6月26日(五月初五日)　云南绅民请滇督致电外、商两部，向驻京法使交涉收回本省路权自办。

△　外务部照会英公使萨道义，拟退还英商承租安徽铜官山矿区

银两，并将矿约作废。

6月28日(五月初七日) 浙江新城县(今属富阳市)红帮黄道士等200余人焚教堂，攻县城。

△ 直隶总督袁世凯批准北洋银圆局立案开办劝业铁工厂。

6月29日(五月初八日) 章太炎自上海刑满出狱，蔡元培及孙中山所派代表龚炼百等人至上海迎章至东京。章抵日后，“与胡汉民、汪精卫诸人每日恒至孙(中山)宅叙谈”。

6月30日(五月初九日) 禹之谟率湘乡中学堂师生数十人，赴湘乡县衙，请愿提取盐厘充学堂经费。7月10日，湘乡知县陶福曾上禀控以“哄堂塞署”。

7 月

7月1日(五月初十日) 法国情报军官欧极乐由同盟会会员乔义生陪同，于6月29日抵武昌考察革命势力。是日，日知会开大会欢迎欧极乐，纷纷发表热烈演说。

△ 浙江新城县民众起事约期攻城，为官兵击败。

△ 中日两国在安东(今丹东市)签订《鸭、浑两江军用木植合同》。日军从鸭绿江、浑江放下木植抽收军用木40万连，照价给发。

7月2日(五月十一日) 湖南常德府开埠。

7月3日(五月十二日) 革命党人邹容墓及纪念塔在上海落成，蔡元培等30余人于墓前开纪念会。

△ 浙江武义县履坦庄会党抗捐，冲击县署，释放监犯，焚毁勒捐之徐氏群英学堂。

7月4日(五月十三日) 商部奏准铁路占用地亩，应纳赋税，请申明由公司完纳定章，通饬一律遵守。

△ 商部奏准《全浙铁路公司章程》，并准予立案。

7月6日(五月十五日) 江苏山阴县饥民抢米。

7月7日(五月十六日) 章太炎在东京由孙毓筠介绍加入同盟会,孙中山主盟。

△ 江西吉安府庐陵县数千农民进城,要求减征,并抢火药库,毁断电线。21日,清廷谕令江西巡抚吴重憙弹压。

△ 学部咨请各省添设政法学堂。12日又咨请各省举办实业学堂。

7月8日(五月十七日) 四川绅商以英商立德乐开设华英煤铁公司,所订开采江北煤铁矿合同满限,禀请清廷废约。

7月9日(五月十八日) 岑春煊以香港各报指责其计划将粤汉铁路收归官办违法占权,是日下令严禁港报入境。

△ 商部奏准于陕西加征土厘作为西潼铁路路股。

7月10日(五月十九日) 上海英租界日商三泰纱厂工人罢工,抗议日本工头虐待,要求改善工作条件。

△ 江苏宝应县因米价昂贵,富绅居奇,激起众怒,农民捣毁绅宅12家。12日,汜水镇又发生同类事件。署两江总督周馥、江北提督刘永庆派兵前往弹压。

7月12日(五月二十一日) 出使各国考察政治大臣载泽、尚其亨归抵上海。

7月14日(五月二十三日) 日本新任公使林权助抵任。8月21日呈递国书。

7月15日(五月二十四日) 留日学生在东京锦辉馆开会欢迎章太炎,到2000人,章氏在会上发表长篇演说,提出:爱惜汉种的历史,增进爱国的热肠。

7月16日(五月二十五日) 江苏扬州饥民发生抢米暴动。同日,泰州官盐栈被抢。

7月17日(五月二十六日) 孙中山自日本赴南洋,是日抵芙蓉埠,召集同志谈革命形势。指出:近一二年,革命"大有一日千里之势"。清廷始为保子孙帝业,下诏维新,继则宣布立宪,"为笼络人心之手段,实假立宪之美名，以实行中央集权”。又谓，惟有革命可以不招瓜分。

7 月 18 日（五月二十七日） 江苏扬州府城内外饥民抢劫米行，仙女镇巡检衙署亦被打毁，邵伯镇一律罢市。

7 月 19 日（五月二十八日） 江苏镇江米价飞涨，群众捣毁运米船只。

7 月 20 日（五月二十九日） 安徽霍山张正金联合湖北英山、麻城、蕲水、罗田会党 2000 余人，攻清军防营。

△ 学部准美国在北京设立协和医学堂立案。

7 月中旬 孙中山赴南洋，船过上海，约熊克武、秋瑾等相见，请秋代筹 1000 元款。

△ 孙中山船过香港，约见同盟会会员，调解《有所谓报》与《中国日报》关于参加拒约运动、争路运动与否之争论。

△ 孙中山抵新加坡，寓晚晴园，凡往来南洋各埠，均以星洲为基地。旋改组同盟会分会机构，以张永福为会长，陈楚楠为副会长。

7 月 21 日（六月初一日） 出使各国考察政治大臣戴鸿慈、端方归国抵上海。张謇、汤寿潜、赵凤昌等先后四次谒见，“竭力劝其速奏立宪，不可再推宕”。

△ 《新民丛报》第四年第十一号（总第八十三号）刊出徐佛苏《劝告停止驳论意见书》，要求《民报》停止与《新民丛报》论战。

7 月 22 日（六月初二日） 江西余干县黄花墩等地连日聚众反抗开办白土统捐，是日又有千余人参加。

△ 直隶总督袁世凯奏称，法国撤减直隶驻兵，交还廊坊、杨村、北戴河、秦皇岛、山海关各处兵营。

7 月 23 日（六月初三日） 出使各国考察政治大臣载泽、尚其亨抵北京，即赴颐和园觐见两宫复命。

7 月 24 日（六月初四日） 是日及次日，慈禧太后召见出使各国考察政治大臣，载泽详细回答了慈禧的询问，并上折奏请立宪，请“明发谕旨，布告立宪，酌定若干年为实行之期”。

△ 商部奏准将北京西山山北产煤地之门头沟铁路支线归并京张铁路，一并由国家投资兴修。

7月25日(六月初五日) 外务部、商部奏准《华洋合办热河霍家地金矿合同》。

7月26日(六月初六日) 清廷谕署两江总督周馥严惩抢米饥民，以靖地方。

△ 署两广总督岑春煊札拿《时敏》、《亚东》两报主笔，《时敏》以罚款获释，《亚东》被封。

7月28日(六月初八日) 学部奏准《教育会章程》，凡15条。

7月29日(六月初九日) 户部、商部奏准岑春煊就地筹款，兴办铁路。

7月31日(六月十一日) 日本裁撤奉天军政署，开原、抚顺、铁岭、瓦房店之军政署亦同时裁撤。

8 月

8月1日(六月十二日) 出使各国考察政治大臣戴鸿慈、端方在沪分电各总督，商定立宪期限。

△ 日本政府公布“关东都督府官制”，改“关东总督府”为“关东都督府”。9月1日，任命大岛义昌大将为关东都督。

8月2日(六月十三日) 同盟会本部干部宋教仁、康宝忠、董修武、孙毓筠、匡一等八人会商接待四川会党首领佘英(竟成)事。

8月3日(六月十四日) 商部奏报湖南商董请湘境粤汉铁路归商筹办。9日，清廷谕仍应官督商办。

△ 清廷命吴重憙为江西巡抚。

8月4日(六月十五日) 董修武、宋教仁、胡汉民与章太炎会商《民报》事务，决定以章太炎为总编辑。

△ 学部议定《女学教育章程》。

△　南书房行走、编修吴士鉴奏请试行地方分治。

8 月 5 日(六月十六日)　岑春煊派留日法政速成毕业生分赴两广各属宣讲法政。

8 月 6 日(六月十七日)　出使各国考察政治大臣戴鸿慈、端方到达天津,同袁世凯讨论筹备立宪及改革官制等事。

8 月 7 日(六月十八日)　同盟会吉隆坡分会成立,孙中山主持创始会员宣读誓词,陆秋泰为会长,王清(清江)副之。

8 月 8 日(六月十九日)　岑春煊奏请饬吏部拣选知县 50 员来粤,务要年在 40 岁以内,俾得派赴法政学堂学习,以兴举要政。

8 月 9 日(六月二十日)　天津学生上书过津之出使各国考察政治大臣戴鸿慈、端方,请速定立宪。

△　袁世凯会商两大臣奏改官制,并饬办学各绅商会议地方自治制度。

8 月 10 日(六月二十一日)　同盟会会员禹之谟在长沙被捕,旋移解湘西靖州(今靖州苗族侗族自治县)监禁。

△　出使各国考察政治大臣戴鸿慈、端方自沪抵京,即赴颐和园觐见两宫复命。

△　日公使林权助与练兵处开议征剿满洲马贼及关于满洲诸种问题。

8 月 11 日(六月二十二日)　商部颁行《独资商业注册呈式》。

△　出使日本大臣杨枢向日本外务省抗议在东三省设置"关东都督府"。

8 月 12 日(六月二十三日)　四川会党首领佘英(竟成)在东京民报社访晤宋教仁,讨论联合实行革命事。

8 月 13 日(六月二十四日)　清廷准由大达轮步公司息借款项营建江苏通州天生港商埠。

8 月 17 日(六月二十八日)　山西左云县"义和拳"进入县城,强迫知县供给粮食。

8月18日(六月二十九日) 巡警部查验各厅警官执照,防止革命党混入。

△ 督办铁路大臣唐绍仪商巡警部尚书徐世昌,所有铁路警察请一律归巡警部办理。

8月19日(六月三十日) 出使各国考察政治大臣端方等奏请实行立宪政体,并请宣示天下,以定国是。

△ 佘英在东京加入同盟会。

8月20日(七月初一日) 云南全体学生代表全省人民电政府,诉云贵总督丁振铎昏耄庸劣,内政外交俱归失败,请据实密查严参。23日再电政府,请换丁振铎以挽危局。

△ 户部饬各地海关所过货物一律抽税。

8月21日(七月初二日) 署两江总督周馥奏准机制棉纱出口常税,拟请改照洋关税则征收,华洋一律办理。

8月22日(七月初三日) 孙中山自南洋返抵日本。四川会党首领佘英谒见。孙命佘归,向川中会党喻以反清大义,且谓谢奉琦、熊克武曰:吾国革命用兵,当在长江流域,四川其上游也,宜急图之。旋佘与谢、熊同归四川,积极策划起义。

△ 清廷置川滇边务大臣,派赵尔丰充任。

8月23日(七月初四日) 出使各国考察政治大臣端方等联名电请速定立宪大计。

△ 出使各国考察政治大臣载泽奏陈改行立宪政体,请先除满汉界限。

△ 出使欧洲各大臣合词电请速定立宪大计,以图自强。

△ 署黑龙江将军程德全奏请设立全省巡警学堂。

△ 袁世凯委周学熙、孙多鑫收回唐山洋灰公司。

8月24日(七月初五日) 江苏崇明县数千人捣毁学堂。

△ 清廷谕伊犁将军长庚、陕甘总督升允、陕西巡抚曹鸿勋、新疆巡抚联魁妥筹兴办陕、甘、新疆三省工艺局。

△ 岑春煊奏，嗣后无论何国，未经官家允诺，不准于中国境内擅行招工。

8月25日(七月初六日) 出使各国考察政治大臣戴鸿慈、端方联名奏请改定全国官制，为立宪之预备，缕陈“略仿责任内阁之制”、“定中央与地方之权限”、“中央各官宜酌量增置、裁撤、归并”、“裁判与收税事务，不宜与地方官合为一职”等八条。

8月26日(七月初七日) 安徽霍山县张正金率众千余人围攻千畈岭教堂。

△ 清廷谕派醇亲王载沣、军机大臣奕劻、政务处大臣张百熙、大学士孙家鼐等暨参预政务大臣袁世凯，公同阅看考察各国政治大臣条陈各折件，请旨办理。

△ 端方奏请迅将帝国宪法及皇室典范编定颁布，以弭鼓动排满之乱党。

△ 驻广州美总领事雷优礼照会岑春煊，请禁抵制美约会。

△ 清政府通告各省，凡创办电话均归电报总局办理，拒绝外人干涉。

△ 商部奏准汉口设立商务总会。

△ 日本经营奉(天)新(民屯)铁路修竣通车。

8月27日(七月初八日) 慈禧太后召见袁世凯，袁面奏先组织内阁，从改革官制入手。

△ 醇亲王载沣等在外务部会阅出使各国考察政治大臣条陈各折，讨论立宪事宜。多数同意改为立宪政体，从改革官制入手，预备立宪。由荣庆草拟预备立宪谕旨。

△ 陕西巡抚曹鸿勋奏请陕省改练新军，省屯军改编为巡防队。

8月28日(七月初九日) 清廷帝后召见大学士、军机大臣、直督袁世凯等，讨论出使各国考察政治大臣条陈各折件，商讨实施立宪事宜。

8月29日(七月初十日) 清廷帝后再召见诸大臣。诸大臣请求朝廷颁行宪政。实行立宪就此决定。

8月30日(七月十一日) 清廷诸大臣在外务部公所会商预备立宪谕旨稿,交庆亲王奕劻定稿。

△ 外务部复照英公使萨道义片马国界事。

8月下旬 光复会会员徐锡麟至奉天彰武,访晤东北马贼首领冯麟角,谈及反清革命大业,相约“南北呼应”。

是月 秋瑾由南浔抵上海,与陈伯平、姚勇忱等,设蠡城学社,联络浙江会党首领敖嘉熊、吕熊祥等,筹划起义。

9 月

9月1日(七月十三日) 清廷宣布仿行宪政,大权统于朝廷,庶政公诸舆论。命先将官制议定,详慎厘定各项法律,广兴教育,清厘财政,整顿武备,普设巡警,以预备立宪基础。“着内外臣工切实振兴,力求成效,俟数年后规模粗具,查看情形,参用各国成法,妥议立宪实行期限,再行宣布天下,视进步之迟速,定期限之远近”。

△ 日本外务省照会各国,声明自是日起将中国大连港开放为各国通商自由港。

9月2日(七月十四日) 云南留安南学生上书清政府,言滇事危迫情形,请练军以固国防。

△ 清廷为厘定官制,派载泽、世续、戴鸿慈及袁世凯等14人公同编纂,并命端方、张之洞等六总督派员至京随同参议,由奕劻、孙家鼐、瞿鸿禨总司核定。是日至10月7日,编纂诸大臣接连在朗润园会议官制。

△ 巡警部得东京密探电,云孙文偕一日女赴京勾结杭辛斋(慎修),警官史太龙是日率兵警至中华报社,捕去自日本归来之藤堂调梅(即同盟会会员任天知)及其日本妻子,报主彭翼仲(诒孙)、杭慎修保释未成,次日刊出《巡警部捕拿孙文始末记》一文予以披露。

△ 端方调补两江总督兼南洋大臣,周馥补授闽浙总督。

△ 张之洞电湖南巡抚庞鸿书,凡新选新补州县官,均须先自费出洋考察。

9月3日(七月十五日) 京师学界全体开大会庆祝朝廷颁诏立宪。

9月4日(七月十六日) 官制编纂大臣于颐和园开第一次会议。6日,官制编制馆成立。

△ 清廷以岑春蓂补湖南巡抚,庞鸿书补贵州巡抚。

9月5日(七月十七日) 商部奏准广西全省铁路有限公司立案,于式枚为总理。

9月6日(七月十八日) 户部造币厂定议铸造重一两、五钱、一钱之银币。

△ 出使俄国大臣胡惟德奏,拟请颁行地方自治制度。

9月9日(七月二十一日) 上海商务总会召开绅商会议庆祝预备立宪。

9月10日(七月二十二日) 直隶试办地方自治,天津官绅设自治局。

9月11日(七月二十三日) 黄兴自新加坡与孙中山筹商方略后,取道香港、上海,是日返抵东京。

△ 岑春煊调云贵总督,周馥调两广总督,丁振铎调闽浙总督。

9月13日(七月二十五日) 江苏震泽县震泽镇民众捣毁平粜局及米店。

△ 清廷据袁世凯奏请于奉天省安东县大东沟设海关分卡,归安东关兼辖。

9月14日(七月二十六日) 浙江德清县饥民数千人进城捣毁库总、库书数家。

9月16日(七月二十八日) 上海《申报》、《中外日报》、《时报》等联合发起在张园举行报界庆祝立宪会,到千余人,要求清廷迅速实行立宪。

△ 学部编纂白话教育歌颁发各省，开发民智，以为立宪之预备。

△ 唐绍仪与俄使璞科第在外务部开议中俄条约。

9月17日(七月二十九日) 云南留日学生电请外务部，力拒法人要求澂江府矿权。

△ 财政处、户部会奏归并各省铜元局为九厂，共有九所，清廷谕派陈璧前往考察办理。

9月18日(八月初一日) 浙江乌程、武康、德清等县水灾，饥民暴动，抢粮及抢县吏多家。

△ 编纂官制大臣载泽等奏报厘定官制宗旨五条，参仿君主立宪国官制，先就行政、司法各官依次厘定。

△ 驻昆明英总领事务谨顺照会滇督，请中英合办腾越铁路。滇蜀腾越铁路总公司极力拒绝。

9月19日(八月初二日) 江苏创办宪兵。

△ 新任英公使朱尔典呈递国书。

△ 清廷谕内阁严禁吸食鸦片，并禁种罂粟，以十年为限，饬财务处拟章具奏。

9月21日(八月初四日) 奉天铁岭、法库门(今法库县)、通江三处，宣布开作商埠。

9月23日(八月初六日) 中国留日女学生会在东京成立。

9月25日(八月初八日) 宋教仁访晤黄兴，告以东北吉林边境韩登举事，黄兴亦告南行经过。

△ 山东烟台华商反对西人设立工部局，联禀外、商两部及北洋大臣、山东巡抚、东海关道等，请主持力争。

9月26日(八月初九日) 孙中山自西贡致函苏忠汉，请唤起爪哇华侨爱国意识，促其与吾党合作，共图救国义举。

△ 袁世凯刊刻各国官制大略及组织之用意，分送各王大臣及政界中人。

△ 前出使意大利大臣、候选道许珏递呈陈言中国士大夫如不洗

心涤虑，澄叙官方，虽欲仿行外国宪政，亦无所施。

△ 吏部通咨各省，嗣后仕途人员，以学堂卒业生与候补官并用。

9月28日（八月十一日） 御史蔡金台奏，改革官制宜限制阁部、督抚、州县权限。

9月29日（八月十二日） 北京《中华报》被封禁，主笔彭诒孙、杭慎修被捕，彭旋遣戍新疆，杭递解回籍。

△ 学部派张元济、林灏深赴东西洋考察学制，并往南洋察阅华侨兴学情形。

△ 外务部与日公使林权助会议交还营口，日使允按约实行。10月25日，营口归还中国。

9月30日（八月十三日） 户部尚书铁良反对改革官制，与袁世凯大起冲突，镇国公载泽严劾铁良阻挠立宪。

△ 御史刘汝骥就所闻厘定官制大臣会议情况奏称，总理大臣不可轻设，以杜大权旁落。

△ （北）京张（家口）铁路首段（丰台至南口）工竣通车。

是月 秋瑾与陈伯平等在上海虹口祥庆里寓所试制炸药不慎爆炸，陈伯平眼睛炸伤，秋瑾手臂受伤。

△ 同盟会会员李实谋在四川江油起义，事泄，率众退至剑州小燕山，旬日之间，发展至千人以上，铁良调巡防营围攻，李不幸牺牲。

10 月

10月2日（八月十五日） 新授云贵总督、署两广总督岑春煊致电外务部请代奏，孙文在南洋一带售卖军务债票，有意煽乱，请饬属严为拿办，并请电饬出使英、荷各国大臣照会各该国外部，设法禁止解散。

△ 云南省城陆军、政法各学堂学生上书政务处，陈滇省学务军政腐败废弛情形，请改良整顿，以救滇危。

△ 学部奏报颁布《考验游学毕业生章程》，于每年八月举行，考列

最优者给予进士出身，优等及中等给予举人出身，酌予实官。清廷从之。

10月3日（八月十六日）　外务部奉清廷谕旨，着岑春煊及各省督抚查缉孙文之活动，并电出使英、荷两国大臣汪大燮、陆徵祥切实商请两国外部，对孙文之活动设法禁止解散。

△　署吉林将军达桂奏报创设巡警学堂。

10月4日（八月十七日）　清政府拟定整顿滇省要政七条：一、清吏治；二、整军备；三、设巡警；四、兴学校；五、保护法人铁路；六、调查全省矿产；七、扩张东昭铜厂等。交新授滇督岑春煊酌核办理。

△　御史杜本崇奏称官制不可全事更张。中称厘定官制大臣十数人，"惟有权力者主持其间，余则随同画诺"。

10月5日（八月十八日）　学部新定章程，凡外人呈请在内地开办学堂者，概不允许立案。

10月7日（八月二十日）　清军在萍乡、浏阳、醴陵交界之麻石搜捕会党。会党首领李金奇投醴陵白兔潭死难。

△　江苏海州（今东海县）会党领导饥民数百人暴动，安东、阜宁、盐城等县饥民响应。

△　御史王步瀛奏称，设内阁总理不若现设军机三五臣工参酌办理之为得。

△　商部奏准《奖给商勋章程》八条，对创制新法新器，以及仿各项工艺确能挽回利权，足资民用者，分别酌予奖励。

10月8日（八月二十一日）　御史赵炳麟奏，民智未开，下议院未能成立，大权授诸二三大臣之手，将成大臣专制政体。

10月9日（八月二十二日）　孙中山自西贡抵日本。船泊吴淞口时，因清政府防范甚严，不得登岸，分召蔡元培、高旭、陈其美、秋瑾、宁调元等上船会见。

△　御史张瑞荫奏，军机处关系君权，不可裁撤。

△　内阁学士文海奏，欲去军机大臣，设大总理，是欲学从前之日

本权在大将军，请即行裁撤厘定官制馆，并请饬袁世凯速回本任。

10 月 10 日（八月二十三日） 山东曹州马在田、朱明等聚众八九股，每股百人以上，转入河南永城、夏邑等县活动。

10 月 11 日（八月二十四日） 巡警部订定《报刊应守规则》九条，规定“不得诋毁宫廷”，“不得妄议朝政”，“不得妨害治安”。

△ 御史石长信奏称，内阁官制设总理大臣一人，迹近专制，拟请军机处仍旧。

10 月 12 日（八月二十五日） 孙中山在寓所接待日革命评论社同人。17 日，收到宫崎寅藏送来的《革命评论》。

△ 吏部主事胡思敬陈言，议立总理大臣统一枢务，无论用亲藩，用满汉大臣，皆可恣睢弄权，启奸人窥伺之渐。

△ 御史赵炳麟奏，新编官制，权归内阁，流弊太多，下无政党，上下议院不克成立，不能仿行责任政府。

10 月 13 日（八月二十六日） 出使各国考察政治大臣戴鸿慈等奏请军政、教育，拟请择要取法各国。

△ 学部举办第二次游学毕业生考验。包括上年举行的考试，至 1911 年，共举行七次，考验及格者 1388 人，其中留日 1252 人，留欧美 136 人，给予进士出身者 16 人。

10 月 15 日（八月二十八日） 云南留日学生主办之《云南》杂志于东京创刊，吴琨编辑，每月一期，以宣传民主主义，反对英法帝国主义侵略为宗旨。

10 月 16 日（八月二十九日） 孙中山致函同盟会新加坡分会副会长张永福，促其在新加坡速印《革命军》，并鼓吹革命。

10 月 17 日（八月三十日） 袁世凯编刊《立宪纲要》，颁发直隶各属。

10 月 18 日（九月初一日） 湖南籍同盟会员陈家鼎、宁调元、傅熊湘在上海编辑《洞庭波》杂志，寄东京印行，仅出一期，被官府查禁。

△ 岑春煊电奏，孙文派党人向河内法商订购军火，并派邓子瑜回

港潜谋起事，请饬下外部照会英、法公使分致港督、越督设法禁阻。

10月19日（九月初二日） 清廷以盛京将军赵尔巽奏奉省应办事宜为难，谕军机大臣等奉省所用人员，准其奏咨调往，所需款项随时咨商户部设法协济，并勉赵尔巽力任该职，所有练兵、理财以及农工商业，务当认真筹办。

10月20日（九月初三日） 宫崎寅藏以"火海"为笔名在《革命评论》第四号发表《孙逸仙》一文，介绍孙中山的履历、主义、思想、精神，评称："孙逸仙是要把中国变成自由共和的新天地……具有非为其战斗到底不可的命运和自觉降生此世的战斗的人物。""孙逸仙是中国稀有的人物"，又"实在具有大本领的世界的大人物"。

△ 上海道瑞澂奉外务部电令分别致书公共租界与法租界会审公堂，派员检查各书坊，禁售《南昌教案纪略》。

10月21日（九月初四日） 孙中山在民报社晤见来访之宫崎寅藏、和田三郎、池亨吉。27日，又与平山周、伊藤京重至革命评论社。

△ 唐绍仪奏陈与俄使璞科第议约开放北满洲，俄使已承诺。

△ 醴陵会党首领李金奇副手张折卿被捕，11月5日被害。

10月22日（九月初五日） 新建陆军在河南彰德举行秋操大典，袁世凯、铁良为总校阅官。25日举行阅兵仪式。

10月23日（九月初六日） 出使各国考察政治大臣戴鸿慈、端方进呈《欧美政治要义》一书，为清廷预备立宪参考。

10月26日（九月初九日） 中意商约在上海开议，意力索上海至绍兴航权，并开无锡、安庆为商埠，清议约大臣力拒之。

10月27日（九月初十日） 广东香山县申明亭乡农民千余人涌入自治公所，反对开办地方自治。

△ 清廷从法部尚书戴鸿慈等奏，通饬各省兴办图书馆、博物院、动物园、公园。

10月28日（九月十一日） 江苏巡抚陈夔龙密函瑞澂，告以孙中山"在各省沿江一带勾结会匪私运军械，意图起事"，令饬属认真防范。

次日，瑞瀓知照驻上海防营严密查拿。

△ 《竞业旬报》在上海创刊，为竞业学会刊物。初由傅熊湘主编，1908年4月第十一期起由胡洪骍(胡适)、张丹斧主编。该刊注重思想道德风俗的除旧布新，间亦有民族民权主义宣传和对立宪派的讽刺。

△ 陕甘总督升允与德商天津泰来洋行订立《德商承造兰州黄河铁桥合同》。

10月30日(九月十三日) 户部咨外务部，请照会俄公使转饬，迅将瑷珲属地全数交还。

△ 萍乡知县张之锐闻有会党开堂，率勇搜查萍实里一带，查悉孙绍山邀请姜守旦、蔡绍南等参加明日开立复龙山事。浏阳知县亦在四乡巡查。

10月31日(九月十四日) 达赖喇嘛自库伦(今蒙古乌兰巴托)抵青海西宁塔儿寺。达赖于1904年英军进攻西藏时出亡蒙古，事平后启程回藏。

是月 湖南省城长沙警察局查获《革命军告白》、《革命军洪示》。后者有“军兴革命，挽回在天；复我汉祚，势所必然”语。

11 月

11月2日(九月十六日) 奕劻、孙家鼐、瞿鸿禨奏呈厘定之各部官制通则清单、阁部院官制节略清单，确定立法、行政、司法三权分立，设内阁总理大臣。

△ 大学士孙家鼐奏称，改定官制当从州县起，地方自治为宪法初基，将欲责放于台司，莫若试行于州县。

△ 御史史履晋奏，改革官制宜先州县，后京师；先立议院，后立内阁。

11月3日(九月十七日) 肃亲王善耆奏陈经营蒙古策，分屯垦、矿产、马政、铁路、学校、银行等八事，主开放蒙古荒地以实边。

11月6日(九月二十日) 清廷下诏厘定官制。命“内阁、军机处一切规则着照旧行”,否决设总理大臣统率责任内阁原议。其余,外、吏、学、礼各部照旧;新设邮传部;巡警、户、兵、刑各部分别改为民政、度支、陆军、法部;大理寺改为大理院;工部并入商部,改为农工商部;理藩院改为理藩部;增设资政院、审计院。各部(除外务部)堂官均改设尚书一员、侍郎二员,不分满汉。

△ 清廷谕令陆续编订各直省官制,妥议州县官制及办理地方自治事宜。

△ 清廷命庆亲王奕劻、外务部尚书瞿鸿禨均仍为军机大臣;大学士世续补授军机大臣;吏部尚书鹿传霖、学部尚书荣庆、巡警部尚书徐世昌、户部尚书铁良开去军机,专管部务。

△ 署醴陵知县汪文溥出示严禁会党,解散胁从,令已入会者速缴票布自首,旋又派防营清查四乡。

11月7日(九月二十一日) 贵州省贵定县苗民举行反洋教起事,各苗寨百余处数万人加入,旋即遭官兵镇压,首领罗法先死难。

△ 清廷新授鹿传霖为吏部尚书,溥颋为度支部尚书(未到任前着铁良兼署),溥良为礼部尚书,铁良为陆军部尚书,戴鸿慈为法部尚书,张百熙为邮传部尚书,寿耆为理藩部尚书,陆宝忠为都察院都察御史,沈家本为大理院正卿,奎俊为总管内务府大臣,唐文治兼署农工商部尚书,毓朗暂署民政部尚书。

11月8日(九月二十二日) 孙中山致函旅日俄国民粹派《民意》报主编鲁赛尔,希望“由于您的善意号召”,全世界大公无私的人们将会逐渐理解中国问题;“占世界人口四分之一的国家的复兴,将是全人类的福音”。

11月9日(九月二十三日) 清廷谕改政务处为会议政务处。

△ 清廷谕都察院纠察行政,责任綦重,应如何慎加遴选,着军机大臣妥议具奏。

11月10日(九月二十四日) 外务部复照日公使林权助,表示断难承认日本设立南满铁道株式会社。

11月11日(九月二十五日) 浙江仙居方锡汉因米贵,联合温州、处州两处农民起事。

11月13日(九月二十七日) 出使法国大臣刘式训奏请与土耳其、波斯(今伊朗)、暹罗(今泰国)立约通好。

11月14日(九月二十八日) 山西留日学生李培仁蹈东京二重桥水池死,值晋人反对福公司攘夺晋省矿权,留东学生遂借作宣传,伪造绝命书二份,誉为争矿烈士,隆重追悼。

11月15日(九月二十九日) 孙中山与俄国社会革命党首领该鲁学尼在东京会谈,主张在中国实施立法、司法、行政、考选、纠察五权分立的共和政治。

△ 江苏淮阴、海州水灾,饥民流落扬州就食者近两万人,两淮运司强行遣送回籍,饥民聚众抗拒。

△ 吉林长春府开作商埠。

11月16日(十月初一日) 潮(州)汕(头)铁路通车。全长42公里。南洋客属华侨张榕轩、张耀先兄弟投资兴建,此系中国第一条华侨自建之铁路。

11月17日(十月初二日) 山西太原士绅学生集会,反对福公司侵夺山西矿产,议决以死力争,英公使朱尔典照会外务部,请咨晋抚保护弹压。

△ 新疆巡抚联魁奏新省改练新军,步队三营为一标,马队两营为一标,共为混成协,暂名新疆陆军,请饬立案。

△ 清廷令广州将军寿荫来京当差,调江宁将军诚勋为广州将军,以正黄旗汉军统领清锐为江宁将军。

11月18日(十月初三日) 浙江萧山县新坝镇农民反抗巡警压迫,捣毁警察局。

△ 袁世凯片请开去参预政务等项兼差,又请将陆军第一、三、五、六各镇归陆军部统辖,直境第二、四两镇由其统辖督练。

11月20日(十月初五日)　清廷准袁世凯片,开去各项兼差;并谕全国陆军均归陆军部统辖,第二、四两镇暂由该督调遣训练。

△　北京滇学会因英人强索腾越铁路,上禀外务部请向英使交涉,转电阻驻滇英领,并切陈办法。

11月21日(十月初六日)　江苏长洲县农民数百人结队到县署报荒,要求地主停止征租。

11月22日(十月初七日)　孙中山复张永福、林义顺函称:"此间现拟设一大事务所在东京,为各省会员交通之地。"并谈及筹款事。

△　出使各国考察政治大臣载泽等进呈编辑政治各书,计30种。

11月23日(十月初八日)　汉口江报馆因言论激烈被查封,经理李伯敬被拘。

11月25日(十月初十日)　东京留日学生会湖南分会会议自治章程,黄兴主持会议,宋教仁等出席。

11月26日(十月十一日)　孙中山复函鲁赛尔,指出近期中国革命运动具有单纯的政治性质,将为未来的经济发展打下基础。

△　革命党人秦力山在云南干崖病逝。

△　南满铁道株式会社在东京开成立大会。寺内正毅为委员长。次年4月1日开始营业。

△　孙中山复函鲁赛尔,指出美国资本家不可能帮助中国拥有自己的工业威力而成为独立的国家。如果我们要走这条道路,"那么整个欧美资本主义世界就会高嚷着所谓工业的黄祸了"。

11月27日(十月十二日)　吏部奏准添设学治馆。

11月28日(十月十三日)　黄兴归国赴粤活动,孙中山、章太炎、宋教仁等在民报社为之饯行。

△　豫陕两省京官联名具禀邮电部,拟合豫陕两省之力筹筑洛潼铁路。

11月30日(十月十五日)　清廷颁布《禁烟章程》,凡10条,定期10年禁绝鸦片。

△ 浏阳捕获洪江会坐探，供称姜守旦等已约期劫狱起事。

12　月

12月1日（十月十六日） 外务部咨行各省，新开商埠，无论华洋各物，除照定章纳税外，均额外加征码头税。

△ 广州将军寿荫等奏广州旗营改练新军，编订步队三营，炮队一营，其满汉制兵编为巡防枪队八队，炮队四队，并设讲武堂一所。

12月2日（十月十七日） 同盟会本部在东京举行《民报》周年纪念大会，到6000余人，黄兴主席，孙中山发表《三民主义与中国民族前途》演说，阐明三民主义及五权宪法之概要。

△ 谭人凤在东京由黄兴介绍加入同盟会。

△ 学部奏定《管理游学日本学生章程》，凡40条，准于驻日公使署内设留学生监督处，由出使大臣兼任监督。

12月3日（十月十八日） 醴陵会党连日制造旗帜、号补、刀矛等军用品。是晚，防勇在邓家渡抄获所制刀械。被捕会党供称，萍乡、浏阳、醴陵三处会党约期十月二十日（12月5日）左右同时起事。

△ 湖南巡抚岑春蓂派巡防队三队，1200余人，赴浏阳、醴陵镇压会党。

12月4日（十月十九日） 署醴陵知县汪文溥再次出示解散会党，并派勇搜查邓家渡、板山铺、沩山一带。晚，洪江会头领廖淑保集众数千首在萍、浏、醴三县分辖之麻石发难，会合浏阳会众抢占浏阳高家头。萍浏醴会党起义爆发。

12月5日（十月二十日） 萍乡、浏阳、醴陵洪江会分头起事，浏阳金刚头、萍乡高家台被起义军占领。醴陵防营再搜板山铺，抄获窖藏枪械，捕会党头领陈显龙等。

△ 安徽繁昌县荻港商民罢市，反对官卡苛征。

△ 中日双方在营口签订《交收营口条款》。次日，营口商埠地面

由中国接收管理。

△ 兼理挪威国事务英国公使朱尔典、比国驻京公使柯霓雅呈递国书。

△ 清廷命驻藏办事大臣有泰来京当差，以帮办大臣联豫为办事大臣，张荫棠为帮办大臣。

12月6日(十月二十一日) 萍浏醴会党起义军龚春台部由醴陵占领上栗市，夺取守军枪械。江西宜春慈化市、萍乡桐木等处亦被他部起义军占领。

△ 醴陵起义军李香阁等部集中西路神福港，瞿光文等部集中东部官寮，晚间分向县城前进；李部中途被巡防队击败，各路均退。

△ 江西巡抚吴重憙派新军第一标第三营500人由南昌赴萍乡，又命驻新昌之该标第二营200人就近赴萍乡上栗市。

12月7日(十月二十二日) 会党起义军集中于浏阳县境。上栗市龚春台部大队转向浏境，并调醴陵李香阁等部赴浏。姜守旦、陈绍庄等部由金刚头进至三口、永和市，夺取团局枪械，毙团总李得中等，占领该市。巡防队来攻，起义军败退。

△ 驻醴巡防队赵春霆部进击西乡神福港起义军，新到巡防队一哨进击东乡官寮起义军。

△ 湘抚岑春蓂加派新军第一标统带吴绍璘率该标第二营崔朝庆部赴醴陵。

△ 奉天安东县老爷岭一带农民四五百人抗人警捐。凤凰城、九连城抗捐。

△ 御史赵启霖奏请饬学部、农工商部合力筹办京师高等实业学堂。

12月8日(十月二十三日) 纽约《中国维新报》刊出康有为10月21日所作《布告七十余埠会众丁未新年元旦举大庆典，告蒇保皇会改为国民宪政会文》。

△ 龚春台、姜守旦部聚集浏阳牛石岭，列阵迎敌，败，退枫林铺，

清军返县城外南街市，龚、姜等乘机回击，双方鏖战，清援军至，复败，陈绍庄重伤。

△ 湖南巡防队吴廷瑞营250人抵醴陵，分队前往接迎神福港、官寮方向清军。

△ 萍乡巡防队胡应龙、朱鼎炎部移驻县北案山关防堵。

△ 铁路大臣裁缺工部左侍郎盛宣怀奏，京汉铁路干路告成，计长2500余里，历时七八年，用款5213万余两，动借比款为多。

12月9日(十月二十四日) 上海宪政研究会开成立大会，马相伯被选为总干事，雷奋为副总干事。有会员300余人。刊行《宪政杂谈》月刊。

△ 湖广总督张之洞派新军第八镇十五协协统王得胜，二十九标标统李襄邻率步兵三营、炮队二队赴萍乡，会剿萍浏醴起义军。18日抵萍。

12月10日(十月二十五日) 赣、湘巡防队会攻上栗市，起义军头领沈益古率五六百人拒战，死伤甚众，上栗市为清军所夺。

△ 湖南新军崔朝庆营抵醴陵，即由官寮、麻石赴援上栗市巡防队。次日抵达，清军已胜，即赴浏阳境内，与赵春廷、梁国桢、徐振岱部巡防队，连日分击零股起义军。

△ 清廷命湖广总督张之洞、湖南巡抚岑春蓂、江西巡抚吴重憙等分头剿捕萍浏醴会党起义军，并传旨申斥吴重憙。

12月11日(十月二十六日) 清廷命两江总督端方、湖广总督张之洞及湖南巡抚岑春蓂迅派得力营队，会剿萍浏醴起义军，并着江西巡抚吴重憙速饬臬司秦炳直选带精兵，前往萍乡一带相机堵剿。

12月12日(十月二十七日) 湖南徐振岱部巡防队连续击败浏阳杈冲、东稔、小源、大圣庙等处零股起义军。

△ 醴陵北乡起义军头领谭石基见清军移往浏阳，是晚率部再举，自官庄图攻县城，与清军赵春廷部遭遇于芦福岭，战败。

△ 两江总督端方派第九镇统制徐绍桢率该镇艾忠琦标步队三营

及炮、工、马、辎重队共2500人赴赣。25日,前队抵安源。

12月13日(十月二十八日) 江西巡抚吴重憙派臬司秦炳直再带省城防常备军一标第二营300人启程会剿萍浏醴起义军,22日秦率队抵萍乡。

△ 东三省照中日条约开埠16处,计奉天六处,吉林六处,黑龙江四处,准于明年1月14日先行宣布吉林、哈尔滨、满洲里等处开埠日期。

△ 北京滇学会上禀邮传部,承认愿筹集向法国赎收滇越铁路路款。

12月14日(十月二十九日) 姜守旦率起义军2000余人据守浏阳大溪山寨,是日为清军徐振岱部攻破,退往永和市。

△ 湘抚岑春蓂派道员俞明颐赴浏阳、醴陵,择要驻扎督办,以一事权。

12月15日(十月三十日) 清廷谕江西巡抚吴重憙严饬各军,赶紧合力剿捕萍浏醴起义之萍乡会党。

△ 湖广总督张之洞续派第三十二标统带白寿铭率领所部全标三营暨炮队一队驰往浏阳,会剿萍浏醴起义军。

△ 云南留日同乡会派代表一人赴北京向清政府直接交涉腾越铁路、滇越铁路、七府矿约、滇缅界务四事。

△ 清廷谕军机大臣应即督饬各省切实筹办编练新军。

△ 清廷谕驻藏帮办大臣着联豫暂行兼署;所有亚东关开埠各事宜,着张荫棠妥筹办理。

△ 清廷设立印刷官报局于京师。

12月16日(十一月初一日) 东南各省绅商在上海设立“预备立宪公会”,郑孝胥为会长,张謇、汤寿潜为副会长。是为国内立宪派第一个团体。

△ 《预备立宪官话报》在上海创刊。系月刊。发起人庄景仲,以鼓吹君主立宪,提倡社会改革为宗旨。

△ 姜守旦、龚春台部起义军据守永和市二日，战不利，退大光洞，旋又由大光洞退往平江县境。

△ 萍浏醴起义军头领沈益古被害。

△ 陕西扶风县按亩加捐，筹办铁路，激起民愤，武举张化龙领导千余人围攻县城，迫使知县接受所提条款。旋遭凤翔知府逮捕。

△ 清廷谕内阁着各直省督抚切实推广农林，详查所管地方官民各荒，并气候土宜，限一年内绘图造册，悉数报部，由农工商部详定妥章，奏明办理。

12月17日(十一月初二日) 黄兴在东京晤宋教仁。宋问及湖南暴动事，黄告以“已派多人往各省经营”。

△ 清廷命瑞良为江西巡抚。

12月18日(十一月初三日) 清廷以萍浏醴起义军大多趋浏阳，谕仍着端方、张之洞、吴重憙、岑春蓂“严饬各军，合力防剿”。

12月19日(十一月初四日) 梁启超在神户须磨策划组党。夏历本月初，致书康有为，报告与杨度、蒋观云、徐佛苏、熊希龄等联络外界筹组政党事，拟以“尊崇皇室，扩张民权”，“要求善良之宪法，建设有责任之政府”为宗旨，载沣、载泽为正副总裁，袁世凯、端方、赵尔巽为赞助人，并请康退居幕后。是日，再致书报告进展。

12月20日(十一月初五日) 姜守旦、龚春台率残部400余人退至平江沙铺，为清军追及，伤亡惨重，姜守旦、龚春台越岭逃出。萍浏醴会党起义失败。

△ 陕西渭南县群众抗捐，捣毁厘金局、缉私卡、土药统捐分卡。

△ 广东学绅商界公电政府，力争广九路约，承认自行建筑。

12月21日(十一月初六日) 黄兴往民报社晤宋教仁，告以“将有广东之行”，邀其“同往襄助”。

△ 湖南巡抚岑春蓂奏称，有孙文会党王胜隐伏长江一带，已密饬严拿，并电知鄂、江两督。

△ 端方奏称已商请袁世凯先后调拨“海圻”、“海筹”、“海容”、“海

琛”、“飞鹰”五舰入江，以资镇慑。

12月22日(十一月初七日)　清廷谕端方、张之洞、岑春蓂，着严饬各军合力兜剿，并严密查拿王胜。

△　修律大臣议复前两江总督周馥奏请禁革买卖人口一折，应准照行，并拟办法10条。

12月24日(十一月初九日)　安徽宣城县官府残酷镇压抢粮闹事事件，杀害20余人，饥民800余人起而反抗。

△　广西巡抚林绍年奏准，招粤绅梁廷芳查勘富川、贺县、南丹州锡煤矿，设法试办。

12月25日(十一月初十日)　江苏嘉定县南翔镇饥民数百人抢粮。

△　江西萍乡安源煤矿会党首领萧克昌被清军诱杀。

△　新任德国公使雷克斯呈递国书。

12月27日(十一月十二日)　清廷谕岑春蓂、吴重憙及沿江海各省督抚，着严饬各军合力搜剿，“毋留余孽”，并防范查拿各处会党。

△　旅美华商请国内绅商再行停销美货，并劝国人勿应巴拿马河工。

12月28日(十一月十三日)　清廷谕吴重憙、瑞良防范江西会党。

12月29日(十一月十四日)　清廷谕吴重憙仍着各军搜捕窜匿会党，并会同岑春蓂清乡。

12月30日(十一月十五日)　清廷以萍浏醴会党披猖，各省伏莽尚多，通谕各省督抚整饬吏治，兴办巡警，预遏乱萌。

△　陕西华州农民解法正等领导数千人进城捣毁西关盐局及厘局。

△　清廷谕山东巡抚杨士骧赶紧督饬各军迅速剿办曹州匪党，并会同河南防军合力围捕，歼除首要，务绝根株。

△　清廷升孔子为大祀。

12月31日(十一月十六日)　刘道一在长沙遇害。

△ 靖州知州金蓉镜提审禹之谟，追究其与革命党关系。

是月 同盟会会员谭人凤、宁调元、胡瑛、孙毓筠等多人相率自日本回国，试图响应萍浏醴起义。

△ 湖广总督张之洞札湖南、湖北按察使，饬悬赏严拿会党，并开列赏格：拿获王胜、陈金、姜守旦、陈绍庄，各赏银1000两；拿获宗黄、刘家运、曹玉英、黄庆武、柳际贞、刘林生、郑先声、李燮和、朱子尤、萧克昌、卢金标，各赏银500两。

是年 春，安徽革命党人在芜湖安徽公学成立岳王庙，以陈仲甫（独秀）为会长。

△ 夏，同盟会福建分会成立，原由学界、会党组织之汉族独立会全体加盟，独立会代会长郑祖荫任分会会长，林斯琛任总干事。

△ 朱执信、李文范、古应芬、张树枏、何公博等返国，任教广东法政学堂等校，组成同盟会广东分会，仍以何公博为主盟人。

△ 黄格鸥自日本归国，在南昌成立同盟会江西支部，任支部长。

△ 原公强会负责人、同盟会会员章宪章、陈崇功归国，联络公强会成员杨庶堪、朱之洪等，设同盟会重庆支部。

△ 陈兆雯（幼云）自日本归国，任教保定崇实中学，发展师生入同盟会，成立河北支部。

△ 保定陆军速成学堂开学，钱鼎等在校建立同盟会保定分会，以钱为会长，会员多时逾百人。

△ 秋冬间，孙中山与黄兴、章太炎等制订同盟会《革命方略》，包括《军政府宣言》、《军政府与各处国民军之关系》、《军队之编制》、《战士赏恤》、《军律》、《略地规则》、《因粮规则》、《安民布告》、《对外宣言》、《招降满洲将士布告》、《扫除满洲租税厘捐布告》等11项文件。

△ 留日学生、同盟会会员温靖侯、谢逸桥、饶真等在广东嘉应松口设初级师范讲习所，以举人饶集蓉（芙裳）为监督，发展饶与学生张谷山、姚雨平、张醁村、梁龙、丘哲等加盟。

△ 刘冠三在山东济南设山左公学，聘归国留日学生、同盟会会员

徐镜心、齐树棠、左汝霖、邦文翰等为教员，刘与许多学生旋亦入同盟会。

△ 留日学生、同盟会会员谢鸿焘与邹秉绶、李廷璧等在山东烟台设东牟公学，徐镜心、陈幹、胡瑛、陈家鼎、陶成章等均曾来任教或留住，师生多人加入同盟会。先后而起者，尚有即墨胶莱公学、高密英林公学、曹州普通中学、掖县掖西中学、临沂沂州公学、惠民棣州公学、诸城东武公学等，均为革命分子所掌握。

△ 直隶留日学生刊物《直言》创刊，同盟会会员杜羲主持，仅出一期而止。

△ 山西保晋矿务股份有限公司在平定县成立，资本库平银300两。

1907年(清光绪三十三年)

1　月

1月1日(十一月十七日)　清廷谕内阁命大小臣工讲求教育,整顿财政,培养将才,慎重名器。

△　清廷自开广西南宁为商埠。

1月2日(十一月十八日)　清廷命护理贵州巡抚兴禄严拿贵定苗民起义首领罗朝印、罗朝安。

△　驻京德公使雷克斯请在胶州湾兴筑船坞永久屯驻海军,外务部拒之。

1月4日(十一月二十日)　光复会会员陶成章在日本东京加入同盟会,任留日会员浙江分会会长。

△　清廷谕端方仍着会同岑春蓂督饬认真清乡,并密拿萍浏醴起义首领。

1月5日(十一月二十一日)　孙中山在东京访晤日本作家池亨吉,告以萍浏醴起义后,“风云忽急,全国震荡”,吾党决乘此时机,“即将传檄十八省会党,联络声气,立刻举事”,占据广东省城,黄兴将先期前往,并邀池亨吉参加举事活动。

△　黄兴赴香港筹划革命,宋教仁代理同盟会本部庶务干事。

1月6日(十一月二十二日)　浙江山阴县(今绍兴市)被遣回籍灾民抢劫米店。同日,安徽宁国县冒埠饥民暴动。

△　吉林地方自治研究会开成立大会,到者百余人,公选公毓为会长,庆山、文禄为副会长。该会以预备立宪,准备地方自治,养成立宪国民为宗旨。同年5月,入会者达700余人。8月,该会修改简章,改名为吉林自治会。

△　清廷谕考察政治馆分行各省督抚,妥筹办理救荒三策(筹蠲恤,招商贩,办工赈)及备荒三策(重农桑,兴利源,设局厂)。

△　清廷谕内阁着湖广总督张之洞筹办曲阜学堂。

1月7日(十一月二十三日)　会党头领黄易、张宝卿等在上海被警探捕获,29日各国公使接受外务部照会,令驻沪领事将黄、张二人交还清政府,旋该二人被解往两江督署。

1月8日(十一月二十四日)　清廷谕湖南巡抚岑春蓂,即着飞咨沿江沿海各督抚严缉会党;浏阳会党业经击散,仍着实力清乡。

△　清廷电两江总督端方、江苏巡抚陈夔龙密拿萍浏醴起事党首刘震、黎兆梅等,务获惩办;并着会同沿江沿海督抚一体严捕。

△　清廷谕军机大臣着山东巡抚杨士骧严饬各军迅将曹州一带“各匪悉数扑灭”。

△　江南新军第九镇统制徐绍桢抵江西萍乡,会同秦炳直进剿湘赣间洪江会。

△　陕西巡抚曹鸿勋奏,陕省兴办铁路,宜联豫、甘两省通力合作,请简大员督办。

1月10日(十一月二十六日)　孙中山以中华共和国革命军大总统名义照会各地同志会党,速举义师,并严禁侵犯奸淫及妨害外国人之情事。

△　宋教仁在东京访徐佛苏,徐代梁启超向宋疏通,愿与革命派和平发言,不相攻击。

△　广州商民复倡禁用美货,两广总督周馥严禁之。

△ 出使德国大臣曾广铨条陈政府，请派学生留学德国学习实业，并令研究德国制造枪炮学。

1月11日(十一月二十七日) 孙中山在东京晤宋教仁、胡汉民等，商讨梁启超所提《民报》与《新民丛报》双方“互不相攻击”之要求。孙反对调和，坚持将论战进行到底。

△ 端方密电奏陈，萍浏醴起事实为留学生主动，刻各校学生已纷纷回国，请饬下日使杨枢查明姓名，开单分电各疆臣，以便严拿。

△ 清廷谕军机大臣着甘督升允认真整顿甘肃农工商矿各事，以兴实业。

△ 张之洞奏请将湘省商办铁路改为官督商办。

△ 农工商部尚书载振、民政部尚书徐世昌面奏东三省情形，长春南、北分为日、俄势力范围。

1月12日(十一月二十八日) 清廷谕军机大臣着各省将军督抚速办警察，裁撤差役。

△ 邮传部决议拨50万两建筑张(家口)库(伦)铁路。

1月13日(十一月二十九日) 清廷着南北洋大臣，派员赴新加坡侦探革命党举动。

△ 张之洞派兵逮捕刘静庵，封闭武昌日知会。

△ 清廷谕军机大臣着直督袁世凯迅饬提督夏辛酉统带原统队伍，前往山东督办兖(州)曹(州)剿匪事宜。

△ 清廷以邮传部尚书张百熙、侍郎唐绍仪任人瞻徇情面，屡招物议，着传旨严行申饬。

1月14日(十二月初一日) 秋瑾在上海创办《中国女报》。月刊。发行两期，3月停刊。

△ 宽城子、吉林(永吉)、齐齐哈尔、哈尔滨、满洲里开为商埠。

△ 清廷重行申明教育宗旨，并命学部会同张之洞议订曲阜学堂规则，慎选师儒，注重行谊。

1月16日(十二月初三日) 清廷命黑龙江将军程德全严饬认真

兜剿马贼。

1月18日(十二月初五日)　清廷在保定设通国武备学堂，附属陆军部，学生由各省保送，每省限定百名。

1月19日(十二月初六日)　陕西武功、富平、鄠县、葭州(今佳县)、蒲城、高陵、临潼、渭南、潼关、朝邑等县农民反对开办亩捐，修造铁路，纷起反抗，焚捐局，拆学堂，毁电线。

1月20日(十二月初七日)　清廷谕内阁，据载振、徐世昌查勘东三省奏陈各节，着盛京将军赵尔巽慎选廉吏，广辟利源，豫谋生计，以期渐臻富庶。

△　库伦办事大臣延祉奏称，库伦屯垦，难以进行，惟速修铁路，开采金矿，较为利多弊少。

1月21日(十二月初八日)　清政府密电四川总督锡良、湖广总督张之洞、安徽巡抚恩铭，命饬省内各府州县严密搜索革命党，有所发现立即捕拿，而于军队学堂警察部内等处，尤须加倍严查。

△　江苏省铁路公司举行沪嘉铁路开工典礼，该路由上海至枫泾，全长53公里。

1月22日(十二月初九日)　清廷谕军机大臣着两广总督周馥督饬提学使认真整顿广东学堂。

△　驻京各国公使以官场电传革命党联络外人，得外人承认，群赴外务部声辩，称纯属虚诬。

1月23日(十二月初十日)　汉口道捕获谋在汉口起事之革命党朱子龙、胡瑛等。

△　江西铁路总公司与日本大成工商株式会社订立入股合约，大成工商株式会社加入江西全省铁路股本上海规银100万两。

△　河南汴(开封)洛(阳)铁路通车。

1月24日(十二月十一日)　张之洞派第三十一标到黄州府捕缉革命党。

1月26日(十二月十三日)　清廷自开河南开封府南关为商埠。

1 月 27 日(十二月十四日) 端方捕获同盟会会员孙少侯(毓筠)。3 月 26 日判孙监禁五年。

△ 清廷命署吉林将军达桂、署黑龙江将军程德全迅速妥筹,于俄兵撤退后,即派得力兵队填扎,并认真剿捕土匪,务保治安。

1 月 29 日(十二月十六日) 党人徐敬吾在上海老北门被督辕缉匪委员捕获。次日,上海县知县王念祖用小轮解往两江督署。

△ 出使日本大臣杨枢派员分往日本各校侦查革命党学生。

△ 学部奏请派梁庆桂赴美筹办华侨兴学事宜,派董鸿祎总理南洋各埠学务。

1 月 30 日(十二月十七日) 江苏金匮县(今无锡市)民众 500 人围攻教堂。

1 月 31 日(十二月十八日) 俄兵自哈尔滨撤退。

是月 孙中山就日本报纸攻击诽谤同盟会一事,对东京同盟会员发表谈话,指出“常人毁誉,无足轻重者”。“吾党行事,一本义理,义理所在,虽毁何伤?悬此目的,务使达到而后已。天下后世,自有定评。日报所称,何足芥蒂!”

2 月

2 月 1 日(十二月十九日) 同盟会会员秋瑾抵浙江金华、兰溪联络会党,访龙华会首蒋乐山,谋浙江举义。

△ 清廷谕令吉林提督马玉崑拨 10 营填防黑龙江省,交黑龙江将军程德全妥善布置,认真防剿“胡匪”。

△ 驻京英公使朱尔典照会外务部,提出以赔款、惩办首犯、查办上海道袁树勋三条办法解决 1905 年上海“会审公堂案”。旋由某官捐私产五万金作赔款,不符之数由清廷承担,了结该案。

2 月 2 日(十二月二十日) 清廷蠲缓山西阳曲等 27 厅州县、河南永城等 44 州县被淹地方钱粮。

2月3日(十二月二十一日)　东京革命党人举行刘道一追悼会，孙中山作七律一首以挽之。

△　度支部奏准于热河创设官银行。

△　农工商部通咨各省，查禁诱招华工至美洲开凿巴拿马运河。

2月6日(十二月二十四日)　山东巡抚杨士骧奏称："官军剿办曹匪，击散大股，擒获匪首郑四妮等，现与提督夏辛酉商办清乡事宜。"

△　日本宣布中国留日学生共1.786万人。

2月7日(十二月二十五日)　清廷准外务部、邮传部会奏《中英公司订定广九铁路借款合同》。

△　清廷谕内阁，着各省将军督府督饬所属封禁各省烟馆，递年减种罂粟，并限10年以内将洋土药尽绝根株。

2月8日(十二月二十六日)　直隶总督袁世凯为消除革命党在海外活动，向清廷献"拔本塞源"四策。其中第一策："与日政府交涉，驱逐孙文，查禁革命党。"奏称"革命排满之说，以孙中山为罪魁"，"应责成驻日使臣随时查访逆情，向日政府按公法理论"，"凡华人在彼国购办军械有谋为不轨实迹者，固然须切实查拿惩办"，"即倡言排满革命，煽惑人心，妨我治安者，亦应一律严禁"，"使逆酋无托足之区"。

2月9日(十二月二十七日)　中日订立《推广汉口租界专条》。

2月12日(十二月三十日)　清廷命班禅额尔德尼，俟藏务大定后，候旨陛见，并命达赖喇嘛现在留住西宁，着暂缓来京。

2月13日(光绪三十三年正月初一日)　清庆亲王奕劻遵西太后谕旨，致函日本韩国总监伊藤博文，要求日本政府驱逐孙中山出境。伊藤博文与内田良平计议，决定劝孙中山自行离开日本。

△　康有为将保皇会改组为"帝国宪政会"，对外国称"中华帝国宪政会"。

△　陕西扶风、武功、岐山、郿县10多万农民包围扶风县城，要求释放上年12月16日扶风起义领导人，凤翔知府采取欺骗手段，秘密杀害张化龙，起义失败。

2 月 15 日(正月初三日)　黄兴抵香港后,因广东戒严,香港亦难居,遂返抵东京,当即向孙中山报告在港活动情况。

△　法公使巴思德向外务部要求与华商合办广西省铁路。越二日,广西留学生公电外务部,阻止法人要求广西铁路建筑权。

2 月 17 日(正月初五日)　江苏阜宁县灾民 1000 余人涌进县城,捣毁仓书陈某和县书潘某两家。次日又聚 2000 人抢经、谷两家。23 日约 5000 余人到县署大堂“滋闹”,抢走警察号衣、洋枪。

△　日本早稻田大学、中央大学循出使日本大臣杨枢之请,开除与革命党有关系之中国留学生 39 人。

2 月 18 日(正月初六日)　清廷谕内外大小臣工,办事用人务求实际,一秉大公。

△　上海轮船招商局开股东会议,议定按照商律改归商办。

2 月 19 日(正月初七日)　孙中山派许雪湫谋举义于广东潮州,因泄露风声,卒不果动。

△　流入江苏扬州之外地饥民拒绝遣返,聚众殴官。

△　外务部复照法公使巴思德:北海至西江修建铁路应由中法公司合办,已咨粤督查明备案。

△　两江总督端方奏请将江南关所属支应、筹防、筹款三局归并,改设江南财政总局,以继昌为总办。

2 月 21 日(正月初九日)　吉林将军达桂电外务部,俄骑兵携带巨炮侵入蒙古境内。

2 月 23 日(正月十一日)　税务处奏准裁撤粤海关广属各口。

2 月 24 日(正月十二日)　黄兴邀宋教仁等商谈运动辽东马侠(即“马贼”),参加革命。

2 月 25 日(正月十三日)　日人内田良平在东京赤坂三河屋设宴为孙中山饯行,章太炎、宋教仁、胡汉民、宫崎寅藏等出席。

△　查办藏事大臣张荫棠电外务部,条陈治藏刍议 19 款,其要旨为:改定官制,扩展军事,建设交通,推广学校,整理财政,振兴商务。

2月26日(正月十四日) 江苏如皋县石庄镇官盐分栈巡缉私盐，欺压平民，农民7000余人抢盐场、当铺，砸学堂，并改立年号为“顺德元年”。

△ 江苏扬州饥民暴动，焚劫米店。

2月28日(正月十六日) 黄兴在东京因国旗图式之设计，与孙中山争论激烈，并欲退出同盟会。旋为顾全大局，勉从孙意。

△ 河南修武绅民抵制福公司开办铁矿。

3 月

3月1日(正月十七日) 俄兵自北满洲全部撤退。同日，南满洲日兵撤去第十五、第十六两师团。

△ 外务部奏准变通出使事宜。

△ 日本南满铁道株式会社设本社于大连，支社于东京。

3月2日(正月十八日) 湖北武昌被遣散之恺军要求发饷银一年，连日闹事，抢劫店铺。商店停业。

3月3日(正月十九日) 安徽灵璧县民众暴动。

△ 清廷谕云贵总督岑春煊与四川总督锡良互调。

△ 道清铁路通车，全长183公里。

3月4日(正月二十日) 日政府允清政府所请，馈金劝孙中山离境。是日，孙中山偕胡汉民启程取道新加坡至河内。同盟会总理职务由黄兴代理。

△ 清廷命闽浙总督丁振铎开缺，以察哈尔都统松寿为闽浙总督；以广州将军诚勋为察哈尔都统；镶蓝旗汉军都统景沣为广州将军。

△ 四川总督锡良奏报川省川汉铁路有限公司改归商办，举定乔树枏为总理，并续订章程59条。

3月5日(正月二十一日) 江苏高邮县饥民数万人捣毁囤米富绅杨福臻住宅。

△ 清廷谕军机大臣，着照两江总督端方所请，购办洋米，运回平粜。

3月6日(正月二十二日) 《民报》第十二号出版，发表汪精卫、胡汉民文章与《新民丛报》论战。

3月7日(正月二十三日) 浙江余杭县闲林镇纸行工人联合贫民2000人砸毁米店。次日，知县前往查勘，兵役鞭挞民众，激起公愤，纷纷抢夺兵役枪械。

△ 外务部与中英有限公司于北京订立《广九铁路借款合同》，款额150万镑。

3月8日(正月二十四日) 清廷以东三省日俄两国兵队已将撤尽，谕军机大臣着盛京将军悉心筹划应办事宜，力戒因循。

△ 礼部、学部奏准由学部附设礼学馆。

△ 学部奏准《女子师范学堂章程》36条及《女子小学堂章程》26条。

3月9日(正月二十五日) 广东东莞县饥民数千人抢米，警兵弹压，毙2人，伤十余人，商店罢市。

△ 浙江象山县民众攻击教堂，并掳牧师一人。

3月上旬 秋瑾至浙江诸暨、义乌、金华，4月中旬赴东阳、永康、缙云等地，函召金(华)、处(州)各会党首领入绍兴谋浙省举义事，前后来会者百余人。

3月11日(正月二十七日) 吴淞沪宁铁路制造机厂工人罢工，反对厂主改革新章，要求如数偿还被扣除之年股及星期日工资。

△ 浙江萧山县闻家堰饥民乘难民过境，聚众抢米店17家，各铺一律罢市。

△ 江苏阜宁县、甘泉县邵伯镇饥民聚众抢米。

△ 外务部照会英公使朱尔典，英商摩根未尽合同所载开办川矿之义务，决定将原订合同作废。

3月12日(正月二十八日) 外务部致英公使朱尔典节略：驻藏江

孜商务委员并非禁止英员与藏民直接交易，尚希转饬在江孜英员，以后务要和平办事。

3月13日（正月二十九日） 浙江杭州饥民聚众抢米。同日，余杭、绍兴等府县饥民捣毁米店。

△ 盛京将军赵尔巽、直隶总督袁世凯联电外务部，请与日使议订《满韩陆路通商详细专章》。

3月15日（二月初二日） 娄县、上海、青浦三县交界之小渡船数百名饥民抢米。次日，青浦县打铁桥饥民因抢劫富户，与知县所率民团发生殴斗，县令轿子被毁，打死团勇一人，打伤水师数人。

3月16日（二月初三日） 江苏如皋县白蒲镇饥民抢米。同日，安徽太平府饥民千余人抢河内米船。

△ 浙江余姚县竹山港饥民千余人捣毁厘局、土药局。

△ 清廷谕林绍年署邮传部尚书。

3月17日（二月初四日） 赵尔巽札行各州县，通谕民间禁止售地租地于外人。

3月19日（二月初六日） 上海县虹桥、嘉定县纪王庙镇饥民抢米。同日，安徽霍山、六安、寿州交界处之隐贤集饥民抢米。

△ 端方奏请筹建南洋大学。

3月20日（二月初七日） 黄兴与宋教仁、白逾桓及日人末永节、古风在东京凤乐园共进午餐，商赴辽东运动绿林武装事。

△ 端方于扬州杀害自东京回沪运动苏浙两省同志及会党起事之同盟会会员杨卓霖。

△ 端方于南京捕获革命党多人在辕严讯，是日缚出留学生一人于篁桥市杀之。

3月22日（二月初九日） 清廷谕两江总督端方侦缉革命党人黄兴，务获惩办。

3月23日（二月初十日） 宋教仁离东京赴辽东，筹划在东三省联络马侠举行起义。

△　是日至4月2日(二月二十日),帝国宪政会在美国纽约召开各埠代表大会,康有为作报告,会章确定“以君主立宪为宗旨”,“以君民共治,满汉不分为本义”,具体纲领为尊帝室,扩民权,监督政府,讲求宪政之事。

3月24日(二月十一日)　江苏如皋县贫民千余人抢米。同日,浙江长兴县属李家港客民抢米,拒捕伤勇,客民亦毙二人,获九人。

3月25日(二月十二日)　日清轮船公司成立,资本810万元,日本政府出资80万元,有汽船29只。4月1日开业。

3月26日(二月十三日)　民政部奏准饬查各省社仓,并妥筹办法。

△　端方电上海道瑞澂,令其严厉镇压抢米风潮,“如聚数十人以上”,“首要就地正法”,其他仍照法办理。

△　山西省士绅以英商福公司背约开矿,是日宣布对抗福公司意见书,要求废除原办矿合同。

3月27日(二月十四日)　河南开封各校学生全体罢课,反对取消官费。

△　安徽芜湖一带连日发生抢米案。

3月29日(二月十六日)　都察院代奏直隶、江苏、山东三省京官筹款自建津镇铁路,清廷谕军机大臣着袁世凯、张之洞妥商办理。

3月30日(二月十七日)　清廷谕军机大臣电寄两广总督周馥,唐绍仪现有要差,不能赴粤,该省铁路事宜着另筹商奏明办理。

△　日本兴业银行与日商上海大成工商会社订立《江西铁路公司借款契约》,借上海规银100万两。

3月31日(二月十八日)　上海地方自治研究会在张园举行周年纪念会,到千余人。

△　清廷谕军机大臣电寄山东巡抚杨士骧,着即认真赶办清乡。

△　张之洞电邮传部,请于筹赎京汉路借款总额内代借英款千万或1500万修筑鄂境粤汉、川汉铁路之用。

3月下旬 孙中山在河内设立领导粤、桂、滇武装起义之总机关，河内、海防等地相继成立同盟分会。

是月 阙麟书由日抵沪，与秋瑾、陈伯平、尹锐志等光复会会员多次聚会，旋偕秋瑾赴杭，与张恭、竺绍康、王金发等人密谋浙江起事。

4 月

4月1日（二月十九日） 日本南满铁道株式会社接收铁道及其附属各事业。

4月2日（二月二十日） 《神州日报》在上海创刊，同盟会会员于右任为社长。

△ 安徽繁昌县饥民抢米。同日，浙江奉化县饥民抢米。

4月3日（二月二十一日） 宋教仁为联络东三省马侠举义，建立同盟会辽东支部，是日偕白逾桓自日本抵安东县（今丹东市）。

4月4日（二月二十二日） 清廷谕准伍廷芳筹办广九铁路事宜。25日，复谕准伍廷芳、张振勋权理粤汉铁路公司事宜。

4月7日（二月二十五日） 外务部与英公使朱尔典商订藏印商务章程事。

4月8日（二月二十六日） 辽宁凤凰厅（今凤城县）大孤山马侠李逢春邀宋教仁上山面谈，表示赞成同盟会宗旨，愿一致行动。

4月9日（二月二十七日） 宋教仁致书马侠李逢春等，劝"统集辽河东西、黑水南北之义军，合为一团"。表示"欲与公等通好，南北交攻，共图大举"。

△ 南京下关忽来饥民2000多人，沿途抢食。次日又在水西门抢米店。

△ 周馥颁谕限制报馆，除现有各家外，不准复开。

4月10日（二月二十八日） 安徽当涂县饥民千余人抢过境赈米。同日，江苏泰兴、丹阳等县农民四五千人烧毁地主住宅多家。

△ 清外务部派库伦办事大臣延祉与俄人订立外蒙古车臣汗伊鲁旗金矿条约。

4月11日(二月二十九日) 江苏江都县(今扬州市)瓜洲镇过境饥民数千人抢米。同日,江苏宝山之罗店镇饥民抢米。

△ 清廷命豫陕甘三省督抚妥筹由洛阳至甘肃铁路。

△ 盛京将军赵尔巽电告外务部:日本驻屯满洲军队,除铁岭、奉天两处铁道守备队外,已全部退完。

4月12日(二月三十日) 法部尚书戴鸿慈致书梁启超,请解释法部与大理院权限及开办地方审判办法。

△ 江苏江宁县饥民抢米。

4月13日(三月初一日) 奉天奏报马贼肃清。

△ 出使英国大臣汪大燮奏请使用金币。

△ 外务部以日军已撤离奉天,照会日公使林权助,请裁撤奉天城内及小西边门外警察署及派出所,以维中国自治全权。

4月15日(三月初三日) 外务部尚书那桐与日公使林权助在北京订立新(民屯)奉(天)、吉(林)长(春)铁路借款合同。

△ 广西那地州兵变,州判杨璪荣被戕。

△ 河南开(封)郑(州)铁路通车。

4月16日(三月初四日) 外务部照会日公使林权助,南满铁路应按中俄原约,由中日两国集股合办。日方置之不理。

4月18日(三月初六日) 广东琼州南路续备军第五营因管带克扣月饷,士兵哗变,杀死哨官、管带,附近居民响应。

△ 外务部照会俄公使璞科第,请速饬俄商交还黑龙江新旧各金矿。

4月19日(三月初七日) 署吉林将军达桂奏,吉林、长春、哈尔滨自开商埠。

4月20日(三月初八日) 清廷谕改盛京将军为东三省总督兼管三省将军事务,徐世昌补授东三省总督兼管三省将军事务,并授为钦差大臣;奉天、吉林、黑龙江各设巡抚,由唐绍仪、朱家宝、段芝贵分任之。

△ 邮传部议定嗣后各省借外款开矿筑路,不得以路矿抵押。

4月21日(三月初九日) 清廷命大学士那桐兼署民政部尚书。

4月23日(三月十一日) 汉口杨家河米船上黄陂、孝感两帮雇工数千人要求加工资,将黄陂公所捣毁。

△ 宁沪铁路工人数百人砸毁镇江洋务局。

△ 清廷命孙宝琦为出使德国大臣。

4月25日(三月十三日) 东京同盟会机关报《民报》出版临时增刊——《天讨》一书,内有“中华国民军政府”署名之《讨满洲檄》、《谕保皇会檄》等革命文件多篇。

4月29日(三月十七日) 广东钦州三那(那彭、那黎、那思)府吏苛征糖捐,民众二三千人组成“万人会”,举豪族刘思裕为首领,聚众抗捐,起兵攻城,破牢劫囚而去。

△ 东三省总督徐世昌奏准将陆军第三镇及第二、四、五镇内抽拨步炮马各队成立两混成旅,移驻东三省,填扎外兵撤退地区。

是月 秋瑾手订光复军制,与徐锡麟、竺绍康、王金发、马宗汉等开会商讨通过。将嵊县、金华府属五县及缙云、武义、永康等地会党编为八军,行军路线及起义日期亦有部署。

△ 陶成章与章太炎、张继、苏曼殊等在日本东京发起“亚洲和亲会”,宗旨“在反对帝国主义,期使亚洲已失主权之民族各得独立”。该会由中印两国志士发起,设总部于东京、中国、孟买、朝鲜、菲律宾、安南、美国等处。参加者有中国、印度、缅甸、菲律宾、马来亚、朝鲜、日本等国志士。

△ 直隶静海县农民数万人进城抗议摊派牛马捐。

5 月

5月1日(三月十九日) 孙中山致函陈楚楠、张永福,请转李水龙速赴香港加入革命活动。

5 月 2 日(三月二十日) 日公使林权助照会外务部,称日本于奉天设警察署及派出所,于中国行政权“毫无侵涉”。7 日,外务部复照林权助,日在奉设警察署及派出所,与现行条约不符,坚持应按约撤出。

5 月 3 日(三月二十一日) 清廷以四川总督岑春煊为邮传部尚书,裁缺盛京将军赵尔巽为四川总督。

△ 清廷任命梁敦彦充出使美(国)、墨(西哥)、秘(鲁)、古(巴)大臣。

5 月 5 日(三月二十三日) 清廷命庆亲王奕劻管理陆军部,并察核各衙门事务。

5 月 7 日(三月二十五日) 御史赵启霖奏劾段芝贵夤缘无耻,以天津歌妓献于载振,并以 10 万金为奕劻寿礼,遂得署黑龙江巡抚。是日,清廷诏命醇亲王载沣、大学士孙家鼐彻查。

△ 清廷谕令收回段芝贵署黑龙江巡抚成命,以程德全署黑龙江巡抚。

△ 清廷调出使荷兰国大臣陆徵祥充保和会专使大臣,遗缺以钱恂继任;李经方充出使英国大臣。

5 月 9 日(三月二十七日) 外务部电前盛京将军赵尔巽,日商私订开矿合同,应切实谕禁,并照会日领事声明不认。

5 月 10 日(三月二十八日) 英公使朱尔典照会外务部,抗议晋抚取用公款赞助保晋矿务公司购买机器,以抵制洋人在晋之商政,并续索取偿款。

5 月 11 日(三月二十九日) 日公使林权助照会外务部,声称抚顺千山台煤矿,烟台尾明山煤矿,按照日俄和约矿权应转属日本,否认华商对该二矿之所有权,拒绝交还千山台、尾明山两矿。

5 月 12 日(四月初一日) 福州将军崇善奏准招募公债 120 万两,为开办农林实业之用。

5 月 14 日(四月初三日) 周馥派防军标统赵声(同盟会会员),统领郭人漳会同总兵何长清镇压三那起事。赵密遣人与刘思裕接洽相机举事,事泄,赵急讽刘逃走。刘不肯,旋为何长清所杀。三那起事失败。

△ 法部奏准《司法权限章程》,凡12条。

△ 清廷命库伦蒙古办事大臣绷楚克车林会同库伦办事大臣延祉督办矿务。

△ 沪宁铁路常(州)无(锡)段工竣通车。

5月15日(四月初四日) 清廷命沿江沿海各省督抚严防私运军火,以消隐患。

△ 民政部奏请通饬各省酌裁民壮各役,募练巡警。

5月16日(四月初五日) 清廷以御史赵启霖奏参段芝贵夤缘亲贵不实,革职。次日,都察院各御史为赵启霖革职事集会商讨。

5月17日(四月初六日) 江西九江南昌间铁路工人因索取工资,捣毁新坝分局。

△ 清廷准载振奏请,开去其御前大臣、领侍卫内大臣、农工商部尚书各差缺。

△ 袁世凯派蔡廷幹统带军舰"海容"、"海圻"两艘游历南洋,借以保护华侨。

△ 赵尔巽电外务部,请照会日使,禁阻日人越界收取黄海、渤海及山东沿海一带渔利。

5月18日(四月初七日) 清廷以镇国公载泽为度支部尚书,调度支部尚书溥颋为农工商部尚书。

5月19日(四月初八日) 粤汉铁路武(昌)岳(州)段开工。

5月22日(四月十一日) 同盟会黄冈之役。革命党人余丑、陈涌波奉孙中山命率会党700余人发动潮州黄冈起义,是晚9时攻城,血战一夜,次晨攻占黄冈。

△ 东三省总督徐世昌奏准东三省官制,奉、吉、黑三省各建行省公署,以总督为长官,巡抚为次官,设二厅、七司。

△ 广东合浦县农民千余人进城大闹县署,次日抢教堂。

5月23日(四月十二日) 黄冈起义军在旧都司衙门成立军政府，举陈涌波、余丑为正副司令，并以“大明都督府孙”或“广东国民军大都督孙”等名义发布文告及颁布纪律十余款。

△ 浙江嵊县“乌带党”起事。

△ 西藏江孜开埠。英公使朱尔典请予藏民以划押全权，俾与印员直接交涉。外务部却之。

5月25日(四月十四日) 黄冈起义军由陈涌波率一部向潮州、汫洲进发，清将黄金福率兵驻守，陈部进击不胜，黄冈余丑闻报拔发誓师，攻汫仍不取胜。次日，清援兵大集，起义军与敌激战数小时，死伤甚众，乃退回黄冈。

5月27日(四月十六日) 余丑、陈涌波等会议决定解散黄冈起义军。余等由海道往香港，陈等藏匿于黄冈附近南岭山。黄冈起义失败。是役死难者94人，事后被捕牺牲者60余人。

△ 清廷谕两广总督周馥、闽浙总督松寿，迅速会剿黄冈起义军。

5月28日(四月十七日) 清军进入黄冈，搜获余丑等遗落之党人名册，按名逮捕，惨杀200余人。次日，广东水师提督李准率部赶至黄冈，又捕杀起义军多人。

△ 清廷开缺两广总督周馥，补授邮传部尚书岑春煊为两广总督。次日以陈璧为邮传部尚书。

5月30日(四月十九日) 清总税务司赫德与日公使林权助在北京签订《修订大连海关试办章程》。

5月31日(四月二十日) 中德两国在北京签订《中德会定电报事宜合同》。

6 月

6月1日(四月二十一日) 邮传部派周长龄从日本接收新(民屯)奉(沈阳)铁路。

6月2日(四月二十二日) 惠州七女湖之役。同盟会会员邓子瑜奉孙中山命派陈纯率会党百数十人在惠州府归善县(今惠州市)七女湖起义,夺取清兵防营枪械,击毙巡勇及水兵多人。

6月3日(四月二十三日) 四川开县农民和"红灯教"徒2000余人,反抗苛征猪捐、土膏捐、学捐,拆毁各地教堂、学堂及教民住宅。

△ 福建建宁府(今建瓯市)商人罢市,抗议米价上涨。

6月4日(四月二十四日) 清廷命前两广总督周馥严饬各军赶紧剿办钦廉一带抗捐民众,"务令早日敉平,毋任滋蔓"。

△ 周馥电外务部,告以孙中山、邓子瑜住香港,"招引香港匪徒,入内地勾引乱民滋乱"。请求密商英公使转电英政府,饬港督速将孙、邓逐出,以保中外治安。

6月5日(四月二十五日) 孙中山函张永福,告以广东全省风动,粤事机局宏远,大有可为,请其"力任义务,以相协助"。

△ 惠州七女湖起义军进攻泰尾,越二日克杨村。

△ 署黑龙江巡抚程德全奏准由奉、吉、黑三省合办新民、洮南、札赉特、瑷珲等处铁矿。

△ 外务部照会日公使林权助,东三省日兵业已撤退,其铁路界外之军线电局,请一律撤去。

6月7日(四月二十七日) 孙中山电日人平山周,两广义师已分道并起,盼资助械款,并指示汇款运械之联络办法。

6月8日(四月二十八日) 惠州七女湖起义军进至柏塘,各乡会党纷纷来会,声势大振。

△ 周馥电外务部,告以孙中山已到河内,要求"迅商法使,饬查驱逐"。

△ 两广总督岑春煊奏,统筹西北全局,酌拟变通办法,以兴本利而固边卫。

6月10日(四月三十日) "女子复权会"机关刊物《天义报》(半月刊)在东京创刊。此系近代中国最早之无政府主义刊物,刘师培负实际责任。

△ 两广总督岑春煊奏,拟预备立宪阶段,设资政院及谘议局;清廷谕内阁各部院会议具奏,其外省设谘议局各节,各省督抚妥议具奏。

△ 两广总督岑春煊奏请规划全国铁路,统筹全局,以京师为轨枢,分东西南北四大干线,并派员勘明缓急,次第兴修。

△ “日法协约”在巴黎签订,声明“维持两缔约国在亚洲大陆各自之地位与权利”,互相承认两国在华之权利与势力范围。

6月上旬 广东南雄县百顺司地方“三点会”千余人暴动。

6月11日(五月初一日) 同盟会香港分会派刘师复谋炸广东水师提督李准,炸弹在寓所不慎爆炸,刘被捕入狱。

6月12日(五月初二日) 惠州七女湖起义军林旺所部于八子爷截击清军管带洪兆麟,所部死伤甚众。旋因广东水师提督李准部增援,起义军寡不敌众,被迫于梁化墟附近宣布解散。

△ 张之洞奏湘鄂各军剿平萍浏醴会党情形,请奖出力员弁;清廷谕旨:“仍着严饬缉拿匪首姜守旦、龚春台等,务获惩办,以净根株,请奖各员,着该部议奏。”

△ 滦州煤矿有限公司成立,官督商办,资本300万两。后改名“北洋滦州官矿有限公司”。

6月13日(五月初三日) 清廷诏令嗣后不得徇情滥保。

△ 日俄于圣彼得堡订立满洲铁路条约,规定南满与东清两铁路联接之处。

6月14日(五月初四日) 孙中山电日本同志平山周订购械弹。

△ 山东济宁州官吏收粮苛索铜元折价,农民万余人起而反抗。

6月15日(五月初五日) 外务部电查办藏事大臣张荫棠,自藏赴印会议中英通商章程。

6月16日(五月初六日) 云南、贵州交界处苗民数万余人起事,广西庆远、柳州汉、壮等族农民予以支援。

6月17日(五月初七日) 端方电瑞澂,告以孙中山“在外洋私购军械，拟欲偷运回国”，“意图五六月起事”，要求严密搜查到沪各轮，发现形迹可疑者，立即捕获，从严惩办。并密电公共租界会审公堂谳员至宁，会商查拿革命党。

△　清廷以军机大臣、协办大学士、外务部尚书瞿鸿禨“徇私溺职”命开缺回籍。朝野为之震动，是为清末“丁未政潮”。

6月18日(五月初八日)　清廷命两广总督岑春煊认真剿办钦州三那起义刘思裕等“著名各首要，均勿任漏网”。

△　外务部电滇督桂抚，严防孙中山由河内入滇。

△　清廷以吕海寰为外务部尚书，善耆为民政部尚书。

6月19日(五月初九日)　清廷实授吏部尚书鹿传霖为军机大臣，以陆润庠为吏部尚书；庆亲王奕劻请开去军机大臣要差，着毋庸议。

6月中旬　河南陕州“大刀会”数百人抢劫运往新疆伊犁之军装、枪弹等军事物资200余车。

6月21日(五月十一日)　清廷命湖广总督张之洞为协办大学士。

△　民政部奏请由修律大臣厘定民律，颁布施行。

6月22日(五月十二日)　光复会会员陈伯平偕马宗汉由安庆抵上海购买武器，不几日，秋瑾从杭州抵沪，告知陈伯平浙江会党有败露迹象，约定7月6日同时起事。

△　吴稚晖、李石曾、张静江等在巴黎创办《新世纪》(周刊)杂志，该刊宣传无政府主义，至1910年5月21日停刊，共出版121号。

△　清廷命商约大臣盛宣怀在沪与各国续议商约。

△　奉天辽阳州苛征捐税，农民2000人起而反抗，入城拆毁衙署，商店罢市。

6月25日(五月十五日)　清廷谕各省将军、督抚切实办理禁烟事宜。

△　滇督锡良电告外务部，“查孙(中山)已潜往新加坡，自未入滇，惟早遣党分赴广东等处，自应严密查拿，以消隐患”。

△　农工商部咨文各省，严禁奸商招华工往智利国。

6月26日(五月十六日) 清廷谕军机大臣等,着周馥督饬文武妥办清乡,“匪首刘思裕、黄世钦等是否阵毙,确查具奏”。

△ 学部奏派张謇、王先谦等为江苏、湖南等省学务公所议长。

6月27日(五月十七日) 英国外相令英公使朱尔典向清政府抗议查办藏事大臣张荫棠非法干涉藏事,忽视条约。

6月28日(五月十八日) 两江总督端方奏,筹拨官款开办赣州铜矿。

6月29日(五月十九日) 京奉铁路全线通车,全长650公里。

6月30日(五月二十日) 法公使巴思德要求广西浔州西江航权,外务部拒之。

是月 浙江绍兴会党裘文高召台州义军由东阳至嵊县,扎营西乡二十八都村,树革命军旗帜,与清军交战,杀死清军哨官数人、士兵数十人。

△ 杨度在日本东京组织中国宪政讲习会,该会宗旨“在于预备宪政进行之方法,以期宪政之实行”。选举熊范舆为会长。

△ 项世澄、鲍咸昌等在上海等地设立五洲大药房股份有限公司,资本银100万两。

7 月

7月1日(五月二十一日) 浙江武义党案发。秋瑾自绍兴发布五月二十六日起义命令,事泄,知县急报浙抚求援,清兵搜出会党名册,牵连大通学堂及金华等地会党,党人聂李唐等死难。

△ 光复会会员叶仰高在上海被捕,供出该会部分会员别名或暗号。

△ 清廷以广东钦廉起事,钦廉道王秉恩、北海镇总兵何长清贻误军机,未能迅速扑灭,均着即行革职,钦州知州顾永懋大负职守,着革职永不叙用。

△ 大连关及安东关正式开埠。

7月2日(五月二十二日) 湖广总督张之洞在武昌与德华银行总办柯达士面议津镇铁路借款自办大纲。

7月4日(五月二十四日) 浙江定海厅民因加征粮耗滋事,4000余人进城捣毁厅署、学堂及教堂,全城罢市。

7月5日(五月二十五日) 光复会会员陈伯平、马宗汉由上海抵安庆,即与徐锡麟密议,言秋瑾定二十六日起事,请践约同举。遂决定于翌日安庆巡警学堂举行毕业典礼时起义。当夜,徐锡麟、陈伯平分别草拟起义文告,陈草拟《光复军告示》,以"光复汉族,翦灭满夷"相号召。

7月6日(五月二十六日) 徐锡麟安庆之役。上午,安庆巡警学堂举行毕业典礼,安徽巡抚恩铭等到堂。典礼开始,徐锡麟拔枪击毙恩铭,随即喝令学生整队出校,进攻军械所,旋与清军激战数小时,陈伯平牺牲,徐锡麟、马宗汉等被捕,徐锡麟当晚遇害,起义即告失败。

△ 安徽藩、臬两司电告端方,将徐锡麟立予正法,剖心致祭。

7月7日(五月二十七日) 绍兴知府贵福得劣绅胡道南密告秋瑾、竺绍康等私藏军火,是日赴杭州面告浙江巡抚张曾敭请兵往大通学堂掩捕。

△ 军机处电传皖抚恩铭被戕,沿江沿海党徒素多,亟应严密防范,着各该将军督抚妥为布置,认真逮捕,勿任漏网,以弭隐患。

△ 湖广总督张之洞以安庆徐锡麟举义,即派令第八镇统制张彪、湖北候补道李襦率新军两营、炮兵一队并兵轮两艘赴皖弹压。

△ 清廷为实行宪政之预备,谕内阁变更外省官制,改各省按察使为提法使,增设巡警、劝业道缺,裁撤分守分巡各道,酌留兵备道,分设审判厅,增易佐治员。由东三省先行开办,直隶、江苏择地试办,其余各省分年分地请旨办理,统限15年内一律通行。

△ 御史赵炳麟奏请遵祖训,以消党祸而延国运,令京朝各部院及直隶总督书之匾额,竖于衙署,俾触目警心,预防流弊。

7月8日(五月二十八日) 清廷就徐锡麟安庆举义事谕令两江总

督端方妥为布置，散胁擒渠；电寄沿江各省督抚严密防范，以弭隐患。

△ 清廷为预备立宪命各省官民，凡有实知预备立宪之方、施行之序者，准各条举以闻，由都察院、疆吏甄录代奏。

△ 清廷以冯煦为安徽巡抚。

△ 中俄两国在北京互换《北满洲税关试办章程》。

7月9日(五月二十九日) 浙江巡抚张曾敭饬属缉拿徐锡麟父母家属，查抄其家产，并将大通学校及明道女学校一律封禁拿人。教员学生被杀者二人，逮捕者13人。

△ 安徽涡阳县千余人自称革命新军起事。

△ 度支部、邮传部会奏宜联豫、陕、甘三省合办西潼铁路。

7月10日(六月初一日) 外务部以中俄北满洲税关章程业已互换，咨南洋大臣端方、北洋大臣袁世凯，北满洲税关定期开关。

△ 清廷令安徽布政使吴引孙为福建布政使，福建布政使连甲为安徽布政使；福州将军崇善因病解职，以镶黄旗蒙古都统特图慎为福州将军。

△ 广东铁路公司于广州召开特别大会，通过议案九项，公举罗光庭为总理。

7月11日(六月初二日) 徐锡麟之弟徐伟在九江被捕，皖省司道即派“南琛”兵轮迎归案讯办。

△ 清廷为修明礼教，谕准礼部奏设礼学馆。

△ 外务部电饬出使美国大臣梁诚与美政府商议华工禁约，若美政府延宕不决，万一再有抵制美货事，中国政府不负责任。

7月12日(六月初三日) 秋瑾指挥大通学堂学生掩藏枪弹，焚毁名册，疏散学生及办事人员，待王金发嵊县兵到，再图举事。

△ 清廷命李家驹充出使日本大臣兼留学生监督。

△ 御史赵炳麟奏劾袁世凯权重势高，并引年羹尧为比。

7月13日(六月初四日) 王金发从嵊县抵绍兴，同秋瑾商定于18日统军袭绍城。下午，清兵进入绍兴，贵福率兵包围大通，秋瑾被捕。

7月14日(六月初五日)　左都御史陆宝忠奏请严禁党援，广开言路，清廷谕将原折下考察政治馆知之。

7月15日(六月初六日)　秋瑾就义于绍兴轩亭口。

△　度支部奏陈预备裁制外债，请旨饬下各省督抚，嗣后兴办一切，应就地筹拨，不得轻易息借外债，以防危害而维大局。

△　外务部电饬出使美国大臣梁诚，速与美商议华工条约。

7月17日(六月初八日)　梁启超致函康有为，声称革命党之势力，在东京已销声匿迹，孙中山亦被驱逐出境，“今巢穴已破，吾党全收肃清克复之功，自今以往，决不复能为患矣。吾党今后但以全力对待政府，不必复有后顾之忧”。

△　清廷命两江总督端方会同沿江督抚及水师提督，妥议巡缉长江章程。

7月21日(六月十二日)　浙江海宁州长安镇农民因反对路局征购土地，聚众万余人捣毁铁路工程，并殃及学堂、教堂。

△　安徽巡抚冯煦电两江总督端方，请通缉徐锡麟案之革命党方世钧、沈钧业、陶成章、陈志军、龚味荪、陈德稿、徐振汉(徐锡麟之妻王氏改名)等人，以遏乱萌。

7月22日(六月十三日)　浙江留日全体学生电浙江巡抚张曾敭，略谓皖案惨戮株连，显背去年旨谕，挑拨祸端，为大局危，乞公三思。

△　清廷谕军机大臣等，东三省兴办一切要政，务将详慎妥筹，息借洋款须有把握，且应陆续议借，随时奏明办理。

7月23日(六月十四日)　清廷授协办大学士张之洞为大学士，仍留湖广总督任，以鹿传霖为协办大学士。

△　张之洞奏准于湖北省城设立存古学堂，以保国粹而息乱源。

7月26日(六月十七日)　湖北潜江县郭家嘴数百人反对教会。

△　清廷以山东提学使朱益藩为京师大学堂总监。

7月27日(六月十八日)　清廷以孙家鼐为武英殿大学士，世续为文渊阁大学士，那桐为东阁大学士，张之洞为体仁阁大学士。

7 月 28 日(六月十九日)　上海商务总会、商学公会与预备立宪公会联合召开特别会议,议决致电农工商部、商约大臣,要求允许商人派代表参预商约。

△　袁世凯奏请赶紧实行预备立宪,条陈管见十事,其要旨为:建政府;设资政院;办地方自治;普及教育;融化满汉界限。

△　袁世凯奏请简派明达治体之大臣,分赴德日两国会同出使大臣考察宪法,并请简择王公近支聪颖特出者遣赴英德学习政治兵备,助预备立宪之施行。

7 月 29 日(六月二十日)　张静江至香港,晤胡汉民、冯自由,补行入同盟会手续。

7 月 30 日(六月二十一日)　出席海牙保和会专使陆徵祥、出使荷兰大臣钱恂电外务部,请代奏再行确实宣布立宪宗旨。

△　《日俄协定》与《日俄密约》同时在圣彼得堡签订,宣布尊重彼此在中国之权利,划分在南北满势力范围,俄承认日在朝鲜之地位,日承认俄在外蒙之利益。

8　月

8 月 2 日(六月二十四日)　清廷命各省将军、督抚极力振兴实业,凡有能办农工商矿,或独立经营,或集合公司,其确有成效者,从优奖励。

△　出使英国大臣汪大燮与英国公司代理人熙礼尔会谈苏杭甬铁路事宜,并面交苏杭甬路商议大纲三条。

8 月 6 日(六月二十八日)　军机处以安徽巡抚被戕事,电湖广总督张之洞,严防"沿江各省匪徒",以弭隐患。

8 月 7 日(六月二十九日)　湖广总督张之洞以革命党各处横行,人心惶扰,奏请特颁谕旨,化除满汉畛域,令内外各衙门详议切实办法,迅速奏请核定施行,以靖人心,而伐逆谋。

△　东三省总督徐世昌、奉天巡抚唐绍仪与驻奉天美总领事司戴德签订备忘录，由哈利曼投资修建新（民屯）法（库）铁路。旋因美金融恐慌，改请英商投资。12日，日代公使阿部守太郎就此事照会外务部，提出抗议。

8月9日（七月初一日）　福建铁路公司开股东会议，公举胡国廉、叶崇禄为协理。

8月10日（七月初二日）　清廷下诏化除满汉畛域，并谕内阁着内外各衙门妥议切实办法。

△　清廷电张之洞迅速到京陛见，湖广总督着李岷琛暂行护理。

△　法部奏请将各级审判次第设立，以期司法行政切实施行。

8月11日（七月初三日）　御史赵炳麟奏请组织内阁宜确定责任制度，以为立宪之精神。

△　邮传部奏称京汉铁路与比公司借款筹办，利权外溢，拟限明年十二月以前退还洋款收回。

△　邮传部奏准改津榆铁路为京奉铁路，派施肇基会办。

△　江南水师提督程文炳奏报，巡阅长江各营，为安徽戕杀巡抚事赴皖协同防捕。

8月12日（七月初四日）　安徽芜湖三山镇农民聚众打毁米店及三山公所，各行商店罢市。

△　清廷以河南巡抚张人骏为两广总督，两广总督岑春煊着开缺安心调理；以林绍年为河南巡抚，未到任以前，由袁大化护理。

8月13日（七月初五日）　清廷谕内阁，改考察政治馆为宪政编查馆，所有军机大臣大学士参预政务大臣会议事宜，改由内阁办理。

8月14日（七月初六日）　清廷调吴引孙为湖南布政使，尚其亨为福建布政使。

△　日、俄两国公使同赴外务部，宣布《日俄协定》内容。

8月17日（七月初九日）　外务部电知出使法国大臣刘式训、出使日本大臣杨枢，《日法协约》内所称中国地面，中国自有保护和平、维持秩序之责，他国不应干预。

△ 东三省总督徐世昌奏请奉省速行开放政策，使成为各国通商重镇，并大借外债，为银行、铁路、开矿、垦荒之用。

8月18日(七月初十日) 天津县议事会成立，选出正、副议长。

△ 《英俄协约》在圣彼得堡签订。该约由“波斯条款”、“阿富汗条款”及“西藏条约”三件组成。关于西藏条约，两国均认中国在西藏有宗主权，尊重西藏领土之完整，不干涉其内政。

8月19日(七月十一日) 湖北随州洪江会起事。

△ 日本借口保护流寓于延吉(间岛)之韩人，即由驻韩统监府派日本宪兵及韩国警察越境侵入延吉地方。是日，日代公使阿部守太郎就此事照会外务部。

8月20日(七月十二日) 同盟会之《中兴日报》在新加坡创刊，田桐、王斧任编辑，胡汉民撰写发刊词。

8月21日(七月十三日) 清廷以南洋华侨商会成立，派杨士琦往南洋各埠考察商务，奖励华侨回国投资，并饬地方官妥为保护。

8月22日(七月十四日) 中德在济南签订《华德采矿公司勘办山东五处矿务合同》。

8月23日(七月十五日) 孙中山自河内函张永福、陈楚楠，在新加坡筹款万余元支援潮惠，再图大举。

△ 清廷谕令各省督抚设法解散革命党，严密查拿党人，其被胁迫及家属不知情者，概免株连。

△ 浙江巡抚张曾敭电瑞澂，告以革命党人王金发、竺绍康已由宁波赴沪，要求侦捕拿办。

8月24日(七月十六日) 安庆徐锡麟起义之革命党人马宗汉在安庆狱前就义。

△ 清廷命张荫棠为全权大臣，与英国议藏印通商章程。

△ 清廷电召直隶总督袁世凯入京陛见。30日，袁入京。

△ 清廷以前云贵总督丁振铎于练兵兴学课吏理财各要政多不讲

求，命交部严议。并严令各省督抚刷新精神，维持大局，痛除因循之习，以立富强之本。

△ 端方奏陈化除满汉畛域办法四条。

△ 外务部照会日驻京代公使阿部守太郎，声明延吉为中国领土，来照所称统监府派员一节，中国断难允认。

8月25日（七月十七日） 汪康年主持之北京《京报》因登载议立储事，并屡揭庆亲王奕劻政以贿成各节，是日被民政部勒令停刊。

8月26日（七月十八日） 端方奏帝国宪法与皇室典范相辅为用，请饬编定颁布。

8月27日（七月十九日） 外务部照会驻京日公使，要求撤回延吉日军。

8月29日（七月二十一日） 陆军部奏报拟定《陆军三十六镇，按省分配限年编练章程》，规定除近畿四镇、直隶两镇业经编定外，江苏、湖北各两镇，山东、山西、陕西、新疆各一镇，四川三镇，限三年；江北、安徽、江西、河南、湖南、热河各一镇，限四年；广东、云南、甘肃各两镇，广西、贵州各一镇，限五年；浙江、福建、奉天、吉林、黑龙江各一镇，限二年，一律编练足额。清廷从之。

8月30日（七月二十二日） 袁世凯奏请以天津为模范，计划全省自治办法，期以三年一律告成，以为预备立宪之基。

△ 中俄签订《吉林省中东铁路公司购地合同》、《黑龙江铁路公司购地合同》、《吉林铁路煤矿章程》、《黑龙江铁路煤矿合同》、《吉林木植合同》。

8月31日（七月二十三日） 留日学生张继、刘师培在东京发起成立“社会主义讲习会”。此系中国最早之无政府主义组织。出席者有日人幸德秋水等90余人。该会系张继、刘师培等不满于孙中山的美国式民主主义而组成。

△ 农工商部奏准颁行《华商办理农工商实行爵赏章程》10条。

是月 张百祥、焦达峰等在东京成立革命团体“共进会”，张百祥任会长。

△ 叶景葵等在汉口设立扬子江机器制造股份有限公司，经营机器制造钢铁器具，资本银118万两。

9 月

9月2日(七月二十五日) 东三省总督徐世昌奏请裁撤驿站，设立文报局。

△ 度支部奏准开采江西、云南两省铜矿，以为造币之用。

9月3日(七月二十六日) 同盟会防城之役。同盟会会员王和顺奉孙中山命率革命军二三百人于广东钦州府属之王光山起义，以“中华民国南军都督”名义发表《告粤省同胞书》、《招降满洲将士布告》。

9月4日(七月二十七日) 清政府照会日本驻京临时代办阿部守太郎，要求日本政府查禁《民报》等七种杂志。照会称：“此项杂志均系本国乱党在贵国境内出版发行之件。其中倡导革命，措词狂悖者，不胜枚举，若听其展转流传，煽惑人心，实于本国治安大有妨害。”

△ 上海道瑞澂令上海会审公堂将陶成章所著《中国民族权力消长史》查明销毁。

△ 清廷命外务部尚书吕海寰开缺，充会办税务大臣，以直隶总督袁世凯为外务部尚书；任大学士张之洞、外务部尚书袁世凯为军机大臣。

9月5日(七月二十八日) 王和顺率起义军攻占钦州府属之防城，生擒知县诛之，乡民携械从军者甚众。当日即转攻钦州，冀郭人漳率部响应。

△ 清廷以山东巡抚杨士骧署直隶总督，山东布政使吴廷斌署山东巡抚；调四川总督赵尔巽为湖广总督，以江苏巡抚陈夔龙为四川总督；调浙江巡抚张曾敭为江苏巡抚，以陕西布政使冯汝骙为浙江巡抚，未到任前以浙江布政使信勤暂署。

△　民政部奏准重订《报馆暂行条规》，凡10条。

9月6日（七月二十九日）　上海道瑞澂派侦探在上海闸北拿获革命党人袁瑞庭等人。

△　出使奥国大臣李经迈以母病解职，命外务部右丞雷补同充出使奥国大臣。

9月8日（八月初一日）　端方以孙文时至南洋各埠演说革命宗旨，摇惑人心，奏请饬下杨士琦前赴南洋各岛时，宣布朝廷德意，以维侨情。

9月9日（八月初二日）　王和顺率起义军500人抵钦州城下，郭人漳内应不成，起义军不得入城，遂改趋灵山。

△　清廷命护理两广总督胡湘林督饬各军迅速剿办防城起义军，并着张鸣岐会商合力防剿。

△　清廷任外务部右侍郎汪大燮、学部右侍郎达寿、邮传部右侍郎于式枚分别充任出使英、日、德三国考察宪政大臣。

△　察哈尔都统诚勋奏请改察哈尔、绥远、热河为行省，分设总督、巡抚各员，其张家口并先行自开商埠。

9月10日（八月初三日）　清廷令将贵州布政使兴禄即行革职，遗缺以贵州按察使松堮继之。

9月12日（八月初五日）　王和顺率起义军进攻灵山，遭清军截击。14日，王率20余人入安南，残部退向三那。

△　中英代表在印度西姆拉开议藏印通商章程。

9月13日（八月初六日）　孙中山致函宫崎寅藏，告以防城起义，革命军一举破城，“现时弟欲急筹妥军饷、军械、外交等事，始入内督师”。表示自此不再信任平山周、北一辉、和田等，关于日本之运动，请宫崎一人全权办理，同盟会本部、民报社中人，均不必与之商议。同日，孙中山委任宫崎寅藏在日本全权办理筹资购械，接济革命军。

△　留日学生总会电军机处、外务部，日俄法协约成立，将有瓜分之祸，日本强争间岛（延吉），实其先导，请万勿让步。

9 月 14 日(八月初七日) 湖广总督张之洞、护理四川总督赵尔丰、护理两广总督胡湘林、湖南巡抚岑春煊会奏粤湘川鄂四省于武昌城外新河地方合资兴建工厂、制造粤汉、川汉两铁路所需钢铁各项材料,请予立案。

9 月 15 日(八月初八日) 革命党人葛廉臣在上海西门外被巡警捕获,旋乘"江宽号"轮解往江宁。

△ 安徽芜湖万顷湖佃户千余人抗租及反对夺佃、抢富康公司稻谷,抗击前来镇压之军警,捣毁垦殖公司办公处。

△ 上海预备立宪公会、宪政研究会、江苏教育总会、商务总会等12 团体在总工程局开会,拟订谘议局章程草案,21 日通过。

△ 民政部奏报开收铺捐,并创办京城地方自治。

△ 查办藏事大臣张荫棠与英国代表拟定《藏印通商章程》22 条,是日电外务部核定。

9 月 16 日(八月初九日) 浙江淳安县农民反抗征收学捐,聚众捣毁学堂、围县署。

9 月 17 日(八月初十日) 防城起义军在三那宣布解散,由梁建葵率数百人退入十万大山,徐图再举。

9 月 18 日(八月十一日) 清廷以防城失守,谕军机大臣电寄两广总督张人骏查明驻防衡军为革命军内应事,并仍着督饬各军分路追剿。

△ 署黑龙江巡抚程德全奏请创设国会。

9 月 19 日(八月十二日) 清廷谕军机大臣着云南提督夏辛酉即迅统带所部酌量添募营队,前往长江一带扼要屯扎,专作长江游击之师,并会商沿江各督抚筹办江防事宜,以防革命党起事。

△ 外务部以日本派斋藤中佐统带日兵及朝鲜巡兵 300 人,驻扎六见沟(属延吉厅)一带,电出使日本大臣杨枢转商日外部派员会勘延吉边界,并撤退驻军。

9 月 20 日(八月十三日) 清廷谕内阁设资政院,着派溥伦、孙家鼐充该院总裁,着该总裁会同军机大臣妥慎拟订详细院章,请旨施行。

△ 农工商部、外务部奏准《大清矿务正章》74款，并《大清矿务附章》73条。此系中国近代第一部法定之矿业法。

△ 清廷命山西按察使丁宝铨来京，会商福公司开矿事件。

9月21日(八月十四日) 清廷命大学士张之洞管理学部事务。

9月22日(八月十五日) 福州人民集会反对《日法协定》。

△ 浙江秀水县乡民万余人进城，向县署报荒。

9月23日(八月十六日) 清廷任前刑部左侍郎伍廷芳充出使美、墨、秘、古国大臣，吉林哈尔滨道萨荫图充出使俄国大臣。

9月24日(八月十七日) 清廷以日兵越占边界，赏前邮传部右丞陈昭常副都统衔，前往吉林延吉厅与日本会勘界务。

9月25日(八月十八日) 江西南康、赣县教民不法，打死六人，群众愤极，是日焚毁教堂杀死教士江睿烈及教民数十人；旋各处闻讯响应，南康至赣县教堂、教民房屋多被焚毁。

△ 都察院奏请改都察院为国议会，以立下议院基础。

△ 中英互换《藏印通商章程》拟稿。

9月26日(八月十九日) 法部派麦鸿钧至日本考察审判制度，及监狱改良事件。

9月27日(八月二十日) 广西梧州厘局勒索，商店罢市；同日，南宁各店亦停业。

△ 清廷诏裁旗饷，将原有马厂庄田，分别计口拨给旗丁耕种，不足则添购民田给之；归农以后，丁粮词讼统归有司治理，与齐民无异。

9月28日(八月二十一日) 龙华会首领朱宝卿(朱鸿钧)等拟在河南新野、湖北襄阳起义，事泄，失败。

△ 日代公使阿部守太郎请求购湘米100万石接济日本水灾，清廷允协济30万石。

9月29日(八月二十二日) 江西南康县数百人攻赣州府城，遭清兵镇压，失败。

△ 清廷谕军机大臣着端方、瑞良认真查办南康教案，代理南康县

知县杨寅撰革职留缉并着严饬印委各员切实保护弹压。

△ 陆军部奏准建设军官学堂。

9月30日(八月二十三日) 清廷命京外各官慎选人才,研究宪政,严禁谬说淆乱国是。

△ 清廷命学部通筹教育普及善法,编辑精要课本,民政部妥拟地方自治章程,饬各督抚择地试办,以为召集议院准备。

10 月

10月1日(八月二十四日) 孙中山致函何佩琼,特派汪精卫、黄龙生、刘岐山三人来西贡、堤岸两埠,设法速筹巨款,接济军需。

△ 清廷通谕调和民教,着各省督抚迅将中国与各国所定约章内传教各条,分发所属各官,随时剀切晓喻,使民教各安本身,化除忿嫉。

10月2日(八月二十五日) 清《刑律》草案告成,凡53章387条。

10月3日(八月二十六日) 清廷以江苏布政使陈启泰署江苏巡抚。

10月4日(八月二十七日) 清廷命宁夏将军色普增额开缺,以前盛京将军增祺为宁夏将军。

10月5日(八月二十八日) 清廷谕陕西巡抚曹鸿勋开缺,另候简用,以恩寿调补陕西巡抚。张曾敭调补山西巡抚。

10月6日(八月二十九日) 晋人因福公司案开会集议,公举代表至京,并立矿务公所,以图抵制。

△ 给事中忠廉等奏,立宪政体宜特设下议院,不可以都察院更改。

10月7日(九月初一日) 政闻社机关报《政论》创刊于上海。月刊,蒋观云主编。梁启超于创刊号发表宣言书,详述该社成立原因,提出该社所持之主义四条:一、实行国会制度,建立责任政府;二、厘订法律,巩固司法权之独立;三、确立地方自治,正中央地方之权限;四、慎重外交,保持对等权利。

△ 吉林自治会简章公布执行。会长仍为松毓,副会长为庆山。该会编辑《自治报告书》,月出三册。1908年6月,《自治报告书》(第七期)改名《公民日报》发行。

10月8日(九月初二日) 孙中山致函邓泽如,告知钦州、防城起义情形,并指示筹款事宜。

△ 浙江提学使支恒荣为大通学堂秋瑾密谋起事案,札饬各府县侦拿革命党人。

△ 美国陆军部长塔虎脱抵沪,在沪绅商欢迎大会上重申美国对华门户开放政策。

10月9日(九月初三日) 清廷谕内阁着礼部暨修订法律大臣议定满汉通行礼制、刑律。

△ 清廷谕令农工商部会同度支部限六个月内考定度量衡划一制度,详拟推行章程,请旨裁定颁行。

△ 外务部以日兵官斋藤在延吉六道沟举动愈形强横,电令出使大臣杨枢商日外部禁止,将宪兵巡警撤回,并否认间岛名目。

10月10日(九月初四日) 浙江东阳县民众结党起事。

△ 清廷诏自此次降旨之日为始,再行展期三个月,一体将烟瘾戒除净尽。内务文武各大员,凡有嗜好者,迅即照章自行陈明。

10月11日(九月初五日) 香港政府颁布《禁止刊布逆言条例》,禁止革命党人在港从事反对清廷活动。

△ 清廷谕内阁着派沈家本、俞廉三、英瑞充修订法律大臣,参考各国成法,体察中国礼教民情,会通参酌,妥慎修订,奏明办理。

△ 清廷命度支部于六个月内查明洋药进口、土药出产及行销数目,妥拟官膏专卖办法。

△ 清廷命度支部限两个月内拟定印花税办法章程,以资抵补洋土两药税厘。

10月12日(九月初六日) 孙中山自日本秘密购械运粤,谋作起义之用,由日轮“幸运丸”运抵广东汕尾(海丰县属),因被清军巡逻艇侦知,未克起卸,“幸运丸”乃驶香港。

10月13日(九月初七日) 日轮“幸运丸”抵香港,冯自由急邀胡汉民及日人萱野长知等人开会,决定择定惠州平海卸械,与岸上党人联络图大举,旋因日驻港代理领事知悉“幸运丸”运械事,乃饬该船速离港,计划又告失败。

△ 清政府议准东三省总督徐世昌先借外债千万,办理东三省新政。

10月14日(九月初八日) 侍讲学士朱福诜奏,预备立宪,宜明定宗旨,以平政党而慰舆情。

△ 署黑龙江巡抚程德全奏呈统筹西北全局策六条,仍以改行省为变通之计,兴交通为根本之图,先筹巨款以定方针,储边才以图宏济。

10月15日(九月初九日) 浙江兴业银行在上海设立,资本总额四亿元,旋于杭州、南京、汉口、天津、北京及郑州等地设分行。

10月16日(九月初十日) 清廷谕令两江总督端方,南康匪徒滋事,各路防营约已到齐,应严饬各文武迅即剿灭。

△ 沪宁铁路上海至镇江段通车。

10月17日(九月十一日) 政闻社在东京开成立大会,该社发起人梁启超登台演说,鼓吹君主立宪,遭同盟会会员张继等人殴打,会场亦遭破坏。

△ 清廷诏令各地方大吏修明政事,思患预防,凡督抚到任六个月后,倘所属地方出有巨股土匪重案,定惟该督抚是问。

△ 广西巡抚张鸣岐奏请将广西铁路改归商办,并拨助该省上年实官捐款100万两,以资提倡。

10月18日(九月十二日) 浙江新昌、嵊县一带会党首领竺绍康领导民众暴动。

△ 福建学生会电外务部,日僧在闽布教滋事,干涉内政,请据约力争,令其撤回。

10 月 19 日(九月十三日) 孙中山为防城起义事,致函日人宫崎寅藏,请接济革命军饷械。

△ 清廷下诏求贤,命内外大臣访荐人才,每署、省至多五人,至少一人,限六个月内具奏,分别量才破格擢用。

△ 清廷谕饬各省督抚速设谘议局于省会,由绅民公举议员,以备资政院选举议员时公推递升,并预为筹划各府州县议事会。

10 月 20 日(九月十四日) 江苏扬州警兵聚众反抗官长。

△ 清廷命外务部派员与英商妥议苏杭甬铁路借款详细章程。

△ 农工商部奏定《农会简明章程》23 条。

10 月 21 日(九月十五日) 江西南康教案议结,赔偿法国教堂七万两,教民损失 9.2 万元,赔偿英、美教堂损失 1.9114 万元。

10 月 22 日(九月十六日) 清廷以革命党人于防城起义,命署广东提督秦炳直驰往钦、廉办理清剿事宜。

△ 清廷谕饬各省设立调查局,各部院设统计处。

10 月 23 日(九月十七日) 署黑龙江巡抚程德全奏请创设殖务部,专管东三省、内外蒙古及新疆、伊犁、西藏各行省。

10 月 24 日(九月十八日) 江苏铁路公司代表王清穆、张謇等致电署江苏巡抚陈启泰,反对苏杭甬铁路借款,请由商办商借。

10 月 25 日(九月十九日) 清廷以外务部奏日本水灾乞籴,谕令江南皖赣共运米 30 万石,鄂湘两省共运米 30 万石,妥速办理。

10 月 26 日(九月二十日) 《政治官报》在北京创刊。此系清廷为预备立宪而刊行,由宪政编查馆开办。

△ 湖北按察使梁鼎芬奏劾奕劻、袁世凯贪私误国,徐世昌、杨士骧、陈夔龙等夤缘比附。清廷诏以其摭拾空言,有意沽名,传旨申斥。

10 月 27 日(九月二十一日) 上海商务总会以苏杭甬路原已奏准商办,不收外股,现忽改借款抵押,电农工商部指出此举将“失信商民”,动摇东南商界。

△ 直隶鸡泽、平乡两县商民罢市,反对统捐,农民逐走局员。

10月30日(九月二十四日) 邮传部奏正(定)太(原)铁路工竣,全长242公里,派铁路提调梁士诒验收。

10月31日(九月二十五日) 英代表戴诺于中英藏印商约会议提出第二次草约16条,要求约中以中、英、藏三方并列,坚持英藏直接交涉。

11 月

11月1日(九月二十六日) 清廷命处分防城失事之官吏,仍着张人骏会商秦炳直妥筹剿抚钦廉革命党人,务期尽绝根株。

△ 江苏铁路协会在沪成立。

11月3日(九月二十八日) 山西太原举行绅民大会,议决撤废福公司办矿章程。

△ 清廷命宪政编查馆会同吏部详订切实考验外官章程。

△ 清廷谕整顿理藩部,责成该部尚书、侍郎将从前所有痼习迅予革除净尽,另定妥善规条,通饬所属员司实力奉行。

△ 外务部就俄公使璞科第声称黑龙江东岸六十四屯,条约实系俄界,无从归还一事,电咨东三省总督徐世昌确查核办。

11月4日(九月二十九日) 清廷以革命党人在安南秘密布置,准备再度起义,着两广总督张人骏、广西巡抚张鸣岐认真堵截,切勿稍涉疏虞。

△ 浙江同乡会京官朱福诜等请拒铁路借款,是日由都察院代奏。

11月6日(十月初一日) 四川同盟会会员佘英、谢奉琦、熊克武等谋于11月14日庆贺西太后生日之际举义于江安、泸州。预定先在江安发难,再直趋泸州,因制造炸弹不慎爆炸,起义提前举行,为江安清吏侦知,是日江安起义未发而败,泸州起义遂未发而止。

△ 广东地方自治社开成立会,与会者90余人。发起人梁庆桂并作报告,宣读章程草案。10日召开第二次会议,选举梁庆桂为社长。

△ 东三省总督徐世昌、奉天巡抚唐绍仪，与英国保龄公司订立修筑新（民）法（库门）铁路草合同，借款50万镑。

11月7日（十月初二日） 陆军部奏准拟订《考验陆军军队章程》，凡49条。

11月9日（十月初四日） 政闻社在东京召开全体会议，议决支持江浙两省人民力拒借款筑路；开展国民运动，要求召开国会。

△ 江苏铁路协会在上海张园召开苏杭甬铁路拒款大会，到2000余人，马相伯挥泪演说借款修路之危害。

△ 清廷调西安将军恩存为荆州将军，以正白旗蒙古副都统凤山为西安将军。

△ 广西巡抚张鸣岐奏请拨款50万两开办富贺两县交界处西湾一带煤矿。

△ 外务部电两江总督端方及江浙巡抚冯汝骙等对苏杭甬铁路借英款案，剀切开导绅民，以释群疑。

11月10日（十月初五日） 外务部照会法公使巴思德，请饬越南官员驱逐孙文党羽。

△ 旅沪浙人及浙江各府所派代表集会反对苏杭甬铁路举借外款，当场认捐2700万元。

11月11日（十月初六日） 两江总督端方电促上海官绅商早日派员赴京询商苏杭甬铁路案。

△ 安徽铁路公司在安庆召开大会，反对江浙铁路借款，并力争自办浦（口）信（阳）铁路。

11月12日（十月初七日） 孙中山在河内接“日本来函必欲派一人回东，以维报局，而固人心”。乃与黄兴、胡汉民详议，决定派汪精卫赴东京处理《民报》事。是日，孙致汪电，告此意图，望其于年底回东京筹款。

△ 清廷以江浙绅民纷争苏杭甬铁路借款不已，命端方严防乱党从中煽惑。同日并着两江总督、江浙各巡抚、杭州将军迅速多方劝谕商

民,勿任轻信谣言。

11 月 13 日(十月初八日) 江苏铁路公司股东在上海开苏杭甬铁路拒外款特别大会,公举王文韶为代表入京力争。

△ 上海集成储蓄公司成立,总资本一亿美元。

△ 湖广总督赵尔巽电请外务部力阻日人在汉口租界外购地。

11 月 14 日(十月初九日) 四川成都同盟会会员张培爵、余切、黄方等人谋以新军及会党借西太后寿辰发难,11 月 6 日各路会党约 4000 人集中成都,分住于小天竺、安顺桥、茶店子等处,“相约闻警即发”,事泄,杨维等六人被捕,时称“六君子”。

11 月 15 日(十月初十日) 外务部电咨各省督抚征求延吉、东三省矿权及与各国协约三事,各具说帖寄京,以资参证。

11 月 17 日(十月十二日) 福建寓沪同乡开会,讨论收回建、邵、汀三府矿权,议决分别致电闽省教育总会、铁路公司及闽督,宣告废约,收回自办。

11 月 18 日(十月十三日) 同盟会防城之役领导人王和顺自河内赴广西那模同凭祥土司李佑卿联系,订于是日率游勇夺取镇南关炮台。旋因李与王意见分歧,不听调遣,王折返河内。

△ 旅京江浙两省八校学生共 600 余人,上书力争自办苏杭甬铁路。

△ 盛宣怀奏请将汉阳铁厂、大冶铁矿、萍乡煤矿归并为一大公司,名为汉冶萍煤铁有限公司,定招股 2000 万元。

11 月 19 日(十月十四日) 陈惠普、李戒欺发起,是日广东省城七十二行商人和九大善堂善董数百人集会,决定致电政府反对英国干涉我西江缉捕主权,函电中外同胞力争,同时议定此会为“粤商自治会”。确定该会宗旨:遵旨预备立宪,先与同胞谋自治;调查工商实业之利弊,以谋地方之公益。

11 月 20 日(十月十五日) 《新民丛报》与《民报》论战失败,是日停刊。该刊于 1902 年 2 月 8 日在日本横滨创刊,共出 96 号,创办人梁启超。

11月21日(十月十六日) 裘文高率浙江台州义勇数百由仙居取道东阳入取嵊县,与清军接仗,斩清军将领刘庆林,军威大震,杭城戒严,浙抚急调严州等地清兵攻嵊,文高拒战不利,复由嵊县退军至东阳入仙居而散。

△ 11省寓沪士绅开谈话会,议决联合各省成立路矿总会。

11月22日(十月十七日) 京师各学堂学生1800人联名奏请拒款,清廷以学生不得干预国政,严行申斥。

△ 曹鸿勋奏报陕西延长石油矿日产原油3000余斤,主设立公司,广招商股,不收洋股,不借洋款,官督商办或归商办。清廷命新任陕西巡抚恩寿妥筹办理。

11月26日(十月二十一日) 浙江嵊县会党起事,转向兰溪县马铃山一带,浦江、金华、兰溪等县同时戒严。

11月27日(十月二十二日) 安徽师范学生罢课要求废除铜官山和浦信铁路两项出卖利权合同。

11月28日(十月二十三日) 江浙铁路代表王文韶入京,专折痛陈苏杭甬铁路两省拒款决心,请坚拒外款,力保主权。

△ 四川在京铁路股东邓代聪等呈请另派重臣督办川汉铁路,并将汉口至宜昌段铁路招股与川省合办。清廷不允。

11月29日(十月二十四日) 香港政府颁布条例严禁中国革命书报,违者监禁二年并充苦工或罚银500元。

△ 出使德国考察宪政大臣于式枚奏报赴德考察宪政情形,并拟订办法宗旨。

△ 外务部以江浙官绅请拒苏杭甬铁路借款,磋商为难,奏请电致江浙两省公举数人来京咨询路事。

11月30日(十月二十五日) 上海宪政讲习会会员方表在沪联络发动国会请愿。

△ 清廷命秦炳直督饬各军早日肃清廉钦革命军。

△ 清廷命商约大臣盛宣怀迅速来京,预备召见。

12 月

12月1日(十月二十六日) 同盟会镇南关之役。是夜,革命党人黄明堂奉孙中山命,率游勇80余人攻关,清守兵百余人略抗即降。次晨占领镇南关炮台三座,附近游勇闻风响应。

△ 东京中国留学生2000人开苏浙铁路拒款大会。

12月2日(十月二十七日) 外务部以法商承办之福建建宁、邵武、汀州三府矿务合同限满作废,通知法公使巴思德如期收回。

12月3日(十月二十八日) 孙中山偕黄兴、胡汉民等自河内抵镇南关指挥革命军,全军鼓舞,黄明堂奏乐欢迎。

△ 美国总统罗斯福于国会咨文中要求国会授权退还庚款,作为中国发展教育之用。

12月4日(十月二十九日) 清援兵开到镇南关,发起攻击,革命军反攻,孙中山、黄兴亲临阵地参战,日人池亨吉(孙中山英文秘书)同行。

△ 四川革命党人黎靖寰、杨维等谋于成都举事,事泄被捕。

12月5日(十一月初一日) 清军参将陆荣廷派人持函登镇南关炮台,表示愿率600人投效革命军。孙中山读函后和黄明堂等商议,决定复函陆氏,使为内应。当晚,孙中山、黄兴等下山回安南河内筹款购械。

△ 外务部奏准派贵胄游学英、美、德三国,肄习陆军、政法。

12月6日(十一月初二日) 贵州巡抚庞鸿书奏陈化除畛域管见。

12月7日(十一月初三日) 清廷以广西镇南关右辅山炮台失守,命桂抚张鸣岐交部议处,着即督饬各路统将协力进攻,即日克复,并责成龙济光统率前敌各营奋力图功。

△ 上海基督教徒开会成立“上海基督教徒保路协会”,选举俞宗周为会长。

12月8日(十一月初四日) 镇南关起义失败。革命军与清兵相持七昼夜,伤亡敌兵数百名,终以军火不继,寡不敌众,于是夜弃台,退入安南。

△ 邮传部奏请设立交通银行,官商合办,股本银500万两,并派李经楚、周克昌分充银行总、协理。

△ 度支部奏准印花税则及办事章程。

12月9日(十一月初五日) 孙中山在安南与一法国银行家洽谈,由该行在法代募军债2000万元,于占领龙州之日交付第一批款项。是晚获悉炮台失守,谈判遂即中止。

△ 浙江教育总会在杭州正式开会,举张元济为会长。

12月10日(十一月初六日) 江苏铁路协会欢送苏路代表王同愈、许鼎霖、杨廷栋等赴京请愿。2000余人在码头上送行。

△ 清廷命广西巡抚张鸣岐仍督饬龙济光等择道分兵,相机合攻镇南关革命军,如边事逾紧,应责成桂抚亲赴前敌,督率防剿。

12月11日(十一月初七日) 清廷以镇南关右军山炮台业经克复,传谕嘉尚张鸣岐,赏给陆荣廷"捷勇巴图鲁"名号,在事兵弁由广西藩库拨赏银二万两,以资鼓励。

12月12日(十一月初八日) 孙中山发给日本友人池亨吉证明信,授予其全权执行为中国革命事业筹款事宜,并为同一目的募集粮秣和军需品。

12月13日(十一月初九日) 张人骏电奏广东钦廉起义革命党人刘渊明已被拿获,党人黄世钦被击毙,余党已散。

12月15日(十一月十一日) "政闻社"在东京开会欢迎该社总务员马良(相伯),并决定将本部迁设上海。

△ 陕甘总督升允以敦煌民众抗粮,奏准派兵勒缉首要。

△ 升允奏陈青海缓改建省,先行试垦。次年1月23日,会议政务处议奏,认该督所奏较为切实易行,迨至蒙番一心,振兴实业,再为徐议建置。清廷允之。

△ 清廷命盛宣怀会同外务部妥筹办理苏杭甬铁路草约合同。

△ 广西巡抚张鸣岐奏陈整顿土属办法，拟饬就土官子侄中，按年选送四至六人来省就学，以毕业最优者分别承袭。

12月16日（十一月十二日） 孙中山致函邓泽如，告以派汪精卫赴河内、海防、西贡、新加坡、暹罗各埠会见同志，报告军事，劝募军需；今汪精卫与邓子瑜同赴庇能、吉隆坡及各州府，与诸同志面商，设法速筹巨款，接济军需。

△ 江浙铁路代表王同愈、许鼎霖、杨廷栋等人抵京，25日赴外务部要求遵旨商办，不借外款。

12月17日（十一月十三日） 上海旅沪皖省人士召开保卫路矿大会，反对清政府出卖皖省路矿利权。

12月18日（十一月十四日） 署广西提学使李翰芬奏陈宪政预备实施管见八条。

△ 驻藏办事大臣联豫遵旨复奏西藏地方不宜骤设行省，驻藏大臣名目不可忽改总督巡抚。

12月21日（十一月十七日） 中国同盟会庇朥埠（槟榔屿）分会成立，邓泽如为会长。

12月23日（十一月十九日） 清廷颁布“报律”，凡45条。

12月24日（十一月二十日） 清廷谕令各省绅商士庶不得干预内外政事，并着宪政编查馆会同民政部拟定关于政事结社条规，迅速奏请颁行。

12月25日（十一月二十一日） 清廷谕令整顿士风，命学部严申学堂禁令定章，不准学生干预国政，及联名纠众立会、演说、发电妄言。

12月26日（十一月二十二日） 孙中山自河内为汕尾运械事件致萱野长知书慰劳，并嘱“幸运丸”军械再度运来澳门附近海面，以商议再求他举之计划。

△ 上海黄浦江东岸南北各渡口，增加渡资，引起附近过往农民反抗，是日数千人捣毁路政公所收钱处。

△　吉林自治会召开周年纪念大会，提出争“间岛”和收回吉（林）长（春）铁路修筑权。

△　清廷以京师有聚众开会演说等事，令民政部、步军统领衙门、顺天府一体严行查禁。

△　清廷以广西谅山有密谋起事之事，电谕广西巡抚张鸣岐，严防革命党人再度起义。

12月27日（十一月二十三日）　外务部照会法公使巴思德，以革命党人王和顺等屯聚谅山一带密谋起事，请电安南总督严饬捕追。

12月28日（十一月二十四日）　山东沂水、莒州、临清等州县民众暴动。

12月30日（十一月二十六日）　清廷降旨饬议币制，命于一月内电奏改革币制之法，以期划一全国币制。

△　修订法律大臣沈家本奏报，“刑律”分则草案告成，合诸总则凡53章387条。

是年　同盟会海防分会成立，侨商刘岐山任会长。

△　出口货值银2.64380697亿两，进口货值银4.16401369亿两，贸易逆差为1.52020672亿两；全国征货税银3386.1346万两。

△　南洋兄弟烟草无限公司在香港成立，资本100万元。

△　张謇在崇明创设大生纱厂，资本100万两银，纱锭2.6万支。

△　侨商顾润章、王光等人在汉口创办扬子江机器厂，资本45万元。

△　英国人A.斯坦因掠走敦煌莫高窟写本文书24箱和绘、绣的佛画五箱。

1908年(清光绪三十四年)

1　月

1月1日(十一月二十八日)　黑龙江瑷珲(今爱辉)县城军队400人哗变,攻墨尔根城,被巡防队击退。

△　中英订立试办禁烟章程,定10年禁绝。

1月3日(十一月三十日)　孙中山致函日人萱野长知,嘱出售汕尾未及起卸、原船返日滞留神户之“幸运丸”所载之军械。

△　学部奏,日本文部省允于15年内于官立高等学校内收容中国学生每年100名,由中国给予经费补助。

1月4日(十二月初一日)　杨度改“宪政讲习会”为“宪政公会”。3月,杨度回国,在京设立宪政公会本部。6月30日(六月初二日),民政部批准宪政公会成立。时有会员54人,旋召开评议会,重订章程,其宗旨为:“确定君主立宪政体。”选举总事务员为熊范舆、杨度任常务员长,沈钧儒任干事部干事长兼评议部评议长。

1月5日(十二月初二日)　同盟会会员吴永珊(玉章)在东京创办《四川》杂志。2月29日出至第三号,被日本政府查封。

△　浙江海宁州漕折苛刻,农民万人奋起捣毁学堂、教堂及警察、厘金、邮政、铁路、轮船各局,钱庄、店铺多处。

1月6日(十二月初三日) 江苏青浦县三家湾地方有大帮“盐枭”调集船只70余艘与清军交战。

1月8日(十二月初五日) 浙江桐乡县与海宁州农民六七千人联合攻破桐乡县城,烧教堂,毁学堂,拆毁县署、监狱,释放囚犯。湖州、孝丰、安吉等地纷起响应。

1月11日(十二月初八日) 清廷据奏报海宁民变,江浙人心思动,是日旨电端方及苏浙两巡抚着实力剿捕,早日肃清。

1月12日(十二月初九日) 两江总督端方、浙江巡抚冯汝骙、护理江苏巡抚陈启泰以苏杭甬铁路借款事起,两省人心不靖,为防滋生变乱,是日联电外务部请暂缓签押正约。

△ 清廷实授陈启泰为江苏巡抚。

1月13日(十二月初十日) 清廷以浙江海宁、桐乡等地发生民变,命甘肃提督姜桂题统率所部豫军各营并由第二、四、六各镇内各拨步队两营编配带往,会同江浙督抚办理清剿事宜。

△ 清廷以山东曹属郡县数百人强劫勒赎,命署山东巡抚吴廷斌迅速认真剿捕。

△ 清廷命已革陕西布政使樊增祥着开复革职处分。

△ 督办铁路大臣、大学士张之洞等奏准(天)津镇(江)铁路改为(天)津浦(口)铁路,自行修建,与英德两公司改订合同。

△ 外务部与上海德华银行、伦敦华中铁路有限公司在北京签订津浦铁路借款合同,款额500万镑。

1月14日(十二月十一日) 清廷以浙西枭盗充斥,地方官吏养痈贻患,命浙江巡抚冯汝骙查明具奏。

△ 清廷电谕冯汝骙保护教堂、教士,并告已派姜桂题统率12营限半月内赴浙,办理剿抚事宜。22日,清廷据报鄂军已有声援,令姜军暂缓开拔。

1月16日(十二月十三日) 清廷奖励击败广东钦廉起义军有功人员,已革陕西补用道郭人漳开复原官,留粤补用。

1月19日(十二月十六日) 清廷以广西沿边一带革命党人活动日烈,是日电令两江总督端方、江苏巡抚陈启泰转饬道员庄蕴宽,迅速率军驰赴龙州一带巡阅布置。

1月20日(十二月十七日) 清廷命前福州将军景星、前江苏巡抚陆元鼎、前云贵总督丁振铎、前山西巡抚俞廉三协理开办资政院事务。

△ 山西省与英商福公司签订《赎回山西盂县平定州潞安泽州与平阳府开矿制铁转运正续各章程合同之合同》12条,收回福公司攫取晋省之全部矿权。

1月21日(十二月十八日) 清廷派吕海寰充督办津浦铁路大臣,并着直隶、江苏、山东督抚会同办理。

1月22日(十二月十九日) 闽浙总督松寿奏请裁减浙省绿营兵额,改编巡警。

△ 清廷命大学士那桐充督办税务大臣。

1月24日(十二月二十一日) 外务部照会德公使雷克司,胶澳铁路应归入津浦路线办理。

△ 清廷谕山西巡抚张曾敭因病解职,以宝棻为山西巡抚;按察使丁宝铨为布政使。

1月26日(十二月二十三日) 四川同盟会会员谋举义于叙府,推谢奉琦入叙主持,佘英、熊克武赴井研、荣县、富顺等地发动会党,并由曾省斋联络叙府堂勇管带刘绍峰等,因刘被捕,起义中止。

△ 清廷以庞元济创办机器造纸公司,赏正一品封典;刘世珩、祝大椿创办公司及兴办实业,分别赏正二品封典、二品顶戴。

△ 张之洞、袁世凯、梁敦彦会奏呈津浦铁路官商合股办法。

1月27日(十二月二十四日) 清廷派江苏布政使瑞澂督办苏松、太杭、嘉湖缉捕清乡事宜。同日,又命赏总税务司赫德尚书衔,副总税务司裴式楷布政使衔。

△ 英国政府下令撤退驻西藏春丕之英军。

1月28日(十二月二十五日) 黄兴命谭人凤入郭人漳行营,求接济弹药。

1月29日(十二月二十六日) 清廷以江浙盐枭日益猖獗，两江总督及江浙两省巡抚端方、陈启泰、冯汝骙疏于防范，行不践言，应一并先行交部察议。

是月 台湾同盟会员罗福星赴河内见孙中山，面陈抗日复台大计，并自告奋勇，愿效前驱。

△ 交通银行在上海创办，实收总资本8.7亿余元，旋于苏、浙、皖、鄂等14个行省设立分行。

2 月

2月2日(光绪三十四年正月初一日) 清廷授醇亲王载沣为军机大臣。

2月5日(光绪三十四年正月初四日) 清廷据奏报嘉兴、湖州一带青红帮聚众抢劫，持械戕官，打毁教堂、学堂，请酌用清乡之法，以绝匪踪，是日着两江总督端方会同江苏巡抚陈启泰、浙江巡抚冯汝骙妥筹办理。

△ 广东海关缉获日轮“第二辰丸”私运大宗军火，予以扣押，并卸下该轮所悬日本国旗。

2月7日(正月初六日) 奉天广宁县(今北镇市)北界蒙古之医巫闾大山蒙民聚众起事。

2月8日(正月初七日) 孙中山致函池亨吉，告以因清政府要求法国政府下驱逐令，故离开河内，仍留黄兴及胡汉民，委以当地及广西一带之筹划事宜。

△ 清廷命甘肃提督姜桂题统率5000人开往长江一带扼要屯扎，专作游击之师，仍会商沿江各省督抚筹办江防事宜。

2月9日(正月初八日) 端方奏报苏、浙捕务，嘉、湖交界处所，盐枭猖獗，请添置兵轮快炮，派兵治枭。

2月10日(正月初九日) 端方奏请先就江宁省城设局,筹办地方自治;又奏请地方自治局内附设谘议局,以为议会之预备。

2月12日(正月十一日) 清廷命农工商部详细考察各国棉花种类、种植成法,分别采择,编集图说,并优定奖励种植章程,颁行各省,由各该省督抚等督率认真提倡,设法改良。

2月13日(正月十二日) 浙江青浦、嘉善,江苏金山等县夏竹林、余孟亨、江北阿四等帮盐枭聚众连日与清军交战。

2月14日(正月十三日) 清廷以制钱日少,物价腾涨,命各省铜元局加铸三成一文新钱。

△ 日公使林权助照会外务部,抗议广东扣留"第二辰丸"。

2月15日(正月十四日) 外务部奏报,山西矿务局与福公司订定赎回合同12条,并前案一律议结。

2月16日(正月十五日) 上海预备立宪公会举行会议,议决在沪创设法政学堂,并请国会"遍设宣讲所"。

△ 清廷谕令出使法国大臣刘式训照会法国外交部,查封《新世纪报》。按:该报系由旅法革命党人张静江、李石曾、吴敬恒等所创刊(周刊)。

△ 清廷以沈曾植为安徽提学使,并署理布政使。

2月17日(正月十六日) 清廷决定再加20万悬赏缉拿孙中山,并以孙中山利用安南作滇桂起义的指挥所,向法国当局要求逮捕引渡孙中山,遭安南总督拒绝。

△ 清廷命陕甘总督升允密筹防范宁夏匪徒煽惑,并严饬地方官,无论汉民、回民暨新旧两教,均属一视同仁。

△ 度支部奏准《大清银行则例》24条,《普通银行则例》15条,《殖业银行则例》34条,《储蓄银行则例》13条。

△ 邮传部奏准《官商铁路完纳地税章程》10条。

2月18日(正月十七日) 驻京葡萄牙署公使柏德罗照会外务部,望饬速释放在葡国所领海面被捕之日本"第二辰丸"轮。3月5日,外务部复照葡公使，“第二辰丸”被扣处，系在中国领海。

2 月 19 日(正月十八日) 陕甘总督升允奏陈筹改甘省厘金，试办统捐，拨办农工商矿务要政，并拟造兰州跨黄河铁桥。

△ 升允奏陈甘省设立农工商矿局，并次第创办劝工厂、农事试验场、矿务学堂、农林学堂，以及官报局、商品陈列所、官铁厂、织布、裁绒、丝绉、玻璃各厂，其商业总会、农业总会，亦皆赓续成立。

△ 驻京日使林权助请外务部转告两广总督张人骏释放日“第二辰丸”，并索赔偿。

2 月 22 日(正月二十一日) 河南巡抚林绍年奏，豫省潼洛铁路工程浩大，拟酌加盐捐以济需要。

2 月 23 日(正月二十二日) 浙江寓沪学会开会，到六千余人，来宾 2500 人。会长周晋镳号召浙省同乡继续努力集股保路，勿稍疏懈。

△ 清廷以天津、保定两处铜价尚贱，与京市之悬殊，命直隶总督杨士骧妥筹整顿，务使钱价一律平等。

2 月 25 日(正月二十四日) 杭州风林寺召开追悼秋瑾烈士大会，秋瑾至友徐寄尘与学界男女 400 余人参加。

2 月 28 日(正月二十七日) 法公使巴思德就镇南关起义失败后中国革命党人退入越南一事照会外务部，主由两国政府明定条规，禁止中国革命党在中越边境活动。

是月 政闻社本部由东京迁往上海。社员发展到 500 余人。马相伯、徐佛苏、麦孟华到沪主持工作。

3 月

3 月 1 日(正月二十九日) 四川同盟会会员谋举义于广安，由熊克武组织同盟会会员为突击队进攻广安州署，佘英率会党攻巡防营，秦炳集合会党、学生增援。当夜，熊克武率队入城，突进州署，因佘英所部受阻，熊克武孤军作战，寡不敌众，脱险出城，起义失败。

△ 安徽、河南、山东交界处杨集镇大刀会、白莲教、联门教联合起事。

△ 修订法律大臣沈家本奏请编定现行刑律。

3月3日(二月初一日) 外务部复照林权助,允释"第二辰丸",对下日旗事道歉,所载军火则予扣存,并提议由英人公断。

3月4日(二月初二日) 孙中山致函苏门答腊岛流石同盟会会员,对该埠同志热心公义,协力筹款以助革命军之用一事表示欣慰。"深望始终勿懈,益求进步"。

△ 日公使林权助就"第二辰丸"案会晤军机大臣那桐、袁世凯等,反对具结释船、扣存军火,并转告日本政府回训不同意公断。

3月5日(二月初三日) 外务部就"第二辰丸"日旗被撤下一事,照会林权助表示歉忧,并告将惩戒办事失当人员。

△ 清廷以河南布政使袁大化署山东巡抚;调陕西布政使朱寿镛为河南布政使,以广东按察使王人文为陕西布政使。

△ 督办津浦铁路大臣吕海寰奏准在京设立津浦铁路总公所,于南段、北段设立总局,会同聘用之德、英两公司分别办理。

△ 上海公共租界有轨电车正式通车。

3月6日(二月初四日) 外务部、邮传部与中英公司在北京签订沪杭甬(即前苏杭甬)铁路借款合同,款额150万英镑。

△ 清廷赏川滇边务大臣赵尔丰尚书衔为驻藏办事大臣,仍兼边务大臣。

△ 清廷调湖广总督赵尔巽为四川总督,四川总督陈夔龙为湖广总督。

3月7日(二月初五日) 孙中山自河内致函邓泽如,告以决意来新加坡筹款10至20万元,运动清军归降,"而兵不血刃以取南宁、龙州为革命军之根据地"。

3月8日(二月初六日) 伊犁将军长庚奏准新疆库存黄金留备该省办理新政之用。

3月9日(二月初七日) 清廷命新任驻藏办事大臣赵尔丰将藏中应办各事通盘筹划,详拟章程,次第奏请施行;并着度支部按年筹拨的款银五六十万两,俾济要需。

△ 康有为致书梁启超,力主联络肃亲王善耆以打击袁世凯。

△ 农工商部奏请整顿全国棉业,拟分调查、提倡、保护三期进行。

△ 邮传部奏报,疏浚运河事宜应由沿河各省督抚体察情形,分别办理。

3月11日(二月初九日) 宪政编查馆奏准订定《结社集会律》35条,其中规定现任职官亲莅各社会研究政治学术者,必须向本管长官陈明。

△ 云贵总督锡良奏称,滇省绿营官兵分别酌拟裁留,并将腾出饷需作为添练新军,扩充巡警之用。

3月12日(二月初十日) 清廷通谕法部、大理院及各省督抚着即通饬所属各员,实心清理讼狱。

△ 端方奏请裁撤两江矿政调查局,改设江南矿政总局。

3月13日(二月十一日) 外务部复照法公使巴思德,提出补订《中越边界会巡章程》,防范革命党人以越南为据点,在滇桂边境起事。

△ 日公使林权助照会外务部,提出解决"第二辰丸"案五项要求:一、道歉;二、赔款;三、惩官;四、释船;五、收买被扣军械。越二日,外务部复照林权助接受五项要求。

△ 清廷据盛宣怀奏,谕准汉冶萍煤铁矿合并,招股扩充,以盛宣怀兼任经理。

3月14日(二月十二日) 宪政编查馆奏准《报律》45条。其中规定:各类报纸,应"送由该管巡警官署或地方官署随时查核按律办理";"报纸不得揭载:诋毁宫廷之语、淆乱政体之语、扰害公安之语、败坏风俗之语"。

3月15日(二月十三日) 新加坡革命同志以孙中山抵埠咸感振奋,是日举行第二次革命演说大会。清廷命驻新加坡总领事向海峡殖民地总督要求驱逐孙。新加坡当局曾传问孙，但并未下逐客令。

△　姜桂题率豫军南下镇压江浙太湖一带“盐枭”，路经安徽和州大肆骚扰，戕毙民命，群情激愤，商民罢市。

△　旅沪两广同乡会开特别大会，讨论“第二辰丸”案，决议倡导抵制日货。

3 月 17 日（二月十五日）　孙中山在新加坡函约苏汉忠晤面。

△　日公使林权助照会外务部，对外务部接受“第二辰丸”案五项要求之解决办法，日政府无异议。此案遂告议结。

3 月 18 日（二月十六日）　直隶隆平县知县吕调元因举办四乡巡警兼筹学堂经费勒收捐款，引起民众不满，东北乡枣林村等十余村农民数千人进城要求免捐，知县关闭城门，农民立向城上投掷砖石，伤巡官李道明，坠落城下。警兵开枪，打死农民五人，伤六人，农民愤激攻入城内，毁巡警局，释放习艺所犯人。

△　北京风雅报馆因言论激烈被查封。

△　粤商自治会因“第二辰丸”案，在广州召开大会，议定以 17 日（释放“第二辰丸”日期）为国耻纪念日，声明决不承认赔款。会后率万余群众到总督衙门请愿，要求粤督张人骏拒绝接受日本各项屈辱要求。

△　农工商部右侍郎杨士琦奏报考察南洋侨商情形。

3 月 19 日（二月十七日）　清廷谕署黑龙江巡抚程德全因病解职，以奉天左参赞周树模署黑龙江巡抚；实授朱家宝为吉林巡抚。

3 月 20 日（二月十八日）　粤商自治会为“第二辰丸”案在广州举行大会，到数万人，当场烧毁日货，决定推行维护主权，抵制日货运动。

△　外务部电两广总督张人骏，将“第二辰丸”案结办情形晓喻绅民，平息罢市暴动。

3 月 21 日（二月十九日）　外务部据日公使林权助之请，电两江总督端方，禁止抵制日货。

3 月 22 日（二月二十日）　新疆维吾尔族群众两万余人暴动。

△　清廷据外务部奏请重申禁烟，着民政部、度支部迅即会订稽核

章程，严加执行。

△ 出使法国大臣刘式训奏请妥定臣民国籍条例。

3月23日(二月二十一日) 外务部电上海道梁如浩，令其设法禁阻粤商抵制日货。旋梁如浩致书商务总会，劝告广东寓沪绅商，停止抵制日货。

△ 清廷命外务部右丞胡惟德为出使日本大臣。同日又命考察宪政大臣达寿回京供职，改派出使日本国大臣李家驹为考察宪政大臣。

△ 河南巡抚林绍年奏请改旧设仕学馆为法政学堂。

3月24日(二月二十二日) 调任四川总督、湖广总督赵尔巽奏报，湖北设立谘议局，先行筹划选举区域，设法政学堂，省城设立全省地方自治局，并于法政学堂附设自治研究所，另设调查局一所。

3月27日(二月二十五日) 黄兴奉孙中山命，率黎仲实及华侨200余人自安南进攻钦州，乡民纷燃爆竹欢迎，沿途击溃小股清军。

3月28日(二月二十六日) 清廷命出使意大利大臣黄诰来京，调出使荷兰大臣钱恂为出使意大利大臣，又命保和会专使陆徵祥为出使荷兰大臣。

3月29日(二月二十七日) 清廷命京外各厂暂行停铸铜元数月，俟铜元价值稍平，察看市面情形，再行复铸。

3月30日(二月二十八日) 黄兴率革命军击溃钦州清军一营。次日，革命军进至大桥，再败清军两营。

△ 上海新租界聘自尔电车公司工人罢工，要求缩短工时。

4 月

4月1日(三月初一日) 孙中山复函邓泽如，托其转交吉隆坡大侨商陆弼臣书一封，并拨冗专为此事一行，为革命军集资。并告不日将遣汪精卫来芙蓉“与兄相会，面筹一切”。

△ 同盟会会员王群携同盟会本部委任证书，由东京到缅甸仰光

发展会员，徐赞周、陈守礼等十余人入会，设立同盟会缅甸分会。

△ 清廷调浙江巡抚冯汝骙为江西巡抚，以督办土药统税大臣柯逢时为浙江巡抚，仍兼督办土药统税事务。

△ 清廷从湖南绅商请，湘路公司总理袁树勋着仍充总理，回湘主持铁路事宜。

△ 沪宁铁路工竣通车。

4月2日（三月初二日） 黄兴率革命军在钦州马笃山大败防营统领郭人漳部清军，伤管带一人，毙清兵200余人，清军三营溃散。黄兴此后率部出入钦（州）、廉（州）、上思一带，大小数十战，历时40余天，威名大著。

△ 清廷谕禁京城钱业架空出票，扰乱市面，责成顺天府迅即详订章程，严立限制，并着民政部、步军统领衙门协力查禁，认真整顿。

4月3日（三月初三日） 浙江各界士绅代表在杭州召开铁路保存会。

△ 查办西藏事件大臣张荫棠条陈兴学、练兵、整顿实业、统筹经费等项西藏善后事宜，清廷命赵尔巽、赵尔丰等会同悉心妥议，奏明请旨办理。

4月4日（三月初四日） 考察商务大臣杨士琦奏请与暹罗订约通使；同日并奏请于西贡、海防设领事，爪哇设总领事。

4月5日（三月初五日） 广州妇女2000人召开大会，抗议日本政府借“第二辰丸”事件公然侵犯我国主权。

△ 预备立宪公会举行常会，决定设立国会研究所。27日，国会研究所开会讨论国会下议院议员名额分配方法。

△ 浙路公司在杭州开股东会议，并举施肇基为沪杭甬铁路总办。

4月7日（三月初七日） 清廷派恭亲王溥伟、协办大学士鹿传霖协办资政院事务。

△ 清廷派景星、丁振铎充办理禁烟大臣，严定章程，认真摘发素染嗜好各员。

△　清廷命度支部筹拨的款银五六十万两，以济西藏要需，并命四川总督赵尔巽随时接济。

4月8日（三月初八日）　邮传部奏准萍（乡）（湘）潭铁路改归该部管辖。

△　农工商部右侍郎杨士琦奏，南洋闽商胡国廉集资创兴琼崖地利办法；又奏，请饬各省督抚勿派员前往南洋各埠劝捐。

△　清廷以民政部左侍郎袁树勋署山东巡抚。

4月9日（三月初九日）　安徽芜湖磁船帮聚众捣毁巡警局。

4月10日（三月初十日）　御史黄瑞麟奏请设立京师女子师范学堂，各省城、府城各设女子师范学堂一所，以为振兴女学之地。

4月11日（三月十一日）　北京京华报馆因转载《世界日报》新闻，涉嫌同情革命，顺天府奏准封禁京华报馆，社长唐继星监禁10年。

△　清廷以隆平县乡民抗捐警费，聚众持械，命直隶总督杨士骧认真查办。

4月13日（三月十三日）　廓尔喀（今尼泊尔）所遣使臣至北京入贡清廷。5月2日，廓尔喀贡使觐见，清廷赏戴花翎。

4月14日（三月十四日）　赵尔丰奏请暂缓停铸铜元，是日度支部奏复仍遵前旨暂行停铸。

△　商约大臣盛宣怀奏准创办公司，请筹的款以充公股。

△　端方以江西赣州各属拳匪仇教，尚未烬灭，奏准仍派江苏存记道俞明震会同查办。

△　津海关道蔡绍基与德商汉纳根在天津订立《井陉煤矿合同》，由直隶井陉矿务总局与德商井陉矿务公司合办。

4月15日（三月十五日）　清廷调陕西布政使王人文为四川布政使；四川布政使许涵度为陕西布政使。

4月17日（三月十七日）　孙中山致函邓泽如，请其将5000元早日筹便付来，以便转汇军前，令立行事。

4月18日（三月十八日）　农工商部右侍郎杨士琦奏准每年冬季

酌派南北洋各舰游历南洋各埠，由农工商部遴员随同前往。

4 月 20 日(三月二十日) 查办西藏事件大臣张荫棠与英国全权大臣韦礼敦在印度加尔各答签订《中英修订藏印通商章程》，凡 15 款。

△ 江浙铁路自上海至松江段，竣工通车。

4 月 22 日(三月二十二日) 孙中山致函庇朥同盟会会员，收到军费银 1000 元，现时广西营勇约降，云南待举，钦军加补子弹三宗共需五六万元，请其继续筹款。

△ 广西雒容县徭民千余人起事。

4 月 25 日(三月二十五日) 安徽绅民集议商请开民选议院，并推举代表入京上书清廷。

△ 农工商部奏准筹办京师自来水公司，华股洋银 300 万元。

4 月 30 日(四月初一日) 同盟会河口之役。黄明堂、王和顺、关仁甫率领革命军 200 余人，于是日凌晨 2 时举义于云南河口，激战数小时，占领山上炮台，清军防营归降，防务处督办王镇邦伏诛，革命军完全占领河口。黄明堂以中华国民军南军都督名义宣布军律，发表告各国宣言。

△ 孙中山致函邓泽如，请力劝侨商陆弼臣赞助革命军饷。

是月 阙麟书由杭抵沪，先后会晤陶成章、王金发、竺绍康、陈其美等人，共谋浙江起事。

5 月

5 月 1 日(四月初二日) 东清铁路哈尔滨总工厂与该路工人及市农工商学各界万余人，于松花江江北太阳岛召开大会，纪念五一国际劳动节。

△ 清军管带李兰廷率全营归降河口革命军，缴枪 200 余支，子弹三万，稻谷百担。

△ 安徽英山县农民聚众毁天主教堂，劫狱焚署。

5月2日(四月初三日) 关仁甫率河口革命军400余人自河口攻蛮耗,4日占新街。

△ 英公使朱尔典照会外务部,英日合办安徽铜官山矿务。旋外务部复照否认。

5月3日(四月初四日) 黄兴率革命军退出钦属,余众多归十万大山,黄兴退返安南。孙中山自新加坡电委黄兴为云南国民军总司令,节制河口起义各军。

△ 清廷以直隶布政使增韫为浙江巡抚,柯逢时开缺,仍督办土药统税事务;调山东布政使吴廷斌为直隶布政使,福建按察使朱其煊为山东布政使。

△ 云贵总督锡良电军机处、外务部,报告革命党千余人自越边来扑,鏖战一昼两夜,河口失守,河口副督办委员王镇邦遇害。并称刻已飞饬前敌各营痛击,"务期迅扫边氛"。

5月4日(四月初五日) 王和顺率领河口革命军1500余人往攻蒙自,关仁甫部亦由蛮耗往攻,会师蒙自。

△ 清廷以河口失陷,命刘春霖帮办云南边防事务,节制前敌各军,会同锡良妥筹防剿事宜。同日,并命开化镇总兵白金柱往援。

△ 外务部电出使法国大臣刘式训,请商法政府勿许革命党潜匿越境。

5月5日(四月初六日) 外务部电刘式训要求法外交部严饬越督,切实查办河内革命党人自安南经铁路运军械至云南。

5月6日(四月初七日) 锡良电军机处,报告分头迎剿革命军之作战部署,并请饬广西提督龙济光率军入滇夹攻。

△ 刘式训电外务部,报告法政府同意清廷要求,捕拿圈禁窜入越境之革命党,并严饬文武官员认真防范。

5月7日(四月初八日) 黄兴自海防入河内,就任云南国民革命军总司令,赴前线督师,既至抵河口晤黄明堂,促其进攻昆明,黄明堂不从。黄兴旋即率革命军前进,终因士兵疲倦不听调遣,不得已于9日折回河内。

△ 王和顺督部于 4 日沿滇越铁路进攻，是日占南溪。

△ 清廷命署广西提督龙济光率部由桂边星夜驰赴开化边境，相机进剿河口革命军。

5 月 8 日(四月初九日) 日代公使阿部守太郎照会外务部称，广东排斥日货事，系康(有为)党主谋，地方官宪暗中煽动，要求迅施确实有效之手段，以全两国之邻交。

△ 直隶总督杨士骧委周学熙为滦州煤矿公司总经理。

5 月 9 日(四月初十日) 清廷电寄锡良，略授三路直捣河口革命军机宜。

△ 宪政编查馆核订《违警律》10 章 45 条，奏准颁布施行。

5 月 11 日(四月十二日) 黄兴由河口至安南老街，为法警扣留送往河内，被解出境。

5 月 12 日(四月十三日) 孙中山以河口起义急需军饷，是日致函邓泽如，催其竭力劝募。

△ 革命军攻占云南开化镇，败清总兵白金柱部，清军五营尽数归降。

△ 浙江宁波各店户罢市，反抗征收清道捐。

5 月 13 日(四月十四日) 汉口巡警局禁止设摊，小贩万余人反抗，合镇罢市，夏口厅出动防营和警察弹压，群情愤激，捣毁各警察分局，追打警察，湖广总督陈夔龙派武昌四十二标、四十九标至汉口镇压，各国水兵亦上岸防“乱”。

5 月 14 日(四月十五日) 锡良赴通海县督师，进攻革命军。

△ 外务部与林权助订立《中日合办鸭绿江采木公司章程》。

5 月 15 日(四月十六日) 驻京日公使林权助离任回国。

5 月 16 日(四月十七日) 清廷电锡良，嘉慰知府王正雅督会各营收复三岔河，着锡良督饬王正雅，迅即简拨精锐，奋力攻克打拉山。

5 月 18 日(四月十九日) 清廷命广西巡抚张鸣岐飞饬龙裕光兼

程前进，克期到防，着锡良、张鸣岐仍当和衷协力，共济时艰。

5月20日(四月二十一日) 清廷密电端方，告以孙中山等革命党人潜向长江通商各埠购买枪械弹药运往云南、贵州边境，令派密探抵沪严查，长江往来轮船由税务司缉查。

△ 各国驻京公使允禁各该国军舰随意游历中国内地，清廷命各省查照。

5月中旬 河口革命军攻占蒙自。

5月21日(四月二十二日) 清廷以滇边河口起事业经两旬，官军未能十分得手，是日命锡良严饬各路将领迅即相机规复失地。

5月22日(四月二十三日) 黔军两营、川军两营、桂军三营先后往援云南，会攻王和顺部革命军，在泥巴里附近相持20天。是日，王和顺以子弹日竭，前往河口与黄明堂磋商后，向河口退却。

△ 外务部照会驻京各国公使，凡各国政府与中国商民及蒙古王公所订物权抵押贷借契约，如未经外务部及理藩部承认者，概无效力。

5月24日(四月二十五日) 云南清军攻陷南溪，革命军300余人阵亡。

△ "中国留日学生全体大会"于东京神田锦辉馆开会，到800人，章太炎、宋教仁等人讲话，大会就河口起义作出云南独立等四项决议。

△ 清廷命各省速将应裁守巡各道裁撤，增设巡警道。

5月25日(四月二十六日) 清廷以总兵赵金鉴督率各营收复滇边四隘，着先赏给"靖勇巴图鲁"勇号，并着云贵总督锡良严饬赵金鉴等乘势长驱，克复瀛洒，以期与白金柱两路会合，早奏肤功。

△ 署直隶总督杨士骧奏报，北洋政法专门学堂开办半年，渐著成效，请饬部立案。

5月26日(四月二十七日) 河口被清军赵金鉴部攻陷，黄明堂、王和顺率部600余人突围撤入安南，被法殖民当局解除武装，强行押送至新加坡，河口起义失败。

△ 河南巡抚林绍年奏，查明豫省驻防，并无马厂田庄可拨。目前

酌筹生计办法，惟有注重练军、兴学、劝工数端，似较驱之归农尚易为力。

5月27日(四月二十八日) 清廷电锡良，嘉慰赵金鉴由西路收复河口，王正雅由中路攻克老范寨，着锡良督饬各路将领并力合剿，以竟全功。

△ 上海《神州日报》载两广总督张人骏、云贵总督锡良等分别所发公告，悬赏购缉黄兴、胡汉民、汪精卫、田桐、刘揆一、谭人凤六名革命党人，赏格分别为：黄5000元，胡4000元，汪以下各2000元。

5月28日(四月二十九日) 清廷以白金柱攻陷大小南溪有功传旨嘉奖，赏银两万两，并赏给督带官胡兴“捷勇巴图鲁”勇号。

△ 清廷通电各督抚转饬所属设立议会，遴选正绅充当会员，惟不得干预词讼。

5月30日(五月初一日) 清廷谕内阁，以锡良镇压河口起事调度有方，殊堪嘉尚，并着锡良督饬文武印委各员，妥筹布置滇边防务暨一切善后事宜。

△ 锡良奏陈滇边防务善后事宜，劝谕各乡团自为教练，捍卫乡里，调拨新练陆军驻扎蒙自，居中策应，并添募游击一营，上下梭巡，以期兵民相辅。

6 月

6月1日(五月初三日) 清廷以规复云南河口、南溪，予出力将弁开化镇总兵白金柱等奖叙有差。

△ 川滇边务大臣赵尔丰奏，巴塘、里塘改土归流。

△ 汉口后湖乡农民数千人反对清丈局新章，防营和巡缉营镇压，击伤、砍伤共六人，民众愤激，打伤营兵四人，捣毁清丈局。

△ 英公使朱尔典为英日合办铜官山矿再照会外务部。13日外务部再分别向英日驳复。

6月2日(五月初四日) 民政部咨请各省督抚遍设地方议会，以立国会基础。

6月3日(五月初五日) 徐世昌奏陈设立奉天法政学堂,实行考验本省官吏。

△ 察哈尔都统诚勋奏陈张家口设立察哈尔矿务总局。

6月6日(五月初八日) 广东士绅派代表至京呈递召开国会请愿书。

△ 湖广总督陈夔龙议借民债50万,筹办新政。

6月8日(五月初十日) 禁烟大臣恭亲王溥伟奏准查验章程10条。

6月9日(五月十一日) 孙中山致函邓泽如谈筹款之经验教训,指出先集备大款,然后举事,乃可乘胜趋利;若举事后方筹款接济,则多迟延失机。

6月10日(五月十二日) 江西萍乡乡民反抗教堂。

△ 端方奏报,江苏省城设立自治、谘议两局,遴选官员,先行开办。

6月12日(五月十四日) 云南京外同乡官吴炯等以滇越铁路关系西南大局,请饬部速与法人磋商改约,收回自办。

6月13日(五月十五日) 清廷谕内阁嗣后州县官着将部选旧例限三个月后即行停止,所有各班候选州县,由吏部分别查明,会同军机大臣迅速妥拟章程具奏。

6月16日(五月十八日) 江苏寓沪士绅开会研究国会问题。21日又举行会议,孟昭常宣读请愿书,与会者一致同意。

6月17日(五月十九日) 农工商部奏准变通新定矿章及筹议畿辅农田水利办法。

△ 邮传部奏请扩充电政,拟归官办。

6月18日(五月二十日) 考察宪政大臣于式枚奏称中国实行宪法不须求之外洋,立宪必先正名。

6月20日(五月二十二日) 清廷命直隶总督杨士骧派员开办滦州煤矿。

6 月 21 日(五月二十三日) 直隶蔚州农民数千人抗捐,进城捣毁巡警传习所,释放被押苦工。

△ 徐世昌奏请改练兵所为宪兵学堂,酌拟试办章程八条,设立讲武堂,缮具章程 36 条。又奏设立吉、江两省电线,兼筹修腹地线路,并推广电话。又奏奉省设农事演说会暨植物研究所。

6 月 23 日(五月二十五日) 美国会正式通过法案,授权总统罗斯福退还庚子赔款余款,共退还 1471.7353 万美元。

6 月 25 日(五月二十七日) 清廷命邮传部派员确实查勘各省商办铁路工程,严定期限办理完竣。

6 月 27 日(五月二十九日) 邮传部奏陈,路款短缺,续拟筹借英公司银 100 万两。

△ 湖广总督陈夔龙奏准粤汉铁路需款紧急,请于湘省境内行销川淮粤盐,每斤加收口捐钱四文。

△ 日代公使阿部守太郎照会外务部声称,中国不顾帝国政府警告,兴筑新(民)、法(库门)铁路,与南满铁路竞争,日本断难承认。

6 月 28 日(五月三十日) 清廷命广西巡抚张鸣岐回省,防范窜匿越境之河口革命军伺隙再扰桂边。

6 月 29 日(六月初一日) 安徽滁州商民罢市,反抗设捐卡。

△ 津浦铁路北段开工典礼在天津举行,督办大臣吕海寰、直隶总督杨士骧莅会。

△ 清廷据端方奏报江南财政窘迫已极,是日着照所请,按盐斤再加两文,以资接济。

6 月 30 日(六月初二日) 上海预备立宪公会会长郑孝胥及张謇、汤寿潜等电宪政编查馆,请清廷速开国会,以二年为限。

△ 湖南湘乡县知县与钱店、米店偷运谷米出境,致使大米涨价,民众数千人愤起抗争,将甘和米店七家及官当局、钱店捣毁。

7 月

7月2日(六月初四日) 江苏扬州巡警罢岗,抗议饷银照七折扣发。

△ 政闻社致宪政编查馆电,请宣布于三年内召集国会。

△ 中瑞(典)《修改通商条约》在北京签字。

△ 外务部照会驻京日代公使阿部守太郎,重申延吉(间岛)确为中国领土。

7月4日(六月初六日) 学部奏准拟定北洋法政专门学堂章程,切实办理,并令各省法政学堂划一办法。

△ 学部奏准于京师设立女子师范学堂。

△ 徐世昌奏报奉省设立工艺传习所、造砖厂、官纸局、官牧场。

△ 驻藏大臣赵尔丰奏,西藏通商章程有失主权,请酌议修改,并恳筹拨的款,仍饬原议大臣留藏。

7月7日(六月初九日) 吏部右侍郎于式枚奏,立宪不可施行太急,应以保守渐进为宗旨。

7月8日(六月初十日) 张鸣岐奏准免征广西矿产出井、出口两税五年。

7月10日(六月十二日) 山东海宁州(今烟台市牟平区)农民数万人涌进州署要求废止学堂、惩办绅董及豁免亩捐三事,商店罢市。

△ 安徽凤阳府、颍州府有大盐帮"盐枭"与清军交战。

7月11日(六月十三日) 上海预备立宪公会会长郑孝胥等再电宪政编查馆,请清廷以两年为期,召集国会。

7月12日(六月十四日) 河南代表胡汝霖等呈递召开国会请愿书。

7月13日(六月十五日) 江苏寓沪士绅举行会议,欢送雷奋等赴京呈递请愿书。17日,雷奋等与安徽请愿代表许承尧、方皋等由沪启程赴京。

△ 与吴樾在北京火车站谋炸出使各国考察政治五大臣之张啸岑,是日在上海西门外为巡警总局巡警拘捕。

7月14日(六月十六日) 吉林公民保路会成立,计划自造吉长铁路,公电清廷争路权,反对中日合办。

7月15日(六月十七日) 直隶蠡县地方官吏擅自规定百姓以制钱向官府缴纳税款,且以制钱七文抵铜元一枚,激起民愤。农民遍发传单,三日内聚众万余人,将县署捣毁。

7月18日(六月二十日) 清廷派军机大臣张之洞兼充督办粤汉铁路大臣,所有路务大端由该大臣通筹三省全局,体察情形,随时主持裁定。

7月19日(六月二十一日) 浙江乍浦商人罢市,反对铜元之折作九文。

△ 清廷命达赖喇嘛来京陛见。

7月20日(六月二十二日) 清廷以美国减收庚子赔款,赏奉天巡抚唐绍仪尚书衔,派充专使大臣,前往美国致谢。

△ 清廷派唐绍仪兼充考察财政大臣,历赴日本及欧洲诸大国,调整经理财政办法,并相机提议与各国商订免厘加税之约,早见实行。

△ 外务部以美国减收庚子赔款,奏请每年派遣赴美留学生百名。

7月21日(六月二十三日) 清廷命宪政编查馆、资政院迅将君主立宪大纲暨议院选举各法择要编辑,并将议院未开以前逐年应行筹备各事分期拟议,胪列具奏呈览。

△ 江苏请愿召开国会代表雷奋、孟昭常,安徽许承尧等抵京。29日呈递请愿书。

△ 清廷命直隶大臣杨士骧迅速设法收回开平矿产。

△ 清廷命东三省总督徐世昌兼署奉天巡抚。

7月22日(六月二十四日) 清廷颁布《各省谘议局章程》及《谘议局议员选举章程》,自奉到《章程》之日起,限一年内办齐。

7月23日(六月二十五日) 清廷实授杨士骧直隶总督兼北洋大臣,袁树勋为山东巡抚。

△ 清廷命安徽巡抚冯煦解职,调吉林巡抚朱家宝为安徽巡抚,未到任前,以甘肃布政使继昌护理,以前邮传部左丞陈昭常署吉林巡抚。

△ 升允奏准试垦青海牧地,筹拟设局驻兵办法,恳饬理藩部转谕青海蒙古王公等报出可垦地段,招民开垦。

7月25日(六月二十七日) 政闻社员、法部主事陈景仁奏请定三年内开国会,并劾于式枚阻挠宪政,请予革职以谢天下。是日,清廷以陈所奏谬妄,命革陈职,由所在地方官查传管束。旋舆论哗然。

7月26日(六月二十八日) 湖北"军队同盟会"成立于武昌,议决采用同盟会章程,以同盟会之领导为领导,由任重远负责联络。

△ 湖南第二次国会请愿代表陆鸿第等抵京,8月2日呈递请愿书。

7月27日(六月二十九日) 出使美国专使兼充考察财政大臣唐绍仪奏请以一两定为银币本位,早日宣布,以利与各国商订加税之约。

7月31日(七月初四日) 清廷命发帑银六万两赈湖北水灾。

△ 新任出使日本大臣胡惟德抵东京。8月11日呈递国书。

是月 旧金山中华帝国宪政会总长康有为、副长梁启超联合海外200埠侨民上请愿书,主张迁都江南及改大清国号为中华国等数款。

8 月

8月1日(七月初五日) 孙中山复函邓泽如,请芙蓉埠诸同志设法挪借2000元以济眉急。

8月2日(七月初六日) 京师士民孙毓文等,直隶士民刘春林等呈递国会请愿书。

△ 山西巡抚宝棻奏报创办谘议局,附设自治研究所。

8月3日(七月初七日) 翰林院编修喻长霖条陈日本今法,海陆军、学务、工商等五端急宜仿行，开国会、改官制不可遽行。

8月4日（七月初八日） 新加坡星洲阅报书社举行演说会，邀请胡汉民、汪精卫讲述民族主义之本旨与革命排满之必要。听众400余人。

△ 清廷饬会议政务处等从速妥议币制。

△ 云南耆民呈诉土司暴虐，惨无人理，请改土归流，以救民生。清廷命照锡良所筹办法，认真办理。

8月5日（七月初九日） 直隶总督兼北洋大臣杨士骧奏报，井陉煤矿与法商井陉公司订立合同，互换函稿。

8月6日（七月初十日） 在此前后，日人宫崎寅藏在日《目觉新闻》连载经宋教仁修改过的《孙逸仙传》。

8月7日（七月十一日） 出使考察宪政大臣达寿自日本归京复命，是日奏陈改立宪政体、钦定宪法、预定国会、先立内阁等四端。

△ 徐世昌奏请奉天设立森林学堂，种植公所，渔业公司。

8月8日（七月十二日） 山东代表于洪起及八旗吉林士民呈递召开国会请愿书。

△ 广西桂平县大湟江圩巡防营勇哗变，杀官吏，抢铺店、枪械等。

8月10日（七月十四日） 胡汉民以“去非”之笔名于是日至20日，在新加坡同盟会所创办之《中兴日报》刊登《驳〈总汇报〉论国会之趋势》一文，申述革命派主张推翻清廷、实行共和立宪之说，与保皇派主张仿效日本、行君主立宪之说论战。

△ 会议政务处提议组织新内阁问题。28日，续议组织新内阁。

△ 候补四品京堂劳乃宣奏陈《简字谱录》。

△ 土耳其专使到京。9月12日离京。

8月11日（七月十五日） 由上海“预备立宪公会”发起，豫、苏、皖、湘、直、吉、鲁、晋、浙等省立宪团体代表蒋艮等43人，在北京联合上书宪政编查馆，请速开国会。

8月12日（七月十六日） 山西国会请愿代表常松寿等到京，18日呈递请愿书,签名者二万余人。

8月13日(七月十七日) 清廷以政闻社“托名研究时务,阴图煽乱扰害治安”为由,命民政部、各省督抚严行查禁,缉拿其社员。

△ 乌里雅苏台将军马亮奏请新疆改练新军,就地筹款,酌拟办法五端,清廷命会议政务处会同伊犁将军、陕甘总督、新疆巡抚迅即妥议具奏。

8月15日(七月十九日) 汉口《江汉日报》因刊载海外华侨要求召开国会请愿书(此举系康有为、梁启超领导之“中华帝国宪政总会”所为,海外200埠华侨加入),是日遭查封。

△ 河南巡抚林绍年奏请复开铸当十铜元。

△ 清廷从学部奏,明年开办分科大学,计经学、法政、文学、医、格致、农、工、商八科。开办费200万两。

8月16日(七月二十日) 江苏丹徒县各机户向各绸户要求增加工资,绸户不允,遂一律罢市,并捣毁绸业董事曹森家。嗣后,又有八九百人至道署要求增加工资。

△ 四明银行在上海开业,创办人李厚祐、孙衡浦为总经理。资本总额2.25亿元,旋在宁波、南京、汉口等地设分行。

8月19日(七月二十三日) 胡汉民在新加坡《中兴日报》发表《驳总汇报惧革命召瓜分说》一文,22日载完全文,揭橥种族革命主义,驳斥革命可召瓜分之说。

8月20日(七月二十四日) 缅甸仰光同盟分会机关报《光华日报》创刊,居正、杨秋帆任主笔。

△ 浙江代表叶景莱呈递召开国会请愿书。

△ 达赖来京,清廷命山西巡抚宝棻会商直隶总督妥为照料。

8月27日(八月初一日) 同盟会在缅甸仰光所办之《光华日报》创刊,主编杨秋帆。该报出版后会务大振,会员由30余人发展为400余人。

△ 宪政编查馆、资政院进呈宪法、议院选举各纲要,清廷诏命依限举办,自是年起,以九年为期,逐年筹备各项事宜,届时即行颁布宪

法，召开国会。

8月28日(八月初二日) 浙江武康县农民2000余人进城报荒，捣毁虐民官吏家宅。

8月29日(八月初三日) 清廷调河南巡抚林绍年为仓场侍郎，以邮传部左侍郎吴重憙为河南巡抚。

8月30日(八月初四日) 清廷从徐世昌、朱家宝奏，创设吉林实业学堂及法政学堂。

8月31日(八月初五日) 清廷以镶红旗蒙古都统葛宝华署法部尚书。

9 月

9月2日(八月初七日) 河南邓州(今邓县)知州滥开田亩及骡马税捐，激起民变，民众2000余人毁署劫狱。

△ 徐绍桢奏陈拟取法日本清查户口，为新政之本图，请饬下部臣通筹全局，详议章程，实力举办。

△ 吏部奏准州县官改选章程。

9月3日(八月初八日) 外务部以日本增兵延吉事，饬出使日本大臣胡惟德向日外交部严词诘问。

9月6日(八月十一日) 福建建阳县农民立“五谷会”(神农会)，聚众三四千人，向县署提出四项要求：一、蠲免各项苛捐；二、降低盐价；三、释放监犯；四、拆毁学堂。当地会党数万人响应。

9月9日(八月十四日) 军机处为筹备立宪事分电各省将逐年应办之事，妥速筹议，并迅办谘议局。

△ 四川总督赵尔巽奏报会筹开办边务，拟定章程四则。

9月10日(八月十五日) 清廷命福建巡抚松寿严饬印委文武各员迅速扑灭建阳会党起事。

9月11日(八月十六日) 奉天度支使张锡銮与日驻奉天领事冈

部三郎订立《采木公司事务章程》。

9月12日(八月十七日) 孙中山在新加坡《兴中日报》发表《论惧革命召瓜分者乃不识时务者也》一文,指出:“近数年来,西土人士,无贤不肖,皆知瓜分中国必不能行之事……不意中国人士至今尚泥于拳变以前之言,真可谓不识时务者矣!”

△ 浙江归安县城厢内机工7000余人,反对各机户克扣工资举行罢工。

9月15日(八月二十日) 孙中山在《中兴日报》发表《平实尚不肯认错》一文,驳斥平实“引孔孟天命之说以文饰……以满人侵夺中国亦为天命之自然”之谬论。

9月18日(八月二十三日) 两广总督张人骏电请外务部通知英、日两国公使,声明蒲拉他士岛(东沙岛)系中国领土。

9月19日(八月二十四日) 江苏全省绅民大会于上海决议,呈请督抚催办谘议局。

9月22日(八月二十七日) 专使美国兼考察各国财政大臣唐绍仪奏陈,订立商约要旨六端,请饬议施行,并速定币制。

9月23日(八月二十八日) 清廷命陆军部右侍郎荫昌充出使德国大臣。

9月24日(八月二十九日) 清廷派御前大臣博迪苏前往保定劳问达赖喇嘛。

△ 端方电请外务部依据《中国江海险要图志》,宣布东沙岛为中国属岛。

9月25日(九月初一日) 法公使巴思德照会外务部,送交所拟《中法滇越会防章程》五款,以防止中国革命党人在越南之活动。30日,外交部复照巴思德表示同意。

9月26日(九月初二日) 清廷从礼部请,顾炎武、王夫之、黄宗羲从祀文庙。

9月27日(九月初三日) 考察宪政大臣于式枚奏考察德国宪法

成立情形及普鲁士宪法解释译要。

△ 端方奏请于江南设农工实业学堂。

9月28日(九月初四日) 农工商部奏,遵旨设立统计处,编成第一次农工商统计册,填注全国实业概况。

△ 清廷命江西布政使沈瑜庆开缺来京,以云南布政使刘春霖为江西布政使。

10 月

10月1日(九月初七日) 江苏征仪县十二圩盐民船户数千人,反对往湖南运盐,强迫商店停止营业。

10月2日(九月初八日) 驻广州日领事濑川浅之进照会两广总督张人骏,为避免广州民情忿激,再有抗议事件发生,同意撤销"第二辰丸"案之赔偿要求。

△ 日本政府任命伊集院彦吉为驻华公使。26日,伊集院接任视事。

10月4日(九月初十日) 张百麟发起的贵州自治学社开成立大会。该学社以赞助地方自治,仰体国家预备立宪为宗旨。有社员98人。1909年与1911年之交,有分社50余处,社员十万之众,为各立宪团体之首。

10月5日(九月十一日) 清廷命度支部划一币制,计分一两、五钱、一钱、五分四种银币。

10月8日(九月十四日) 出使美国大臣伍廷芳与美国务卿路特在华盛顿订立《中美公断专约》。

△ 邮传部为赎回京汉铁路,与英国汇丰银行、法国东方汇理银行于北京订立500万英镑借款合同。

△ 邮传部奏准举办公债银圆1000万元,赎回京汉铁路。

10月10日(九月十六日) 奉天商人罢市,反对征收房捐。

△　广东博罗县商人罢市，反对军队骚扰。

△　江苏谘议局开局。

10月11日(九月十七日)　孙中山致函南洋同志林义顺，嘱速集资兴办中兴石山公司，安置被法国殖民当局遣送新加坡之600名河口革命军。

△　唐绍仪抵东京。12日晤日本外务大臣小村寿太郎及首相桂太郎，谈中日邦交。

△　清廷以吉林自治会会长松毓请缩短国会年限，命解散该会，并查禁其所出之《公民报》。

10月12日(九月十八日)　日本宪兵大尉平田美次郎等37人，在吉林省延吉茂功社修造分遣所房屋，不听地方当局阻止，竟向巡警、宪兵开枪，击毙巡警两名，伤及多人。

△　中日在东京订立"中日电线条约"八款。依照该约，清政府允许日本在旅顺至烟台敷设海底电线。

10月14日(九月二十日)　达赖喇嘛抵北京，觐见清帝于仁寿殿。

10月16日(九月二十二日)　孙中山致函檀香山同志，告以不久将再次发动起义，需军饷10万元，请在一两个月内筹足此数。

△　端方奏陈军政大纲，恳请择要施行。

△　外务部就延吉茂功社日兵枪杀中国巡弁之案，电专使唐绍仪(时在日本)会同出使日本大臣胡惟德向日本外务省严词诘问，并由双方派员会同前往闹事地方查明核办。

10月18日(九月二十四日)　湖北士绅就湖广总督陈夔龙改湖北谘议局为筹办处事，会于武昌黄鹤楼，柬请筹办处总办、会办以下官吏进行质问。

△　唐绍仪同日本外务大臣小村谈延吉问题及新法、吉长等铁路问题。

10月19日(九月二十五日)　日本警视厅允清使之请，下令查封中国同盟会本部机关报《民报》。

10 月 20 日(九月二十六日) 外务部就延吉茂功社日兵枪杀中国巡弁案,电饬唐绍仪会同胡惟德向日政府提出惩凶、抚恤、撤兵等五项要求。

10 月 21 日(九月二十七日) 湖北绅民开会,决议川汉路仍归商办,认股 400 万两。

10 月 22 日(九月二十八日) 清廷以檀香山发行之《自由新报》倡言革命,命沿江沿海各地严禁行销。

10 月 23 日(九月二十九日) 清廷谕内阁各部院衙门按照宪政编查馆、咨政院所奏筹备立宪格式统限六个月内,各就本管事宜,将九年应有办法分期胪列奏明。

10 月 24 日(九月三十日) 台湾全岛铁路告成礼在台中举行。

10 月 25 日(十月初一日) 清廷以巴黎《新世纪报》(主持人张静江、李石曾、吴稚晖等)倡言革命,命沿江沿海各地严禁行销。

△ 清廷以川边三崖、德格两处藏民煽乱,命四川总督赵尔巽、驻藏大臣赵尔丰严密整备,勒限责令解退,倘执迷不悟,惟有奋力驱剿,并饬达寿、张荫棠责问达赖喇嘛。

10 月 27 日(十月初三日) 清廷以藏兵煽乱,命驻藏办事大臣赵尔丰会商赵尔巽,先行开导,继以兵威,但不可孟浪从事。

10 月 28 日(十月初四日) 孙中山偕胡汉民、汪精卫等自新加坡抵芙蓉。次日抵吉隆坡,商筹赴法旅费。

△ 清廷以粤汉铁路事权纷歧,议论淆杂,命督办大臣张之洞通筹全局,严定限期,并命邮传部及湖北、湖南、广东督抚实力协助,各省原派之总理协理,均听节制。

△ 驻藏办事大臣赵尔丰奏报,全藏僧众以传闻西藏将改为行省,聚众数万暴动,形同反叛,请裁训应否厚集兵力,痛加剿灭。

10 月 30 日(十月初六日) 云南官兵追逐河口失败之革命军,越界至越南大肆焚扰,经法政府抗议,是日清廷颁诏惩罚滋事官兵。

△ 清廷以藏兵攻三崖等处甚急,令驻藏办事大臣赵尔丰速将该

案设法办结，再相机规划。

10月31日（十月初七日） 香港华商以日人污辱讽诋华人，发生暴动。

△ 清廷以赵尔丰连电藏乱情形紧急，命妥慎布置，并命理藩部转商达赖，速电藏僧等解散乱党。

是月 湖北因筹办省谘议局首次普查人口，共2477.0961万人，其中江夏县（今武昌）、汉阳县、夏口厅（今汉口）共132.1229万人。

11 月

11月1日（十月初八日） 清太后传谕达赖速即回藏。

11月2日（十月初九日） 孙中山自吉隆坡抵巴罗（坝罗）。次日自巴罗致函邓泽如等，谋改良扩充吉隆坡团体，以求其进步。

△ 香港华人抵制日货与日人冲突，被捕数十人。

11月3日（十月初十日） 清廷颁发宪政誊黄（即九年立宪筹备事宜清单）。

△ 清廷谕加封达赖喇嘛为“诚顺赞化西天大善自在佛”，并按年赏给禀饩银一万两，仍回西藏。

11月5日（十月十二日） 孙中山自巴罗抵庇朥。8日返新加坡。

△ 法公使巴思德照会外务部，粤省统兵大员在中越边境建筑炮台，违背1895年6月20日中法议定之对泛章程，请严饬粤督将此炮台工程立即停止。

11月7日（十月十四日） 中日两国在东京签订《中日满洲陆线办法合同》及《中日烟台关东水线办法合同》。

11月8日（十月十五日） 专使美国大臣唐绍仪自日本启程赴美国。

11月10日（十月十七日） 孙中山致函邓泽如，告以将离新加坡前往暹罗，并催其速筹款。

11 月 12 日(十月十九日) 中日两国在北京订立《新奉、吉长铁路借款续约》。两路借款额共计 247 万日元。

11 月 13 日(十月二十日) 慈禧太后懿旨授醇亲王载沣为摄政王。

11 月 14 日(十月二十一日) 清光绪帝载湉病逝于瀛台。

△ 太后懿旨,摄政王载沣之子溥仪入承大统为嗣皇帝。

△ 慈禧太后以嗣皇帝尚在冲龄,着摄政王载沣为监国;嗣后所有军政事均由监国摄政王裁定。

11 月 15 日(十月二十二日) 慈禧太后叶赫那拉氏病逝。

11 月 17 日(十月二十四日) 驻日公使胡惟德到日本外务省,要求拒绝孙中山来日。

11 月 18 日(十月二十五日) 清廷钦定建元年号曰"宣统"。

11 月 19 日(十月二十六日) 光复会会员、安庆炮营队官熊成基发动起义,率马、炮营士兵千余人攻城,因城中内应误事,不克,旋皖抚朱家宝调江面兵舰炮轰起义军,击毁营垒,起义军渐不能支,退走桐城、舒城一带。

△ 康有为、梁启超通电讨袁。谓两宫祸变,袁世凯为罪魁,乞诛贼臣,伸公愤。

△ 新加坡保皇派为追悼光绪帝及慈禧太后,与革命派发生冲突,当地英政府请孙中山出示布告,约束部众。

11 月 20 日(十月二十七日) 孙中山自新加坡赴曼谷,居 10 日,发展萧佛成等 20 余人为同盟会会员,组成同盟分会,萧佛成为会长。

△ 熊成基率起义军残部由桐城退至庐州(今合肥),清军提督姜桂题率部追击,起义军溃散,熊成基脱身,旋东渡日本。

△ 清廷告诫群臣,嗣后王公百官均应恪遵遗命,一体服从监国摄政王。

△ 日本外务大臣以"清皇帝驾崩",向内务大臣、北海道厅长官、警视总监、各府县知事等发出《关于清国事件取缔之件》,要求约束日人

援助中国革命党的活动。

11 月 21 日(十月二十八日) 清廷命安徽巡抚朱家宝迅速扑灭安庆起义。

11 月 22 日(十月二十九日) 清廷以安庆兵变虽已剿平,但孙文有回国之说,命各省督抚认真防范查拿。

△ 端方自太湖到安庆,会晤朱家宝,筹商剿抚安庆起义。次日与朱家宝出城抚慰地方,并派兵至庐州一带堵击起义军。

△ 端方派宁军三十四标,由标统带艾忠琦督率,又江北步队第四十五标、马队第七标第一营,由协统徐瞻凤督率,均于是日抵安庆,以剿抚熊成基起义。

11 月 23 日(十月三十日) 驻日公使馆向日本外务省转交外务部一封电报,内称孙中山确抵东京,已有三日,希即查探踪迹,设法驱逐。

11 月 24 日(十一月初一日) 专使美国大臣唐绍仪抵美国旧金山。30 日抵华盛顿。

11 月 26 日(十一月初三日) 东京地方法庭裁判庭审理《民报》案。此前,黄兴、宋教仁通过宫崎寅藏延请日本律师花井卓藏、后藤德太郎向日本法庭起诉日本政府之违法。

11 月 27 日(十一月初四日) 清廷据朱家宝奏称,皖北叛兵余党尚有五六百人之多,是日电端方严饬派出各营兼程追截,迅速歼除。

11 月 28 日(十一月初五日) 清廷谕内阁,十一月初九日登极颁诏,所有一切应办事宜,各该衙门敬谨预备。

11 月 30 日(十一月初七日) 内阁奏准宣统建元鼓铸银铜币制。

△ 两广总督张人骏电外务部,香港华商排斥日货,与内地无关。

12 月

12 月 2 日(十一月初九日) 清帝溥仪即位,以明年为宣统元年,行大赦。

△ 清帝命邮传部检查海外“逆党”寄来汉文函件，一俟发现，一律焚毁；并着民政部、步军统领、顺天府暨各督抚随时派员认真查访，严禁传送悖逆各函件。

△ 四川总督赵尔巽奏，四川设全省矿务总公司，集股银300万两。

△ 《美日协约》公布，凡五条，其中规定“保全中国独立及领土完整”，并维持各国在华之商工业。

△ 唐绍仪谒见美国总统罗斯福。

12月3日（十一月初十日） 清廷重申九年筹备立宪期限，定于宣统八年（1916）颁布宪法，召开国会。

12月4日（十一月十一日） 御史赵炳麟奏请规复军机署名旧制，并请以摄政王总统禁卫军。

12月5日（十一月十二日） 陆军部奏准设海军贵胄学堂。

△ 容闳致函美人荷马李及布思二人，建议邀请中国各地秘密会党首领至美国开会，商组最高会议、顾问委员会、临时政府诸事宜，并同意任命荷马李为联合军总司令，布思为临时政府财政部长兼顾问委员会主席。邀请名单中列有革命党首领孙文。

12月6日（十一月十三日） 预备立宪公会开年会，议决明年以提倡地方自治为主，设立宣讲所，宣讲宪法，以造成立宪国民之资格。

12月7日（十一月十四日） 同盟会会员葛谦、谭馥在广州谋运动巡防营，组织“保亚会”散放票布，密谋起义，事泄，葛谦等遇难。

△ 清廷令端方等务将安庆叛兵首犯熊成基擒获惩办。

12月8日（十一月十五日） 清廷上光绪帝谥曰景皇帝，庙号德宗。

12月9日（十一月十六日） 张之洞奏调湘鄂人员曾广镕、高凌霨到京，与中英公司经理濮兰德开议粤汉铁路借款。

12月12日（十一月十九日） 东京地方法庭裁判庭宣判《民报》停刊，并课《民报》主编兼发行人章太炎罚金150日元。

△ 内阁等衙门会奏陈摄政王礼节总目16条，清廷命各该衙门一体遵行。

△ 日本将驻华近畿各军裁减大半，是日起实行。北京、山海关各留兵队130名与30名。17日自京津及山海关各撤兵队260名、160名及140名，均经秦皇岛回国。

12月13日(十一月二十日) 湖北军队同盟会改组，在武昌成立群治学社，通过宣言、简章。

△ 同盟会缅甸分会成立，庄银安任会长、卢喜福为副会长。

△ 清廷上慈禧太后谥曰孝钦显皇后。

△ 邮传部奏报沪宁铁路全线工程完竣。该路自上海宝山县附近至南京下关，全长310余公里，自光绪二十九年(1903年)8月开工，至是年11月竣工通车，历五年之久。

△ 徐世昌奏报，奉省原设谘议局，改为谘议筹办处，并附设自治研究所。

△ 湖北士民再开川汉铁路大会。

12月14日(十一月二十一日) 孙中山因暹罗当局勒令离境，是日偕胡汉民自曼谷返回新加坡。

12月15日(十一月二十二日) 孙中山致函侨居暹罗之海南籍同盟会会员符树兰等，指出各处同志争欲起事，琼州形势，最有可为。嘱努力“联成海南同志，扩充团体”，并速汇款为其赴欧美之经费。

12月16日(十一月二十三日) 清廷命各省督抚司道认真考察吏治。

12月17日(十一月二十四日) 清廷派贝子溥伦、镇国公载泽、大学士那桐、侍郎宝熙、熙彦、达寿总司变通旗制处。

△ 清廷命那桐、荣庆、梁敦彦、瑞良、严修、俞廉三为第三期查验询问保荐人才大臣。

△ 清廷谕内外臣工尚节俭，戒浮华。

12月18日(十一月二十五日) 清廷申谕各衙门遵九月二十九日

(10月23日)谕旨,分期胪列筹备宪政九年应有办法。

△ 清廷定津浦铁路为官商合办,命督办津浦铁路大臣吕海寰劝导直、鲁、苏、皖四省绅商协议筹集铁路股款,以备十年后赎回自办。

12月19日(十一月二十六日) 孙中山致函邓泽如,商《中兴日报》扩充股份办法。

△ 清廷命庆亲王奕劻以亲王世袭罔替,载洵、载涛加郡王衔,张之洞、袁世凯等加太子太保衔。

12月21日(十一日二十八日) 度支部奏财政急当整理之事六端,清廷命会议政务处速议。

△ 达赖喇嘛离北京回藏。

12月23日(十二月初一日) 同盟会会员杨振鸿等在云南省城起义未果,因愤于举事失败于次年1月2日逝世。

△ 驻新加坡总领事左秉隆电告外务部:"孙文已由暹罗返坡,党势渐衰,谣喙寝息。"

12月25日(十二月初三日) 清廷设立禁卫军,派贝勒载涛(摄政王之弟)、毓朗、尚书铁良充专司训练禁卫军大臣。此项禁卫军专归监国摄政王载沣自为统辖调遣。

△ 日本外务省致清政府驻日公使馆觉书,言明孙中山实未来日。

△ 台湾北部高山族起义,反抗日本侵略军,连日获胜。

12月26日(十二月初四日) 清廷申谕变通旗制宗旨,尽力妥筹教养之方。

12月28日(十二月初六日) 清廷派张之洞兼督鄂境川汉铁路大臣。

12月30日(十二月初八日) 清廷派端方赴沪出席在沪召开之万国禁烟大会。

△ 外务部奏准自本年十二月初十日(1909年1月1日)起,所有吗啡及吗啡之药针,概行禁止运入中国。

△ 湖北蕲水、罗田,安徽英山、太湖等县留学生黄某(改姓石)等

鼓吹革命,倡立“义学会”,加入者数千。

△ 宁夏口外蒙族民众抗捐。

是年 河南留学生杜潜归国,召集学界同志杨源懋等 20 余人集会于开封中州公学,成立同盟会河南总分会,先后加盟者 200 余人。

△ 新西兰首都惠灵顿成立中国同盟会分会。

△ 秋,孙中山通告南洋各埠同盟会分会负责人邓泽如等,设中国同盟会南洋支部于新加坡,订立中国同盟分会总章 16 条及通信办法三条,特派胡汉民为支部长。

△ 冬,同盟会会员井勿幕等在西安集会,成立同盟会陕西分会,推李仲特为会长。

1909年(清宣统元年)

1　月

1月1日(十二月初十日)　清廷向比国收回京汉铁路管理权,由铁路总局局长梁士诒同比国正式办理接收手续,注销各项合同。

△　民政部奏准颁布《调查户口章程》,凡11章40条。此为清廷九年筹备立宪事宜中,第一年应发表筹备事宜之一。

1月2日(十二月十一日)　袁世凯权势膨胀,遭摄政王载沣嫉恨,是日,清廷谕军机大臣、外务部尚书袁世凯现患足疾,命其着即开缺,回籍养疴。

△　宪政编查馆奏准于馆内设立专科,考核九年限内逐年应行筹备立宪事宜。

1月3日(十二月十二日)　清廷以梁敦彦署理外务部尚书、会办大臣。23日实授为外务部尚书、会办大臣。

1月4日(十二月十三日)　中法两国在北京签订《中越交界禁匪章程》,凡五条。同日,外务部咨文两广总督张人骏、云贵总督锡良、广西巡府张鸣岐称,已与法使巴思德商订该章程,以防止革命党在越境活动。

1月6日(十二月十五日)　湖南衡州改门税为落地厘金,较前增加10倍，商人散发传单，全体罢市。

△ 邮传部奏报派员分别与俄、日商订合同，收回东清全路日、俄电报。

△ 邮传部奏报，注销京汉铁路借款行车各合同，收回全路管理权。

△ 徐世昌奏报裁改奉军办法，划分中、前、左、右、后五路，每路九营，共马步45营，统名曰奉天巡防营。

1月8日（十二月十七日） 清廷就江西大庾边界聚集四五百人，焚毁教堂、巡署，图攻郡城事，命两广总督张人骏、江西巡抚冯汝骙会同妥速筹办，认真剿捕，务绝根株。

1月9日（十二月十八日） 端方奏陈军政大纲四条，内有颁征兵诏令风厉天下一节，清廷谕陆军部按所陈各节，次第筹备。

1月11日（十二月二十日） 度支部奏准《清理财政章程》，凡八章35条。此为清廷九年筹备立宪事宜中，第一年应发表筹备事宜之一。

△ 上海预备立宪公会等五团体联合电清廷，催宪政编查馆九年筹备立宪本年应发表之筹备事宜。

1月12日（十二月二十一日） 徐世昌以奉省匪徒敛迹，奏请令甘肃提督张勋所部淮军调回北洋防次。清廷不从，命张勋所部淮军仍暂留东省办理剿抚事宜。

1月14日（十二月二十三日） 御史谢远涵奏请严行整顿吏治。

1月16日（十二月二十五日） 度支部奏准统一财权办法六条。

1月18日（十二月二十七日） 容闳父子与美国人艾伦晤谈，双方对康有为表示不满，决定赞助孙中山实现其理想与计划。容闳提出援助500万美元、10万支枪、一亿发子弹之“中国红龙计划”。

△ 清廷颁布《城镇乡自治章程》，凡九章112条，着民政部及各省督抚迅速筹办城乡地方自治。此为清廷九年筹备立宪事宜中，第一年应发表筹备事宜之一。

1月19日（十二月二十八日） 专使美国大臣唐绍仪由美启行回国。

1月22日(宣统元年正月初一日) 清廷以大学士那桐为军机大臣,外务部右侍郎梁敦彦为外务部尚书、会办大臣。

△ 《女报》在上海创刊,陈志群、谢震为主编。以“提倡中国女学,扶植东亚女权”为宗旨。

1月23日(正月初二日) 端方电外务部,安徽铜官山矿,英人招日本入股,与原合同不符,主张中英合办矿务。

1月25日(正月初四日) 出使法国大臣刘式训就“第二辰丸”事件所引起中葡交涉澳门勘界问题电外务部,告以葡萄牙外部所允之争论地方由双方遴派勘界员会查核断等五条件。

1月27日(正月初六日) 出使美国大臣伍廷芳电外务部,告以革命党由美运炸药回国希图举事,请密饬严防。

1月28日(正月初七日) 清廷命度支部电知各省迅将应解赔款数目按期汇沪。

1月29日(正月初八日) 浙江天台县会党徐亦楷率众围县城。

是月 湖南会党首领杨玄德在湘、黔、粤、桂拥有会员两万余人,酝酿在柳州起事,事泄被捕。

2 月

2月1日(正月十一日) 外务部照会俄公使萨因图,要求赎回东清铁路自行管理。3日,俄使复照称,须奏明国主,交各部会议,方可定夺。

△ 第二次万国禁烟会在上海开幕,英、美、法、德、日、俄等12国与会,发起国美国勃伦脱主教主席,清廷派端方为代表大臣出席并发表演说,通过逐步禁吸鸦片等议决案。26日大会闭幕。

2月3日(正月十三日) 锡良奏陈滇省改设巡警学堂,并酌设巡警教练所。

2月4日(正月十四日) 清廷令会议政务处再行妥议划一币制章程。

2月5日(正月十五日) 各省谘议局举行初选。

2月6日(正月十六日) 御史吴纬炳奏请严行禁革置买奴婢恶习。清廷命宪政编查馆拟订禁革之法。

△ 日公使伊集院向外务部提出东三省六悬案节略:一、新法铁路;二、大营支路;三、京奉路车站;四、抚顺烟台煤矿;五、安奉路沿线矿务;六、间岛问题。

2月7日(正月十七日) 清廷命各部院堂官及各省督抚,嗣后奏调咨调各员均由吏部切实考核官阶履历,裁汰兼差薪金,厘定官员薪费。

2月8日(正月十八日) 清廷命邮传部尚书陈璧革职,以镶红旗汉军都统李殿林署邮传部尚书。

2月9日(正月十九日) 清廷以东三省总督徐世昌为邮传部尚书,调云贵总督锡良为钦差大臣、东三省总督兼管三省将军事务;以前广西巡抚李经羲为云贵总督,未到任前,以布政使沈秉堃暂行护理。锡良、李经羲均着迅速来京陛见。

2月10日(正月二十日) 梁启超致书肃亲王善耆论调查户口事。指出"调查之举,不办则已,既办,则似宜勿仅限于户口。盖今后无论欲举何种新政,皆须经一次详密之国势调查,然后得精确之资料,以供斟酌损益之用"。

△ 清廷从外务部奏,批准《中美公断专约》。

△ 外务部尚书梁敦彦与日公使伊集院谈判东三省六案交涉。

2月11日(正月二十一日) 清廷派云南交涉使高而谦前往广东同葡萄牙国所派之员办理澳门勘界事宜。

2月12日(正月二十二日) 清廷命广东、湖南、江西各督抚照端方所拟清乡办法八条,认真筹办。

2月13日(正月二十三日) 清廷颁孝钦显皇后(慈禧太后)谥号曰:孝钦慈禧端佑康颐昭豫庄诚寿恭钦献崇熙配天兴圣显皇后。

△ 内阁侍读学士占凤奏,预备立宪,请从整饬学务办起。

2月17日(正月二十七日) 清廷命各省一律举行谘议局选举,俾可依限开办资政院。

△ 清廷谕修订法律大臣,凡旧律义关伦常诸条不可率行变革,为修订法律宗旨。

△ 邮传部奏准筹议修筑西北铁路,分东西两干线,东路由张家口至库伦,西路由洛阳至西安、兰州至伊犁。

△ 梁敦彦与伊集院再度谈判,伊集院表示中国如将各项问题让步,日本允认中国在延吉地方有领土权。

2月19日(正月二十九日) 清廷颁诏景皇帝(德宗)谥号曰"同天崇运大中至正经文纬武仁孝睿智端俭宽勤景皇帝",庙号"德宗"。

△ 清廷派肃亲王善耆、镇国公载泽、尚书铁良、提督萨镇冰,按照善耆所奏各节,妥慎筹划海军基础。并开去铁良专司训练禁卫军大臣之差,俾得专心擘划。

△ 山东巡抚袁树勋奏报山东省创设图书馆。

2月21日(二月初二日) 台北、南台直通电话线路开通。

2月24日(二月初五日) 孙中山派胡汉民自新加坡赴仰光,筹措赴欧美旅费。

2月25日(二月初六日) 外务部电饬出使日本国大臣胡惟德商请日外务省驱令孙中山出境。

2月27日(二月初八日) 清廷命修订法律大臣会同外务部迅速妥议国籍法。

△ 先施百货公司在香港正式注册为有限公司。

3 月

3月1日(二月初十日) 吏部奏准考核调用人员切实办法10条。

3月2日(二月十一日) 孙中山应黄兴之请,致函慰谢日人宫崎寅藏,并告以近接欧洲一名商来信,将赴欧商议经济计划。

3月5日(二月十四日) 孙中山致函同盟会缅甸分会会长庄银安,介绍日人岛让次加入同盟会。

△ 度支部、学部会奏准设立财政学堂,进呈《财政学堂章程》七章50条。

3月6日(二月十五日) 清廷颁诏宣示一定实行预备立宪、维新图治之宗旨。

△ 清廷从驻藏大臣联豫等奏,以西藏亚东为税务司,江孜、噶大克两处暂作为分卡。

3月8日(二月十七日) 外务部电粤、桂、滇、黔各省督抚称,孙中山由日运枪万余支经缅甸潜到滇桂,速饬严密稽查,认真防范。

3月11日(二月二十日) 直隶蔚州(今河北蔚县)农民抗牲畜捐,数千人毁县署。

3月13日(二月二十二日) 出使日本大臣胡惟德电外务部,请示应否雇密探跟踪革命党。15日,外务部电复胡惟德,嘱应继续雇密探侦查。

3月14日(二月二十三日) 两广总督张人骏电外务部称,东沙岛为日商西泽私据,请与日使交涉商令撤回。

3月17日(二月二十六日) 孙中山自新加坡致函邓泽如,告以为借款及外交两事将往欧洲一游,南洋党务托诸胡汉民经理。

△ 陕甘总督升允奏报青海试垦,业于西宁设局,派员总办垦务。

3月18日(二月二十七日) 外务部参议曹汝霖往晤伊集院,面交节略两件,答复日本东三省交涉六案,若谈判仍无结果,将送交海牙和平会公断。

3月19日(二月二十八日) 广东铁路公司股东董事大会,反对粤汉铁路督办大臣派设驻粤分局总办,坚持商办。

3月22日(闰二月初一日) 直隶总督杨士骧奏报改设巡警学堂,暨各属设立巡警教练所。

3月25日(闰二月初四日) 孙中山致函张永福、陈楚楠,请速改良《中兴日报》,成立有限公司。

△ 清廷宣谕各部院衙门堂官、各省督抚大吏,举凡应办要政及一切关于预备立宪各事宜,皆当次第筹划,督率所属官员认真办理。

△ 清廷命进讲诸臣,嗣后务当于各书中有关一切新政宪法之处,详慎采择,剀切敷陈。

3月28日(闰二月初七日) 宪政编查馆奏准《大清国籍条例》,凡五章24条。

3月29日(闰二月初八日) 邮传部奏陈日本南满铁路与京奉铁路订立接联营业合同16条。

3月30日(闰二月初九日) 清廷颁诏奖励扑灭安庆炮马营兵变之督抚以下各员弁。

4 月

4月2日(闰二月十二日) 西宁办事大臣庆恕奏报,接达赖喇嘛文称,如将呼图克图名号斥革,即速回藏,否则回藏即无定期。

4月3日(闰二月十三日) 四川总督赵尔巽致清廷电称,闻达赖喇嘛聘俄教习,购俄军火,请将其截留甘省,以消大患。

△ 邮传部右侍郎盛宣怀奏请推广中央银行,先齐币制,确定十进位。

4月4日(闰二月十四日) 端方派密探到沪搜捕革命党人。9日,吕煊等三名革命党人在上海闸北为巡警总局逮捕。

△ 度支部奏准颁行印花票税。

△ 清廷谕饬理藩部传谕达赖迅速启程回藏,毋许藉词迁延,任意逗留。

4月5日(闰二月十五日) 清廷命赵尔丰驻扎巴塘,将察木多(昌都)拨归管辖,藉为藏援,所请调知府钟颖统领兵弁,着即照准。

4月6日(闰二月十六日) 孙中山自新加坡致邓泽如函,告以在坡穷困绝粮，请其从速筹 300 元汇来，以应燃眉之急。

△　出使日本大臣胡惟德电告外务部，日本在延吉增设所谓间岛事务官。9 日，外务部就此事照会伊集院提出抗议。

4 月 7 日（闰二月十七日）　出使英国考察宪政大臣、邮传部左侍郎汪大燮奏陈编纂《宪政要目问答》等书籍 14 种。

4 月 8 日（闰二月十八日）　清廷谕饬设立贵胄法政学堂，派贝勒毓朗为总理。

△　农工商部、邮传部分奏预备立宪逐年应办事宜。民政部（13 日）、理藩部（14 日）、陆军部（16 日）、吏部与法部（均 17 日）、外务部与学部（均 18 日）、礼部（19 日）各就该项事宜分别入奏。

4 月 11 日（闰二月二十一日）　上海绅民及旅沪各省绅商集会反对英人扩展租界，议决电请外务部始终力争，以保主权。

4 月 12 日（闰二月二十二日）　浙江萧山县“沙民”二三千人反抗清丈旗地，各持枪械、洋油草料，将办理清丈之戚、姚两绅房屋焚毁，并毁差船一只。

4 月 14 日（闰二月二十四日）　伊集院复照外务部，称“间岛”属中属韩“仍系未决之问题”，中国对日之要求如不让步，则不能承认该地为中国领土。

△　两广总督张人骏奏报，改设省城高等巡警学堂。15 日，四川总督赵尔巽奏报，改设高等巡警学堂。

4 月 19 日（闰二月二十九日）　前东三省总督徐世昌奏陈东三省危迫情形，主张采取开放政策，借债筑路，广招欧美商民，以打破日俄拓殖相持之局、内外合谋相济，以固我边疆。

4 月 22 日（三月初三日）　浙江巡抚增韫奏请浙省创设图书馆。

4 月 23 日（三月初四日）　邮传部与巴黎银公司签订正太铁路垫款合同，款额 150 万法郎。

4 月 25 日（三月初六日）　广东市民就澳门划界事召开正式大会，议决根据国际法及十三年中葡和约条文，请清廷据理力争。

△ 江苏丹徒县顺江洲地方农民二三千人捣毁学堂。

4 月 26 日(三月初七日) 浙江萧山县“沙民”数百人捣毁龛山富绅汪望庚家。

4 月 27 日(三月初八日) 大理院奏报筹备立宪事宜,清廷谕饬会同度支部妥为筹商具奏。

4 月 29 日(三月初十日) 江西南安府(今大余县)会党起事。

4 月 30 日(三月十一日) 江西九江水木工人 2000 余人罢工,抗议英巡捕杀死同胞余万程之暴行。

△ 安徽全省绅商学界及沪宁、江西等地皖绅代表在安庆举行大会,力争铜官山矿案。

5 月

5 月 5 日(三月十六日) 宪政编查馆奏准核复《自治研究所章程》,凡 14 条。

5 月 6 日(三月十七日) 上海新垃圾桥北裕慎丝厂缫丝女工 500 人向厂主索取工资,厂主要求捕房弹压。次日,女工拥至公共租界会审公堂控告,会审公堂派差知照厂主迅速发还积欠工资。

△ 清廷命理藩部再行严催达赖喇嘛迅速启程回藏,不得违延。

5 月 8 日(三月十九日) 陕西盩厔(今周至县)、鄠县(今户县)、邠州、岐山以西八州县“义和拳”扩大传习活动,地方官吏不能制止。

△ 广西巡抚张鸣岐奏报整顿税契章程 28 条。

5 月 9 日(三月二十日) 清廷以东三省总督锡良兼署奉天巡抚。

△ 锡良奏陈筹办东三省开银行,修铁路,开商埠,办实业,开屯垦,筹边驭蒙诸大政,清廷命军机处、外务、度支、陆军、邮传各部会商锡良妥定办法。

△ 锡良奏准派陆军协统吴禄贞充督派吉林边务,以两协之兵归其节制。

5 月 10 日(三月二十一日)　外务部尚书梁敦彦与俄国东清铁路总办廓索维慈在北京订立《中俄东省铁路公议会大纲》(即《东清铁道内组织自治会预定协约》)。

5 月上旬　中国同盟会南洋支部根据孙中山建议,由新加坡迁至庇牓。

5 月 11 日(三月二十二日)　胡汉民赴香港,策应广州新军运动及扩充南方党务,南洋支部事务由邓泽如主持。

△　清廷以前外务部左参议杨枢充出使比国大臣。

△　外务部奏准西藏亚东、江孜、噶大克三处开埠设关。

5 月 14 日(三月二十五日)　张人骏电外务部称,日领面交条款,承认东沙岛为中国所属,惟须予日人西泽以利益。

5 月 15 日(三月二十六日)　同盟会会员于右任在上海创刊《民呼日报》,以"实行大声疾呼,为民请命"为宗旨,至 8 月 14 日终刊,共出版 92 期。

△　学部奏准变通中小学课程,中学分为文科与实科,初小分完全科(五年毕业)及四年、三年毕业之简易科。

5 月 17 日(三月二十八日)　外务部奏陈,东三省铁路界内设立公议会,经理地方自治,与俄使商定办法,已签字盖章。清廷允之。

5 月 18 日(三月二十九日)　蒙人陶克陶在奉天、吉林两省边界起事。

△　农工商部奏准分咨出使各国大臣调取各国森林专章,遴员派往日本考察造林之法,并请饬各省将军督抚将所辖境内适于造林之区域,与国有天产之森林,详查造具图说报部,俾订专章,奏请颁行。

5 月 19 日(四月初一日)　孙中山自新加坡赴欧洲筹措革命经费。

5 月 20 日(四月初二日)　河南各界绅民在开封集会,筹商抵制英商福公司办法,到 5000 余人,旋组织河南保矿公会。28 日,该会派人赴道清铁路一带福公司售煤处,联络绅商,实行文明抵制。30 日,又派人到郑州、许州各铁路车站,阻止福公司售煤。

5 月 23 日(四月初五日) 清廷以前黑龙江将军程德全署奉天巡抚。

5 月 24 日(四月初六日) 清廷命各省财政统归藩司或度支使经营,并着各省督抚于一年内次第裁撤关涉财政一切局所。

△ 度支部奏准设币制调查局,并暂铸通用银币。

△ 杭州将军瑞兴等奏报,“沙民”阻挠清丈旗地,经派员督办,将滋事之人从严惩治。清廷谕饬瑞兴及浙抚增韫督饬该道妥慎办理。

5 月 25 日(四月初七日) 清廷颁诏,所有各直省民欠钱粮即着度支部酌核奏请蠲免。

△ 美公使柔克义访晤督办粤汉、川汉铁路大臣张之洞,提出美国加入英、法、德三国对川汉铁路借款之要求。

5 月 26 日(四月初八日) 江苏巡抚陈启泰奏报苏省建设商品陈列馆、农业试验场,清廷勉以一切新政自当勤加筹划,次第兴办。

5 月 28 日(四月初十日) 邮传部奏准陕西设立铁路公司事,拟先设西(安)潼(关)铁路有限公司。

5 月 30 日(四月十二日) 商办江苏铁路沪嘉路(沪杭甬铁路之一段)工竣通车,全长 56 公里。

5 月 31 日(四月十三日) 英公使朱尔典照会外务部,就河南省不允福公司就地售煤事,要求赔偿损失。

6 月

6 月 1 日(四月十四日) 河南绅商林严等 80 人呈外务部称,英商福公司在怀庆开矿,违约就地售煤,请以理拒之。

6 月 2 日(四月十五日) 江苏举行谘议局议员选举,选出议员黄炎培、马良等 68 人。

6 月 3 日(四月十六日) 广东新宁县(今台山县)绅商陈宜禧等商办之新宁铁路工竣通车。

6月4日(四月十七日) 湖南寓沪同乡会召开会议，议决组织湘路协会，联合各省湘人共同筹划，致电邮传、度支各部，声明不认外款。

6月5日(四月十八日) 清廷拨库银六万两赈甘肃旱灾。

6月6日(四月十九日) 督办粤汉、川汉铁路大臣张之洞与英、法、德之上海德华银行、伦敦汇丰银行、巴黎东方汇理银行在北京订立《湖北湖南两省境内粤汉铁路、鄂境川汉铁路(湖广路)借款草合同》，款额550万英镑。

6月11日(四月二十四日) 清廷以礼部尚书葛宝华署法部尚书。

6月13日(四月二十六日) 江苏省谘议局研究会在南京召开，到各县议员230余人，举张謇为会长。

6月17日(四月三十日) 清廷谕内阁责成禁烟大臣咨行京外各衙门切实考察调验，外省文武职官学堂责成督抚暨将军确查严禁。

6月18目(五月初一日) 浙江归安县农民数千人进城至县署报荒。

6月20日(五月初三日) 孙中山抵法国马赛，转往巴黎。

6月21日(五月初四日) 考察宪政大臣于式枚奏陈普鲁士地方行政制度，又奏各省谘议局章程权限，与普鲁士地方会议制度不符。

6月22日(五月初五日) 清廷以江苏布政使瑞澂为江苏巡抚。

6月23日(五月初六日) 清廷以陕甘总督升允奏阻立宪，并即恳请开缺，迹近负气，殊属非是，着照所请，即行开缺。

6月24日(五月初七日) 考察宪政大臣李家驹奏陈考察立宪官制，计有《日本官制通释》(三册)、《官制篇》(二册)，附《中国内阁官制草案平议》(一册)、《自治制篇》(一册)、《官规篇》(一册)。

6月25日(五月初八日) 锡良向日本领事小池提出安奉铁路办法10条。

6月26日(五月初九日) 安徽旅沪路矿公会职员会电军机处、外务部，要求铜官山收回自办。

6月27日(五月初十日) 于式枚奏陈普鲁士议院制度及议院选举法。

△ 邮传部奏报，京汉铁路近已收回管理，宜亟制订整顿扩充改良办法；又奏京奉铁路整顿情形及其成效。

△ 驻藏办事大臣联豫、帮办大臣温宗尧会奏筹办西藏事宜，列举开商埠、练新兵、兴学堂、垦荒地、开矿山五端，并请添参议一员驻后藏。

6 月 28 日（五月十一日） 清廷调两江总督端方为直隶总督兼北洋大臣，未到任前，以外务部会办大臣那桐署理；调两广总督张人骏为两江总督兼南洋大臣，未到任前，着江宁布政使樊增祥护理，以山东巡抚袁树勋署两广总督，未到任前，着广东布政使胡湘林护理。

是月 福建永定县三点会起事，以"仇学、锄官、排外"三者为宗旨。

△ 直隶遵化县农民聚众反抗"新政"，驱逐巡警。

△ 直隶临榆、昌黎、抚宁等七县盐价腾贵，激成民变。临榆等三县农民鸣锣聚众，集数千人或百人不等，将三县盐店抢空或捣毁达十余次，损失盐 300 余万斤。

7 月

7 月 3 日（五月十六日） 清廷命农工商部再行严催各省督抚将应办农林工艺各项迅速分别举办，毋再因循悠忽。

△ 清廷命新任陕甘总督长庚着速兼程赴任，至九年内应行预备之各项立宪事宜，尤不可视为缓图，到任后即将应办各事次第举办。

7 月 4 日（五月十七日） 华文《美洲少年》在美国旧金山创刊。周刊，主编温雄飞。鼓吹革命，抨击君主立宪。

7 月 7 日（五月二十日） 浙江德清县农民聚众进城报荒，要求放谷，捣毁漕总等绅董三家住宅。

△ 清廷开复故革户部尚书、协办大学士翁同龢原官。

△ 农工商部奏准筹议农林工艺要政，并拟大概办法。

7 月 8 日（五月二十一日） 专使美国大臣唐绍仪回到北京。

△ 锡良奏报吉林省城创设图书馆。

7月9日(五月二十二日) 肃亲王善耆奏准遵筹海军基础办法。

7月10日(五月二十三日) 是日江西宁都州，12日江西丰城县，14日江西崇仁县，先后发生农民聚众反抗调查户口事件。

△ 外务部奏准于京师设立游美学务处，并附设肄业馆。

7月12日(五月二十五日) 梁启超致书其弟仲策论时局，谓“兄年来研究政治问题愈多，益信中国前途非归我而执政，莫能振救。然使更迟五年，则虽举我听政，亦无能为矣”。

△ 河南巡抚吴重憙奏报豫省防军改编情形，统计通省巡防步队28营，马队12营，全年薪饷需银587100余两。

7月13日(五月二十六日) 浙江乌程县(今湖州市)北乡佃农千余人进城报荒，大闹县署。

△ 护理云贵总督沈秉堃奏陈川滇会筹大举剿抚凉山猓夷(今彝族)办法。

△ 日公使伊集院照会外务部，请饬令东三省总督从速办理安奉铁路改筑之事。

7月15日(五月二十八日) 清廷颁诏，依据宪政编查馆奏定宪法大纲所载，清帝溥仪为大清帝国统率陆海军大元帅，未亲裁大政前，暂由摄政王代理；并着先行专设军谘处，通筹全国陆海各军事宜，即着贝勒毓朗管理军谘处事务。

△ 清廷以毓朗现派管理军谘处事务，着开去专司训练禁卫军大臣，以镇国将军载搏继任。

△ 清廷派郡王衔贝勒载洵(载沣之弟)、提督萨镇冰充筹办海军大臣。

△ 浙江德清乡民进城告灾，闻绅士与书吏吞没历年带征积谷款项，愤而捣毁三家房屋。清政府派兵镇压，捕30余人，杀一人。

△ 日本宪兵闯入延吉和龙峪府经历衙署，击毙营兵曲得胜，砍伤外委张景泰。

△ 美总统塔夫特致书清摄政王载沣，要求中国借美资建筑湖广

铁路。7月18日，载沣电复塔夫特称，已令外务部与美驻华代办会商，以便做出适当决定，并据以采取行动。

7月16日(五月二十九日) 江苏吴江县盛泽镇炼染工人数百人反对铜元折价，要求提高待遇，举行罢工。

△ 清廷添派郡王衔贝勒载涛管理军谘处事务；又谕贝勒毓朗仍留专司训练禁卫军大臣之差，以资熟手。

7月18日(六月初二日) 江西丰城县乡民因调查户口，连日发生骚动，殴官杀人，纠众毁屋。南昌、都昌、崇仁、安义、广昌、宁都、雩都、新淦、石城等县，近日均有同类事件发生。

7月20日(六月初四日) 外务部、学部在北京招考第一次留美学生唐悦良、梅贻琦、胡刚复等47名。

7月21日(六月初五日) 孙中山在巴黎活动借款不成，是日抵比京布鲁塞尔。

△ 外务部电出使日本国大臣胡惟德，请就延吉和龙峪事件向日外务省严重交涉，要求惩办，并再次声明界务未决以前彼此维持现状之宗旨。

7月23日(六月初七日) 清廷准庆亲王奕劻开去管理陆军部事务。

△ 度支部奏准厘定章程，限制官商银号滥发票纸。

△ 驻京日使伊集院彦吉就和龙峪事件向清廷外务部抗议，谓吴禄贞办事“迹近挑拨，贵国政府倘任其所为，我国官宪不得不采用适当之措置”。

7月25日(六月初九日) 清廷实授程德全为奉天巡抚，陈昭常为吉林巡抚，周树模为黑龙江巡抚。

7月26日(六月初十日) 湖广总督陈夔龙奏陈鄂省遵设自治研究所。

△ 川督赵尔巽以川军入藏订于本月起程，惟虑藏人阻挠，究竟应否准其迎头痛剿，转战前进，抑或停顿半途，另筹进步等事，是日致电枢

垣谨请代奏清廷,请旨示遵。

7月27日(六月十一日) 驻藏大臣兼川滇边务大臣赵尔丰出兵征讨川藏军事重镇格德土司之乱,是日讨平,将格德全境收归政府直辖,设官治理。

7月30日(六月十四日) 驻奉天日领事小池会晤锡良,面交说帖一纸,要求将安奉路10项办法收回,同意实行改筑,如此则日政府对于各条件,可以互行商议。

是月 贵州自治学社机关报《西南日报》创刊。

8 月

8月2日(六月十七日) 清廷着开去吕海寰督办津浦铁路大臣,派邮传部尚书徐世昌督办津浦铁路事宜。

8月3日(六月十八日) 《民呼日报》被搜查,主笔于右任、陈飞卿在沪被捕。

△ 中巴(西)两国在北京订立《公断条约》四款。

△ 清廷拨帑银六万两赈吉林水灾。

8月4日(六月十九日) 香港筹设大学校,以便内地学生入学,港督卢嘉函商设法筹助经费,清廷命袁树勋妥筹接办。

△ 张人骏奏报,日人占据东沙岛,现已据理力争,即可将该岛收回;又查有西沙岛共有15处,业已逐一命名,以便书碑,岛产有矿砂,拟即设厂开采。清廷命袁树勋妥筹布置。

△ 外务部以日兵于上月26日由朝鲜会宁渡江越界向延吉添兵运械事,照会伊集院提出抗议,请迅速撤回该处日兵。

8月5日(六月二十日) 上海梧州路勤昌丝厂女工百余人举行联合罢工,反对增加工时。

△ 管理军谘处事务载涛率同军谘官员前往南苑点验禁卫军。

△ 清廷以日人在延吉添兵戕弁,意图挑衅,命东三省总督锡良严

饬吴禄贞妥为应付，力求稳慎，毋得稍涉大意，以防叵测。

△ 清廷拨库银六万两赈湖北水灾。

8月6日（六月二十一日） 北京、天津及东三省等地民众为安奉路交涉问题，开始抵制日货。

△ 署山东巡抚孙宝琦奏报，山东省师范学堂改为优级师范，各府直隶州亦饬令各设完全初级师范。

△ 日公使伊集院照会外务部，日本政府决自行改筑安奉铁路之路线。同日，日本外务大臣小村寿太郎亦以此意面告出使日本大臣胡惟德。

8月7日（六月二十二日） 孙中山自布鲁塞尔抵伦敦。

△ 外务部复照伊集院，安奉铁路允改宽轨道，如需更正路线，可照约妥商。同日并电锡良、程德全与日领事小池议定细目。

△ 外务部致伊集院节略，对东三省六悬案，日本如将延吉一案按照中国之意全行让步，则其余各案中国亦当互让。

8月8日（六月二十三日） 广西巡抚张鸣岐奏报，遵章设立法政学堂。

8月9日（六月二十四日） 清廷命河南巡抚吴重憙照外务部与英公使所订福公司续约办理，并严饬所属撤销福公司售煤之禁，一面晓谕商民毋得阻抗。

8月10日（六月二十五日） 云南布政使沈秉堃奏，请饬黔、川、陕、甘、晋五省统限于本年一律禁种鸦片烟。清廷命军机处速议具奏。

8月11日（六月二十六日） 锡良奏陈整顿东三省内政四端：一、考核官吏；二、推广审判；三、振兴教育；四、筹办实业。

8月12日（六月二十七日） 上海密勒路瑞纶丝厂女工百余人罢工，要求增加工资。

△ 清廷命出使美、墨、古国大臣伍廷芳、出使意大利国大臣钱恂回京候简，分别以署外务部左丞张荫棠、署外务部右丞吴宗濂继任。

△ 度支部奏陈，财用窘绌，举办新政应力求撙节，以维大局。清

廷命各部院衙门、各省督抚详细阅看。

8月16日(七月初一日) 同盟会会员谢心准、周之桢等在新加坡创刊《星洲晨报》。

△ 锡良奏陈吉林省巡警学堂改为高等巡警学堂。

△ 邮传部奏准展筑京绥铁路计划。

△ 《图画日报》在上海创刊。上海环球社发行。1910年8月停刊。共出404期。

8月18日(七月初三日) 邮传部与南满铁道会社订立中日吉长铁路与新奉铁路借款细目合同。

8月19日(七月初四日) 东三省总督锡良、奉天巡抚程德全与日驻奉天领事小池签订安奉铁路合同。

8月20日(七月初五日) 中、秘两国于利马签订《废除苛例证明书》,凡九条。

8月21日(七月初六日) 江苏丹阳县西门乡民千余人反对征收钱粮铜元按八折扣,酿成暴动。次日,乡民3000人冲进城内捣毁粮柜及县署,合城罢市。

8月23日(七月初八日) 资政院奏陈续拟院章并修改前奏各章,清廷命京外各衙门一体遵行,其各项细则章程仍着迅速筹拟,奏请宣布。

8月24日(七月初九日) 清廷遣筹办海军大臣载洵、萨镇冰巡视沿江沿海各省武备。次日到天津,29日到上海。

△ 管理军谘处事务载涛奏准《军谘处暂行章程》。

△ 护理两江总督樊增祥奏陈江南水师学堂改为南洋海军学堂。

8月25日(七月初十日) 四川总督赵尔巽奏陈重庆江北英商开采龙王洞煤铁矿,由华商江合公司收回自办。

8月26日(七月十一日) 考察宪政大臣李家驹奏报编成《日本司法制度考》,分订两册呈进。

8月28日(七月十三日) 江苏镇江机户千余家工匠要求增加工

资,举行罢工。

△ 清廷派南洋大臣、两江总督张人骏为南洋劝业会会长,并着各督抚筹办协会出口各事,所有赛品,准其分别豁免税厘。

8月30日(七月十五日) 陆军部尚书铁良奏准商明度支部筹定经费,向德国购买二十九倍口新式陆路快炮54尊交近畿各镇练习,另购六尊交各局厂仿效。

△ 清廷派内阁学士那晋充陆军贵胄学堂总办。

9 月

9月4日(七月二十日) 筹办海军大臣载洵、萨镇冰抵福州视察,9日抵广州。

△ 外务部尚书梁敦彦与驻京日公使伊集院订立《东三省交涉五案条款》。条款规定:一、中国如造新(民屯)法(库门)铁路时,允与日本先行商议;二、中国认将大石桥至营口支路为南满铁路支线;三、中国认日本开采抚顺、烟台煤矿,日本尊重中国一切主权;四、奉安铁路沿线及南满铁路干线沿线矿务,由中日两国合办;五、京奉铁路展造至奉天城根一节,日本允无异议。

△ 外务部尚书梁敦彦与日使伊集院在北京签订《图们江中韩界务条款》,凡七款。规定"图们江为中韩两国国界,其江源地方自定界碑起至石乙水为界"。

9月5日(七月二十一日) 清廷据外务部奏陈图们江中韩界务暨东三省五案条款事,谕令东三省总督锡良称,朝廷顾念根本,慎固邦交,于此事权衡轻重,一以和平为宗旨,该督抚亦当共体此意。

△ 清廷命四川总督赵尔巽传谕达赖喇嘛,准由德格取道察台回藏,勿得任意绕行,致多滋扰。

9月6日(七月二十二日) 汉口居民反对拆迁民房,千余人捣毁警局。8日又聚众千余人至夏口厅要求释放被捕诸人。

△ 吉林全省绅商电外务部，反对签押东三省交涉条约，要求乘尚未签押之际取消此议。

9月7日(七月二十三日) 度支部订定《通用银钱暂行章程》，凡20条。

9月8日(七月二十四日) 外务部为德国续招华工数百名前往南洋萨摩岛一事，奏请派林润钊为署理驻德属南洋各岛领事，前往萨摩开办，所有应募华工统归管辖。

9月9日(七月二十五日) 孙中山在伦敦访问日本驻英大使馆山座圆次郎参事官，希望日本政府许可回到日本寄住。遭拒。

△ 学部奏准，筹建京师图书馆，并以翰林院编修缪荃孙为监督；赏给热河文津阁《四库全书》及宋元旧刻藏书，以及《永乐大典》一并交图书馆储藏。

9月10日(七月二十六日) 上海租界乾康丝厂女工数百人控告资本家扣发工资。

△ 民政部奏陈京师地方自治暨选举章程。

9月上旬 直隶迁安筹备地方自治，派董事胡某及施某去冷口等地调查户口，强行摊派自治经费，各村农民聚众反抗，知县派差役拘捕首要，滥施酷刑，激起公愤，口外农民鸣锣聚众万余人围困县城，并捣毁胡、施两家住宅。

△ 江西南昌、都昌、临川、临江、石城等县因农民反抗调查户口，接连发生殴打办事差役，捣毁调查员家，聚众夺回调查册籍等事件。

△ 甘肃、蒙古边界蒙民联合甘肃饥民数千人暴动。

9月13日(七月二十九日) 湖北应城县盐井工人要求增加工资，举行罢工。

9月15日(八月初二日) 江西宜春县官绅借办学为名，勒收米捐，遭乡民反抗，是日，由北乡乡民首先发难，数百人入城，要求惩办祸首，巡防营开枪毙伤乡民多人。16日，宜春民众数千人持械攻城。19日再攻，同巡防营激战，兵民均有重大伤亡。

△ 清廷以泄露交涉机密为由,谕饬民政部封禁《北京国报》、《中央大同日报》两报馆。

△ 福州风火巨灾,毁房屋千余户,死伤2000余人,财产损失数百万,船只丢失2000余艘,实为百年未遇之巨灾。

△ 邮传部奏陈光绪二十四年(1898)与中英公司订立关内外铁路借款合同业已注销,合同了结。

9月16日(八月初三日) 江苏省谘议局开会。张謇当选为议长。

△ 外务部与学部录取首批庚款游美学生梅贻琦、王士杰等47名。10月12日,梅贻琦等47名连同加派之秉志等三人,共计50人放洋。

9月17日(八月初四日) 筹办海军大臣载洵、萨镇冰自上海溯江西上视察,24日离汉口回北京。

9月18日(八月初五日) 出使意大利国大臣钱恂奏陈意国国税八端,以备整理财政之参考。

9月19日(八月初六日) 热河平泉州宽城镇农民千余人暴动。

△ 黑龙江巡抚周树模奏准,筹办墨尔根属嫩江上游甘河地方煤矿,拟修路购轮,并预筹扩充办法。

9月23日(八月初十日) 清廷以藏民阻截川兵进路一事,谕饬四川总督赵尔巽传知统领钟颖相机驱剿,并晓谕达赖约束藏民,毋得滋生事端。

△ 清廷以候补内阁学士李家驹协理资政院事务。

9月24日(八月十一日) 江苏巡抚瑞澂奏陈由谘议局筹办处兼理自治事宜,并附设自治研究所。

△ 江苏巡抚瑞澂奏陈苏省整顿吏治、整顿军政、整顿巡警情形。

△ 京张铁路全线通车,全长177公里。历四年修成。

9月25日(八月十二日) 清廷以江西宜春县北乡因办学抽捐,遭乡民反抗一事,命巡抚冯汝骙迅速督饬弹压解散,严拿首要,并加意保护教堂。

9月26日(八月十三日) 湖广总督陈夔龙奏陈于署内设立宪政筹备处。

△ 湖南巡抚岑春蓂奏陈湘省常宁县水口山龙王山铅矿、平江县黄金洞金矿、新化县锡矿山锑矿开采情形。又以湘省矿山甚多,奏请圈划示禁,不得私行开采。

9月27日(八月十四日) 宪政编查馆奏陈,复核各衙门九年筹备未尽事宜,分别厘正,开单呈览,请饬各该衙门将所复核各节,另行奏明办理,并于每年冬间将次年实行办法及预算款数,先期奏明办理。清廷从之。

△ 筹办海军大臣贝勒载洵奏报出京巡阅沿江沿海九省武备经过及海军建设要事七端。

9月28日(八月十五日) 外务部奏准于北京西直门外清华园建游美肄业馆。

△ 云南陆军讲武堂在昆明成立,高尔登任总办,李根源任监督。

9月29日(八月十六日) 直隶丰润县知县以筹集办学堂、巡警等新政经费为名,在丰台镇(地处丰润、宝坻、宁河三县之中)勒收席捐,激起织席农民反抗。是日,宝坻县盘龙庄地保召集32庄4000余人开会,成立"得胜会",发表抗捐宣言。

9月30日(八月十七日) 河南巡抚吴重憙奏陈于署内附设筹备宪政考核处。

是月 直隶遵化县农民数千人进城反对新政,要求撤销学堂、巡警。

9月至10月 陶成章抵槟城,联合李燮和等七八人,以七省同志名义,起草一份《孙文罪状》(《七省同盟会员意见书》),罗列罪状21条,要求开除孙中山总理之名,发表罪状,遍告海内外。同时,章太炎刊发《伪〈民报〉检举状》,配合陶成章攻击孙中山。

10　月

10月1日(八月十八日)　浙江乌程县农民千余人赴县署报荒。

10月2日(八月十九日)　京张铁路通车典礼在南口举行,到中外来宾万余人,邮传部尚书徐世昌、工程师詹天佑等发表演说。

△　东三省总督锡良、奉天巡抚程德全与驻奉天美领事司戴德订立《锦(州)瑷(珲)铁路借款草约》。

10月3日(八月二十日)　《民呼日报》被查禁后,是日改名《民吁日报》在上海发刊,以"提倡国民精神,痛陈民生利病,保存国粹,讲求实学为宗旨"。范鸿仙为社长,仍由于右任实际负责。

10月4日(八月二十一日)　内阁大学士张之洞在北京病逝。6日,清廷谕张之洞谥文襄公,晋赠太保,赏银3000两治丧。

10月5日(八月二十二日)　署两广总督袁树勋与日本代领事濑川签订东沙岛协定。日本承认东沙岛为中国领土。中国付给日本广东毫银19万元。

△　农工商部奏准仿欧洲各国先例,试办劝业富签公债票,发行债票1000万张,每张售洋一元,共1000万元。

△　新疆巡抚联魁奏陈新疆遵设高等巡警学堂。

10月6日(八月二十三日)　上海《民吁日报》发表于右任撰写之社论《中国改革谈》,揭露清政府实行新政以来官吏昏暴、人民受苦之状况依然如故。指出:"吾然后知政府之所谓改革者,不过欲借此名目收揽人心,使不为党人所煽惑。"

△　清廷以热河都统廷杰为法部尚书,未到任以前,以法部左侍郎绍昌暂行署理。

10月7日(八月二十四日)　清廷命将粤汉铁路、鄂境川汉铁路事宜归邮传部接办。

△　清廷调察哈尔都统诚勋为热河都统,以礼部尚书溥良为察哈

尔都统;以镶红旗蒙古都统葛宝华为礼部尚书。

△ 湖广总督陈夔龙奏陈鄂省试办公债票。

△ 湖广总督陈夔龙奏陈在武昌城设立武汉劝业奖进会,并附设南洋出品协会。

△ 山东济宁州(今济宁)全体绅商学界3000人在谘议研究所开特别大会,议决推举代表赴京,力争津浦铁路干线仍取道济宁,不应改道曲阜。

10月8日(八月二十五日) 直隶宝坻县盘龙庄“得胜会”会众4000人,与清兵激斗,兵伤20人,民伤更甚。次日,乡民闻大军将至始散。

△ 江西安福县农民千余人反抗调查户口,毁统计处绅董萧家。

△ 湖南铁路公司电邮传部反对湘路借款。14日,湖南谘议局议长谭延闿亦电邮传部,请罢议该项借款。

△ 两广总督袁树勋电外务部,报告与日本商议收回东沙岛条款情形,并定本月11日划押互换。

10月上旬 湘民千余人拆毁广西富川县西湾煤矿分厂。

10月12日(八月二十九日) 清廷谕令宪政编查馆核议修订法律大臣沈家本所编订之现行刑律。

10月13日(八月三十日) 清廷降谕告戒各省谘议局议员,于地方利弊情形切实指陈,妥善计划,各督抚尤应实行监督,务使议决事件不得逾越权限,违背法律。

10月14日(九月初一日) 各省谘议局开幕。全国22省,除新疆缓办外,其余21省谘议局均于是日开幕。是为中国有地方议会之始。

△ 浙江嘉善县农民千余人至县署报荒。

10月16日(九月初三日) 筹办海军大臣载洵、萨镇冰自上海启程往欧洲各国考察海军事务。

10月18日(九月初五日) 外务部奏准批准海牙各国保和会条约。

△ 出使意大利国大臣钱恂奏陈意大利宪法及法律，清廷令交宪政编查馆参研。

10 月 20 日（九月初七日） 清廷以四川总督赵尔巽兼署成都将军。

10 月 22 日（九月初九日） 前韩国统监日人伊藤博文来华游历东三省，是日抵奉天。23 日，东三省总督锡良会晤伊藤博文。26 日，伊藤博文在哈尔滨为韩国志士安重根击毙。

10 月 24 日（九月十一日） 江西吉安府学界数百人在南昌百花洲举行大会，联名控告南昌知县强买吉安府公产、拘留学生。

10 月 26 日（九月十三日） 资政院奏准《资政院议员选举章程》，计：《宗室王公世爵选举资政院议员章程》（凡九条），《满汉世爵选举资政院议员章程》（凡九条），《外藩王公世爵选举资政院议员章程》（凡八条），《宗室觉罗选举资政院议员章程》（凡 26 条），《各部院衙门官选举资政院议员章程》（凡 26 条），《硕学通儒选举资政院议员章程》（凡八条），《纳税多额者选举资政院议员章程》（凡 26 条），《各省谘议局互选资政院议员章程》（凡 19 条）。

10 月 28 日（九月十五日） 杭州商界代表数千人至抚署示威，要求蠲免警捐。

10 月 29 日（九月十六日） 孙中山函告南洋同盟会会员在欧借款未达目的，将于明日起程往美。

△ 学部奏陈开办编订名词馆，派严复为总纂。

10 月 30 日（九月十七日） 孙中山自伦敦赴美国。

是月 同盟会南方支部在香港成立，以胡汉民为支部长。

11 月

11 月 2 日（九月二十日） 清廷授协办大学士鹿传霖为大学士，命吏部尚书陆润庠协办大学士。6 日，又授鹿传霖为体仁阁大学士。

11 月 4 日（九月二十二日） 吉林宁古塔（今黑龙江宁安市）地方

钱店擅发钱帖，不予兑现，引起农民不满，是日，千余人捣毁商会。

△ 民政部、修订法律大臣会奏，拟订《禁烟条例》，凡 14 条。

11 月 5 日(九月二十三日) 湖北留日学生代表张伯烈、夏道南邀请省谘议局全体议员、教育总会、宪政筹备会、武汉两商会职员在武昌召开“湖北商办铁路协会”成立大会，举刘心源为会长。

11 月 7 日(九月二十五日) 黄兴自东京复函孙中山，反对陶成章、章太炎在东京的分裂活动。同日，黄兴致函美洲各埠中文报社，为孙中山赴美活动扫清障碍。略谓：“望我各位同志乘孙君此次来美，相与同心协力，以谋团体之进步，致大业于成功，是所盼祷。”

11 月 8 日(八月二十六日) 孙中山自伦敦赴美，是日抵纽约。此行任务是在美国建立同盟会，筹集大款，以谋国内大举。

11 月 9 日(九月二十七日) 驻伦敦美大使李德奉国务卿诺克斯之命致英国外交部备忘录，建议满洲铁路中立。25 日，英外交大臣葛雷照复李德，表示赞成满洲铁路中立原则，惟英国不愿参与，并建议日本加入锦瑷铁路建筑。

11 月 10 日(九月二十八日) 驻沪日领事永泷久吉致函上海道蔡乃煌，诬指《民吁日报》“煽惑破坏”，“有碍中日两国邦交”，要求严厉惩办。

11 月 11 日(九月二十九日) 直隶抚宁县乡民数千人反对盐店哄抬盐价，遭官兵武力弹压，枪杀乡民七人，重伤六人，直督派兵星夜驰往，乡民闻讯散去，旋官兵捕去七人，指为“匪首”，就地正法。消息传开，长城口外为之震动，即传帖纠人，创立庄连会，加入者达万余人。

△ 军谘处奏准，拟订各项各级军官特简奏补及委充章程。此乃对前练兵处奏定陆军人员任职等级及补官摘要章程之改订。

11 月 12 日(九月三十日) 清廷命驻藏办事大臣联豫切实开导达赖喇嘛，晓以利害，俾令感悟，免生事端。

11 月 13 日(十月初一日) 柳亚子、陈去病、高天梅发起在苏州成立文学团体南社，到 17 人，同盟会会员占多数，该社以文学鼓吹革命为宗旨。

11月16日(十月初四日) 上海道蔡乃煌致书公共租界会审公堂，声称《民吁日报》所载各论“实属有意挑衅，损伤邦交”，要求查封该报馆。

11月17日(十月初五日) 驻藏办事大臣联豫、帮办大臣温宗尧电外务部称，达赖调兵抗阻，开导无效，已饬四川陆军标统钟颖率兵从速入藏。

△ 出使美国大臣伍廷芳奏报在秘鲁办理交涉情形，已将该国虐待华人苛例分别驳改，并订立证明书互相签押。

11月18日(十月初六日) 各省谘议局代表集议上海，开请愿国会代表团谈话会，到奉、吉、直、陕、晋、鲁、豫、湘、鄂、赣、皖、浙、闽、粤、桂、苏16省55名，江苏省谘议局议长张謇发起，商议请愿速开国会事宜。

11月19日(十月初七日) 上海《民吁日报》连续发表报道及评论揭露日本侵华阴谋，驻沪日领事照会上海道蔡乃煌提出抗议，是日该报被查封，主笔范鸿仙被传讯。

11月20日(十月初八日) 清廷赏加协办大学士荣庆太子少保衔，大学士鹿传霖太子太保衔。

11月中旬 孙中山函复同盟会会员张继，断然拒绝来函所提退隐深山，及布告天下辞退同盟会总理之两项要求。

△ 四川大竹县会党联合农民数千人抗捐。

11月21日(十月初九日) 保定、北京、天津各学堂学生胡荣铭(鄂公)、熊得山、钱铁如等在保定组织秘密团体“共和会”，以“推翻满清专制，建立共和民国”为宗旨，举胡荣铭、熊得山、钱铁如、覃秉清等九人为干事，胡荣铭为干事长。

11月23日(十月十一日) 清廷命直隶总督端方即行革职，调陈夔龙为直隶总督兼北洋大臣，以瑞澂署湖广总督。

△ 清廷以江苏巡抚瑞澂署湖广总督，调山西巡抚宝棻为江苏巡抚，以山西布政使丁宝铨为山西巡抚，实授孙宝琦为山东巡抚。

△ 锡良奏称，延吉厅亟应设官建制，拟即将珲春之东南道移驻延吉，并筹拨银100万两编练陆军一镇，仍令吴禄贞督办边务，专管延、珲全境军政事宜。

11月24日(十月十二日) 外务部以英商开平煤矿与滦州矿务公司迭起争执，奏准新任直隶总督陈夔龙妥筹办法。

△ 黑龙江巡抚周树模奏报，江省改编巡防队，练足马队16营，步队7营。

11月25日(十月十三日) 孙中山自纽约复吴稚晖函，告以抵埠以来，美洲东方一带，革命形势渐有转机；并表示拟重新组织团体，以便在欧洲仿行。

△ 清廷命各部院堂官、各直省督抚实心实力次第兴办立宪事宜，并着宪政编查馆随时稽核，如有错办迟逾或因循敷衍毫无实际者，如实参奏，按照溺职例惩处。

11月26日(十月十四日) 孙中山致比利时同盟会会员函，告以美各埠康梁保皇党“人心大为瓦解”，指示预防之办法，使康梁不回北京为患于革命党。

△ 清廷从宪政编查馆奏，命各省督抚将各州县事实表册据实造报，严定等第。

△ 库伦办事大臣延祉奏准于哈拉格囊围地方设厂开采金矿。

△ 库伦办事大臣延祉因病解职，清廷以归化城副都统三多署库伦办事大臣。

11月27日(十月十五日) 山西巡抚宝棻奏报，晋省陆军混成协业已成立，计步兵两标六营，马炮各一营，工辎各一队。

11月28日(十月十六日) 各省谘议局代表在沪会议结束，通过10项议案，举孙洪伊(领衔代表)等26人进京请愿速开国会，于二年内召集之，明年先开临时会一次。

△ 云南按察使汤寿潜奏陈存亡大计。治标之策四：一、提早国会；二、急筹公债；三、联盟美国；四、锐意断发。治本之策四：一、注重典

学;二、独断用人;三、通筹财政;四、议决币制。清廷命政务处议奏。

△ 贵州宪政预备会成立,任可澄为会长。任可澄在成立大会上宣称,该会是“以预备立宪为范围”的“政治团体”。

△ 《神京白话报》因刊载清宫廷大事传闻被封禁。

11 月 29 日(十月十七日) 大学士、资政院总裁孙家鼐在北京病逝。次日,清廷谕赠孙家鼐谥文正,晋赠太傅,赏银 3000 两治丧。

12 月

12 月 1 日(十月十九日) 四川总督赵尔巽电告外务部:川兵已到察台,藏兵甚多,必有梗阻,赵尔丰现已亲赴察台,督率筹划,设有阻遏,拟前进驱剿。

12 月 4 日(十月二十二日) 孙中山复函吴稚晖,谈陶成章、章太炎之谣言攻击及其应付之办法。指出应蓄养革命党之势力,舍此无他法。

12 月 7 日(十月二十五日) 达赖喇嘛派人至江孜托英商务委员代发电致英、俄、日、法驻京公使,抗议清廷派大批军队入藏,要求撤退川军。

△ 西藏公会电外务部,请辅助佛教,撤回联(豫)、赵(尔巽)及其入藏川兵,否则藏众必将反叛。

12 月 10 日(十月二十八日) 奉天前统领冯麟阁部六七千人哗变。

△ 商办川汉铁路宜(昌)万(县)段在宜昌举行开工典礼。

12 月 11 日(十月二十九日) 四川总督赵尔巽电告外务部,藏人在察台外聚兵阻抗,如理谕不从,只得遵旨驱剿。

12 月 13 日(十一月初一日) 孙中山致吴稚晖函,请其在巴黎《新世纪》杂志对章太炎发表于《日华新报》的论文再加评论,使人不为所惑。

△ 外务部照会驻京各公使，指出俄国关于中俄所订铁路公议会大纲之传单，与公议会大纲宗旨不符；声明中国保守应有之主权并维持与通商各国之利益。

12月14日(十一月初二日) 南昌各学堂学生500余人于百花洲召开全省学界大会，声援省医学堂被无辜开除之学生及其他学堂罢课学生。高等、优师等学堂学生自16日起罢课响应。

△ 驻藏办事大臣联豫奏陈达赖喇嘛决意拦阻川军入藏，请饬赵尔巽、赵尔丰速拨边军作为后援，并严防俄人私济军火。

△ 邮传部奏准振兴船、路、电、邮四政，拟给奖牌，以资鼓励。

12月15日(十一月初三日) 江苏镇江外来饥民抢米。

12月16日(十一月初四日) 孙中山自纽约抵波士顿，在华侨中宣传革命并筹款。

△ 清廷颁诏拟定皇太后徽号曰隆裕皇太后。

△ 章太炎攻击孙中山之《检举状》业已见诸报端，是日孙中山再函吴稚晖，请《新世纪》杂志全文转载，并加以公评。

12月18日(十一月初六日) 联豫、温宗尧电清廷称，达赖欲图自立，联豫事事欲挽主权，遂至积不相能。

12月19日(十一月初七日) 江北四五百人连日在江苏长洲县向街、白马涧、黄山等处抢米。

△ 民政部奏陈《府厅州县地方自治章程》，凡90条，清廷命宪政编查馆复核具奏。

12月21日(十一月初九日) 达赖喇嘛抵拉萨。

△ 美国代办费来齐照会外务部，提出满洲铁路中立计划。

12月23日(十一月十一日) 美人布思接容闳电报：孙逸仙到纽约，请与荷马李一同前来纽约或哈特福德会商。旋布思复函容闳，告以荷马李生病，请容闳偕孙西来洛杉矶晤聚。

△ 锡良奏请允向英美贷借巨款修筑锦瑷铁路，以森林、煤矿及垦牧之余归还本息。

12月24日(十一月十二日) 孙中山自波士顿返抵纽约。

△ 湖北铁路协会会长刘心源等赴京请愿废止粤汉铁路借款草约,在邮传部尚书徐世昌私宅绝食达七昼夜。

△ 汉口被火篷户灾民千余人捣毁英租界万顺行及其附近店铺。

12月25日(十一月十三日) 孙中山在纽约设立"美东同盟会"(同盟会纽约分会),赵公璧等16人入会,公推周植生为会长。此系美洲的第一个中国同盟会分会。

△ 孙中山自纽约函复同盟会会员王子匡,告以联络商、学界组织团体事。

12月26日(十一月十四日) 湖南巡抚岑春蓂奏陈湘省绅士商民皆愿集款自办湘境粤汉铁路,经谘议局议决湘路限年赶修办法四条、筹款办法十条,请饬部设法取消借款。

12月28日(十一月十六日) 上午,上海中国公学开会欢迎各省谘议局代表。下午,浙江旅沪学会与江苏教育总会招待16省请愿国会代表,决定30日赴京,设通讯总机关于上海,每年6月,各省谘议局选派代表赴沪商讨共同问题,以谋一致。

△ 候补四品京堂劳乃宣奏请推行京师拼音官话书报社所定官话字母。

12月29日(十一月十七日) 清廷命陆军第六镇统制官赵国贤赴广东湖州镇总兵本任,以镶黄旗汉军副都统段祺瑞充陆军第六镇统制官。

12月31日(十一月十九日) 中德在济南订立《山东收回德商五矿合同》。

是月 汪精卫偕黎仲实、喻培伦、陈璧君赴北京,设守真照相馆于琉璃厂为掩护,策划暗杀清廷首要。

△ 楼景晖等在浙江杭县设立大有利官商合股商办电汽股份有限公司,资本银100万元。

△ 浙江实业银行在上海创立,官商合办,实收资本两亿元。旋于

杭州、汉口设立分行。

是年 贾汪煤矿股份有限公司在直隶天津设立，经营开采烟煤制炼焦炭，资本 200 万元。

1910年(清宣统二年)

1　月

1月1日(十一月二十日)　清廷授协办大学士、吏部尚书陆润庠为大学士,法部尚书戴鸿慈为协办大学士。

1月2日(十一月二十一日)　护理云贵总督、云南布政使沈秉堃奏准滇省筹办锑矿,暂免出井税项,并免提官股红利各五年。

△　清廷命正黄旗汉军都统李殿林为吏部尚书,贝勒载润为正黄旗汉军都统。

1月3日(十一月二十二日)　孙中山致函吴稚晖,告以美洲人心大局渐有转机,昔日章(太炎)陶(成章)之流言,无甚大碍,请在《新世纪》"多发辟邪之言,以为助力也"。

△　清廷授世续为文华殿大学士,那桐为文渊阁大学士,鹿传霖为东阁大学士,陆润庠为体仁阁大学士。

1月4日(十一月二十三日)　孙中山致函王子匡,告以抵美洲两月,"人心日有转机,若有人时时鼓吹,将来必能成一大助力也"。

△　清廷从直隶总督陈夔龙奏,责成三品京堂张翼、前署直隶臬司周学熙随同直督妥筹办理开平矿案。

1月6日(十一月二十五日)　浙江湖州府乌程、归安两县农民数百人抗交漕粮，捣毁带头交漕之地主家，抢吃大户。11日，农民张贴传单，千余人欲进城焚仓毁署，府城戒严。

1月7日(十一月二十六日) 上海长纶丝厂百名工人齐赴会审公堂控告厂主任意扣罚工资，要求捕房释放无故被捕工人。

△ 清廷根据川兵已由三十九族间道入藏，命边军遥为声援。

1月8日(十一月二十七日) 都察院奏准《各部院衙门官互选资政院议员详细规则》，凡23条。

△ 奉天劝业道与中英美矿务公司订立《海龙府金矿合同》，资本银100万两，开采奉天省海龙府境内香炉碗、海仁社金矿两处。

1月9日(十一月二十八日) 浙江德清县东门外乡民抗完漕粮，聚众数千进城，要求重惩库书，免征荒田，减征熟田三四成。17日，西北各乡农民蜂拥入城抗漕，商店罢市。

1月10日(十一月二十九日) 孙中山自纽约致函芝加哥基督教牧师萧雨滋，告以一俟日间事妥，“当改道过贵埠与诸君子相会，详筹光复大计也”。

△ 学部奏准筹办京师分科大学，计设经、法政、文、格致、农、工、商、医八科，其经科大学准令外国人入学。

1月12日(十二月初二日) 达赖喇嘛使者抵俄国京城圣彼得堡，谒见俄皇。

1月14日(十二月初四日) 清廷谕饬言官及上书诸人，倘敢怀挟私见及毛举细故，不知大体，必予惩处不贷。

1月15日(十二月初五日) 福建建宁府洋口、黑心地方黄肇祥等2000人暴动。

1月16日(十二月初六日) 各省谘议局国会请愿代表团代表孙洪伊等至都察院呈递召开国会请愿书，要求清廷定一年以内即开国会。是为第一次国会请愿运动。

1月17日(十二月初七日) 浙江德清县西北乡抗漕农民200余人进城，捣毁店铺，商店罢市。

△　浙江桐乡县抗漕与江北饥民五六百人抢吃大户，次日增至3000余人。

1月18日(十二月初八日)　孙中山抵芝加哥，在欢迎会上发表长篇演说。旋即成立同盟会芝加哥分会，入会者梅光培等12人，公推萧雨滋、梅乔林为会长。

△　清廷以沿江各省谣传外人占据东三省及俄、法、英进兵瓜分之说，谕饬各省督抚严禁谣言，如有发布传单、开会演说等事，应迅速解散。

1月19日(十二月初九日)　上海预备立宪公会选举朱福铣为会长，张謇、孟昭常为副会长。

△　清廷从闽浙总督松寿奏请，谕饬浙省裁撤绿营，编练陆军为一镇。

△　山东巡抚孙宝琦奏陈签定收回德商勘办沂州、沂水、诸城、潍县、烟台五处矿产合同。

△　山东巡抚孙宝琦奏陈厘定直省官制要义四条：一、确定督抚权限；二、申明司道职守；三、加重知府责任；四、除州县回避之例。

△　美代办费莱齐照会外务部，要求速定锦瑷铁路借款合同。次日，东三省总督锡良与美国纽约摩根公司等四大银行在奉天签订《锦瑷铁路借款草合同》，款额2000万美元。

1月21日(十二月十一日)　孙洪伊等谒军机处王大臣，请速开国会。庆亲王奕劻、军机大臣那桐均表赞同，惟鹿传霖持异议。23日再谒世续，得其赞助。

△　俄、日两国答复美国，反对满洲铁路中立计划。至是，美国务卿诺克斯之提议，遂归于无效。

1月22日(十二月十二日)　西藏公会电请外务部，将驻藏办事大臣联豫及其兵队撤回查办。

1月23日(十二月十三日)　黄兴应同盟会南方支部之邀，自东京启程赴香港，策划广州起义。

1 月 24 日(十二月十四日)　孙洪伊等通告各该省谘议局,已在京组织“速开国会同志会”,要求联合同志,上下呼应。

1 月 25 日(十二月十五日)　黄兴过神户赴香港策划军事,因资金短绌,临行致书日人萱野长知托为筹款。

△　浙江桐乡县乡民数千人鸣锣抗纳漕粮,入城毁仓闹署,焚船夺械,遭驻防水师排队弹压,击毙乡民一人,伤二人。

△　会议政务处奏准将四川德格土司全境改土归流。

1 月 26 日(十二月十六日)　苏州商人为抗议巡警局拆除沿街柜栏、逮捕店主,举行罢市。

1 月 27 日(十二月十七日)　孙洪伊等谒肃亲王善耆、贝子载泽,均辞不见。又谒贝勒载涛、载朗,均表竭力相助。

△　外务部照复美代办费莱齐,锦瑷铁路借款合同应由东三省总督同美英公司妥商改订。

△　学部奏准《京师及各省图书馆通行章程》,凡 20 条。

1 月 28 日(十二月十八日)　各省国会请愿代表团谒资政院总裁溥伦,溥伦以资政院与国会无异,不主急开国会;又言如果奉旨准开国会,我亦甚愿。

1 月 29 日(十二月十九日)　黄兴抵香港。

1 月 30 日(十二月二十日)　光复会员熊成基在哈尔滨,谋纠合同志,以图大举,事泄被捕。

△　清廷就孙洪伊等呈请速开国会一事,传谕俟将来九年预备业已完全,国民教育普及,届时必毅然降旨,定期召集议院。

△　宪政编查馆奏陈《禁烟条例》,清廷谕饬宣布京外,一体实行。

△　宪政编查馆奏准饬京外各衙门一律设立宪政筹备处。

1 月 31 日(十二月二十一日)　日公使伊集院就中美锦瑷铁路借款一事,照会外务部提出警告,要求审慎从事。

△　印度政府接到达赖喇嘛之乞援电,内称中国军队正向西藏进发,建议印政府向北京政府提出觉书,言明此种行动违反中英藏间一切

条约精神及保持藏政府现状之协定;如果藏局长此混乱不安,印将不得不向亚东、江孜增加卫队。

是月 同盟会南方支部运动新军总主任倪映典由广州至香港向南方支部报告,广州新军起义条件业已成熟,要求订于正月十五(2月24日)元宵节前后发难。旋南方支部电孙中山筹款两万元作起义经费,并电黄兴等来港主持。

2 月

2月2日(十二月二十三日) 四川同盟会员发动嘉定起义。税钟麟、秦炳、程德藩等数百人分路夺取嘉定童家场等处团练局枪弹,于新场正式起义。随即顺流东下,直趋嘉定。次日与清军在嘉定宋家村激战,旋因腹背受敌,起义军向屏山撤退,突围四散。是役,死难同盟会会员与会党200余人,余英率残部退走叙州图再举,被捕遇害。

△ 前考察各国财政大臣唐绍仪奏陈各国财政要政七端:公债、划一币制、定虚金本位、造币、修改税则、保护民间财产、国有营业。

△ 俄公使廓索维慈照会外务部,要求关于锦瑷铁路之事,非先与俄国商议,万勿从事。4日,再次出同样之照会。

2月4日(十二月二十五日) 黄兴以革命军人才缺乏,自香港致书日人宫崎寅藏,请速招步炮工佐尉官多名来援。

△ 民政部六品警官黎宗岳等在京城发起组织“国会期成会”,嗣即致书各省谘议局,希联合各地方自治宪政会等设立“国会期成分会”,举代表入京请愿。

2月5日(十二月二十六日) 谭人凤应黄兴电邀抵香港,参加广州新军起义。

△ 外务部奏准以52000镑向英商赎回安徽铜官山矿地,而结束中英有关该矿权之纠纷。

△ 督办川滇边务大臣赵尔丰奏报,进藏川军已过察木多(昌都),

由三十九族间道入藏，边军仍遥为声援。清廷命钟颖督饬所部妥慎前进，倘有番众抗阻，即设法开导解散。

2月6日（十二月二十七日） 孙洪伊等电各省绅商学团体，暂以京师代表团为“速开国会同志会”总部，即请各省赶设分会，举员到京再上请愿书。

△ 福建平和县民众起义，攻破县城。

△ 安徽凤凰颈厘卡农民数百人抢米。19日又有千余人抢米船40艘。

△ 宪政编查馆奏陈《府厅州县地方自治章程》，凡八章105条及《府厅州县议事会议员选举章程》，凡47条，清廷命民政部会同各督抚按照定章督饬各该地方官切实施行。

2月7日（十二月二十八日） 清廷命安徽巡抚朱家宝将光复会会员熊成基在长春就地正法。27日，熊成基就义。

△ 宪政编查馆奏报《法院编制法》，凡15章164条，及《法官考试任用暂行章程》，凡14条，《司法区域分划暂行章程》，凡10条，及《初级暨地方审判厅管辖案件暂行章程》，凡12条，清廷谕令颁布，并责成法部会同各督抚对其应设之各级审判厅切实筹设。

△ 学部奏准《增订各学堂管理通则》，凡13章144节。

△ 达赖代表抵京。21日晤英公使朱尔典求援。

2月8日（十二月二十九日） 浙江台州府仙居县朱溪乡民因盐商枉杀购盐农民，是日聚众暴动，捣毁盐号，官兵借机残杀乡民，至11日，乡民被杀达34人。

△ 上海云南路瑞顺丝厂缫丝工人百余人，抗议资本家克扣工资。

△ 俄公使廓索维慈致函外务部，中国在满洲欲借款造路，应先商之俄国。

2月9日（十二月三十日） 广州新军二标士兵与警察交哄，当晚，倪映典急至香港报告，黄兴与胡汉民等商议，决定广州新军起义提前于正月初六日（2月15日）举行。

△ 驻藏帮办大臣温宗尧在拉萨布达拉宫会晤达赖，商讨川军入藏事宜。

△ 据海关统计，宣统元年洋货进口，共计银4.1815亿两；中国土货出口，共计3.3819亿两。入超8000万两。

2月10日（宣统二年正月初一日） 孙中山自芝加哥抵旧金山，同旧金山同盟分会会长李是男、书记黄伯耀谈话，指示："扩大少年学社，公开为中国同盟会是体；扩大《美洲少年》，改组为日报是用。有体有用，我们党的宗旨和作用才发挥出来。"并称："你们想办法把这两件事办好，这就是我来金山大埠的宗旨。"

△ 广州新军二标士兵数百人入城，殴打警察，捣毁警局数处。粤督袁树勋闻变下令弹压。当晚，倪映典赶回广州，决定起事。

△ 达赖喇嘛向清廷报告安抵拉萨。

2月11日（正月初二日） 苏州新军二十三混成协四十六标扣压军饷引起哗变，毁日商三家，并波及附近商店。13日又有百余人打伤巡警。

△ 达赖喇嘛约驻藏帮办大臣温宗尧于布达拉宫相见，商讨和平办法。达赖面允调回各处阻兵藏众等三事，温宗尧亦允不侵损达赖固有教权等四事。

2月12日（正月初三日） 同盟会广州新军起义。是日，倪映典入新军兵营发动起义，被推为司令，率兵千余人攻省城，事败，倪映典殉难，起义士兵牺牲百余人。

△ 川军马兵480名、步兵200名先行抵拉萨，全藏震动。午夜，达赖偕各大臣由200名卫队护卫自拉萨出逃。

△ 英、法、德三国公使照会外务部，表示中国商办湖广境内川汉、粤汉铁路有碍借款合同，本国政府不能承认。

2月13日（正月初四日） 河南巡抚吴重憙奏陈豫省办理巡警，裁撤巡警总局，改设警务公所，省城及淅川一厅、许州等五直隶州、淮宁等八首县并周口镇，均一律办齐，其余各州县仍严饬及时赶办。

2月14日(正月初五日)　日公使伊集院致外务部节略,提出建造锦瑷铁路条件:一、日本参加承办;二、南满路与锦瑷路建一支路,以相连贯。

2月15日(正月初六日)　清廷为广州新军起义事,命军谘处、陆军部、南北洋大臣,于所有新旧各军严密稽查,其逆行显著查有实据者,即严行惩办,并严禁聚众开会演说。

2月16日(正月初七日)　容闳致孙中山函,提出"红龙计划"及进行步骤:"(一)自银行贷借150万至200万美元作为活动基金;(二)成立临时政府,任用有力之人以管理占领之城市;(三)任用一有能力之人统率军队;(四)组训海军。"

△　孙中山改组少年学社为同盟会旧金山分会,加盟者16人,公推刘成禺、黄魂苏、李是男为会长。孙中山主盟,改誓词为"废灭鞑虏清朝,创立中华民国,实行民生主义"。"中国同盟会会员"改为"中华革命党党员"。

△　孙中山致函纽约同盟会会员,告以同盟会广州新军举义,需款甚急,望各同志速向大众华侨筹捐,以救此急。同日并以同一内容函复纽约同盟会会员赵公璧。

2月17日(正月初八日)　东三省总督锡良奏陈沪商与英美商联合组织公司,开采奉天省海龙府境内金矿;并称为牵制日人,须招来欧美人多投资本。清廷从之。

△　锡良奏准裁撤吉林边务督办。

2月20日(正月十一日)　立宪派报纸《国风报》在上海创刊。系旬刊。编辑兼发行人何国桢,总撰稿人梁启超。至1911年7月停刊,共出52期。

△　达赖行抵亚东,当即托英商务委员转告藏方,称本人决往印度就商英印政府,将向英政府请求"保护"。

2月21日(正月十二日)　清廷命驻藏大臣联豫等即迅跟踪寻觅达赖,派员迎护回藏。

2月22日(正月十三日) 孙中山致函赵公璧,表示拟久留美国,到各埠联络同志成大团体,以筹巨款。

△ 广西永淳县农民抗学捐,聚众入城拆毁学堂。

2月23日(正月十四日) 英外交大臣就川军入藏一事,训令驻京代办莫勒向外务部提出抗议,声言英国"须采取相当手段以保护其利益"。

2月24日(正月十五日) 孙中山抵旧金山即接荷马李来信,是日复信表示,一俟旧金山事务安顿妥后,即尽早前来与荷马李及布思晤聚。

△ 湖北沔阳州(今仙桃市)一带饥民数千人至汉阳求食,围闹县署。

2月25日(正月十六日) 清廷以达赖喇嘛出逃事,命革去达赖喇嘛名号,视与齐民无异,并着驻藏大臣联豫迅即另立新达赖。

△ 度支部奏准安徽试办公债票,款额银120万两。

△ 东三省总督锡良奏陈于长春设立农产公司,收购粮豆,免受洋商预购之害。

2月26日(正月十七日) 清廷以达赖已革去名号,温宗尧开缺赴川,所有藏中一切善后事宜,即责成驻藏办事大臣联豫悉心经理。

2月27日(正月十八日) 上海预备立宪公会召开全体会员大会,议决要求召开国会,于北京增设事务所,会报迁至北京出版发行。

△ 清廷命邮传部尚书徐世昌协办大学士。

△ 清廷派盛宣怀充中国红十字会会长。

△ 外务部以书面答复英公使,声明派兵入藏系维持治安,保护商埠,并监视藏人履行条约。达赖无端出走,应认自动放弃职责,中国政府决不因达赖个人之去留而变更西藏政局。

△ 达赖行抵大吉岭,锡金政务官柏尔前往叩谒,达赖述及出亡原因及经过,声言本人特来印度求助英方以反抗中国。

2月28日(正月十九日) 孙中山在旧金山华侨群众大会上发表

演说，论述革命必要性，着重解释“革命”二字意义，谓此乃“神圣之事业，天赋之人权，而最美之名辞也”。

△ 管理军谘处事务、贝勒载涛奏准赴日、美、英、法、德、意、奥、俄八国考察陆军。

△ 俄公使廓索维慈照会外务部，声称俄国150万佛教徒尊崇达赖，愿中国抚绥藏事，勿用强硬手段。

是月 光复会重建，在东京设总部，以章太炎、陶成章为正、副会长。

3 月

3月1日(正月二十日) 孙中山自旧金山复函纽约同盟会会员赵公璧，重申拟在美久留，以联络同志，“借集大款，然后迟谋再举”。

△ 孙中山自旧金山致函同盟会南洋支部负责人邓泽如，告以“美洲华侨前时多附和保皇，今大为醒悟，渐有倾向革命之势，不日当可联成各埠为一大团体，以赞助吾党之事业”。

3月2日(正月二十一日) 俄公使廓索维慈照会外务部，仍反对锦瑷铁路计划，要求建造张(家口)恰(克图)铁路，其中库(伦)恰(克图)段应由俄商承建。

3月4日(正月二十三日) 给事中忠廉等53人奏：言论无所遵循，势将阻塞，流弊滋多，请明降谕旨。清廷诏命建言诸臣恪遵祖训，谨守台规。

3月5日(正月二十四日) 上海协和丝厂女工200余人聚会，控告该厂经理克扣工资。

3月6日(正月二十五日) 吉林珲春县商人罢市，反对设关征收出口税。

3月7日(正月二十六日) 法部奏派京师高等检察厅检察长徐谦前往美国参加万国刑律监狱改良会，并拟令分赴东西各国调查司法应行改革各事。

3月8日(正月二十七日) 江苏宜兴县张家村调查户口,勒索钱财,激起农民反对,图董住宅被毁,附近张渚、和桥等镇农民响应,捣毁学堂及图董绅士住宅数十处。

△ 邮传部奏报派员勘明开(封)徐(州)海(州)清(江)路线,该路工款共需银140万两,自应及时筹划,拨款建筑。

3月9日(正月二十八日) 外务部向驻京各公使宣布达赖喇嘛应废理由,声明所有藏中交涉事宜,中国政府照旧实行。

△ 陆军部奏陈设立宪政筹备处,并陈分期筹备大概情形。

3月10日(正月二十九日) 根据容闳之"红龙计划",是日至14日,孙中山在洛杉矶的长堤与美国友人荷马李及布思举行会谈。"长堤会谈"的要旨:一、中国革命党暂行中止长江流域及华南地区准备未周的起义;二、由中山先生以"中国同盟会总理"的名义委任布思先生为"海外财务代办",赋以全权,俾向纽约财团洽商贷款;三、运送在美训练的中国军官若干人,到中国国内充实革命武力;四、贷款总额共计350万美元。

△ 清廷降旨通谕:嗣后内外满汉文武诸臣奏陈事件,一律称臣,勿称奴才。

3月11日(二月初一日) 《天铎报》在上海创刊。汤寿潜发起,陈布雷为经理。1913年停刊。

△ 清廷命三多接任库伦办事大臣。

△ 驻韩总领官马廷亮与日本统监府外务部长、统监府参与官小松绿在汉城订立《仁川、釜山、元山清国租界章程》,凡14条。

△ 清廷命嗣后武职各员引见,口奏履历,仿文职例,应称臣者称臣,不应称臣者称名,满员仍称阿哈。

△ 清廷命新噶勒丹池巴罗布藏丹巳代理达赖,其噶布伦以下各藏官均着照旧供职。

3月12日(二月初二日) 外务部电锡良,锦瑷铁路日俄两国要求甚多,其余各国意见尚未得实,合同应从缓议。

△ 山西巡抚丁宝铨奏陈新军训练、军官任免、各省征兵办法,请饬下军谘处、陆军部酌订章程,通行遵守。清廷从之。

3月13日(二月初三日) 山西省交城、文水两县乡民聚众万余人,反对禁种烟苗。23日,省城派兵镇压,击毙四五十人,逮捕百余人。

△ 民政部奏设立图志馆,续修一统新志。

3月14日(二月初四日) 达赖在加尔各答晤印度总督闵陀,要求英方击退中国之势力,恢复当年达赖五世之地位,非待一切问题获得解决,决不回藏。

3月15日(二月初五日) 山东巡抚孙宝琦条陈厘定币制,进呈单数本位币一等、银币四等、镍币二等、铜币五等及纸币两种清单。

3月16日(二月初六日) 江苏常州武进县渡桥乡农民反对征收学捐,捣毁学堂。

3月17日(二月初七日) 孙中山致函容闳,告以曾向布思提出贷款1000万美元之建议,交换条件是:如有一省光复,即委任美国财务管理人为中国海关税务人员,并给予几项工商业专利权。

△ 清廷准陆军部尚书铁良以病解职,以陆军部左侍郎荫昌为陆军部尚书,未到任前,仍以左侍郎寿勋署理。次日,改荫昌为署任。

△ 军机处电川滇边务大臣赵尔丰切实整顿藏中内政,遵守条约,维持黄教。

3月18日(二月初八日) 出使美国大臣张荫棠就孙中山在旧金山倡言革命事电告外务部,经密商美外部将孙驱逐出境,美外部表示此事与美例不合,碍难照办。

3月19日(二月初九日) 黄兴致书日人宫崎寅藏,陈述广州新军起义失败经过,并称革命党势力已遍及于全军队,此次失败不过解散一部分,而其主力仍在。

△ 清廷命驻藏大臣联豫,达赖喇嘛名位不可久虚,着传谕各呼图克图等认真访寻灵异幼子,作为前代达赖喇嘛之真正呼毕勒罕。

3月20日(二月初十日) 管理军谘处事务贝勒载涛,离北京赴欧美各国考察陆军。

3月21日(二月十一日) 孙中山自洛杉矶抵旧金山。次日赴檀香山。

△ 清廷以内阁侍读学士梁诚为出使德国大臣。

3月24日(二月十四日) 杭州城内日本商人欺侮中国学徒引起公愤,四五千人捣毁日人商店、药房等。

△ 邮传部批准湖北商办粤汉、川汉铁路公司立案。

3月25日(二月十五日) 直隶总督陈夔龙奏陈,外洋学子侨民日多,邪说流播,易滋煽动,请严密查禁。

3月27日(二月十七日) 清廷据传孙中山在日本储枪三万余支,派人运往缅甸,潜到云贵广西,是日诏命严密稽查防范。

3月28日(二月十八日) 孙中山抵檀香山。同日,孙中山致书黄兴,告知"长堤计划(即长堤会谈)"要旨,并就建立基地以训练革命党人和贮藏从海外输入之武器事,征求意见。

△ 安徽南陵县禁米出境,商人罢市抗议,农民数千人捣毁商会,大闹县署。

△ 管理军谘处事务、贝勒载涛抵东京。

3月30日(二月二十日) 云贵总督李经羲奏准滇省筹办滇蜀、滇桂两条铁路,惟路款一项,应由邮传部借款,不宜由滇捐集。

3月31日(二月二十一日) 南洋雪兰莪二十六埠中华商务总会代表陆乃翔抵沪。4月11日,上海报界开欢迎会,马相伯演说希望政府给予言论自由权,参预政治,保护国家利益。旋陆乃翔离沪赴京,请速开国会。

△ 南京城内饥民抢米。

△ 清廷命两江总督张人骏限本月二十五日(公历4月4日)以前将安徽铜官山矿案津贴银5.2万镑筹拨英人,并着外务部知照英使,迅速收回矿权。

△　清廷谕驻藏办事大臣联豫，今日治藏要图，重在整顿，不重在改革。

是月　孙中山以美国同盟会旧金山分会，作为全美总会，通称美洲同盟会总会，下辖纽约、芝加哥及加州各埠分会，举张蔼蕴重新起草章程。新章程依据美国宪法的精神，设立立法、行政、司法三部，建立三权分立体制。

4　月

4月1日（二月二十二日）　清廷调学部尚书荣庆为礼部尚书，命吏部左侍郎唐景崇为学部尚书。

4月2日（二月二十三日）　同盟会会员汪精卫、黄复生、喻培伦等在北京甘水桥谋炸摄政王载沣，未遂。16日，汪、黄被捕。

△　外务部函复俄公使廓索维慈，俄方所拟试办松花江行船章程，实难允从。

4月3日（二月二十四日）　孙中山在檀香山出席火奴鲁鲁荷梯厘街华人戏院欢迎会并发表演说，听众2000余人。当晚在自由新报社召集会议，将中华革命军改组为檀香山同盟分会，令一律改写盟书，补行同盟会入会手续。同盟会誓词为“废除鞑虏清朝，创立中华民国，实行三民主义”18个字，推梁海为会长，加盟者20余人。

△　上海勤昌丝厂数百名缫丝女工罢工，反对厂主延长工时。

△　国会同志会上海支部成立，举干事长一名，设庶务、书记两部。规定每月举行谈话会二次。

△　云贵总督李经羲奏请饬邮传部迅将滇蜀铁路收归国有，并先将滇桂铁路设法筹办。清廷命邮传部妥速详议具奏。

4月6日（二月二十七日）　管理军谘处事务、贝勒载涛离日赴美考察陆军。

4月8日（二月二十九日）　浙江武康县乡民反对警捐，聚众二三千人,拥入县城,殴伤知县。次日,又有3000人入城,捣毁县署大堂。

△ 清廷据电奏喇嘛在西库伦木铺酗酒行凶滋事,聚众拒捕事,谕令库伦办事大臣三多抚辑蒙众,循序整顿,毋稍操切。

4月9日(二月三十日) 江苏吴县香山乡农民反对调查户口、摊派经费,聚众五六百人捣毁自治分局办事员住宅。

△ 御史赵炳麟奏劾庆亲王奕劻十二大罪状,吁恳罢其政权,议其罪案,以协人心,而彰国法。

4月10日(三月初一日) 孙中山致函荷马李,通报广州新军起义失败原因及国内革命运动近况,并询问荷马李、布思在美活动有何进展。

△ 浙江武康抽收警捐,发生暴动,毁县署,殴知县。

△ 署两广总督袁树勋奏请设立律师,请饬下法部订定律师专法颁行。

4月11日(三月初二日) 江苏镇江府太平厅农民千余人捣毁房屋,围困厅署。

△ 英代办莫勒照会外务部,声明西藏内政如有变更,英政府不允妨碍廓尔喀(尼泊尔)、布丹(不丹)、哲孟雄(锡金)之国体。

4月13日(三月初四日) 湖南长沙爆发抢米风潮。长沙城内饥民万余人,聚集巡抚衙门,要求开释被捕者及减价粜米,巡抚岑春蓂下令开枪,击毙14人,伤40余人,激起众怒,打毁衙门,米店100余家抢劫殆尽。

△ 河南密县绅民,抗议知县借筹备地方自治等“新政”加捐,聚众1700余人进城,拆毁县署,知县携印逃往省城。

4月14日(三月初五日) 湖南长沙全城罢市,饥民暴动,焚毁巡抚衙门,城内各教堂、学堂、洋货商店、洋行、领事署,均被捣毁或焚毁,官僚、绅商私宅亦遭抢劫。岑春蓂奏请撤职,以藩台庄赓良代理巡抚。

4月15日(三月初六日) 清廷命湖南巡抚岑春蓂弹压省城抢米饥民,并以该抚未能事先预防,着交部议处。

4 月 16 日(三月初七日) 江苏东台县米价高涨,县城罢市,农民捣毁学堂及绅董住宅多处。

△ 湖广总督瑞澂派鄂军 2000 名抵长沙弹压暴动饥民。

4 月 17 日(三月初八日) 江苏清江浦(今淮安市淮阴区)饥民 2000 余人抢大丰面粉厂。次日,饥民又拦截海丰公司采买豆、杂粮船只。

△ 清廷为长沙饥民暴动,命海军迅速派兵轮,刻日驰往长江一带,归两江总督张人骏暂行调遣。

△ 清廷命湖南巡抚岑春蓂先行开缺,听候查办。湖南巡抚着杨文鼎暂行署理。

△ 外务部电告出使美、俄、日等国大臣,长沙饥民暴动并非仇洋,各国官商教士均经保护无恙。

4 月 19 日(三月初十日) 浙江慈溪县农民抗学堂捐,聚众捣毁学堂。

△ 李经羲奏请拨借部款二三百万两开办滇矿,以实业救滇。

4 月 21 日(三月十二日) 浙江长兴县官吏勒索柴、炭及船费,激起民愤,农民聚众捣毁厘局、巡船、警局、商会。

△ 江苏阜宁县群众因反抗知县,捣毁县署,拘知县李绍卿,商人罢市。

△ 清廷命驻藏办事大臣联豫将已革达赖诱回内地于山西五台山寺庙安居,或诱回西藏择一寺庙令其静坐,一面设法保护。

4 月 22 日(三月十三日) 宫崎寅藏偕儿玉右二受日本陆军大臣寺内正毅之托,离东京赴香港约晤黄兴,调查中国革命党情况。

△ 江苏海州(今连云港市)饥民两万余人抢海丰面粉厂。

4 月 24 日(三月十五日) 江苏震泽县梅堰镇农民反对调查户口,聚集千余人殴打绅董,拆毁房屋。

△ 江苏宿迁县农民抢粮。27 日,万余人抢永丰面粉厂。

4 月 25 日(三月十六日) 江苏扬州城内各瓦木工匠要求增加工资,罢工三天。

△ 江苏盐城县农民反抗调查户口,殴打调查员,毁绅董住所、劝学所、学堂、教育会、自治公所。

4月26日(三月十七日) 清廷以沿江各省米价腾贵,人心浮动,命张人骏、瑞澂迅即会同商榷办法,详细电奏。

△ 清廷命河南巡抚吴重憙到京另候简用,调宝棻为河南巡抚,程德全为江苏巡抚,未到任以前,以陆钟琦暂行护理。

△ 锡良奏为时局艰危,密陈救亡图存三策:实行宪法,慎选亲贵出洋,实行地方分权。

△ 李经羲电外务部称,英人借口片马事件,争夺野人山界址,请照会英使派员重勘。

4月27日(三月十八日) 江西抚州府(今临川市)乡民要求禁运米粮出境,聚众万余人包围县署,抢劫米行13家。

4月28日(三月十九日) 清廷命奉天巡抚缺着即裁撤,以东三省总督锡良兼管奉天巡抚事。

4月29日(三月二十日) 清廷命将谋刺摄政王之汪精卫、黄复生交法部永远监禁,罗世勋监禁10年。

5 月

5月1日(三月二十二日) 台北医学校学生翁俊明,经福建漳州赴台湾之同盟会员王兆培介绍,宣誓加入同盟会,成为中国同盟会的第一位台籍会员。

△ 湖北广济县武穴饥民抢米。6日,广济垅坪地方饥民抢米。

5月4日(三月二十五日) 孙中山函复芝加哥同盟会会员梅培,勉励吾党同志“各竭其能力,从种种方面以助革命之进行”;并告以檀香山加盟者现已达800余人。

△ 云南昭通府鲁甸厅、恩安县农民反对调查户口、编钉门牌、征收果捐,聚众数千人捣毁主持抽捐士绅住宅。

△　学部奏报第一次教育统计图表（光绪三十三年度），各省学校数3.7888万所，学生数102.4988万人。

5月5日（三月二十六日）　孙中山函复纽约同盟会会员，指出长沙抢米风潮，有利于吾党。并谓"起事之前未有所闻"。

5月7日（三月二十八日）　邮传部奏准《各省大小轮船公司注册给照章程》。

5月8日（三月二十九日）　浙江巡抚增韫奏陈浙省米价奇昂，请截留漕米两万石，接济平粜。

5月9日（四月初一日）　浙江德清县农民毁新市镇警局。

△　清廷降旨定本年八月二十日（公历9月23日）为资政院召集之期，九月初一日（公历10月3日）为第一次开院之期，并公布钦选宗室王公世爵、各部院衙门官及硕学通儒议员87人名单。

△　天津《北方报》创刊，因其广告内有"监督政府"字样，被直隶总督陈夔龙下令封闭。

5月12日（四月初四日）　布思致函孙中山，希望嘱部属加强组织，勿急于行动，以俟时机成熟；因每一次失败在美国报纸刊登，令人失望，影响借款计划。

△　宫崎寅藏偕儿玉右二抵香港，同黄兴谈中国革命形势问题，为时一周。是日离港返日。

△　御史萧丙炎奏称，各省厘金积弊太甚，请饬各省督抚严加整顿，并请饬下度支部会同税务大臣速定税章，将各省厘卡概行裁撤。

5月13日（四月初五日）　黄兴自香港致书孙中山，详述革命大计。提出由广东省城下手，联络各省军队与会党，待筹借巨款成功，先刺杀李准一人，然后发动军队，占领广州。

5月14日（四月初六日）　署两广总督袁树勋奏请设广东大学，先办法政分科，续办商工两分科。

5月15日（四月初七日）　清廷颁行《现行刑律》。

△　直隶总督陈夔龙以时局阽危，奏陈管见四端：一、镇抚民气；

二、挽救士风；三、整顿军纪；四、规划财政。清廷命各部按照所陈，查核情形具奏。

△ 清廷以山西文水、交城两县反抗禁种烟苗酿成重案，命将山西巡抚丁宝铨交部察议，在事文武官员分别革职撤差。

5 月 16 日(四月初八日) 孙中山在檀香山希炉鸡地戏院演说，并宣布成立檀香山同盟会希炉同盟分会，宣誓入会者 385 人。

△ 京、津、保各学堂学生胡荣铭等 33 人在保定举行会议，正式成立“共和会”，通过该会总章 52 条，举胡荣铭为干事长。

5 月 18 日(四月初十日) 清廷以各省添设巡警、劝业两道缺，皆属新政要图，命各督抚悉心考核该两道已补之人员。

5 月 19 日(四月十一日) 清廷以沿江地方不靖，讹言繁兴，各国咸有戒心，伏莽时虞蠢动，命两江总督张人骏调两营弹压江宁劝业会场，如果不敷分配，仍着酌添水陆数营，随时严密梭巡，加意侦缉。

△ 察哈尔都统溥良奏陈设立宪政筹备处。

△ 清廷谕饬督办盐政大臣载泽会商各督抚，所有盐务用人行政一切事宜，仍照奏定章程办理。

5 月 20 日(四月十二日) 同盟会通告各国驻京外交使团，将准备起事推翻清朝，请其保持中立。

△ 驻藏办事大臣联豫奏陈在藏西、北、南、东及三十九族地方各设委员一员，管理刑名词讼，清查赋税数目，并责成委员切实筹办振兴学务工艺，招来商贾，经营屯垦，调查矿山盐场。

5 月 21 日(四月十三日) 莱阳爆发抗捐抗税斗争。山东莱阳县知县朱槐之藉辞办理新政，苛征捐税，名目繁多，民不堪其苦，爆发抗捐抗税斗争，联庄会会长曲诗文率领五六千人包围县署，向贪官劣绅清算积谷，追回各项捐款。朱槐之逃匿，由劣绅代为答应乡民所提五项要求，乡民各自散去。

△ 上海美纶丝厂女工百余人罢工，前往公共租界会审公堂控告厂主拖欠工资，要求迅速发还。

△　河南伊阳(今汝阳县)、西平两县有人劫狱释囚。次日,河南汜水县发生劫狱释囚事件。

5月22日(四月十四日)　上海预备立宪公会等15个团体开会欢送第二次请愿国会代表赴京。次日,第二次国会请愿代表沈缦云等离沪北上。

△　度支部奏请将各省所设银铜各厂分别撤留,所留汉口、广州、成都、云南四处之厂,专归天津总厂管理,东三省之奉厂基址,暂改设分厂一所,其余各厂,一律裁撤,以一事权。清廷从之。

△　奉天交涉司韩国钧与日商大仓喜八郎在奉天订立《本溪湖煤矿合同》。

△　锡良奏请饬拨款筹办葫芦岛不冻口岸。

5月24日(四月十六日)　孙中山致函荷马李谈在广州湾地区建立训练基地及同香港某商号订购军火事,并告拟于本月30日赴日本,为未来计划作准备。

△　清廷从度支部奏颁行厘定币制则例,规定国币单位定名曰圆,暂就银为本位,以一圆为主币,另以五角、二角五分、一角三种银币及五分镍币,二分、一分、五厘、一厘四种铜币为辅币,圆角分厘各以十进,永为定价。是为中国改革币制之一大关键。

5月25日(四月十七日)　孙中山致函纽约同盟分会会员,告以近接东方来信,知中国内地各情更急,遂决于本月30日赴日本与同志商办善后事宜。并谓"现时美洲各埠华侨渐有归心革命之趋势,望各同志务要乘机鼓舞,使革命思潮日进不已"。

△　清廷钦选纳税多额之孙以芾等10人为资政院议员。同日,资政院奏陈各省谘议局议员一律选定。民选议员定额100人,选定98人,新疆二人未选。钦选议员101人(内总裁、副总裁、秘书长各一人),定额100人,二人缓派。

5月26日(四月十八日)　清廷以邮传部左侍郎汪大燮充出使日本国大臣。

△ 日本实业考察团近藤廉平一行13人来华访问，抵北京。

5月27日(四月十九日) 清廷命湖广总督瑞澂、湖南巡抚杨文鼎照会奏所陈筹办湘省一切善后事宜，相机妥速办理。同日，又以湘省肇乱，分别革职议处办理不善之文武各官员，挟私酿乱之绅士王先谦、叶德辉等。

5月28日(四月二十日) 梁敦彦因病给假，清廷命外务部左侍郎邹嘉来署外务部尚书兼会办大臣。

5月30日(四月二十二日) 孙中山乘“蒙古”船离檀香山赴日本。

△ 清廷以广东新军滋事，该管官措置失当，饬将协统张哲培、一标统带刘雨苇拿解大理院治罪，两广总督袁树勋交部议处，其余分别革职议处。

6　月

6月1日(四月二十四日) 湖南湘潭县花市乡民四五千人要求团总出粜，并抢地主米店多家。

△ 四川总督赵尔巽奏准德格、春科、高日三土司改土归流，设道府州县，设登科府、德化州、白玉州、石渠县、同普县，并于登科府设分巡兼兵备道一员，名曰边北道，统辖各府州县。

6月2日(四月二十五日) 浙江嵊县北乡剡坑庵檀越王姓族人聚众数百名屯聚城外，仇学滋事。次日众乡民直闯入县衙署，要求拨还学堂所占田亩，知县应允，乡民始散。

6月3日(四月二十六日) 清廷以湖南省城肇事，朝廷处分官绅，省谘议局请旨复查，系属逾越权限，借端干预，命传旨从严参撤议长谭延闿。

6月5日(四月二十八日) 南洋劝业会在南京开幕。南洋劝业会被誉为“中国之万国博览会”，场内分设农业、医药、教育、工艺、武备、机械、美术、通运八馆，及各省陈列馆、各国参考馆，以及劝工场等。两江总督张人骏为会长。展期六个月。

6月6日(四月二十九日) 山东海阳人民抗捐。山东海阳县知县借口新政，私行加赋，勒索杂捐，激起风潮，乡民聚众攻入县城，守城警兵枪杀乡民四人。

△ 安徽和州(今和县)饥民千余人进城抢米，抢各富绅家，捣毁自治公所。

6月7日(五月初一日) 黑龙江巡抚周树模奏报，该省筹办仓谷，省城设常平仓，呼兰、绥化、海伦三府及肇州、大通、青岗、拜泉各厅设社仓。同日又奏报该省创办官报。

△ 江苏丹阳县农民反对抽捐和调查户口，聚众打伤知县。

6月8日(五月初二日) 锡良奏报，收回本溪湖煤矿，中日合办，订定合同，定股本200万元，各出其半。

6月10日(五月初四日) 孙中山抵横滨，与黄兴和各省在日本之部分革命党人秘密会晤，提出本年冬季前暂缓举行全面起义，俟布思在美筹得巨款后再行发动。

△ 中、法两国在天津签订《井陉煤矿抵押合同》。

6月11日(五月初五日) 孙中山由横滨抵东京，与黄兴、赵声、宋教仁、谭人凤等开始密商革命进行方略，谋在东京设立秘密机关，以为联络及统一各省团体行动使归趋一致，并函请檀岛同志筹捐经费。

6月12日(五月初六日) 山东莱阳县乡民因知县朱槐之未实践诺言，征收杂捐如故，聚众万余人冲进县城，包围县署，知县诿咎诸绅，乡民遂将乡董房屋焚毁。

△ 清廷实授瑞澂为湖广总督，杨文鼎为湖南巡抚。

△ 上海轮船招商局在张园召开第一次股东会，到500余人，选举盛宣怀为总理，并推派张志潜、李国杰为赴京代表，要求争回商办。

△ 广东香山县僧道聚众反抗庙捐，捣毁自治公所及盐栈等多处。

6月16日(五月初十日) 各省谘议局国会请愿代表团代表孙洪伊等80余人第二次向都察院递请愿书10份，请速开国会。是为第二次国会请愿运动。

△ 山东莱阳知县朱槐之派代表与乡民代表曲诗文等在城郊九里河议和，是日达成官民和约，县令被迫出示接受乡民要求，乡民遂即解散。

6 月 20 日(五月十四日) 湖北房县饥民打毁县署。

6 月 21 日(五月十五日) 湖北沔阳饥民千余人抢劫富户，遭官兵弹压，饥民持土枪鸟枪抵抗，互有杀伤。

6 月 22 日(五月十六日) 孙中山复函布思，告以抵日本与同盟会部分领导人会晤，已将布思建议转告各省，今年冬季前停止举事。

△ 孙中山自东京致函纽约同盟会会员，指出“长沙排外事件，此纯属饥民举动，不是革命党所为”；并告可能离开日本。

△ 度支部奏陈厘订兑换纸币则例 19 条，并规定限制官商行号发行纸票。

6 月 23 日(五月十七日) 广东罗定县劣绅调查户口，称系为“将来抽人税之张本”，是日，聚众数千人殴伤户口调查员。

6 月 25 日(五月十九日) 孙中山离东京赴新加坡。

△ 山东莱阳县新任知县奎保接印视事。次日下令照收旧有各项捐税，并出示缉拿联庄会会长曲诗文。

△ 安徽和州民众以调查户口发生风潮，是日捣毁户口调查员住宅。

△ 清廷命会议政务处王大臣于本月二十一日(6 月 27 日)预备召见。

6 月 27 日(五月二十一日) 清廷就都察院代递谘议局议员孙洪伊等呈请速开国会事，降旨仍俟九年筹备完全，再行定期召集议院，并命孙洪伊等毋得再行渎请。

6 月 28 日(五月二十二日) 山东巡抚孙宝琦派候补道杨耀琳率兵数营前往镇压莱阳农民暴动。莱阳联庄会闻讯立即广散揭帖，号召乡民揭竿而起。数日间，四乡响应者达四五万人。

6月30日(五月二十四日) 四川夔州府城内商人罢市,反对厘金。

6月下旬 应布思之请,孙中山自横滨寄去同盟会17省代表签名书(由黄兴等签署),确认孙中山之领袖地位,作为向美国财务人之保证。

7 月

7月1日(五月二十五日) 留日学生千余人在东京锦辉馆开会,讨论第三次国会请愿办法,议定联合全国军学绅商各界结成一大团体,支援第三次请愿。

△ 日本将租借之旅顺口开为万国商场。

7月2日(五月二十六日) 山东莱阳知县奎保派兵协同候补道员杨耀琳赴乡拘曲诗文,乡民群起阻挠,与兵格斗,伤官兵数人,乡民死者23人,伤者倍之。

7月4日(五月二十八日) 山东莱阳人民愤官府食言、官兵杀伤乡民,聚众数万,围困县城。

△ 日俄两国在彼得堡订立第二次与满洲有关之"协定"及"密约",规定彼此承认各自势力范围内之权利,必要时得采取保护此种利益之措置。

7月6日(五月三十日) 农工商部奏准修订公司律,作为商法暂行章程。

△ 两广总督袁树勋奏陈广东械斗,拟分别治标治本惩治办法。民政部以其严苛,与立宪精神不符,奏准更正办法。同日又奏报办理广东三点会等会党办法,清廷谕令自首免罪,以期解散胁从。

7月7日(六月初一日) 安徽宣城县饥民千余人抢米,巡防营开枪毙一人,伤二人。

△ 锡良奏陈东三省铁路计划,以日俄近来邦交亲密,俄对我国西

北野心叵测,请及早将东之锦瑷铁路、西之张恰铁路同时提前并举。

7月9日(六月初三日) 安徽巢县富绅盗卖仓谷,激起商人罢市。

7月上旬 广西南宁农民六万余人反抗新增苛捐。

7月11日(六月初五日) 孙中山自东京抵新加坡,随即函邀各地革命党人前来会商革命方针。

△ 山东陆军第五镇第十协统领叶长胜、登州府镇总兵李安堂应地方绅民之请,出示限莱阳暴动民众于初七日一律解散,若至限不散,初八日准即进剿。

△ 清廷派内城巡警总厅厅丞章宗祥赴德国充万国卫生博览会监督,并考察各国警政。

7月12日(六月初六日) 贵州古泥地方群众要求免征人头税,数千人毁学堂、自治公所及教民住宅。

△ 河南开封各界连日开大会,反对邮传部借款修筑开(封)徐(州)及开(封)济(南)铁路。

7月13日(六月初七日) 清廷以山东莱阳乡民滋事,命山东巡抚仍饬派出营队,严拿首要,勿任再事滋扰蔓延。

△ 出使俄国大臣萨荫图电外务部,告以日俄协约内容,并称两国协力经营满洲,有进无退,请从早筹划赎回路权,尤应切实整顿东三省内政,以期抵御外力。

△ 李经羲奏请试办滇矿公债,清廷命度支部议奏。

7月14日(六月初八日) 孙中山致函南洋各埠同盟会会员,告以此次南来,"欲重新整顿团体,以求吾党势力之进步"。

△ 山东陆军第五镇第十协统领叶长胜、登州府镇总兵李安堂所部官兵在莱阳城外与数万暴动民众激战,施放大炮,轰击柏林庄等13村,击毙乡民四五百人,伤者千余人,曲诗文率残部退走。次日,官兵又将附城村庄焚毁一空,余众遂散。

7月15日(六月初九日) 孙中山自新加坡致函美国友人布思,说明今后行止,并询其近况。

△　出使英、日、比等国大臣电外务部，《日俄协约》英、法欢迎，美、德、奥反对。

7月16日(六月初十日)　外务部电出使法国大臣刘式训称，驻京法使密告孙文革命党由暹罗运械赴滇。

7月17日(六月十一日)　澳门葡兵连日攻剿过路环(距澳门四英里，本为中国地界)海盗，开炮轰击居民多人，房舍亦多被毁。

7月18日(六月十二日)　广东新安县妇女数千人包围县署，抗钉门牌。越二日，省城派营拿办，始行散去。

7月19日(六月十三日)　孙中山自新加坡赴庇朥，重整当地党务。重新议订分会总章，并依照美洲及檀香山同盟会之例，改良盟书，其誓词为：废除鞑虏清朝，创立中华民国，实行民生主义。

△　浙江余姚县乡民滋事，聚众千余人，殴辱县差，毁学堂。

△　汪大燮进考察英国宪政编辑各书。

7月20日(六月十四日)　孙中山自槟榔屿致函吴稚晖，请与欧洲同志密商营救汪精卫。

△　筹办海军大臣载洵奏准前往美、日两国考察海军。

7月21日(六月十五日)　外务部照会日、俄公使及其他各国公使，声明按照日、俄《朴茨茅斯条约》及中日《北京条约》，应维持中国主权及各国在华机会均等主义，开发东三省之工商实业。同日并电告出使各国大臣。

7月22日(六月十六日)　上海正元、兆康、谦余三家大钱庄倒闭，亏欠中外公私款项数百万，市面大震，清廷谕饬江苏江海关道维持上海市面。

7月23日(六月十七日)　河南长葛县因筹办巡警，增加亩捐，农民万余人捣毁县署。是日，省派兵弹压，众即解散。

△　山东巡抚孙宝琦以莱阳县民变，请旨开缺，听候查办；9月4日又奏请罢黜，另简贤员接替。清廷均谕令毋庸议。

△　英代办莫勒照会外务部，声称英国现正派兵驻于那塘保护驻

藏英国官员，若达赖回藏以后，西藏发生变乱，则英驻那塘军队立即入藏保护英人。

7 月 24 日（六月十八日）　孙中山致函新加坡同盟会会员黄甲元，请筹款 3000 元，与同志新军队官张伟吾共同整顿南洋《中兴日报》。

△　四川大足、铜梁等县造纸厂厂主罢市，反对征收纸捐。

△　清廷命筹办海军事务大臣、贝勒载洵充参预政务大臣。

7 月 26 日（六月二十日）　清廷授邹嘉来为外务部尚书兼会办大臣。

7 月 27 日（六月二十一日）　直隶易州（今河北易县）借办理学堂、巡警、自治等新政，筹款加捐，激起民愤，是日四五千人焚毁自治局、中学堂，并向知县提出不再敛派钱文、不许再办学堂、巡警等八项条件。

7 月 31 日（六月二十五日）　清廷以各省督抚劳于行政，亟于筹款，而疏于察吏，吏治不修，则劳民伤财，乱端且从此起，新政何由而行，传谕各督抚加意慎选州牧，以修明吏治，绥靖地方。

△　日公使伊集院报外务省：北京盛传黄兴及多数党员入北京，恐慌异常，各军机大臣私邸均派巡警警戒。

是月　贵州贵阳王有义聚众数万人企图起事，省城戒严。

8　月

8 月 1 日（六月二十六日）　清廷谕各部院堂官、各省督抚严治贪官污吏。谕曰："遇有贪官污吏，及办理新政，或承办要工人员，查有吞款入己等弊，务即罗列款目，据实奏参，一面追赃，一面按律从重治罪。"并谕饬自贵戚以下及内外各大臣，敦品励行，整躬率属。

△　中、英两国在北京签订《京汉赎路公债票售与敦菲色尔公司合同》，中国向英国伦敦敦菲色尔公司借款 45 万镑，收赎京汉铁路。

8 月 2 日（六月二十七日）　孙中山派格兰回海南考察，以建立"他日响应两粤之地"，是日致函同盟会会员符树兰等，望为"一臂之助"。

8月3日(六月二十八日) 英、德、法公使与美公使分别照会外务部,促请批准宣统元年四月十九日(1909年6月6日)所订《湖广境内粤汉及湖北境内川汉铁路借款合同》。

8月4日(六月二十九日) 黑龙江省谘议局致函各省谘议局国会请愿代表团,表示将联合多数绅民鼓吹速开国会,以为第三次请愿之后盾。

△ 上海道台蔡乃煌为维持上海市面,与外商汇丰、麦加利、德华、道胜、正金、东方汇理、花旗、荷兰、华比各银行签订《上海道台三百五十万两借款合同》。

8月5日(七月初一日) 邮传部奏陈江苏铁路公司私向外国借款,请饬下两江总督、江苏巡抚迅速查禁。

△ 驻京英署使向外务部要求,西藏内政改变,不得妨害尼泊尔、不丹、锡金。13日,外务部答复英署使,申明尼泊尔为我属邦。

8月6日(七月初二日) 福建诏安县会党数千人起事,树"奉天命明朝军"大旗,省派新军三路会剿,毙会首一人,会众六人,官兵亦有伤亡。

8月8日(七月初四日) 外务部尚书梁敦彦与俄署使世清在北京签订《中俄松花江行船章程》。

△ 湖广总督瑞澂奏请湖南举办清乡,清廷命照所筹办法切实办理。

8月9日(七月初五日) 各省谘议局联合会在北京开第一次会议,讨论速开国会等议案。到直、浙、闽、川、鄂、奉、黑、苏、赣、桂、湘、鲁等省正副议长或谘议局代表多人,举汤化龙为会长,蒲殿俊为副会长,推选孙洪伊等九人为审查员。

△ 翰林院侍读学士恽毓鼎奏陈疏浚淮河办法,请特派通晓河务人员会同地方官筹议实行。清廷命两江总督张人骏及程德全、朱家宝照所奏各节查明办理。

△ 周树模奏报,黑龙江省编成宣统三年(1911)预算表册,计全省

岁入银540万两,岁出银581万余两。

8月10日(七月初六日) 新疆省城新军管带擅杀士兵,激成兵变,并与民众联合暴动,围攻衙署及其所属各局所,并焚毁百数十户商号,新疆巡抚联魁饬令卫兵开枪,击毙数十人。

8月11日(七月初七日) 孙中山致函荷马李,告以原订延至今冬的长江起义,将继续延期,直至募款计划成功为止。请其继续执行原订计划。

△ 清廷谕令兴办矿业,着农工商部会同各省督抚调查详悉,熟筹办法,集股筹款;华股不足,亦可附入外股,惟须咨商外务、度支两部会同办理。

8月12日(七月初八日) 广西全州署牧周登岸借办新政敲诈勒索,是日乡民聚众万余人将清乡巡检曹骏置猪笼中,示威游行。16日,乡民数百人手持竹牌,上书"官逼民变,绅逼民死"字样,押送曹骏到省城,控告官吏扰民罪行。

8月13日(七月初九日) 清廷命各督抚查造官民荒田及气候土宜图册,并兴举工艺实业,报农工商部。

8月14日(七月初十日) 浙江天台县会党何元旺和嵊县会党竺绍康联合起事,攻击卡勇、防营。

8月15日(七月十一日) 国会请愿代表团开评议会,议决上书资政院请开国会,如国会不开,各省谘议局即不承认新租税,各局亦同时解散。

△ 邮传部之交通银行与日本横滨正金银行在北京签订《京汉赎路公债票与正金银行合同》,借款220万日元。

8月16日(七月十二日) 湖南浏阳县大仙洞一带饥民暴动。

△ 管理军谘处事务、贝勒载涛奏准军人犯罪,统归军法会议处审断。

8月17日(七月十三日) 清廷命大学士世续开去军机大臣,专管内阁事务;授贝勒毓朗、协办大学士徐世昌为军机大臣。

△ 清廷命候补侍郎唐绍仪署邮传部尚书，未到任以前，以署邮传部右侍郎沈云沛暂署。

8月18日(七月十四日) 广东潮州大埔县乡民反抗调查户口，聚众千余人与官兵接战，官兵毙四名，乡民毙者甚多。

△ 筹办海军大臣载洵、萨镇冰离京赴沪，21日由沪启程前往美、日考察海军。

△ 清廷开去军机大臣毓朗训练禁卫军大臣及步军统领差使。

△ 外务部奏准各省设立交涉使。

8月19日(七月十五日) 清廷从锡良奏准东三省实业订立借款合同，借外债银2000万两，以1000万两设立东三省银行，以500万两为移民开垦之需，以500万两为开矿筑路之用；至东省设立垦务局一节，俟借款议定，再行请旨办理。

△ 清廷命瑞澂到京陛见，湖广总督由王乃澂暂行护理。

8月20日(七月十六日) 美国旧金山同盟会员李是男等出版之《美洲少年周刊》改为《少年中国晨报》，推黄伯耀为总理，黄超五为总编辑。

△ 清廷据农工商部奏报，命该部通饬各省切实筹办农林工艺。

△ 湖南巡抚杨文鼎奏陈，湘省试办公债票，款额银120万两。

8月22日(七月十八日) 各省谘议局联合会第五次会议通过速开国会案，并通过拟定请开国会公呈人选。

△ 开缺江西提学使、浙路总理汤寿潜电军机处，斥责盛宣怀为浙路风潮罪魁祸首，要求将盛“调离路事，以谢天下”。次日，清廷以汤寿潜率意妄言，命即行革职，不准干预路政。

△ 日本驻韩国统监寺内正毅与韩国内阁总理大臣李完用签订《日韩合并条约》。

8月23日(七月十九日) 浙江长兴县农民反对查户口，发生暴动，打毁学堂、教堂，围困知县。

△ 江苏丹徒县东乡上党地方农民聚众拆毁清荒局。

8 月 24 日(七月二十日)　孙中山致函邓泽如,为避免南洋各殖民地政府之干涉,指示重新改订盟书,其前之中国同盟会会员字样,今改为中华革命党党员。

△　清廷为山东莱阳、海阳两县民变事,将莱阳知县朱槐之、海阳知县方奎革职,并将登州府知府文淇开缺另补。并命山东巡抚孙宝琦严拿两县民变首犯曲诗文等人按律惩办。

△　清廷派金巩伯、李楠方赴美出席万国监狱协会,调查各国刑律。是日,金、李二人自沪乘"满洲号"轮放洋。

8 月 25 日(七月二十一日)　清廷命各省按察使改为提法使。

△　清廷命新疆巡抚联魁到京另候简用,以甘肃布政使何彦昇为新疆巡抚。

8 月 28 日(七月二十四日)　河南巡抚宝棻奏陈,当今新政,不外增税、加价、募集公债,恐利未见而害丛生,宜变通办理或从缓办理。

△　清廷命大学士陆润庠充禁烟大臣;派外务部右丞刘玉麟充荷京万国禁烟大会全权会员。同日又命外务部参议上行走沈瑞麟为出使奥国大臣。

8 月 29 日(七月二十五日)　孙中山致函檀香山同盟会会员,请筹款维持香港支部及营救汪精卫。

△　广西思恩府都阳土司辖境内农民数万人起事,冲进土司衙门,杀死土官。

8 月 31 日(七月二十七日)　各省谘议局第八次会议通过请速开国会,及国会未开前不得收商办铁路为官有案等 14 件议案。

△　锡良奏陈奉省葫芦岛筑港工程,宜与锦瑷铁路兼营,关系东省全局,请筹款开办。

9　月

9 月 1 日(七月二十八日)　考察海军大臣载洵等抵日本大阪,4 日赴美。

9月2日(七月二十九日) 开缺驻藏帮办大臣温宗尧密陈西藏情形,主张趁美俄各有忌惮之时,急整西藏内政,恢复主权;不必遽改为行省,当以呼图克图分任藏事,永废达赖之制。至于练兵、兴学、开矿、垦荒、通商、殖民诸政,则当循序进行。

△ 四川总督赵尔巽奏陈,川省财政困绌,请先练陆军一镇,其余一镇暂从缓办。清廷不允。

△ 闽浙总督松寿奏报,闽省裁撤绿营,改编巡防队,本年先裁一次,共分三次,于宣统六年裁尽。

9月3日(七月三十日) 直隶遵化县杨渠源(杨六)聚众万人抗收警捐、学捐,包围县城三天。

△ 江苏溧阳县代埠镇因军队开枪打死打伤民众数人,全镇商人罢市。

△ 军谘处奏准嗣后一切军费,均应一律专归军用,不准挪作他用,关乎旧军各项事宜有应裁改整顿者,亦由军谘处、陆军部会商办法,不得任意裁并。

9月4日(八月初一日) 孙中山自槟城致函布思,促其先寄五万美元,以便进行起义准备工作。

9月5日(八月初二日) 孙中山致函荷马李,请设法寄五万美元,为广州起义之军火费用,并相约"当我收到此五万美元时,即可启程,与你在英会合"。

△ "中国报界俱进会"在南京成立。6日议决该会章程,全国各地40家报馆入会。

△ 安徽蒙城、凤台、涡阳、怀远、凤阳及宿州各县饥民万余人,由李大志、张学谦率领暴动,安徽巡抚朱家宝派兵前往镇压,击毙李大志,击伤饥民多人。

△ 度支部奏准厘订国家税与地方税章程办法,于宣统四年同时颁布。

△ 度支部、外务部奏准东三省借外债兴办实业。

△ 度支部核议湖南试办公债票事,以该省兵荒之后,财政万分匮竭,应姑允所请。清廷准之。

△ 陕甘总督长庚奏报甘肃设立高等巡警学堂。

9月7日(八月初四日) 清廷以上海银根奇绌,谕准由沪道提放债票。

△ 江宁将军清锐因病解职,清廷以前陆军部尚书铁良为江宁将军。

9月8日(八月初五日) 云贵总督李经羲电各督抚,谓近日大病在无人,大难在无主脑,改革不从简单入手,请于维新根本,各贡条陈。

9月10日(八月初七日) 浙路维持会在上海开成立会,到2000余人,举朱桂卿为会长。

△ 锡良奏请借外债10万两兴筑粤汉、川藏、张恰、伊黑四条铁路。度支部议从缓办。

9月11日(八月初八日) 清廷严饬两江总督张人骏、安徽巡抚朱家宝派出军队,赶紧扑灭皖北蒙城、凤台各县饥民暴动。

△ 浙江铁路股东在上海开会,到1200余人,议决要求清廷收回浙路总理汤寿潜革职成命。13日,浙路诸股东到杭州面谒浙江巡抚增韫,要求代奏。16日,清廷以增韫代奏不合,传旨申饬,并严禁该省人民聚众纷扰。

9月12日(八月初九日) 直隶总督陈夔龙奏陈,开平矿案经派洋员与英外交部交涉,将矿产收回,英索回公司股本178万镑,换给国家担保之赎回债票,期限为30年,矿产收回后,仍准英商附股,拟请饬外务部、度支部、农工商部分别预为妥筹接收办法,清廷令各该部妥议具奏。

9月14日(八月十一日) 清廷谕准邮传部派员查勘云南铁路。

△ 两江总督张人骏奏请江苏省试办公债票,清廷命度支部议奏。

9月15日(八月十二日) 山东省旅京各官绅联合京内著名鲁商

号3000余家，公举代表至都察院公呈莱阳县民变调查报告，称曲诗文毫无劣迹，又官兵炮击村庄死伤四万余人，巡抚孙宝琦所奏，与官绅所见全出两歧，恳代奏请旨另派公正大员，再往彻底查办。

△ 广东连州农民反抗调查户口、钉门牌，聚众焚毁学堂、酒甑公司、房捐公司。

△ 清廷以修订法律大臣沈家本充资政院副总裁。

△ 美国西部实业团一行13人，由普慈率领，应邀来华参观南洋劝业会并进行考察。是日抵上海。在沪期间，实业团参观了求新机器厂、江南船坞、机器制造局及商务印书馆等。

△ 驻京英、美、德、法四国公使分别照会外务部，请催邮传部与四国银行团直接开议粤汉、川汉铁路借款事。

9月17日(八月十四日) 外务部电饬驻藏办事大臣联豫切实驳斥不丹归英人管理之论，以维主权。

△ 清廷以外务部右丞刘玉麟充出使英国大臣。

9月18日(八月十五日) 湖北新军革命团体“群治学社”更名为“振武学社”，在武昌召开成立会，推杨王鹏为社长，通过章程。

△ 美国陆军部长狄金生抵北京，21日入觐摄政王载沣。

9月19日(八月十六日) 理藩部为筹办蒙务，奏准变通蒙古旧例，将“禁止出边开垦”、“禁止民人聘娶蒙古妇女”及“禁止蒙古行用汉文”各条一并删除。

9月20日(八月十七日) 安徽芜湖万顷湖佃户抗租，数百人在湖内杨青渡夺取布政使余诚格“屡丰公司”所收稻谷，捣毁装稻谷船只。

9月21日(八月十八日) 清廷命陆军部尚书荫昌兼充训练近畿各镇大臣。

△ 清廷以柯劭忞署京师大学堂总监督。

9月22日(八月十九日) 吉林巡抚陈昭常奏请拟援均势主义输入外资，除日俄两国外，欧美列强均可投资合办矿业，并拟借外债2000万两，专为兴办各项实业之用。

△ 云贵总督李经羲电各省督抚，主张先设内阁国会，再行借款筑路。

9月23日(八月二十日) 资政院召集第一次会议，到议员154人，由总裁、贝子溥伦、副总裁沈家本主持。

9月24日(八月二十一日) 美国实业团考察南洋劝业会。次日游明陵。26日考察各机坊、参观两江师范学堂及海军学堂。27日至10月24日，实业团先后到镇江、芜湖、九江、大冶、汉口、北京、天津、唐山、烟台、福州、厦门、广州等地考察。

9月25日(八月二十二日) 清廷据熊希龄奏陈朝鲜既并，满洲益危，非大变政策无以图存，密陈管见四条，着锡良照所陈各节逐一复陈。11月17日，锡良奏称熊希龄所陈四端，皆以满洲为开放主义，所见远大，请列入颁定之政策，依此实行。

9月26日(八月二十三日) 清廷令所有近畿陆军第一、二、三、四、五、六镇均归陆军部直接管辖，裁撤近畿督练公所，第三、五两镇仍驻扎山东，第二、四两镇仍在直隶驻扎。

9月27日(八月二十四日) 清廷授邮传部尚书徐世昌为大学士，以吏部尚书李殿林为协办大学士。

9月28日(八月二十五日) 督办津浦铁路大臣徐世昌、帮办津浦铁路大臣沈云沛与上海德华银行代表人柯士达及伦敦华中铁路有限公司代表人梅尔思在北京订立《津浦铁路续借款台同》，款额480万镑(实交300万镑)。

9月29日(八月二十六日) 孙中山复函荷马李，表示如布思筹款计划未能成功，则我党财政代表之委任不得不予以撤销。

△ 各省谘议局国会请愿代表团举行特别会议，商讨第三次请愿召开国会办法，由孙洪伊提议，议决五项上书办法。

9月30日(八月二十七日) 外务部奏准续订矿章，计矿务正章14章、81款，附章九章、46条。

10 月

10月1日(八月二十八日) 广(州)九(龙)铁路建成通车,全长182公里,香港英政府承修深圳至九龙段,计36公里。

10月2日(八月二十九日) 直隶张家口蒙民数百人捣毁盐局。

10月3日(九月初一日) 资政院开院,到议员154人,庆亲王奕劻宣读敕谕,摄政王载沣致训辞。同日,各省谘议局开第二届会议。

10月4日(九月初二日) 清廷以东三省筹借外款2000万两现由度支部与美使议借,谕令锡良毋庸议借。

△ 邮传部奏准驿站不能遽裁,驿站事宜仍请暂归该部管理。

10月5日(九月初三日) 李经羲、瑞澂以"旧政轮廓难存,新政支离日甚",主张先设内阁以立首脑,开国会以定人心,电各省督抚征求意见。

△ 天津召开国会请愿大会,到2000余人。大会举定入京请愿代表,旋列队前往督署面见直隶总督陈夔龙,陈允向朝廷代奏国会请愿书。

10月6日(九月初四日) 四川定乡左营三哨士兵500余人哗变,窜至云南丽江府中甸,联合喇嘛,是日攻破城垣,同知姚宗奎被掳。7日,清廷命云贵总督李经羲严饬防营迅速堵剿,毋任四窜。

10月7日(九月初五日) 孙洪伊等会同直隶代表共23人前往摄政王府上请愿书,民政部尚书善耆接见并允代转请愿书。是为第三次国会请愿运动。

10月8日(九月初六日) 孙洪伊等再赴资政院呈递请愿书,请于明年召开国会,设立责任内阁。

△ 清廷据资政院奏报,广西谘议局以该省禁烟展限,全体议员辞职,谕令广西巡抚张鸣岐仍照上年公布办法妥速办理,并饬令谘议局迅速召集,照章议事。

△　上海源丰润银号倒闭，全市震动，共亏公私款项 2000 余万两。

△　满洲里开始流行鼠疫，11 月 7 日蔓延至哈尔滨。次年 1 月 2 日传入奉天，16 日传入吉林。据统计，是年冬至 1911 年春，四个月内，奉天疫毙 7137 人，吉林 21880 人，黑龙江 13739 人，共计疫毙 42756 人。

△　清廷拨库银 10 万两赈苏北徐州府水灾。

10 月 9 日（九月初七日）　上海商务总会召集各业领袖开临时特别会议，旋电军机处等，略谓："沪市日来庄汇不通，竟如罢市，上海工厂数十家，工人二三十万人，一经停工，于商业治安，均有关系，事机危迫，应请代奏，请敕下大清、交通两银行，迅速筹款 500 万两，交由商会散放，以挽危局。"

10 月 10 日（九月初八日）　清廷命度支部尚书载泽、邮传部左侍郎盛宣怀为查办开平矿案事务大臣，确切查复，据实具奏。

10 月 11 日（九月初九日）　同盟会员于右任在上海筹办之《民立报》创刊，主笔为宋教仁、吕志伊、范鸿仙、徐血儿、叶楚伧、邵力子等人。该报以"唤起国民责任心"为宗旨。

△　浙江黄岩县数百人暴动，抢富户。同日，广西全州农民 2000 余人焚劣绅 26 家庐舍。

△　翰林院编修王会釐奏请精练陆军，兼兴海军，并制造飞行艇机，以图自强。

10 月 12 日（九月初十日）　蒙古实业公司在北京开幕，由科尔沁亲王发起创办。

10 月 13 日（九月十一日）　清廷以上海汇号倒闭，谕令两江总督张人骏、江苏巡抚程德全设法维持上海市面。

10 月 14 日（九月十二日）　清廷据两江总督张人骏奏称沪市面危急，议借洋款酌济，并就近拨运库银 50 万两分发济急，命即照所请迅速办理。

10 月 16 日（九月十四日）　孙中山致函檀香山同盟会会员告以与

各地商议，已决策定计，不久再举。提出举事预备之费需 10 万元，务望即日举行开捐，凡我汉人，皆当助成此事。

△　河南开封各界绅民 3000 余人举行国会请愿大会，会后游行至抚院，巡抚宝棻接见代表，允代奏请愿书。

△　锡良以日俄订立协约告成，吞噬东三省之心日炽，东省兵力仅二镇两协，不足以言战守，奏陈亟宜练兵造械，倾全国之力以保东三省。

10 月 17 日(九月十五日)　英代使莫勒照会外务部，抗议中国对不丹直接行文，提出嗣后中国政府对不丹政府文牍，须经英国转送。

10 月 18 日(九月十六日)　第一次全国运动会在南京举行，参加运动员 150 名，分田径、足球、篮球、网球等比赛项目，至 22 日闭幕。

10 月 19 日(九月十七日)　直隶保定各学堂学生罢课，要求开国会，并争东三省路矿。

10 月中旬　广西泗城一带“哥老会”有号称“明永历王”后裔者，聚众 6000 人起事。

10 月 21 日(九月十九日)　清廷从禁烟大臣恭亲王溥伟奏请，命各省将军、督抚认真查禁鸦片，切实整顿禁烟事宜。

10 月 22 日(九月二十日)　资政院开会讨论速开国会案，根据各省谘议局国会请愿代表团代表孙洪伊等之要求，议决起草专折请速开国会。

△　英、美、德、法四国公使分别照会外务部，请按照宣统元年四月十九日(1909 年 6 月 6 日)张之洞原订粤汉、川汉铁路借款合同办理。

10 月 23 日(九月二十一日)　考察海军大臣载洵自美国抵东京。

10 月 25 日(九月二十三日)　锡良与湖广、两广、云贵、吉、黑、苏、皖、鲁、晋、豫、新、赣、湘、桂、黔各督抚及伊犁将军、察哈尔都统共 18 人联电军机处，请立即组织内阁，定明年开设国会。

△　直隶总督陈夔龙奏陈，时事艰难，宜先组织内阁为行政枢纽。

10 月 27 日(九月二十五日)　陕西巡抚恩寿奏请先立责任内阁，再定召集国会日期。

△　度支部与美国财团订立借款草合同，借款 5000 万美元，为清

政府支用。

10 月 28 日(九月二十六日) 清廷以顺直各省谘议局及各省人民代表等陈请速开国会,锡良等电奏组织内阁,钦颁宪法,开设议院,是日命将折电交会议政务处王大臣公同阅看,预备召见。

△ 资政院总裁溥伦将资政院请速开国会奏稿连同各省谘议局联合会提案、孙洪伊等请愿书、汤觉顿代表海外华侨上请愿书三个附件,一并上奏朝廷。

△ 清廷以杨枢因病解职,命农工商部左丞李国杰充出使比国大臣。

△ 外务部就英代使莫勒 17 日抗议中国对不丹直接行文之照会事,照复声明不丹、尼泊尔为中国属邦。

10 月 29 日(九月二十七日) 四川成都国会请愿同志会召集开会,到 3000 人,通过请愿书,旋列队游行至督署,请总督赵尔巽代奏。

△ 清廷以署两广总督袁树勋因病解职,命张鸣岐署两广总督,未到任以前,由广州将军增祺暂行兼署。沈秉堃补授广西巡抚。

10 月 30 日(九月二十八日) 福建省九府二州各界代表三四千人在省城开会,要求一年以内即开国会,会后游行请愿,总督松寿允代奏请愿书。

△ 河南巡抚宝棻奏请提前颁布钦定宪法,清廷谕令交会议政务处王大臣阅看。

是月 孙中山函邓泽如,表示决意不再外求他人,而欲尽吾党之力,以图再举。现在时机之好,10 万之数便可预备一发,此款冬间当要需用,请与各同志预为设法。并告以将于一二月内亲往小吕宋“以集此资”。

11 月

11 月 1 日(九月三十日) 锡良领衔再次联合各省督抚电军机处,辨明不可先立内阁后开国会,重申内阁国会同时并立。

11月2日(十月初一日) 顺直谘议局议决开平矿产亟宜完全收回以保本省利权案，呈请直隶总督陈夔龙公布施行。

11月3日(十月初二日) 浙江遂昌县农民千余人暴动，捣毁学堂、监狱及巡警总局。

△ 摄政王载沣召见军机、会议政务处王大臣等，垂询讨论速开国会与组织内阁问题。

△ 考察海军大臣载洵离日本回国。

11月4日(十月初三日) 清廷谕令缩期召开国会，改于宣统五年实行开设议院，在国会未开前先将官制厘定，预行组织内阁。同日并谕令民政部及各省督抚剀切晓喻请愿召开国会之各省代表，即日散归，各安职业。

11月5日(十月初四日) 清廷派资政院总裁溥伦、度支部尚书载泽充纂拟宪法大臣。

11月6日(十月初五日) 清廷开释汪精卫、黄复生。

11月7日(十月初六日) 清廷据山东巡抚孙宝琦奏复莱阳、海阳肇乱情形，谕令各官绅分别革职，孙宝琦免议。

△ 江苏、浙江两省谘议局分电资政院，祝贺国会缩期召开。

11月8日(十月初七日) 孙中山复函布思，告以如在今后三个月内不能筹募所需款数，我们将不再等待，而将自行采取措施。

△ 资政院奏报，湘省发行公债，巡抚杨文鼎未交谘议局议决，有违定章，请旨裁夺。清廷以该抚系属疏漏，惟以此件既经度支部议，奉旨允准，着仍遵前旨办理。

11月9日(十月初八日) 广东省谘议局开议，禁赌案被否决，发生风潮，议长易学清、副议长邱逢甲及议员陈炯明等43人愤而辞职。

11月10日(十月初九日) 英、美、法、德四国银行团关于中国铁路借款协定在伦敦成立。

11月上旬 云南全省学堂罢课，抗议清政府出卖本省矿产。

11月12日(十月十一日) 清廷谕饬各部将宣统五年召集议员以

前必须完备各事宜，分别最要次要，奏明请旨办理。又谕令各省督抚，凡开设议院以前应行提前赶办事项，速即切实进行。

11月13日（十月十二日） 孙中山在槟榔屿召集会议，黄兴、赵声、胡汉民等出席，决定筹款谋在广州起事。并决定起义仍以新军为主干，另择革命党500名充当先锋，占据广州后，黄兴率一军出湖南趋湖北，赵声率一军出江西趋南京，长江流域各省举兵响应，会师北伐。

△ 清廷命前山东巡抚袁大化补授为新疆巡抚。

△ 资政院议员及北京绅学各界60余人，为缩短禁烟年限及争废中英鸦片条约，是日开会成立“中国国民禁烟总会”。

11月17日（十月十六日） 江苏巡抚程德全奏请于开设议院前，应即速钦派总理，预设内阁，修改筹备清单。

△ 闽浙总督松寿奏准将各种彩票一律禁止。

11月20日（十月十九日） 孙中山致函坝罗同盟会分会负责人李源水，谈筹款以谋举事。

△ 资政院为云南盐斤加价，滇省谘议局与总督异议，及广西筹办高等警察学堂限制外籍学生，桂省谘议局与巡抚异议两案，具奏请旨裁夺。清廷分别谕饬督办盐政大臣及民政部察核具奏。

11月中旬 孙中山召集槟榔屿同盟会会员开会，作募捐动员。孙中山在会上发表演说，号召即席认捐8000元。旋各同志往各埠分头劝募，数日之内已达五六万元。

11月25日（十月二十四日） 河南叶县筹办自治等新政，绅士下乡筹款，增收酒税等杂捐，农民一二万人进城示威，要求取消自治。河南巡抚得禀后，即日派兵前往弹压。

△ 资政院因政府将云南盐斤加价及广西学堂是否限制外籍学生两案交盐政大臣及民政部察核，全院议员大为愤怒，指为蹂躏院章，违法侵权，显系军机大臣“辅弼无状”所致。是日开会讨论弹劾军机大臣，议决举定起草员上折弹劾。

△ 李经羲电外务部称，顷据腾越税司密称，缅已派兵500名往北

界巡驻，请照商英使电咨缅政府仍守小江北流为界。

11 月 26 日（十月二十五日） 孙中山致函坝罗同盟会分会负责人李源水、郑螺生，告以日间即须动身亲往欧美，已电召胡汉民到坝罗协办一切。

△ 孙中山致函邓泽如、李梦生，指出大举时机既近，吾人决为破釜沉舟之计，望加紧筹款。

11 月 27 日（十月二十六日） 孙中山致函日人宫崎寅藏、萱野长知，告以"弟今重作欧美之行，以十二月六日发途，数月内当可东还，应期举事"。希望在日作援臂一助。

△ 云南大姚县乡民反抗拔除烟苗，聚众数千人，在陈大可与会党首领邓良臣率领下攻入县城，毁警局，杀绅士，知县潜逃，旋与官兵接战。越三日，官兵破城，乡民始散。

11 月 28 日（十月二十七日） 民政部以"彩票一项，名为筹款，迹近赌博"，奏准禁止各省彩票行销京师，"以挽颓风而维国体"。

11 月 29 日（十月二十八日） 河南叶县、裕州（方城）聚二万之众反抗加税。河南巡抚宝棻得报后，派陆军开拔一营，前往弹压。

11 月下旬 云南华坪县（今迪庆藏族自治州属）知县袒护教民，农民数千人围困县城。

是月 孙中山为贯彻槟城策订之起义计划，函美洲致公堂同志，请筹捐经费 10 万元。要求美洲各埠同志，各尽义务，惟力是视。

△ 中美两国商团在上海开会。中国商团议长张振勋与美国商团议长穆尔商定筹办中美银行、中美轮船公司，并由两国商会互设物品陈列所，互派商务员调查商务。

12 月

12 月 2 日（十一月初一日） 奉天省城学生到谘议局面见副议长袁金铠、张百科，要求速派第四次请愿代表进京。

12月3日(十一月初二日) 庆亲王奕劻在北京什刹海遇刺,未中。

12月4日(十一月初三日) 是日及6日,奉天全省各界绅民一万余人,手执请开国会旗帜,聚集公署之前,由谘议局长吴景濂面递公呈,请求锡良代奏明年八九月召集国会,以救危亡。

△ 清廷裁撤陆军部尚书,改设陆军大臣;改筹办海军处为海军大臣,以尚书荫昌、贝勒载洵分任陆、海军大臣。

△ 山东巡抚孙宝琦奏陈建筑胶沂铁路,拟借公债800万两。清廷谕由该抚向大清德华银行商明办理。

12月6日(十一月初五日) 孙中山自槟榔屿启程赴欧美筹款。

△ 清廷以开设议院既已提前,所有筹备立宪事宜,自应将原定年限分别缩短,切实进行,着宪政编查馆妥速修正,奏明请旨办理。

△ 江苏巡抚程德全以上月十六日(11月17日)电奏未奉明谕,是日再请速简总理,组织内阁。

12月7日(十一月初六日) 李经羲奏报,大姚县起义事经派令巡防各队赴援,击毙会众百余人,生擒数十人,县城收复。

12月9日(十一月初八日) 闽浙总督松寿奏陈,闽省财政奇窘,恳饬部酌拨银100万两以应急需。

12月10日(十一月初九日) 孙中山抵科伦坡。同日致函邓泽如,告以此行有特别之外交问题,须往英京,顺此赶赴美向华侨筹款。

12月11日(十一月初十日) 奉天省派出第四次请愿代表进京,各界群众集会送行,多人写血书鼓励代表。学生组织下乡进行国会请愿之宣传。

△ 锡良奏陈奉天绅民因时局迫不及待,要求明年即开国会。清廷不允。

12月14日(十一月十三日) 清廷据宪政编查馆派员考察东三省、直隶、山东、山西、河南、湖北、江西、安徽、江苏、浙江、福建、广东各省筹备宪政情形,谕令分别奖惩各省筹备宪政之主管人员。

12月15日(十一月十四日) 军机处代呈陆军大臣、副大臣荫昌、寿勋说帖,内称资政院开院以来,所议殊多逾越,若不及时预为限制,将来国会成立,必至与政府冲突无已,因以酿乱召亡。

12月16日(十一月十五日) 孙中山复函布思,告以现正采取独立措施,于数月内大举,望其解囊相助。

12月18日(十一月十七日) 资政院奏劾军机大臣奉职无状,不负责任,有参预之名,无辅弼行政之实,持禄保位,背公营私,蹈常袭故,请迅即组织内阁,并于内阁未成立以前,明旨宣示军机大臣必应担负之责任。清廷以黜陟百司为朝廷大权,非该院所得擅预,命所请毋庸议。

△ 资政院奏准遵章议决《著作权律》,凡五章55条。

12月19日(十一月十八日) 资政院就弹劾军机大臣奉旨不准事进行讨论,议决第二次弹劾,遂指定六人起草,从速具奏。

△ 陕甘总督长庚奏报,甘肃铁路由归化至兰州2000余里,需银二千数百万两,请暂借洋款修筑。另又奏请借洋款接筑归化至新疆铁路,期以10年告成。

12月20日(十一月十九日) 天津学界联合谘议局、商会、县董会,聚集3000余人开大会,决请直督陈夔龙再次代奏请愿书。陈被迫应允。

12月21日(十一月二十日) 直隶总督陈夔龙奏陈,顺直谘议局议长呈请定明年即开国会。清廷不准。

△ 农工商部奏报,京外宣传剪发易服,清廷谕令应恪遵定制,不得轻听浮言。

12月22日(十二月二十一日) 天津学生不顾朝廷禁令,继续进行请愿活动。陈夔龙派总兵张怀芝率队以武力驱散学生。

12月23日(十一月二十二日) 直隶总督陈夔龙奏,已出示晓喻,不准聚众集议,"请愿同志会"亦饬解散。清廷命严饬各员对请愿运动开导弹压,如有不服劝谕,纠众违抗,即查拿严办。

△ 清廷以镶红旗蒙古副都统吴禄贞为第六镇统制官。

12月24日(十一月二十三日) 清廷命民政部、步军统领衙门将东三省要求速开国会代表迅速送回原籍,并命京外各官如再有聚众滋闹情事,当查拿严办。

12月25日(十一月二十四日) 清廷令宪政编查馆迅速拟订筹备立宪清单,并将内阁官制一并详慎纂拟具奏。

12月26日(十一月二十五日) 庆亲王奕劻奏请开去军机大臣及总理外务部事务要差,清廷命毋再固辞。

12月27日(十一月二十六日) 广西思恩、宜山等县农民起义,次日攻入安化厅治,焚同知衙署。

12月28日(十一月二十七日) 孙中山抵巴黎。

12月29日(十一月二十八日) 四川全省学界罢课,要求速开国会。

12月30日(十一月二十九日) 资政院以议事未竣,奏请延会10日。清廷准如所请。

△ 资政院奏请明谕剪发易服,清廷命应即毋庸议。

是年 孙中山致函新加坡同盟会会员,告以数月间大军即可发起,为兹预函告我同志,俟一得义师发起之电,即宜速力运动筹划,无复迟疑。要求该埠同志举出妥员数人,专任运动筹款之事。

△ 孙中山致函暹罗同盟会会员,告以将赴美洲、南洋筹款之事专托胡汉民,深望鼎力相助。

△ 春,孙中山同旧金山致公堂《大同日报》主笔刘成禺谈五权之原则。指出:“立法、司法、行政三权,为世界国家所有;监察、考试两权,为中国历史所独有。他日五权风靡世界,当改进而奉行之,亦孟德斯鸠不可改易之三权宪法也。”

△ 春,梁启超自日本上书即将赴日本及欧美考察陆军事宜之管理军谘处事务、贝勒载涛,历陈立宪应如何进行之策。指出:“窃以为中国危急存亡之机,未有甚于今日者也。”“而最危险者,乃在假新政之名,而日日朘人民之脂膏以自肥。”

△ 学部奏准禁止东西洋游学生与外国人结婚。

△ 南京汇文、宏育(光绪三十三年由基督益智两书院合并)两书院合并为金陵大学。

△ 青海办事大臣创设青海蒙番学校,专收蒙番族子弟入学,为青海学校成立之始。

△ 黑龙江开办政法学堂。

1911年(清宣统三年)

1　月

1月1日(宣统二年十二月初一日)　江苏苏州马车夫抗捐,一律罢工。

1月2日(十二月初二日)　清廷以奉天、直隶、四川等省各学堂罢课、散发传单,要求速开国会,谕令严禁学生干政。着各省督抚随时弹压,并严饬提学使等,随时开导查禁,防范未然。

△　邮传部奏准于宣统三年正月初一日(1911年1月30日),各省官办电报一律由部接收。

1月3日(十二月初三日)　孙中山自巴黎赴比利时。

△　英兵2000人,由缅甸密支那出发,越野人山,进占云南片马。

1月5日(十二月初五日)　江苏宜兴县数千人示威,抗议巡警打死农民之暴行。

1月6日(十二月初六日)　清廷命署邮传部尚书唐绍仪开缺,补授盛宣怀为邮传部尚书。

1月7日(十二月初七日)　四川同盟会会员温朝钟率七八千人,号称国民军,在黔江起义,攻克县城,捣毁监狱局所。

△　上海租界商人罢市要求减轻房租。

1月9日(十二月初九日) 直隶总督陈夔龙奏陈,天津请愿国会同志会会长、天津普育女学堂校长温世霖,通电各省同时罢课,意图煽惑,请严行惩儆。清廷令发往新疆,交地方官严加管束。

1月上旬 直隶保定各学堂罢课,预备第四次请愿,要求速开国会。

1月11日(十二月十一日) 清廷以资政院会期延长10日,现已届满,谕令是日闭会。

△ 资政院奏,议决修筑蒙古铁路三条:一、张(家口)恰(克图)铁路;二、张(家口)锦(州)铁路;三、库(伦)伊(犁)铁路。请饬邮传部先将张恰、张锦二路从速筹办,一面测量库伊路线,俟明年开院,再交会议。

1月12日(十二月十二日) 四川、湖北宜昌间民众拆毁川汉铁路局,焚教堂。

△ 清廷命四川总督赵尔巽来京陛见,以布政使王人文暂行护理四川总督。

△ 浙江巡抚增韫奏报创办高等医学堂。

1月13日(十二月十三日) 清廷就四川黔江县温朝钟起事一案,命四川总督赵尔巽迅拨就近营队,并电催鄂、湘、黔各督抚派队合力兜剿,迅即扑灭。

△ 清廷派锡良、陈夔龙、张人骏、瑞澂参订外省官制。16日,添派李经羲参订外省官制。

△ 清廷以东三省鼠疫流行,命在山海关一带设局严防,毋任传染内地。

1月14日(十一月十四日) 孙中山委钟华雄为同盟会深水桫主盟人。

1月15日(十二月十五日) 外务部奏,熊希龄所陈四端,东三省实行开放以不损主权,邻近之邦与欧美各国能达均势为紧要关键。

1月16日(二十月十六日) 民政部奏报第二次调查全国人户总数清单。

1 月 17 日(十二月十七日) 宪政编查馆奏陈修正逐年筹备立宪事宜清单。清廷允之。

△ 广州将军兼署两广总督增祺奏准香洲自辟商埠,定为无税口岸。

1 月 18 日(十二月十八日) 黄兴抵香港,月底与赵声等人成立统筹部,策划广州起义,黄、赵被举为正、副部长。

△ 四川总督赵尔巽奏陈官军光复黔江县治。清廷命严饬各军认真搜捕革命党。

△ 驻京英公使朱尔典照会外务部,声明尼泊尔为自治之国,不丹与英有特殊关系。

1 月 19 日(十二月十九日) 孙中山自欧洲抵纽约,开始了他对美国本土的最后一次访程。孙中山此行的任务是为黄兴等人再次发动广州起义而紧急筹款。

△ 考察日本国宪政大臣李家驹奏陈所纂《日本租税制度考》10 册、《日本会计制度考》四册。

1 月 20 日(十二月二十日) 浙江石门县西南乡地主向佃户增加租额,农民数千人进城请愿,要求减租。

1 月 21 日(十二月二十一日) 孙中山自纽约函在巴黎之张继,嘱其吸收欧洲学界加入同盟会,谓:“此为革命党增长势力之第一法门。”

△ 资政院奏整理边事办法 10 条,请饬会议政务处会同军谘处筹办。

△ 清廷以东三省鼠疫盛行关内,命外务、民政、邮传各部随时会商,切实稽查。天津一带,如有传染,即将京津火车一律停开。

1 月 22 日(十二月二十二日) 汉口人力车夫罢工,抗议英人踢死人力车夫吴一狗暴行,驻汉英领法磊斯调泊长江英舰水兵上岸武装镇压,当场开枪击毙 7 人,伤 14 人,酿成流血惨案。

△ 清廷以英兵占云南片马,命李经羲密饬地方文武,妥慎防维,并着外务部磋商办理。

△ 农工商部奏准本年筹备立宪应办事宜三项：拟订奖励棉业章程 14 条，化分矿质局章程 11 条，工会章程 25 条，由该部通行各省办理。

1 月 23 日(十二月二十三日) 孙中山自纽约赴旧金山。

△ 武汉各界数万人集会，抗议英兵枪杀中国人力车夫的暴行。

1 月 24 日(十二月二十四日) 四川总督赵尔巽奏报，温朝钟在破水坪生擒正法，清廷命护理川督王人文会同瑞澂弹压搜捕，以清黔江起事余党。

1 月 25 日(十二月二十五日) 清廷命瑞澂对于汉口人力车夫事件，加意防范弹压。

△ 清廷颁布新刑律暨暂行章程，并命修订法律大臣按照新刑律迅即编辑判决例及施行细则，以为将来实行之预备。

△ 李经羲以英占片马，奏请督军备战，并拟亲督三军，驻永腾，誓以身殉。

1 月 26 日(十二月二十六日) 学部奏报第二次教育统计图表(光绪三十四年度)，学校数 4.7995 万所，学生数 130.0739 万人；并奏准改订筹办教育事宜，改订中学文实两科课程及劝学所章程。

1 月 27 日(十二月二十七日) 军机处电李经羲，滇缅界事件外务部已照诘英使，并电出使英国大臣刘玉麟先商退兵，希遵旨妥慎规划，计出万全。

1 月 28 日(十二月二十八日) 黑龙江呼兰县城贫民 3000 余人抢劫富户，袭击知府衙门。

△ 清廷颁布宣统三年(1911 年)总预算案：岁入 3.01910296 亿两，岁出 2.98448365 亿两。

△ 法部尚书廷杰病逝，清廷以绍昌为法部尚书。

1 月 29 日(十二月二十九日) 清廷颁布《报律》，凡 42 条。

1 月 30 日(宣统三年正月初一日) 湖北革命团体文学社在武昌黄鹤楼成立，举蒋翊武为社长，文书部长詹大悲，评议部长刘尧澂。该社由振武学社改组而成,有新旧社员800余人。

1月31日(正月初二日)　孙中山由纽约抵旧金山。晤黄三德等,筹款得2000元。23日赴加拿大。

△　广西南宁府新军数营约同起事,事泄失败。

2　月

2月3日(正月初五日)　孙中山自旧金山致函日人宫崎寅藏,为便利革命运动,表示愿到日本居留。请设法向陆军大臣处运动。

2月4日(正月初六日)　孙中山自旧金山赴加拿大温哥华。此行系应温哥华《大汉日报》主笔冯自由之邀。冯电孙中山,谓旅加华侨多倾向革命,保皇会势力大减,此时向之筹款,大有把握,请于渡美途中来温哥华。

△　孙逸仙署名之同盟会传单在俄国《星报》(彼得堡布尔什维克发行)刊出,号召人民铲除清朝专制制度。谓:"清朝压迫者是一群丧失天良不顾死活的人。他们实行完全敌视我们的专制制度。这个制度必须铲除。"

△　同盟会会员谭人凤至香港与黄兴、赵声商议起义计划。次日携2000元返两湖。对南京第九镇,则派郑赞丞驻沪,设机关从事运动。

△　外务部以英兵占领片马事,电催出使英国大臣刘玉麟速与英政府交涉,务先撤兵而后勘界。

2月6日(正月初八日)　孙中山自旧金山抵温哥华,连日在致公堂及戏院演说,听者二三千人。旋开展募捐活动,冯自由提议设立洪门筹饷局,致公堂首捐一万港元,维多利亚致公堂公产楼宇抵押计得三万港元,多伦多致公堂公产抵押获一万港元,加之各埠华侨捐款,加拿大共汇统筹部七万余港币。

2月8日(正月初十日)　上海协和丝厂女工300余人罢工,反对减发工资。

2月28日(正月三十日)　外务部奏报，会勘中俄边界，将次告竣，与俄使商由两国各派大员，将已勘各界条款图说详细查核，会同议定。清廷派黑龙江巡抚周树模充会勘边界大臣。

是月　黄兴为筹备广州起义，托人致书同盟会会员居正，指示联络武昌新军响应。

3　月

3月1日(二月初一日)　江苏南汇、川沙两县农民反对筹办自治等新政，打毁绅董房屋，焚毁学堂。

△　湖南湘潭县商人抗捐，举行罢市。

△　陈夔龙奏报直省实施检疫防疫情形，山海关、长城各口、秦皇岛、天津、保定等地，派医设局，切实防范。清廷令仍须迅速清理，以卫民生。

3月2日(二月初二日)　直隶遵化农民反对官吏借办新政搜刮民脂民膏，千余人攻城。

△　民政部奏陈《户籍法》，凡八章184条。

△　江皖查赈大臣冯煦奏请赶办春赈，以治其标；广兴实业，勤修水利，以治其本。清廷命督饬员绅，分别轻重，核实赈济。

3月3日(二月初三日)　清廷命民政部、步军统领衙门、顺天府早日禁绝京城鼠疫，并严饬防疫人等，务当慎审从事，毋得藉端骚扰，其商民人等，亦不得轻信谣言，致滋摇惑。

△　四川总督赵尔巽奏：调查户口、编订户籍，为实行宪政之根基；川省调查户口，一律报齐，复核无误。

3月4日(二月初四日)　四川总督赵尔巽奏报，提前裁撤绿营，改练巡防，扩充陆军办法。清廷命王人文接续筹办。

3月6日(二月初六日)　孙中山自洛杉矶致美国友人布思告以将于一周内抵纽约，如届时筹款仍无所作为，则务请退还吾党同志签署之文件。

△　黄兴、赵声、胡汉民联名致函加拿大域多利埠致公堂，收到汇来三万元，报告国内起义之事“俱已着实进行规划，以两粤为主，而江、浙、湘、鄂亦均为布置”。

△　四川德格、春科、高日三土司改流，设边北道及登科府。

△　清廷改巴塘为巴安府，打箭炉为康定府，并新设康安道。

3 月 7 日(二月初七日)　清廷从两江总督张人骏、江苏巡抚程德全所奏，特派候补三品京堂张煜南考察南洋各埠商务，并招集华商，经营长江一带实业。

3 月 8 日(二月初八日)　上海闸北协和丝厂女工 300 余人同盟罢工，抗议资本家克扣工资。

3 月 9 日(二月初九日)　李经羲奏陈英占片马一案，请饬部坚持声明办法，并交海牙保和会公断。

3 月 10 日(二月初十日)　同盟会会员陈与燊奉派自福建赴台北，募得 3000 日元，作为林文、林觉民回国参加广州起义之川资及购械之用。

3 月 12 日(二月十二日)　黄兴、赵声、胡汉民自香港统筹部致函旅加拿大同盟会会员冯自由，告以各地筹款情形，惟以加属所得为巨，推崇冯氏贡献最大。望各地筹款相助，使得速举。

△　同盟会会员宋教仁在上海出席全国商团联合会成立会，对千余名与会者发表演说，详述英国侵占片马，俄国侵略新疆、蒙古情形，谓“灭亡瓜分之祸，悉系此焉”。

△　台湾新竹厅地区大安溪上游山胞聚众千余人，袭击日军警，同日军警展开激烈战斗，日军警损失惨重。

3 月 13 日(二月十三日)　李经羲奏报越南苗民聚众窜扰边界，严饬防营扼要堵剿。

3 月 14 日(二月十四日)　黄兴致函邓泽如，催速筹款，决心起义并赠相片一枚，表示必死之决心。

△　俄公使廓索维慈照复外务部，声言如不完全允诺要求，势将自

由行动。20日，俄政府声言于七日后取自由行动。27日，外务部完全允许俄国要求。

3月15日(二月十五日) 湖北革命团体文学社在武昌举行代表会议，蒋翊武主席并报告会务，推蒋翊武为社长、王宪章为副社长，并议决该社章程。

△ 农工商部奏准，华商试炼纯锑，仿照成案酌减出口税项。

3月20日(二月二十日) 中国敢死团在上海开成立大会，推朱家骅为团长。参加者有学生、军警、官员。

△ 出使美墨秘古国大臣张荫棠奏请组织内阁，明定责任。

△ 署库伦办事大臣三多奏报，蒙地密迩俄边，亟宜筑路调营，以固国防。清廷命军谘处、会议政务处妥议具奏。

3月中旬 广西贺县农民攻占县城。

3月22日(二月二十二日) 清廷以大学士世续为资政院总裁，侍郎李家驹充副总裁。

△ 清廷以贝子溥伦为农工商部尚书；刘若曾充修订法律大臣；溥颋为热河都统。

3月23日(二月二十三日) 北京各省谘议局联合会，由孙洪伊领衔致电各省各团体，请各省谘议局议长即时入都，共拟国是办法。

△ 大学堂总监督刘廷琛奏陈，纂拟新律，应请申明宗旨。又请饬礼学、法律两馆以大清律例为本，参考各国法律，勿为邪说所惑。

3月24日(二月二十四日) 上海南汇六灶乡渔民400余人反对渔业公司垄断渔利，焚毁渔业公司、自治公所。旋大团乡民发出揭帖，约期焚毁局、所、学堂及绅董住宅，数日间，张江栅、周浦、杨家等镇渔民纷纷响应，捣毁渔业公司多处。

△ 邮传部尚书盛宣怀与日本正金银行董事小田切万寿之助在北京订立《邮传部借款合同》，款额1000万日元，作为偿还铁道借款及政府其他用途。

3月25日(二月二十五日) 湖北天门县饥民十余万人聚众抢米。

3 月 28 日(二月二十八日)　梁启超自日本抵台湾,考察财政并筹款。

3 月 29 日(二月二十九日)　湖南南州厅农民禁米出境,数百人围困并焚毁衙署。

3 月 30 日(三月初一日)　出使日本国大臣汪大燮奏请饬下学部通行内外各学堂,仿照日本,一体添设国语科,授以官音以统一全国语言。

3 月 31 日(三月初二日)　同盟会本部派谭人凤赴湘联络同志,谋响应广州起义,是日在长沙开秘密会议,刘文锦报告革命宗旨,计划运动军队发动起义。

3 月下旬　湖南饥民三万余人聚集岳州、华容、南州等地,捣毁厘卡分局。

4　月

4 月 1 日(三月初三日)　清廷赏云南陆军统领钟麟同陆军副都统衔充陆军第十九镇统制官。

4 月 2 日(三月初四日)　度支部奏议复准湖广总督瑞澂向英、法、德三国银行借 200 万两,清偿旧欠。

4 月 3 日(三月初五日)　万国防疫会在奉天开会,中、英、美、俄、德、法、奥、意、荷、日、印 11 国特派医生参加,摄政王载沣电谕致贺。此系我国近代召开之首次国际学术讨论会。

△　清廷颁发陆军训谕六条:尽忠节,守礼节,尚武勇,崇信义,敦朴素,重廉耻。

4 月 4 日(三月初六日)　德公使雷克司呈递国书。

4 月 5 日(三月初七日)　国际防疫所落成,各国医学专家及中国伍连德博士等,迁入北京国际防疫会所,从事研究工作。

4 月 6 日(三月初八日)　驻藏办事大臣联豫奏报,驻藏绿营官弁制兵1000余名，现拟一律裁撤。

4月8日（三月初十日） 同盟会会员温生才刺毙兼署广州将军副都统孚琦于广州东门城外。温当即被捕，于15日英勇就义。

△ 黄兴在香港统筹部召开发难会议，决定分十路进攻广州之计划。黄兴亲率南洋及闽省同志百人攻总督署，其余各路分由赵声、徐维扬、陈炯明、黄侠谷、姚雨平、李文甫、张六村、洪承点、罗仲霍率领，并推定赵声为发难总指挥，黄兴副之。

△ 吉林巡抚陈昭常奏，开办吉林图长航业有限公司，集官商股各24万两，航线由上海绕道日本长崎达图们江坡。

4月9日（三月十一日） 外务部奏准游美肄业馆改名清华学堂。

△ 江苏巡抚程德全奏报，苏省筹办统捐，拟分三期办法，并请将卡捐改为进出口捐，实行新订捐则，悉裁腹地各卡。

4月10日（三月十二日） 甘肃甘州（今张掖）乡民要求种烟，聚众三万余人进城围署，毁统捐局。

△ 邮传部与英国大东电线公司、丹麦大北电线公司订立整顿电报电话借款合同，款额50万英镑。

4月11日（三月十三日） 清廷通谕嗣后内外诸臣，务当共体时艰，力图振作，倘再有托故请假，借图安逸者，定即严惩。

△ 江苏巡抚程德全奉清廷之命札行上海道刘燕翼转饬各属，认真查禁各界组织义勇军、敢死团。

4月12日（三月十四日） 广东四会县民众反对酒捐，拆毁酒捐分局及巡警局。

△ 湖南巡抚杨文鼎奏，湘境铁路湘人力能自办，无须借款，绅商环请陈奏，请饬部设法维持。

4月14日（三月十六日） 安徽谘议局在安庆开临时会，学生罢课，抗议巡抚朱家宝迫害学生。

△ 清廷补授张鸣岐为两广总督。

4月15日（三月十七日） 度支部尚书载泽与美英德法四国银行

团订立《大清政府整顿币制及兴办实业五厘递还金镑借款合同》，款额1000万镑(5000万元)。

4月16日(三月十八日) 邮传部奏准在吴淞创设商船学校。

4月17日(三月十九日) 清廷命民政部、步军统领衙门、顺天府，严查革命党。

4月18日(三月二十日) 黄兴致函李源水等，请竭力速筹款项，支援广州起义。

4月19日(三月二十一日) 孙中山自加拿大抵纽约。当晚函告芝加哥同志，刻在纽约处理紧要问题，事毕即赴芝加哥。

△ 清廷派出使德国大臣梁诚出席海牙万国禁烟会议。

4月20日(三月二十二日) 清廷授四川总督赵尔巽为钦差大臣，调任东三省总督兼管三省将军事务。同日谕准锡良开缺回旗。

4月中旬 宋教仁、陈其美先后应邀自上海赴香港，参与发动广州黄花岗起义。

△ 湖南华容县会党联合饥民万余人抢粮，冲入县城。

4月21日(三月二十三日) 清廷以督办川滇边务大臣赵尔丰为四川总督，任四川布政使王人文充督办川滇边务大臣。

△ 海参崴三万名华工被俄驱逐出境，返抵山东芝罘(今烟台市)。

4月23日(三月二十五日) 黄兴离香港抵广州，布置起义军事。频行，致绝命书于海外同志，以示牺牲之决心。

4月24日(三月二十六日) 两广总督张鸣岐获悉革命党人即将起事，调兵防守广州。

4月26日(三月二十八日) 黄兴电召在香港之敢死队员悉数进省，准备发难，改为四路进攻广州：一、黄兴攻总督署；二、姚雨平攻小北门、飞来庙；三、陈炯明攻巡警教练所；四、胡毅生以20人守南大门。约定二十九日(27日)下午五点半一齐发动。

△ 湖北宪政同志会在汉口为谘议局局长汤化龙赴京争路权饯行，与会者发表演说，抨击清政府，反对铁路国有化。

4月27日(三月二十九日) 同盟会广州起义。下午，黄兴率120人攻入总督署，总督张鸣岐逃走，旋分兵攻袭督练公所等处，与清军巷战，因寡众不敌而失败，黄兴负伤脱险，同盟会会员喻培伦、林时塽、林觉民、方声洞等86人牺牲，事后收殓烈士遗骸72具，合葬于城郊黄花岗。是役亦称“黄花岗之役”。

△ 浙江嘉善县农民数千人捣毁学堂、自治公所。

4月28日(三月三十日) 赵声、胡汉民闻广州起义讯，率留港党员200余人到省增援，清晨登岸，始知事败，胡汉民等回港，赵声至广州河南晤黄兴，当夜亦返港。

△ 广东顺德民军数百人响应广州起义，竖旗举事。越二日，攻入佛山，不久即失败。

△ 孙中山自纽约抵芝加哥。从报上获悉广州起义失败，当晚即电香港胡汉民探询同志安危及善后办法。

4月29日(四月初一日) 清廷谕令两广总督张鸣岐认真督饬文武，搜捕广州起义之革命党人。

△ 全国教育会联合会成立大会在上海召开，到12省代表，重要议决有请学部施行变更初、高等教育方法等五案。

4月30日(四月初二日) 黄兴由徐宗汉护送至香港，入医院割治右指伤。住院期间，黄兴以左手书告海外同志，说明是役失败之原因。

△ 孙中山出席芝加哥同盟分会欢迎会，演说革命救国道理，与会者踊跃捐款。

△ 清廷召见王大臣，商议内阁官制。

是月 孙中山在芝加哥逗留期间，谈及他一生的使命就是推翻满清王朝，并且预计革命会早日取得成功。并说：“革命有三个目的：推翻满清政府；创立共和政体和按照美国政府一样的方针组织国家。”

5 月

5月1日(四月初三日) 湖南巡抚杨文鼎以湘省会党充斥,伏莽遍地,奏准暂缓裁撤防绿各营。

5月3日(四月初五日) 湖北共进会在武昌胭脂巷机关召开紧急会议,居正、刘公、孙武、焦达峰、杨时杰出席,孙武提出两湖首先起义,各省响应,受到与会者一致赞同。

△ 江苏谘议局以两江总督张人骏有意破坏该局议决之预算案,议长张謇及常驻议员愤而全体辞职。

5月4日(四月初六日) 孙中山接胡汉民复电,获悉黄兴、朱执信等安全脱险,欣然表示“天下事尚可为”,并为死难烈士筹集抚恤费。

△ 清廷谕令所借英、美、德、法四国银行1000万镑、日本横滨银行1000万元,专备改定币制、振兴实业及推广铁路之用,不得移作别用。

5月5日(四月初七日) 芝加哥同盟会开会,请孙中山指示筹饷方法。孙中山提出“集合巨款,分途举义”,暂以100万美元为目标。议决设立革命公司办理。同日,由孙中山通电全世界,布告革命宗旨。

△ 清廷从给事中石长信奏,颁布国家铁路政策:将全国重要之区定为干线,悉归国有;其余支路,准由各省绅商集股办理。

5月6日(四月初八日) 杭州机业工人反对劣绅盗卖粮食,囤积居奇,是日联合贫民千余人捣毁审判厅及米店40余家,并殴打知县及巡警道。

△ 清廷从东三省总督赵尔巽奏请,所有三省用人及各项要政,均准其便宜措置。

5月7日(四月初九日) 孙中山致函谢秋,检讨广州起义失败原因在于金钱不足,告以芝加哥成立中华实业公司,革命成功后专办开矿,欲筹资本百万元,供充革命军费,嘱将此事通告同志。同日,孙中山离芝加哥赴波士顿。

△　清廷谕令奖励扑灭广州三月二十九日起事之有功员弁广东水师提督李准等人。

5月8日(四月初十日)　清廷授庆亲王奕劻为内阁总理大臣，大学士那桐、徐世昌为内阁协理大臣。授梁敦彦、善耆、载泽、唐景崇、荫昌、载洵、绍昌、溥伦、盛宣怀、寿耆分别为外务、民政、度支、学务、陆军、海军、司法、农工商、邮传、理藩各部大臣。清廷"皇族内阁"组成。

△　清廷裁撤原内阁、军机处、会议政务处，设立内阁，颁布《内阁官制》19条。

△　清廷设立弼德院，颁布《弼德院官制》24条。陆润庠授为弼德院院长。

△　清廷设立军谘府，授郡王衔贝勒载涛、贝勒毓朗为军谘大臣。

△　清廷以江苏省谘议局议员辞职一事，谕令张人骏明白宣谕该局，一切务须遵守定章，不得逾越权限，倘仍不受该督劝告，应即奏明，请旨裁夺。

△　中英续订禁烟条件(英称"鸦片协定")，规定英国每年递减鸦片输出量，至1917年停止，惟中国应于限期内自动将土药概行禁绝。

△　出使荷兰大臣陆徵祥与荷使贝拉斯在北京订立《荷兰领地殖民地领事条约》。

5月9日(四月十一日)　清廷颁布铁路干路国有化政策。干线归国有，支线仍准商办。命度支部、邮传部"悉心筹划，迅速请旨办理"。"如有不顾大局，故意扰乱路政，煽惑抵抗，即照违制论"。

5月10日(四月十二日)　湖北革命团体文学社召开代表会议，决定设立起义领导机关于武昌小朝街85号，并决定同共进会联合。

△　浙江绍兴府临浦、柯桥镇农民数百人捣毁米店。

△　清廷以九月初一日(10月22日)为资政院第二次开会之期，降旨仍于八月二十日(10月11日)召集议员。

△　内阁总理大臣、庆亲王奕劻以内阁总理大臣断难胜任，奏请收

回成命。清廷不准。

△ 邮传、度支两部致电粤汉、川汉两路有关之湘、鄂、川督抚，传达5月9日上谕，请“遴派大员”查明各省商办铁路帐目，“迅速电复”，“以凭请旨办理”。

△ 湖南省谘议局电鄂、川、粤等省谘议局，吁请共同力争取消铁路“国有”政策。

△ 英公使朱尔典再次声明否认不丹、尼泊尔为中国属邦，如仍有干涉，英国即取对抗行动。

5月11日(四月十三日) 湖北革命组织文学社与共进会在武昌开第一次协商会议，双方代表发言坚持联合以我为主，各执一端，未获结果。

5月12日(四月十四日) 各省谘议局国会请愿代表团代表在北京开会讨论国事。要求清廷改组新内阁，收回亲贵充任总理大臣之成命，否则，各省谘议局将联合宣告各邻邦，凡清廷对外借款，概不承认。

△ 清廷密谕东三省士民镇静图功，充实内力，共济时艰。并着东三省总督赵尔巽进行要政，曲通民隐。

△ 奉天交涉使韩国钧与驻奉天日总领事小池张造订立《抚顺、烟台煤矿细则》。

5月14日(四月十六日) 湖南长沙各界万余人集会，主张坚持湘路“完全商办”，要求清廷“收回成命”，否则将“立即集全力抵抗”。

5月15日(四月十七日) 湖南巡抚杨文鼎电邮传部，告以湘路改归官办后，群情愤激，全体哗噪，筹商办法，惟有设法转圜，徐图就范，请勿操之过急，致酿祸患。

5月16日(四月十八日) 湖南长沙株洲筑路工人万余人进入长沙示威，反对铁路国有，前往巡抚衙门，迫使巡抚杨文鼎代奏挽回。

△ 湖南浏阳县农民聚众进城抢米，并捣毁警察总分各局。同日，新化、溆浦两县县署被毁，知县潜逃。

△ 四川川汉铁路公司董事局电邮传部，要求“俯顺民情”，维持商

办成案。

5月17日(四月十九日) 资政院奏请开临时会讨论预算、借款两事,清廷以此两事尚非紧急,着毋庸议。

5月18日(四月二十日) 各省谘议局国会请愿代表团代表再次集会讨论国事,决定质问政府,并主张全国举办民团自保身家。

△ 同盟会会员赵声在香港病逝。

△ 清廷派端方以侍郎候补充督办粤汉、川汉铁路大臣。

5月20日(四月二十二日) 孙中山分别致函宫崎寅藏、萱野长知,请向日本新内阁交涉其再入日本问题。

△ 邮传部尚书盛宣怀与德、英、法、美四国银行团在北京订立《湖北湖南两省境内粤汉铁路及鄂境内川汉铁路借款合同》(简称"湖广铁路借款合同"),款额600万英镑。

△ 湖南谘议局会同绅民千余人齐至抚署请愿,要求巡抚杨文鼎代奏,恳请收回铁路国有成命。

5月21日(四月二十三日) 孙中山赴华盛顿,希冀美政界人士实力援助中国革命。

△ 清廷以河南布政使沈庆瑜为贵州巡抚,贵州巡抚庞鸿书解职。

5月22日(四月二十四日) 清廷以铁路国有,湘省群情汹惧,命该省巡抚杨文鼎严禁刊单传布,聚众演说,倘若扰害治安,准照乱党办法,格杀勿论。

△ 清廷以铁路改归官办,谕令自降旨之日起,所有川湘两省租股,一律停止。

5月23日(四月二十五日) 黑龙江巡抚周树模以江省现有兵数仅4000余人,不足言国防、制内匪,奏请暂免裁汰防营。

5月24日(四月二十六日) 外务部以片马事起,滇省绅民对该部多有责望,密陈历年与英交涉滇缅界务之经过,请速定办法。清廷命内阁议奏。

5月25日(四月二十七日) 清廷以湖南浏阳县民因米贵暴动,捣毁警察总分各局，拥入各碓坊米铺及绅士家中闹事，夺取防队兵勇枪械，命巡抚杨文鼎查办，并严密防范，毋任再生事端。

5月27日(四月二十九日) 云南旅蜀同乡黄德润等愤英兵占据片马，会议应付方法，由护理川督王人文代奏。清廷谕饬外务部知道。

5月28日(五月初一日) 成都川汉铁路公司召开临时股东及各团体代表会议，到720人，议决奏请收回铁路国有成命，并暂缓派员接收。

△ 浙江鄞县余家湾农民数千人捣毁米店。

△ 邮传部接管邮政事宜，由邮传部左侍郎李经方兼邮政总局局长，派法国人帛黎为总办。

5月29日(五月初二日) 清廷派陆军四十二协统领官萧星垣充陆军第二十一镇统制官。

5月30日(五月初三日) 清廷命两广总督张鸣岐严防革命党，"严密查防，切实剿捕，毋得稍涉松懈"。

△ 清廷命湖南省因筑路所抽收之米、盐、房捐，概行停止。

5月31日(五月初四日) 孙中山复函旧金山同盟会会员李绮庵，对其热心筹办革命公司，从事筹款和习练飞机回国杀敌表示嘉许。

△ 湖南巡抚杨文鼎代奏湘路自办，清廷着传旨严行申饬。

△ 学部奏准设立中央教育会，制订章程14条。

是月 加拿大同盟会支部成立，冯自由为支部长，周连盛为副部长。温哥华加盟者百数十人，维多利亚加盟者数十人。

6 月

6月1日(五月初五日) 文学社在武昌召开第三次代表大会，议决成立阳夏支部，以胡玉珍为支部长，并在汉口设立交通处。

△ 邮传部大臣盛宣怀、督办粤汉川汉铁路大臣端方会电护理四川总督王人文，宣布处分川路股款办法：所有川路现存及已用之款，一律更换国家保息股票。

6月2日(五月初六日) 护理四川总督王人文代奏，据四川谘议局呈称，川省绅民纷纷函电，请饬暂缓接收川汉铁路，并请缓刊誊黄。清廷传旨严行申饬。

6月3日(五月初七日) 护理四川总督王人文复盛宣怀、端方电，主张对于川路存款700余万，应尽还川人。已用之款，则照度支部所议办法，全换给铁路股款。四国借款合同，但有拘束四川铁路财政之力，川人万不承认。

6月4日(五月初八日) 各省谘议局联合会讨论组织政党，将帝国统一会改为宪友会，是日在北京湖广会馆开正式成立会，举雷奋、熊佛苏、孙洪伊三人为常务干事，决定总部设北京，各省设支部，拟定章程29条、政纲六条，以“尊重君主立宪政体”、“督促责任内阁”相号召。

△ 驻墨西哥代办沈艾孙电外务部报告墨人排华，侨民被害316人，损失近百万，墨政府同意抚恤、办凶、保侨等五条。

6月5日(五月初九日) 广东南海县佛山镇商人反抗酒捐，焚毁包办酒捐之康永公司，捣毁米店，散布揭帖，号召人民起事。

△ 出使俄国大臣萨荫图奏请由农工商部筹募公债一二千万元，专为创办工业之资本，日后逐渐推广，并选派工业毕业学生，分赴各省调查工料物产，办理局产事宜。

△ 出使美墨秘古大臣张荫棠奏请整顿财政，宜速定为金本位，改铸法币。

6月6日(五月初十日) 广东粤汉铁路公司开股东大会，到千余人，表决收归国有案，结果全主商办。大会致电邮传部要求“撤销国有令，以昭大信”，又电湘、鄂、川三省，表示“唇齿相依，希予支持”。大会并定十五日(11日)继续开会讨论办法。

△ 江苏谘议局议长张謇自汉口乘京汉铁路火车北上，赴北京陈请组织中国报聘美国团及中美联合兴办航业公司事。次日，至河南彰德，晤袁世凯，交换对于时局意见。

6月8日(五月十二日) 孙中山抵洛杉矶。次日致函旧金山致公总堂,对其有意实行赞助中华革命事业表示赞赏和欣慰。

△ 张謇抵北京。越二日,谒内阁总理大臣奕劻。

6月9日(五月十三日) 两广总督张鸣岐发布告示,取消初十日(6日)粤路公司股本会议表决案,并禁止十五日(11日)预定召开之股东会议。

△ 邮传部通饬电局,禁止收发关于路事之通电。

6月10日(五月十四日) 各省谘议局联合会以皇族内阁“反君主立宪之公例,失臣民立宪之希望”,呈请都察院代奏实行内阁官制章程,另简大员组织内阁。

6月11日(五月十五日) 中国国民总会在上海张园开成立大会,到5000人,推沈缦云为会长,会员多系同盟会会员。

△ 两广总督张鸣岐奏陈,铁路干路收归国有,请从速决定归还股本办法。清廷命度支部、邮传部、督办粤汉川汉铁路大臣妥议具奏。

6月12日(五月十六日) 革命党人、日知会会员刘静庵因谋响应萍浏醴起义被捕,定为永远监禁,是日卒于武昌模范监狱。

6月13日(五月十七日) 摄政王载沣召见张謇于勤政殿。张謇历陈外交之危险,内政应以注重民生,实行宪政为要务。并陈“外交有三大危险期,内政有三大重要事”。

△ 两广总督张鸣岐奏陈,粤人为抵制收回粤路不用官发纸币,纷纷持票领银,牵动市面,拟向外国银行订借现款500万两,以备周转,并请早定归还股本办法。清廷着外务部、度支部速议具奏,并与督办粤汉川汉大臣妥速奏议还股办法。

6月14日(五月十八日) 文学社与共进会在武昌开第二次联合会议,达成联合初步协议。

△ 度支部大臣载泽约见邮传大臣盛宣怀及张謇,讨论收回四川铁道为国有方法。张謇建议,应将川路现存已用及亏倒各款,一律允还川人,平息保路风潮。

△ 邮传部奏准厘定全国铁路轨制。按照川汉所订之英式为定

式，逐渐改归一律。

△ 山东巡抚孙宝琦奏陈，宗支不宜预政。清廷以“措词失当”，传旨申饬。

△ 两广总督张鸣岐奏陈粤民对于路事抗拒情形，请坚持国有政策，准令商股悉领现银。清廷饬令度支部、邮传部、督办粤汉川汉铁路大臣，归并前案，妥速议奏。

6月15日(五月十九日) 各省谘议局联合会，以请督察院代奏两折，反对皇族内阁，皆留中不报，是日，致电各省谘议局，径电内阁请愿。

△ 清廷谕准两广总督张鸣岐订借外银500万两周转市面，并着该督认真防范，如有不逞之徒，倘敢纠众作乱，准如所请，格杀勿论。

6月17日(五月二十一日) 四川铁路公司召开大会，到四五千人，宣布成立四川保路同志会，举蒲殿俊为会长，罗纶为副会长。

△ 黄兴、胡汉民致书加拿大各埠同志，告以广州起义失败后党人在新军中势力甚大，而铁路国有问题激动民心，使广东、两湖、浙江、四川五省反对政府之气益炽，殷实商人愿附吾党者日众，决心乘此时机，卷土重来，深望美洲同志早作筹款之预备，切勿坐误事机。

△ 度支部、邮传部会奏，筹划收回川粤汉干路详细办法，对于川路现存之700余万，悉数更换国家保利股票，五年后分作15年还本；粤路每股先发还六成，其余四成发给国家无利股票，路成获利之日，分10年摊还。

△ 清廷命湖南布政使赵滨彦着开缺来京，另候简用；湖南布政使着郑孝胥补授。

6月18日(五月二十二日) 孙中山在旧金山建议美洲同盟总会与致公堂联合，经多次会商，是日发表联合布告，全体同盟会员加入致公堂。

△ 清廷以陈宝琛为山西巡抚。

6月19日(五月二十三日) 护理四川总督王人文以四国铁路借

款合同丧失路权国权，欺君误国，严劾邮传部大臣盛宣怀，请速治罪，然后修改合同，以救危亡。

6 月 20 日（五月二十四日）　东三省总督赵尔巽从移民垦荒入手，筹办东三省实业，奏准在奉天省城设屯垦总局，为三省移民开垦总机关。

△　御史陈善同奏陈，近年银号票庄屡见倒闭，请速行保商政策。

6 月 21 日（五月二十五日）　摄政王载沣在京召见新任湖南布政使郑孝胥。郑以急造恰克图铁路及借债造路两策为召对之语。

6 月 22 日（五月二十六日）　革命党人《天民报》在广州创刊。越二日，广东巡警道以该报"鼓吹革命，扰乱治安"为由，勒令永远停版。

△　江西抚州城（今属抚州市）米价昂贵，地主囤积居奇，农民四五千人捣毁积谷绅富家及米店。

6 月 23 日（五月二十七日）　中俄勘分呼伦贝尔边界会议在黑龙江省城齐齐哈尔举行第一次会议，中方出席者为勘界大臣周树模等八人，俄方为界务专员菩萨罗夫等六人。

6 月 25 日（五月二十九日）　孙中山在同盟会美国葛仑分会成立大会上演说国家与个人之关系，激励侨胞反满救国。

6 月 26 日（六月初一日）　浙江温州饥民捣毁米店、抢富户，全城罢市。越二日，又有万人哄闹厅署，拆毁法庭。

△　清廷命资政院总裁、副总裁会同内阁总协理大臣妥速改订资政院院章。

6 月 27 日（六月初二日）　护理四川总督王人文代四川绅民罗纶等 2400 余人奏请谕令速将四国借款合同即行废弃，尤恳严治盛宣怀误国殃民之罪，以重国典。

6 月 28 日（六月初三日）　四川重庆召开铁路股东分会，到 4000 余人，宣布成立"重庆保路同志协会"。

△　四川女子保路同志会在成都成立，通过《四川女子保路同志会公约》，选出总干事及评议员。

6月29日(六月初四日)　清廷派广西提督龙济光充陆军第二十五镇统制官。

6月30日(六月初五日)　各省谘议局联合会发表宣言，通告全国，指出铁路国有化政策失信于国人，反对皇族内阁。略谓：今日政府失信于国人者，约有下列数端：一、借债政策；二、改定币制政策；三、兴业政策；四、铁路国有政策；五、禁烟政策；六、外交政策。并谓：今日之政府"名为内阁，实则军机。名为立宪，实则专制"。"君主立宪国皇族不能充当内阁"。

6月下旬　湖北宜昌府城川汉铁路股东联合农民2000余人，捣毁该地铁路公司机器房，商人罢市。

是月　江西建昌府(今南城县)农民七八千人打毁盐局，捣毁南城县署。

7　月

7月1日(六月初六日)　东三省总督赵尔巽将关内各省移民分配东三省各地：直、鲁、晋、豫之移民分配吉林、黑龙江，鄂、苏、浙、粤之移民分配奉天、洮南府及东边一带。

7月2日(六月初七日)　四川保路同志会在成都南校场召开大会，三万余人欢送赴京请愿代表刘声元等三人。

△　邮传大臣盛宣怀、度支大臣载泽、督办川汉铁路大臣端方，电赵尔丰，指出："朝廷收回国有政策已定"，"万无动摇之理"，希望迅速由藏赴川就任署四川总督。

△　湖南衡州农民数千人捣毁太平圩食盐官运分局及税局。

7月3日(六月初八日)　清廷颁布《改订资政院院章》，凡65条。

7月5日(六月初十日)　孙中山函复党人郑占南，告已收到付款及今后行止。

△　都察院第二次代奏各省谘议局联合会呈称，皇族内阁不合君

主立宪公例，请另行组织内阁。

△ 张謇致书摄政王载沣，提出国事三策：一、请发表政见；二、实行阁部会议；三、广开幕府。

△ 张人骏奏准准募公债，扩充浦口商埠；又奏准缓裁绿营，俟至宣统六年一次裁尽。

7月6日(六月十一日) 各省谘议局联合会开秘密会议，商讨进一步反对皇族内阁办法。

△ 礼亲王世铎等奏称，八旗预算核减，碍难实行，着照向章办理。

7月7日(六月十二日) 湖广总督瑞澂奏陈，中国会计年度，应以7月1日为始。清廷令度支部核议具奏。

△ 江西巡抚冯汝骙奏请赣省试办公债；又奏，遵筹统一国库，发行国币，恳请提前办理。清廷下内阁会议具奏。

7月9日(六月十四日) 驻藏大臣联豫奏报西藏波密地区藏民暴动，现经调动分路剿办。

△ 清内阁电各省督抚严禁谘议局开会。如谘议局议员藉词开会，鼓动风潮，即随时查禁。

7月10日(六月十五日) 孙中山在旧金山倡议设立"美洲中华革命军筹饷局"，对外称"美洲金山国民救济局"，由朱三进、罗怡任正、副主席。孙中山手订《筹饷局章程》，凡12条，规定革命军宗旨为废灭鞑虏清朝，创立中华民国，实行民生主义，使我同胞共享自由、平等、博爱之幸福。

△ 江亢虎倡导之社会主义同志会(亦名中国社会民主党)在上海张园开成立会，发行刊物《明星报》。

△ 内阁会议，总理大臣庆亲王奕劻演说政纲。

△ 出使奥国大臣沈瑞麟以外患日亟奏请定联盟政策，联络德、美以遏英、日、俄、法之侵略。

7月上旬 江西乐安县米谷奇贵，农民数千人捣毁县署。

7月11日(六月十六日) 清廷以江苏布政使陆钟琦为山西巡抚，

直隶提法使齐耀琳为江苏布政使。

7月12日(六月十七日) 广西巡抚沈秉堃奏请整顿教育,特设银行,以振兴实业。

7月14日(六月十九日) 上海城西门外挑粪工人千余名罢工,并大闹县署大堂。

7月15日(六月二十日) 邮传部大臣盛宣怀电督办粤汉川汉铁路大臣端方,告已与川汉铁路驻宜昌总理李稷勋商定,修筑川汉铁路宜昌秭归段之事,由部委其主持,以现存川股700万两为其费用。

△ 清廷令陕甘总督长庚严办丹噶尔厅及西宁县聚众起事各犯,嗣后仍着意防范,免再滋生事端。

△ 中央教育会议在北京行开幕式,17日正式开会,推张謇为会长,共开会18次,议决12案,至8月12日闭幕。

7月16日(六月二十一日) 孙中山致函日本友人宗方小太郎,深望结合所识名士,发起提倡日本、中国人民之联络,启导贵国之舆论,游说贵国之政府,使表同情于中国革命事业。

7月18日(六月二十三日) 孙中山致函邓泽如,告以旧金山筹饷情形,并告嗣后当再往东美欧洲,以办外交要件。

7月20日(六月二十五日) 度支部通咨各省,自宣统四年(1912)开始,全国实行新币制,其兑换率为新币一圆合库平银七钱二分,含纯银质九成。辅币凡三种,计:五角币、二角半币、一角币,均含银质六成。

7月21日(六月二十六日) 孙中山在旧金山设立“美洲洪门筹饷局”(亦称“中华革命军筹饷局”),手订《洪门筹饷局缘起》及《革命军筹饷约章》。筹饷局议决由孙中山、张蔼蕴、黄芸苏、赵煜四人分途游美国南北各埠演说筹饷。

△ 清廷以铁路国有政策早经宣示,借款合同签押决无反汗之理,护理四川总督王人文一再渎奏,殊属不合,着仍凛遵迭次谕旨办理,倘或别滋事端,定惟该护督是问。

△ 王人文奏,四川绅民罗纶等以收路国有办法,对待川民未为持

平,请裁察。清廷诏切责之。

△ 上海《民立报》刊载税务处调查全国人口统计表,全国实有4.38425亿人。

7月22日(六月二十七日) 孙中山致函同盟会会员李是男,促其立即开办新筹饷局,由其管库,新旧两局银钱、帐目分清。

7月23日(六月二十八日) 四川派赴两湖代表江潘等三人,与湖北省谘议局副议长夏仲膺等会商联合反对清廷借款收路,决定联合湘粤,组织反对借款之联合机关,共同行动。

△ 清廷增设荷属爪哇岛总领事一员,泗水、苏门答腊正领事各一员。

7月24日(六月二十九日) 山东巡抚派员与德国驻济南领事、德国华德矿务公司代表在济南订立《中德收回山东各路矿权合同》。

7月28日(闰六月初三日) 孙中山致函越南同盟会会员刘易初,告以胡汉民将赴越南筹划军费,希望倡导,共襄大业。

△ 督办粤汉川汉铁路大臣端方电邮传部大臣盛宣怀、度支部大臣载泽,报告川人反对铁路国有,定初十(8月4日)开会,如系开保路同志会,应行切实严禁,请饬地方官出全力解散。

△ 直隶易州修崇陵土工700余人,要求增加工资,举行罢工,清廷谕令查明首要,交地方官从重惩办。

△ 广东新会县泗冲堡农民反对勒收沙捐,聚众数千人,拥至筹办处、沙捐局,声称誓死不允缴捐,并焚毁各捐局,张鸣岐派兵镇压,毙三人,重伤七八人。

△ 陈夔龙奏请将烟潍铁路收回官办,以保利权。

7月29日(闰六月初四日) 陕西临潼县举办地方自治,勒派亩捐,农民千余人反抗,商人罢市。

△ 清廷以湖北布政使余诚格为陕西巡抚,未到任前以布政使钱能训暂行护理。

7月30日(闰六月初五日) 邮传部大臣盛宣怀、度支部大臣载泽电四川署理布政使尹良，严禁川民集会反抗政府。

7月31日(闰六月初六日) 中国同盟会中部总会在上海开成立会，到宋教仁、陈其美、谭人凤等29人，举陈其美、宋教仁、谭人凤、潘祖彝、杨谱生分任庶务、文事、交通、财务、会计各干事，通过总会“章程”和“宣言”，设总机关于上海，各省设分部。

△ 清廷命四川总督赵尔丰赶于本月初十日(8月4日)川人开会以前抵省，并饬属开会之期多派员弁，实力弹压。

8 月

8月1日(闰六月初七日) 四川保路同志会代表白坚、龚焕辰、陈育到广州。越二日，开谈话会，粤省谘议局议长卢乃潼等莅会，白坚提议川粤联合共同破约，及联络湘、鄂四省共举代表赴京设破约总机关部一致进行。

△ 督办粤汉川汉铁路大臣端方电四川总督赵尔丰，对川人争路请从严干涉，力拒非理要求。

△ 邮传部照会浙路代表，已与英使磋商，允将沪杭甬铁路合同作废。

8月2日(闰六月初八日) 湖广总督瑞澂借口“莠言乱政”，下令查禁汉口革命党人创办之《大江报》，该报主笔詹大悲、何海鸣被拘。

8月3日(闰六月初九日) 四川保路同志会召开全体大会欢迎川路公司股东代表，到会近万人，股东代表张澜发表演说，号召股东代表与同志会诸君，共同排除障碍，破约保路。

△ 江苏丹阳、武进两县农民反对调查户口，成立“公议团”抵制官绅，反对自治局。

△ 督办津浦铁路事务、内阁协理大臣徐世昌奏，津浦铁路南段淮河桥工告成。

8月4日(闰六月初十日) 同盟会会员秦载赓召集各地哥老会首

领在资州罗泉召开“攒堂大会”,决定改同志会为同志军,于阴历七月间,在各地组织起义,推秦载赓、侯宝斋主持川南起义,张达三、侯治国主持川西北起义。

△ 上海川汉铁路公司董事局致电成都总公司,告以旅沪川人已成立保路协会,“以作臂助”。同日,留日四川全体学生致电邮传部及成都川路董事局称:“川路国有,阴即外有。川人危极,速死力争,死不承认。”

8 月 5 日(闰六月十一日) 川省铁路公司开特别股东总会,通过《遵先朝谕旨四川川汉铁路仍归商办意见书》,举汤颜楷、张澜为正、副会长。

8 月 6 日(闰六月十二日) 同盟会会员杨笃生因广州起义失败及列强有瓜分中国之说,在英国利物浦愤而投海自杀。

△ 上海闸北协和、晋昌、长纶、锦华四丝厂女工,举行同盟罢工,要求增加工资,勤昌、久成两丝厂女工响应,总计罢工人数为三四千人,坚持 10 天,丝厂总公所允加洋 1 分。

8 月 8 日(闰六月十四日) 江苏句容县农民反对办垦务,聚众五六万人,冲入城内,焚毁店铺、商会、自治公所、学堂、巡警局及天主堂等处,烧毁城外垦牧公司。

△ 摄政王载沣面谕阁臣,各省纷纷自借外债,于国家前途异常危险,嗣后无论何省,不经政府同意,擅借外款者,国家不认偿还。内阁即电各省督抚遵守。

△ 清廷命湖南巡抚杨文鼎与陕西巡抚余诚格对调。

8 月 10 日(闰六月十六日) 孙中山复函荷马李,告以国内运动新军发动起义。谓:“在北京以外的有十余镇以上确有把握,而首都的所有各镇亦皆大有希望”,同志吴禄贞已被任为第六镇统制。又谓:“近日我收到大量来函,催促我尽快东返并从速发动起义。当前未办之唯一急务仍在设法为起义筹集必要的资金。”

△ 川路公司开股东会,以川路驻宜分公司总理李稷勋,未经股东

会议决,即呈邮传部定接收办法,决议辞退。同日并请赵尔丰代奏纠劾盛宣怀与李稷勋"私相授受"、"违旨盗权"之罪。

△ 清廷调集禁卫军及近畿各镇于永平附近,举行大操,派管理军谘事务、贝勒载涛为校阅总监。

△ 农工商部奏准南洋各埠亟应筹办者三端:一、维持华商学堂;二、保护各埠华工;三、优待回国商民。

8月11日(闰六月十七日) 孙中山函复同盟会会员郑泽生,指出各省民心之望革命军起,已若大旱之望云霓,望纠合同志,竭力资助。

△ 全国教育会在北京成立,通过章程,举张元济为会长,伍建光、张謇为副会长。同日,张謇发起之全国师范联合会在北京成立。

8月12日(闰六月十八日) 学部大臣唐景崇通电各省提学使饬各学堂注重实业。

8月13日(闰六月十九日) 同盟会会员林冠慈、陈敬岳在广州南门内双门底炸伤广东水师提督李准,林当场牺牲,陈被捕。11月7日,陈敬岳遇害。

8月14日(闰六月二十日) 湖广总督瑞澂与英国汇丰银行、德国德华银行、法国东方汇理银行及美国银行家在汉口订立《湖北省七厘银借款合同》,款额200万两。

△ 端方电盛宣怀,川人赴各省运动反对铁路国有政策,署川督赵尔丰须"宽猛兼用",始可收拾。

△ 清廷以豫东归德府连遭荒歉、抢案迭出,命直隶总督陈夔龙、两江总督张人骏、江苏巡抚程德全、安徽巡抚朱家宝、山东巡抚孙宝琦、河南巡抚宝棻协力捕拿,以靖地方。

△ 新疆巡抚袁大化奏准新省缓办新政,先行办理垦荒、开渠及采矿等事宜。

8月15日(闰六月二十一日) 民政部奏准整饬地方自治办法。

△ 清廷调善耆为理藩大臣,以桂春署民政大臣。同日调凤山为广州将军,以寿耆为荆州将军。

8月16日(闰六月二十二日) 两广总督张鸣岐奏准再添勇10营,防备革命党。

△ 御史萧炳炎奏准各省除省城商埠业经设立审判、检察厅外,其余概从缓办;各省查照奉天办法,设特别地方审判厅。

8月17日(闰六月二十三日) 孙中山命美洲同盟总书记林朝汉复函古巴华侨黄鼎之,委任黄为当地主盟人。旋古巴同盟分会于哈瓦那成立。

△ 梁启超致书联络陆军第六镇统制官吴禄贞,此书由潘若海面递吴禄贞,并委潘与吴面详一切。

8月19日(闰六月二十五日) 安徽繁昌县荻港协和煤矿公司数百名工人反对克扣工资,遭清军镇压。

△ 内阁奏准本年七月一日(8月24日)改《政治官报》为《内阁官报》,以为公布法律命令机关。24日,《内阁官报》出版。

△ 清廷谕饬署四川总督赵尔丰转饬李稷勋,仍驻宜昌暂管路事,并责成该督迅速会同端方,将所有收款,分别查明细数,实力奉行。

△ 内阁会奏准裁汰府城首县,筹设各府地方审判厅。

8月22日(闰六月二十八日) 山西蒲州临晋、虞乡两县加派亩捐,农民数千人反对,各行一律罢市。

△ 赵尔巽奏报整顿奉省旗民各地粮租,改征国币。

8月24日(七月初一日) 川路特别股东会在成都召集紧急大会,到数万人,全场愤激,痛哭失声。下午续开大会,数万人拥入会场,全城罢市、罢课、罢税,街衢皆搭席棚,均供奉"德宗景帝万岁"牌举哀。

△ 新疆巡抚袁大化电内阁,拟向美国银行借债500万两,以为垦矿事业之用。

8月25日(七月初二日) 清廷以四川铁路股东会议后忽有传单鼓动罢市、罢课,令赵尔丰严行弹压,并保护各领事馆、教堂及重要局库。

8月26日(七月初三日) 盛宣怀电赵尔丰称,"要胁罢市、罢课即是乱党。……罢市、罢课首倡数人，一经严拿惩办，自可宁事宁人”。

8月27日(七月初四日) 四川荣县党人王天杰、马蛮子领导罢市、罢课、罢税，率民军训练所学生万余人，接收经征局，扣留县官局委，旋以总团长名义，在五保镇号召民团千余人，枪数百支，托名保路，宣告起义，旋向成都进发。

△ 奉天庄河厅潘永忠等抗纳警学各捐，捣毁复州自治议事会，包围府署。

△ 浙江镇海县山北东绪乡农民反抗征收肉捐，千余人捣毁自治公所，围城、毁学，各行罢市。

△ 外务部照会驻京英使朱尔典，自西历9月11日起禁止印度鸦片运入奉天、吉林、黑龙江、山西、四川五省。30日，朱尔典复照外务部，表示同意。

8月28日(七月初五日) 孙中山复函郑占南，告以收到来函及1500元，并告“礼拜四即初九日动程往砵伦并东方一带，不日或由纽约往英京”。

△ 盛宣怀电瑞澂，商请抽调鄂军入川，保护商埠，以作声援。

△ 署四川总督赵尔丰、成都将军玉崑等奏请川路暂归商办，将借款收路事件，分别交资政院、谘议局议决。

△ 督办粤汉川汉铁路大臣端方致电邮传部大臣盛宣怀，以“季帅(署川督赵尔丰)掌兵执法，不能保全治安”，建议请旨撤换赵尔丰，特派袁世凯赴川查办。

△ 俄公使廓索维慈晤外务大臣，称中国近在蒙古移民、练兵，整顿吏治，蒙民不安，俄不能漠视，将筹对付方法，请中国将办理蒙事宗旨，明白宣示。

8月29日(七月初六日) 瑞澂电盛宣怀，允派鄂军入川，并主严旨责成赵尔丰惩办川人。

△ 端方电内阁，严劾署四川总督赵尔丰。请明降谕旨，特派重臣赴川查办，俟部署略定，再行简派川督，并治赵尔丰以应得之处分。

8 月 30 日(七月初七日) 孙中山应黄兴要求,经洪门筹饷局汇去一万元港币,以供暗杀机关经费。

△ 清廷命邮传部、督办粤汉川汉铁路大臣,将川路路款轇轕妥速清理,明示办法,以释群疑,并饬赵尔丰剀切开导,俾各安心静候,照常营业。同日,又谕令成都将军玉崑协力维持,毋令滋生事端。

△ 内阁电赵尔丰,称收路借款不交资政院、谘议局议,朝廷不能收回成命,已将收路查款两事极力变通,大可借此转圜,深望川人顾全大局。

△ 赵尔丰电内阁,对于川人不可纯用压力,仍主交院、局分议,拯救眉急。并告英领来函议及路事,建议川路由川自修。

△ 两广总督张鸣岐与英国汇丰银行、法国东方汇理银行及德国德华银行在广州订立《广东省七厘银借款合同》,款额港币 500 万元。

8 月 31 日(七月初八日) 孙中山自美国旧金山致函吴稚晖,以黄兴为革命成败之关键人物,不宜再演汪精卫之悲剧,行个人暗杀主义。

△ 成都成立"官绅商学界联合维持会",维持市面秩序。

△ 瑞澂、端方电盛宣怀,川事为赵尔丰败坏至此,自非有威望重臣往为镇慑,难望收局。

△ 清廷以世续现在赏假,命李家驹署理资政院总裁。

9 月

9 月 1 日(七月初九日) 川汉铁路公司特别股东大会通过抗粮抗捐四项决议:一、不纳正粮;二、不纳捐输;三、不买卖田地房产;四、不认国债。

△ 清廷派湖广总督瑞澂、两广总督张鸣岐、署四川总督赵尔丰、湖南巡抚余诚格,各于粤汉、川汉所辖境内,会办铁路事宜。

△ 成都将军玉崑、署四川总督赵尔丰等电请内阁代奏,参劾盛宣怀操纵酿变。自请罢斥,另简重臣来川,以图补救。并恳请特开御前会

议，迅求救急弭乱之法。

△ 清廷据广东京官李家驹奏称，粤省兵扰民迁，大局岌岌可危，命两广总督张鸣岐将迅即恢复省城秩序办法奏明办理，并分饬李准、龙济光等约束所部，如再有滋扰情事，从重治罪。

9月2日(七月初十日) 孙中山偕黄芸苏离旧金山，赴美国北部各地筹饷。

△ 清廷派督办粤汉川汉铁路大臣端方迅速前往四川，认真查办铁路事宜。

△ 清廷命署四川总督赵尔丰对川中罢市罢课之举，切实弹压。

△ 赵尔丰电内阁，力陈挽救川局办法，实行改革主义，主张川路仍归商办，先定人心，徐图收拾之策。

△ 四川各府县电内阁，请求俯顺舆情，速开阁议，将路款各事，交资政院议决施行。

△ 奉天交涉使许鼎霖、邮传部特派工程师孙多钰与日驻奉天总领事小池张造、南满铁道株式会社代表掘三之助在奉天订立《京奉铁路延长协约》。

9月3日(七月十一日) 四川保路同志会代表白坚、龚焕辰等联络粤人在香港开广东保路会成立大会，通过章程28条，并派代表刘少云等三人赴京请愿，遣人赴南洋联络华侨。6日，端方电盛宣怀，请转商外务部与英使磋商，严禁川人在港开会。

△ 督办粤汉川汉铁路大臣端方电邮传部大臣盛宣怀、度支部大臣载泽，请求朝廷准其酌带鄂军入川，并请得随时调遣川中水陆新旧各军；如川人不听劝谕，有暴动情形，准其执法惩办。

△ 江苏新阳县巴城镇农民聚众二三千人抢米店。

△ 内阁以俄使面告奉政府训条，称中国近在蒙古办理新政，蒙民深滋疑虑，电科布多参赞大臣、库伦办事大臣、乌里雅苏台将军，以后举办新政，务先婉切开导，审慎办理。

9月4日(七月十二日) 全四川股东保路同志会发出宣言，反对清廷“不依法律而举债，不依法律而收路”，宣布“今自初九日（9 月 1 日）起，实行不纳租税，已纳者不解，既解者不交，万众誓死，事在必行”。

△　清廷以川路风潮剧烈，命端方懔遵前旨，迅速前往四川查办铁路事宜，不准藉词推诿延宕，如须酌带兵队，着就近会商瑞澂办理。

△　清廷命四川提督田振邦，严饬各营妥为弹压地面，以保治安，倘弁兵有勾通匪徒情事，定惟该提督是问。

△　清廷以赵尔丰、玉崑等奏请川路交资政院议决暂归商办，传旨申饬。并谓现在省州县已有烧毁局所之势，仍着赵尔丰迅速解散，切实弹压，勿任蔓延为患。

△　湖南同盟会会员刘安邦在长沙开会，到 200 余人，密谋乘四川保路风潮之机，联络新军举事。

△　广东东莞县石龙镇农民千余人拆毁自治公所及捐局。

9 月 5 日（七月十三日）　川汉铁路股东特别会召开大会，讨论应付端方带兵入川查办之办法。会上同盟会会员朱国琛等散发《川人自保之商榷书》，号召在“自保”名义下，举行武装起义。

△　署四川总督赵尔丰奏称，“谨当懔遵谕旨，迅速解散，切实弹压”，并谓如川人不听解散，势必剿办，请朝廷主持。

△　端方奏请另派重臣赴川查办。清廷不准。

△　内阁会同度支大臣载泽、邮传大臣盛宣怀联电督办粤汉川汉铁路大臣端方，迅速赴川省，坚持铁路国有政策，持平办理。

9 月 6 日（七月十四日）　清廷命军谘府、陆军部电饬川省水陆新旧各军暂由端方随时调遣。

△　中俄议约大臣陆徵祥奏报与俄议新约五条，其中规定：俄领驻地准俄人置产，其余各地只准租地；松花江、黑龙江、乌苏里江航权另议。

△　清廷调陆徵祥为出使俄国大臣，以刘镜人为出使荷国大臣。

9 月 7 日（七月十五日）　署四川总督赵尔丰诱捕四川谘议局议长蒲殿俊、副议长罗纶，股东会会长颜楷、副会长张澜、铁路公司主席董事彭芬等9人，成都数千人手捧光绪帝牌位涌入督署和平请愿，要求释放蒲、罗等人，赵尔丰下令开枪，32人死难，酿成“成都血案”。

△　四川京官在全蜀会馆开大会，议路事维持办法，决定上书摄政王载沣，并奏请暂归商办，另派大员赴川查察抚慰。

△　广西巡抚沈秉堃奏准密捕革党以防煽惑等维持右江地方治安办法。

9月8日(七月十六日)　四川新津哥老会首领侯宝斋、双流同盟会会员向迪章分别发檄起义。次日，两军向成都南郊逼进，前锋队与清军在红牌楼激战。清军将领姜登选、方声涛、程潜、张次方、陈锦江等皆革命党人，奉令督战，因同情同志军，密令所部只取自卫，勿伤害平民，同志军势大振。

△　同盟会会员、华阳县中兴场同志协会会长、哥老会首领秦载赓率同志军千余人，经中和场、琉璃厂，抵成都东门外牛市口，在大面铺、西河场、赖家店一线与清军作战。

△　甘肃西宁府农民数千人起事，占领府城。

△　清廷以川人抗粮抗捐，倡言自保，罪无可逭，令赵尔丰迅速查拿，将首犯正法，妥速解散胁从，毋任蔓延为患。

9月9日(七月十七日)　四川保路同志会代表刘声元至北京地安门上书摄政王载沣，请收回成命，并治当事大臣以应得之罪。

△　清廷命瑞澂遴派得力统将，酌带营队，迅即开拔赴川，暂归赵尔丰节制调遣。该署督务当督饬兵队，相机分别剿办。

△　四川谘议局副议长萧湘由京抵汉，瑞澂下令拘拿，发武昌府看管。

△　清廷从湖南京官、大理院少卿王世琪奏，准将湘路公司股票换给国路股票，一律分红分息。并令邮传部会同督、会办铁路大臣，即日派员接管湘路。

△　都察院全体会议联名奏参粤督张鸣岐、水师提督李准杀戮无辜，致酿地方变乱，又复遇事张皇，欺君邀功，请加处治。

9月10日(七月十八日) 四川保路同志会代表刘声元赴庆亲王府向奕劻跪哭请愿,呈递内阁代奏挽救川事文,围观者数千人。

△ 督办粤汉川汉铁路大臣端方率带鄂军三十二标两队,由鄂乘"楚同"舰启程赴川查办。

△ 奉天庄河厅福来社农民三四千人反抗调查户口,并烧毁自治公所、巡警局。

△ 川粤汉铁路长沙、株洲段通车。

9月11日(七月十九日) 同盟会会员、哥老会首领秦载赓督大队攻成都,战斗失利,退至仁寿县借田铺设东路民团总机关,未几,各属来会者,众逾20万。

△ 清廷命学部严饬各学堂认真约束学生,不准随意出堂,干预外事,并着民政部、步军统领衙门,严行禁止聚众开会,多派兵警,加意弹压。将四川代表刘声元严密查拿,押解回籍,交地方官严加管束。

△ 御史陈善同奏陈,川省路事日棘,请将办理不善之大臣盛宣怀量予惩处,并饬妥速设法维持,以安人心而弭巨变。

△ 端方电盛宣怀、载泽,主张粤路仍归粤办,但须责以三年告成,以防川粤联合有危大局。

9月12日(七月二十日) 孙中山致函日人宫崎寅藏,告已抵西雅图,探询日本西园寺公望新内阁对中国革命党之方针,并望再托犬养毅向新内阁交涉准予入境事宜。

△ 四川巡防军第八营书记周鸿勋发动兵变,枪毙管带黄恩瀚,在邛州(今邛崃市)宣布起义,响应同志军。

△ 清廷以川人散布《自保商榷书》,命赵尔丰严饬新旧各军"将倡乱匪徒及时扑灭,勿任蔓延"。并令川省绅民照常开市、开课。

△ 摄政王载沣面谕阁臣电致赵尔丰、端方,严拿首要,切实劝导商民毋得违旨倡乱,如有暴动,准予格杀勿论。

△ 清廷命此次赴川鄂军,均准暂由端方节制调遣,所调陕西入川军队,暂令在川陕交界扼紧填扎。

△ 御史温肃奏，川民借端煽乱，恐牵动大局，端方前往，恐不能了此大事，宜简派威信素著之大臣，率同四川京官，抽调湖北、江南诸军约10营入川，以遏乱萌。

9月13日(七月二十一日) 民政部大臣桂春奏报，四川保路同志会代表刘声元已被拿获，即日押解回籍，并饬外城巡警总厅严禁聚众开会演说等事。

△ 盛宣怀电请赵尔巽电商瑞澂，会同电奏改派岑春煊赴川查办。

9月14日(七月二十二日) 孙中山复函萧汉卫，四川革命军业已发动，全国各省当急起援应，将不待筹款之成，立即回国。

△ 文学社与共进会在武昌开第三次联合会议，刘公主席，议决派居正、杨玉如二人赴沪邀黄兴和同盟会中部总会宋教仁、谭人凤到汉主持大计。

△ 清廷以四川数万人，四面围攻省城，命瑞澂严饬所派赴川军队，不分水陆，设法兼程前进，务令克日抵川，迅平此乱。

△ 盛宣怀电云贵总督李经羲、贵州巡抚沈瑜庆，请调近川之处滇黔军队千人，入川镇压保路同志会。

△ 四川同乡京官乔树枏、曾鉴、施愚等22人电四川各府厅州县，宣称铁路国有政策，使“国家兴利”，“不令吾民吃亏”，吁请同乡父老“从速解散”，静候查办，“万勿自误”。

9月15日(七月二十三日) 清廷命开缺两广总督、前任四川总督岑春煊，即着由上海乘轮，即刻启程，前往四川，会同赵尔丰办理剿抚事宜。

△ 内阁电端方，距成都附近之镇道内，如有可援军队，并希就近调遣，迅解城围。

△ 鄂军第十六协三十一标共1400名军兵，由协统邓承拔率领乘“江和”轮离汉启程赴川，弹压保路运动。

△ 邮传部奏准，审定商办轮船招商局股份有限公司章程并改良办法。

9月16日(七月二十四日) 居正、杨玉如受文学社、共进会委派赴沪,催黄兴、宋教仁、谭人凤到鄂主持大计,并携款到沪购买手枪,以备举事之用。宋教仁、陈其美、谭人凤、居正等连日在陈其美住所召集上海机关部会议,决定沪、宁同时发动,并由吕天民携函前赴香港,同黄兴联系。

△ 四川温江同志军统领吴庆熙率部在辜家碾与巡防军激战六小时。越二日,又会同崇庆同志军西军统领孙泽沛在温江三渡水伏击新军,毙敌八九十人,彭县同志军首领刘丽生率众会合后,夜击清军于温江北街进行巷战。

△ 福州轿夫数百人反对轿捐,举行罢工。船户聚众抗船捐。轿夫、船夫联合烧毁警局、警道署、审判厅、拘留所,释放监犯。19日始平息。

9月17日(七月二十五日) 四川旅沪保路协会开特别大会,到千余人,议决举代表面谒岑春煊,请勿带兵入川。

△ 办理四川剿抚事宜岑春煊自沪电蜀中父老子弟、士农工商,望各安其业,一切未决之事,春煊一至,即当开诚布公,共筹维持挽救之策。又电四川全省道府厅州县武营,自此电到后,地方人民,苟非实行倡乱,不得妄加捕治;其因乱事拘拿在先者,亦不得擅行杀戮。

△ 岑春煊电内阁代奏川事办法,并请抽拨滇兵两营随行入川,以备调用。

△ 张鸣岐电邮传部,川代表在港煽动勾结,实为隐患,拟请设法妥商英使转电港督,请其驱逐离港。

9月18日(七月二十六日) 清廷电岑春煊,所陈川事办法尚合机宜,准拨滇兵随行入川,所有川省水陆各军及各省所派赴川援军,俟岑春煊抵川后统归其暂行节制调遣。

△ 清廷命岑春煊未到任前,仍着端方督队趱程前进,迅解成都之围。

△ 清廷命贵州巡抚沈瑜庆酌派得力兵队,迅即开拔抵川,暂由赵

尔丰节制调遣。

△ 赵尔丰电内阁请代奏，成都已陆续开市、开课，惟外县暴动纷纷继起，前仆后起，遍地皆是。我军兵本不足，难于充补，已有不暇兼顾之势，请饬下鄂督瑞澂，再增派步兵两标，克期驰援。

△ 新疆巡抚袁大化以新疆地荒人少，财政支绌，奏请文武官员无论垦牧矿工，确有成绩者，分别奖叙。“并破除服官省分不准置买产业之例，以资鼓励，而广招徕”。

9月19日（七月二十七日） 岑春煊电内阁代奏治标治本之策。请明降谕旨，暂行酌量保释被押诸绅，为治标不可缓；敕下邮传部将收回国有各路商股均照十成现款给还，并由朝廷下罪己诏，为治本不可缓。“标本兼治，迎刃而解”。并告次日乘轮赴鄂。

△ 广东归善县淡水圩梁子云宣传革命被捕，农民多人夺回梁子云，拆毁司署大门及酒捐公所。

△ 清廷从御史路士桓奏，命各省督抚各饬所属，加意防范，遇有借川路为名开会演说情事，即行解散禁止，沿江沿海一带暨滇越各界，尤宜严防军械输入，接济四川同志军。

9月20日（七月二十八日） 清廷谕令赵尔丰严饬各军，分路剿办四川同志军。

△ 赵尔丰电内阁请代奏，成都现已解严，人心渐觉安定。同志军最有势力者，惟温江县、双流县两处。“我军攻击，甚觉费手”。

△ 岑春煊以成都同志军已被击退，赵尔丰力能镇压，是日电内阁代奏拟请收回成命，毋庸春煊再行往川。次日，清廷命岑春煊仍当遵旨迅速赴川，相机办理剿抚事宜，所请收回成命之处，着毋庸议。

△ 江苏震泽县农民抢米，捣毁自治公所。

9月21日（七月二十九日） 端方行抵万县，并出示晓谕川人迅速解散。

△ 清廷从赵尔丰奏，命军谘府迅速电商瑞澂，再增派兵两标，克期援川。

△　清廷从张鸣岐奏，派滇军分统候补参将黎天才统率两营前往四川。

△　闽省轿夫聚众抗收轿捐，焚毁巡警道署，释放囚犯，打伤巡士61人，清廷谕命闽浙总督松寿严行防范，查拿首要，尽法惩治，毋令再生事端。

△　浙江山阴县西塘“沙民”2000余人捣毁绅富数家。同日，江苏吴江县农民聚众抢米。

9月22日(八月初一日)　端方电盛宣怀、载泽，指责岑春煊收回成命之请“不顾大局成败，且使朝廷无立足之地”，主张坚持铁路国有政策，反对清廷下罪己诏，并斥岑春煊此等居心乃专想作内阁总理。

△　荆州右翼副都统松鹤奏请罢邮传大臣盛宣怀，简派前督臣锡良或江苏巡抚程德全，前往四川查办。

9月23日(八月初二日)　赵尔丰电内阁代奏，报告川省战事。并谓新津、彭山已被同志军占领，成都附近各县到处有同志军，官军地广兵单，顾此失彼，势处两难。

9月24日(八月初三日)　文学社与共进会在武昌开第四次联合大会，讨论起义计划，到60余人，孙武为临时主席。会议通过军政府组成人员(总理为刘公)名单，确定10月6日(中秋节)为起义日期，迅电湖南焦达峰，同时发难。决定组织临时总司令部，推蒋翊武为革命军临时总司令。

△　武昌南湖新军第八镇炮队第八标三营左队士兵与排长刘步云发生冲突，霍殿臣等拥入军火库内抢夺大炮，准备暴动，因无炮弹，霍等遂弃炮逃走。党人起义消息泄露，武汉戒严。

△　清廷命赵尔丰督饬军队，早日击散温江、双流两县同志军。

9月25日(八月初四日)　孙中山复函荷马李，告以四川保路风潮“为民众与政府之间发生铁路争端所引起”，“我们从未打算让四川军队在国民运动中起首倡作用”。

△　办理四川剿抚事宜岑春煊自上海乘轮赴川。

△　清廷以温江、崇庆、新津、彭山等县为同志军所据，命赵尔丰督饬军队迅速扑灭，并着端方督率鄂军前进。

△　东三省总督赵尔巽致电内阁，主张划分办理四川剿抚事宜岑春煊、署川督赵尔丰权限。岑驻重庆，办理东南镇抚事宜，或令驻宜昌。兵事仍听川督命令。并仍饬赵（尔丰）、端（方）勿得姑息长乱。

△　福建莆田县农民抗警捐，捣毁禁烟公所及各绅董家，各行罢市。

△　江苏元和县车坊乡农民数百人到县署报荒，并抢米店。

9月26日（八月初五日）　侯宝斋率四川南路同志军自成都南郊回师，攻占双流，与周鸿勋所部会师新津。各方应召来新津者，号称十万，侯、周分任川南全军统领、副统领。

9月27日（八月初六日）　江苏苏州黎里乡农民数百人捣毁自治公所。

△　贵州巡抚沈瑜庆电盛宣怀，援川黔军统带董福开部已抵达重庆。

9月28日（八月初七日）　湖南同盟会会员焦达峰函告武昌起义指挥部，10月6日起义湖南准备未足，请展期10天。起义指挥部决定10月16日（八月二十五日）湘鄂两省同时发难。

△　邮传部大臣盛宣怀奏请开缺回籍。清廷不准。

9月29日（八月初八日）　岑春煊电盛宣怀，告已行抵武昌，表示川路如不全还路股，则仍必极力请退。

△　庆亲王奕劻奏请开去总理大臣管理外务部差缺。清廷不准。

9月30日（八月初九日）　黄兴致函冯自由，请转致孙中山，设法急筹大款，以谋响应四川保路运动。

△　湖广总督瑞澂致电邮传部称，在武昌与岑春煊论川事意见不合，岑所挟宗旨“则平川乱不足，反以长川人之骄肆”，请阻止岑春煊入川。如将“其所请各节，量为驳议”，则岑氏势必力辞，“趁此降旨照准”。

△ 邮传部与丹麦大北电报公司在上海订立《厦门鼓浪屿水线合同》。

是月 江西兴国州劣绅开煤矿侵占民田，附近居民数百人捣毁煤矿公司。

10 月

10月1日(八月初十日) 清廷命端方饬令所派军队扼沿江驻守，严密防范，勿使四川同志军向东发展。

△ 清廷命英人安格联为总税务司。原任赫德9月20日卒于英国。

10月2日(八月十一日) 浙江镇海县农民反对征收警捐，各行罢市。

△ 岑春煊抵鄂，旧病复发，奏请开去差使。清廷命其暂缓赴川。

10月3日(八月十二日) 黄兴自香港函复同盟会中部总会，赞同武汉起义计划，并告以南洋筹款事尚难定行止，盼居正先来港一商。

△ 四川同志军胡潭(重义)率队5000余人，占领嘉定府。

10月4日(八月十三日) 黄兴急电邓泽如等，告以武汉新军发动在即，将往策应，请速筹款。

△ 赵尔丰电内阁代奏，请饬湘抚于川湘接近之处，选派精壮兵队两三营，迅速援川。

△ 清廷颁布国乐专章。歌词曰："巩金瓯，承天帱，民物欣凫藻，喜同袍，清时幸遭，真熙皞，帝国苍穹保，天高高，海滔滔。"此系我国正式颁布之第一首国歌。

△ 广(州)九(龙)铁路通车，全长163公里。

10月5日(八月十四日) 黄兴得居正由沪派人来香港报告，知武昌起义事在必行，是日致函旅居加拿大同盟会会员冯自由，请转电孙中山，急筹巨款助之。

△ 清廷谕令本年九月四川谘议局常会俟军事稍定，道路畅通，即行召集开会。

△ 外务部以意大利、土耳其两国宣战，通饬各衙门，饬令所属一体遵守中立。

10月6日(八月十五日) 黄兴致函宋教仁、陈其美、谭人凤、居正等，告以“吾党发难时之组织，不可不以军律行之”。凡事先重计划，计划一定，只有命令，不得违抗。

△ 四川同盟会会员邓絜、邓树北等率革命军攻占屏山，宣布独立，旋失败。

△ 清廷以川省同志军此起彼伏，蔓延可虞，命赵尔丰饬各军分路认真剿办。

△ 湖广总督瑞澂恐党人八月十五日(中秋节)起义，下令武汉特别戒严。

10月7日(八月十六日) 黄兴致函美洲华侨伍平一、黄芸苏、李是男等，告以四川铁路风潮其势甚急，湘鄂军队极表同情革命，请竭力筹款。同日以同样之内容致函美洲致公堂及筹饷局。

△ 宋教仁、陈其美、谭人凤、居正等在上海陈其美宅会商，派谭人凤当晚乘火车赴宁，约革命党人举事。

△ 清廷命端方立即赴川，与赵尔丰妥筹布置一切事宜，到成都后，赶将路事妥速筹议具奏。

△ 清廷命瑞澂、余诚格，于川湘接近之处，酌量选派得力湘军两三营迅速赴川，暂归端方、赵尔丰节制调遣。

△ 清廷命张鸣岐，所有派往援川粤军着即回粤，暂缓入川。

△ 川督赵尔丰致电内阁代奏，报告各地战事。略谓：“灌县不守，知县被禁。汶川有匪数千人，烧毁县署，知县无着。川东各州县，多有请兵保护者。”又谓：“邛州下路巡防第八营兵变，营官黄恩翰惨遭毙。”

△ 清廷颁布《盐政院官制》，改盐政处为盐政院，管理全国盐务，以度支大臣载泽兼盐政院大臣。

△ 清廷从江西巡抚冯汝骙奏，暂缓裁撤赣省防营。

10月8日(八月十七日) 端方电内阁，报告四川同志军活动情形。嘉定文(十二日，即10月3日)失守。“现在匪情，军多即避，军过则起，军弱则接仗”，请派重兵“节节防剿”。

△ 清廷从张鸣岐奏请，命粤省防营暂缓裁减。

10月9日(八月十八日) 共进会孙武等人在汉口俄租界宝善里14号总机关部配制炸药，不慎爆炸，孙面部受伤，被送往医院，俄捕闻声前往搜查，捕党人刘同、王炳楚等，搜走党人名册、旗帜、印信、文告等。

△ 武昌小朝街85号文学社蒋翊武、刘尧澂(复基)、彭楚藩、杨宏胜等人，获悉汉口机关失事，决定于当夜12时发动，拟定命令，以武昌南湖炮八标鸣炮为号，各营同时起义。

△ 夜，武昌小朝街机关部遭破坏，刘尧澂、彭楚藩等被捕。此前，杨宏胜因演试炸弹爆炸，亦为巡警捕去。次晨，彭、刘、杨于督署门外遇害。

△ 清廷以四川同志军近日蔓延多处，并有占据嘉定等城池之事，命赵尔丰严饬各军，迅将失守地方克复，并即与端方和衷商办，妥为布置，以期川乱早日廓清。

△ 清廷命端方，彻底查明川省“商榷书”及“同盟符”。

△ 清廷从岑春煊奏，准回上海就医。

△ 赵尔丰电军谘府，告以省城附近州县温、郫、灌等处，“大约不下万人，日有围攻省城之惊”。“嘉定、眉州、彭山、仁寿等处，一片贼氛”。“由新津以西，直至清溪、荥经，地为匪据”。又谓：“小北川、顺庆、潼川一带同志会前往勾煽，亦有跃跃欲动之势。”请多派客军入川。

△ 邮传部奏准西潼铁路收归官办。

10月10日(八月十九日) 武昌起义爆发。夜，共进会工程营总代表熊秉坤率领工程第八营首先发难，夺取楚望台军械库。城外塘角辎重营举火起义，由李鹏昇、余凤斋分别率队奔赴楚望台，占领凤凰山。

文学社社员蔡济民、彭纪麟分率第二十九标、三十标，方兴、李翔东率陆军测绘学堂学生齐集楚望台。南湖炮八标徐万年、蔡汉卿率800名士兵进入中和门，同工程、辎重两营会师。各队起义新军共约2000人，举工程营左队队官、日知会会员吴兆麟为总指挥，兵分三路于10时半进攻总督衙门，与清兵彻夜激战。瑞澂逃登“楚豫”舰，第八镇统制张彪率残部窜汉口。

△　清廷以鄂境粤汉川汉铁路接收完竣，瑞澂“办事明敏”，“不负委任”，是日，传令嘉奖。

△　清廷命赵尔丰激励将士，早日克复四川失守各地方，端方日内即可抵渝，着即会商该大臣，分路进剿。

10月11日(八月二十日)　武昌起义新军攻占总督署，武昌全城光复。是役，起义新军死伤20余名，督署守兵死40余名，伤30余名，旗兵共死500名，俘虏300余名。

△　湖北军政府成立。革命军总指挥吴兆麟在武昌阅马厂谘议局召开会议，到革命党人及谘议局正副议长、议员及以绅耆共数十人，议长汤化龙主席，举第二十一混成协协统黎元洪为鄂军都督，汤化龙为总参议，发布《中华民国军政府鄂都督黎布告》，宣布起义宗旨，号召推倒清政府，建立中华民国。

△　湖北谘议局议长汤化龙致各省谘议局通电，告以武昌光复，望各省“同心响应”，“奋起挥戈”，“立举义旗”。

△　夜，清军第八镇第三十标第一营管带郜翔宸率兵百余人进攻都督府，都督府铨叙长李翊东指挥守卫80余人，击退郜兵。

△　孙中山抵美国科罗拉多州典华城，译读黄兴十余日前从香港发来之密电：“居正从武昌到港报告新军必动，请速汇款应急。”

△　日知会会员梁钟汉发动湖北汉川举事，汉川光复。次日成立汉川军政分府，举梁钟汉为总司令。

△　四川同志军文显模等率二三百人占领隆昌县城，建立革命军司令部，隆昌独立。

△　清廷从外务部奏，墨西哥、秘鲁专派驻使，西班牙、葡萄牙共派驻使一人（使馆设西京），巴西以驻法国使臣兼辖，以驻俄使臣兼辖瑞典，驻荷兰使臣兼辖丹麦。

10 月 12 日（八月二十一日）　湖北军政府发出《布告全国电》等 10 道通电，宣告武昌光复，请即同时响应。同日，又电上海黄兴、宋教仁、居正来湖北，并请转电孙中山从速回国主持大计。

△　湖北军政府照会驻汉口各国领事，声明清廷与各国缔结之条约，“皆继续有效”，“赔款、外债照旧担任”，各国既得权利及各国人民财产“均一律保护”。同时宣布，此后清廷所为，“军政府概不承认”。

△　湖北军政府编组各军队成立四协，举宋锡全、何锡藩、邓玉麟、张廷辅分统之。20 日复扩充分四协，派熊秉坤、杨载雄、涂镇坤、罗鸿升统领。

△　孙中山在美国典华城从报纸上获悉“武昌为革命党占领”之报道后，决定放弃在美筹款计划，往纽约转赴英国从事外交活动。

△　清廷命湖广总督瑞澂革职，暂署湖广总督，以观后效。并令军谘府、陆军部迅派陆军两镇，由陆军部大臣荫昌督率，迅速前往，所有湖北各军及赴援军队，均归节制调遣，并饬海军提督萨镇冰率舰，会同长江水师，即日赴援。

△　文学社赵承武率第二十一混成协四十二标二营在居仁门发难，响应武昌起义，光复汉口。14 日，湖北军政府任命詹大悲为汉口军政分府主任，何海鸣副之。

△　文学社阳夏支部长胡玉珍率第二十一混成协四十二标一营起义，光复汉阳。

△　清廷为严防各地响应武昌起义，命张人骏、程德全、朱家宝、冯汝骙加意防范，并令各省督抚严密侦防，以免海外革党潜入内地，滋生事端。

△　清廷命直隶总督陈夔龙、河南巡抚宝棻、署湖广总督瑞澂加派军队，认真保护京汉铁路，并令宝棻专派得力兵队，保护黄河铁桥。

△ 清廷命赵尔丰严防川省响应武昌起义，并令俟黔湘军到，即分途剿办。

10月13日(八月二十二日) 下午，湖北军政府开军事会议，黎元洪当众宣布赞成革命，“成败利钝，生死以之”。

△ 湖北军政府派清军第八镇统制张彪亲信齐宝堂携黎元洪函渡江，招降张彪。遭拒。

△ 清廷以驻武昌第八镇统制官张彪，仓皇弃营逃出，命即行革职，并着瑞澂责令迅速痛剿，克复省城。

△ 孙中山由美国圣路易抵芝加哥，为芝加哥同盟分会代拟召开预祝中华民国成立大会通告。大会于15日举行，“仰各界侨胞届期踊跃齐临庆祝”。

△ 胡石庵主编《大汉报》在汉口创刊。同日，《民国日报》在汉创刊。

△ 河南巡抚宝棻派标统张锡元率新军二营、巡防一营抵汉口。张到汉因慑于革命军之声势，遂派人同革命军讲和，诈称归降。军政府派李国荣等携洋数千元犒赏豫军。

△ 驻汉口英、法、日、俄、德五国领事举行领事团会议，接受法国领事罗氏建议，各国保持中立，对革命政府不加干涉。

△ 清军第十七镇朱庆澜所部自10日进攻四川新津城，与同志军激战多次，是日攻陷县城。20日，清廷传旨嘉奖。

△ 清陆军部大臣荫昌派员赴日使馆恳请青木少将由日本火急购买炮弹30万发，枪弹6400万粒，步枪1.6万支。16日，日外务大臣内田康哉复电日使伊集院，决定“予以充分援助”。

△ 度支部奏准《调查官有产业简章》，凡10条。

△ 两江总督张人骏奏准借洋款500万两，24日又奏准加借洋款200万两，均以应紧急军需。

△ 俄国代理外长尼拉特夫电驻京俄使廓索维慈，借中国爆发革命之机，迫清廷“承认俄国在蒙古的既得权益”。

10月14日(八月二十三日) 清廷补授袁世凯为湖广总督，并督办剿抚事宜，所有该省军队及各路援军均归其节制调遣。

△ 黎元洪派夏维松、李国镛至汉口晤各国首席领事俄领敖康夫，请其承认民军为交战团体。

△ 同盟会会员谭人凤、居正奉黄兴命抵武昌，召集党人开会，议决即请谭、居二人速回上海，请黄兴、宋教仁来鄂，并促各省响应。

△ 湖北军政府照会驻汉口各国领事，请即时将停泊汉口租界六码头之“楚豫”兵舰(瑞澂伏处该舰)驱逐出境，希于24小时内答复，过时我军将开炮轰击。次日，革命军炮兵于武昌塘角射击“楚豫”舰，未几该舰即鼓轮向下游逃遁。

△ 湖北军政府出示招募新兵，武汉工农踊跃从军。

△ 柏林《每日报》刊载孙中山致英国金融界代表函，呼吁伦敦、纽约、旧金山、新加坡、西贡和马来亚等地财政金融界人士给予中国革命财政支持。同时表示：“共和国承认满洲政府给予外国人的一切特权和租让权。”

△ 清廷补授岑春煊为四川总督，并督办剿抚事宜；所有该省军队暨各路援军，均归其节制调遣。

△ 清廷命编组陆军第一、二、三军，派荫昌、冯国璋、载涛分别督率，以第一军赴鄂，第二军备调，第三军驻守近畿。

△ 张謇至南京，促江宁将军铁良出兵湖北，并奏请清廷“速颁决行宪法之谕”。越二日，张謇至苏州，与程德全再商奏稿，程乃联合热河都统溥颋、山东巡抚孙宝琦具奏，要求改组内阁，宣布立宪。

△ 学部奏报第三次教育统计图表(宣统元年度)，各省学生为162.672万人，岁出经费为2073.9992万两。

10月15日(八月二十四日) 湖北军政府据报荫昌所带队伍先锋已抵武胜关，是晚开会讨论作战计划，决先击攘汉口之敌，逐次向北进攻，以阻止清军南下。

△ 湖北军政府都督黎元洪颁布“刑赏条例”告示及“豁免恶税”

布告。

△ 美国芝加哥举行预祝中华民国成立大会。赴会者有留学界、工商界侨胞，极一时之盛。

△ 同盟会会员、共进会会员刘英等率乡勇千余人在湖北京山举事，19日攻克天门县。

△ 清廷命开去王人文川滇边务大臣，遗缺以赵尔丰充任；岑春煊未到任以前，着赵尔丰兼办川中剿抚事宜。

△ 陆军大臣荫昌率队赴鄂剿办革命军，17日抵河南信阳。

△ 清军统带马继增率步队第二十二标抵汉口江岸。20日，第三协统领王占元率队抵汉口滠口。

△ 端方抵重庆。

10月16日(八月二十五日) 湖北军政府通过《中华民国军政府条例》，凡六章24条。

△ 湖北军政府机关报《中华民国公报》创刊，张樾任主笔。

△ 黄兴自香港致巴达维亚华侨书报社同人函，告以鄂军克复武昌，南方各省若不急起，不足以固后路，请"力汇巨款，协谋图粤"。

△ 日本外务大臣内田康哉密令伊集院向清政府表示，日本政府已采取措施，保证日商供给军火"讨伐"革命军，希望清政府改变对日态度，尊重日本在满洲地位。

10月17日(八月二十六日) 黎元洪在武昌阅马厂祭告天地、黄帝，行誓师礼。全军提枪三呼"中华民国万岁！"

△ 黄兴自香港取道上海赴武昌，行前致函美洲筹饷局，"望海外同人尽力相助"。途中致电日人萱野长知，嘱"即采购炸药，携往武昌相助"。

△ 驻汉口各国领事公推英领事馆职员潘恩持公函至武昌军政府谒黎元洪，声言领事团"承认民军为交战团，各国严守中立"。次日，驻汉英、法、俄、德、日五国领事正式会衔布告严守中立。

△ 海军提督萨镇冰率海军抵汉口。20日，黎元洪致函劝萨镇冰

率海军响应革命。

10月18日(八月二十七日) 湖北民军进攻汉口丹水池清军,阳(汉阳)夏(夏口,今汉口)战争开始。张彪率部与民军激战,民军失利,退至大智门一带,清军攻陷刘家庙。

△ 孙中山在华盛顿致书美国务卿诺斯克,要求作一秘密会晤。

△ 黄州光复。湖北军政府派黄楚楠、彭汉率同李长庚等往黄州(今黄冈)招抚,经与黄防营同志联络,于17日夜发难,清官吏先期逃匿,是晨黄州光复,成立鄂东军政府,黄、彭分任正、副主任。旋派兵将鄂城、蕲水、大冶、黄石、蕲州、阳新、广济等县一并收复。

△ 四川保路同志会发布檄文声讨赵尔丰,要求川民"谨守秩序,不可夺城池,侮官长,打教堂,扰平民,以文明之义师,声讨赵逆之罪状"。

△ 湖南同盟会会员焦达峰、陈作新等百余人在长沙密议,定于九月初二日(10月23日)起事。

△ 荫昌致内阁代奏电,告以于17日率队抵信阳,暂设行营于信阳。

△ 度支部奏请"试办宣统四年全国预算",岁入银2.33956655亿两,岁出银2.1891959亿两。

△ 山东巡抚孙宝琦以库存现银不敷备用,奏准向德华银行借银300万两。

10月19日(八月二十八日) 民军攻克汉口刘家庙,清军退滠口。百姓闻捷,燃鞭庆祝,欢声动天。

△ 文学社社员、第四十一标第一营排长唐牺支等率赴川新军于18日夜在宜昌起义,是晨,宜昌光复。唐牺支任司令部长。

△ 湖北军政府檄电各省汉人督抚,无拘君臣小节,复兴大汉河山。

△ 清廷谕令长江一带水陆各军均归湖广总督袁世凯节制调遣。

△ 清廷命荫昌、袁世凯、岑春煊、端方沿途宣布朝廷德意,妥为抚

辑，并剀切晓谕军民人等，“勿为邪说所诱，随声附和；勿为谣言所惑，徒事张皇”。

△ 清廷谕令各省绿营巡防队一律暂缓裁减。

△ 端方奏劾王人文、赵尔丰，请予释放蒲殿俊等人。

10 月 20 日（八月二十九日） 湖北军政府颁布告示，为惩暴安良，特设执法支部。

△ 孙中山自华盛顿抵纽约，致电两广总督张鸣岐促其速率所部反正。

△ 庆亲王奕劻派徐世昌到河南彰德与袁世凯密商，袁世凯提出就职条件六项：一、明年即开国会；二、组织责任内阁；三、宽容此次起事之人；四、解除党禁；五、须委以指挥水陆各军及关于军队编制之全权；六、须与以十分充足之军费。

10 月 21 日（八月三十日） 清廷命荫昌迅筹布置，妥速进攻革命军，并着炮队即日开赴前敌助剿。

△ 清廷从袁世凯奏请，命副都统王士珍襄办湖北军务；军谘府正使、副都统冯国璋迅赴彰德，筹商一切；已开缺奉天度支使张锡銮、已革黑龙江民政使倪嗣冲、直隶候补道段芝贵、山东军事参议官陆锦、直隶补用副将张士钰、直隶候补知府袁乃宽，均准其调赴前敌，差遣委用。

△ 清廷从袁世凯奏，谕令在直隶、山东、河南等省招募壮丁12500 人，编集 25 营，作为湖北巡防军，并令度支部拨款 400 万两。

△ 清廷命李经羲、赵尔巽分别派拨数营援川。

△ 张謇与伍廷芳、唐文治、温宗尧联名致电摄政王载沣，谓：“大势所在，非共和无以免生灵之涂炭，保满汉之和平。国民心理既同，外人之有识者议论亦无异致，是君主立宪政体断难相容于此后之中国。”

10 月 22 日（九月初一日） 湖南光复。同盟会会员焦达峰、陈作新率长沙新军响应武昌起义，占领军械局围攻抚署，杀巡防营统领黄忠浩，巡抚余诚格潜逃。是晚，各界集谘议局，举焦达峰、陈作新为中华民国湖南军政府正、副都督。

△ 陕西西安新军起义，推陆军混成协司令部参谋官兼管带张凤翙为指挥，攻占军装局及各衙署，护理巡抚钱能训潜逃，西安将军文瑞率旗兵退守城中之城满城顽抗。

△ 资政院第二次院会开会。协理大臣那桐宣读清廷谕旨，礼亲王代摄政王莅会致训词。

△ 大学士陆润庠以军事孔棘、财力枯竭，奏请停办新政。

10月23日（九月初二日） 江西九江新军第五十三标标统马毓宝于是夜10时率部起义，攻占道府两署，并湖口、马当两要塞，九江光复。次日成立中华民国驻浔军政分府，举马毓宝为都督。

△ 陕西光复。西安新军攻破满城，文瑞自杀，钱能训被拘，前陕甘总督升允逃往甘肃，革命军以"秦陇复汉军大统领"张凤翙名义张贴安民告示，成立陕西军政府。

△ 湖南都督府参议院成立，谭延闿为院长，颁布《参议院各项条规》，规定："参议院规划军民全局行政用人一切事宜"，都督府命令须经该院同意并由该院发交各部执行。

△ 清廷命署江北提督段祺瑞酌带得力将弁，迅赴湖北前敌，归袁世凯节制调遣。

△ 陆军部同日本泰平组合代理店北京大仓洋行签订借款273.364万日元《武器买卖合同》。

10月24日（九月初三日） 黄兴抵上海。当晚晤宋教仁，历陈进取沪宁及武汉方略。

△ 清廷命拨出宫中内帑银赈济直隶、吉林、江苏、安徽、山东、浙江、湖南、广东各省水灾，每省三万两。

△ 日本内阁通过"关于对清政策"决议，其要旨为：一、设法延长满洲租借地期限，并取得一切铁路铺设权；二、维持日本在中国一切优越的经济地位，如有不测事件发生，日本政府当采取断然措施。

10月25日（九月初四日） 湖北军政府通过《中华民国鄂军政府改订暂行条例》，凡四章15条，规定撤销政事部，内政、外交等六局一律正名为部，并与军令、参谋、军务三部，均归都督统辖。

△　湖南岳州（今岳阳）新军起义，岳州光复。

△　清新任广州将军凤山由沪抵广州赴任，被党人李沛基炸毙。

10月26日（九月初五日）　孙中山在纽约秘密会见日人鹤冈永太郎，谈称：目前华中起义，系由本人所指挥；本人将于近期内经由伦敦转赴欧洲；预定自欧洲经印度洋返归亚洲；日本政府如能同意本人不更名而登陆，则将再度取道美国，经西雅图前往日本。

△　蔡元培致函孙中山，联系在德国购炮，以作攻打北京之用。

△　资政院奏请严惩盛宣怀、赵尔丰、瑞澂，妥拟铁道国有法案及铁路公债条例，释放四川谘议局议长等，招抚川鄂乱民，组织责任内阁，提前于明年召集国会。

△　资政院上奏弹劾盛宣怀，清廷命即行革职永不叙用。同日补授唐绍仪为邮传部大臣，未到任前，由吴郁生暂行兼署。

△　清廷命开释四川谘议局议长蒲殿俊、副议长罗纶等九人，前护四川总督王人文、现署四川总督赵尔丰交内阁议处。

10月27日（九月初六日）　汉口民军自刘家庙进攻，攻至三道桥附近，清军分两路反攻，民军退守刘家庙。复敌舰三艘助战，民军自刘家庙败退，至大智门。民军临时总指挥张景良逃匿，后为兵士诛毙。下午，清军再攻，民军伤亡千余人，复退至歆生路及刘家花园一带。

△　云南腾越同盟会会员张文光联络新军、防营起义，总兵自杀，官吏逃散。越二日，张文光被推为滇西都督。

△　清廷授湖广总督袁世凯为钦差大臣，所有赴援之海陆各军并长江水师暨此次派出各项军队均归其节制调遣。

△　清廷命荫昌将第一军交冯国璋统率，俟袁世凯到后再行回京供职；冯国璋总统第一军，段祺瑞总统第二军，均归袁世凯节制调遣。

△　清廷拨宫中内帑银100万两专充湖北军饷。

△　度支部奏报军需紧急，与法国资本团代表男爵勾堆、华法公司代表甘锡雅草签9000万法郎借款合同，年息6厘，60年还清。

10月28日(九月初七日) 黄兴、宋教仁等由沪到武昌。黄兴到都督府与黎元洪会商军事,被推为全军总司令,当夜渡江赴汉口前线督师,设总司令部于满春茶园。

△ 汉口民军自歆生路反攻清军,居正督师,下午克大智门车站,追击至刘家庙遭清军机枪猛击,死伤甚众,居正中弹受伤,复退回原阵地。

△ 湖南军政府派王隆中率第四十九标出发赴鄂,11月2日抵汉。

△ 湖北施南革命党人向炳焜等发动新军管带李汝魁等反正,获得成功,是日施南反正。李被推为分司令部长。

10月29日(九月初八日) 山西光复。太原新军起义,攻占抚署,杀巡抚陆钟琦,太原光复,成立山西军政分府,举标统阎锡山为都督,温寿泉为副都督。

△ 陆军第二十镇统制张绍曾屯兵滦州与第三镇协统卢永祥、第二混成协统领蓝天蔚、第三十九协统领伍祥桢、第四十协统领潘矩楹等电奏要求改革政治之"政纲十二条",请速开国会、改定宪法、组织责任内阁。

△ 同盟会会员、四川东路革命军副统领王天杰与同盟会会员吴玉章共同策划,决定率荣县同志军撤离成都回师荣县,知县闻讯仓皇出逃,王、吴召开大会宣布荣县独立,举同盟会员蒲洵主持民政。

△ 上海《民立报》刊载《鄂人致袁世凯书》,敦促袁"率部下健儿,回旗北向,犁扫虏廷",作"汉族之华盛顿"。

△ 上海市面遍传"江南公民"致江督、皖抚、苏抚书,劝"明建义旗,宣告独立"。

△ 袁世凯派刘承恩致函黎元洪,要求早息兵事,和平了结。次日都督府开会讨论,孙武、胡瑛主张复信谈判,以反对者众遂作罢论。

△ 清廷谕张人骏派员将瑞澂拿解来京,交法部严讯治罪。

△ 资政院呈递封奏三件:一、请组成完全内阁;二、请资政院协赞

宪法;三、请速开党禁。

10月30日(九月初九日) 云南昆明爆发重九起义。云南新军第十九镇第三十七协协统蔡锷与同盟会员、新军军官李根源、唐继尧等决定发动新军响应武昌起义,并被推举为起义军临时总指挥。当夜,蔡锷指挥昆明新军起义,次日进攻军械局、总督署,及五华山清军阵地。

△ 湖南都督焦达峰在谘议局召集会议,商讨都督府各机关之组织,议决取消参议院。

△ 湖南都督焦达峰派杨任(晋康)为西路招抚使,前往常德招抚,是日杨率50余人抵常德,商民揭白旗欢迎,常德光复。

△ 湖南宝庆(今邵阳)同盟会会员邹永成等联络巡防营起义,知府、知县均逃走,宝庆府城光复,成立宝庆军政分府,推谢介僧为都督、邹永成为副都督。

△ 清廷下诏罪己,承认“用人无方,施治寡术”,“民财之取已多,而未办一利民之事”;表示同全国军民“维新更始,实行宪政”。

△ 清廷从资政院奏,拟组织完全内阁,不再以亲贵充国务大臣,并将内阁办事暂行章程撤销。

△ 清廷命溥伦等依钦定宪法大纲,迅将宪法条文拟齐,交资政院详慎审议,候钦定颁布。

△ 清廷从资政院奏,开放党禁,赦免党人。

△ 资政院总裁、大学士世续“因病乞休”,清廷允之。同日以学部右侍郎李家驹充资政院总裁。

△ 清兵舰三艘炮袭武昌,遭民军回击,激战数小时,清舰始向下游退去。同日,清陆军据硚口炮击汉阳兵工厂。

10月31日(九月初十日) 江西光复。南昌新军起义,占领各衙署,巡抚冯汝骙逃走,次日成立江西军政府,推协统吴介璋为都督。

△ 蔡锷指挥昆明起义新军攻占军械局、总督署,第十九镇统制钟麟同被处决,总督李经羲护送出境,昆明光复。

△ 湖南立宪派煽动黄忠浩残部在长沙发动政变,杀副都督陈作

新于北门口，又拥至都督府杀都督焦达峰，迎谭延闿为都督。

△ 湖北军政府机关报《中华民国公报》以孙中山名义发表《中华民国军政府大总统孙布告》两件：号召“各省义军代表，同心戮力，率众前驱……直捣黄龙府，与同胞痛饮策勋，建立共和国”。

△ 清军向汉口民军左翼硚口一带，右翼张美之巷，中央阵地满春茶园一带，分途攻击，战至下午 6 时，民军不支，放弃汉口，退守汉阳。

△ 孙中山自美国纽约电旅居伦敦之荷马李将军，告以即将回国组织政府，并托其在英洽商贷款。

△ 宋教仁自武昌致函上海同盟会中部总会陈其美等，告以武汉战事吃紧，望南京、安徽尽速行动，以牵制清军。

△ 湖南衡州同盟会会员周果一发动会党起义，衡州知府兼衡永郴桂道禄显逃走，衡州光复。

△ 袁世凯自彰德南下抵信阳接任视事。荫昌返京。

△ 清廷命余诚格赶速召集湘军旧部，举大绅旧将统之，一面扼守衡永宝附近，一面进攻长沙，以期早日规复。

△ 清廷准河南自行开铸当十铜圆，以应鄂豫军需。

11 月

11 月 1 日(九月十一日) 清军冯国璋部攻占汉口，黄兴率民军退守汉阳。清军在汉口市区纵火焚掠，火势延烧三日不止，繁华商店化为焦土。

△ 孙中山自纽约电荷马李，告以黄兴已安抵汉口，国内形势大有改善。明日可乘轮赴伦敦。

△ 同盟会中部总会陈其美、钮永建、李平书等集议，议定“上海先动，苏杭应之”行动方案，以支援武昌。

△ 袁世凯第三次致书黎元洪，提出清廷已下罪己诏，决定实行立宪，要求黎“务宜设法和平了结”，保证“不独不咎既往，尚可重用，相助

办理朝政”。

△ 清廷准奕劻内阁辞职，授袁世凯为内阁总理大臣，着即来京组织完全内阁，仍节制调遣派赴湖北陆海各军及长江水师。

△ 清廷以庆亲王奕劻充弼德院院长，大学士那桐、徐世昌、协办大学士荣庆充弼德院顾问大臣；以前两江总督魏光焘为湖广总督，以荫昌为军谘大臣，仍暂管陆军大臣事务。

△ 清廷据奏报，京师市面日见恐慌，令民政部亟行出示剀切晓喻，以安定人心。

△ 留日学生及沪宁等地学生300人乘日本“大利丸”轮到汉口，加入民军。

△ 云南临安(今建水)新军七十五标起义，次日成立南军军政府，推民军统领朱朝瑛为统领，新军教练官、革命党人赵复祥为副统领。

△ 安(东)奉(天)铁路全线通车。

11月2日(九月十二日) 黄兴自汉阳返武昌，与黎元洪共商应敌之策，并在军政府紧急军事会议上报告军情，会议举黄兴为中华民国军政府战时民军总司令。

△ 孙中山自纽约赴伦敦。

△ 清廷命资政院起草《大清帝国宪法》。

△ 清廷谕湖广总督魏光焘未到任前，以前署江北提督王士珍署理。

△ 第六镇统制吴禄贞自石家庄电内阁及资政院，请大赦革命党，速停战争，饬冯国璋军队退出汉口，愿只身赴鄂，以扶危局，并严惩在汉口烧杀之清军将领。

△ 苏、浙、闽三省旅沪人士在《民立报》刊登《警告苏浙闽父老书》，反对清廷以三省地丁作抵押，为筹措军费，向外人借款1200万元。

11月3日(九月十三日) 黎元洪在武昌阅马厂举行登坛拜将仪式，将战时民军总司令印信、委任状授予黄兴。下午，黄兴率参谋人员到汉阳接防备战，设总司令部于汉阳昭忠祠。

△ 同盟会会员陈其美率领商团、学生、敢死队及部分军警在上海举事，进攻江南制造局。陈只身进入局内说服该局总办张士珩及兵士投降，被扣押。起义群众奋起进攻，各处民众及反正军队争先往援。

△ 云南军政府成立，举蔡锷为都督，李根源为军政部长兼参议院长，改原谘议局为省议会，张惟聪为议长。

△ 清廷依资政院奏，颁布《宪法信条》，凡19条，承认"皇帝之权以宪法所规定者为限"。26日又以宪法19信条宣告太庙。

△ 第六镇统制吴禄贞自石家庄电告军谘府、陆军部、资政院，凡有运往战地军火、子弹，暂行扣留，以消战争而保和平。

△ 驻沪英总领事法磊斯派"万国义勇队"侵占沪宁铁路，并借口"中立"，禁止民军经该铁路运输军队、军火。5日被迫退出沪宁路车站，该路交由民军管理。

△ 英国驻华海军总司令以"上海局势危急"电英海军部要求同美、日、德、法等国会商，各派1500名步兵来沪，保卫租界安全。驻华日、德海军司令亦以同样内容，电各该国政府。

△ 日本外务大臣内田康哉电伊集院，告以"政府方针是务必同袁世凯保持密切关系，望遇事依此方针妥善处理"。

△ 上海《时务报》总理汪康年病逝于天津。

11月4日(九月十四日) 上海光复。上海商团及部分军警攻占江南制造局，张士珩逃走，陈其美遇救，光复会会员李燮和被推为临时总司令，驻局办事。

△ 吴淞光复，设吴淞军政分府，举黄汉湘为总司令。9日由李燮和继任总司令。

△ 贵州光复。自治学社党人张百麟运动贵阳新军及陆军大学堂学生、哥老会起义，巡抚沈瑜庆出逃，军学各界在谘议局开会，宣布独立，成立"大汉贵州军政府"，举同盟会员新军教练杨荩臣为都督，赵德全为副都督，张百麟为枢密院长，任可澄为副院长。

△ 第六镇统制吴禄贞自石家庄至娘子关与山西军政府都督阎锡

山会晤，议定组织燕晋联军，直取北京，推翻清廷。吴被举为燕晋联军大都督兼总司令，阎任燕晋联军副都督兼副总司令。

△　云南大理光复，成立迤西自治总机关部，举赵藩为总理（未就），由云龙、李福兴为协理。

△　清廷准袁世凯奏请，令汉口各军停止前进，并命各统兵大员宣布朝廷德意，妥速安抚。

△　清廷命第六镇统制吴禄贞署山西巡抚。

△　驻泊上海清海军"南琛"等各舰艇反正。

△　驻沪美国水兵450人上岸游行示威，虹口一带日水兵群集"护守"。法国商团、巡捕及水兵在租界日夜巡行。

11月5日（九月十五日）　浙江光复。蒋介石奉陈其美之命赴杭州联络党人与新军约期起义。4日晚新军分路进攻各衙门，蒋亲率敢死队猛攻抚署，俘巡抚增韫，省城光复，各界代表在谘议局开会，成立浙江军政府，举汤寿潜为都督。

△　江苏光复。江苏巡抚程德全应苏州绅商各界之请，宣布独立。成立"中华民国军江苏都督府"，程德全为都督。

△　山东谘议局议长夏继泉召山东各界联合会开会，议决八条，要求清廷罢战，接受革命军要求，宪法定中国为联邦政体，本省自由规定本省宪法及练兵。巡抚孙宝琦允代奏。

△　浙江宁波光复，成立宁波军政分府，举新军统领刘询为都督。

△　浙江绍兴光复，成立军政分府，推原任知府程赞清为民政长。

△　四川龙泉驿新军队官、同盟会会员夏之时起义，众举为"革命军总指挥"，当即率兵东下，直趋重庆。

△　广东香山县（今中山市）同盟会会员郑彼岸发动前山新军起义，进兵石岐城，占领县署，香山光复。

△　清廷以资政院奏请速开国会，谕令迅速拟定议院法、选举法办理选举，一俟议员选定，即行召集国会。

△　清廷准资政院奏请开放党禁，所有此次革命党人均着按照法

律改组政党。

△ 清廷从资政院奏请，命袁世凯迅速确查，将惨杀人民及焚烧街市之汉口官军按律治罪，人民损失财产由国家一律赔偿。

△ 江亢虎在上海改中国社会主义同志会为中国社会党，通过“党纲”两项，“政策”七项。主张土地及资产公有；设立共和政体。

11月6日(九月十六日) 沪军都督府(亦称上海军政府)成立，举陈其美为沪军都督。都督府司令部长由陈兼任，黄郛任参谋部长，钮永建任军务部长，伍廷芳任外交总长，李平书任民政部长，沈缦云任财政部长，王一亭任交通部长，毛仲芳任海军部长。

△ 章太炎致电沪军都督陈其美，称“探悉大革命家孙君逸仙已于前日乘船回国，不日即可抵埠。请贵处派员妥为招待，以便与之协商北伐攻宁之策，俾得早定大局，以苏民困”。

△ 江苏无锡光复，举同盟会会员秦毓鎏为军政分府总理。

△ 江苏松江府光复，成立松江军政分府，推钮永建为军政部长。

△ 江苏清江浦新军攻占淮阳道署，全城光复，12日举蒋雁行为江北都督。

△ 江苏太仓、昆山光复。

△ 浙江湖州光复，举沈谱琴为民政长。

△ 清廷开释前谋刺摄政王载沣之汪精卫、黄复生、罗世勋，发往广东，交张鸣岐差遣。

△ 梁启超自日本返国。行前三日致书徐勤(君勉)，谓此行目的，乃假手资政院，取“和袁慰革，逼满服汉”方针，实现“拨乱反治之大业”。

△ 张謇电告袁世凯，清廷有“他狩之说”，促其迅速北上，“入定京师”。

△ 清廷命袁世凯迅速来京，所有前敌事宜，着先交署湖广总督王士珍接办。

△ 清廷命张勋充会办南洋军务大臣。

△ 清廷授第二十镇统制张绍曾为宣抚大臣，驰赴长江一带，宣布

朝廷德意。

△ 清廷令李纯为第六镇统制官,潘矩楹署第二十镇统制官。

△ 清廷命督办粤汉川汉铁路大臣端方暂行署理四川总督。

△ 清廷准天津向各洋行商借银200万两,以本省实业官股及烟酒税为抵押,一年归还。

△ 驻沪领事团开会,借口清廷已不履行职权,议决将上海关税收暂交英商汇丰银行代管。

11月7日(九月十七日) 广西光复。桂林新军将领拥巡抚沈秉堃独立,改巡抚衙门为军政府,谘议局为议院,桂军为国民军,以沈秉堃为都督,王芝祥、陆荣廷为副都督。

△ 第六镇统制吴禄贞在石家庄遇刺死难。

△ 黎元洪致电独立各省军政府,征询共同组织政府意见,以便各国承认为交战团体。

△ 黎元洪接见清方信使刘承恩,提出说和必须推倒清廷,并表示管皇族吃穿居住。

△ 镇江光复。江苏镇江新军于岘凉山起义,围攻镇江城,驻防副都统载穆自杀。次日全城光复,成立镇江军政府,举同盟会会员林述庆为镇江都督。

△ 江苏扬州贫民孙天生联合驻防清军起义,光复扬州。次日,孙天生以扬州军政府都督名义颁发文告。20日清缉私营统领徐宝山攻杀孙天生,成立扬州军政分府,徐为军政长。

△ 浙江嘉兴光复。浙江军政府派新军赴嘉兴,赶走巡防营统领沈棋山,成立军政分府,同盟会会员于笥任民政长。

△ 浙江衢州光复。

11月8日(九月十八日) 安徽光复。安庆士绅在谘议局开会宣布安徽独立,举巡抚朱家宝为都督。

△ 资政院开第八次会议,举袁世凯为内阁总理大臣。

△ 张謇致电袁世凯,请其赞同共和,“为神州大陆洗四等国最近

之大羞，毋为立宪共和留第二次革命之种子”。

△　清廷谕准河南巡抚宝棻奏请，派农工商部右丞袁克定赴河北一带召募防军，办理团练。

△　湖南军政府第二批援鄂湘军第二协四个营由甘兴典率领到达汉阳，驻美娘山、三眼桥至扁担山一线。

△　两广总督张鸣岐（由胡铭盘代表）召集各界在谘议局讨论广东独立问题，决定次日独立。

△　新军第九镇统制徐绍桢率部起义，自秣陵关进攻南京雨花台，因弹药不济，分向镇江、芜湖退却。

△　江苏南通独立，成立通州总司令处，推张謇为总司令长。

△　江苏常熟、江阴光复。

△　浙江温州光复，成立温州军政分府。

△　英公使朱尔典电告英外交大臣葛雷，英领并未承认民军为交战团体。同时并通知驻汉领事葛福，英国目前不宜承认此事。

11月9日（九月十九日）　广东独立。广州各界在谘议局开会，到数千人，议决宣布共和独立，举张鸣岐为都督，龙济光为副都督，蒋尊簋为军事部长。旋因发现张已逃往沙面，龙不允就任，改举胡汉民为都督，胡未到任前，蒋尊簋为临时都督。

△　福州新军起义，福州将军朴寿率驻防旗兵2000余拒抗，双方接战，旗兵不支乞降，闽浙总督松寿自杀。

△　黎元洪再电独立各省，请速派全权代表来鄂会议组织临时政府。

△　黄兴致函袁世凯，劝袁“出而建拿破仑、华盛顿之事功，直捣黄龙，灭此朝食”。表示南北各省当“拱手听命”。

△　清廷命袁世凯为内阁总理大臣。

△　广东同盟会会员陈炯明、邓铿发动淡水起义，是日光复惠州，清提督秦秉直献城归降，举陈炯明为惠州军政府总司令。

△　驻虎门清军广东水师提督李准率部队反正，集所部舰队于省

河，迎新举之都督胡汉民归省接任。

△ 安徽合肥光复，成立军政分府，推党人孙万乘为司令。

△ 安徽芜湖光复，成立芜湖军政分府，举吴振黄为总司令。

△ 江苏常州光复，成立常州军政分府，举同盟会会员何键为司令，屠敬山为民政长。

11 月 10 日（九月二十日） 福州清旗兵反攻，民军再战，败之，朴寿被杀，旗兵缴械降，省城光复。次日，军政府成立，举孙道仁为都督，传檄各州，克期反正。

△ 福建厦门光复，次日成立厦门军政分府。同盟会会员张海鹏被推为统制。

△ 广东汕头光复。

△ 清廷授世续总管内务府大臣，开去继禄总管内务府大臣。

11 月 11 日（九月二十一日） 孙中山由纽约抵英国伦敦。在伦敦逗留期间，与吴稚晖研究建国大计，计议仍用青天白日旗为国旗。

△ 上海都督陈其美分电苏督程德全、浙督汤寿潜，提议组织江浙联军会攻南京，并推徐绍桢为联军总司令。旋程、汤迅即复电赞同。

△ 苏督程德全、浙督汤寿潜联电沪督陈其美，主在上海设立临时会议机关，并拟订集议方法及提议大纲四条。

△ 广东潮州光复。

△ 清驻汉口兵舰“海琛”、“海筹”、“海容”三大舰，及“江贞”、“楚豫”等舰，鱼雷艇“湖鹰号”驶往九江，于途中起义。

△ 袁世凯派刘承恩、蔡廷幹至武昌与军政府洽和，刘、蔡声称只要赞成君主立宪，两军即可息争。军政府请刘、蔡转达袁氏，倘能赞助共和，将推为汴冀都督。

△ 清廷命军谘大臣毓良开缺，以大学士徐世昌充军谘大臣。

11 月 12 日（九月二十二日） 江苏都督府代表雷奋、沈恩孚，浙江都督府代表姚桐豫、高尔登，分电各省代表赴沪会议，商讨组织临时政府问题。

△　镇江都督林述庆电上海军政府，同盟会会员张海珊被推为统制。主由各都督特派代表在沪开特别大会，公议建设政府地点，并举临时大总统。

△　奉天国民保安公会成立，赵尔巽为会长，吴景濂、伍祥祯为副会长，通过独立宣言书12条。

△　江西都督吴介璋辞职，由彭程万继任。

△　浙江军政府以上海都督陈其美倡议组织联军会攻南京，即成立浙军混成支队，朱瑞为支队长，是日自杭州出发，加入苏浙联军序列。

△　湖北军政府派季雨霖为安襄郧荆招讨使。23日，季率属员抵沔阳县仙桃镇设立行署。

11月13日（九月二十三日）　孙中山在伦敦委托英国维加炮厂总理道生为代表，往晤英外相葛雷，递交一份由孙中山与荷马李共同签署的备忘录，表示中国政府与英、美结成联盟。并要求英国政府支持中国的革命政权，而在孙中山担任总统的新政府成立后，将给予英、美超过其他国家的政治和军事的种种特权。

△　沪督陈其美电光复各省，请派代表赴沪议建临时政府。

△　江浙联军总司令徐绍桢在镇江设司令部，以陶骏保为参谋长。先后加入联军序列之各军为镇军、浙军、苏军各3000人，淞军、沪军先锋队各600人，以及松江、江阴等地之巡防营，总兵力万余人，决定四路会攻南京。

△　山东绅商学界开联合保安会，议决独立，设临时政府，举巡抚孙宝琦为大总统，贾颉卿为副总统（旋改大总统为大都督）。

△　山东烟台光复，举“舞凤”舰舰长王传炯为司令。

△　安徽大通光复，设立军政筹议局，举九江军政分府黎宗岳为首领。

△　清驻镇江“镜清”等13艘兵舰宣布起义，27日在镇江军政府开海陆联军联合大会，誓师会攻南京。

△　江苏高邮光复，举王梓为军政事务所长，黄国栋为军政司令长。

△ 拉萨驻藏新军起事响应革命，拘留清驻藏参赞、统领，旋攻占清驻藏办事大臣联豫官署，抢劫军火、库银。

△ 袁世凯自汉口率队抵京。

△ 清廷命近畿各镇及各路军队，并姜桂题所部军队，均归袁世凯节制调遣。

△ 清廷令前外务部尚书吕海寰充中国红十字会会长，仍兼办慈善救济会事宜。

11月14日(九月二十四日) 江苏都督程德全电各省都督，公请孙中山迅速回国，组织临时政府。

△ 清廷召见袁世凯，命勿再辞，敦促到阁办事。

△ 清廷命各省公举代表三五人克期来京，公同会议，以定国是。

△ 清廷派张謇、汤寿潜、江春霖、谭延闿、梁鼎芬、赵炳麟、乔树枏、谢远涵、柯邵忞、渠本翘、王人文、高增爵分别为苏、浙、闽、湘、粤、桂、川、赣、鲁、晋、滇、陕省宣慰使，迅赴各属，宣布朝廷实行改革政治宗旨。

△ 署湖广总督王士珍因病解职，清廷任段芝贵暂护湖广总督。

△ 清廷命张锡銮为山西巡抚。

△ 清廷命开缺驻奉天第二混成协蓝天蔚统领官，以聂汝清接充，并赏给陆军都统衔。

△ 湖北军政府派代表李国镛、孙发绪、夏维松在汉口俄领署与清军代表王遇甲(第四镇统制)、易甲鹇会谈，鄂方主建立民主共和，清方表示此与宪政不合，不能协议。

△ 湖北郧阳光复。驻守郧阳新军后队官沈权在地方参事会支持下筹划反正，是日参事会邀各界人士集会，议决成立军政分府，知府伍铨萃因表同情，被推为分府总裁，沈权任司令官。

△ 江苏徐州光复，成立军政分府，在籍道员段书云为民政长，原十三协统领徐占凤任军政长。

11月15日(九月二十五日) 各省都督府代表在上海开第一次代

表会议，浙江、江苏、镇江、福建、山东、湖南、上海等七处代表参加，定名为各省都督府代表联合会。

△ 各省都督府代表联合会电伦敦孙中山，敦请速回国组织临时政府。

△ 杨度、汪精卫在天津组织“国事共济会”，发表宣言，主张双方停战，召开临时国民会议，公决君主、民主政体。

△ 安徽寿州(今寿县)革命党人张汇滔、王庆云等发动武装起义，清文武官吏潜逃，寿州光复。旋成立淮上军司令部，推王庆云为总司令，张汇滔、张伦、袁家声为副总司令，并兵分三路向皖北各州县推进，光复六安、怀远、凤阳、蚌埠、霍丘、阜阳、涡阳等地。

△ 英国外交大臣葛雷电英驻华公使朱尔典，表明英对袁世凯“怀有极其友好的感情和敬意。我们希望看到，作为革命的一个结果，有一个强有力的政府，使中国建立起来的贸易获得进展。这样一个政府将得到我们能够提供的一切外交上的支持”。

11月16日(九月二十六日) 孙中山自伦敦电民国军政府，告以已循途东归，并谓“总统自当选定黎君，闻黎有推袁之说，合宜亦善”。

△ 黄兴下令反攻汉口，当夜亲率民军分三路自汉阳渡河反攻，主力队占领居仁门一带，清军向刘家庙退却。

△ 江浙联军总司令部在镇江召开紧急军事会议，会商进攻南京方略。浙军由中路自麒麟门攻占紫金山；苏军任南路由句容占雨花台炮台；粤军攻北路占乌龙山、幕府山两炮台；镇军攻占天堡城炮台。总兵力约两万人。

△ 袁世凯组织内阁，推举国务大臣：外交梁敦彦(胡惟德暂署)，民政赵秉钧，度支严修(绍英暂署)，学务唐景崇，陆军王士珍(寿勋暂署)，海军萨镇冰(谭学衡暂兼署)，司法沈家本，农工商张謇(熙彦暂署)，邮传杨士琦(未到任前由梁士诒暂署)，理藩达寿。

△ 吉林保安会成立，以巡抚陈昭常为会长。

11月17日(九月二十七日) 各省都督府代表联合会议决电请黎

元洪、黄兴，即派代表来沪与会。

△ 奉天党人组织奉天省联合急进会，举张榕为会长，柳大年、李德瑚、张根仁为副会长。

△ 清廷以第二军总统段祺瑞署湖广总督兼办剿抚事宜；以前陕甘总督升允署理督办陕西军务。

△ 杨度以国事共济会君主立宪党领袖名义，上陈情书于资政院，建议南北双方停战，请旨召集临时国民会议，解决君主、民主问题。旋资政院于下旬三次讨论此陈情书，无结果。

△ 黑龙江保安会成立，以巡抚周树模为会长。

11 月 18 日(九月二十八日) 九江都督马毓宝派海陆军总司令李烈钧抵安庆，被举为全皖大都督。嗣因当地官绅反对，李于 28 日返回九江。

△ 沪军都督陈其美致电各省，筹组北伐联军，共分三军，由京汉、津浦及海道分路进攻。

△ 梁启超电袁世凯，恳辞司法副大臣，并建议在上海召开国民会议，解决国体政体问题。

△ 张謇电清内阁，主张共和，促请清帝退位。

△ 日公使伊集院往访袁世凯，探询袁对时局之方针。袁主中国应行君主立宪政体，日使表示“以君主立宪统一全国，实为万全之策”。

11 月 19 日(九月二十九日) 黎元洪通电各省都督，中央临时政府暂分七部：内务、外交、教育、财政、交通、军政、司法，其外交首长除多数省仍已举伍廷芳、温宗尧外，其余各首长应请协举电知，并推举张謇为财政首长。

△ 宁夏银川会党首领刘华堂率民军举事，清兵及贫民响应，宁夏道台、知府逃匿，宁夏光复。21 日成立革命军政府。12 月 19 日，陕甘总督长庚率部攻宁，起义失败。

11 月 20 日(九月三十日) 各省都督府代表联合会议议决承认武昌为民国中央军政府，以鄂军都督执行中央政务，并请以中央军政府名义委任各代表所推定之伍廷芳、温宗尧为民国外交总、副长。

△ 下午，袁世凯会见英国《泰晤士报》常驻北京记者莫理循，进行了长时间的谈话，两人就君主立宪制和共和制各自发表见解。莫氏极力说明君主立宪制不适于当时的中国，而袁则认为共和制会导致瓜分之祸。

△ 奉天庄河、复州联庄会首领顾人宜在顾家岭率众举事，27 日庄河军政分府成立，顾任关东第一军司令。

△ 袁世凯派代表刘承恩与黎元洪代表孙发绪在汉口俄领署谈判“议和”，未成协议。22 日，俄领敖康夫提议双方先罢兵，后议和。

△ 香港印刷工人为抗议殖民当局逮捕该业同盟会首领，举行同盟罢工，是日起英、汉、日文报纸全部停刊。

11 月 21 日(十月初一日) 孙中山自伦敦抵巴黎。居留期间孙中山还访问过《欧洲信使报》，并接受巴黎《日报》记者的访问。孙中山表示：一、中国同欧洲一般大，不适合中央集权，拟仿照美国实行联邦制。二、欢迎外国资本及工程师为中国开矿及筑路等。三、将在中国实行五权宪法。四、尊重清政府与外国所缔结的条约及借款。

△ 袁世凯答伦敦《泰晤士报》驻京记者问，声称一旦灭除清政府，恐起内乱，召干涉瓜分之祸，主张君主立宪保全中国。

△ 清军由蔡甸进攻汉阳，民军失利，退守三眼桥。同日，黑山对岸清军架设浮桥，以备偷渡，被民军炮火击毁。

△ 广西军民联席会议议决推陆荣廷为广西大都督，军政府设于南宁，陆自率兵北伐，由民党通电促王芝祥离开广西。

△ 川北民军攻占广安，成立大汉蜀北军政府，举曾省斋为蜀北都督。

△ 中华银行在上海开业，沪军政府创办，资本 500 万元，官商股各半，开始发行军用票及定额 1000 万元之公债。

△ 英公使朱尔典照会清外务部，借口保证偿付到期各国外债与赔款，要求将中国所有各口岸关税收入完全置于总税务司控制之下。

27 日，外务部复照同意。

11 月 22 日(十月初二日) 重庆同盟会会员张培爵联合起义新军夏之时部光复重庆，成立蜀军政府，举张培爵为都督，夏之时为副都督。并通告全国，公布《蜀军政府纲领》，凡 10 章 51 条。

△ 四川布政使尹良等与谘议局议长蒲殿俊等在成都签订《四川独立条约》，凡 30 条，赵尔丰提出 11 条，蒲殿俊、罗纶等提出 11 条。

△ 清军自蔡甸、舵落口西、北两路分向汉阳三眼桥及美娘山、仙女山进攻，北路清军由汉口灰面厂渡河占琴断口。

11 月 23 日(十月初三日) 湖北都督府代表居正到上海参加各省都督府代表联合会，大会据居正之请，议决同赴湖北组织政府。

△ 孙中山访问法国众议院，向议员提出法国政府承认中华民国的要求。

△ 孙中山与法国东方汇理银行经理西蒙谈话，商谈法国给中华民国临时政府借款事，遭拒；要求代转法政府施加影响，阻止日俄两国结盟，亦遭拒。

△ 驻北京各国外交团电汉口领袖领事，谓各国外交团代表对于清政府感情甚恶，因其残杀无辜，惨无人道，以致各国愤怒。各代表请鄂军政府担负汉口租界交涉全权，并向清政府要求重大赔偿。

△ 北京外交团会议，借口形势危迫，决定向北京增兵。增兵员额，以 1901 年所保持的人数为准。

11 月 24 日(十月初四日) 孙中山由马赛乘船回国，未了之事，由同盟会会员胡秉柯代办。

△ 山东取消独立。28 日，孙宝琦电清内阁，声称前次独立“自系误会”。

△ 伍廷芳、张謇等致电忠告摄政王载沣，谓非共和无以免生灵之涂炭，君主政体断难相容于此后之中国，倘能幡然改悔，共赞共和，国民必能以安富尊荣之礼报皇室。

△ 广西副都督陆荣廷通电全国，宣布沈秉钧率师往援湖北，都督

一职由己接任。

△ 江浙联军攻占南京乌龙山炮台，乘夜往攻幕府山炮台。

△ 湖南军政府派总指挥官刘玉堂率步队一协抵鄂，进驻汉阳，攻击仙女山清军，当夜刘玉堂中弹阵亡。

11月25日（十月初五日） 江浙联军攻占南京幕府山。下午占领南京马群、孝陵卫一带。

△ 各省都督府代表联合会议决：各省代表赴鄂，宜各有一人留沪，赴鄂者议组织临时政府事，留沪者联络声气，以为鄂后会援。

△ 清廷命张謇迅速来京，与廷臣详细讨论共和政体及政治改革事宜。

△ 清军攻陷汉阳三眼桥、汤家山、仙女山、美娘山、锅底山、扁担山、磨盘山，民军退守十里铺。

△ 湖北安陆新军起义，进攻府署，知府满人桂荫仓皇逃出，随即成立军政府，新军二十九标三营管带张楚材自称大总裁。

△ 四川万县同盟会会员熊晔等策动该县巡防营管带刘汉卿反正，称下东副都统，万县光复。

△ 日海军大臣斋藤电训第三舰队司令官川岛，汉阳铁厂"与帝国利益具有重大关系"，清军或革命军如欲破坏，"应立刻派出陆战队担任警护"。

11月26日（十月初六日） 袁世凯会见英公使朱尔典，请出任调停，表示愿与武汉达成停战协定。朱尔典电令英驻汉总领事葛福，将此意转告黎元洪。

△ 清军自汉阳磨盘山、仙女山向十里铺进攻。下午，十里铺、黑山相继复失。援鄂湘军第一协退武昌，湘军第二协退鹦鹉洲旋即返湘。

△ 四川内江光复，举同盟会会员吴玉章为行政部长。

△ 同盟会员杨兆蓉、邓西林等运动川南防军、永宁道卫队及炮队起义，并促永宁道刘朝望反正。是日泸州光复，成立川南军政府，举刘朝望为都督。

△ 同盟会会员卢师谛自武汉回川，联络巫山团防孙吉五及巡防军百余人在夔府发难，是日扣押夔府知府，夔府光复。

△ 山西巡抚张锡銮抵石家庄与段祺瑞晤商防剿事宜。

△ 梁启超密函杨度，表示“确信共和政体万不可行于中国，始终抱定君主立宪宗旨。欲求此宗旨之实现，端赖项城”。

△ 日外务大臣内田康哉电告驻奉天总领事落合，帝国政府决定向京津地区增兵，合该地原有华北驻屯军共为1243名。

11月27日(十月初七日) 成都光复。赵尔丰被迫宣布四川自治，交出军政权，成立大汉四川军政府，由谘议局议长蒲殿俊为都督，朱庆澜为副都督。

△ 清军自黑山之线向汉阳进攻，克龟山，民军不敌，汉阳失陷。

△ 黄兴返武昌，在军政府紧急军事会议上报告汉阳失守经过，并主放弃武昌，往援南京。张振武等主坚守武昌，获通过。

△ 黎元洪电各省都督，告以汉阳失守，请速派兵援鄂。

△ 黎元洪派外交次长王正廷往访驻汉美总领事顾临，请其斡旋停战三日，并表示愿接受“建立君主政体”，与“官军议和”，如遭拒绝，“即无条件让出武昌城”。

△ 广东都督胡汉民命姚雨平组织北伐军，任命姚为北伐军司令。

△ 镇江都督林述庆电请各省都督会同加电闽、粤，“拣选劲旅就海道猛攻天津，直捣伪京，以图牵制汉阳北军……以救危局”。

△ 江西军政府派冯嗣鸿率步队一协援鄂抵湖北黄州。黎元洪饬即分驻阳逻仓子埠一带。

△ 湖北沙市光复，清旗兵向荆州退去。

△ 入川鄂军在资州杀川督端方，全军反正，拔队东下。

△ 清外务部暂署副大臣曹汝霖访晤日公使伊集院，告以关东临时都督蓝天蔚在大连准备举事，东三省各地十数处亦有随时举事之势，“请电致本国政府转饬有关当局予以相当援助”。

△ 清廷命撤销第三军，所有各营交袁世凯调遣。

11月28日(十月初八日) 各省都督府代表联合会议决:电武昌黎都督,报告赴鄂代表本日启行;通电各省都督府谘议局,报告各省代表赴鄂议组织临时政府,沪设通信机关于西门江苏教育总会。

△ 黄兴辞职赴沪,军政府以蒋翊武护理战时总司令,守御武昌。

△ 江浙联军总司令部发布各军联合攻南京城命令,规定夜12时开始实行。

△ 安徽各界公举同盟会会员孙毓筠为都督。

△ 驻湖北老河口新兵与会党举义,光化光复。

△ 民军游击队占领湖北黄陂县城。越二日,清兵来攻,黄陂失陷。

△ 江苏常熟"千人会"抗租举事,举孙二为都督,宣布抗租宗旨,焚毁地主住宅。旋遭江苏都督程德全镇压失败。

△ 陆军第二镇统制马龙标因病解职,清廷以陆军统领王占元充之。

11月29日(十月初九日) 黎元洪派特使往访驻汉英总领事葛福,要求先行停战三天,以便商谈长期停战条件。葛福当即转知冯国璋,冯提出完全交出武昌城等三项谈判条件。

△ 浙江都督汤寿潜电黎元洪,协举中央临时政府各部首长:内务程德全、教育章太炎、财政张謇、交通詹天佑、军政黄兴、司法汪精卫;并主改各部名称:内务为内部,外交为外部,教育为学部,财政为计部或户部,交通为邮部,军政为军部或仍兵部,司法为法部。

△ 袁世凯之子、农工商部右丞袁克定密遣朱芾煌持汪精卫函往见黎元洪,约南北联合,要求清帝逊位,举袁世凯为临时大总统。黎立即召开会议,军政府表示赞同。

△ 梁启超再电袁世凯坚辞司法副大臣,并建议清廷"皇室定姓,改号中国",并召集国会,"以顺舆情定国体"。

11月30日(十月初十日) 各省都督府代表联合会在汉口英租界继续开会,公推谭人凤为临时议长,议决:在临时政府未成立以前,请黎元洪以大都督名义，执行中央政务；答复清军统领冯国璋停战条款。

△ 江浙联军进攻南京紫金山天堡城。

△ 清军炮击武昌，督署被毁，黎元洪拟奔葛店，旋由张振武等追及，阻止于洪山附近。

△ 湖北襄阳光复，成立襄阳军政分府，举张国荃为总司令。

△ 江西援军3000人抵鄂。

△ 清第三镇统制曹锟率部自奉天抵天津。

12 月

12月1日（十月十一日） 江浙联军与南京清军经一昼夜激战，是晨6时攻克天堡城。清两江总督张人骏、江宁将军铁良托美领事求和。

△ 黄兴自汉阳抵上海。当日接见《民立报》记者，告以“此行目的在速定北伐计划，并谋政治上之统一”。

△ 各省代表联合会致电清内阁总理袁世凯，否认资政院代表民意，“并请万勿再持君主立宪与共和立宪之歧说，以为全国舆论之公敌”。

△ 广东都督致电黎元洪，提议临时政府各部长人选。计内务汤寿潜，军政黄兴，财政张謇，司法王宠惠，交通詹天佑，教育汪精卫，外交伍廷芳。

△ 汪精卫邀胡鄂公、白逾桓、彭家珍在天津开会，成立中国同盟会京、津、保支部。汪任支部长，下设参谋、军事、财政、交通四部。白任参谋长，彭任军事部长。

△ 山西大同光复，成立大同军政分府，举李德懋为都督。

△ 安徽军政府派兵两营往援湖北。13日复派兵1500名往援。

△ 外蒙活佛哲布尊丹巴在俄政府策动下，于库伦（今乌兰巴托）宣布“独立”，建立“大蒙古国”，组织政府，驱逐清办事大臣三多。

△ 袁世凯电令第一军总统冯国璋，停止渡江进攻武昌。

△ 清内阁电冯国璋，提出停战条款五条，规定息战之期为三日，

两军不得于此期内开战；息战之约须有驻汉英总领事官划押为中证人。

△ 清廷命署汉黄德道黄开文兼办武汉交涉事宜。

12 月 2 日（十月十二日） 南京光复。江浙联军以张人骏、铁良拒受议和条件，遂开炮攻南京城。张人骏、铁良、张勋分途逃窜。拂晓，淞军炮轰狮子山炮台，清军揭白旗献炮投诚。苏军复攻占雨花台。10 时，联军分别自各门入城。全城居民悬白旗欢迎。

△ 拂晓，镇军江北支队骤袭浦口张勋残部。下午张军溃逃，浦口光复。

△ 驻汉口英领事葛福派员分别与武昌军政府及清汉黄德道黄开文磋商，南北双方首次达成停战协议：自 3 日早 8 时起至 6 日早 8 时止，武汉地区停战三日。

△ 黎元洪于武昌洪山召集党代表会议，改组军政府。杨时杰任内务部长，李作栋任财政部长，李四光任实业部长，杨玉如任都督府秘书长。

△ 汉口各省代表团举雷奋、马振武、王正廷三人为临时政府组织大纲起草委员，并议决如袁世凯响应革命，即选举为临时大总统。

△ 宋教仁起草之《中华民国鄂州约法及官制草案》在上海《民立报》公布，6 日续完。

△ 胡鄂公等召集京、津、保、滦（州）、通（州）、石（家庄）等地革命同志代表 50 余人在津开会，议决为统一革命指挥，在天津设总指挥处，由胡兼任总指挥。

△ 清廷添派大学士徐世昌充专司训练禁卫军大臣。

△ 袁世凯召日人坂西中佐密谈，探询日本向革命党首领调停及军费、财政困窘之补救良策。

△ 梁启超自日本再派盛先觉归国鼓吹“虚君共和”，是日盛抵上海。7 日盛致函梁，告以此说遭章太炎冷遇，并谓“革党万不能就虚君共和之策，较温和如章太炎者所说犹然，况其余乎？”

12 月 3 日（十月十三日） 各省都督府代表联合会议决：通过并颁布《中华民国临时政府组织大纲》，凡四章 21 条，施行期限以中华民国宪法成立之日为止。

△　程德全改任江苏都督，6日自苏州抵南京视事。

△　中国社会党在上海召开共和建设会正式成立大会。宣布以研究共和政体，咨询国民公意，条陈政府以备采择为宗旨。

△　江苏军政府将江苏官银号改组为江苏银行，资本总额100万元。总行设苏州，另在上海、常州、无锡、镇江等地设分行。1912年2月总行改设上海。

△　清廷派寿勋会同袁世凯、徐世昌筹办军务。

△　清廷以河南巡抚宝棻因病解职，任命布政使齐耀琳为河南巡抚，倪嗣冲为河南布政使，帮办河南军务。

△　顺直谘议局、直隶保安会再电清内阁，请罢兵息战，由朝廷宣布共和。

12月4日(十月十四日)　各省都督府代表联合会议决并致电留沪各省代表：临时政府设于南京；各省代表开临时大总统选举会于南京；临时大总统未举定以前，仍认鄂军都督府为中央军政府，有代表各省军政府之权。仍推伍廷芳、温宗尧为外交总、副长，并请粤、赣、滇、蜀、晋、陕、甘、黔、东三省迅即派定代表径赴南京。

△　留沪各省代表举黄兴为暂定大元帅，黎元洪为暂定副元帅；暂定南京为临时政府所在地。

△　甘肃西宁府(今青海西宁)黄会首领乔寿山、哥老会首领任得惠率城南元山尔庄农民千余人举事，旋遭西宁镇总兵张定邦镇压，失败。

△　清廷命库伦办事大臣三多革职查办，派帮办大臣绷楚克车林掌库伦办事大臣印信，即剀切晓谕哲布尊丹巴，毋得轻举妄动。

12月5日(十月十五日)　各省都督府代表联合会议决议和条件：“一、推倒满洲政府；二、主张共和政体；三、礼遇旧皇室；四、以人道主义待满人。”并密电伍廷芳来鄂，与清方代表议和，公举胡瑛、王正廷副之。

△　留沪各省代表开会欢迎黄兴大元帅。黄兴致答词，主以黎元洪为大元帅，复经劝说，始允暂时勉任。

△ 黄兴电胡汉民，请出师北伐。旋胡照会上海都督陈其美及黄兴，告已举姚雨平为北伐军正司令，定于二十日（10日）出发北上。

△ 清内阁电开停战条件五条，提出停战三日，期满续停15日；北军不遣兵向南，南军亦不遣兵向北；唐绍仪充总理大臣之代表，与黎元洪或其代表人讨论大局。

△ 上海千余人在张园开北伐联合会成立大会，举程德全为会长。11日该会宣布章程，宣布以联合各省都督府都督会同北伐，统一军机，共谋光复为宗旨。

12月6日（十月十六日） 各省都督府代表联合会议决答复清内阁所提停战条件五条，答复条件为："一、停战三日，期满续停战15日；二、全国清军民军均按兵不动，各守其已领之土地；三、清总理大臣派唐绍仪为代表，与黎大都督或其代表人讨论大局。"

△ 隆裕准监国摄政王载沣"仍以醇亲王退归藩邸，不再预政"。并谕嗣后用人行政，均责成内阁总理大臣、各国务大臣担承责任。

△ 广西民军1000名离南宁往援湖北。

△ 驻汉口英署总领事葛福分别与南北双方约定，自6日早8时起，至9日早8时，武汉停战延期三日，是为第二次停战。

△ 清廷从袁世凯奏请，将湖北巡防军改名为武卫右军。

12月7日（十月十七日） 各省都督府代表联合会闻上海有推黄兴、黎元洪为大元帅、副大元帅之举，议决由黎元洪电沪军都督，查实如有人在沪推举大元帅副大元帅等名目，请其宣告取消；并议决各省代表于8日同赴南京。

△ 清廷命袁世凯为议和全权大臣，由袁委派代表人驰赴南方讨论大局。

△ 清廷以摄政王业经退位，命所有陆海各军暂责成现行专司诸大臣督率管理；其向归摄政王管辖之禁卫军，着专司训练大臣督饬认真训练。

△ 清廷谕准臣民自由剪发，并改用阳历。

△ 河南省谘议局致电清内阁，请求承认共和，免致再开战祸。

△ 英外交大臣葛雷电驻法、德、美三国英使，令向各该国政府提议，由四国银行团立即向袁世凯政府提供财政援助。

12月8日（十月十八日） 黎元洪通电各省留沪代表，请设法取消已推举大元帅、副元帅之事。

△ 江西都督彭程万辞职，改举九江都督马毓宝继任。

△ 姚雨平率广东北伐军8000人（中有华侨炸弹队300人）在广州誓师。18日抵上海。

△ 成都兵变。赵尔丰阴谋复辟，乘蒲殿俊校场阅兵之机，唆使成都巡防营哗变，蒲逃匿。

△ 唐绍仪自北京致电上海密友赵凤昌，转请张謇、汤寿潜赴汉口参与和议。10日赵电复，告以伍廷芳及张、汤“均不能远行”，请唐来上海开议。

△ 清廷以第一军总统冯国璋为察哈尔都统，未赴任前，以署第一镇统制何宗莲署理。

△ 上海招商局与英商汇丰银行签订借银150万两合同，以该局所有各埠栈房及市房等财产为担保。其中有40余万两言明为沪军都督所借。

12月9日（十月十九日） 南北双方再次议定，自9日早8时起，至24日早8时止，各战场均停战15日，是为第三次停战。

△ 黄兴电复汪精卫，支持袁世凯为大总统。略谓：“项城（按：指袁世凯）雄才英略，素负全国众望，能顾全大局，与民军为一致行动，迅速推倒满清政府，令全国大势早定，外人早日承认，此全国人人所仰望。中华民国大统领一位断推举项城无疑。”

△ 清廷议和代表唐绍仪一行离北京，11日抵汉口。

△ 四川军政府军政部长尹昌衡自凤凰山率部入城平乱，次日军政府重建，举尹昌衡为都督、罗纶为副都督。

△ 清内阁电各省督抚，令各路防军仍严密整备，毋因停战稍涉疏懈。

△ 清廷派冯国璋充禁卫军总统官。

△ 清廷命冯国璋兼充第二军总统，筹备畿辅及海防一带；署湖广总督段祺瑞兼充第一军总统。

△ 清廷以记名副都统良弼为军谘府军谘使。

12 月 10 日（十月二十日） 留沪各省代表议决于二十一日（11 日）同赴南京。

△ 伍廷芳电黎元洪，谓因留沪代表挽留，碍难赴汉。12 日，伍以“驻各国领事极望在沪谈判”为由，再电黎请唐绍仪速来上海。

△ 奉天急进会党人张根仁、柳大年等在宁远州（今辽宁兴城市）密谋举事，事泄被捕。经孙中山与袁世凯交涉，次年 2 月获释。

△ 河南鄢陵县黄道会起义，13 日与 16 日起义军数千人分兵攻打太康、开封，遭清军镇压，失败。

△ 倪嗣冲所部清军违约攻陷安徽太和。15 日再陷颍州。

12 月 11 日（十月二十一日） 伍廷芳致函驻沪美领事，请电转美使就商袁世凯，令唐绍仪来上海议和。

△ 唐绍仪在汉口会见黎元洪代表王正廷，王告以伍廷芳不能来汉，约唐同往上海开议。

△ 李烈钧率援鄂皖军一标抵武昌，黎元洪命驻阳逻一带。

△ 清军统领赵倜部违约攻陷潼关。

12 月 12 日（十月二十二日） 黎元洪在武昌会见唐绍仪，商定上海为议和地点。

△ 湖北军政府在武昌举行特别会议，增补议和代表孙武、孙发绪、谭人凤、蓝天蔚、郑江灏、时功玖等六人，赴沪参加议和。

△ 章太炎复武昌谭人凤诸人电，谓“革命军起，革命党消，天下为公，乃克有济”。

△ 山西高平县农民牛春发等率干草会众 2000 余人入城举事，知县被迫承诺免粮免税。斗争随之波及长治县属，后遭阎锡山镇压，失败。

△ 清廷命河南巡抚齐耀琳管辖筹办皖北各属吏治军务，并着倪

嗣冲兼署安徽布政使。

△ 日公使伊集院访晤袁世凯,探询国体问题意向。袁表示主君主立宪,并称,如唐绍仪交涉不成,将烦劳各国从中调停。

△ 清军第六镇统制官曹锟部违约攻陷山西娘子关,进逼太原,阎锡山北逃宁武。

12月13日(十月二十三日) 云南都督蔡锷致电各省都督,主从速组织中央政府。提出国家组织纲要:一、国名定为中华民国;二、国体为君主立宪;三、建设有力之中央政府;四、划定地方区域,设都督专治兵事;五、缩小行政区域。

△ 湖北荆州光复。12月9日,唐牺支率宜昌革命军进攻荆州城,清将军连魁乞降,是日双方达成协议,16日革命军入城,成立荆宜司令部。

△ 陈其美诱杀镇江军政府参谋长陶骏保于沪军都督府。

△ 清廷谕内阁电寄各省督抚,各省举办乡团,由地方官督察。

△ 陆军第四镇统制官吴凤岭因病解职,清廷以步兵第八协统领陈光远充任。

12月14日(十月二十四日) 各省都督府代表联合会在南京选举汤尔和为议长;王宠惠为副议长。并议决于二十六日(16日)选举临时大总统。

△ 黎元洪致电各省都督及军政分府,告以唐绍仪本日离汉赴沪,袁氏狡诈多端。并谓:"此次议和之优劣,端视进兵之迟速及兵力之强弱为转移,总乞各处援兵火速来鄂,以为最后之猛击。"

△ 孙中山经庇朥返国,是日致电邓泽如,相约在新加坡晤面。

△ 胡鄂公等在天津组织北方革命协会,宣布以协助革命军北伐,崇奉三民主义为宗旨。胡任会长。

△ 贵州都督杨荩诚率兵3000名,离贵阳往援湖北。后闻武汉停战,遂暂驻湖南常德。

△ 内阁奏准颁布施行"募集爱国公债办法"章程14条。

△ 英借口“保护”租界，自香港派陆军 162 名抵汉口。

12 月 15 日(十月二十五日) 各省都督府代表联合会以黎元洪来电称“和议未决，不宜先举总统”，议决缓举临时大总统，承认上海所举大元帅、副元帅；临时政府组织大纲追加一条：“大总统未举定以前，其职权由大元帅暂任之。”次日议决临时政府组织大纲追加条文后，增加一项：“大元帅不能在临时政府所在地时，以副元帅代行其职权。”

△ 孙中山抵新加坡，次日与邓泽如晤谈迟迟归国原因，在破坏清政府之借外债及谋新政府之借入，并称“中国今日非五万万不能建设裕如”。

△ 广西省议会电各省都督府、军政府，谓“袁贼分路寇颍，议和实中奸计。乞速会兵北伐，勿再信和，免误大局”。

12 月 16 日(十月二十六日) 黎元洪电各省都督府代表联合会，主提前议定邮政暂行办法，先定邮政总机关，及邮票式样，以绘民国旗帜为宜。

△ 上海《民立报》发表《告唐绍仪》社论，谓“吾深有待于唐绍仪之婉转陈达，俾袁氏迫令满虏以退让为能，则民国之建，无以为梗。吾族健儿必乐予满虏以特别之优待，而总统之席袁氏终有时当选”。

△ 日公使伊集院访晤英公使朱尔典，密商中国国体。朱尔典提出册立孔子后裔，拥为皇帝，征其同意；伊集院则以设置“摄政会”方案，就商英使。

12 月 17 日(十月二十七日) 各省都督府代表联合会以黄兴来电力辞大元帅，并推举黎元洪自代，遂改举黎元洪为大元帅，黄兴为副元帅。并议决黎大元帅暂驻武昌，由副元帅代行大元帅职权，组织临时政府。

△ 唐绍仪一行在王正廷、谭人凤等陪同下抵上海。

△ 云南都督府军政总长兼迤西国民军总司令李根源奉蔡锷命至大理，节制滇西军政。

△ 山东巡抚孙宝琦因病解职，清廷以山东提法使胡建枢为山东巡抚。

12月18日（十月二十八日） 民国总代表伍廷芳与袁内阁全权代表唐绍仪在上海英租界南京路市政厅开南北议和首次会议。伍提出9日停战协议必须切实遵守，俟得袁世凯承认后，方可正式开议，唐允将此意立即电袁。

△ 湖南都督谭延闿电伍廷芳，提出“倘袁使不能承认颠覆满清政府，建立共和民国，即请毋庸开议”。并谓“盖民国不成，第二次革命当继起。此刻断不容稍留君主政治余毒，以作第二次革命之资料，而令吾同胞将来再相残杀，致受无穷荼毒”。

△ 伍廷芳电袁世凯，责各地清军违约攻袭民军，请饬令各地清军，凡与民军相持地方，一律实行停战。

△ 直隶革命党人率众500余人在任邱起义，占领县城，直隶总督陈夔龙派清军前往镇压，起义军退雄县，20日陷雄县，起义军遂失败，死难者百余人。

△ 驻美日代办照会美国务卿，提议建立一个名义上之清政府，实行君主立宪，由列强保障。

△ 袁世凯电复伍廷芳，正式承认停战令，擅自行动之军队，定行处以严罚。

12月20日（十一月初一日） 南北双方在沪举行第二次议和会议。协议自23日早8时起至31日早8时止，各战场继续停战七日。是为第四次停战。伍廷芳坚持下次开议须以承认共和为前提，唐绍仪答须电袁世凯征询其意。

△ 驻上海英、日、德、美、法、俄六国领事以同文照会分别递交伍廷芳、唐绍仪，谓“中国的战争若持续下去”，“将使外人的物质利益与安全遭受重大的危险”，请南北双方尽速达成协议，停止冲突。

△ 廖宇春得段祺瑞支持，抵上海与黄兴代表顾忠琛秘密议和。是日达成确定共和政体、优待清皇室、先推覆清政府者为大总统等五项协议。

△ 清廷谕袁世凯，于奏事章程未定之前，举凡国务暂呈内阁核办，毋庸上奏。

△ 各省都督府代表联合会议决函请黄兴即速来宁，组织临时政府；又以汤尔和、王宠惠均留沪，另举景耀月代理议长。

△ 江浙联军在南京开军事大会，议决北伐，并举徐绍桢为北伐总司令。

△ 美洲华侨代表冯自由抵上海，参与筹组临时政府。嗣后南洋华侨代表吴世荣亦到。

12月21日（十一月初二日） 黎元洪电南京各省都督府代表联合会，接受大元帅名义，并委黄兴代行职权。

△ 孙中山返国抵香港。胡汉民往迎，即同赴上海，陈炯明代广东都督。离港赴沪途中，孙中山谓“袁世凯不可信，诚然，但我因而利用之，使推翻二百六十余年贵族专制之满洲，则贤于用兵十万”。

△ 孙中山致电横滨华侨，谈南北议和问题。谓：“吾党之希望虽素不在媾和，而亦并非全不欲和，战亦非吾目的也。吾党素志之共和政体，近已由议和谈判之结果，可见其成立矣。更望诸君大表同情，注视其成行。”

△ 纽约华侨全体电国内各报、各团体，谓“希勿受袁愚，速以灵敏手段布置周密，庶可制北满死命，寝袁之皮”。

△ 清廷派车臣汗部落盟长札萨克多罗郡王多尔济帕拉穆、科布多办事大臣桂芳为查办大臣，前往库伦，查办蒙古独立事件。

12月22日（十一月初三日） 河南开封同盟会会员张钟端等联合学界、警界、民团代表，在优级师范学校密谋举事，事泄，张等11人被捕遇害。

△ 四川军政府捕杀前川督赵尔丰于成都。

△ 江浙联军代表李燮和等赴上海往迎黄兴，请早莅南京组织临时政府。黄答以因财政困难，人才缺乏，刻下正在此间筹划，一俟就绪，即行前往。

△ 福建都督孙道仁等致电陈其美，谓“闽主张除共和无所谓和议”，并谓“袁党诡谲……亟宜协力共谋抵制”。

△ 江北北伐军总司令林述庆自无锡致电伍廷芳等，亟言和议须以“推倒异族专制政体，建设共和政体”为宗旨。

12月23日(十一月初四日) 沪军政府财政部发行定额1000万元公债票。

△ 北京外交团在清外务部谰言赞成中国和平停战，实行君主立宪。

12月24日(十一月初五日) 各省都督府代表联合会接沪电称孙中山将到沪，决由代理议长指定马伯援等三人赴沪欢迎。

△ 上海《民立报》发表同盟会本部宣言，表示愿“长驱河朔，犁庭扫穴，以复我旧邦，建立民国，期得竟其始志”。

12月25日(十一月初六日) 孙中山抵上海，黄兴、陈其美及各界人士热烈欢迎。

△ 黎元洪通电各省，驻京英美公使正式表示武汉三镇不再作为战场；并告全省军事机关，已拟定敌兵须全部退出武胜关以北及敌兵撤退、我兵不追等四项办法答复英领事。

△ 清出使俄国大臣陆徵祥、出使荷兰大臣刘镜人联衔电外务部代奏清廷，请速下大计，诏准民主。

12月26日(十一月初七日) 夜，孙中山召集同盟会最高干部会议，商讨总统制与内阁制之取舍问题。孙中山不同意内阁制，众从孙意而行。

△ 各省都督府代表联合会议决于十一月初十日(12月29日)，选举临时大总统；并通电各省，作战计划仍宜继续进行，并推定谭人凤、马君武、王正廷面谒徐绍桢，商议作战计划。

12月27日(十一月初八日) 黄兴与宋教仁由沪抵宁，向各省都督府代表联合会提议三事：一、改用阳历；二、改为中华民国纪元；三、政府组织取总统制。

△ 孙中山会见各省代表团，谈组织政府问题。孙中山主张选举总统，不必选举大元帅；并提出改用阳历，本月(农历十一月)十三日为阳历1月1日，是日为中华民国元旦。

△ 唐绍仪电请袁世凯代奏，民军坚持共和，请即明降谕旨，召集临时国会，决定国体。

△ 袁内阁开全体会议，以南方坚持共和，和议难以进行为由，议决总辞职。次日，袁世凯于御前会议提出，清廷予以慰留。

12 月 28 日(十一月初九日) 各省都督府代表联合会开会，马君武报告在沪与孙中山接洽经过。

△ 新疆迪化革命党人刘先俊等联络哥老会举事，遭巡抚袁大化镇压，刘等百余人死难。

△ 清廷从袁世凯奏请，命召集临时国会公决国体，着袁将此意电唐绍仪转告民军代表，并速拟选举法，协定施行。

12 月 29 日(十一月初十日) 各省都督府代表联合会投票选举临时大总统，到会代表 17 省，孙中山 16 票当选。

△ 各省都督府代表联合会电各省都督府，每省派遣参议员三人，来南京组织参议院；参议员未至以前，每省暂留代表一至三人驻宁，代行其职权。

△ 孙中山电各省代表及都督、军司令长，表示接受各省都督府代表联合会之选举，刻日赴宁就职。

△ 孙中山致电袁世凯，告以南方组织临时政府乃权宜之计，并谓“文虽暂时承乏，而虚位以待之心，终可大白于将来。望早定大计，以慰四万万人之渴望”。

△ 孙中山出席同盟会本部欢迎大会，发表演说，指出：“今民族主义、民权主义二者虽已将达，而欲告大成，尚须多人之努力。况民生主义至今未少着手，今后之中国首须在此处着力。”

△ 南北双方在沪举行第三次议和会议，达成召开国民会议，公决国体及山西、陕西、湖北、安徽、江苏等地清军在五日内撤离原驻地百里以外等协议。

△ 袁世凯以伍廷芳宣言必须承认共和，唐绍仪请开国民会议决定国体之事，奏请召集宗支王公会议，以定大计。

12 月 30 日(十一月十一日) 各省都督府代表联合会以清内阁代表唐绍仪要求召开国民会议一事,议决由伍廷芳答复唐代表毋庸再开,因已选举临时大总统,已足见国民多数赞成共和。

△ 孙中山答复上海《大陆报》记者,说明日间将赴南京举行接任式,并组织新政府。

△ 孙中山致电邓泽如,告以"现为组织中央政府,需款甚巨。委任阁下向南洋华侨征集大款"。

△ 同盟会本部在上海召开临时会议,改订同盟会暂行章程,发表团结同志宣言。

△ 南北双方在沪举行第四次议和会议,拟定召集国民会议办法四条。

△ 袁世凯电唐绍仪,告以承认第三次议和协议。同日又电唐,否认第四次议和所议办法。

△ 清廷以军饷无着,准袁世凯等奏请,将盛京大内及热河行宫旧存瓷器变价充饷。

12 月 31 日(十一月十二日) 各省都督府代表联合会议决改用阳历,以中华民国纪元,阴历十一月十三日,称中华民国元年 1 月 1 日。

△ 南北双方在沪举行第五次议和会议,伍廷芳提议于次年 1 月 8 日在上海召开国民会议。唐绍仪旋将此意电达袁世凯,袁接电后,即将内阁所拟国民会选举法九条电唐,并力主国民会议在北京召开。

△ 清廷议和代表唐绍仪等 13 人,因议和条款不为袁世凯认可,联名电袁请辞。

△ 孙中山与社会党本部长江亢虎谈话,表示赞成社会主义,主张"广为鼓吹,使其真理论普及全国人心目中。至于方法,原非一成不变者,因时制宜可耳"。

△ 俄公使廓索维慈照会清外务部,提出中国不得干涉外蒙内政,不得驻兵外蒙,准俄在外蒙修筑铁路及外蒙任何改革均应得俄同意等五条要求。

1912年(民国元年)

1　月

1月1日　中华民国诞生。孙中山自沪抵宁，当晚10时，宣誓就任中华民国临时大总统。誓曰："倾覆满洲专制政府，巩固中华民国，图谋民生幸福，此国民之公意，文实遵之，以忠于国，为众服务。至专制政府既倒，国内无变乱，民国卓立于世界，为列邦公认，斯时文当解临时大总统之职。谨以此誓于国民。"同日并发表《中华民国大总统孙文宣言书》，宣布内外施政方针。

△　唐绍仪再电袁世凯辞议和代表职，并通知伍廷芳"停止开议"。

△　中华书局在上海开业，创办人为陆费逵等，资本2.5万元，各地设分局30余处。

1月2日　孙中山通告各省，宣告中华民国改用阳历，以黄帝纪元四千六百零九年十一月十三日(即辛亥年十一月十三日)为中华民国元旦。

△　孙中山任命胡汉民为总统府秘书长。

△　孙中山电复袁世凯，澄清误会。谓"倘由君之力，不劳战争，达国民之志愿"，则总统一职，"推功让能，自是公论"。并表示"文承各省推举，誓词具在，区区此心，天日鉴之"。

△ 孙中山电伍廷芳,“请每日将议和事详细电知”。

△ 各省都督府代表联合会议决,临时参议院成立前,由该会代行职权,并举赵士北、马君武为临时正副议长。

△ 袁世凯电伍廷芳否认唐绍仪签订各条,并告已准唐辞代表职,嗣后应商事件直接电商。

△ 袁世凯电伍廷芳,停战期限展延15天,自上月31日上午8点钟起至1月15日止。

△ 清军姜桂题、冯国璋、张勋、曹锟、张作霖等15名将领电内阁,誓以死战反对共和,并请旨饬亲贵大臣将银行所存现银三四千万两提充军费。

△ 清河南省谘议局电袁世凯,人民切望共和,如和议变动,“河南人民誓与朝廷断绝关系”。

△ 上海英文《字林西报》发表社论,攻击孙中山“独裁”,实行“寡头政治”,即将建立的南京临时政府“远非一个民有、民治、民享的政府”。

1月3日 中华民国临时政府在南京成立。是日各省都督府代表联合会通过孙中山所提各部总次长名单:“陆军总长黄兴,次长蒋作宾;海军总长黄钟瑛,次长汤芗铭;外交总长王宠惠,次长魏宸组;内务总长程德全,次长居正;财政总长陈锦涛,次长王鸿猷;司法总长伍廷芳,次长吕志伊;交通总长汤寿潜,次长于右任;实业总长张謇,次长马君武;教育总长蔡元培,次长景耀月。”同日,孙中山颁布《中华民国临时政府中央行政各部及其权限》,凡五条。

△ 各省都督府代表联合会举黎元洪为中华民国临时副总统。

△ 孙中山任命徐绍桢为南京卫戍司令。11日,改任南京卫戍总督。

△ 孙中山任命钮永建(兼)、温宗尧(兼)、汪精卫、王正廷、胡瑛为议和参赞。

△ 孙中山聘章宗祥及日人寺尾亨、副岛义一为法制顾问,犬养毅

为政治顾问。

△ 孙中山任命蓝天蔚为关外都督兼北伐军第二军总司令。

△ 直隶滦州新军起义，成立北方革命军政府，举王金铭为大都督，施从云为总司令。

△ 伍廷芳电袁世凯，声明唐绍仪签约有效，并请履行所订退兵办法，饬各军队于五日内退出驻地百里以外。

△ 章太炎联络江浙清季预备立宪公会人士张謇、程德全、汤寿潜、汤化龙等在上海开“中华民国联合会”成立大会，章、程被举为正、副会长。

△ 陕西民军攻占河南灵宝，赵倜所部清军退陕州，据守渑池。

△ 北京外交团开会，谋置中国盐税于海关控制之下，议定由英、日、俄、奥等国公使组成委员会研究处理。12 日，该委员会就此事以备忘录送清外务部。

△ 乌里雅苏台扎萨克汗宣布“独立”，要求清廷驻乌里雅苏台将军奎苏于五日内离境。

1 月 4 日 孙中山电广东代理都督陈炯明，指出“和议无论如何，北伐断不可懈”，令速出兵北伐。

△ 孙中山电伍廷芳，盼将国民会议地点、时期及退兵办法电告。

△ 袁世凯电伍廷芳质问各省代表“选举总统是何用意”？“设国会议决为君主立宪，该政府暨总统是否立即取消”？并称“孙文受任总统之日，宣示驱逐满清政府，是显与前议国会解决问题相背”。

△ 滦州起义军乘火车扑天津，次晨与清军战于雷庄，因寡不敌众失败，王金铭、施从云等死难。

△ 清署邮传部大臣杨士琦请解职，清廷以梁士诒署该职。

△ 上海南汇地区大团等处沿海“沙民”千余人抗租，沪军都督府派陆军及水师前往镇压。

△ 英、美、德、法、日等国驻华军队司令官开会，借口滦州新军起义，决议向京奉铁路京榆段沿线派驻军队：北京—杨村驻英军 366 名；

杨村—北塘驻法军 44 名;北塘—唐山驻德军 94 名;唐山—滦州驻美军 200 名;滦州—山海关驻日军 599 名。

△　法外交部照会驻法俄使,表示法支持俄在中国北部之特权利益扩张至北满,并至蒙古、新疆。

1 月 5 日　孙中山举行临时政府各部委任礼,各部总次长黄兴等出席。

△　孙中山发表《对外宣言书》,声明:凡革命前清廷与各国所订条约、所借外债、所认赔款及让与各国或个人之种种权利,民国均予承认、保护。

1 月 6 日　孙中山咨复参议院征询和战问题,内称:现在用兵方略,当以鄂湘为第一军,由京汉铁路前进;宁皖为第二军,向河南前进;淮阳为第三军,烟台为第四军,向山东前进;秦皇岛合关外之军为第五军,山陕为第六军,向北京前进。表示:“和议一破,本总统当亲督江、皖之师……饷源一事,业令由财政、陆军两部会同筹划。”

△　伍廷芳电促袁世凯早开国民会议议决国体,会议地点宜在上海。

△　临淮总司令林述庆谒见孙中山,面陈北伐计划。

△　清甘肃省谘议局议长张林焱等以陕、甘、新三省绅民名义电袁世凯,坚主立宪,否认共和。

1 月 7 日　黎元洪整编在鄂民军为北伐三军,以吴兆麟、李烈钧、赵恒惕分任第一、第二、第三军总司令官。

△　伊犁新军起义,杀将军志锐,焚将军都统署。次日组织军政府,举卸任伊犁将军广福为大都督,并进军迪化,与新疆巡抚袁大化所调之清军相持于精河、西湖间,至 4 月始休战。

1 月 8 日　南京临时政府发行《中华民国军需公债》,定额一亿元,实发 737.115 万元。

△　孙中山通令各省:产盐运盐,统归盐政总理督率办理。

△　伍廷芳电复袁世凯,同意自 12 月 31 日早 8 时起,至 1 月 15

日早8时止,各战场继续停战15日,是为第五次停战。

△ 伍廷芳电袁世凯,议和之事,请亲来或另派全权代表到沪,勿再电商。

△ 唐绍仪电清内阁,告以内外情势紧迫,和议勿再不决。

△ 康有为撰《共和政体论》一文,鼓吹"虚君共和",是日起在北京《正宗爱国报》连载。

△ 日本友人犬养毅在南京访晤孙中山,转达日本政府要求南京临时政府推进君主立宪政体之方针,同时建议联合岑春煊及康有为等人共同对抗袁世凯,遭孙中山拒绝。

1月9日 孙中山任命黄兴兼临时政府参谋总长。

△ 孙中山派黄复生、熊克武到沪接收川路股款,筹办蜀军。

△ 陕西民军克渑池,次日与清军战于英豪、观音堂间,失利后退灵宝、函谷关一带。

△ 袁世凯电伍廷芳,勿再坚执唐绍仪所签条款;不必另派代表;北京为国会开会地点,万无更易。

△ 清廷任命朱益濬署湖南巡抚。

1月10日 临时参议院议决以五色旗为国旗,取红、黄、蓝、白、黑五色,代表汉、满、蒙、回、藏五族共和之意。12日,孙中山以五色旗为国旗取义不确,咨请临时参议院暂勿颁定施行,俟民选国会成立后讨论。

△ 马君武在临时参议院报告,陆军部作战计划已定,拟分五路进兵,如和局破裂,即行宣战。

△ 伍廷芳电复袁世凯,唐绍仪所签之约为不可移动之条件,上海为国会开会地点亦万无可易。

△ 谭延闿电孙中山,请即与袁世凯严重交涉,如停战期满而国体问题尚未解决,即令各路开战。

△ 张謇密电袁世凯,谓"现以纱厂事需亲赴鄂,拟藉与段芝泉密商",以南北军人名义提议召开国民会议,决定政体。张抵鄂再密电袁,

请其就商北洋将领通电拥护共和，迫清帝退位；并谓“非有可使宫廷逊位出居之声势，无以为公之助，去公之障”。25日，袁电复张，告以“连日协商，渐有头绪”。

△ 成都民军克雅安，清护理川滇边务大臣傅华封被俘。

1月11日 孙中山照会各国政府，声明已建立临时政府，选举临时总统，组织内阁，要求承认中华民国政府。

△ 浙江都督汤寿潜调任南京临时政府交通总长，浙省各府代表改举蒋尊簋继任。

△ 袁世凯再电伍廷芳，国会地点在北京，万难更易。

1月12日 孙中山命北伐沪军及“海容”、“海琛”、“南琛”三舰统归关外都督蓝天蔚节制。

△ 梁士诒会见英公使朱尔典，探询列强对袁世凯于清帝退位后组织临时政府之态度，英使表示“袁世凯拥有列强之信任”。

△ 清署察哈尔都统何宗莲电内阁，表示“察防臣民全体不承认共和”。

△ 清王公宗室良弼、载涛等为维护清廷、反对共和，在北京秘密组织复辟团体“宗社党”。该党活动范围遍及奉、吉、直、鄂、鲁、豫、陕、甘、苏、浙、皖、闽等10余省。

1月13日 伍廷芳就袁世凯以土匪之名加诸北方诸省民党，及置十一月初一日(阳历12月20日)之条约于不顾，攻击陕西民军两事电袁质问。

△ 山东同盟会会员邱丕振攻占登州(今蓬莱市)，俘清军统领王步清，组设军政府，公举连绍先为鲁军司令，邱丕振为北伐军司令。

△ 美国务卿诺克斯电示驻汉口美总领事顾临，可与当地民军领袖保持非正式关系，但此种关系不得认为美已承认民军政府。16日，复电示美公使通知各地美领事均照上述办法执行。

1月14日 孙中山电复直、豫两省谘议局，告以所开议和条件，早经临时政府宣布，不必置疑。并谓：“须知民国以专制为敌，而权位非所争，南北既可调和，则生灵免于涂炭，不分畛域，自是平等之本怀；清廷以退让而释干戈，皇室报酬，应示优异。”

△　孙中山通电各省都督禁止滥捕嫌疑犯，略谓：“嗣后各地如有嫌疑告密之事，应先令查根凭实，再交审判厅确实查核，庶刑当其罪，法允于平。”

△　袁世凯、伍廷芳经电商决定，自15日早8时起，至29日早8时止，各战场继续停战14日。是为第六次停战。

△　伍廷芳电内外蒙古各王公，申明民国成立，汉、满、蒙、回、藏各族一律平等，确无疑义，毋惑浮言，自相疑贰。

△　唐绍仪通知伍廷芳，清廷正筹商退处之方，探询清帝退位后举袁世凯为总统事。次日，孙中山电告伍廷芳：“如清帝实行退位，宣布共和，则临时政府绝不食言，文即可正式宣布解职；以功以能，首推袁氏。”

△　陈其美指使蒋介石暗杀光复会领袖陶成章于上海广慈医院。次日，孙中山电令陈其美严缉刺陶凶手。

1月15日　大连民军抵登州，清吏迎降。次日，民军派队赴黄县，宣告和平光复。

△　北方革命协会通州革命党人密谋举事。事泄，蔡德辰、王丕承等七人被捕，17日遇害。

△　成都军政府发行军用银票，定额300万元。至年底，发行逾千万。

△　黑龙江呼伦贝尔地区额鲁特、陈巴尔虎两蒙总管胜福、车和扎等，受俄国唆使、暗助，占海拉尔，宣布“独立”。清呼伦道尹黄仕福率队避入东清铁路界内。

△　开缺两广总督袁树勋及唐文治等五人电请清廷明降谕旨，早定共和政体，特授袁世凯以全权，与民军代表组合相当政府，一面速开国会，选举总统，宁息战祸。

△　日外务大臣内田康哉于是日及17日两次电驻汉口总领事松村，令速派海军陆战队开赴大冶铁矿，以阻民军进驻，并配备内河炮舰

一艘就近“警备”。

1月16日 京津同盟会会员张先培、杨禹昌、黄之萌于北京东华门投弹谋炸袁世凯，不中，三人被捕死难。

△ 南京临时参议院据孙中山交议拟向华俄道胜银行借款案，议决此为中央政府借款，数额100万镑，签约事由中央财政部会同鄂军办理。

△ 袁世凯与内阁诸大臣联衔密奏清廷，谓大局危迫已极，民军坚持共和，别无可议，望宣布共和，请开皇族会议速定方案。同日，隆裕太后召见袁世凯，袁再次请辞内阁总理职。

△ 袁世凯就民军自武昌、上海北上，且占登州事电诘伍廷芳，并要求立即撤回各军。

△ 蓝天蔚率北伐沪军分乘“海容”、“海琛”、“南琛”三舰自上海抵烟台。

△ 清军陷灵宝、函谷关，陕西民军退据潼关。20日，张钫率民军再弃潼关，退驻华州。

1月17日 南京临时政府外交总长王宠惠于是日及19日两次要求美国承认中华民国，均未得复。

△ 清隆裕太后召近支王公开御前会议，奕劻、溥伦主接受共和，其他王公亲贵咸表反对，争论甚烈。次日再议，仍无结果。

△ 清军陷大同。嗣大同复遭清军围困，民军据守40余日，因弹尽援绝，是日弃城转移。

1月18日 孙中山召开内阁会议，集议清帝退位条件，议决致电袁世凯提出四条要求，其中言明：清帝逊位并弃让所有大权；临时都城不得设在北京；袁世凯非俟列强承认共和政府及民国建设完全之后，不得预闻临时政府政务。

△ 孙中山两电伍廷芳，告以清帝退位及皇室优待条件，请转告唐绍仪。

△ 孙中山电复上海商务总会等团体，陈其美督苏应由省议会正式选举。

△ 南京临时政府陆军部颁布《暂定维持治安临时军律》，凡12条。

△ 清廷谕民政部、步军统领、顺天府、军统冯国璋、提督姜桂题，饬设法保护京师地面平安秩序，勿稍疏忽。

△ 清廷命直省将军、督抚暨顺天府府尹、各路军队统将，凡外人生命财产，一律妥为保护。

1月19日 南京临时参议院通过咨请大总统立即进兵救援山陕案。

△ 南京临时政府教育部颁布《普通教育暂行办法》，凡14条，规定各学堂改称学校，监督、堂长均改称校长；教科书务合乎共和民国宗旨，清学部颁行之教科书一律禁用。

△ 山东文登县同盟会会员丛绾珠率众举事，光复县城。2月9日，遭地主武装镇压，50余人死难。

△ 清隆裕太后召近支王公开御前会议，国务大臣胡惟德、赵秉钧、梁士诒列席。赵提出袁世凯拟设临时政府于天津，并同时取消北京、南京两政府，遭王公亲贵反对，会议无结果。22日再议，仍无结果。

△ 宗社党举行秘密会议，决定在各王公贵族中开展赞成君主立宪签名运动。

△ 清出使俄国大臣陆徵祥再次电外务部代奏请清帝逊位，明降谕旨，慨允共和。嗣后，出使意、日、美、德、奥等国大臣亦就此事迭电奏请。

△ 美兵600名自马尼拉抵秦皇岛，并分调200余名开赴京榆铁路唐山、滦州一带。

1月20日 孙中山复电伍廷芳两电，重申五条件，坚持以各国承认中华民国为举袁世凯为大总统条件；并提出民国未举袁之先，袁不得接受清朝统治权以自重。

△ 孙中山将清帝退位后优待条件六项电黎元洪，并谓："若清廷仍不肯就范，则再战有词，请仍照前电准备。"

△ 伍廷芳代表南京临时政府电袁世凯正式提出清帝退位优待条件。

△ 民社于是日及次日分别在上海《民立报》公布“缘起”及“规约”，申明以卢梭《民约论》为宗旨。此系武汉人士拥黎元洪为中心之政团。

1月21日 孙中山主持临时政府第一次内阁会议，议决大事三项：一、议行政方针，主张中央集权；二、筹措军饷，拟将招商局抵押1000万；三、和议大定，清帝退位，袁世凯来南京，以就此间政府。

△ 徐企文等在上海组织中华民国工党，是日开成立会。推定朱志尧为正党长，徐企文、钟衡臧为副党长。嗣后于南京、芜湖、苏州、杭州、唐山、长沙等地设支部，并发行《党民报》。

1月22日 南京临时参议院通过孙中山提交之议和五项条件：一、清帝退位；二、袁世凯宣布政见赞成共和；三、俟接获退位布告，大总统即行辞职；四、参议院另举袁世凯为大总统；五、袁须誓守参议院所定宪法，乃能接受事权。

△ 中国同盟会在南京举行会员大会，到18省会员2000余人。胡汉民代表孙中山正式提议修正誓词为：“颠覆满清政府，巩固中华民国，实行民生主义。”获一致通过。

△ 清隆裕太后谕饬内阁诸大臣胡惟德等，仍按召集正式国会与革军接议。

△ 袁世凯致电伍廷芳，重提召集临时国会公决国体。次日，伍廷芳复电袁世凯，谓：临时国会，“应俟清帝退位后统一全国之共和政府议定选举法，再行召开”。

△ “东三省陆防全体军人”闻朝廷将有退位之举，电清内阁称：“东三省勤王军队业经组织，预备开拔，赴汤蹈火，惟听钧命。”

△ 出使意大利公使吴宗濂、出使日本公使汪大燮，分电清内阁，请代奏速宣布共和。

1月23日 孙中山电伍廷芳，嘱电清内阁请实践停战条约，派得力专员星夜驰赴山、陕战地，宣令停战。

△ 清廷以会办江防事宜、江南提督张勋护理两江总督。

△ 清廷以署山东巡抚胡建枢因事解职，实授山东布政使张广建兼署山东巡抚；赏协统领吴鼎元陆军副都统衔，会办山东防务。

△ 宗社党上书清内阁，意谓欲将我朝断送汉人，我辈决不容忍，愿与阁下同归澌灭。

△ 中、德、美、法、英、意、日、荷、波斯、葡、俄、暹罗 12 国，在海牙签订鸦片公约，凡六章 25 条。

1 月 24 日 孙中山同上海《大陆报》记者谈话，指出："袁世凯如实行共和政体，则余亦退让之；若袁世凯仍为满人效力，则余未便轻让。"

△ 南京临时政府批准将大清银行改为中国银行，任命吴鼎昌为监督。2 月 5 日，该行在上海正式开业。

△ 清廷谕内阁告戒军民勿得轻信浮言，转相煽惑，以维秩序。

△ 江西公布省临时宪法。

△ 日本黑龙会干事长内田良平受陈其美委托，以"沪军都督代表"名义与日商三井洋行签订借款 30 万日元合同，旋以此款在日购置军械。

1 月 25 日 黄兴、陈锦涛、蔡元培、马君武、王宠惠、魏宸组等出席内阁会议，议决推行公债票、发行军用钞票、征收地方租税问题。

△ 袁世凯奏请修改国会选举法，开会地点及国会会员人数酌予变通办理，并谓优待皇室条件似亦应由国会议定。

△ 日本驻奉天总领事落合谦太郎访晤东三省总督赵尔巽，赵表示："为维护清国国家之尊严与安全，除保存君主外别无它策；共和制度不但不能维持国家安宁，反而会迅速造成瓦解之局。"

1 月 26 日 京津同盟会会员彭家珍在北京红罗厂宗社党首领、清军谘使良弼私宅投掷炸弹，彭当场以身殉。良弼重伤，越二日死。清王公贵族闻风丧胆，纷纷出京，潜赴青岛、天津、大连等地。

△ 孙中山电陈炯明并广东省会及铁路公司，告以"和议难恃，战

端将开，胜负之机，操于借款”。目前政府急需用款，拟以广东铁路为抵押，订立合同，务望赞同借款。

△　黎元洪电孙中山，若清帝不退位，请通告各国停战不再展期，所议优待条件一律取消，并表示鄂中全体军士预备作战。

△　云南都督蔡锷电孙中山及各省都督，表示“此时直无和议可言，惟有诉诸兵力”，愿亲率精兵，结合湘鄂，会师中原。

△　清廷诏封袁世凯一等侯爵，袁奏请收回封爵成命。

△　清廷准资政院议长李家驹解职，以许鼎霖继任。

△　段祺瑞率领湖北前线北洋军将领42人电奏清廷，要求明降谕旨，宣示中外，立定共和政体。

1月27日　孙中山以停战期届，咨商临时参议院解决主战抑主展期，乃派胡汉民到院陈述意见。是日参议院议决主战。同日，孙中山电告伍廷芳，“和局至此，万无展期之理，民国将士决意开战”。并谓：“此番开战，其曲在彼之真相，对于内外正式发表。”

△　孙中山致电各国公使揭露袁世凯在议和中之种种反覆失信。谓：袁“既知民国必欲其实行赞助共和而决不肯贸然相让，坠其诡计，则袁氏又复变态矣！盖袁氏之意，实欲使北京政府、民国政府并行解散，俾得以一人而独揽大权也”。

△　伍廷芳电清内阁，谓：“若停战期满（按：指29日），尚未得清廷退位确报，则前此所订优待条件，即全行作废。”

△　南京临时政府由江苏铁路公司出面，以上海至枫泾间铁路为担保，与日本大仓组签订借款300万日元合同。

△　山东即墨革命党人班麟书率民军举事，光复即墨。31日，驻青岛德军胁迫民军撤退。经交涉无效，2月3日，孙中山令该处民军退出即墨。

△　山东高密革命党人率众举事，驱逐县令，举王麟阁为临时司令。旋张树元所部清军来攻，起义人员向诸城一带转移。

△　北伐民军光复安徽固镇。

△ 卢永祥所部清军自太原南下陷霍州(今霍县)。30 日陷赵城,直趋平阳(今临汾),围攻该城,民军退平陆。

1 月 28 日 南京临时参议院正式成立,出席议员计 17 省 38 人。孙中山率同各行政官员莅会,亲致祝词。次日举林森为议长。

△ 孙中山电陈炯明并各省都督,嘱勿仇杀康、梁保皇党人。略谓:"法令所加,只问其现在有无违犯,不得执既往之名称以为罪罚。至于挟私复怨,借是为名,擅行仇杀者,本法之所不恕。"

△ 孙中山致电陈炯明及中国同盟会,调和岭东之同盟会、光复会两会会员歧见。略谓:"今兹民国新立,建虏未平,正宜协力同心,以达共同目的,岂有猜贰而生阋墙。为此驰电传知,应随时由贵都督解释调处。"

△ 孙中山电蒙古王公贡桑诺尔布、那彦图等人,解释推翻清朝之目的是"欲合全国人民,无分汉满蒙回藏,相与共享人类之自由。……俄人野心勃勃,乘机待发,蒙古情形,尤为艰险。……祈将区区之意,遍告蒙古同胞,戮力一心,共图大计"。

△ 南京临时政府内务部颁布《保护财产令》,凡五条,规定"所有私产均应由人民享有";清廷官吏财产除坚决敌视民国者须予查抄外,余均保护。

△ 袁世凯密调嫡系部队曹锟第三镇抵京,驻扎天坛等处。在此前后,袁曾由二、四、六等镇调兵入京。

△ 云南都督蔡锷应贵州立宪党人之请,借名北伐,派兵入黔。是日先遣队离昆明出发,次日唐继尧率大队启程。

△ 清山西巡抚张锡銮率军政大员奏陈解决时局办法 10 条,主张隆裕太后退居颐和园或"北狩"热河;速在天津组织临时政府。

△ 段祺瑞前以"巡警"名义留驻汉阳、未依停战协议撤退之千余清军全部反正。

1 月 29 日 孙中山电北军将领王占元、姜桂题等 10 人,请效法段祺瑞,转敌为友,宣布赞同共和。

△ 南京《临时政府公报》创刊。4 月 5 日停刊。

△ 南京临时政府所辖各军在清江浦开军事会议，举孙岳为浦、镇、扬联军总司令，即日部署各军北伐。

△ 盛宣怀与日商代表在日本签订《汉冶萍公司中日合办草合同》，股本 3000 万日元，中、日各半，合办期 30 年，并规定须经中国政府同意及汉冶萍公司股东半数以上赞同，始签定正约。

△ 清度支部以救济京、津市面为由，自德商瑞记洋行两次借款 75 万英镑，约定以崇文门商税为担保。后以半数向德、奥购置军火，余款由度支部移作别用。

△ 杨度等 14 人在北京组织共和促进会，并发表“宣言书”，谓目前主君主立宪为时已晚，国家危亡在即，为“保全皇室”、“保全国家”计，应速实行共和。

△ 日本浪人川岛浪速与内蒙古喀喇沁王贡桑诺尔布在北京签订协定 10 条，规定内蒙古联合组成一强固团体，以保障蒙古利益及援护大清皇位的存在为目的；喀喇沁王以川岛为总顾问，参划商量一切文武事宜；内蒙古团体成立后，倘受他国侵略难以自卫时，须首先请求日本援护。

1 月 30 日 孙中山咨请临时参议院审议《中华民国临时组织法草案》，凡七章 55 条。次日，临时参议院议决改为《中华民国临时约法》，推定马君武等四人另行起草。

△ 清隆裕太后召开御前会议，奕劻、载沣主张逊位全终，亲贵全体唯唯其词，皇太后决定自行颁布共和。

△ 中华民国实业协会在南京开成立大会，宣布以“振兴实业、扩充国民生计、挽回利权”为宗旨，举李四光、万葆元为正副会长，马君武为名誉会长。

△ 清廷以督办边防大臣张怀芝为安徽巡抚，未到任以前，仍由河南巡抚齐耀琳兼辖。

△ 北京外交团为攫取中国海关税款所拟之《管理税收联合委员

会办法》八条，经清外务部同意，是日开始执行。其中规定：各海关净存税款每周汇解上海，由总税务司分存汇丰、德华、华俄道胜三银行，并依委员会所列次序按期偿还外债。至此，关税实权遂全部为外人所操纵。

1月31日 南京临时政府外交部电请各省保护外侨。

△ 浙江石门县（今崇德）鸽子浜乡民因地主逼租并扣押佃户，聚众千余反抗。县署派军警镇压，开枪打伤乡民多人。

2 月

2月1日 清隆裕太后召集各近支王公及国务大臣开御前会议，拟定采用虚君共和政体，并筹商宣布召开国会、颁发君主不干预国政诏旨等事宜。

△ 黎元洪电孙中山报告段祺瑞派全权代表吴光新、徐树铮等与湖北军政府代表孙武等接洽情形。双方商定：清军北上，促进共和，如阴历年内（即公历2月17日以前）不能解决国体问题，民军“即当前进，以资援助”。

△ 孙中山以段祺瑞军赞成共和，经与湖北军政府协商，是日电嘱黎元洪：彼军退时，可勿相逼。

△ 孙中山以旅宁粤人推荐冯自由督粤，电广东临时省议会转同盟会、商会及各社团征询意见；又电告汪精卫为广东都督府高等顾问。

△ 驻安徽寿州、正阳关民军二次光复颍上。

△ 张勋所部清军违约陷安徽固镇。次日，广东北伐民军来援，败张军，克复固镇，进攻徐州。

△ 清廷以山西布政使李盛铎署山西巡抚；原山西巡抚张锡銮着即日交卸，迅赴奉天会办防务。

△ 俄军暗助蒙军袭击胪滨府，遇守军抵抗，激战数小时，俄蒙军队被击溃。

2月2日 孙中山电黎元洪，请饬鄂省财政部取消没收汉冶萍公司所属湖北江夏马鞍山煤矿令，俾以此矿抵押借款，以济军需。4 日，黎电南京临时参议院，表示万难认可。

△ 南京临时政府实业部通电各省都督速立实业司，以切实经营实业。

△ 南京临时政府陆军部通电各省，重申一概不准招募民军。

△ 成都大汉四川军政府与重庆蜀军政府正式合并为中华民国蜀军政府。双方议定由成、渝两都督尹昌衡、张培爵分任正、副都督。

△ 贵州宪政预备会首领刘显世等以巨款收买省巡防军东路分统谭德骥叛变，杀贵州革命组织自治学社社员、五路巡防军总统黄泽霖，逐枢密院长张百麟。

△ 烟台北伐民军大队在辽东半岛貔子窝附近登陆，与当地民军会合。3 日在花园口一带大败清军，10 日攻克庄河厅(今辽宁庄河县)。清方旋增兵来援，两军成对峙之局。

△ 民军光复诸城。次日成立山东军政府诸城分府，举王长庆为司令长。10 日晚，清军反攻，11 日晨诸城复陷。

△ 山西安泽县城乡民众 2000 余人集于县城，焚烧城门，要求蠲除一切杂税，遭县署镇压失败。

△ 清廷以王赓(揖唐)为军谘使。

△ 袁世凯拟定汉阳、汉口退兵详细办法六条，电令段祺瑞与黎元洪就近磋商。

2 月 3 日 孙中山在南京同日本三井物产社员森恪会谈关于租借满洲问题。森恪转达桂太郎所提租借满洲之方案，孙中山同意，提出以 2000 万日元将满洲租让给日本，如日本同意，则派黄兴赴日与桂太郎缔结租借满洲之秘密协定。旋因英国及袁世凯施加压力，未能实现。

△ 孙中山接见社会党江亢虎，谈宣传社会主义，“使一般人可解宗旨为入手第一义”。

△ 孙中山与王宠惠联名致电烟台都督杜潜，命迅饬所部民军按光绪二十四年“中德条约”暂行退出即墨，等待与德国交涉。

△ 陆军部总长黄兴布告，声明大元帅名义已取消，各方函电请称现职，以尊民国体制。

△ 南京临时政府内务部颁布《保护人民财产令》五条。

△ 清隆裕太后诏授袁世凯以全权与南京临时政府磋商清帝退位条件。

△ 袁世凯电伍廷芳提出清帝退位条件：（甲）关于大清皇帝优礼之条件九款；（乙）关于皇族待遇之条件四；（丙）关于满蒙回族各族待遇之条件七。

△ 清廷任命张镇芳代陈夔龙署理直隶总督兼北洋大臣。

△ 清军将领傅良佐等16人发起组织“南北军界统一联合会”，提出“组织大纲”三项，通电沪军都督陈其美，请转达各军，征求赞成者。同日，陈其美通电予以转达。次日，黎元洪率在鄂将校复电赞成。

△ 中华民国自由党在上海正式成立，到千余人。宣布以“维持社会之自由，扫除共和障碍”为宗旨。上海《天铎报》社长李怀霜为主裁。

△ 京奉线山海关141号铁路桥被炸，火车出轨，死伤150余人。5日，日“元老”山县有朋致函前内阁总理大臣桂太郎，请力促内阁以此事为借口，立即增兵满洲。

2月4日 孙中山接见《字林西报》记者，告以一俟袁世凯宣布赞成共和，即辞临时总统职，并建议临时参议院举袁继任。

△ 孙中山、黄兴联名电伍廷芳，请电告袁内阁，时局至此，已非停战问题，乃在南北合力，一致联师北上，以实力定大局，并允与袁就所开条件商优待清室问题。

△ 清军将领冯国璋、段祺瑞等64人电伍廷芳，提出与袁世凯相同之清帝退位条件。

△ 南京临时政府财政部长陈锦涛电各省都督及财政长，吁请统一借款，以免外人高抬利息，使借款丛生窒碍。

△ 南京临时政府陆军部通电各省都督，重申严禁私筹军饷，并借端招摇撞骗。

△　伍廷芳电袁世凯请共谋和平解决山西省清、民两军冲突。旋双方商定停战12信条。至是月下旬,山西战事平息。

△　阎锡山所部民军攻占托克托城(今内蒙古自治区托克托县)。旋以清方援军进逼,乃于7日南移河曲(今山西省河曲县)一带。

△　民军光复徐州。旋为张勋所部清军夺占。

△　俄、蒙军队合围胪滨府营,府守多方交涉无效,被迫将枪马交与蒙方,率兵离署,胪滨府遂为俄、蒙军队侵占。

2月5日　孙中山召开内阁会议,讨论南北联合及清帝退位问题,议决五项,其要旨为:一、清帝年俸,须经参议院通过,方能定夺;二、清帝逊位居北戴河或热河,均听便;三、清帝逊位书发表后,参议院始举袁世凯为大总统,但须到南京莅任。

△　南京临时参议院召开特别会议讨论孙中山咨转袁世凯交来清帝退位条件,通过对该项条件之修正案。次日,伍廷芳将修正案电达袁世凯。

△　段祺瑞等北洋将领九人联衔电袁世凯代奏清廷,痛责二三王公迭次阻挠颁发共和诏旨,声言"谨率全军将士入京,与王公剖陈利害"。

△　袁世凯为保有号令北方之权势,采亲信幕僚王锡彤"请愿共和而不独立"之献策,授意河南巡抚齐耀琳以省谘议局名义奏请清廷即时宣布共和。

△　烟台民军连日与清军激战于登州(今蓬莱县),是日清军大败。

△　上海大清银行改称中国银行,开始营业。吴鼎昌为监督。

2月6日　南京临时参议院讨论孙中山交议统一军政、民政、财政办法案,议决请即饬陆军、内务、财政三部会电各省都督即日撤销军政分府。21日,孙中山转令三部照办。

△　南京临时政府陆军部通电各省都督、各军总司令及驻沪购办处,重申非经由该部认可给予凭照者,不得私行采办军械。

△　清出使德国大臣梁诚、出使英国大臣刘玉麟电外务部,请代奏

清廷俯顺舆情，速颁诏旨，决定共和，以保中国，而维危局。

△ 孙中山函复上海基督教美以美会，同意自立中国耶教会，表示人民信教自由，一切平等。

△ 孙中山聘章太炎、张静江为枢密顾问。

△ 章太炎抵南京，次日谒见孙中山，商谈组织政党事。

△ 河南民军光复罗山，焚毁县衙，释放狱犯。

2月7日 奉天民军光复凤凰。守城清军200余名全部反正。

△ 华侨联合会在上海开成立大会，宣布以“联合国外华侨，共同一致协助祖国政治、经济、外交之活动及研究侨民之利弊”为宗旨，举汪精卫、吴世荣为正、副会长。

2月8日 孙中山会见美国国务院代表邓尼及美国特派记者麦考密克，要求美国承认南京临时政府，邓尼表示美国坚守中立，在中国和平与秩序恢复以前不可能承认；麦考密克面交国务卿诺克斯致孙中山函，并声称，如中国划分为二，各自建立一个政府，就会得到承认。

△ 孙中山令内务部分电各省都督，将各省都督府所属之行政各部统一改称为司，庶使中央各部与地方各部有所区别。

△ 孙中山命伍廷芳与袁世凯交涉严行约束张勋、倪嗣冲两部，并催促早定清帝退位事。

△ 袁世凯派梁士诒携其所拟之清帝退位条件入觐隆裕太后，请旨验准。隆裕坚持保留“大清皇帝尊号相承不替”等三项条件。梁随将此意转达袁世凯，并密电唐绍仪请其“务必劝伍（廷芳）迁就”。同日，梁又电唐请与南京临时政府切商统一办法，提出：“政府人员似可多用南方人”，惟政府地点必设北京，“决不可移易”。

△ 袁世凯电唐绍仪转伍廷芳，对优待清室条件有所修正，表示“大清皇帝尊号，相承不替”，“万难更改”；“逊位”二字改为“致政”或“辞政”。

△ 冯国璋、段祺瑞等北洋军将领64人电伍廷芳，称优待清室条件中“大清皇帝尊号相承不替”，“应请仍照原文，万勿更易。逊位一语，

军界同人极为骇异，应请修正”。“其余各节，均听袁内阁与贵代表协商”。

△　北面招讨使谭人凤电孙中山，反对优待清帝条件，主张停战期满，“惟有激励各军，同时北上”。

△　张勋遣代表至宿州（今宿县），与民军代表协商议和地点及停战办法。

△　清新任陕甘总督升允电奏清廷，力陈和议之五不可，请即罢议。同日复分兵两路，进犯陕西乾县、凤翔，与民军激战至15日，终未得逞。

△　蔡元培于是日至10日在《民立报》发表《对于新教育之意见》一文，提出以军国民主义教育、实利主义教育、公民道德教育、世界观教育及美感教育五项为今后之教育方针。

△　“管理税收联合委员会”于是日及10日连续开会，议定中国急需偿还之债款七项，共387.1093万英镑，并规定付款日期及逾期偿还加息办法。旋于12日将此项决定通知上海关税务司照办。

△　美国务卿诺克斯应德国政府之请致函德驻美大使柏恩斯多夫，表示美国政府对中国时局之态度，主张列强“保持共同行动之政策”，反对“单独行动以及干涉中国内政之举”。

2月9日　孙中山召开内阁会议，讨论地方官制，各省军政、财政等统一办法，教育与内务两部权限之分划，法制院官制草案，拓殖部之添设，以及侨民等问题。

△　孙中山致函聘赵凤昌为枢密顾问。赵辞不就。

△　伍廷芳代表南京临时政府将清帝退位条件最后修正案电达袁世凯，将“逊位”改为“辞位”，“关于皇族之待遇条件及关于满、蒙、回、藏各族待遇条件，均无异议”。并声明“决难再让”。

△　段祺瑞自保定电孙中山、黄兴、伍廷芳，提议“宣布共和之日，两方政府同时取消”，“即以退位之时，为共和临时政府成立之日”，并须预行商定临时总统及临时政府必要人员与地点。

△ 清督抚张镇芳、张勋、段祺瑞、齐耀琳、张广建、张怀芝、张锡銮、李盛铎、陈昭常九人联衔电内阁代奏，请“速降明谕，宣布共和，悉以政权公诸国民”。

△ 河南布政使倪嗣冲遣代表至正阳关，与民军代表协商旧历年底前停战办法。11 日，双方议定停战办法七条。至此，皖北地区遂罢兵休战。

△ 清廷以热河都统锡良因病解职，任命崑源署热河都统。

2 月 10 日 孙中山再次会见美国政府代表邓尼，重提请求美国承认事，仍遭拒绝。

△ 袁世凯召集内阁各部大臣及近支王公开会，讨论并通过南京临时政府 9 日提出之清帝退位条件最后修正案。

△ 唐绍仪急电袁世凯，告以“14 省军民以生命财产力争，专在位字。……务恳力持办到辞位二字，即时发表”；并谓“若少不忍，转生大乱。言尽意竭，乞勿再赐电商”。

△ 张謇急电袁世凯，告以“种种优待专为辞位二字之代价”，嘱袁“万勿迁延两误，败破大局，追悔无及”。

△ 陈其美呈请孙中山撤销沪军都督。

△ 北京蒙古王公联合会电孙中山，推荐袁世凯为统一新政府临时大总统。14 日，孙中山电复蒙古王公，已向参议院提出辞表并荐袁。

△ 汉冶萍煤铁厂矿有限公司总理盛宣怀在日本与横滨正金银行签订《汉冶萍预借矿砂价值合同》及《汉冶萍中日合办特别合同》，约定以大冶矿山铁路作抵，借款 300 万日元。后盛为使其私产免被没收，将 200 万日元转借南京临时政府。

△ 梁启超在日本横滨山下町发表演说，对南京临时政府大肆诋毁，竟谓“其腐败百倍清廷，吾恐亡中华者非清廷，实今新政府”。

△ 清军叶长盛部陷山东黄县。14 日，沪军刘基炎部反攻黄县，清军退守北马镇，黄县再度光复。

2 月 11 日 隆裕太后认可优待条件，决定清帝下诏退位。

△　袁世凯将清廷待颁之清帝退位诏旨电达唐绍仪、伍廷芳并转孙中山、黎元洪及南京临时政府。同日致电南京临时政府，承认“共和为最良国体”。并谓：“大清皇帝既明诏逊位，业经世凯署名，则宣布之日，为帝政之终局，即民国之始基，从此努力进行，务令达到圆满地位，永不使君主政体再行于中国。”

△　孙中山令南京临时政府陆军部饬所有北伐军悉改名为讨虏军。

△　同盟会所属之东部同盟会发布启事，宣告在南京设东部同盟会事务所，另在上海、杭州、苏州、安庆、福州五处设分事务所。

△　伊犁民军与新疆清军协统王佩兰部在乌苏厅西百里之四棵树迤西古尔图地方遭遇。民军因寡不敌众失败，阵亡数百名，被俘130余名。

2月12日　清帝溥仪退位。是日，隆裕太后下诏三道：一为退位诏，二为公布优待条件之诏，三为“劝谕臣民”诏。其退位诏谓：“今全国人民心理，多倾向共和。……人心所向，天命可知。予亦何忍因一姓之尊荣，拂兆民之好恶？是用外观大势，内审舆情，特率皇帝将统治权公诸全国，定为共和立宪国体……由袁世凯以全权组织临时共和政府，与民军协商统一办法。”至此，统治中国268年之清王朝宣告结束。

△　袁世凯令将原清内阁各部大臣改称各部首领，各驻外公使改称临时外交代表。

2月13日　孙中山向临时参议院提出辞职咨文，并附条件三项：“（一）临时政府地点设于南京，为各省代表所议定，不能更改；（二）辞职后，俟参议院举定新总统亲到南京受任之时，大总统及国务员乃行辞职；（三）临时政府约法为参议院所制定，新总统必须遵守颁布之一切法制章程。”同日并以咨文向参议院推荐袁世凯继任临时总统。

△　孙中山复袁世凯两电。其一告以即行引躬自退，践约辞职。其二告以“现即报告参议院提出辞表，推荐执事”，并就袁于清帝退位诏中所加“即由袁世凯以全权组织临时共和政府”一语予以批驳，指出“共

和政府不能由清帝委任组织”。电中并促袁“即速来宁”。

△　孙中山通电全国，宣布清帝业已退位，民国统一，定本月 15 日举行民国统一大庆典。

△　袁世凯以“全权组织临时共和政府”名义布告原清廷内外大小文武官员，“所有旧日政府，目下仍当继续进行”，“均应照旧供职，毋旷厥官”。

△　袁世凯以“全权组织临时共和政府”名义布告军警，“所有旧定之军纪、警章，仍当继续施行”。

△　袁世凯迫于情势，以“全权组织临时共和政府”名义电令北方各督抚及所辖各军队，嗣后勿得再捕拿革命党人，“其已拿者，均须一律释放”；“至实系土匪，扰害地方，即不得借党人为名，自应从严惩治，以维秩序”。

△　袁世凯以清帝退位，令原度支部大臣周自齐速电饬天津造币厂停止使用清国祖模鼓铸银铜各币。

△　袁世凯以“全权组织临时共和政府”名义，将清帝“退位诏书”分别照会各国公使。同日，外务部亦依袁世凯令以同样内容向各国公使分致照会。

△　袁世凯令将原清政府之《政治官报》更名《临时公报》，继续发行。

△　南京临时政府陆军、参谋二部通电各报馆，称共和成立，清帝退位，袁世凯“实有莫大之功能，为万世所钦仰，希即宣扬盛德，俾众咸知”。

△　孙中山令南京临时政府陆军、内务二部速派妥员会同教育部调查员“前往各处学堂及前查封充公之家屋内，妥慎照料保护，毋任毁坏散失，以重文教而保公产”。

△　章太炎在上海《大共和报》发表《致南京参议会书》，力言建都南京“五害”。同日，上海《民立报》发表空海《建都私议》一文，陈述必于北京建都理由八点。由此建都南北之争逐形表面化，全国掀起建都问

题大辩论。

△ 日本关东都督借口辽东半岛为中立地区，迫民军在17日前与北军停战，并在七日内撤离该地。25日，北伐民军及部分关外民军共3000余人一并撤至烟台。

2月14日 孙中山至南京临时参议院辞临时大总统职，并推荐袁世凯继任。参议院议决接受，并决定于次日开选举会，选举临时大总统及议决在新总统未莅任前，孙中山暂不解职。

△ 南京临时参议院开会讨论建都问题，议决临时政府改设北京。15日，经孙中山咨请参议院表决结果，始确定临时政府仍设南京。

△ 南京临时政府内务部通电各省，令各地方官各守本业，负起保卫地方之责。

△ 同盟会本部以清帝退位，民国统一，通电勉励同志以后对于政治统一之方针，国利民福之政策，尚希同心协力，一致进行，期达民权、民生之伟大目的，巩固民国根基。

△ 大本营总兵站在南京成立，黄兴任总监，专司军队所有运输筹备事宜，并在上海、镇江、下关、蚌埠分设支站。后于3月底撤销。

△ 袁世凯密遣曹汝霖、胡惟德分访日、美两公使，就其南下与否征询意见。曹、胡告两公使谓，如袁南下，北方必起动乱，各国利益定受影响。意在求列强出面干预。

△ 湖北省临时议会开成立大会，黎元洪莅会并致祝词，议决电南京临时参议院力争建都武昌。

△ 驻俄日使电日外务省称，据俄外交大臣面告，俄对承认中国新政府问题，决与日本取一致态度，而目前则暂不承认。次日，日外务省电复驻俄日使表示同意。

2月15日 孙中山出席南京庆祝中华民国统一大庆典，并发表演说。同日，全国各地举行中华民国统一大庆典。

△ 孙中山率临时政府官员200余人，军士数万谒明孝陵，以清帝退位、民国统一昭告明太祖。

△ 下午,南京临时参议院开会,举袁世凯为第二任临时大总统。旋电袁请即日来宁受职。同日,孙中山亦电告袁当选及临时政府地点确定南京事,并言已派专使北上迎接。

△ 袁世凯就孙中山促其“即日来宁”事通电全国,以北方危机隐伏,若“舍北而南,则实有无穷窒碍”为词拒绝南下,并诡谓“今日之计,惟有由南京政府将北方各省及各军队妥筹接收以后,世凯立即退归田里,为共和之国民”。

△ 南京临时参议院决议建都南京后,上海部分社团及多数重要报纸是日联名急电指责参议院“为政府所牵制,舍北取南”;并通电各省,“望公电抗议,以全大局”。自是日始,报刊所载争议建都南北之通电几无日无之,袁在北京宣誓就职后,辩论始息。

△ 孙中山闻奉天行宫珍宝私售德国,换取银 500 万两事,急电袁世凯请“严饬禁阻”。次日,袁电复“已电奉查禁”。

△ 荷属爪哇巴达维亚(今雅加达)华侨升旗庆祝祖国共和统一大典。殖民当局派马队强迫下旗,并撕烂国旗多面,刺伤数人,捕数十人。

2 月 16 日 袁世凯分别电复孙中山及南京临时参议院,表示愿受临时总统职,并再次强调南下为难。

△ 袁世凯会见各国公使,就建都地点与各使达成默契。各使咸表示,必在北京建设共和政府,否则断不承认。

△ 袁世凯电示山东巡警道吴炳湘,对“东省所来南人……迅即用力抵御,严拿监禁勿退让”。

△ 袁世凯电示东三省总督赵尔巽,镇压革命党人,“如省内有借名革命紊乱秩序者,均认为马贼,即行弹压勿贷”。

△ 民国议和总代表伍廷芳、参赞温宗尧、汪精卫,以和议告竣,电孙中山、黎元洪及各省都督请辞议和代表职。17 日,孙中山电复同意。

△ 潜入哈尔滨进行秘密活动之安徽革命党人梁擎宇率众举事,夺据滨江厅及电报、邮政各局所,假自治公所设立机关部。20 日晨,北军围攻自治公所,相持一时许,梁等七人死难,13 人被捕。

△ 工商勇进党在上海成立。26 日发表宣言及简章，宣布以“振兴工业，扩张商务，扶持工商上之建设”为宗旨。

2 月 17 日 袁世凯以“新举临时大总统”名义发布通告，申明“自阴历壬子年正月初一日起，所有内外文武官行用公文一律改用阳历，署大中华民国元年二月十八日即壬子年正月初一日字样”。

△ 袁世凯准北京陆军部首领王士珍辞职，以段祺瑞署理。

△ 孙中山再电袁世凯促南下就职。

△ 总统府连日接反对举袁世凯为总统之函电百数十通，孙中山于是日及 21 日分电劝解，牵延多日之风潮始息。

△ 南京临时参议院以清帝退位，特议决接收北方各省统治权办法五条，提请孙中山查照施行。

2 月 18 日 孙中山电告袁世凯，派教育总长蔡元培为欢迎专使，魏宸组、刘冠雄、钮永建、宋教仁、曾昭文、黄恺元、王正廷、汪精卫为欢迎员，同往北京迎袁南下。

△ 孙中山布告宣布中华民国完全统一，今后务当消融意见，蠲除畛域，丕振实业，促进教育，维持世界和平。

△ 陕西民军东路都督张钫与清毅军司令赵倜、第六镇协统周符麟于潼关签署和议条件，并商善后事宜。次日，毅军退出关城，民军拔营入关。至此陕西东路战事遂息。28 日，张钫率华阴各处民军西援。

△ 河南南阳宣布独立，举吕霞迺为豫南军政府临时都督，韩邦孚为民政长。

△ 前清陕甘总督升允闻清帝退位，遣甘军陆洪涛部猛攻醴泉。是日，甘军破醴泉，进逼咸阳。23 日拂晓，甘军攻咸阳，大败而归。27 日，民军攻醴泉，亦失利，遂成相持之局。

△ 中国同盟会江西支部在南昌成立，举吴铁城、易次乾为正、副会长。

2 月 19 日 袁世凯设立临时筹备处。该处为袁未就职前“备咨询筹划之机关”，下设法制、外交、内政、财政、军事、边事六股。各股办事员由袁选其得力幕僚44人充任。

△ 南京临时政府陆军部以清帝退位，南北统一，战事已将告终，通电各省请裁撤军政分府，缩减军队。

△ 康有为通知各埠会员将“帝国宪政会”改名为“国民党”。

△ 广东香、惠两军不满袁当选临时总统，决意北伐，南京临时政府陆军部急电请柏文蔚、姚雨平、蒋雁行、徐宝山等劝阻。电文中有“项城处两难地位，苦心孤诣，致有今日，其功实不可没”等语。

△ 胡瑛应山东巡抚张广建之请，是日派代表三人赴济南协商。张佯举胡瑛为都督，并承认宣布共和，阴则图谋自立，次日即将胡之代表押解出境，调兵围谘议局，占济南电报局。21日复围商会，并据袁电令饬吴炳湘捕杀革命党人数十名。胡瑛闻讯，即电张提出抗议，并限日内答复所提三项要求。

△ 陕西略阳革命党人康炳熙、张俊彦、刘丽川等率民军3000余围困县城。县令桂超佯允25日开城迎降，至期背信，偷袭民军。民军无备失败，康等死难。3月11日，四川党人熊会昌率川军来援，克略阳，众举熊为知事。

△ 孙中山电唐绍仪，以北军陷娘子关后四处抢掠，山西民众极为不满，嘱电袁令北军悉数撤出。

△ 张勋所部北军依双方所议停战条件，撤离徐州并皂河、窑湾一带，改由民军进驻。

△ 河南民军占领宛陵(今长葛)。

△ 荷属爪哇岛泗水埠华侨升旗燃炮庆祝祖国共和统一，遭殖民当局无理禁止，当场被荷警枪毙三人，伤10余人，拘捕多人。旋华侨电南京政府请求保护。

2月20日 南京临时参议院开会，举黎元洪再任临时副总统。

△ 袁世凯令山东北军退驻莱州，并改悬五色国旗。至此山东战事遂息。

△ 女界参政同盟会在南京正式成立，议决向临时参议院及临时

总统递交请愿书，要求参政权。

△ 民社总部机关报《民声日报》在上海创刊。

2月21日 南京临时政府财政总长陈锦涛与俄国华俄道胜银行签署借款150万镑草约。27日，南京临时参议院表决通过，旋因各方纷电反对，3月8日，袁世凯电复上海各团体，告以此项借款“已归无效”。

△ 孙中山就粤中有人议举胞兄孙眉为都督事电孙眉，谓：“弟以为政治非兄所熟习”，“兄宜专就所长，专任一事，不必当此大任。”同日复电广东各界团体并各报馆劝阻。

△ 湖北省临时议会通电各省临时议会，倡议每省选举10到12人，齐集汉口另组临时中央议会。旋苏、湘、皖、赣、浙、粤、直、豫、鲁、晋、陕、奉、吉、黑14省临时议会或谘议局复电赞同。3月16日，湖北省临时议会又电各省临时议会，请迅即选举议员，齐集北京组织临时中央议会。

△ 日外务大臣内田康哉电令驻英、美、俄三国公使，向三国政府征询日本政府所拟承认中国新政府先决条件之意见。条件内容有：一、继续尊重外人之一切权益；二、承认偿还以往之外债；三、各国对承认取一致行动。

△ 霍守华在芜湖设立裕繁铁矿股份有限公司。1914年10月，与日商三井洋行签订矿石买卖合同，约定该矿所采矿石全部供应日本，有效期14年。

2月22日 袁世凯以“新举临时大总统”名义颁发布告，令各地方军政长官保护外人生命财产。

△ 女子同盟会发表宣言书，宣布“以助民国促进共和、发达女权、参预政事为宗旨”。会长吴木兰。会所设于上海西门内曹家桥。

2月23日 白朗起义。河南宝丰县大刘庄白朗(狼)起义军会同鲁山、临汝、郏县各路农民起义军围攻鲁山县城，凡10余昼夜，旋退往城外各乡。按：白朗起义日期不可考，此系报纸最早之报道。

△ 袁世凯电饬奉、吉、黑、直、鲁、晋、豫、热、察等省地方官绅维持现状,共保和平。

△ 孙中山任命汪精卫为广东都督,未到任以前,由陈炯明代理。

△ 孙中山以奉天、哈尔滨、黑龙江等处官吏反对共和,惨杀民党,是日电袁世凯"祈速电阻妄杀,并将段军就近弹压,保护大局"。

△ 孙中山令准中华民国红十字会立案。

△ 南京临时政府内务部将新编历书颁行全国。此为中国第一部阴阳合历历书。

△ 梁启超自日本致函袁世凯为其出谋献策。除请袁"立一有系统的财政计划",以取重于外人,广借外债外,力劝袁以"服从舆论之名"而行"开明专制之实",并进而建议袁合旧立宪派及旧革命派中愿听命于袁者,组织一"健全之大党",以与始终不与袁妥协之革命派争,使"彼自归于劣败"。

△ 日本政友会开会讨论在华设立经济机关问题,决定今后不仅须注重于金融机关之设立,举凡企业、贩卖及其他足供日本经济界发展之事业均须经营。

2月24日 孙中山令南京临时政府内务部通知各官属,嗣后官厅人员一律取消"大人"、"老爷"称谓,咸以官职相称;民间则以"先生"或"君"相称。

△ 神户、大阪华侨千余人在神户中华会馆召开中华民国共和祝贺会。入夜举行提灯游行。进行中遭日警强力阻止,迫令解散,并拘捕发起人。

2月25日 黄兴、蒋作宾等174人发起组织陆军将校联合会,是日在南京开成立会。4月25日,因"南北军界统一",宣告解散。

△ 同盟会会员宋世杰率民军攻入大同,与淮军杨荣泰部相持二昼夜。28日,杨军东逃,民军再次收复大同。

△ 荷属泗水殖民当局连日搜掳华侨已达千数,是日复将进口船中百余华侨全部拘禁,并胁迫华侨书报社承认前被捶毙之华侨乃因"谋

为不轨”使然。华侨急电国内求援。

△ 孙中山就荷属爪哇殖民当局迫害华侨事件召集南京临时政府各部开会，议决照会荷政府提出释放被捕者、赔偿损失及恢复人权等四项要求，并限一星期答复，否则将禁阻通商，不准民国悬有荷旗。

△ 荷兰政府外交部复照北京驻荷临时外交代表刘镜人，就爪哇殖民当局侮辱国旗、虐华侨事强行诡辩，竟谓“不应将改建国体事通告华侨”。

2月26日 孙中山电袁世凯，谓升允反对共和，已破醴泉，攻咸阳，省城危急万分，请速为援救。同日又电嘱陕督张凤翙就近商袁部合击升允。

△ 《大公报》发表章太炎致袁世凯电，主“内官拟设总理”，“各部总长、次长以下，设参事厅，主讨论；设佥事厅，主执行”；“外官废省存道，废府存县，县隶于道，道隶于部。其各省督抚、都督等改为军官，不与民事，隶陆军部”。“参议院应由国会推举，不得由内外行政长官指派”。

△ 东三省总督赵尔巽派重兵乘南满火车进攻开原。

2月27日 迎袁专使蔡元培一行抵北京，旋即下榻迎袁代表招待所；下午谒袁世凯递交参议院举袁为总统之选举状及孙中山请袁南下就职之手书。次日，袁邀蔡等茶会。

△ 武昌文学、群治二社社员所组织之改良政治群英会，为反对孙武与黎元洪勾结排斥异己，联合军界及其他团体约数千人，在近卫军协统黄申芗、向海潜领导下，是日晚举行暴动，包围孙武住宅，宣布罪状，扰攘终宵，次日始渐告平息。此即所谓“群英会事件”，亦称“湖北二次革命”。

△ 孙中山以陈其美辞意甚坚，并请撤销沪军都督府，是日电陈慰留。

△ 唐绍仪电告王宠惠，荷公使贝拉斯允以“私意”就商荷属爪哇殖民当局，请其“不禁升旗，并允将所捕之人酌量释放”。29日，王电复

唐，指出"现下所亟应力争者，不在升旗问题，而以释人、索偿、废除虐例为最要"，"仍希据理力争，毋任狡赖"。4月18日，荷殖民当局始认可释放被捕华侨，按律惩治枪杀华侨之荷官，厚葬、抚恤、医伤、赔偿等项要求皆允照办，并允此后不再虐待华侨。

△ 荷属泗水粤侨全体致电南京临时政府外交总长王宠惠，告以"荷兵逐日围捕，专捉粤侨工商，已达2000余"，"请速设法解悬"。

△ 驻汉口湖北陆军第二镇统制张廷辅被刺身亡，凶手为该镇第二协第八标第一营管带王童刚及第一营队官刘子英，均系宗社党分子。

2月28日 孙中山就武昌群英会事件电鄂省同志，务望以和平为主，毋伤同胞同志之意，毋启外人干涉之端。

△ 孙中山以中央业已发行公债票，批示沪军都督陈其美将上海公债票即日停止发行。

△ 英、法、德、美四国银行团自上海拨银200万两，交南京临时政府财政部。此款系袁世凯令唐绍仪与该银行团商借者。后四国银行团又于3月9日借予北京政府银110万两；5月17日借银300万两；6月12日借银300万两；6月18日借银300万两。合前后五次共借银1210万两。后此款在1913年5月31日由与六国银行团签订之"善后大借款"中扣还。

△ 广西省议会全体议员因省防统领秦步衢率兵蹂躏会场，逮捕议员，是日宣布总辞。

2月29日 北京兵变。晚8时，北京城内枪声四起，曹锟第三镇第九标炮营要求免裁津贴，自朝阳门外相率入城，同禄米仓辎重营相约同时举事，挨户搜索，旋至东四、崇文门、正阳门大肆抢劫，东华门外集成钱号被变兵打死者六七人，东城及前门一带火光烛天，东安市场火势彻夜不灭。变兵又因袁世凯克日南行、北军将被解散之谣传，遂窜至煤渣胡同迎袁专使驻所持枪抢掠，蔡元培等仓卒逃出，仅以身免。

△ 袁世凯致电孙中山、黄兴，告以段祺瑞与蓝天蔚代表戴季陶、范熙绩磋商奉省善后办法业有头绪，并已于28日电饬赵尔巽"对于民

军派员和平接洽”。

△ 南京临时政府外交总长王宠惠就华人赴美护照由税务司代发事电北京外交首领胡惟德，请迅向美使交涉收回发照特权，“毋任国权操诸外人”。后几经交涉未成，此事遂暂行搁置。

△ 上海总商会正式成立，原商务总会宣布取消。

△ 沪军都督府民政总长李平书发布通告，在上海南市市政厅及闸北各设华洋混合裁判法庭一处，此后遇有租界以外华洋混合公诉私诉，即依中国法律在各该法庭进行审理。

△ 共和统一会、国民共进会、政治谈话会三团体在上海联合组成统一共和党。

△ 中华民国女子教育研究会本部在苏州正式成立。

△ 美国参议员威廉苏沙在参议院提出“电贺中国人民案”。参议员达尔沙起而赞成，并发表演说，谓：“中国宣布共和，为世界上极大之事。吾人深知中国人有自治之资格，此案应通过，并望不日且正式承认中华民国。”

3 月

3 月 1 日 袁世凯致电孙中山，报告北京兵变情形，表示已派员妥为照料蔡元培一行，并声称“严惩乱兵”。

△ 迎袁专使蔡元培电孙中山、参议院，报告北京兵变情形，称变兵“专为抢掠起见，与政治无关”。

△ 受北京兵变影响，是日通州兵变。次日，高碑店、长辛店、黄村、三家店等地亦发生兵变。

△ 受北京兵变影响，是日夜保定兵变。变兵抢劫藩库，焚毁各司道衙署，城内各铺户民宅多遭抢掠。乱事延续两昼夜，京保路沿线市镇亦受其害。

△ 内蒙喀喇沁王贡桑诺尔布与日本大仓组天津支行正式签订借

款九万日元合同，以卓索图盟所有矿山作抵押。按：此款实系日本陆军参谋本部所提供，由黑龙会重要分子川岛浪速居间撮合，作为支持内蒙王公阴谋独立之用。同日，该行另借予巴林王二万日元，用途相同。

3 月 2 日　孙中山令南京临时政府内务部通饬所属，严禁买卖人口，并责成该部制定有关暂行条例，违者严惩不贷。

△　孙中山令内务、司法两部通饬所属，今后一概不准使用刑讯，所有刑具悉行焚毁。

△　孙中山通令严禁鸦片。6 日，又令内务部，迅查前清禁烟各令，其可施行者即转饬各省仍旧厉行，勿任废弛。

△　南京临时政府教育部致电各省都督，告以高等以上学校规章尚未颁布，应暂照旧章办理；惟“大清会典”、“大清律例”、“皇朝掌故”、“国朝事实”及其他有碍民国精神之课程，须一律废止。

△　受北京兵变影响，是日天津兵变。变兵四出烧杀掳掠，京奉、津浦铁路局及正金、大清、交通、直隶各银行、造币厂等均遭抢劫，民房铺店被焚毁甚多。

△　唐继尧所部云南北伐军是日占领贵阳各机关，宪政预备会推唐继尧为贵州都督。

△　中华民国联合会在上海开会，议决与预备立宪公会合并，更名为统一党，举章太炎、程德全、张謇、熊希龄、宋教仁为理事。

△　北京公使团开会，借口北京兵变，决定从天津迅调军队“对现存统治当局给予道义上的支持”。次日，英、美、法各从天津调入 200 名，德国从青岛调入 100 名，共 700 名军队在市区列队示威。

3 月 3 日　中国同盟会在南京举行本部全体大会，到数千人。选举孙中山为总理，黄兴、黎元洪为协理。制订《中国同盟会总章》，凡七章 34 条，其“总则”规定：“本会以巩固中华民国，实行民生主义为宗旨。”“政纲”分列“完成行政统一，促进地方自治”等九条。通过将同盟会由秘密团体改为公开政党。

△　受天津兵变影响，是日小站兵变。次日，津北蔡村、津西杨柳

青、沧州，津东大直沽等地均遭变兵抢劫。

3月4日 蔡元培以北京兵变，“大局之危，直如累卵”，电孙中山，提出准备与袁世凯最后之交涉主旨两条：“一、消灭袁君南行之要求；二、确定临时政府之地点为北京。”并谓“其达此主旨之方法，大略袁君在北京行就职式，而与南京、武昌商定内阁总理，由总理在南京组织统一政府”。

△ 贵州省议会推举云南北伐军总司令唐继尧为临时都督。同日，唐继尧电告云南都督蔡锷被黔人推为贵州临时都督，声称情词恳切，“只得允许暂行担任”。

△ 日本政府借口“保护日侨”，决定再由南满调兵千名至京津地区。是日，日公使伊集院就此事致电外务大臣内田康哉，告知已由南满调日兵二大队至京津地区，继调一大队即可，多则易启各国疑虑。

3月5日 孙中山令内务部通告各省都督，凡未去辫者，限令到之后20天内一律剪除。

△ 孙中山同《字林西报》记者谈话，谓北方兵变不足以阻碍对袁世凯之信任，并表示南京决予袁协助。

△ 蜀军政府以滇军抵渝，索饷40万，并欲驻扎城内，恐滋惊扰，电孙中山请示方略。8日，孙中山电驻川滇军司令长，令该军确遵参谋部电令，由郧阳或襄阳接陕，不可任意索要军饷，致伤邻谊。

△ 日兵1200名由旅顺抵天津。至此，京津地区所驻日兵总计约2400余名。

△ 日驻俄公使本野向俄外交大臣萨沙诺夫提议，日、俄两国参加四国银行团目前对华政治借款，但须以此项借款不涉及两国在满蒙特殊利益为条件。16日，俄照复同意。

3月6日 南京临时参议院议决统一政府组织办法六条：一、由参议院电知袁世凯允其在北京受职；二、袁接电后即电参议院宣誓；三、参议院接宣誓电后即电复承认受职，并通告全国；四、袁就职后即将拟派之国务总理及各国务员姓名电达参议院征请同意；五、国务总理及各国务员任定后，即在南京接收临时政府；六、临时总统孙中山于交卸后始行解职。

△ 袁世凯电孙中山、南京临时参议院，请黎元洪副总统代赴南京受职；“内阁总理俟凯与孙大总统、黎副总统商定其人，协行提交参议院请求同意”。

△ 前清甘肃布政使赵惟熙、谘议局长张林焱致电袁世凯承认共和国体。

3月7日 孙中山电告袁世凯，请黎副总统代行一节可以取消，临时参议院议决允袁在北京受职；并请速电报国务总理、国务员名单，俾参议院同意，克日派遣来宁接收交代，早定大局。

△ 张凤翙以各省战争相继告停，是日遣人就商升允罢兵休战。升允认可。越日，甘军退出醴泉。12日，升允率陆洪涛部回甘。至此陕西西路战事息兵。

3月8日 南京临时参议院正式通过《中华民国临时约法》。

△ 袁世凯将大总统誓词电达南京临时参议院。次日，孙中山循参议院之请，将誓词通电全国。同日，参议院电袁“认大总统为受职”。

△ 袁世凯告电孙中山，依据南京临时参议院所拟第四条办法，拟派唐绍仪为国务总理。次日，孙中山咨送参议院请开临时会议议决。

△ 江西改举李烈钧为都督，原都督马毓宝辞职。

3月9日 四国银行团致函袁世凯，就北京政府借款事提出四项条件：一、自3月至6月或延至8月，分期给予紧急借款；二、北京政府以盐税担保；三、具体条件待日后签订大借款合同时另行规定；四、此后北京政府所需之垫款及善后大借款应由四国银行团尽先供给。同日，袁世凯就借款事函复四国银行代表，言明“中国政府向银行团等保证，如条件与其它同样有利，银行团等有决定承担大规模改革借款与否之权”。

△ 孙中山为尊重言论自由，并以内务部所订《暂行报律》既未经参议院议决，自无法律之效力，令该部予以取消。

△ 陈炯明解散驻省各部民军，惠州民军统领王和顺起兵反对。因陈事先密为布置，王部被包围缴械。陈随即电南京临时政府，指控王和顺纵兵抢掠，擅自招募兵士，私购军械等五大罪状。是日，孙中山电复令即严行搜捕该部溃兵。

3月10日 袁世凯在北京宣誓就任临时大总统。声称："世凯深愿竭其能力，发扬共和之精神，涤荡专制之瑕秽，谨守宪法，依国民之愿望，蕲达国家于安全强固之域，俾五大民族同臻乐利。"并表示："俟召集国会，选定第一期大总统，世凯即行解职。"

△ 袁世凯颁布《大赦令》，宣布"除真正人命及强盗外，无论轻罪、重罪，已发觉、未发觉，已结正、未结正者，皆除免之"。

△ 袁世凯颁布《豁免钱粮令》，规定凡民国以前完地丁正杂钱粮实欠在民者，均予免除。

△ 袁世凯发布通告，以民国法律尚未议定颁布，前清诸法律除与民国国体抵触之条应失效外，其余一律延用。

△ 袁世凯聘香港高等裁判所所长、英人裴科达为新政府法律顾问。

3月11日 孙中山颁布《中华民国临时约法》，凡七章56条，申明正式宪法未产生前，其效力与宪法相等。《约法》规定："中华民国之主权，属于国民全体"；人民有人身、居住、财产、言论、出版、集会、通信、迁徙、信仰等自由，以及选举、被选举等权利。

△ 孙中山电告袁世凯，临时参议院本日常会同意唐绍仪为国务总理，请即行任命。

△ 北京政府外务部电驻外各临时外交代表照会各驻在国政府，中华民国统一临时政府业已成立，袁世凯已就临时总统职；所有前清与各国缔结之条约，中华民国政府均承认继续有效。同日，外务部并将上述各情电达荷兰万国保和会，请予立案。

△ 孙中山令内务部咨行各省都督慎重农事，保护与救济农民。

△ 孙中山令南京临时政府内务、司法二部通饬禁止体罚。

△ 黄兴致电袁世凯，劝止增招新兵，请速发命令移南军填扎北省。

△ 秦州（今天水）宣布独立，成立甘肃临时军政府，举黄钺为都督，向燊为副都督。后该军政府于6月7日被袁世凯以兵力胁迫解散。

△ 上海民生国计会等10余团体致电袁世凯，请取消现行米谷杂粮等项捐税。

3月12日 蔡元培发表向京津同胞告别书，说明北上迎袁之经过及对于未来之希望。13日，蔡元培一行离京返宁。

△ 南京临时参议院制订临时政府各部暂行官制通则，规定临时政府设外交、内务、财政、陆军、海军、司法、教育、农林、工商、交通10部。各部设总长，下设承政厅及各司，司下设科，分掌事务。

△ 袁世凯令禁绝贿赂。令曰："现民国创兴，必须涤荡秽恶，以正百官而惩乱本，所有苞苴贿赂亟应一体禁绝。"

△ 前清新疆巡抚袁大化致电袁世凯，承认共和国体。

△ 四国银行团代表在伦敦开会，议决给予北京政府6000万英镑借款，并同意日、俄两国银行团参加此项借款之要求。

3月13日 袁世凯任命唐绍仪为国务总理。

△ 袁世凯发布整肃官常通令。谓近岁以来，钻营奔竞之风大开，此等恶习自应痛加湔涤，务绝根株。并谓自今以往，"倘属员对于长官再有钻营奔竞情事，必当重予惩戒，以肃官常"。

△ 孙中山令内务部通饬各省革除缠足恶俗。

△ 南京临时参议院通电敦促各省参议员迅即到院。

3月14日 北京政府国务总理唐绍仪与比国财团签订借款100万英镑合同，以国库券、京张铁路财产及余利担保。19日，英美法德四国银行团在京集议，决定停止预付之款以为抵制。4月18日，四国公使联合照会外交部，正式声明中止借款。北京政府被迫取消与比国财团签订之合同，并于27日由外交部照复四国公使。

△ 袁世凯令开缺凌福彭直隶布政使职。

△　袁世凯令重申从前禁鸦片办法。

3月15日　袁世凯令各省总督、巡抚均改称都督。

△　袁世凯任命李盛铎为山西民政长。

△　南京临时参议院以孙中山于是日咨送袁世凯拟派12部国务员一案，与"各部官制通则"原案所定国务员数不符，电袁仍请按原定10部开明姓名电交本院同意。

△　南京临时政府陆军总长黄兴通令全军申明军纪，要求军人各革其心，各爱其身，各守区域，各尽责任，勿以无安插而自惊，勿以有勋劳而自足，勿攘夺私利而操同室干戈，勿把持财产而蹙中央之命，勿遗同志之耻，勿动全国之愤。

△　上海中国共和研究会更名国民公党，举岑春煊、伍廷芳、程德全为名誉总理，王人文为总理，温宗尧为协理。

3月16日　袁世凯任命张锡銮署直隶都督，赵惟熙署甘肃都督，阎锡山署山西都督。

△　袁世凯令绍英开去度支部首领，委周自齐暂行管理该部首领事务。

△　上海神州女界共和协济会正式成立，宣布以"普及教育，研究法政，提倡实业，养成共和国高尚纯全之女国民"为宗旨。

△　美参议院通过祝贺中华民国成立案。

3月17日　孙中山据财政部呈请，通令各省停止发行债券，以统一全国财政。

△　孙中山颁布开放"疍户"、"惰民"令，规定：凡在历代封建统治残酷压迫下受特殊限制，不得与平民享同等待遇之阶层，如福建、广东之"疍户"、浙江之"惰民"、河南之"丐户"及所谓"义民"、"薙发者"并优娼隶卒等，予以开放，使其享有选举权、参政权以及言论、出版、集会、信教等自由权利。

△　孙中山赞同胡汉民、黄兴等请设国史院之议，咨请南京临时参议院审议。

△ 孙中山在南京参加追悼武汉死难诸烈士大会，并致悼词。

3 月 18 日 袁世凯通令各地迅速选派参议员赴会，俾参议院组织完备。

△ 袁世凯通电各省将省谘议局改组为临时省议会，在各省议会组织法及选举法未经公布以前，暂由各省议事机关协商自定简易办法。

△ 拓殖协会在南京正式成立，举黄兴为会长。该会拟自东北入手从事垦殖，继及于新疆各处，以实践民生主义，开发国家资源。

△ 国民协进会在天津正式成立，举范源濂、籍忠寅、黄远庸等 18 人为常务干事，宣布政纲三项：一、巩固共和政治；二、确定统一主义；三、发达社会实力。

3 月 19 日 袁世凯令各省在官制未公布前，尽力维持现状，勿再纷举都督。

△ 孙中山令外交部严禁奸人拐贩“猪仔”（契约华工），并妥筹杜绝贩卖及保护侨民办法；同日并令广东都督严禁“猪仔”出口。

△ 孙中山以邮政总办帛黎于前清邮票上擅自加盖“中华民国”“临时中立”八字，“实属有碍国体”，急电袁世凯请令取消“临时中立”四字，方许发行。22 日，袁电告已将此种邮票停发。

△ 南京临时参议院就湖北省议会召集临时中央议会一事，分电袁世凯及各省都督、议会、谘议局，宣布此举为不正当行动，断然无效。

△ 南京临时政府实业部以安徽都督孙毓筠与日商三井洋行私签《中日合办铜官山铁矿草约》，群起反对，是日电孙即刻取消此约。

△ 直隶谘议局公举驻宁第三军军长即广西副都督王芝祥为直隶都督。

△ 女子参政同盟会会员唐群英等 10 余人至南京临时参议院，要求女子参政权。23 日，唐群英等上书孙中山，要求将女子与男子平等款，明文规定于《临时约法》。

△ 胡敦复在上海创立大同学院。1922 年更名大同大学。

3 月 20 日 孙中山令内务部总、次长慎重用人，务当悉心考察，慎重铨选，勿使非才滥竽，贤能远引，各部荐任各员不得兼职，以肃官方而饬吏治。24 日，孙中山又将此令发至各部总次长知照。

△　孙中山复函海外华侨及电国内各法团，解释推荐袁世凯为临时大总统之理由，略称："前日之袁君为世界之一人，今日之袁君为民国之分子，量才而选，彼独贤劳"，望国民"责之以尽瘁，爱之以热忱"。

△　孙中山电袁世凯，主张各省都督由各省人民公举；直隶谘议局已公举王芝祥为都督，请照案加以委任。

3 月 21 日　袁世凯颁令：民国刑法未布以前，治罪之法除与国体牴牾各条外，暂行适用新刑律。嗣后地方遇有此等犯罪行为，犯罪照新律各本条分则审断。

△　北京政府与英公使换约，规定开平、滦州两煤矿合办，易名为开滦煤矿局，盈利四六分（开平六、滦州四）。

3 月 22 日　袁世凯电复南京临时参议院，接受参议院否定湖北省临时议会筹组中央临时议会之决定，又电各省依照"临时约法第 18 条之规定"办理。

△　汉冶萍公司在上海召开股东大会，讨论盛宣怀与日本所订《汉冶萍中日合办特别合同》，议决反对改为中日合办，即由股东会电盛取消此约。

3 月 23 日　袁世凯将民国借债办法照会各国公使，告以今后借用外债，均以总统签字为凭，其以个人名义私行借债者，概不承认。

△　袁世凯电孙中山、黄兴、胡瑛，请约束山东民军，勿令进兵济南，并告以将派员前往查办。

△　孙中山以袁世凯于 3 月 10 日颁布大赦令系在约法实施以前，是日咨请南京临时参议院予以追认。29 日，参议院通过追认案。

△　南京临时参议院通过孙中山咨请设立稽勋局案。

△　孙中山通令各省都督劝办赈捐，以济灾黎。

△　黄兴与蔡元培、宋教仁、刘揆一等在南京发起组织中华民族大同会，黄兴被举为总理。

△ 云南都督蔡锷以和局已成,毋庸北伐,是日电告黎元洪,入川滇军开始离渝撤返云南。

△ 台湾南投沙连堡羌仔庄农民因日总督批准竹林与三菱会社,庄民生计受迫,激起民愤。是日,刘乾发动山民起义,袭击顶林派出所,杀警官三人,嗣后刘乾等八人被当局处死。

△ 日本政府继2月21日向俄、英、美等国提出承认中国新政府先决条件后,是日又拟具详细四项条件,包括新政府承担并履行从前所缔结之一切条约,偿还外债,确认治外法权及其他种种特权等内容,令驻外使节照会英、美、俄、法、德、意等国政府,并提议俟承认中国新政府时,各国皆以同文照会分别递交中国政府。

3月24日 孙中山据司法部呈:前清民刑各律及诉讼法除第一次刑律草案关于帝室之罪及关于内乱之罪死刑不能适用外,余皆继续有效,俟民国法律颁布即行废止。是日孙中山将此案咨请参议院审议施行。

△ 孙中山令教育部准佛教会立案。

△ 袁世凯任命周渤署山西民政长,原任李盛铎请假照准。

△ 中华共和宪政会在上海改名为中华民国宪政党,举伍廷芳、李平书为正、副领袖。

3月25日 北京政府新任国务院总理唐绍仪为组织内阁抵南京晋见孙中山,商议向参议院提国务员名单事。孙中山以民国政治体制应以法制为据,即令法制局迅拟国务院官制,咨请参议院审议决定后,再行依法提名。

△ 袁世凯以驻京扎萨克喇嘛等组织"蒙藏统一政治改良会","核其宗旨,系为宣布五族平等,伸我蒙藏人权起见,应准其先行立会",俾使蒙、藏人民一切公权、私权与内地平等。

△ 黄兴电各省都督,谓风闻宗社党人现从北方潜来,往来于南方各处,煽惑军队,颇思扰乱,图谋不轨,凡我军界指挥与军事当局应速设法严加防范。

△　中华全国军界统一会在北京正式成立，议决会纲，并派员前往南京促成统一政府。

3 月 26 日　袁世凯任命彭英甲补授甘肃布政使。

△　孙中山以民国统一，战事终结，令参谋部裁撤大本营名目。

△　孙中山咨请参议院议决财政部拟订之《金库则例》，法制局拟订之《法官考试委员官职令》及《法官考试令草案》，内务部呈《暂行传统病预防法草案》。

3 月 27 日　袁世凯任命张镇芳署理河南都督。

△　孙中山函复佛教会，阐释约法中信教自由之精神，并对各国政教分离之美风表示赞赏。

△　自安徽寿州调还苏州之军队，因减饷闹事，是晚哗变，焚掠店铺多处，损失达百余万元。28 日，代理江苏都督庄蕴宽派兵镇压，始平。

△　唐景崇、唐文治、严复在上海创办之神州大学开学。

3 月 28 日　袁世凯令署山东都督张广建来京，任命周自齐为山东都督，未到任前，以余则达署理。

△　孙中山通令各省都督保护人民生命财产，务须严饬所属，勿许越法肆行，一面晓喻人民，许其按照临时约法，对越法行为进行控告。一经调查确实，立予尽法惩治，并将罪行宣示天下。

△　前清隆裕太后以清帝退位后，贵族中有人组织宗社党，反对共和，北京谣传颇盛，特令世续传谕速即解散。

3 月 29 日　唐绍仪出席南京临时参议院发表政见，并提出 10 部总长名单，经参议院投票表决，除交通总长梁如浩外，余均多数同意。

3 月 30 日　袁世凯任命各部总长：外交陆徵祥（未到任前，由胡惟德署理），内务赵秉钧，财政熊希龄，陆军段祺瑞，海军刘冠雄，教育蔡元培，司法王宠惠，农林宋教仁，工商陈其美，交通唐绍仪（兼）。

△　袁世凯任命黄兴为参谋总长，统辖布置两江一带军队，黄辞不就。4 月 1 日，袁改任徐绍桢为参谋总长。

△ 唐绍仪由蔡元培、黄兴介绍加入同盟会。孙中山主盟。

△ 袁世凯以北京谣传宗社党谋变，人心不靖，特出示晓谕，并禁止造谣。

3月31日 袁世凯任命黄兴为南京留守，统辖南方各军。

△ 同盟会公饯孙中山，到千人。孙中山于公饯席上演说，阐述民生主义，勉励同志实行。指出："今日满清退位，中华民国成立，民族、民权两主义已达到，唯有民生主义尚未着手。今后吾人所当致力的，即在此事。"

4 月

4月1日 孙中山莅临时参议院行解职礼，解卸临时大总统职，并致解职词。略谓："本总统今日解职，并非功成身退，实欲以中华民国国民之地位，与各国国民之力量，与四万万人协力造成中华民国之巩固基础，以冀世界之和平。"同日颁布"解职令"，宣布即日解除总统职，"以后国中一切政务，悉取决于政府"。

△ 孙中山公布《参议院法》，凡18章105条。

△ 中华民国铁道工会在南京成立，举史青为会长。

4月2日 南京临时参议院议决临时政府迁往北京。5日，南京临时参议院议决该院迁往北京，同日并通电宣布：4月8日休会，21日议员齐集北京。

△俄驻京代办谢金会见袁世凯，要求两国政府尽早达成外蒙协议。袁表示赞同。

4月3日 孙中山离南京赴上海，南京万人送别。抵沪后，在南京路同盟会机关部发表演说。指出："本会之民族主义，为对于外人维持吾国家民族之独立；民权主义，为排斥少数人垄断政治之弊害；民生主义，则排斥少数资本家，使人民共享生产上之自由。故民生主义者即国家社会主义也。"

△ 袁世凯通电各省催选参议员。

△ 西藏地方政府受英方唆使，自3月起派兵连续进攻江孜驻军。是日，驻江孜英商务专员麦克唐纳与廓尔喀（即尼泊尔）代表拉巴哈达出面斡旋，驻军被迫将武器售予藏军，撤离江孜。

4月4日 上海自由党公宴孙中山。自由党副主裁李怀霜致颂辞，请孙中山莅主裁任。孙中山致答辞，指出“共和时代，党派多少，足觇人民程度高低”。并谓政党“有互相监督、互相扶持之责。政府善则扶持之，不善则推翻之”。

△ 孙中山在上海同《文汇报》记者谈话称：“社会革命今已告成，余更拟发起一更巨大之社会革命，此社会革命之事业，不用兵力而用和平方法。”又谓：“余实为社会党人，颇信亨利佐治（即亨利·乔治）所操之主义实施于中国。”

△ 山西都督阎锡山自包头返抵太原。

4月5日 袁世凯令准徐绍桢辞参谋总长职。

△ 孙中山同《大陆报》记者谈中外合资问题。回答外国资本家投资问题时，表示可组织中外联合公司，定一期限，若干年后归共和政府。

△ 四川都督尹昌衡、张培爵电袁世凯，条陈筹办藏务情形，请委钟颖为西藏行政使。9日，袁世凯复电任命钟颖为西藏办事长官，处理藏务。

△ 民国法律学校在上海开学。

4月6日 袁世凯任命姜桂题为热河都统，未到任以前，仍由崑源署理。

△ 黎元洪宣布解大元帅职。

△ 参议院将全体参议员名单咨文交国务总理唐绍仪。唐即将参议院咨文、各省到院参议员49人名单清册一本电告袁。

△ 统一党在上海开会欢迎孙中山，唐绍仪、蔡元培、汪精卫、胡汉民等出席，孙中山即席演说民生主义之要义，并盼该党趋重民生主义，以谋取国利民福。

△ 安徽大通军政分府黎宗岳因不遵令裁撤，陆军部派柏文蔚率队前往镇压，并电皖督胡万泰发兵防截溃兵，是晚黎避往建德。

4月7日 袁世凯补授曹锐为直隶布政使。15日又任命曹锐署直隶布政使。

△ 孙中山由沪抵宁，应黎元洪电邀，当日乘“联鲸”兵舰赴武昌，胡汉民、汪精卫、廖仲恺等28人同行。

4月8日 袁世凯任命施肇基为交通总长。

△ 女子参政同盟在南京成立。10日发表《女子参政同盟宣言》，宣布以争取女子国民参政权为宗旨。

4月9日 孙中山应黎元洪邀请抵武昌，受到黎元洪及各界万余人热烈欢迎。

△ 黎元洪电唐绍仪与各部总长，敦促组织政府。

4月10日 孙中山在湖北军政各界代表欢迎会演说共和与自由之真谛，指出：“此次革命，乃国民的革命，乃为国民多数造福。”“共和与自由，全为人民全体而讲。”至于官吏，则不过为国民公仆，受人民供应，应牺牲自由，为民尽职。同日又出席武昌13团体联合欢迎会演说社会革命。

△ 五大民族共和联合会在上海成立，袁世凯之代表赵秉钧出席并宣布政见，举赵秉钧为总理，陆建章为协理。

4月11日 袁世凯派范源濂、张大昕携其手函至武汉欢迎孙中山北上。次日，孙中山电复袁世凯，因急于返粤，缓日北行。

△ 孙中山赴汉口出席武汉商会等15个团体联合欢迎团举行之隆重欢迎大会，发表演说，谓“文今日并非功成身退，其实暂离此职，再与诸同胞共筹此举（按：指社会革命）”。

△ 广东省议会电袁世凯弹劾都督陈炯明违法滥用军律，杀害广州《独立报》发行人陈听香。

△ 统一共和党在南京开成立大会，举蔡锷、张凤翙、王芝祥、孙毓筠、沈秉堃为总务干事。

△ 中华佛教总会在上海成立。

4月12日 孙中山在湖北同盟会支部欢迎会上演说国都问题，认为北京在外人势力范围之下，主张建都武昌。

△ 孙中山离武汉返上海，临行前布告答谢武汉各团体，并致函武汉报界联合会，留临别赠言。

△ 黎元洪发出救时通电，痛陈时政十害，主张将军事、民政划分两途。

△ 凌晨，驻南京赣军第二十五、二十八两团士兵3000人因减饷发生兵变，抢劫铺户，南京留守府当即派兵敉平。

4月13日 袁世凯任命黎元洪领参谋总长事。

△ 袁世凯令准江苏都督庄蕴宽辞职，遗缺以程德全继任。

△ 袁世凯颁发汉、满、蒙、回、藏各族联姻劝谕。

△ 黄兴电袁世凯报告南京赣军哗变原因及处治办法，略谓："查此次起乱之原因，匪徒勾结，并有宗社党从中煽惑……借减饷为名，忽尔倡乱。"并告已于次日将哗变之赣军第二十五、二十八两团兵妥协送回赣省遣散。

△ 安徽宗社党分子张鹏（即张达）纠集同党二三十人，在南京、浦口一带散布谣言，煽惑军队，图谋起事，被破获。安徽都督孙毓筠将张鹏宣布死刑，饬令枪毙。

△ 共和建设讨论会在上海成立，通过会章，公推汤化龙为主任干事。

△ 山西临时省议会成立，举杜上化为正议长，王用宾、陈受中为副议长。

4月14日 袁世凯公布《南京留守条例》，凡七条，规定："南京留守，直隶大总统，有维持整理南方各军及南京地面之责。"

△ 孙中山自武昌返抵上海。

△ 南京留守黄兴查禁军人组织"大公党"。越二日又取缔青帮首领章武组织之"青帮改进会"及无赖流民所组织之"渔业统一党"。

4 月 15 日 国务总理唐绍仪偕蔡元培、宋教仁两总长联袂离沪赴天津。17 日，袁世凯准唐请假五日，并令外交总长陆徵祥暂行代理。

4 月 16 日 袁世凯通令劝农保商。责成各省都督，“劝谕农民及时耕种，严饬兵警镇慑地方，保护市面，使农勤于野，商悦于途”。

△ 四川西征军先锋支队标长朱敦伍率队向西藏进发。

4 月 17 日 孙中山出席上海中华实业联合会欢宴会，发表演说指出：“今共和初成，兴实业实为救贫之药剂，为当今最要之政策。”当晚离上海赴广州。

△ 孙中山在上海接见社会党江亢虎，交谈甚久，仍申前说拟编辑社会主义讲义。并称：“定于六月一日来沪在社会党逐日讲演，务期发阐社会主义之真理。”

△ 下午，尚贤堂中西董事会开会欢迎孙中山，到十五国之外国人与外交官以及中西绅商共 200 余人。该堂督办、美人李佳白与孙中山分别演说。

△ 山东省临时议会成立，举张映竹为正议长，刘恩锡、王讷为副议长。

△ 中华进步党在上海开选举职员会，公举谭人凤、李经羲为正、副主裁。

4 月 18 日 孙中山在上海出席自由党欢迎会，发表演说，指出：“当此共和时代，无论政党、民党有互相监督、互相扶持之责，政府善则扶植之，不善则推翻之。”

△ 苏州同盟会会员、北伐先锋团重要成员柳承烈、蒯际唐等为反对都督程德全，秘密组织“洗程会”，谋驱程。事泄，蒯遇害，北伐先锋团被解散。

△ 新任驻京俄公使库朋斯齐到京。

4 月 19 日 袁世凯任命樊增祥为湖北民政长；丁道津署山东布政使。

△ 袁世凯明令取消扬州军政分府。

△ 驻奉天省城混成协第三标为反抗官长指派国民捐，于夜晚哗变，抢劫银行票号，纵火焚烧房屋百余家，被抢者400余家，经派队防剿，至天明始分途逃窜。

4月20日 同盟会代表张绍曾、李肇甫、熊成章、刘彦访晤袁世凯，声明同盟会国务员决议全体总辞，并称同盟会主采完全政党内阁，反对混合内阁。袁表示不同意政党内阁。

△ 国务总理唐绍仪与教育总长蔡元培、农林总长宋教仁抵京。

△ 孙中山于赴粤途中抵福州，各界团体3000人在明伦堂开盛大欢迎会。孙中山发表演说，指出共和政府如国民公仆，国民可组织政党监督政府。格致书院主理美国人弼履仁演说中美友谊，并赞孙中山为“中华华盛顿”。

△ 沪军都督陈其美与日商三井洋行签订借银15万两合同。是为第一次“沪督三井借款”。

4月21日 唐绍仪在总统府主持首次国务院会议，中华民国国务院在北京成立。

△ 袁世凯令总统府设秘书厅及军事处，裁撤原设临时筹备处、军事争议处。22日，任命梁士诒为秘书长，冯国璋为军事处总长。

△ 南京留守黄兴令自即日起各省驻宁军队陆续遣调回籍。

△ 山东省同盟会支部在济南成立，举蒋洗凡为会长。

△ 俄公使库朋斯齐谒见袁世凯，谈外蒙独立问题，提出中国取消外蒙独立应先承认外蒙与俄所订一切条约皆当有效等三项条件。

4月22日 袁世凯颁令：蒙、藏、回疆各地方不设理藩专部，各该地方应办事宜归并内务部接管。

△ 国务院开第二次会议讨论各省军政、民政分治事项。

△ 贵州省议会成立，举孙贻、欧阳朝相为正、副议长。

△ 湖南都督谭延闿因近日谣传有宗社党多人来湘潜谋不轨，召集各将校开军事会议，妥筹消弭办法。

4月23日 袁世凯通令各省官员不得自为风气，各顾其私。设有阻挠侵越,致妨大局,是为人民公敌,决不姑息迁延。

△ 袁世凯令各省速行参议员选举,并催参议员迅即赴京。

4 月 24 日 袁世凯特邀唐绍仪到总统府会商实施军民分治办法。决定:“一、通饬各省暂行官制一律仿照湖北办理;二、饬令该省会成立一月之内即举定民政长,电请本大总统正式委任。”

△ 孙中山由福州抵香港,受到各界团体热烈欢迎。香港当局不允登岸,乃乘“宝璧”舰赴广州。

△ 同盟会在上海成立总机关部。

4 月 25 日 袁世凯令准袁大化辞新疆都督职,遗缺以袁鸿祐继任。同日并任命杨增新署新疆布政使。

△ 孙中山抵广州。次日,出席广州军界欢迎会,演说军人之本分,指出:“今日要务在乎扩张军备,以成完全巩固之国,然后可与世界列强并驾齐驱。”

△ 中国同盟会本部迁往北京。

△ 国务院通电各省停止购运军械。

△ 内务部奉袁世凯谕通饬各省,将共和大义撰成白话告示,遍贴村镇,俾使家喻户晓。

△ 黄兴以国务院通令停止购械目的在于削弱南方民党实力,电复国务院,请变更原令,各省所购军械应请税司一律免税放行。

△ 广东都督陈炯明忽于夜间离职出走香港,行前以咨文致省议会称:“公事暂请胡君汉民代行,俟汪君精卫回省乃交卸。”

4 月 26 日 袁世凯令财政总长熊希龄未到任以前,着施肇基暂行兼署。

△ 袁世凯任命柏文蔚署安徽都督。次日又令兼署安徽民政长。

△ 袁世凯任命唐继尧署贵州都督。

△ 财政总长熊希龄由京抵宁,奉袁世凯之命同黄兴会商解决南京留守府经费问题。5 月 3 日返抵北京。

4 月 27 日 袁世凯令准齐耀琳辞河南都督职。

△　孙中山在广东省议会演说治粤方针，并请即举胡汉民为都督，以安大局。

△　下午，孙中山在广州招待粤记者，以“言论一致”为题，发表演说，望报界与共和政府合作为方针。指出：“报纸在专制时代，则利用其攻击，以政府非人民之政府；报纸在共和时代，则不利用攻击，以政府乃人民之政府也。”“故今日报纸，必须改易其方针，人心乃能一致。”

4月28日　广东省议会开会，到议员118人，正式公举胡汉民为粤都督。并推汪精卫为参谋，陈炯明为军政。

△　袁世凯令杨荩诚开去贵州都督缺。

△　孙中山出席广州各界追悼史坚如烈士大会，并倡议为史坚如造像建祠。

4月29日　临时参议院在北京行开院礼，袁世凯偕国务员莅会并发表宣言，提出财政计划大纲及其他要政方针。

△　孙中山在广州答香港电报公司代表问借款事，表示：“倘四国（银行团）利用中国现今财政困难而阻中国之进步，则国人必将发愤自助，设法在国中募集公债，以济目前之急。”

△　黄兴通电全国倡议劝募国民捐，减少外债之输入，以解决财政困难。

△　上海华侨联合会致电袁世凯，要求派代表出席临时参议院。

4月30日　云南都督蔡锷因藏兵进至察木多，进逼川界，是日电请袁世凯、尹昌衡、张培爵加强西藏边防，并请详示藏事计划，用释悬局。

△　北京“军界统一会”通电宣布解散。

是月　陈万远、沈九成、沈启涌在上海创办三友实业社，资本450万元。最初只制“金星牌”棉线烛芯；1917年始织毛巾，为当时全国最大规模毛巾织造厂。

5 月

5月1日 临时参议院在北京开会,改举吴景濂、汤化龙为正、副议长。

△ 袁世凯令裁并江北军政府,该处军政、民政归江苏都督管辖。

△ 国务总理唐绍仪同六国银行团(俄国华俄银行、英国汇丰银行、法国汇理银行、德国德华银行、日本正金银行、美国摩尔根银公司)商交款事宜,要求先交付3500万两,自本月起至10月止,每月交付1000万两。

△ 直隶都督张锡銮与法商东方汇理银行签订银10万两借款合同。

5月2日 袁世凯通令各地方长官禁止武力胁迫议会;如有侵扰或聚众胁迫议会者,立即酌派得力军警前往保护,并逮捕犯人,交司法衙门按律审办。

△ 总统府接西藏联豫电称,藏人与汉兵在拉萨开战,藏人死900名。

5月3日 唐绍仪与银行团之英、美、法、德、日五国代表在国务院开第二次借款会议。各代表提出监督财政条件,唐绍仪力拒,无结果。

△ 京师大学堂改名北京大学校。同日,袁世凯任命严复为校长。

5月4日 国务院会议讨论财政及蒙藏边务,决定发行不兑换纸币;与俄、英公使交涉,并派张绍曾、温宗尧分赴蒙藏安抚。

△ 孙中山出席广州新闻界欢迎会,演讲"平均地权",其办法为:一、照价纳税;二、土地国有。

△ 黎元洪电请袁世凯、参议院、国务院迅速颁布划一官制。

△ 中国同盟会总机关部在上海开会,议决更名为中国同盟会本部驻沪机关部,举姚勇忱、吕天民为正、副部长。

5月5日 孙中山在广州向记者发表谈话,提出解决民生问题须从地税入手。同日又出席潮州旅省同乡会欢迎会,演讲“地方自治”。

△　浙江都督蒋尊簋与德商礼和洋行签订600万马克借款合同。

△　同盟会湖南省支部成立,举洪荣圻为支部长,谭延闿、陈强为副支部长。

5月6日　袁世凯任命周渤为山西民政长。

△　孙中山在广东女子师范第二校演说提倡女子教育,指出:“女子师范尤为重要。”同日,孙中山在广东同志竞业社欢迎会演说,希望洪门会改变立会方针。

△　总统府秘书长梁士诒兼任交通银行总理,陆宗舆、任凤苞为协理。

△　署安徽都督柏文蔚与日商三井物产株式会社签订25万日元借款合同,以铜官山铁矿担保,该矿由中日合办。

5月7日　临时参议院议决,国会采两院制,定名为参议院与众议院。

△　袁世凯令工商总长陈其美未到任以前,以王正廷署理。

△　袁世凯任命魏宸组为国务院秘书长。

△　袁世凯任命冯自由为临时稽勋局局长。

△　唐绍仪于5日函告银行团,借款事由熊希龄财政总长一手办理。是日,熊希龄代表中国政府与四国银行团谈判借款事宜。

△　孙中山在广州岭南学堂演说“非学问无以建设”。

△　新疆南路喀什噶尔哥老会首领边永福、魏得喜率众举事,杀新任都督袁鸿祐。嗣后,边、魏聚众成军,编为地方治安营。俄国乘机增兵喀什噶尔。

△　驻镇江江苏陆军第十六师师长顾忠琛以宗社党人潜入该地,妄思扰乱治安,是日示谕各界人民一体知悉;并号召宗社党人输诚自首,否则国法具在,决不宽赦。

5月9日　共和党在上海成立。该党系由统一党、民社、国民协进会,国民公会、国民党(系中华帝国宪政会改组而成)、国民共进会六政团组成，举黎元洪为理事长，张謇、章太炎、那彦图为理事。

△　袁世凯任命驻藏军协统钟颖为西藏办事长官。

△　孙中山出席广州耶教联合会欢迎会，主张基督教徒发扬基督之教理，同负国家之责任，使政治、宗教同达完美之目的。

△　英增兵进入片马。16 日，外交部接滇督蔡锷电，请与英使严重交涉。

5 月 10 日　临时参议院通过以五色旗为国旗。

△　袁世凯令陕甘经略使胡瑛改任新疆青海屯垦使。

△　同盟会河南省支部成立，举上官邦彦为支部长，王傑、周维屏为副支部长。

5 月 11 日　袁世凯以捕人索银事迭有所闻，通令各省长官及各军队长官应遵守《临时约法》，恢复秩序，尊重人权，切实保护人民财产，实行法治，以巩固共和基础。

△　山东省临时议会成立，举张映斗为正议长，刘冠三、王讷为副议长。

5 月 12 日　袁世凯通谕私立团体不许干政。略称："现在各省临时议会，皆依迭次法令组织，职权既有专属，舆论得所折衷。地方官厅，按法应受省议会之监督，亦惟省议会乃得直接行此法定之职权。其以私立团体对于立法、行政两机关，尽可陈请建言，以资博采，不许动辄干涉，致妨进行。"

△　南京军界成立同袍社推黄兴、王芝祥为正、副社长。

△　教育部决定将京师督学局及八旗学务处合并为北京学务局；将财政、法律、银行三学堂合并为法政学堂；八旗高等学堂及八旗各学堂仍准设立，惟将"八旗"名称取消，五族皆可入学；另贵胄法政、陆军两学堂即行废止，两处学生并入新立之法政及陆军学堂。

5 月 13 日　国务总理唐绍仪及各国务员至临时参议院宣布政见。唐说明政府财政窘迫，"现虽全国统一，而农废于野，工荒于肆，商贾滞于途，求有敷于政府所规划之用，茫然无所取给"。因租税、公债、金融等事，缓于济急，“故不得已，惟以输入外债，以救急需”。

△ 袁世凯令湖北民政长樊增祥未到任以前，由刘心源暂行署理。

△ 孙中山在广州对报界发表谈话，指出平均地权乃以土地之利，还之大众。

△ 黄兴电袁世凯、国务院请裁撤南京留守职，并告遣散军队情形：“已经遣散者，约计不下二万余人。此外减缩军队之各种办法，已迭次与各军、师、旅长等公同妥协，依次进行。”

△ 南京留守府及沪军都督与日商三井物产株式会社签订借银35万两合同。

5月14日 临时参议院再议国旗统一案，议决以十九星旗为陆军旗，青天白日旗为海军旗，以国旗为商旗。

5月15日 是日（阴历三月二十九日）为广州起义周年纪念日。孙中山在广州亲率同志及粤省文武官员公祭黄花岗七十二烈士。北京、南京分别举行黄花岗纪念大会。

△ 陕西省临时议会成立，举杨铭源为议长。

△ 上海豆油饼行业因反对江苏都督颁布增税新章，举行罢市。18日捣毁货物税总所。

5月16日 南京各界成立国民捐总会，推孙中山为总理，黄兴为协理。

5月17日 财政总长熊希龄与英、美、德、法四国银行团在北京签订300万两垫款合同。合同计四条，监视开支章程七条，由银行团于北京、上海各付150万两。

△ 孙中山出席粤路公司欢迎宴会，力言：挽回粤汉铁路利权，应速开收三期股本，“鄙人当发电各埠力为鼓吹”。随即拟定致各埠电文，交公司拍发。电谓：“弟顷到商办粤路公司，提倡速收三期股款，联合湘、鄂，推广进行，国利民福，望速图之。”

△ 宗社党荆州支部首领、前清荆州将军连奎之子化名傅风池潜伏汉口租界，密谋颠覆武昌都督府，被捕，搜出手枪70支、子弹三万发。

经军法审讯,傅供出同党军官20余人,均于当夜枪决于武昌。

5月18日 袁世凯令大理院正卿更名为大理院院长,任命许世英为院长。

△ 袁世凯任命杨增新为新疆都督;任命潘震为新疆布政使。

△ 袁世凯任命王丕煦署山东布政使。

5月19日 袁世凯派陆军次长蒋作宾乘专车南下挽留黄兴。

△ 中国社会党绍兴支部所办《新世界》半月刊在上海创刊。7月15日该刊第五期首次全文译载恩格斯著《理想社会主义与实行社会主义》(今译《社会主义从空想到科学》)。

5月20日 参议院开秘密会议,讨论借外债事。国务总理唐绍仪、财政总长熊希龄列席会议作说明。

△ 孙中山离广州抵香港,对《士蔑西报》记者谈话,主张借用外资兴办实业,"如建设新城邑,开通全国及建筑铁路等,皆为要政"。

5月22日 袁世凯通令劝谕军人卫国保民,"保全荣誉,巩固国基"。

△ 袁世凯派袁大化督办南疆剿抚事宜,所有省垣及南疆军队均准节制调遣,会同杨增新妥为办理。

△ 孙中山在香港与《南清早报》记者路威臣谈话,反驳所谓黄祸论,指出:"惟吾意中国无侵略志,因吾人志尚和平,吾人之所以要水陆大军者,只为自保,而非攻人。若果欧人势逼吾人,则吾人将以武力强国。果尔,将来事势所趋,则难预言。"

△ 黄兴电袁世凯称,非裁撤军队不足以救危亡;并报告所属军官愿先解释兵柄,以为天下倡。

△ 外交总长陆徵祥自俄返国,是日由津到京。6月10日到部视事,表示将以要求列强承认民国为第一急务。

△ 河南布政使王祖同得其侄王汝桂探报:"白朗,宝丰县西乡二十四里大刘庄人,巢穴在本街,带70余人,快枪36根。"按:此系官方文书中,最早有关白朗起义的记载。

△　上海《民权报》主笔戴天仇(季陶)遭英租界捕房拘禁。

5 月 23 日　孙中山自香港抵澳门。25 日视察澳门镜和医院。

△　黄兴电袁世凯反对政府擅借外债,主张发行不兑换券及国民捐,以救危亡。次日将该电通电各省,请一致进行,并攻击袁世凯,陈述募集国民捐及办国民银行办法。

△　中国同盟会与全国联合进行会合并。是日下午两会开全体职员会,筹商一切事宜,并订定合并条款 12 款,其中规定:"自合并之日起,凡会员行动均须在同盟会宗旨、政纲及一切决议案范围以内。"

5 月 24 日　袁世凯据融洽汉满禁书会发起人陈其美、王人文电呈,通令禁售排满及诋毁前清各项书籍。

△　财政总长熊希龄通电各省都督,说明财政困难及借款苦衷,略称:南京库储仅余三万,北京不及六万,"东张西借,寅食卯粮,危险之状,不敢告人";银行团 300 万两垫款,并非正式合同,各都督如能于数日之内设法筹定,使南北军饷每月 700 万两有恃无恐,即可将银行团垫款借款一概谢绝。

△　黄兴就募集国民捐及办国民银行事,致函袁世凯陈述办法。

5 月 25 日　袁世凯任命吴鼎昌为中国银行正监督,筹备银行开办事宜。

△　袁世凯任命溥锏为乌里雅苏台将军。

△　福建省临时议会成立,举宋渊源为正议长,刘映奎、曹振懋为副议长。

△　胡汉民通电全国,力陈大局之危,主张分权于各省。

5 月 26 日　孙中山返回广东香山县翠亨村故乡,并出席孙氏家族欢迎恳亲大会。

△　中华民国回教联合会在南京成立。

5 月 27 日　财政总长熊希龄以借款事受舆论指责,是日通电宣布"已上书自劾,即日辞职"。

5 月 28 日　财政总长熊希龄通电提出发行国民公债办法,向各省征询意见。

5 月 29 日 孙中山抵广州，同日电约黄兴同赴北京，调和党派及提倡国民捐。

△ 孙中山致电北京国务院，主修筑滇桂铁路，“如中央政府力不暇，乃请由滇、黔、桂三省都督自行筹备”。

△ 黎元洪照会驻汉日总领事，请令驻大冶铁矿日军从速撤走。

5 月 30 日 农林总长宋教仁向国务院会议提出大政方针，主张实行军民分治，集中军政、财政于中央政府；并提出 12 条，包括官制、行政、裁兵、财政等项内容。

△ 黎元洪通电请速统一币制。

5 月 31 日 袁世凯令准黄兴辞南京留守职，所有南京留守机关候程德全到宁接收后，准即取消。

△ 袁世凯任命柏文蔚为驻江宁一带之第一军军长，徐宝山任第二军军长，该两军及第三军之八师均归陆军部直接管辖；其余留守所属之江苏地面部队，均归程德全接收，按原计划切实裁汰。

是月 台湾同盟会员罗福星由胡汉民陪同向孙中山请示，孙对其解救台湾的意愿和决心表示同意，并指出：“台湾是中国领土，决心收复。”

△ 刘师培在广州发起组织晦鸣学社，此为中国最早宣传无政府主义之团体。

△ 厦门电煤电力股份有限公司成立，资本 30 万元。

6 月

6 月 1 日 国务院就四川民众激烈反对借外债事，电成都尹昌衡都督、张培爵副都督及重庆胡景伊镇守使，令晓喻民众释其疑窦，以遏乱萌。

△ 滦州矿务公司与英商开平矿务公司合并为开滦矿务总局，是

日在天津签订正式合同,资本200万英镑。

△ 沪军都督陈其美与日商三井洋行签订借银10万两合同,是为第二次“沪督、三井借款”。

△ 俄政府又借口“保护侨民”,派兵入侵伊犁。旋外交部向俄使提出交涉。

6月2日 袁世凯颁令保护八旗人民私有财产。

△ 袁世凯任命王永江署奉天民政使。

△ 国务院电直隶都督张锡銮转各镇及各统领,重申军人不得干涉政治。

△ 北京中央新闻社因刊载宗社党消息及内务总长赵秉钧营私舞弊事,是日被步军统领衙门将该社经理张萼华、编辑郑翰之等12人悉行逮捕。后经于右任说项,5日获释。

6月3日 孙中山电袁世凯及参议院称,实行国民捐实为救亡要策,盼极力提倡,并指出须由参议院采累进法颁行一定章程,方能有效。

△ 川督尹昌衡以打箭炉外风声日急,西藏办事长官钟颖派员请援,令朱文玉率兵一标赴拉萨,是日出发,并令打箭炉外顾统领为后援。

△ 黄兴再次倡议不借外债,力主发行不兑现纸,募集国民捐,以济财政困难。

6月4日 临时参议院以《临时约法》早经颁布,议决各省不得自行订定省约法。10日,国务院通电各省遵照。

△ 国务院通令禁止行政机关人员兼差。

6月5日 南京留守黄兴派卫兵捕获宗社党多名,经审讯发现一“渔业统一党”,人数甚众,期以沿江、沿海一带为举事区域,并与北方宗社党人联合,谋颠覆共和政府,奉戴大清皇帝正位。审讯后枪毙11人。7日,黄兴通电湖南、湖北、江苏、安徽、上海,饬将各省区之“渔业统一党”一律解散。

△ 云南都督蔡锷电袁世凯及各省都督,请“大总统敦请梁启超回国,优予礼遇。应如何倚任之处,伏恳大总统卓夺施行”。

△ 高翁主编《真相画报》在上海创刊。该画报共出 17 期，1913 年 3 月 1 日停刊。

6 月 6 日 广东都督胡汉民以袁世凯曾电各省都督，请解款中央以资襄助，是日汇解北京政府银 100 万两，并建议将军、财两权授予各省都督，由其自行裁遣军队，整理财政。

△ 山东都督周自齐电袁世凯及国务院，申明赞同柏文蔚所提借款与国民捐同时并举之主张。

6 月 7 日 四川政务处以藏兵进逼河口，打箭炉危急，是日会议决请川督尹昌衡率兵入藏平乱。

6 月 8 日 袁世凯公布国旗、商旗及陆海军旗式。以五色旗为国旗；商旗适用国旗；以十九星旗为陆军旗；以青天白日旗为海军旗。

△ 袁世凯派驻荷兰临时外交代表刘镜人出席海牙万国汇兑统一章程会议。

△ 孙中山提倡开发东沙岛。是日广东电，入股之人极为踊跃，现已入股 500 余万。

△ 川督尹昌衡召开西征会议，讨论征藏军事。会上尹发表演说，表示自愿率兵前往，亲冒矢石以定边乱，恢复西藏，并计划于 10 日内先遣支队一二出发，别设断后军一镇。

△ 江西南浔铁路同日本东亚兴业株式会社在上海签订第一次借日债 500 万元合同。

6 月 9 日 袁世凯以前清外交延用外人为顾问，遇事密报其本国，非谨慎外交之道，是日谕国务总理唐绍仪、外交次长颜惠庆等，应速查所聘外人合同，年限满者即行辞退，未满者，酌给薪金婉言谢绝。

△ 孙中山在广州与各界开谈话会，讨论平均地权及地价抽税问题，指出：平均地权不是使土地“从实均分”，而是“确定地税，照价增收一层，实行单税法”。至于土地国有，则“地不必尽归国有”，而是“收取其需用之地……确定公道之价”，进行赎买。

△ 各省联合总会在南京成立，举孙中山、王芝祥为正、副会长。

6月10日 黄兴电教育总长蔡元培，阐述教科书编纂原则，主张小学应废读经，用国语教授。

6月11日 袁世凯申令禁止私种鸦片。

△ 参议院讨论行政俸给，议定国务总理月俸2000元，各国务员月俸1500元。

△ 沪军都督陈其美通告收回中华银行所发军用钞票。

△ 袁世凯电蔡锷，令“取道巴塘，救藏之急”。

6月13日 陆军总长段祺瑞出席临时参议院宣布裁军方法，提出分驻各省军队，仍按前清时代原有兵数。

△ 沪军都督陈其美与日商三井洋行签订借银10万两合同。是为第三次“沪督、三井借款”。

△ 甘肃都督赵惟熙通电，秦州临时军政府取消。

6月14日 南京留守府撤销，黄兴解职。当晚即离宁赴沪。

△ 尹昌衡、张培爵电袁世凯及各省都督，告以尹不日将率兵入藏，兵额在一万数千人，每月军饷约30余万两，川省每月仅能担任10余万两，不敷甚巨，请袁电令各省都督量力分担。

△ 统一党暂行总理章太炎发表宣言，宣布该党脱离共和党，嗣后仍称统一党。

△ 为解决原贵州都督杨荩诚率北伐黔军自湘回黔，滇军限期自黔撤退，经黎元洪调停，鄂、湘、黔三省四方代表于湖南洪江开会，16日达成北伐黔军回黔，驻黔滇军限期尽退等八项决议，各方代表共同签订《洪江条约》。旋唐继尧通电否认《洪江条约》有效，滇黔两军遂在贵州松桃、铜仁一带发生军事冲突，黔军失利，退往四川秀山，北京政府支持唐继尧，下令解散黔军。

△ 山东济南东门外第六路防营兵因欠饷哗变，攻入城内，围攻都督府及各衙署，焚烧房屋，抢掠铺户，第五镇统制马龙标率自带兵平息，当场击毙变兵百余名。

6月15日 袁世凯一反前与唐绍仪所定任命王芝祥为直隶都督

之议，改派王为南京军宣抚使，并未经内阁副署，即将此令擅行颁布，唐于当日辞国务总理职，愤而离京赴津。

△ 孙中山到香港，答记者提问，提出中国必将裁去通商口岸之租界，开放中国各地。

△ 西藏骑兵千人攻入里塘(今理塘)。

△ 日本贵族旅行团抵京，次日临时参议院开会欢迎。7 月 6 日该团回国。

△ 北京优级师范学堂更名北京高等师范学校。

6 月 16 日 四川西征军先遣队第一营由标长朱敦五率领向西藏进发。

6 月 17 日 袁世凯令准唐绍仪请假赴津调治，任命陆徵祥暂行代理国务院总理事务。

△ 孙中山与港商谈中外合资银行事。

△ 四国银行团以 300 万两垫款交中国政府以济急需。

△ 下午，英公使朱尔典会见陆徵祥，称英在片马增兵 2000 人，系“保护”侨民，“本使于上午致电驻片敝国军队速行退回”。

6 月 18 日 财政总长熊希龄对德文报记者称中国目前唯有借外债度过财政困难，切望巴黎银行团代表会议妥定续借款项，预计 7 月至 10 月四个月，每月需银 1000 万两。

△ 孙中山离香港赴沪，21 日抵达。

△ 沪军都督府虞洽卿与荷兰银行签订一万两借款合同。

△ 自由党本部自上海迁北京。

6 月 19 日 陆徵祥拟定禁烟办法：先电各省实行禁种、禁吸，以杜外人口实；并照会英使自 7 月 1 日始，所有无印花之印度土药不准运华。

△ 驻奉天大北关外混成协第三标，因官长强派国民捐而哗变。省城 400 余户遭抢掠。

6 月 20 日 中国同盟会代表张耀曾等四人会见袁世凯，表示今后应采完全政党内阁，如仍采混合政党内阁制，同盟会员将不再加入。袁表示“超然内阁及政党内阁，余均不能赞成”。

△　共和党北京本部电上海该党称，唐绍仪离职赴津，同盟会员不宜再任总理，当推定交涉员游说同盟会、统一党，应由无党派者任超然总理。

6月21日　黎元洪通电忠告党人化除畛域，扶颠救危，永固国基。

△　工商总长陈其美、司法总长王宠惠、教育总长蔡元培分别向袁世凯呈辞。次日，农林总长宋教仁、署工商总长王正廷亦分别向袁世凯呈辞。

△　同盟会、共和党、统一共和党在京开联合会讨论第二任内阁组成之办法。同盟会主张用国民信仰之人为总理，共和党主张用总统所信任之人。

△　江苏都督程德全致函黄兴，力劝其速往北京联络北方军界。

6月22日　袁世凯与国务员会议西藏问题，议定达赖喇嘛仍为全藏教主，仍其名号，以调和藏人等四项解决办法。

△　孙中山同《民立报》记者谈话，表示期以10年完成全国铁路事业。

6月23日　上海各界举行欢迎孙中山、黄兴大会。孙中山因事未出席，请黄兴代表。黄即席答词称：“以今日之现象观之，非政见相争，实以党名相争，前途非常危险。”

△　同盟会在京开全体职员会，决定第二任内阁应为纯粹政党内阁，若仍为混合内阁，本党决不加入。

△　共和党在北京开会，决定阁制应为超然总理，混合内阁；如由纯粹政党组织，本党暂不出席参议院表决。

△　中国社会党与中华民国工党在上海发表联合宣言，决定切实联合，一致进行。两党事务所可自由归并。社会党党员与工业有关者，得同时为工党党员；工党党员了解且信从社会主义者，得同时为社会党党员。两党对外交涉，并力行之。

6月24日 十三世达赖喇嘛吐布丹甲错在驻印英军武装庇护下，自噶伦堡启程返藏。

△ 财政总长熊希龄与六国银行团代表谈判大借款，熊以对方条件苛刻，即日停议。

6月25日 袁世凯因近来有人以拿破仑第一之故事捏造讹言，通电全国辨明谣诼，重申“永远不使君主政体再见于中国”；凡我国民“万不宜轻听悠悠之口，徒为扰乱之阶。若乃不逞之徒意存破坏，借端煽惑，不顾大局，则世凯亦惟有从国民之公意，与天下共弃之”。

△ 孙中山对《民立报》记者谈振兴中国问题，指出：“国家之贫富，可以铁道之多少定之”，并提出修筑全国铁路之计划，其中干路分三条：一、南路：起于南海，由粤、桂、黔，走滇、川间，通入西藏，绕至天山之南；二、中路：起于扬子江口，由苏、皖，而豫、陕、甘，越新疆而达于伊犁；三、北路：起于秦皇岛，绕辽、蒙、外蒙，达于乌梁海。

△ 财政部电黎元洪及各省都督，催缴自上年阴历八月起截至本年阳历6月止，各该省应解外债赔款数目(全国共为一千七八百万两)。

△ 同盟会陕西分会改为陕西支部，举井勿幕为支部长，张凤翙为副支部长。

6月26日 袁世凯公布《国务院官制》，凡12条。

△ 黎元洪向德商捷成洋行借银300万两，用于湖北官钱局资金及购置采矿机械。

6月27日 袁世凯令准唐绍仪辞国务总理职。

△ 袁世凯令准施肇基辞交通总长职，任命海军总长刘冠雄代理交通总长。

△ 同盟会驻沪机关部电北京本部，倡议组织完全政党内阁。“无论何党，惟须得国民多数之信用，吾党均宜赞成之”。并声明如共和党愿出组阁，同人拟代推荐黎元洪为总统。

6月28日 袁世凯命梁士诒邀请参议院正、副议长吴景濂、汤化龙到府，说明拟以陆徵祥继任总理，征求同意，并嘱其疏通各党，免致分歧。吴、汤均无反对意见。

△ 中国同盟会本部开临时全体职员大会，议决会员决不参加混合内阁，纯然居于在野党监督地位。

△ 湖北襄阳民军司令张国荃拥兵独立。黎元洪派兵征讨，张逃郧阳。

6月29日 临时参议院举行特别大会，袁世凯派梁士诒出席报告，拟任命外交总长陆徵祥为国务总理。经投票获半数以上通过。

△ 袁世凯特任陆徵祥为国务总理。

△ 袁世凯令准工商总长陈其美辞职；司法总长王宠惠、教育总长蔡元培、农林总长宋教仁、署工商总长王正廷，均予挽留。

6月30日 袁世凯通令禁止勒派国民捐。

△ 中国同盟会上海支部开夏季常会，黄兴代表孙中山莅会发表政见，阐述民生主义，略称："民生主义，孙先生曾屡次演说，惟外间尚未明晰。……民生主义繁博广大，而要之则平均地权。反而言之，即是土地国有。"

△ 袁世凯任命那彦图署乌里雅苏台将军兼办理图什业图、车臣两部事宜。

7 月

7月1日 袁世凯令准孙毓筠辞安徽都督职，遗缺以柏文蔚继任。

△ 中国同盟会本部通电宣布政见：绝对主张政党内阁，本会会员不得自由加入陆徵祥超然内阁。

△ 孙中山复函陈其美，表示我国必须加强军备，方能避免强邻"吞食"，保障国家独立。

△ 陈其美等在上海组织中华国民共进会，以"交换智识，增进道德，维持国内和平，振兴各项实业"为宗旨，是日开成立大会。

△ 四川临时省议会开幕，选举骆成骧为议长，邓孝可、胡骏为副

议长。

7月2日 蔡锷电袁世凯、国务院，提出两项任用地方官吏主张：一、自知县以上宜由任用，不宜推选；二、可用本省人，而不宜用本属人。

7月3日 袁世凯令准国务院秘书长魏宸组辞职，以王广圻继任。

7月4日 芜湖驻军两营因欠饷于凌晨兵变，抢劫铺店27家及军械库，天明即渡江逃散。

7月5日 《民立报》主笔兼江苏都督府顾问章士钊在该报发表《政党组织案》，主张将国内现有政党（包括同盟会）一律解散，然后在一定时间内各抒政见，根据不同政见分为两党，出而竞选，得多数拥护者，管理国家。此系轰动一时之"毁党造党说"。嗣后引起争论多日始息。

△ 袁世凯任命倪嗣冲办理河南边界善后事宜。21日令准倪嗣冲辞河南布政使职。

△ 江西都督李烈钧电告国务院，改赣省铁路公司为江西南浔铁路有限公司，并由铁路总监彭程万、名誉总监陈三立到沪与日商兴业株式会社借500万日元，以铁路机器材料作押，合约不日签押交款。

△ 川省边军统领顾占文率兵收复里塘。

7月6日 北京《国光新闻》报经理、同盟会会员田桐等至共和党机关报国民公报社，责问该社总理徐佛苏讥评同盟会及指南京临时政府为假政府，并呈请警察厅予以取缔。

7月7日 外交总长陆徵祥电美国国务卿诺克斯请承认中华民国政府。未得复。

△ 上海制造工人同盟开成立大会，到会员800余人，来宾500余人，举俞惠民为会长。

7月8日 江西南浔铁路总监彭程万等与日本东亚兴业株式会社社长古市公威等在上海签订南浔铁路第一次借款500万日元合同。

△ 袁世凯令甘肃布政使彭英甲调京。

△ 上海《民立报》发表谭人凤所写之粤汉路事说帖，主张铁路国有，并列举国有政策合于世界趋势之理由七端。

△　驻洛阳防营军因陕西民军第二镇统制张钫率队抵洛，恐遭遣散，当夜哗变，肆行抢劫。嗣经协统周符麟调兵镇压，次晚平息。

△　英、美、德、法、日、俄六国银行团代表再就善后借款问题向北京政府提出七项条件，其要旨为：指定借款用途并监督使用范围；由六国设立特别机构监督盐税；在善后借款债券未发行前，中国不得与六国银行团之外银行借款。财政总长熊希龄仍以借款条件过苛，并遭各方反对而拒绝磋商。

△　俄外交大臣沙佐诺夫与日驻俄大使本野一郎在彼得堡正式签订第三次《日俄密约》，再次划分两国在内蒙及东三省西部之势力范围。

7月9日　袁世凯通令劝告各政党蠲除成见，勿启党争，互相提携，同扶大局。

△　英、法、德、美、俄、日六国公使会见财政总长熊希龄议借款事。熊商先借1000万英镑，因六公使坚持监督条件，无结果。

7月10日　教育部在京召开第一次中央教育会议，教育总长蔡元培主持。议决重订学制，制定“学校系统表”，并在武昌、南京、广州各设大学一所。8月10日闭会。

△　四川总督、征藏总司令尹昌衡奉袁世凯命，率川滇军2500人自成都出发西征。

7月11日　津浦铁路督办朱启钤与柏林德华银行代表柯达士签订津浦铁路临时垫款合同，款额四万英镑。

7月12日　袁世凯分别任命黎元洪、谭延闿、孙道仁、蒋尊簋、李烈钧、尹昌衡、张凤翙、胡汉民、陆荣廷、蔡锷为鄂、湘、闽、浙、赣、川、陕、粤、桂、滇10省都督。同日又以尹昌衡出差查办边事，仍着胡景伊护理川督。

△　袁世凯任命张培爵为四川民政长。

△　袁世凯通令各省遵守从前与各国所订条约，勿得稍有违犯。

△　袁世凯通令各省行政长官及省议会共体时艰，互相提挈。

△　宋教仁在《民立报》发表致北京、上海《亚细亚日报》、《北京时

报》等报公开信,就报界称其自谋为总理,排斥唐绍仪出走等事辩诬,并表明本身立场:“窃谓今日党争之法只宜以政见为标准,即有人欲组织内阁,只问其政见之宜不宜,不当问其人之属于何党。鄙人无似,实不敢有此希冀,目下之计,只欲闭户读书,以预备将来,何必如是咄咄逼人耶?”

7月13日 驻美代表施肇基电告外交部,美政府改订待遇华工新律,规定华工来美,概不禁制;此后在美作工华人,照别国同一待遇。

7月14日 袁世凯令准熊希龄、王宠惠、蔡元培、宋教仁、王正廷辞财政、司法、教育、农林、署工商总长职;任命内务总长赵秉钧代理财政总长。16日,袁世凯令教育、司法、农林、工商各部部务着各该部次长暂行代理。

△ 袁世凯为拉拢同盟会组织混合内阁,拟以同盟会会员胡瑛、沈秉堃、孙毓筠分任教育、农林、工商总长。是日,同盟会开全体职员会,决定胡、沈、孙均不加入内阁,以为抵制。

△ 黎元洪在武昌组织东亚大同社,是日发表成立宣言,并派员赴上海设立该社交通部。旋该社上海支部改组为大公社,举黄兴为总社长。

△ 步军统领乌珍病逝。是日,袁世凯任命江朝宗署理。

△ 袁世凯令准西宁办事大臣庆恕辞职,以西宁镇总兵马福祥兼署,改称青海办事长官。

△ 陆徵祥派外交次长颜惠庆与俄公使库朋斯齐磋商取消外蒙独立事,俄使提出外蒙与俄所订条约皆作有效等四项条件。

7月15日 列宁在《涅瓦明星报》第十七号发表《中国的民主主义和民粹主义》一文,高度评价孙中山民主主义纲领,提出:“孙中山纲领的每一行都渗透了战斗的、真诚的民主主义。……这是带有建立共和制度要求的完整的民主主义。”

7月16日 中国同盟会本部召开全体职员会,讨论改组问题。宋教仁等提出之改组同盟会案遭到强烈反对。多数会员认为现值各党竞争激烈之时，同盟会改名“其危险有不堪设想者”。宋之提案未获通过。

△ 袁世凯任命靳云鹏为陆军第五镇统制，并会办山东军务。

△ 西藏达赖喇嘛致袁世凯电称，不愿涂炭生灵，乞停战议和。

7月17日 袁世凯令改东三省都督为奉天都督，毋庸兼辖吉林、黑龙江两省。

△ 中华民国铁道协会举孙中山、黄兴为正、副会长。

7月18日 袁世凯公布《各部官制通则》，凡20条。

△ 陆徵祥出席临时参议院会议，宣布政见，并将阁员补充名单提请表决。议员以陆出言无状，全院大哗，阁员名单未付表决。次日，临时参议院表决陆徵祥内阁阁员六人名单：财政总长周自齐，司法总长章宗祥，教育总长孙毓筠，农林总长沈秉堃，交通总长胡惟德。因未得半数同意票，全部被否决。陆即称病不出。

7月19日 立宪党人张君劢、吴贯因、梁文卿等，月初以来接连函促梁启超归国。是日，梁文卿函中有云：“内阁新组，无论何人为总理，皆短命者也。彼一短命，此一短命，待人视组阁为畏途，或知其难时，吾党再取而代之，易于反掌。”

7月20日 参议院否决六总长后，共和党于19日发电指责中国同盟会及统一共和党“欲陷国家于无政府”，是日，中国同盟会通电辨正事实真相，指出共和党煽动党争，嫁衅他人。

△ 美政府电示驻英、法、日、德、俄、意各国美使，立即照会各驻在国政府，鉴于目前北京政府已能有效行使职权，美国认为应按照国际法予以正式承认。

7月21日 袁世凯邀参议院77人至总统府开茶会，协商内阁问题，要求各议员与政府同心协力，维持大局。副议长汤化龙表示政府如能确定方针，参议院当可勉予同意。

△ 中国同盟会本部举行夏季会员大会，出席会员500余人。代理总干事魏宸组报告并就改组问题提请公决，多数会员仍不表同意。次改选总务、财政、政事三部主任干事，宋教仁、孙毓筠、张耀曾分别

当选。

△　统一共和党开会讨论内阁问题，议决先让共和党组阁，共和党若不同意，则由同盟会任之。

△　共和建设讨论会通电宣布陆徵祥如去位，该党主张：一、新总理论人不论党；二、总理既定，所提各总长概予同意；三、认现在情形，议员必不可入阁。

△　陕西都督张凤翙接陆军总长段祺瑞密电称，舒景福、王耀武勾串宗社党，于阴历五月二十八日（7 月 12 日）到陕甘活动，图谋不轨，除致电甘肃都督赵惟熙查拿外，着陕西严加查缉。次日，张派卫队将舒等四人拿获，搜出宗社党简章多件，当将四人处决。

7 月 22 日　袁世凯将参议院否决六总长情况通电各省，宣布不准陆徵祥去职，仍主组人才内阁。

△　中华民国铁道协会在上海开会欢迎孙中山、黄兴。孙中山出席发表演说，申述“我国 10 年之内，必须有 50 万里铁道，方能立国”。

7 月 23 日　袁世凯向临时参议院咨送第二次补充阁员名单，请任命周学熙、许世英、范源濂、陈振先、朱启钤、蒋作宾为财政、司法、教育、农林、交通、工商各部总长，征求同意。

△　袁世凯令准浙江都督蒋尊簋辞职，遗缺以朱瑞继任。

7 月 24 日　北京各军界团体散发传单，指责参议院否决阁员名单，对投反对票之同盟会及统一共和党议员大肆恐吓，有谓“若再不牺牲党见者，将以炸弹从事”。次日，北京军警会议公所开特别会议，议决请袁世凯劝告参议院勿持私见，否则解散参议院。

△　国务院奉袁世凯令电各省都督遴选代表三人到京，以备咨询。

△　河南省议会电临时参议院，请消释党争，顾全大局，迅建政府。

△　章太炎自北京到武昌晤黎元洪，倡黎、袁合作。8 月 7 日，章致函江西统一党支部，称“以（黎、袁）二公左提右挈，中国当不致沦亡”。

7 月 25 日　毅军总统姜桂题、直隶提督马金叙、军政执法处总办陆建章、拱卫军翼长段芝贵与同盟会会员陈策宴请参议院议员及新闻记者，劝告各党各报蠲除党见，完成内阁。次日，北京军警界代表40余人赴国务院谒国务总理陆徵祥表示支持，要求陆千万不可去位。

7月26日 参议院在军警监视下屈服于袁世凯之压力，表决第二次陆徵祥内阁名单，除工商蒋作宾被否决外，财政周学熙、司法许世英、教育范源濂、农林陈振先、交通朱启钤五总长均获通过。袁世凯于当日发表五总长任命令。

△ 袁世凯任命章宗祥为大理院院长。

△ 孙中山复函上海中华银行董事局，允任总董。

7月27日 袁世凯令陆军、内务两部传谕禁止军警干预政治。

△ 参议员谷钟秀、刘彦以陆徵祥出席参院演说，出词鄙俗，不谈政见，所提国务员名单，杂奏成章，致涉纷更，军警干政，诿为不知，提出弹劾国务总理失职案，因不足法定人数未能开议。

△ 河南省议会开会，突有刺客二人闯入议厅开枪射击，议员八人受伤。次日，国务院电示署河南都督张镇芳详查严办。

7月29日 袁世凯颁布《勋章令》，凡八章17条，规定勋章等级有大勋章及一至九等嘉禾章；分给资格为有勋劳于国家者及有功绩于学问及事业者。

△ 袁世凯任命姚锡光为蒙藏事务局副总裁并暂兼署总裁。

△ 袁世凯任命赵均腾为贵州宣慰使。

7月30日 孙中山在上海视察中华银行，并召开会议，议定中华银行改为完全商办，扩大召股，在各埠设分行。

△ 经廓尔喀驻藏代表调停，西藏地方军与钟颖部队实行停战，并商定：北京政府驻藏官吏仍留拉萨，驻藏兵员除少数卫队外，余均交出枪械，撤归内地。

△ 日本明治天皇睦仁病逝。次日，外交部照会驻京日公使，中国政府将为明治天皇举哀27日。

7月31日 沪军都督府撤销，由江苏都督程德全接收。

△ 袁世凯任命王祖同为河南布政使。

△　烟台都督府撤销，山东都督胡瑛解职。

△　福州《群报》因“揭载当局之短”，被福建都督孙道仁以“扰乱治安”罪名查封。主笔苏鉴亭被捕。

是月　福建都督孙道仁与美孚石油公司签订借款 30 万元合同，用于发放所欠军饷。

8　月

8 月 1 日　中国银行在北京开幕，原为大清银行，资本 3000 万元。

△　袁世凯聘伦敦《泰晤士报》前驻北京记者、英人莫理循为中华民国政治顾问。

△　驻浦口第一军第一师步一团第二队士兵因欠饷哗变，抢劫扣存饷银及商铺多家，旋即逃散。同日，驻滁州第四团两连士兵亦因欠饷哗变，抢劫该团枪械并焚掠商店，旋即逃散。

8 月 2 日　袁世凯任命刘揆一为工商总长。

△　袁世凯公布教育部官制。8 日公布修正内务、农林、工商三部官制。19 日公布交通部官制。

△　孙中山、黄兴联名电告袁世凯，拟缓数日即偕同北上。

8 月 4 日　中国邮政会在北京举行第一次会议，举梁士诒为会长。该会宗旨在收回中国邮政权，由国人自行管理。

8 月 5 日　中国同盟会与统一共和党、国民公党会商合并，定名为国民党，确定政纲五条，孙中山、黄兴、岑春煊、蔡锷、吴景濂、张凤翙、宋教仁七人为理事。

△　袁世凯任命徐鼐霖为黑龙江民政使。

△　驻武昌第一镇二协三标兵士因不满协统强行裁汰，是日抢夺军械房枪支弹药，相率哗变。黎元洪闻讯，派兵包围变兵，变兵陆续回营，乃告平息。

8 月 6 日　袁世凯接驻英代表刘玉麟密电报告，各国在伦敦会议处分中国问题结果，暂不承认中华民国；中国借款或购买军火须严加限制。

8月7日 中国同盟会与统一共和党、国民公党代表开会，就党名、党纲达成最后协议，推宋教仁、张耀曾和国民公党代表杨南生起草宣言。同日，在京之国民共进会和共和实进会亦派代表与会，同意加入合并。

△ 上海同盟会、社会党、自由党、东亚大同社等团体，以盛宣怀将招商局船产卖与日商，是日与9日召开维持招商局救急大会。

8月8日 袁世凯公布勋位令，凡八条，规定凡民国人民，有勋劳于国家或社会者，授与勋位。勋位分为大勋位及勋一至勋五位。

△ 袁世凯令陆军第二十镇统制官潘矩楹开缺来京，另候任用；任命卢永祥为陆军第二十镇统制官。

△ 袁世凯任命吕公望为浙江第六师师长，仍兼充第十一旅旅长。

△ 国务院致电各省都督，嗣后商办铁路借用外款统由中央负责，各省不得“自由行动”。

△ 黎元洪借口汉口《大江报》鼓吹无政府主义，“图谋不轨”，派兵将该报查封；次日并通电缉拿该报主笔何海鸣、编辑凌大同。

8月9日 袁世凯任命吴庆桐充陆军第二混成协统领官。

8月10日 袁世凯公布《中华民国国会组织法》，凡22条，其中规定民国议会由参议院与众议院组成。同日并公布《参议院议员选举法》、《众议院议员选举法》。

△ 袁世凯饬外交部照会各国公使，声明自蒙古独立以后与各国所订条约合同，中国概不承认。

△ 中国同盟会开会讨论与他党合并事。总务部主任干事宋教仁报告孙中山、黄兴来电提议改组与统一共和党、国民公党、国民共进会合并为国民党，并说明与该三党交涉经过及合并之必要。结果大多数赞成合并，公推张继等三人为合并交涉委员。

△ 武昌首义功臣、总统府军事顾问张振武为筹划边事，应袁世凯

电召偕湖北将校团团长方维等人自武昌到北京。次日，黎元洪密电袁世凯，诬陷张振武“蛊惑军士，勾结土匪，破坏共和，图谋不轨”，请“立予正法”，并诬指方维系属“同恶相济”，要求“一并处决”。

8月11日 中国同盟会与统一共和党、国民公党、国民共进会、共和实进会在京举行合并筹备会。举宋教仁为临时主席。到会各党派代表均赞同合并，议决发表宣言，并决定内部组织机构。

△ 江苏都督程德全与日商台湾银行签订借款20万日元合同。

8月12日 司法部公布《暂行新刑律施行细则》，凡10条。

△ 云南都督、统一共和党总干事蔡锷以内阁瓦解，改组綦难，实因政党为之厉阶，是日通电历数政党之弊端，主张解散政党，并自行宣告脱党。

△ 汉冶萍公司在上海召开特别股东大会，议决请政府将该公司收归国有。

8月13日 中国同盟会、统一共和党、国民公党、国民共进会、共和实进会联合发表《国民党宣言》，宣布合并为国民党。

△ 中国同盟会本部在京开会，选举筹办国民党事务所干事，宋教仁等16人为筹备员，女会员唐群英、沈佩贞等声言反对与他党合并，并因不满纲领中删去男女平权一条，殴打会议主席宋教仁。

△ 北京政府外交部电示驻英、日、俄三国临时外交代表，向各驻在国政府声明中国对满、蒙、藏之主权五事，其要旨为：“满蒙各地为中国完全领土，凡有关满蒙各地之条约，未经民国承认，不得私订”；“民国对于满蒙各地，有自由行动之主权，外人不得干预。”“现蒙藏反民国，是为国际法所不许，外人不得为其主使者。”

8月14日 孙中山、黄兴联名通电中国同盟会海内外各支部，宣布赞成中国同盟会改组为国民党及所订之纲领，并说各党彼此所提条件“与本会宗旨毫不相背，又得此多数政团同心协力，将吾党素所怀抱者见诸实行，此非独同人之幸，亦民国前途之福”，请各支部务求同意。同日，同盟会本部亦电请各支部予以赞同。

△ 孙中山致函宋教仁，表示“欲舍政事而专心致志于铁路之建筑，于10年之中，筑20万里之线，纵横于五大部之间”，并告“拟先来北京一行，以觇人心之趋向”。

△ 外交部电驻各国代表及照会各国驻京公使，声明满、蒙、藏为中国领土，各国私订条约均无效。

8月15日 袁世凯令准潘震辞新疆布政使。

△ 驻安庆第一旅第三营左队因欠饷哗变，该旅闻讯，派队驰往解散。

8月16日 袁世凯应黎元洪电请，下令枪毙应召来京之张振武，造成轰动全国之“张振武案”。先是，15日夜，张振武在六国饭店宴请姜桂题、段芝贵等北方将校，10时左右，张振武返寓途经正阳门，被段芝贵指挥之军警截获，绑赴京畿军政执法处。是日凌晨1时，在执法处枪毙。是夜，方维在旅馆被捕后，亦解往城外杀害。

△ 黎元洪通电宣布张振武罪状，除重弹11日致袁密电诬陷张、方之词外，并称此次张振武赴京“显露逆谋，图翻全局……万不获已，只得电请大总统将张振武并同恶共济之方维，严饬查拿，按军法惩办”。

△ 参议院鄂参议员邓玉麟、刘成禺、郑万瞻、罗虔等为张振武被枪杀事致函质问黎元洪：“何以阳托劝导之名，阴行杀戮之谋？”

△ 藏兵再陷里塘。18日陷巴塘。

8月17日 袁世凯任命施愚为筹备国会事务局委员长。

△ 国务院致电各省，关于军民分治问题，决定在过渡之始，各省都督、省尹得互相兼任；都督兼省尹，则于下设民事长；省尹兼都督，则于下设军事长。

△ 英公使朱尔典为西藏问题照会外交部提出无理“抗议”，干预我国内政，声称：中国不得干涉西藏内政，并不得改设行省；中国不得派无限制之军队驻藏；中国军队擅自断绝印藏交通，此事应由中国负责；英现认定中国对西藏有宗主权，应要求中国缔结新约；并称如中国不承认英之要求条件，英国绝不承认民国新政府。

8 月 18 日 黄兴电袁世凯，张振武枪毙未见司法裁判，请明白宣布罪状，以释群惑，并告推迟北上行期。次日，袁世凯电复黄兴称，张振武案因黎元洪电请，自应即予照办，至原案颠末已电黎明白宣布，仍请即日启行。

△ 上海《民立报》发表《论张振武被杀事》社论，指出张振武以莫须有之罪名被非法枪杀，黎氏假刀于袁氏，互相利用，锄灭有功之人，实令吾民寒心。

△ 孙中山应袁世凯电邀自上海启程赴北京。

8 月 19 日 参议院开会，议员张伯烈等 20 人提出质问政府枪杀张振武案，议决咨行袁世凯，请国务员于次日答复，如不能满意，将提出弹劾案。

△ 黎元洪通电加张振武令方维"分设机关，密谋起事"等十大罪状，诡称："鄂中亲故多碍情面，虽稔逆谋难予显戮，一击不中，大局遂危，倘非请由中央明正国典，何以昭示天下？"

△ 袁世凯公布陆军官制表。军官仍采用三等九级制，上等为将官，中等为校官，初等为尉官，每等分上中少三级；军队名称：军、师（即镇）、旅（即协）、团（即标）、营、连（即队）、排。

△ 沙俄策动内蒙哲里木盟科尔沁右翼前旗三札萨克多罗扎萨克图郡王乌泰叛变，分三路进攻奉天省洮南府，并发表"东蒙古独立宣言"，宣称："今库伦皇帝派员劝导加盟，并由俄国供给武器弹药给以援助，故宣告独立，同中国断绝关系。"镇国公旗旋亦附逆，攻陷镇东，后为奉军统领吴俊陞部击溃，乌泰逃往库伦。

8 月 20 日 袁世凯咨复参议院称，张振武案已电达黎元洪，候其电复，再行答复。参议院是日开会决定再咨袁世凯饬陆徵祥、段祺瑞于次日上午出席答复。

△ 王芝祥、蔡元培、吴稚晖等 17 人组织法律维持会，讨论袁、黎违法枪杀张振武案，决定电参议院严重诘问。

△ 袁世凯以国务总理陆徵祥因病请假五日，任命内务总长赵秉

钧代理国务总理。

△ 蒙兵侵袭奉天省洮南府。同日攻陷科布多。

8 月 21 日 临时参议院开会，袁世凯派法制局局长施愚到院，会中未准其发言，由各党议员自行集会商谈弹劾政府案，议论纷云，无结果而散。

△ 袁世凯为张振武案邀湖北议员刘成禺、张伯烈、郑万瞻等至总统府谈话，要求刘等在议会疏通，和平解决。

△ 黎元洪通电再加张振武十四大罪状，又以全国“函电纷驰，诘难群起”，被迫承认“杀非其地，杀非其道”，诡称纵诸公不加谴责，亦“愧悔难容”。表示对张振武当优加抚恤，“俟灵柩到鄂，元洪当亲往奠祭，开会追悼，以安哀魂”。

△ 中国同盟会本部为张振武案决定革去黎元洪协理，并予除名。

△ 袁世凯通令各地方行政长官按照法定程序认真监督国会议员选举事宜。

△ 袁世凯公布《蒙古待遇条例》，规定嗣后内外蒙古不以藩属待遇，应与内地一律；各蒙古王公原有之管辖治理权及在本旗所享特权概仍其旧，名号世爵相承不替；内外蒙古对外交涉及边防事务统归中央政府办理。

△ 孙中山抵烟台，在烟台商会午宴发表讲话，指出“欲商业兴旺，必从制造业下手”，称赞张振勋创造张裕公司，“以一人之力，即能成此伟业，可谓中国制造业之进步”。旋参观张裕酿酒公司。

8 月 22 日 临时参议院为张振武案开谈话会，继续讨论弹劾案。表决结果，多数赞成弹劾陆徵祥、段祺瑞。

△ 英公使朱尔典为防张振武案影响使馆区安全，邀各国公使商定增加戍队保护使馆，并拟界内戒严。

△ 山西浮山县洪汉军（哥老会）首领陈采彰领导农民起事，攻入县城，开仓济贫，打击附近地主劣绅，知事段田逃走，卸任知事张雝被杀，平阴镇守使张煌、潞泽辽沁镇守使杨芳圃先后来攻，陈率部在山区活动。

8 月 23 日 临时参议院开会，陆军总长段祺瑞出席答复张振武案。议员质问为何不经审判秘密杀人？段无以应。

△ 下午 5 时，孙中山乘“安平”轮抵天津，受都督张金波及各界热烈欢迎。对记者谈称：“余之来意尤在振兴实业，但振兴实业，必自修造铁路入手。”至资金筹划，主张“大借外债兴办”。

△ 鄂军界黎天才等通电宣布张振武罪状，警告参议院议员“不得为罪人辩护”。

8 月 24 日 孙中山抵北京，受到政府官员及民众万余人热烈欢迎。

△ 夜，孙中山往总统府访袁世凯。袁设宴款待，并作长时间谈话，以时事日非，向孙求教。孙中山认为挽救之术，惟有兴办实业，赶筑全国铁路，望袁力为赞助，早日观成。

△ 袁世凯任命罗文幹为总检察厅检察长。

△ 参议院开会，弹劾政府案因不足定额人数，未能成立。

△ 直隶通州姜桂题部毅军因传闻强迫剪辫哗变，大肆纵火抢劫。

8 月 25 日 国民党在北京开成立大会，通过国民党名称及规约，选举孙中山、黄兴、宋教仁、王宠惠、王人文、王芝祥、吴景濂、张凤翙、贡桑诺尔布九人为理事，胡瑛、张继、于右任、胡汉民、唐绍仪等 29 人为参议，魏宸组、殷汝骊等 12 人分任总务、政事、文书、交涉、会计各部主任干事及政务部研究委员会主任干事，居正、蒋翊武分任沪、汉交通部部长，张继、阎锡山分任燕、晋支部部长，马醴馨、王伯群分任美洲、东京支部长。

△ 下午 3 时，孙中山出席国民党成立大会，发表演说称：“合五大政党为一国民党，势力甚为伟大，以之促进民国政治之进行，当有莫大之效果。”

△ 中国同盟会本部开会欢迎孙中山。孙中山致词勖勉同盟会对会外人一视同仁，互相亲爱，以巩固中华民国。

△ 黎元洪自承张振武案失察铸成错误，通电请罪。

8月26日 袁世凯回访孙中山作第二次谈话。双方谈及欧美各国政治学术之本原及国内财政、外交情形。

△ 国务总理陆徵祥扶病谒孙中山，请示巩固民国之手续。孙谓：巩固民国，不外整顿内政及联络外交。能维持现状，实践约法，即为现时整顿内政之要着。至联络外交一项，最要之问题，即系承认民国。

△ 云南派兵协征西藏，是日滇军收复川边特别行政区盐井。

8月27日 袁世凯再访孙中山作第三次谈话，讨论蒙、藏问题。袁近因蒙、藏宣告独立，岌岌可危，应否以兵力对付，特请问于孙中山。孙谓："此次蒙、藏离叛，达赖活佛实为祸首。若能广收人心，施以恩泽，一面以外交立国，倘徒以兵力从事蒙、藏，人民愚昧无知，势必反激其外向，牵连外交，前途益危，而事愈棘手矣。"袁氏韪之。

△ 参议员刘星楠等六人为张振武等案向临时参议院提出咨请政府查办黎元洪案。略谓："乃黎元洪任意行使其参谋总长之权力，竟以就地正法四字，为其杀人之惯例，是显然为破坏约法，背叛民国之元恶大憝；凡属国民，人人得而诛之。为此遵照约法提议，咨请政府严行查办，以维法律，而巩固民国之前途，即俟公决。"以弹劾案未成立，决定缓议。

△ 黄兴以北方谣传张振武案与其有关，电袁世凯彻底查办。孙中山北上自天津电沪上黄兴，谓闻总统府一秘书言，曾在张振武被执时，搜出一致黄兴书，提及暗杀黎元洪事业已布置就绪。又见沪报载《文汇报》北京电云，张振武谋第二次革命，黄兴实与同谋等语。是日，黄兴电袁世凯，务请彻底查办。越二日，袁世凯电复黄兴并各报馆代为辟谣。指出，此系幸灾乐祸之徒，凭空捏造，诬蔑英豪，损人名誉，淆惑是非，应嘱亟为更正，而破谗构之诡谋。

8月28日 袁世凯盛宴孙中山。席间，袁对孙中山备极推崇，说"中山先生提倡革命，先后历二十余年，含辛茹苦，百折不回，诚为民国第一首功"。"此次来京，实为南北统一之一绝大关键，亦为民国前途安危之所系"，并高呼"中山先生万岁"。孙中山致答词，主张练兵百万，振兴实业、教育,与列强各文明国并驾齐驱。词毕亦举杯高呼“袁大总统万岁”。

△ 袁世凯与孙中山作第四次谈话,袁就内阁问题问计于孙中山。孙中山表示政党内阁抑超然内阁,请袁裁夺。

△ 孙中山对《亚细亚日报》记者谈话,表示“第二期总统非袁公不可”。

△ 参议院开会,议员张伯烈、刘成禺、时功玖、郑万瞻等12人以张振武案陷袁世凯于违法地位,陆徵祥、段祺瑞应负其责,提出弹劾陆徵祥、段祺瑞案,出席议员不足法定人数,未能开议。

△ 交通总长朱启钤与英商华中铁路公司签订借款30万英镑合同。

8月29日 孙中山访晤袁世凯作第五次谈话,讨论内政、外交问题,袁请问整理蒙藏办法。孙中山谓:蒙古不欲取消独立者,西藏为之臂助也;为欲使蒙古取消独立,必先平西藏,以为取消库伦独立之预备。孙中山提出10年内袁世凯当为大总统,专练精兵500万,己则表示于10年之内筑路20万里。孙又谓迁都至武昌或南昌、开封。袁世凯请复游欧美接洽承认民国问题。

△ 孙中山出席国务院各总长宴会,席间议及张振武案,孙中山允任解释。

△ 孙中山电黄兴,告以“项城实陷于可悲之境遇,绝无可疑之余地”。促黄速来京一行,以实现南北统一。

△ 孙中山出席全国铁路协会欢迎会,发表演说指出:中国既贫且弱,欲谋富国之策,非扩充铁路不可。重申10年建筑20万里铁路之主张。

△ 孙中山出席广东公会欢迎会,发表演说,希望广东解决政治、经济、军队三大问题,谓广东“对于政治应求良美,对于经济应求活动,对于军队应求拣遣,保全地方治安,维持中央政府”。

△ 孙中山与日本《新支那》社之安藤及《朝日新闻》之神田晤谈,

主张北京迁都。同日又接见德文某报记者，亦谈及迁都事。

△　袁世凯令黑龙江民政使秋桐豫仍回提法使本任视事。

8月30日　袁世凯与孙中山进行第六次谈话，关于铁道、外交、实业、党派及集权、分权等问题，多有所探讨。

△　下午，孙中山出席北京学界欢迎会，发表演说，谓“学问为立国之本”。

△　驻英代表刘玉麟代表北京政府与英商克里斯浦公司签订借款1000万英镑合同。

△　天津《民意报》被袁世凯指为言论激烈，勒令停办。

8月31日　袁世凯与孙中山作第七次谈话，讨论西藏等问题。孙中山表示反对以兵力从事，主张速颁待遇西藏条例与加尹昌衡宣慰使衔入藏，宣布政府德意，令其自行取消独立。

△　参议院举行孙中山欢迎会。孙中山发表演说，力主迁都，以防外人束缚手足。

△　袁世凯任命廉兴为青海办事长官。

△　奉天都督赵尔巽电告政府，日俄在东省驻军已逾约章规定数额，俄兵三镇，日兵3.5万余，屡次与两领事交涉无效，请即与两公使严重交涉。

9　月

9月1日　孙中山访袁世凯作第八次谈话，孙中山提出借巨款筑铁路计划，袁甚韪其说。

△　孙中山出席蒋翊武等欢迎晚会，演说铁道计划，指出：“凡世界所有者，我们还要求精；世界所无者，我们为其创。”

△　孙中山出席北京军警界欢迎大会，演说军警界之责任，指出：“我国共和制度尚在幼稚时代，我军警界同胞只宜扶持之、保护之，决不宜鞭笞之、摧残之。”

△ 孙中山出席蒙藏统一政治改良会之欢迎会，发表演说指出，今我共和成立，凡属蒙、藏、青海、回疆同胞，皆得为共和国之主人翁，吾应力为劝导，俾了解共和之真理，与吾内地同胞一致进行。

△ 驻藏办事官钟颖电政府，达赖喇嘛派堪布二员前来议和，提出恢复达赖教权、加崇封号、西藏不得改设行省及撤退征藏兵队等五项条件。

△ 统一党开全体大会，讨论总理章太炎宣告脱党，并将该党员名册送交共和党独断合并之事，议决听其脱党，另举王赓(揖唐)、王印川、汤化龙、张弧、朱清华为总理，并推岑春煊等九人为名誉理事。

9月2日 袁世凯与孙中山作第九次谈话，协议约黎元洪、黄兴共同发起救国社，以化除党争，共扶危局。

△ 孙中山出席北京报界欢迎会，发表演说指出，修筑铁路实为目前惟一之急务，民国之生死存亡系于此举；重申募集外资60亿，10年内筑路20万里。

△ 国民党理事七人互选孙中山为理事长。孙中山旋即委托宋教仁代理。

△ 教育部公布教育宗旨："注重道德教育，以实利教育及军国民教育辅之，更以美感教育完成其道德。"

9月3日 孙中山往访袁世凯，作第十次谈话。孙力主迁都开封，袁表示此着为事实上所万不能行。

△ 孙中山访四国银行团，表示："鄙人此次北来，实欲与列邦诸友共相携手，以联中外之好，并愿贵国银行诸君，有以扶助之。"

△ 教育部公布《学校系统表》，规定小学四年，高小三年，中学四年，大学预科三年，本科三年或四年。是为"壬子学制"。

△ 川军西征军收复里塘。

9月4日 袁世凯访孙中山，作第十一次谈话，就财政困难与借债问题，请示善策。孙中山表示：公债、国民捐输入有限，而民力实已告竭，中国今日非借债万难立国，"故不当空言拒债，以自促灭亡"。"为今日计，宜令外交部开通商埠，工商部广开矿产，农林部伐采森林，交通部推广电路，尤在财政部开源节流，综挈大纲，次第发办，富强可期”。

△ 孙中山出席共和党欢迎会，发表演说指出，民生主义并非均贫富之主义，乃以国家之力，发达天然实利，防资本家之专制；为防止资本家专制之害，惟有提倡国家社会主义。

△ 袁世凯公布《省议会议员选举法》，凡七章 99 条。

△ 国务院布告，人民如有民刑诉讼，均应遵法起诉，无论何项行政机关，均不得侵越干涉。

△ 保定陆军军官学校学生组织征蒙决死军，举王天纵为总司令，并电请袁世凯及参议院召集军队，奋勇北上。

9 月 5 日 袁世凯以连接蒙古新疆警电，与孙中山作第十二次谈话，共商对策。

△ 孙中山举行茶会，招待国务员、参议院议员及各团体人士，演说外交问题，主张门户开放主义。略谓：“鄙人主张用外人办理工商事业，乃订立一定之期限，届期由我收赎，并非利权永远落于他人之手。……故今日欲救外交上之困难，惟有欢迎外资，一变向来闭关自守主义而为门户开放主义。”

△ 孙中山复电赵尔巽，告以因事不克赴东北之行。按：孙中山本拟往东三省游历考察，袁世凯以东省现正多故，竭力劝阻，故有“惟刻有张家口及太原之行，归尚无日，容订期再复”之复电。

△ 孙中山出席基督教等宗教团体欢迎会，发表演说称：“国家政治之进行，全赖宗教以辅助其所不及，盖宗教富于道德故也。”

9 月 6 日 孙中山自北京赴张家口视察京张铁路。7 日抵张家口、宣化，受到各界热烈欢迎，下午抵八达岭，登万里长城。

△ 黄兴离上海赴北京，陈其美同行。

9 月 7 日 袁世凯授黎元洪、黄兴、段祺瑞为上将。

△ 袁世凯任命许崇智为陆军第十四师师长。

△ 驻湖北沙市第七镇第二十五标第三营士兵因赎当殴伤店伙被

拘押,发生兵变,捣毁监狱,抢劫商店,旋即敉平。

9 月 8 日 袁世凯任命冯国璋为直隶都督,仍兼禁卫军军统;张锡銮改任东三省西边巡抚使。

△ 参议院议长吴景濂发起开北十省议员谈话会讨论蒙古事宜,促政府以和平方法直接解决蒙事,严词拒绝俄人调停。

△ 国务院会议就达赖喇嘛所提议和五项条件作出决定,其要旨为:恢复达赖教权可照允,惟不准其干政;西藏改建行省,达赖不得干涉;川军缓进,另派兵赴藏镇抚。

9 月 9 日 袁世凯特授孙中山筹划全国铁路全权。

△ 袁世凯任命贡桑诺尔布为蒙藏事务局总裁。

△ 张謇应袁世凯之召抵京,次日谒袁协商改良盐政办法。

9 月 10 日 黄兴赴京途中于 9 日抵天津。是日出席天津 18 团体欢迎会发表演说,指出:“中国前途全赖工商业之发达,而工商必以农林为前茅。兄弟此后愿随诸君从事实业,以巩固国家根本。”

9 月上旬 孙中山在北京迎宾馆与梁士诒谈话,孙谓:“中国以农立国,倘不能于农民自身求彻底解决,则革新匪易。欲求解决农民自身问题,非耕者有其田不可。”梁称:“项城(袁世凯)以为耕者有其田,系当然之事也。”

9 月 11 日 黄兴偕陈其美抵京。署国务总理、各国务员、议员及各界代表数千人到车站欢迎。下午 5 时,黄兴偕陈其美往总统府会见袁世凯。

△ 孙中山出席广东旅京同乡欢迎会,主海南设省。同日与广东同乡梁士诒等 36 人发起撰写《琼州改设行省理由书》,提出为巩固海防,开发天然富源等五项改省理由。

△ 孙中山访晤前清摄政王载沣,对其代表清政府和平交出政权表示慰勉,并望今后在五族共和基础上共跻富强。

△ 袁世凯任命张作霖为第二十七师师长,冯德麟为第二十八师师长。

9月12日 前清皇族开会欢迎孙中山、黄兴，并设宴款待。

△ 孙中山、黄兴由前清皇室世续陪同，游览清内宫与颐和园。

△ 浙江都督朱瑞通电宣告脱离共和党籍。

9月13日 贡桑诺尔布谒袁世凯陈述治蒙政策，主张先安抚内蒙，然后进图外蒙。至于用兵专以东三省协力为主。

9月14日 孙中山招待北京报界，论述修筑铁路之政策，提出借款办路及批给外人承包，其理由为："一，我无资本，利用外资；二、我无人才，利用外国人才；三、我无良好方法，利用外人方法。"

△ 黄兴出席京师报界欢迎会，发表演说主张中央集权，以图全国统一。

△ 黄兴访袁世凯陈述征蒙意见，主张由中央派精兵分前中后三队前往。

9月15日 孙中山举行茶话会招待参议院议员并发表演说，谈修筑铁路及实行地价税问题。关于修路问题，指出造路20万里，需款60万万，势非吸取外资不可。吸取外资之道，约分三种，即甲：借款自办；乙、华洋合股；丙、外人包办。甲说不可用，乙说恐难办到，丙说有利无弊。

△ 袁世凯任命谷如墉为山西民政长，原任周渤辞职照准。

△ 北京国民党本部开会欢迎孙中山、黄兴、贡桑诺尔布、陈其美。黄兴演说大政党与国家关系。

9月16日 袁世凯为孙中山举行饯别宴会，并作最后一次谈话。宴毕，袁世凯与孙中山、黄兴商榷内政方针，袁提交八条大纲进行会谈，孙、黄皆同意。

△ 袁世凯任命梁如浩为外交总长；刘镜人为驻俄公使。

△ 13国公使谒孙中山，对孙所言铁路政策表示称赞。

△ 署国务总理赵秉钧向临时参议院报告蒙藏问题，就蒙古所提三项要求及西藏所提四项要求提请研究磋商办法。财政总长周学熙报告伦敦1000万镑及银行团六亿两借款事。

△ 国民党理事会开茶话会，孙中山、黄兴、宋教仁等七理事出席，各部主任干事及该党议员列席，讨论对政府态度。决取稳健态度与袁世凯提携。国务总理人选以赵秉钧较为合宜，并举黄兴晤袁代达上述主张。

△ 宋教仁致书各报为同盟会改组国民党事辟谣，声明此次国民党之合并成立，全出于孙、黄二公之发意；孙、黄并无冲突，党内亦无内讧，切盼各党守政党道德，不再事无谓之猜忌与离间。

△ 黄兴出席旅京湖南同乡会欢迎会，发表演说，表示："兄弟继诸先烈后奔走革命，心实无他，破坏黑暗专制，跻我五族同胞于平等之地位而已。"

9 月 17 日 孙中山应阎锡山邀请离京赴山西游历考察，18 日抵太原。

9 月 18 日 参议院开会继续讨论蒙藏问题。赵秉钧、段祺瑞出席报告不主用兵，直接与蒙古活佛及西藏达赖办理。议决赞成政府所定政策。

△ 黄兴出席共和党欢迎会发表演说，表示决应张謇之请提倡实业。同日又在社会党欢迎会演说，指出我国此次革命乃是社会革命。

9 月 19 日 孙中山出席山西同盟会欢迎会，演说平均地权为民生主义第一件事；平均地权即按价收税，非为计口授田。

9 月 20 日 袁世凯通令申明以孝、悌、忠、信、礼、义、廉、耻八德为立国之本。

△ 国务院电西藏及科布多两办事长官，以英、俄对蒙藏已持干涉主义，决定暂不用兵。

△ 蒙藏交通公司在北京成立，举伍廷芳为总理，王人文、温宗尧为协理。

9 月 21 日 袁世凯招宴黄兴。席间，袁致词称，"时至今日我国非采用共和国体不足以巩固国基"。黄吁请各界"须出真实爱国之心以赞助大总统建设之伟业，使中华民国与各国立于平等之地位，维持世界之真正和平”。

△ 孙中山自山西抵石家庄，次日抵天津。

△ 陆军部公布《陆军军官学校条例》。该条例指定校址设于保定。“保定军官学校”由此得名。

9月22日 袁世凯令准国务总理陆徵祥辞职。

△ 熊希龄通电宣布伦敦1000万镑借款成立，首批50万镑业经交清。

△ 黄兴出席北京铁道协会欢迎会，发表演说主张实行孙中山的铁道政策。

△ 章士钊主编《独立周报》在上海创刊。章以“秋桐”笔名撰写发刊社论。

9月23日 汉冶萍煤铁矿有限公司股东代表袁思亮、杨廷栋、叶景葵三人将股东大会要求将该公司财产收归国有之决议递呈国务院。

9月24日 孙中山乘车离开天津前往唐山、开平、滦州、榆关等地考察。

△ 教育部通令各省，10月17日为孔子诞日，全国各校届时均举行纪念会。

△ 农林部公布《农会暂行规程》。

9月25日 袁世凯与孙中山、黄兴协定内政大纲八条，并经黎元洪电复赞同，是日袁世凯通电各省宣布。内容为：“一、立国取统一制度；二、主持是非善恶之真公道，以正民俗；三、暂时收束武备，先储备海陆军人才；四、开放门户，输入外资，兴办铁路矿山，建置钢铁工厂，以厚民生；五、提倡资助国民实业，先着手农林工商；六、军事、外交、财政、司法、交通，皆取中央集权主义，其余斟酌各省情形，兼采地方分权主义；七、迅速整理财政；八、竭力调和党见，维持秩序，为承认之根本。”

△ 袁世凯特任赵秉钧为国务总理。

△ 武昌南湖马队第一、二标暴动，炮击武昌城，激战数小时，旋即平息。

9月26日 袁世凯任命孔庚为山西陆军第一师师长。

△ 孙中山抵济南访问。次日在济南举行记者招待会,提出铁路批归外人承办,限年无偿收回之主张。

9月27日 民主党成立。该党系由共和建设讨论会汤化龙等发起,与国民协进会(范源濂领导)、共和统一党(孙洪伊领导)及共和促进会、共和俱进会、国民新政社六政党合并组成。

9月28日 袁世凯公布参议院议决国庆日纪念日案,规定10月10日为国庆日;1月1日及2月12日为纪念日。

△ 孙中山自济南抵青岛,视察胶济铁路,并在各界欢迎会上,重申修建铁路之计划。

9月29日 袁世凯通令各省都督、民政长,严禁秘密结社集会。

10 月

10月1日 袁世凯任命岑春煊为福建镇抚使。

△ 袁世凯令准北京大学校校长严复辞职,任命章士钊为北京大学校校长。章固辞不就。

10月2日 袁世凯公布省议会议员第一届选举日期及《省议会议员选举法实施细则》。

10月3日 国务总理赵秉钧向参议院宣布政见,对内政策采取维持现状主义,对外政策采取和平亲睦主义。

△ 孙中山自青岛抵上海。次日接见铁道协会人员,谈全国铁路进行事宜。

10月4日 袁世凯饯别黄兴,席间袁表示正式国会成立,举定新总统,将效法孙中山退为国民,惟此数月内深望能取消蒙古独立,消纳军队,庶几可以安心。

△ 黄兴举行叙别宴会,招待国务员、国民党议员、各部主任干事及报社记者,宣布经商请袁世凯赞同,全体国务员加入国民党,并谓本

党惟一宗旨在于扶助政府,深望诸同志同心协力,共济时艰,俾成强有力政府,各国早日承认。

10月5日 袁世凯任命赵理泰为陆军军官学校校长。

△ 黄兴偕陈其美离北京抵天津。黄、陈在津时与宋教仁同访唐绍仪商组阁事。唐劝宋组阁,宋仍请唐力荐黄出任总理,唐、陈均极赞成。

10月6日 孙中山在上海出席国民党选举大会,报告北上情况,略谓:"余在京与袁总统相晤谈,讨论国家大政策,亦颇入于精微。故余信袁之为人……不过,作事手腕稍涉于旧,盖办事不能全采新法。……嗣后国民党同志,当以全力赞助政府。"

△ 宋教仁答《民立报》记者关于内阁变局之问题,述及陆徵祥辞职至赵秉钧出任国务总理之经过,证实袁曾属意其组阁,因临时政府期内不能多所展布,及难以调和南北感情,故坚辞拒绝,并力荐黄兴担任内阁。

△ 袁世凯令准国务院秘书长王广圻辞职,以张国淦继任。

10月7日 孔教会在上海召开成立会。陈焕章等为发起人,宣布"以昌明孔教,救济社会为宗旨"。

△ 袁世凯下令革去内蒙哲里木盟科尔沁右翼前旗扎萨克多罗扎萨克图郡王乌泰郡王世爵,任命镇国公衔鹏束克署理。

10月8日 袁世凯通令各省妥慎办理众议员及各省议员选举。

△ 袁世凯通令各省行政长官不得追论反正以前罪状。

△ 袁世凯公布《外交部官制》,凡10条;30日公布《参谋本部官制》,凡10条。

△ 袁世凯以京师赌风日炽,令内务部重申赌禁。

△ 梁启超自日本返国抵天津。

10月9日 袁世凯发布国庆赠勋令,特授孙中山、黎元洪以大勋位;特授唐绍仪、伍廷芳、黄兴、程德全、段祺瑞、冯国璋以勋一位;给予赵秉钧一等嘉禾章。

△ 孙中山致书南洋同盟会同志，说明同盟会已改组为国民党，嘱即日改称为国民党南洋支部，并告以近承政府委任筹备全国铁道事务，一俟部署稍清，即将游历欧美，筹资开办。

△ 黄兴返抵南京。次日出席国民党南京支部欢迎大会，讲述革命历史，并推程德全为国民党南京支部长。

△ 工商部电请各省保护回籍华侨。

10月10日 全国各地举行中华民国成立周年庆典。此系中华民国第一个国庆节。袁世凯在北京阅兵。

△ 孙中山出席上海寰球中国学生会主办之武昌起义周年纪念会并发表演说，指出：民国虽成立，而今尚在危险时代，内乱未靖，外患频闻，“愿吾同胞，自今以后，亦须有冒险心、坚忍心，协力赞助政府，以造成地球上头等大国。”

△ 孙中山为上海英文《大陆报》撰稿，题为《中国之铁路计划与民生主义》。

△ 津浦铁路济南以北泺口黄河铁桥竣工，全长1244米。

10月11日 黄兴电复袁世凯，拒不接受“勋一位”。当晚由宁赴沪。

10月12日 袁世凯令准绥远城将军堃岫辞职，任命张绍曾署绥远城将军并督办垦务。

△ 国务院奉大总统令通电各省都督、民政长弭盗。

△ 孙中山在上海报界公会欢迎会上发表演说，指出悲观之心理为民国最危险之事，希望报界“将悲观之心理打除，生出一极大之希望，造成一进取之乐观，唤起国民勇猛真诚之志气，则于民国建设前途，实有莫大之利”。并主张实行门户开放政策，收回领事裁判权，使中国成为完全独立之国。

10月13日 社会党在上海《民立报》、《天铎报》刊登广告，宣布邀请孙中山于14—16日讲演社会主义。14日起孙中山应邀在社会党本部连续演讲三天。

△ 孙中山致函荷马李，称“此次北上是一次巨大的胜利”，“此次北上使南北双方取得了好多的谅解”。

10月14日 孙中山在社会党演讲《社会主义派别与批评》，听众1600余人。演说解释“社会”、“社会学”、“社会主义”之定义，分析社会主义之派别为：一、共产社会主义；二、集产社会主义；三、国家社会主义；四、无政府社会主义。指出：“厥后有德国马克斯者出，苦心孤诣，研究资本问题，垂三十年之久，著为《资本论》一书，发阐真理，不遗余力，而无条理之学说，遂成为有系统之学理，研究社会主义者咸知所本，不复专迎合一般粗浅激烈之言论矣。”

△ 孙中山电袁世凯，告以“筹划全国铁路机关急待成立，兹遵照前令，暂于上海设立中国铁路总公司，即日开办”。

△ 中国铁路总公司在上海成立，孙中山任总理。

10月15日 国民党参议员会在北京成立，通过议员会章程，选举谷钟秀等五人为总务干事。

△ 孙中山在社会党演讲社会主义，到2000余人。孙由社会主义说明经济学原理，由分配问题，提出英美各家之主张。

10月16日 袁世凯公布中央行政官官等法、官俸法。官等法规定除特任官外，分为九等，第一、第二等为简任，第三等至第五等为荐任，第六等至第九等为委任。官俸法规定，国务总理月俸1500元，各部总长月俸1000元，简任官以下分为12级，月俸自600元至50元。

△ 孙中山在社会党演讲社会主义，出席者3000余人。孙叙述我国实行社会主义之政策，除解决资本与土地问题外，并提出教育、养老、医院等社会福利事业。略谓：“我国提倡社会主义，人皆斥为无病呻吟，未知社会主义之作用也。”“社会主义之国家，人民既不存尊卑贵贱之见，则尊卑贵贱之阶级，自无形而归于消灭。……各尽其事，各执其业，幸福不平而自平，权利不等而自等，自此演进，不难致大同之世。”

△ 袁世凯任命何奏篪为甘肃布政使。

△ 奉天都督赵尔巽与日本大仓组签订借款100万日元合同。

10月17日 黄兴致函北京国民党本部陈述对蒙事之意见，主张用兵，北兵为先锋，南兵为后援，国民踊跃非常，饷项自能源源接济。

10月18日 袁世凯任命马良代理北京大学校长。

△ 袁世凯派吕海寰为中国红十字会会长。

△ 孙中山应赣督李烈钧之邀，离上海赴江西视察。

△ 国民党代理事长宋教仁出京赴湘省亲，并布置选举事宜。

△ 国民党本部开会欢迎章嘉及甘珠尔瓦两活佛。两活佛演说表示必设法取消外蒙独立，同享共和幸福。

10月19日 孙中山抵江阴视察炮台。同日并在江阴各界欢迎会上演说修筑道路的重要性。

△ 袁世凯加封章嘉呼图克图宏济光明名号；加封甘珠尔瓦呼图克图圆通善慧名号。

10月20日 梁启超自天津抵北京，当日下午出席共和党欢迎会，以“政治上公开与政治之统一”为题发表演说。

△ 孙中山抵镇江视察象山、焦山炮台，并在镇江各界欢迎会上发表演说。

△ 保定军官学校举行开学礼，陆军总长段祺瑞出席致训词。

△ 吉长铁路全线通车。

10月21日 袁世凯公布《印花税法》，凡13条。

△ 袁世凯以前清陕西巡抚升允联络库伦活佛反对共和，颁令拿办。

△ 孙中山抵南京视察狮子山、幕府山炮台。

△ 国民党理事张继抵南昌，出席国民党江西支部欢迎会发表演说，阐述国民党关于地方自治、省长选举、政党内阁等主张。

△ 梁启超出席北京报界欢迎会，发表《言论界之过去及将来》之演说。

10月22日 南京国民党、两广同乡会、铁道协会联合开会欢迎孙中山，各界来宾到六七千人。孙中山发表演说，略谓：“以我国地方之大，人口之众，物产之丰，人才之众，革命之后，若能一心一德，从事建设，必能为世界第一最富强之国。”重申担任铁路一事，“愿以十年为期，建造全国二十万里铁路”。“此铁道政策，采取开放门户主义”。

△ 民主党开会欢迎梁启超。梁以“政党成立之标准”为题发表演说。

△ 教育部公布《专门学校令》，凡12条。

△山东省议会代表路振岐等七人到京，向总统府递呈弹劾都督周自齐案。

△ 鄂、豫两督电请政府速与驻京各使交涉，令撤退驻避暑胜地鸡公山外兵，收回主权。

10月23日 孙中山抵安庆，在欢迎会上演说，建设事业分兴利除害两端。略谓：“建设之事可分为两大端：一兴利，一除害。除害之事很多，最要紧的就是禁烟。”“兴利之事亦很多，最要紧的就是修铁路，开矿产，讲求农业，改良工艺数大端。但要想实业发达，非用门户开放主义不可。”

△ 阿尔泰帕勒塔军恢复科布多，蒙军退向库伦。

10月24日 孙中山抵九江，在各界欢迎大会上发表演说，号召中国人民团结起来，向帝国主义收回治外法权。

△ 教育部公布《大学令》，凡22条。

△ 俄密派前驻京公使廓索维慈赴外蒙活动，是日抵库伦。

10月25日 浙江都督朱瑞联合鄂、苏、皖、直、豫、川、鲁、晋、甘、陕、奉、吉、黑、桂、黔15省都督电参议院，反对省长民选，主张省长简任。

△ 孙中山抵南昌，次日出席国民党赣支部谈话会，演说迁都问题，力主迁都南京。

△ 社会党在上海举行第二次联合大会，江亢虎为主席，通过《中国社会党宣言》，宣布该党宗旨为“于不妨碍国家存立范围内，主张纯粹社会主义”。

△ 俄国作家高尔基致函孙中山，略谓："我祝贺您的工作的卓越成就，世界上一切正直的人士都怀着关注、兴奋及敬佩之情注视着您这位中国的海格立斯(按：希腊神话中的英雄)的工作。"并请孙中山为其所编的《现代人》杂志撰文。

10 月 26 日 乌里雅苏台将军那彦图上书袁世凯，条陈取消外蒙独立意见，请改内蒙古为行省。

△ 黄兴抵鄂，出席江汉大学欢迎会发表演说，勖勉学生潜心力学，切戒浮动。

10 月 27 日 孙中山出席南昌各界联合欢迎大会并发表演说，详论人民平等自由幸福及民生主义、社会主义。

△ 国民党本部开会欢迎新入党党员章嘉活佛、贝子溥伦等人。章嘉活佛演说以取消蒙古独立及力劝西藏承认共和二事自任。

10 月 28 日 袁世凯任命张镇芳为河南都督。

△ 袁世凯令复封达赖喇嘛诚顺赞化西天大善自在佛名号。

△ 黄兴在汉口国民党鄂支部欢迎大会上发表演说，阐述国民党成立之由来及对民国建设事业之方针。

△ 内蒙哲里木盟盟长郭尔罗斯齐公发起蒙旗会议，约集该盟 10 旗王公在长春开会，袁世凯派阿穆尔灵圭及吉督陈昭常、东三省宣抚使张锡銮莅会。

△ 日本众议院议员来华考察团抵京，次日临时参议院开会欢迎。

10 月 29 日 袁世凯任命沈秉堃督办浦口商埠事宜。

△ 财政部向袁世凯条陈整顿税务六项办法。

△ 袁世凯据山东都督周自齐电呈，令饬各省剪发事宜应由各省行政长官实行劝谕，不得停止未剪发者选举权。

10 月 30 日 参议院通过追认伦敦 1000 万镑借款案。

△ 袁世凯欢宴日本众议员考察团。

△ 袁世凯令夏寿康署湖北民政长。

△ 孙中山抵芜湖，出席各界欢迎大会，发表演说指出，君主专制

既已推翻，凡我同胞均从奴隶跃处主人翁之地位，当各具一种爱国心，将国家一切事件，群策群力，尽心办理。

△ 国民党人士胡瑛等假北京六国饭店欢宴梁启超。梁以《政党作用之精神与组织之艰难》为题发表演说，认为共和政治必赖政党始能运用，而政党之作用，则以各行其是以导国家之进步，并避免因政争以致流血。

△ 内政部通咨各省，保护庙产。

10月31日 孙中山返抵上海。

△ 黄兴抵长沙，受到湖南都督谭延闿及军警商学各界数万人热烈欢迎。

△ 梁启超在京为答谢各界举行茶话会并发表演说，谓返国以来，考察国中政治、财政、外交，皆有岌岌不可终日之势，中国前途，“惟有悲观而已”。

△ 梁启超在北京大学校欢迎大会上发表演说，指出大学之目的，在研究高深之学理，发挥本国之文明，以贡献于世界之文明。并以服从、朴素、静穆三要事勖勉诸生改善学风，“为我国学问之前途争光”。

△ 工商部议定整顿矿务办法五则。

△ 直隶都督冯国璋以本月20日在省议会宣布政见未获同意，是日电袁世凯及国务院，表示难负其责，请另简贤员接充。

△ 长春内蒙10旗会议继续开会，陈昭常宣布大总统优待蒙古条件，与会各旗王公一致拥护。

11 月

11月1日 工商部在北京召开工商大会，各省派代表参加，工商总长刘揆一说明开会宗旨及全国工商政策。

△ 梁启超离北京返天津。

△ 孙中山军事顾问荷马李在美逝世，遗嘱骨灰安葬于中国国土。

16 日，孙中山致函荷马李夫人，表示哀悼。

11 月 2 日 袁世凯公布《财政部官制》，凡 14 条。

11 月 3 日 俄国密使廓索维慈与外蒙活佛哲布尊丹巴在库伦擅订《俄蒙协约》四条，其中规定：俄国政府愿极力赞助蒙古政府，并为其编练常备军，助其禁止中国军队及移民入境；俄人在蒙享有特权，其他外国人不得享有超于俄人所享有之权利；不经俄国政府允许，蒙古政府不得与中国或其他外国订约。《俄蒙协约》并附《商务专条》密约 17 条。

△ 袁世凯令准奉天都督赵尔巽辞职来京以备咨询；任命张锡銮暂署奉天都督。

△ 孙中山致函袁世凯，主张各省行政长官民选，以示中央政府拥护民主之真意，于统一实大有效力。

△ 黄兴在长沙国民党湖南支部欢迎会上发表演说，阐明党纲，指出："本党党纲，其特别之点在民生主义，亦即国家社会主义。"

△ 全国工商大会选举李镇桐、吴鼎昌为正、副会长。5 日，李镇桐自请辞职，经开会公决以吴鼎昌为正会长，胡瑞霖为副会长。

△ 国务院会议议决招商局不收归部办。

△ 币制委员会开会，讨论币制顾问卫林斯所提采用虚金本位与虚金汇兑本位之币制改革意见书，结果赞成、反对各半。

△ 中华民国工党在南京召开全国各支部第一次联合大会，选徐企文、龙璋为正、副领袖，孙中山为名誉领袖，议决加入万国工党。

11 月 4 日 袁世凯授刘冠雄为海军上将。

△ 自武昌起义后停工之汉阳铁工厂，是日第一座化铁炉修复开工生产。

11 月 5 日 袁世凯为冯国璋与省议会冲突事，电斥省议会不得干预用人行政。

△ 黄兴出席湖南政界欢迎会，发表演说，谈教育、实业及市政建设问题。其中指出"欲谋国家之发展，莫先于教育。自宜竭全力运筹，而以国家资财充其经费"。

△ 交通总长朱启钤通电各省试办裁驿归邮。

11月6日 袁世凯公布《公文书程式》，其中规定：凡法律、教令、国际条约、预算及特任、简任、荐任官之任免等，由总统公布之；院令、部令分别由国务总理及各部总长署名盖印。

△ 袁世凯通令各省切实保护回籍商民。

△ 熊希龄自上海通电中央及各省，条陈发二亿元之整理金融公债办法。

11月7日 袁世凯宴英公使朱尔典，谈藏事及大借款问题。

△ 外交部照会驻京俄公使库朋斯齐，抗议《俄蒙协约》，声明外蒙与外国订立无论何种协定，中国不能承认。

△ 黄兴出席长沙茶业欢迎会，演说湘省实业宜从茶矿两大宗着手。

△ 广州丝厂女工5000人为反对资本家苛待及纸币折价，举行同盟罢工。

11月8日 交通部向国务院提出创设八所无线电站计划：一、自直至豫；二、自晋至秦陇；三、自京至奉吉黑；四、自鲁至苏皖；五、自浙至赣闽；六、自鄂至湘；七、自粤至桂；八、自黔至滇。

△ 俄公使库朋斯齐将《俄蒙协约》送交外交部。

11月9日 袁世凯布告重申解散秘密结会。

△ 孙中山电袁世凯，提出三事：一、"今日弭患要图，非速行迁都，则宜急联日，二者必行其一。"二、设立中西合股银行；三、"铁路筹划，刻须开始"。

△ 广州大火，晚8时起火至次日下午2时半始灭，毁房数百家，数千人无家可归，损失财产1500万元。

11月10日 总统府召集赵秉钧及蒙藏局贡桑诺尔布等人开边事会议，讨论蒙、疆、藏边事。

△ 国务院开特别会议，议决划一币制手续：一、限制银元进口；二、各省不准再铸铜元；三、各省不准再发军用纸币，各国通行纸币酌量收回。

△　陆军部会同参谋部拟定《暂行军律》四条颁行各省，嗣后军队有结党持兵暴动者照此律处断。

△　农林部决定农林进行办法六条，其中规定改良农林种植、派员出国考察农林业等项办法。

△　上海国民党、共和党、民主党联合开会欢迎日本众议员考察团，孙中山主席，三政党致欢迎词，考察团致答词。越二日，日本众议员考察团离沪返国。

△　中国佛教总会会长天童方丈八指头陀寄禅大师在京逝世。

11 月 11 日　外交总长梁如浩亲至俄使馆，要求俄公使库朋斯齐电告俄政府速即取消《俄蒙协约》。俄公使声称《俄蒙协约》已签字公布，不能取消。

△　黄兴在长沙报界欢迎会上发表演说，指出："今日报界之天职，第一宜指导舆论，启牖国民；第二宜监督政府，时加督责。"

△　热河都统崑源电告政府，蒙兵愈聚愈众，日内当有战事，兵力单薄，恐难与敌，请迅派兵前来，免误戎机。

△　外交总长梁如浩以《俄蒙协约》交涉失败，深受舆论攻击，提出辞职，将部务交次长颜惠庆，潜赴天津。

△　内蒙科尔沁左翼后旗博多噶台亲王阿穆尔灵圭与蒙古联合会代表齐贝子到京谒袁世凯，陈说对付《俄蒙协约》办法。

11 月 12 日　内务部奉大总统令通咨各省都督严行查禁鸦片。

11 月 13 日　外交部为《俄蒙协约》向俄公使库朋斯齐提出第二次抗议书，指出外蒙为中国领土，无论与何国缔结何种条约，中国绝不能承认。同日，外交部照会各国公使，声明绝对不承认《俄蒙协约》。

△　黎元洪及各省都督联衔电袁世凯，主张集合全国军队克期征蒙。

△国民党、统一党、共和党、民主党开联席会议讨论蒙事，咸主用兵。

△　阎锡山派员拿获倡谋"二次革命"之王锡山、金子通等，电袁世

凯请照军法枪毙。袁电复照准，是日执行。

△　工商大会为《俄蒙协约》事议决上书袁世凯，决计主战，战费由全国工商界设法募集。

△　袁世凯据交通部呈请，指令照准川汉铁路收归国有。

△　黄兴在长沙接见工商部查办汉冶萍公司委员余焕东，指出："在湖南言实业，以开矿为第一。"

11 月 14 日　袁世凯召集赵秉钧、段祺瑞、陆徵祥、陈宧及各省代表商议对俄蒙方法。袁说明俄公使所提五条要求已为我严词拒驳，并宣布对付方法，取得同意。

△　袁世凯令准外交总长梁如浩辞职。

△　孙中山接受筹划全国铁路全权后，即于上海开办中国铁路总公司，旋拟定《铁路总公司条例草案》，凡八条。

△　教育部公布《公立私立专门学校规程》，凡 16 条。

△　黄兴赴湘潭、萍乡等处视察矿务。21 日回长沙。

△　黄兴北上到京后，曾邀杨度加入国民党，杨未允，旋黄又托胡瑛与杨商。是日，杨度电黄兴，提出以国民党相信袁世凯及取消政党内阁为入党条件。

△　陕西西安驻军步队五标三营兵变，斩关而出，旋经招抚，多数归营，余均逃散。

11 月 15 日　袁世凯特任陆徵祥为外交总长。

△　国民党本部讨论对待《俄蒙协约》问题，议决对政府主维持；对库伦主以兵力取消其独立；对俄主外交解决，以军备为后盾。

△　粤省开军事大会讨论蒙事，议决将粤省陆军两师一旅拨归征蒙之用。

△　蒙古王公联合会通电声明，外蒙古库伦活佛哲布尊丹巴妄称独立，伪立政府，蒙古全体并未承认，库伦伪政府近与俄国擅订协约，自应无效。

11 月 16 日　袁世凯为《俄蒙协约》事迭电黎元洪提出对策，是日，黎电复同意用兵入蒙。17 日,袁电邀黎入京筹商应付办法。

△ 袁世凯任命张锡銮为奉天都督。

△ 孙中山自上海密电袁世凯,华日联盟大有希望,《俄蒙协约》万不可承认,目下尽可以不理处之,以观俄政府之行动。

△ 孙中山电参议院,请"协助政府否认《俄蒙协约》,坚持到底"。

△ 袁世凯任命张元奇为福建民政长。

11 月 17 日 袁世凯与各国务员会议决定直接电达库伦活佛为最后之忠告,劝其取消独立,不从决以武力解决。

△ 袁世凯密令各省暂缓实行原定遣散军队办法,并责成各该统兵大将认真训练,听候中央调遣。

△ 东扎鲁特旗协理官保扎布叛变,胁迫该旗贝勒勾结东西扎鲁特、科尔沁各旗,攻占热河开鲁县。

△ 袁世凯指令蒙藏事务局准予创办蒙藏回白话官报。

△ 法公使康德邀 16 国公使开会,讨论《俄蒙协约》与中国利害及与各国关系,决定办法两条:一、电本国政府请示办法;二、具函俄政府诘问理由,以便调停。

11 月 18 日 袁世凯公布《国籍法》,凡五章 22 条。

△俄国政府开会讨论对华方针,议决八条,其中规定:要求中国政府以大戈壁为中俄两国之分界点;废弃中国在俄蒙边界驻扎军队之权利;添派军队分驻库伦、乌里雅苏台等处。

11 月 19 日 外交总长陆徵祥至俄使馆交涉解决《俄蒙协约》问题。俄公使斯库朋斯齐以未奉本国命令,表示未便开议。陆以所拟开议办法四条,请俄使转电俄政府。

△ 陆徵祥访英、法公使谈对于《俄蒙协约》意见,声明库事为中国内政,中国政府根据中俄条约与俄国郑重交涉,总期和平解决。

△ 救蒙联合会代表徐绍桢等五人谒袁世凯,询问对俄、库(伦)意见。袁答库事当能和平了结,现法公使出而调和,俄政府答复亦愿和平解决,谅无意外。又称库事解决以不失领土、不丧主权为依归。

△ 救蒙联合会代表徐绍桢等五人谒赵秉钧，要求政府将对俄蒙交涉大势即日宣布，俾国民有所协助。赵说明俄蒙问题由来及政府所取之解决方针。

△ 袁世凯任命应德闳为江苏民政长。

△ 国民党参议胡瑛应犬养毅、头山满邀请离京赴日，29 日抵东京。

△ 姜桂题所部毅军右路统领米镇标率领第十一至十四营及马炮兵各一队，奉命开赴热河开鲁。

△ 奉天安东巡防右路第七营兵士因积欠兵饷，勾结宗社党突起兵变，抢掠银行、商店，并分攻道署，当即被警兵击退。

11 月 20 日 孙中山在上海接见日本南满铁道会社副总裁国泽新兵卫。国泽新兵卫系 18 日抵沪，此行旨在同孙中山谈铁道政策并拟邀孙偕行赴日。

△ 法公使康德往晤俄公使库朋斯齐，要求俄方和平解决《俄蒙协约》，先将该约取消，再另行开议。

11 月 21 日 总统府召开征库军事会议，袁世凯及各国务员出席，提出征库大军统一之计划与行军条例以及进兵路线等事项。

△ 袁世凯以哲里木盟长郭尔罗斯前旗贝子衔镇国公齐默特色木丕勒，维持东蒙大局，明令晋封贝勒。

△ 16 国公使在英使馆会议，议决各国驻屯军由北京至大沽并奉天沿线要隘及京汉各通都大邑皆派兵分驻等四项决定。

△ 日本政府开会讨论对华方针，议定如中国政府对俄让步，日本即要求限制南满之中国兵额与废弃中国在日满边界筑造炮台权利。

11 月 22 日 袁世凯任命胡惟德为驻法、日（日斯巴尼亚，今译西班牙）、葡国公使；魏宸组为驻荷兰国公使。

△ 陆军部拟定派往保护全蒙各将校地点，并请任王天纵统外蒙全军，张锡銮统内蒙全军。

△ 陆军部制订《取缔军火章程》四则，通电奉、吉、黑、直、晋、秦、

陇、新各督与镇边使遵照。

△ 晋省征蒙军步炮队各一营开赴包头一带驻防。

△ 袁世凯任命王人文为四川宣抚使;孟恩远为吉林护军使。

△ 黄兴复杨度寒(14 日)电,解释国民党主张政党内阁纯为救国,专取维持政府主义。"至来电以为与总统有妨,并指为不信任袁总统之证,于学理、事实均属误会"。并望对政党内阁予以赞同,"勿为浮言所动"。

11 月 23 日 袁世凯令国务院将公布之《优待蒙、回、藏各族条件》、《待遇蒙古条例》等命令,译成各体合璧文字,刊刻颁发各旗各城,榜示晓谕,以释群疑。

△ 四川军界全体会议议决派遣刘存厚第四师出发征蒙。

△ 蒙藏事务局总裁贡桑诺尔布宴请外国新闻记者,发表谈话指出:"俄库条约损失蒙古领土,侵害蒙人自由,此吾人所以不得不一心一德以图取消此约。"

△ 刘海粟在上海创办中国图画学院(上海中国美术专科学校前身)。自任校长。此系中国第一所美术学校。

11 月 24 日 国务院会议讨论袁世凯交议之临时蒙政会案,议决由内、外、陆、财、交、参等部及蒙藏局、总统府顾问、秘书处、军事处共同组织。

△ 参谋次长陈宧上书袁世凯,条陈征库意见,主张征库军队每省4000 人,22 省共 8.8 万人,进兵路线由北京出张家口经内蒙乌兰察布盟、伊克昭盟至土谢图汗西北行抵库伦。

11 月 25 日 陆徵祥邀俄公使库朋斯齐在外交部举行《俄蒙协约》第一次谈判,日、法、美公使亦参加。谈判无结果,然仍各允开送条款以资磋商。30 日,俄公使提出"确定蒙古之自治基础"等四项交涉条件。

△ 总统府秘书长梁士诒主持召开军事会议,段祺瑞、陈宧等参加,讨论"俄库事件",结果仍主和平解决,并作出八项解决办法。

△ 上海中国铁路总公司宴请商、学、报、实业各界团体,席间孙中

山发表演说，强调指出："中国无款办路，必须引进外资"，希望各界赞助铁路事业。

11月26日　袁世凯通令各省都督、民政长整顿吏治，嗣后任用府、厅、州、县知事，务当慎择贤能，悉以夙有政治经验及政治学识者为限。至现任各官，一律严加考核。

△　袁世凯通令各省都督、民政长，凡倡言革命者，即行按法严惩。

△　袁世凯通令各省都督、民政长遵行统一官制、官规，各省行政长官、地方议会均不得擅越范围。

△　袁世凯公布《兴华汇业银行则例》，该行设总行于上海，资本1000万元。

△　段祺瑞在国务会议上提出发行爱国军事公债案，总额二亿元，专为征库军用。

11月27日　袁世凯训令国务院蒙藏事务局对于蒙旗人员"务当宣布公诚，优加礼意，力矫前此凌慢隔阂之习"。

△　袁世凯任命谭人凤为长江巡阅使。

11月28日　袁世凯任命黄兴督办汉粤川铁路事宜。

△　国务院奉大总统令通令各省都督，此项征蒙筹备军事，全在各都督通盘筹划，相机进行，如有自由组织决死队或征蒙团勒捐财械、妨碍军略者，一律严行查禁。

11月29日　在京之各省代表因须返各该省竞选，是日赴总统府辞行，袁世凯接见并发表谈话，称库事"和平办法若无美满结果，再以兵力继之"。

11月30日　袁世凯为统一财政计划，令嗣后关于借款事宜，应由财政总长周学熙一手经理。

△　俄外交大臣萨沙诺夫至中国使署表示，须由我外交部先声明外蒙某地允准开埠通商，并承认为俄租界地，方可取消《俄蒙协约》。

12 月

12月1日 民国首次司法会议在北京开幕,中央及地方司法官员70余人与会。司法总长许世英致开幕词,提出会议研讨之问题:一、领事裁判权;二、司法之统一;三、司法之改良。

△ 旅日神户华侨千余人集会筹商对待《俄蒙协约》办法,议决成立"征库筹饷协会",当场认捐,并电袁世凯表示咸愿节衣缩食,按月接济征库军饷。

△ 梁启超在天津创办《庸言报》半月刊。该刊编辑为吴贯因、黄远庸。梁在发刊宣言中说,本刊之所以取名"庸言",便是要以"无奇"、"不易"、"适应"为其立言宗旨。

12月2日 教育部公布《读音统一会章程》、《中学校令施行规则》。

12月3日 孙中山发出"救亡策"通电,指出:"今者俄人乘我建设未定,金融恐慌,而攫我蒙古……我国人皆知蒙亡国亡……故举国一致,矢死非他也。以文观之,民气如此,实足救亡,惟必出非常之策,事乃有济。"提出两项主张:第一,行钱币革命,以解决财政之困难;第二,谋不败之战略以抗强邻,而保领土。次日电梁士诒,谓:"昨电'救亡策'一道,望竭力提倡,以速进行。"

△ 袁世凯任命陈炯明为广东护军使。

△ 袁世凯明令豁免民国成立之日起各省地方官吏因公亏累之款项。

△ 蒙藏交通公司以库事日急,呈请政府修筑张(家口)库(伦)轻便铁路。

△ 广西各界万人在南宁集会议决组织拒俄征库广西同志会。

△ 黎元洪撤销盛宣怀汉冶萍公司督办职,另以孙武接充。

12月4日 孙中山在上海出席实业银行、信成银行欢迎南洋华侨会并演说，希望联合多数银行与法资本家合资创办一巨大银行，发行债票，输入外资，举借外债。

△ 袁世凯任命庄蕴宽督办浦口商埠事宜。

△ 外交次长颜惠庆访晤英公使朱尔典，询问英政府能否允准我册封达赖专使假道印度前往西藏，英使允假道，惟不允携带兵队。

12月5日 陆徵祥与法公使康德谈《俄蒙协约》事，法使提出调停之四项折衷条件，其中要求先取消《俄蒙协约》，由中俄两政府派全权专使另订中俄外蒙新约。

△ 孙中山电袁世凯，告以法国对六国银行团态度，并告现派王正廷、徐谦即日北上面陈铁道总公司条例事宜。

△ 全国工商大会闭幕，通过议决案30起，送部参考案25起。

12月6日 袁世凯为《俄蒙协约》事提出拒俄联美主张，电商黎元洪。8日，黎电复表示同意，并荐伍廷芳赴美进行联美活动。

△ 袁世凯公布《陆海军勋章令》、《陆海军奖章令》、《陆海军叙勋条例》。

△ 驻芜湖士兵因欠饷哗变，商店均停止营业，交通断绝。

12月7日 俄公使库朋斯齐谒袁世凯面递俄国第一次正式通牒，内称：《俄蒙协约》乃划清俄国对于内政自主之蒙古政府权利及俄人在蒙古之商权，若中国政府承认此约本旨，俄政府决不阻挠中蒙结约。

△ 北京市民为抵制《俄蒙协约》，连日持票往华俄银行提取现金达百余万元之多。天津、上海、香港、烟台亦呈挤兑之风。

△ 上海银楼业工人要求增加工资，举行同盟罢工。9日，罢工达到高潮。后遭当局压制，罢工失败。

12月8日 袁世凯公布《参议院议员选举法施行细则》、《参议院议员第一届选举日期令》。

△ 孙中山应浙督朱瑞邀请，自上海抵杭州。次日在杭州对51个团体演说，提出民生主义四大纲领：一、资本；二、土地；三、实业铁道；四、教育。

△　湖南长沙各政团召开“征库联合大会”，举谭人凤为总理，黄钺、龙璋分任军务、筹饷协理。

△　黄兴与谭延闿联名电政府，提议办理中央银行，整理财政，以振兴实业。

△　国民党上海分部开成立大会，选举王一亭为正部长，沈缦云、朱葆三为副部长。

12月9日　13省都督联名电请政府以联美为民国外交大方针。

△　驻京英使朱尔典向外交部“抗议”禁烟。

12月10日　国务院开会讨论孙中山“救亡策”，各国务员分为四派：一、赞成派为赵秉钧、陆徵祥等四人；二、反对派为段祺瑞、周学熙二人；三、中立派为朱启钤、陈振先二人；四、旁观派为刘揆一、董鸿祎。终因意见分歧，未有结果。

△　孙中山在杭州共和、民主两党浙江支部欢迎会上演说，政党竞争应以党德为前提。指出：“政府之进步，在两党之切磋，一党之专制，与君主之专制，其弊正复相等。”“惟政党竞争，以道德为前提；所有政策，一秉公理，然后以之谋国，其国以强；以之谋党，其党以昌。”并谓：“今之政党，往往争夺政权，逸乎范围之外，不知有在朝党，必有在野党……一旦舆论民心易其向背，则在野党进，在朝党退，迭为消长，政治日进于文明。”12日，孙离杭返沪。

△　教育部公布《师范学校规程》，凡86条。

△　滇督蔡锷电告政府，俄蒙协约发生后，英驻片马兵士增500余名，请与英使严重交涉。

△　南昌兵变。驻南昌一旅一团二营五连官兵联络当地洪江会党在府学宫纵火，谋劫军械，焚督署，赣督李烈钧率护军镇压，次日事平。

12月11日　陆徵祥与俄公使库朋斯齐举行《俄蒙协约》第二次谈判，因俄使不肯废除《俄蒙协约》，谈判仍无结果。

△　袁世凯布告各省都督、民政长，通饬所属认真保护归国侨民。

△　袁世凯任命李鼎新为海军总司令。

△ 袁世凯任命王闿运为国史馆馆长。

△ 司法部通令法官不得加入政党，凡未入党者不得挂名党籍，已入党者须即宣告脱党。

△ 汉阳兵工厂工人为反对总办刘庆恩虐待工人，克扣工资，举行全体罢工，捣毁机器过半，并坚持必将刘撤职，始行复工。

12月12日 袁世凯任命徐鼎康为吉林民政使，原任韩国钧令准辞职。

△ 乌兰察布盟反正，该盟之茂明安旗及乌喇特旗均同时取消独立。

12月13日 国务院决定招商局改组问题准由该局董事会与新公司接洽办理。

12月14日 俄公使库朋斯齐向我外交部提出续开中俄交涉六项条件，其要旨为，中俄未缔约以前，俄国已承认蒙古为自主国；道胜银行之损失，应由中国赔偿。并限24小时内答复，否则即作为默认。

12月15日 袁世凯颁布《戒严法》，凡17条。规定“遇有战争或其他非常事变，对于全国或一地方，须用兵备警戒时，大总统得依本法宣告戒严或使宣告之”。

△ 袁世凯布告议员竞争选举，务须于法律范围以内行使公权。

△ 袁世凯电召张振勋入京，共商国是，聘其为总统府顾问，派往南洋考察商务，并联合侨商筹办内地开埠事宜。

△ 袁世凯令准保定陆军军官学校校长赵理泰辞职，以蒋方震（百里）继任。

△ 袁世凯任命杜持为第十四师师长。

△ 国务院会议议决承认俄公使所提修改《俄蒙协约》条件之第三条，取消该约以库伦舆论多数为转移。

△ 直隶都督冯国璋应袁世凯召抵京，当晚赴总统府晤袁商对待库伦事件办法。

△ 驻西藏办事长官钟颖电政府，英派步兵四联队、骑兵三中队侵

入拉萨，请速与英公使交涉。

△ 华法联进会在北京开成立大会，赵秉钧、法公使康德出席大会并演说。该会为中法交流政治、经济、文化、教育之团体。

12 月 16 日 袁世凯任命汪瑞闿为江西民政长。

△ 袁世凯公布《修正众议院议员选举日期令》、《修正省议会议员第一届选举日期令》。

△ 达赖喇嘛抵拉萨。

△ 上海各界集会欢迎爱国志士万福华出狱。万福华于 1904 年 11 月 19 日在沪谋刺前广西巡抚、赴俄专使王之春未遂，被捕入狱，判刑 10 年，是日释放出狱。

12 月 17 日 袁世凯据新土尔扈特盟长亲王密西克栋回鲁布等电称蒙部同戴共和，于库伦独立始终并未赞成，是日颁令由阿尔泰办事长官传令嘉奖。

△ 国民党特派员于德坤返黔组党，行至玉屏县被害，是日孙中山以国民党理事长名义电袁世凯、赵秉钧，指出此案系黔军军务司长刘显世主使，请彻底根究，公平处决。

△ 黄兴自长沙赴汉口就任汉粤川铁路督办。

12 月 18 日 英、法、德、美、日、奥、意七国公使邀俄公使调停中俄库伦交涉案，俄公使坚持不设官、驻兵、屯垦三原则，必中国均许始能开议。

△ 袁世凯任命周学熙为税务处督办，孙宝琦为会办。

△ 教育部为贯彻教育宗旨，通令所属重视体育，提倡运动。

12 月 19 日 赵秉钧对《德文报》代表谈话，告以国会选举进行迟缓，政府不得已展期三个月。又谓俄国近日对蒙古问题似较和缓，宣言取消库约，而不然必将该约修改。

△ 江苏金山县县署征租过昂，杨柳谷率乡民七八百人入署请减租米，被县知事逮捕入狱，引起众愤，该知事竟饬警开枪击毙乡民一人，重伤数人。众益愤，坚持数日不散。后混成第三旅调兵镇压，乡民被迫散去。

12 月 20 日　陆徵祥晤库朋斯齐，指出俄所提六项条件若不修改，则永无谈判之地步。

△　国务院会议通过孙中山所提《中国铁路总公司条例》。

12 月 21 日　袁世凯电四川护理都督胡景伊转达赖喇嘛，已饬钟颖停战，静候中央解决，希达赖亦转饬所属停战。

△　袁世凯以蒙古土观呼图克图、察罕殿齐呼图克图翊赞共和，颁令分别加给圆觉妙智名号及普应真如名号。

△　袁世凯以旧土尔扈特汗王贝勒贝子暨 13 旗王公台吉等电呈称归附民国，颁令由新疆都督传令嘉奖。

△　川军第一师师长周骏、二师长彭光烈、三师长孙兆鸾、四师长刘厚存、五师长熊克武联名电袁世凯、国务院，决备两师待命出发征蒙。

△　驻英公使刘玉麟代表交通部与英国城市平安储备银行签订借款 15 万英镑合同。

△　粤省破获日人伪印广东纸币案，捕获日人六名，搜获伪印纸币 200 万元。

12 月 22 日　袁世凯任命熊希龄为热河都统，未到任前，仍由崑源署理；段芝贵为察哈尔都统，未到任前，仍由何宗莲署理；溥伦为镶红旗满洲都统。

△　袁世凯据交通部呈，指令改粤汉铁路会办为汉粤川铁路会办，任命詹天佑为会办。

△　机器公会在上海成立，孙中山出席，演说机器可以灌输文明，可以强国，望以聪明才力发明机器，庶几驾乎各国之上。

△　云南征藏军返省。

△　浙路杭甬线举行开车礼。

12 月 23 日　袁世凯任命刘若曾为直隶布政使，原任曹锐辞职照准。

△　袁世凯任命孙多森管理中国银行事宜。

△　袁世凯下令裁撤仓场衙门以及外省转运各局并管理漕粮各官吏。

△ 袁世凯以乌兰察布盟副盟长喀尔喀右翼达尔汗贝勒蕴端旺楚克翊赞共和，颁令晋封为郡王。

△ 袁世凯以郭尔罗斯后旗扎萨克贝子布彦朝克赞助共和，并不承认库事，颁令由黑督宋小濂传令嘉奖。

△ 外交部复照英公使朱尔典8月17日抗议：中国无权干涉西藏内政甚无根据，中国对西藏并无即时改设行省之意；中国并无派无限制之军队驻藏事，惟照1908年通商条约，中国于西藏各要处当然派遣军队；中英西藏交涉已经两次订约，并无改订新约必要；中国政府并无有意阻断印藏交通之事，以后当更加意保护，断不阻碍交通；英承认民国不能与西藏问题并为一谈。

△ 中国政府代表周学熙同英国克利司浦公司代表巴纳斯在北京签订取消1912年五厘金镑借款（1000万镑）合同。

12月24日 外交部开会，通过中英鸦片、中英西藏、中英片马、中俄库伦四项交涉决议案。

△ 法公使康德邀英、意、奥三国公使在美使署讨论《俄蒙协约》调停最后办法，商定否认库伦有订约资格；俄如不承认，即分别电各该国政府联合讨论办法。

12月25日 袁世凯通令：纸币则例未定之前，先行通用中国银行所发之兑换券，所有官款交纳，商民交易，均准一律行用。

△ 袁世凯任广东护军使陈炯明兼充广东陆军军长。

△ 驻日代表汪荣宝电告外交部，日首相桂太郎分别电告驻华、俄两使，如俄在外蒙攫取特权，日可在南满、内蒙照办。

△ 新任美公使嘉乐恒抵京。

12月27日 参议院通过六国银行团2500万镑借款条件。

△ 黑龙江都督宋小濂电北京政府，告以俄现由海参崴调兵一联队强据呼兰府，请与俄公使严重交涉。

△ 孙中山电总统府秘书长梁士诒，请向财政部设法转拨五万元交国民党本部收用。

△　外交团会议讨论中国商请庚子赔款展期一年缴付事，因俄公使坚持不允，未获结果。

12月28日　外交部拒绝德公使所提山东地方权益之无理要求。

△　吉林都督陈昭常电告北京政府，俄人在长春招募华工千余，哈尔滨募七八百，拟修俄京至库伦轻便铁路，劝阻不理，请与俄公使严重交涉。

12月29日　袁世凯令准北京大学校校长章士钊辞职。

△　袁世凯任命王广圻为驻比利时国公使。

12月30日　袁世凯任命张瑞玑署山西民政长，原任谷如墉辞职照准。

△　袁世凯任命张锡元为河南第一师师长。

△　山西河东观察使张士秀拥兵割据，倡言独立，自任民政长，李鸣凤自为都督。

△　旅京美国绅商电本国政府，请速承认中华民国。

△　袁世凯颁令优奖首赞共和之喀尔喀扎萨克亲王那彦图、喀喇沁札萨克亲王贡桑诺尔布。

△　交通部与德商瑞记洋行签订借款4.7万英镑合同。

△　孙中山致书福建省议会，调查闽路情形，并请举贤赞助。

12月31日　应江苏都督程德全邀请，是晚，孙中山乘专车离上海赴南京。

是年　全国户口统计：共7696.105万户，4.13638462亿人。

1913年(民国二年)

1　月

1月1日　中华民国开国周年,总统府举行庆祝典礼,文武官员及议员到千余人,赵秉钧致颂词,袁世凯致答词。

△　"共和纪念会"在北京先农坛开中华民国开国周年庆祝会,祭诸先烈,自由演说,到三四万人,自是日起举行10天。大会主席通电各省都督于10日派各省驻京代表莅会。

△　孙中山偕陈其美、伍廷芳由沪抵宁。下午,出席南京临时政府成立周年典礼,并发表演说。

△　津浦铁路全线通车,全长1009公里。

△　黄兴等29人发起成立中华汽船有限公司,在《长沙日报》刊登招股广告,申明以"收回外溢之利权,扩张自由之实业"为主旨,股本200万元,除已认股本外,余待招股本50万元。

1月2日　袁世凯宴请各国公使。除俄使外,各国公使均到。袁表示中国政府对各国力主和平,向具信心;各国之对东南亚力保和平,冀其持公评断。同日晚,袁世凯宴国务员及参议院议员,宣布对俄库问题意见,称政府"只宜镇静交涉,不能轻举妄动"。

1月3日　财政部编成民国二年预算:岁出9.03亿元,岁入

7.25733208 亿元。尚有赤字 1.78 余亿元。

△ 英公使朱尔典晤北京政府外交总长陆徵祥称，接英外交大臣爱特华德两电：其一，前进拉萨英军已全退出藏地；其二，英政府决不再派兵入藏，照《中英藏约》尊重中国在藏主权，以保全英国在藏埠商权。

1月4日 国民党江西省支部以民政长汪瑞闿离省请兵，通电揭露汪氏罪行，俾中央勿中其狡谋，各省明白真相，维持江西。

△ 谭延闿、王芝祥、赵恒惕、黄兴、蔡锷等 34 人发起成立洞庭制革股份有限公司，是日在《长沙日报》刊登招股广告，申明以“振兴实业，挽回利权，补助军需为宗旨”。股本 20 万元。

△ “中美国民同盟会”在北京开成立会，到 200 余人。该会以“增进中美两国国民睦谊；互换智识利益，维持世界和平”为宗旨，举孙中山、罗斯福为正会长，丁义华、丁韪良、吴景濂、金鼎勋为副会长。

1月5日 江西都督李烈钧通电袁世凯、北京政府及各省都督，恳请于正式国会、省议会成立后，实行军民分治。于此数月内，暂负军民要政完全责任。

△ 上海《华字日报》公会致电英国下院，吁请协助完全禁止鸦片贸易，并望竭力鼓动英政府承认中华民国。

△ 烟台关外士兵千余名因不满被遣散，是日哗变，放火劫银，全埠闭户。后经“海圻”、“飞鹰”两舰并海军练营士兵及部分鲁军联合镇压，次日始平。降回士兵六七百名皆被押上日船，运往大连湾遣散。

1月6日 袁世凯以北京民见报社刊行《开国纪念十日刊》，内载《不堪回首之南京政府》一文，鼓吹“二次革命”，饬内务部查办。

△ 袁世凯通令各省都督、民政长及统兵将领：“盐务收入各款，应自民国二年一月份起专款存储，无论何事概不得挪移动用。”

△ 宋教仁、陈家鼎等发起筹建民国史馆，孙中山、黄兴及各省都督均致电赞同，是日在北京开筹备会，草拟章程，确定该馆任务为撰修民国史。

1月7日 北京政府司法部近因各省都督多沿军政府时代习惯，

对于烟赌各犯，动辄枪毙，实属违背法律，是日致电各省提法司，谓嗣后遇有烟赌案件，由审判厅或州县查照暂行新刑律办理。

△ 山西洪洞汉军首领陈采彰率部攻克绛县东关，远近一带农民纷纷加入陈军，曾达到 3000 人，活动范围达到洪洞、临汾、襄陵、曲沃、绛县、翼城、安泽、沁水等县，坚持达三四年之久。旋因阎锡山派重兵进攻，陈于 1915 年 8 月 7 日病逝，起义不久即告失败。

1 月 8 日 袁世凯发布《划一现行各省地方行政官厅组织令》，规定除蒙古、西藏、青海三地外，其“已设民政长省份，以民政长为该省行政长官”；“未设民政长省份，以都督兼任民政长为该省行政长官”。各省设行政分署，其下统一设内务、财政、教育、实业四司。

△ 总统府接鄂湘等 17 省都督联名电陈三事：一、请袁世凯速定征库方针；二、报告各省商定联军办法；三、条陈正式政府成立以前军政财政两项收束办法。

△ 国民党代理理事长宋教仁抵长沙，是日国民党湘支部开欢迎大会。宋在会上发表演说，主张“政党内阁”，通过选举成立“国民党政府”，宣布国民党党纲五条，并谓：“此次选举，须求胜利，然后一切大计划皆可施行。”

△ 国民党江苏支部部长陈陶怡发表宣言书，吁请化除地方观念。

1 月 9 日 西藏办事长官钟颖向北京政府报告称：英国在藏八地连续增兵，计亚东 1100 余人，噶大克（今葛尔雅沙）300 余人，江孜 600 余人，拉萨 700 余人，日喀则 510 余人，加托克（今夏卜喀）1230 余人，聂拉木 260 余人，察木多（今察木达）360 余人，共 5000 余人。是日，袁世凯特召集内阁及有关人员会议，决定于上述八地险要地段派兵驻守（后并未派兵）。

1 月 10 日 袁世凯发布正式国会召集令，规定令发之日起，“限于民国二年三月以内，所有当选之参议院议员及众议院议员均须一律齐集北京，俟两院各到有总议员过半数后，即行同时开会”。

△ 袁世凯通令各省行政长官定期召集省议会，省议会开会翌日

即先举行参议院议员选举。同日并公布修正参议院议员选举法实行细则第13条，规定现任官吏须于选举前一日辞职方可应选。

△ 袁世凯令：除江苏、江西、福建、湖北、山西、四川等省业经任命民政长外，其余各省，应由各该都督暂行兼署。

△ 袁世凯令：在纸币则例未经规定以前，交通银行发行之兑换券，应按照中国银行兑换券章程一律办理。

△ 国民党上海交通部开恳亲大会，到千余人。孙中山出席演说《党势之盛衰全视党员智能道德之高下》，告诫全党："政党之发展，不在乎一时势力之强弱，以为进退，全视乎党人智能道德之高下，以定结果之胜负。"

△ 哲布尊丹巴以"蒙古帝国皇帝"名义致电袁世凯，谓北京政府不应干涉库伦当局"乘时立国"。26日，袁世凯电复哲布尊丹巴，重申"库伦不宜与中国分裂"，民国"承前清之旧区域，内有外蒙古一部分"，"理应接管"。

△ 日本新任内阁总理桂太郎对路透社记者谈对中国之态度，称中国大局隐伏危机，急当奋发图强，脱离阽危之境，日本切愿竭力扶持中国，俾纾中国之困，并绝对否定希图吞并满洲。

1月11日 直隶都督冯国璋以上海欢迎国会团主张第一届正式国会开预备会于上海，开成立会于南京，是日通电反对变更国会地点，请政府及各省行政长官设法限制；并望当选各议员依限齐集北京。

△ 陆徵祥以英公使朱尔典不日回国，是日至该使署提出承认民国及退兵西藏等四条要求。

△ 中法实业银行公布章程，资本暂定4500万法郎，其中三分之二为法国资本家所有，三分之一为中国政府所有。总行设巴黎，于北京设营业局。后设分行于上海。1921年停业。

1月12日 俄籍间谍佐治野夫代表西藏喇嘛与库伦当局私订《蒙藏条约》九条，其要者为："西藏达赖喇嘛承认蒙古自治权及……黄教首领活佛独立之宣言"，"蒙古政府承认西藏之自治权及宗教首领达赖喇嘛之独立”;“两国政府于内忧外患危险之际永久互相援助”;“两方贸易自由,并互设新商业机关”。

△ 袁世凯与赵秉钧、陆徵祥商定保护在俄华工办法六条。

△ 教育部公布《大学规程》,凡四章 28 条,其中对于大学分科、各科分门、修业年限及入学资格等均有规定。

△ 库伦当局以“答谢俄政府承认蒙古独立”为名,派伪外交大臣杭达多尔济为专使率 15 人赴俄,请求俄方代练蒙军,支援枪械,并商互派专使等事。是日杭达多尔济抵彼得堡。23 日,沙皇尼古拉二世予以接见。

1 月 13 日 袁世凯以吏治隳坏,贿赂公行,下令整饬官常,“京外有职人员如有容受赃贿,一经发觉,立即按律惩治”。

1 月 15 日 驻美公使张荫棠电告北京外交部,美第一国家银行总经理巴克对孙中山拟招股建筑铁路一事极为赞成,愿将该行公债 8000 万元投半数于中国,请即将此意转达孙中山。

△ 袁世凯接秦、晋、陇、新、热河、察哈尔、阿尔泰、绥远、东三省、古北口 12 处将军、都督、都统等电请三路征库。

1 月 16 日 外交总长陆徵祥与美商摩根公司签订借款 20 万美元合同,以退还之庚子赔款为担保,用于留美学费垫款。

△ 袁世凯任命高鲁为中央观象台台长。

△ 教育部公布《私立大学规程》,凡 14 条。

1 月 18 日 江北护军使刘之洁派代表张福增与日商台湾银行签订借款 10 万元合同,以军需公债票 20 万元担保,用于购置日本军械。合同规定须聘该行所属旭公司经理福间甲松为财政顾问。

1 月 19 日 财政总长周学熙函告六国银行团代表熙礼尔,“现在本国用款万分急迫,如垫款不能克期交付……自本日起,本总长有自由借款之权”。

△ 国民党上海交通部举行恳亲茶会,孙中山以国民党理事长身份亲临主持,并即席演讲《政党宜重党纲党德》。强调使朝野政党“互相

更迭，互相监督，而后政治更有进步”。

1月20日 中华民国学生会在北京发起组织，是日公布《缘起》及《暂行简章》，宣布以“联络感情，交换学识，发达教育，开通社会”为宗旨。该会于4月上旬成立，举吴稚晖为正会长，公羊寿文、徐中晟为副会长。

△ 袁世凯准设立蒙藏招待所，对蒙藏王公、活佛、官吏、商民“以示招徕”。

1月21日 日公使伊集院赴长春晤日新外务大臣加藤，讨论中国局势，行前与袁世凯晤谈。

△ 袁世凯将内城巡警总厅更名为京师警察厅，改任原厅丞王治馨为京师警察厅总监。

1月22日 袁世凯任命钟鼎新为广东陆军第一师师长，苏慎初为广东陆军第二师师长。

△ 陆徵祥为片马交涉案致函英公使朱尔典，提出片马案移京交涉，以前清光绪三十四年议案为起点等六条主张。

1月23日 袁世凯任命赵渊为山西民政长。

△ 河南都督张镇芳以开封《自由报》抨击其统治，是日派军队数十人逮捕该报总编辑贾英，31日复将该报封禁。

△ 教育部令师范学校、中学校、小学校及与此同等各学校，务须监察学生，不论在校内校外一律禁止吸烟。

1月25日 江西都督李烈钧为陆军部扣留所购军械事通电说明该省购械系前督马毓宝订购，事阅一年，南北军部案据确凿，运购手续完备，指责陆军部扣留之不当，要求发还，以消除中央与地方之隔膜。

1月26日 袁世凯复电外蒙活佛哲布尊丹巴，略谓：“库伦本为民国领土。”“库伦王公喇嘛等，或亲身赴京，或遣代表前来，献荩输诚，络绎不绝。贵喇嘛何得以一隅之地，冒称蒙古全国。”并谓：“望贵喇嘛之悔悟，甚盼熟筹利害，使我民国受于前清之领土及统治权完全无缺，民国当优礼有加，尽泯前嫌，共葆黄教之发达，永保全国之和平。”

△ 黎元洪通电调停北京政府与江西之龃龉。提议请政府调回停泊九江之军舰,发还扣留之军械,再饬赣省撤去驻扎要隘各军,并由李烈钧及省议会公派代表往迎汪瑞闿莅职,以平争议。

△ 国民党上海交通部开欢迎黄兴大会,黄兴在会上演讲宪法问题。谓国民党"依政党政治之常规求达利国福民之目的,不可轻易主张急进"。

△ 同盟会广东支部更名为国民党粤支部,仍以胡汉民为支部长。

△ 中国社会党上海支部机关刊物《人道周报》创刊。该刊由安真编辑,共出九期,于3月30日停刊。

△ 俄兵300余人经奉天辽原州(今双辽)侵入宾图王府。

1月27日 新疆都督杨增新以库伦蒙军头目丹柏江村率队千余人进逼布尔根河,急电阿尔泰办事长官帕勒塔拨队往御。

△ 内务部准蒙藏事务局所办《蒙藏回白话报》备案。按:该报申明以"开通风气,灌输边地人民知识"为宗旨。

1月28日 袁世凯令准教育总长范源濂辞职,特任海军总长刘冠雄兼署教育总长。

△ 袁世凯任命罗佩金为云南民政长。

△ 袁世凯任命黎本唐为湖北第一师师长,蔡汉卿为湖北第二师师长,王安澜为湖北第三师师长。

△ 国务院布告查禁卖官鬻爵劣行。略谓:近日有人在外招摇,声称"京外官缺可以金钱代人运动",特颁布告,嗣后如有前项情事向人招摇撞骗者,无论何人,均准其向该管官厅指名告发,悉予彻究严办。

1月29日 袁世凯令准汉粤川铁路督办黄兴辞职。

△ 袁世凯任命颜惠庆为驻德意志国全权公使。2月3日,再令颜兼任驻丹麦公使。

△ 国务院奉袁世凯令通电各省,声明中央与江西之误会,皆因赣省要员蔡锐霆、陈廷训等人之播弄,要求赣省都督、议会按照黎元洪办法,公派代表往迎民政长汪瑞闿莅职,并饬令江西省撤去各要隘军队。

△ 孙中山以财政总长周学熙与法人密议合办中法银行，与本人在沪同巴黎联合银行磋商办理合资银行一事，条件相差甚远，事关国体利权，是日密电袁世凯暨周学熙，请舍彼就此，以利国福民。

1月30日 伍廷芳、陈锦涛、温宗尧、王宠惠、王正廷等代表天津北洋大学全体师生，联名呈请教育部取消北洋大学合并于京师大学之议案。

1月31日 袁世凯通令各省：《省议会暂行条例》议决公布前，暂照前清谘议局章程分别办理。

是月 法军2000余人侵入云南富州以南田蓬地区（今文山壮族苗族自治州富宁以南）。蒙自关监督闻讯，急电省府请与法方严重交涉。

△ 加入中华民国工党之长沙全体染工700余人，因要求增加工资，实行八小时工作制，遭各店主无理拒绝，举行同盟罢工。各店主以停业半年相威胁，工人遂联合组织染业同意工厂（后改称辉光染厂），独立经营，坚持斗争。

2 月

2月1日 袁世凯与顾问各员商议对待库伦当局办法，决定暂不用兵，以免遭致俄方干涉，并初步拟定招抚办法五条。其要旨为：与哲布尊丹巴以旧有教权并加封号，岁与津贴36000元；加伪总理大臣、二大喇嘛车林齐密特以徽号，岁与津贴8000元；任伪外交大臣杭达多尔济为库伦长官；一切善后事宜由北京政府酌派阿穆尔灵圭前往库伦办理。

△ 袁世凯令东三省各都督会剿胡匪，以保护商旅。

△ 宋教仁在国民党鄂支部欢迎会上发表演说，号召通过国会竞选，取得半数以上议席，组成国民党责任内阁；指出要警惕袁世凯的破坏，袁撕毁约法、背叛民国之日，即是自掘坟墓、自取灭亡之时。

△ 党人宁调元自南昌电湖南都督谭延闿等，指责袁世凯“采用积

极专制手段,实行破坏共和,虽赵匡胤黄袍尚未加身,而拿破仑雏形已具”;建议“湘人上下团结为一气,与各得力省协筹对付之法”。同日又电国民党粤支部转粤督胡汉民,力主“东南最初起义各省亟宜联为一气”,协筹对付袁世凯之办法。

△ 农林部在北京召开全国农林联合会,“以谋全国农业改良发达,令各处农界代表周知全国农业情形,交换各地农业知识为主旨”。到各省代表89人,举叶可梁、黄召棠为正、副会长。会议历时月余,3月4日闭幕。

2月2日 国民党湘支部在长沙教育总会召开女子参政同盟会成立大会,唐群英主席。

△ 浙江省调查户口事竣,呈报北京政府:杭州共计18.7841万户,50.4912万人。

2月3日 袁世凯任命岑春煊督办汉粤川铁路事宜。

△ 南昌20余团体召开拒汪(瑞闿)大会,到者万人。通过决议四项:一、反对中央擅布官制;二、反对李(烈钧)督主张军民分治及不承认汪瑞闿为江西民政长;三、请陆军部迅饬浔关发还枪械;四、请海军部撤回军舰。

△ 第一届东亚运动会在菲律宾首都马尼拉举行,中国派出代表36人参加,获四项冠军,13项亚军,七项第三名,总分第二。

2月4日 北京参众两院复选,国民党获胜,共得392席,占绝对多数。共和、统一、民主三党仅获223席,其他兼党者及党籍不明者占255席。

△ 孙中山电袁世凯,告以定于是月11日由沪起程往日本,“以个人名义,联络两国感情”,并望详为指示政府对日、对俄方针。

△ 福建民政长张元奇率卫队60余人出城与日人密商借款,回署道经万寿桥时,突遭炸弹轰击。卫队、随员及行人等死伤数十人,张幸免。

2月5日 财政总长周学熙致函六国银行团,谓贵团不能践约借款，中国需财孔殷，若以盐课作抵押向他团借款，则以后当不得不减缩向贵团借款，鄙人初不欲声明此节，惟因贵团延宕，多方作难，故实不得已而为之。

2月6日 吉林延吉府第一路防军哗变，杀死统领王文治并四出劫掠。吉林府尹率巡警前往镇压，被击退，府尹亦被缚。7日，变兵继行抢劫。8日，珲春军至，哗变平息。

2月7日 宪法讨论会在北京开成立会，国民、共和、民主、统一四党代表均到会。举孙洪伊为主席，审订章程，推汪荣宝、易宗夔为常驻干事。

△ 内外蒙古赞成共和各王公在阿拉善地方集会，议决事项11条，其要者为：内外蒙古均应悬挂五色国旗，要求各国承认中华民国五族统一；蒙人应遵守中华民国律例；内外蒙均不得私借外债，私造枪械；由北京政府派兵驻守内外蒙各要塞，与当地蒙民共同巩固边防等。

2月8日 袁世凯召集会议，内阁各员及蒙藏事务局正副总裁均出席。先由财政总长周学熙、外交总长陆徵祥分别报告大借款问题及关于外蒙问题与俄使之交涉；继由蒙藏事务局总裁贡桑诺尔布报告近日外蒙各旗相继归附等情。袁世凯表示，非迫不得已，不愿加兵力于库伦，并决定向反正各蒙旗预发饷银等事。

2月9日 驻俄外交代表刘人镜电北京外交部，告以俄政府提出“优待蒙王公”四条及“优待蒙人民”六条。

2月10日 袁世凯召集内阁各员及蒙藏事务局正副总裁商讨对待英、藏办法。议定对英办法为：一、电驻英公使刘玉麟向英政府声明西藏为中国之领土，英国幸勿干涉，致碍邦交；二、由陆徵祥向英使朱尔典交涉，将增驻拉萨、江孜等地之英军撤离西藏；三、派全权委员办理中英关于藏事之交涉。对藏办法为：一、电西藏办事长官钟颖宣布优待藏民条件；二、电尹昌衡率兵驻扎里塘，以遏达赖之逆谋；三、派专使赴藏阐明北京政府对待藏事之方针，以消除误解。

△ 外交部于1912年12月23日曾就西藏问题正式照复英公使

朱尔典，迄未得英方回复。是日，外交部奉袁世凯指令再次照会英使，询问英政府对西藏问题之意向。17日，英使往见外交总长陆徵祥，佯称英政府嗣后对于藏务严守中立；北京政府如再派兵入藏，英国决不干预，旋即提出请允英政府修筑自印度直达西藏铁路之要求。陆未应。

△ 沈霭苍、虞洽卿等10人在上海《时报》刊登筹组北京华商电车有限公司招股简章及招股章程，确定股本为350万元，承包北京内外城全部电车之敷设，预期一年内竣工。

2月11日 孙中山为考察日本铁路及工商业状况，乘“三城丸”邮船离上海赴日。随行有马君武、戴季陶、袁华选、何天炯、宋耀如五人。

△ 滇越铁路全线竣工。此路系借法资修建，共用1.58466亿余法郎。

△ 蒙古联合进行会在北京开成立会，袁世凯派代表梁士诒出席。该会宗旨为：“一、保存蒙古权利；二、发展蒙古政治；三、促进蒙古教育；四、振兴蒙古实业。”会上举那彦图为理事长，贡桑诺尔布、阿穆尔灵圭为理事，并举讷谟图为评议长，张文德、金永昌、恩华等为评议员。

△ 冯国璋、吴景濂、沈云沛等创办民富渔业股份有限公司，在《大公报》刊登招股广告，标榜“振兴渔业，增进渔民生计，抵海产之舶来”。企业资本100万元。总公司设天津，分公司设北京、保定、奉天、济南等11处。

2月12日 各地举行南北统一共和周年纪念。

△ 国民党汕头支部机关报《大风日报》创刊，申明以“巩固共和，实行平民政治”为宗旨。

2月13日 孙中山抵长崎，旋赴东京。途次与来迎之日本友人、大阪《每日新闻》记者泽村幸夫谈话，表示愿注全力于中国之铁路建设，并谈及对中国币制改革之看法。

△ 宋教仁抵九江，国民党浔交通部开欢迎会，宋在会上发表演说。

2月14日 孙中山抵东京，日本国民党领袖犬养毅及留日学生

2000人热烈欢迎。

△ 驻迪化俄领照会北京政府陆军部，谓中国与俄国停兵议约之际，中国军队不得进兵科布多。当经陆军部将此照电达新疆都督杨增新。杨于17日分别照复驻乌鲁木齐及科布多俄领，告以“库伦及科布多蒙兵意图西窜阿尔泰山一带，本都督及中国带兵官……有防守阿尔泰责任”。“现在新疆兵队驻防察罕通古、布尔根河一带，原系为防守阿尔泰山起见，并无进取科城之事”。

2月15日 孙中山出席东亚同文会晚宴，讲述中日两国“互为提携”对维持东亚和平之必要性。

△ 教育部为“筹议国语统一之进行方法”，召开读音统一会。与会各省代表及特邀代表共80余人。举吴稚晖为会长。会间拟定拼音字母39个。5月26日闭会。

△ 云南都督蔡锷因英又在我片马、蛮允(今曼允街)大量增兵、运粮、筑营、设垒，并将大量武器弹药运存他戛(今称戛)，是日急电北京政府请设法防御。

△ 宋教仁抵沪。19日，出席国民党上海交通部欢迎大会，发表演说，提出政党内阁与省长民选之主张。

△ 江苏都督程德全抵济南，同鲁督周自齐商讨两省边境剿匪事宜，议定联络办理。

△ 夜11时，驻热河(今承德市)第三营士兵乘当地大部驻军调往开鲁之际，在革命党人协助下举事，杀连、排长及军需官并焚营房，随即破军械所，得枪百余支、子弹10余万发，并奔赴银库，夺得库款1.9万余两。复焚电报局、兵备处，并攻财政局、都统衙门。都统崑源急调邻近庄头营子驻军驰往镇压，激战数时，举事一方不支，阵亡、被俘数十人，余四散。16日晨，事息。

△ 《法学会杂志》在北京重新创刊。按：法学会成立于1911年10月，“以研究法学，赞助立法、司法事业为宗旨”，会长沈家本。该会曾出《法学会杂志》五期，并组织法政研究所。1912年初会务中辍。同

年10月20日召开会员大会，恢复会务，该刊重新创刊，主要为发表各方有关宪法问题之主张而设。

2月16日 王芝祥、孙毓筠等19人发起国事维持会，是日在北京开成立会并发表宣言，宣布该会以调和立法与行政、中央与地方、政党与政党之冲突为宗旨。次日，国事维持会开会选举王芝祥、孙毓筠等五人为理事，并致函赵秉钧，请取消军警联合会，以杜武人干政。该会于11月17日由孙毓筠宣告解散。

△ 俄政府与库伦当局密订《俄蒙旅协定》，其中规定：俄政府为库伦当局装备一旅，包括二骑兵团、一机枪队及拥有1900名士兵之炮队。该旅教官均由俄军官充任。并规定库伦当局应交俄政府35万卢布，充作组织该旅之全部费用。3月10日，陆徵祥就此事诘问驻京俄使："俄政府何故以武力助外蒙及售与军火?"俄使竟谓："俄以武力助蒙载在协约，此次经俄皇允许，系属当然之事。……至借款购办枪械，亦自是应有之事。"

△ 俄马队1200人擅入我海拉尔，并驱逐当地居民。

2月17日 江西都督代表彭程万、贺国昌谒袁世凯，方陈该省反对汪瑞闿乃反对汪个人，并非反对中央命令。袁答称业已派员查办，将来必可和平解决。

△ 孙中山与日本首相桂太郎在东京密谈，希望日本协助中国国民革命，解除不平等条约的束缚；中日两国互相信赖，共同努力，以阻截英国在亚洲之称霸。桂太郎赞同孙中山所作之劝告，提议中日两国联好，以保东半球之和平。并谓"以我所见，袁终非民国忠实的政治家，终为民国之敌，为先生之敌。……如先生所言，目前以全力造成中国铁道干线，此实最要企图。铁道干线成，先生便可再起执政权，我必定以全力助先生"。次日，孙中山电上海同志告以"现由首相桂太郎发起中日同盟会，约两周内举行成立大会"。

2月18日 袁世凯接见华侨选举代表，并发表讲话称："余夙愿侨民参与政事，同心协力，以达救国之目的。"

△　孙中山访日本参谋、陆军两部部长，参观炮兵工厂及火药厂，出席外务大臣加藤午宴，下午出席日本邮船会社招待会，并演说航路与铁道之关系。

△　福建省议会开预备会，宋渊源为临时主席，就袁世凯电令省议会法中央未颁以前适用前清谘议局章程一案进行讨论，公决此等电令不能承认，并一面电询各省意见。

△　北京政府因俄政府擅将中俄合办之库伦华俄道胜银行改为俄蒙银行，是日授权外交总长陆徵祥向俄使库朋斯齐提出质问。

2月19日　袁世凯公布《民国元年六厘公债条例》，凡16条。公债定额二亿元，用以"拨充中国银行之资本"、"整理各种零星短期借款"及"整理各省从前发行之纸币"。旋以善后大借款成立，此项公债遂未正式发行。

△　袁世凯令设财政委员会，筹划全国财政，派梁士诒、周学熙、梁启超等八人为委员。

△　孙中山出席日本众议院议长主持之欢迎会，发表演说，指出"中国日本两国有数千年亲密关系，种族、文字相同"、"两国和睦相亲，互相提携，不仅在东亚和平上，且在世界和平上实有必要"。

△　黑龙江都督宋小濂电北京政府称，俄人在库伦设一军司令部，颁新令五条，其要旨为：库民非经该部许可，不得收藏军械及其他禁物；旅库外人非有该部旅行证，不准自由行动；库民生命财产经清查注册后，均受该部保护；民刑诉讼概由该部执行裁判，王公不得干预。

△　汉冶萍公司经理孙武电袁世凯，主张一律改归商办。

2月20日　孙中山出席日本铁道会欢迎会，演说中国铁道政策。同日，又出席三井物产株式会社所举行之"中国兴业公司"发起人会议，拟定《中国兴业公司计划书概要》，规定该公司为中日合办之股份公司。

△　国民党本部以共和党报纸诬指国民党密议拥戴孙、黄发难，抵借日款，购备枪械，割据东南，是日通电辟谣。

△　袁世凯任命谢汝翼为云南陆军第二师师长。

△ 内务部通告各省都督、民政长，并请转饬所属，“切实保护祠庙”。文内最为强调者乃保护孔庙。

△ 司法部据《临时约法》第48条关于组织法院之规定，通令各省高等审判厅厅长及高等检察厅检察长，参照北京各级法院改组办法，改组各省法院，即分别将各省高等以下原有审判、检察人员重新考核，然后报部核定，再请任命，以符约法。

2月21日 宋教仁抵杭州，23日在国民党浙支部欢迎会上发表演说，指出目下大局岌岌，国民党党员应时时存救国民之责任心。

△ 孙中山出席东京实业家联合欢迎晚宴并致答辞，指出中国天然资源丰富，且拥有数亿人口，将来定能成为富强之国。希望日本“能助我一臂之力”。

△ 署教育总长刘冠雄呈请袁世凯批准临时稽勋局所拟变通留学办法：此后“有功民国人员”呈请派遣留学者，由该局“给予证书，使得分入本国相当学校，则经费既可节省，而于育才、酬庸两事均有裨益”。是日，袁将此呈批交国务院查照办理。

2月22日 逊清隆裕太后病死。国务院通告各官署，以外国君主最优礼待遇，一律下半旗27日，现任官及现役军官均佩黑纱27日，“以志哀悼”。

△ 驻英外交代表刘玉麟电北京外交部称，英廷对于库藏协约颇不满意，而达赖已有电致英政府，要求承认独立，提出六项条件：一、西藏宣告独立之后，一切军械由英廷接济；二、西藏为报酬扶助独立起见，特承认英廷派员来藏监督财政、军事；三、英廷须借300万镑于西藏，抵押任由英廷指定；四、民国军队如至西藏时，英须担保抵御之责；五、西藏宣布独立后，英廷须首先承认，并担任介绍各国承认；六、西藏持门户开放主义，准英人自由行动。

△ 内务部下令将长江及其他水师一律改为水上警察。

2月23日 孙中山在东京出席留日学生欢迎大会，发表演说，勉励“学生须以革命精神努力学问”。

△　中日新闻记者俱乐部总会在北京开成立会，宣称“以加强中日两国亲睦，保持东亚和平为宗旨”。到会中日记者60余人，临时参议院议长吴景濂、日本公使馆武官青木等亦到会。

2月24日　梁启超正式加入共和党。

△　教育部公布《高等师范学校规程》，凡35条。

△　司法部据调查报告，河南未设审检厅各州县，有擅行枪毙人犯，不遵赦令，及不废刑讯，积案不理等情，是日训令各省司法筹备处转饬各州县，务须遵照法令，执行职务。

△　江西省正式议会开成立大会。该会曾于22日开会选举正、副议长，任寿祺被选为正议长，23日及是日再选副议长，颜炳麟、欧阳莘当选。都督李烈钧出席并致祝词。

2月25日　孙中山出席日本前首相大隈重信的茶话会和东京市长阪谷的宴会，称颂中日两国友谊，“窃望莅会诸君此后益主倡中日提携之论，以谋东亚之幸福，及世界之和平”。

△　俄哥萨克马队500人、炮队一营，携机关炮三尊、炮弹200箱进驻哈尔滨。

2月26日　日本20余团体在东京开欢迎孙中山大会，桂太郎主席，通过承认中华民国及确保中国领土完整议案。

2月27日　六国银行团总代表熙礼尔为大借款事于驻京英使馆开茶话会，英、法、德、日各使意见不一，无结果。

2月28日　云南都督蔡锷因英兵200余人并测绘人员40余人擅入我国云南腾越(今腾冲)地区肆行勘测，是日遣员与英领交涉。其后复交涉多次，英领均置之不理。

△　英国向西藏增兵2000人，旋西藏办事长官钟颖电北京外交部，请速向英公使严重质问。

△　中华民国蚕丝总会在北京成立，以“确定蚕丝业进行之方针”、“力图蚕丝教育之普及”、“扩张海外生丝之销场”、“调查世界蚕丝业之现状”为主要会务，举陶昌善为会长。

2月下旬 孙中山在日本获悉日新内阁俟中国正式政府成立，当首先承认，电广东都督胡汉民，请联络南方各督支持袁世凯为正式总统。电谓“国会将开，选举总统，宜先预备，现任袁总统，雄才伟略，薄海同钦。就任以来所有措施，中外慑服，请联络南方各督共表同情，一面怂恿国会赞成，务使人心一致，藉支危局”。

△ 英政府与达赖擅订《通商协约》。约共六款，其中规定：“英、印在西藏有优先权，货物进出概行免税”；“英、印在西藏得开设银行”；“西藏境内主要物产……概归英人管理，其矿产森林等亦由英人投资开办”；“中国在西藏之权利一概取消，若喇嘛阳奉阴违，查出严罚”。

是月 《震旦》月刊在北京创刊。该刊由赵管侯、李梦林编辑，统一党政务讨论会发行。

△ 《孔教会杂志》在上海创刊，由该会会长陈焕章主编。

3 月

3月1日 东京国民党支部、共和党支部、广东同乡会联合召开欢迎孙中山大会，到4000余人。孙中山在会上发表演说，指出“民族、民权二大主义均经达到目的，民生主义不难以和平办法，逐渐促社会之改良”；并论述两党制之必要性与党德之重要性。

△ 梁启超在《庸言》半月刊第一卷第七号发表《敬告政党及政党员》一文。

△ 赣事查办使王芝祥抵南昌，受到赣省各长官热烈欢迎。王表示：“今中央政府使吾来赣，原为解释一切误会。”

△ 财政总长周学熙与德商瑞记洋行签订借款30万英镑合同，以契税收入为担保，用于支付军政各费。

△ 山东银行成立，资本总额定为500万元，实收141万余元，总行设济南。

△ 山西省议会选举杜上化为正议长，张瑞、高洪为副议长。3日

开成立大会。

3月2日　英人数名在汉口华景街后试放猎枪,竟击毙运土工人一名,伤二名。在场工人立即集合当地数千居民,将该英人扭送警察第十五署。汉口镇守使杜锡钧闻讯,即会同警察厅率队前往镇压。

3月3日　袁世凯任命章梓为江苏陆军第一师师长,章驾时为江苏陆军第二师师长,冷遹为江苏陆军第三师师长。

△　黎元洪电袁世凯,条陈调停赣事办法:一、即令李烈钧兼署民政长,另予汪瑞闿位置;二、令李烈钧取消蔡锐霆、陈廷训兵权。

△　参议院开会讨论任命汤化龙为教育总长案,到58人,赞同28票,反对29票,1票作废,未通过。次议编拟宪法草案委员会大纲案,因议员人数不足,未付表决。

△　孙中山访日本新首相山本权兵卫话别,表示中日联好之愿望。

△　北京公使团就六国银行团监督大借款之人员问题达成协议,并通告北京政府,内容为:要求盐税稽核处聘英人为主办,德人为副办;国债局聘德人为总办;审计处聘俄、法各一人为顾问。北京政府以借款谈判时未曾提及为由,加以拒绝。

3月4日　袁世凯任命高凌霨督办改组各省银行及推行纸币开办金库事宜,并由高松如会同办理。

△　参议院讨论宪法起草会章程议案,赞成反对各半,旋由议长加入反对一票,此案遂未通过。

△　国务院以福胜招募胡匪4000名,图夺取黑龙江省为根据地以为库伦之保障,并煽惑军队,暗杀要津人员,是日密电黑龙江省都督宋小濂自即日起在黑龙江全省戒严。

△　孙中山出席日本外务大臣牧野之午宴,并访松方,请其协助订立中日商业条约。

△　总统府秘书长梁士诒抵广州,广东都督胡汉民设宴欢迎。旋胡访梁商谈要政:一、整顿税源;二、整顿盐政;三、琼州开埠;四、维持纸币;五、建设大学;六、办警剿匪;七、安置军队。

△ 全国禁烟联合会在北京开会。该会由万国改良会中国总会会长、美国人丁义华发起，各省都督各派代表一人组成。会间议决禁烟事件12项。6日闭会。

3月5日 直隶都督冯国璋以上月28日北京《中国报》蔑称其与倪嗣冲上表劝进，请袁总统改为君主，以成子孙万世之业，是日通电宣布提起诉讼，与该报主笔严重交涉，并呈请袁世凯饬部彻究，按法惩办。7日，倪嗣冲亦发同样内容之通电。

△ 俄公使库朋斯齐于中俄双方磋商外蒙问题会议上，对北京政府在东三省、新疆等地调兵设防、购置军械等事横加干涉，并威胁云："设中国政府不及早设法阻止，则将来俄国同等办理，双方均无利益。"10日，继续开会，陆徵祥对俄使干涉中国内政之蛮横举动未敢予以严辞驳斥，仅谓："黑龙江添兵不过两千余人，购买军火并无其事。"

3月6日 上午，孙中山自东京抵横滨。下午，在国民党横滨支部欢迎会上演说"政党与政府之重要关系"。

△ 驻日公使汪大燮电告外交部，日本首相山本对华政策与桂太郎不同，鼓吹中日联盟，以厚东亚势力。

△ 天津矿务会举袁世凯之子袁克定为会长。

△ 国务院法制局聘日人有贺长雄为顾问，是日抵京。

3月7日 稽勋局通告北京及各省大学、专门、高等、中小学校"嗣后对于烈士后裔及革命出力人员贫苦不能自给者，持有本局证书，一律免收学费，按其程度分配何校何级，但学校以国立及各省官立为限"。

3月8日 孙中山抵名古屋，出席名古屋市长主持之欢迎会。

△ 库伦当局聘俄陆军高级士官可路司笃哀为蒙军指挥教练，并订聘约10条，约中规定予可路司笃哀"以调用各盟部军队全权"。

3月9日 宋教仁于7日抵南京后，是日国民党宁支部开欢迎会，到3000人。宋发大政演说：政体主张单一国制，实行责任内阁，省行政官民选，省为自治团体，国务总理由众议院推出；政策方面主张整理行政，划分中央地方之行政，整理财政，开发产业，振兴民政，兴办国有交通业，振兴教育，统一司法，运用外交。

△ 浙江省议会分别电国务院、参议院，谓谘议局章程非现行法律；政府忽以命令修改通行，违背约法，蹂躏民权，应请弹劾取消。同日又电各省参议会请协电力争，始终坚持。

△ 山东都督周自齐密电北京政府称，德国派兵1300人来驻青岛，并调来巡洋舰八艘，请向德使交涉。

△ 驻俄公使刘镜人电告北京外交部，俄政府与哲布尊丹巴暗相勾结，允派俄兵五万，助其对抗中国。

△ 晚7时，云南剥隘驻军因欠饷全营哗变，先砍电线断绝对外之联系，随即毙伤哨长及管带，出营抢劫各商号，天明转入广西境内。

3月10日 参议院会议因不足法定人数，议长于宣告延会之前，宣读袁世凯来文两件：一、增加盐价议案；二、中央学会选举参议院议员章程案，请诸议员务于12日一律到院公决。

△ 国务总理赵秉钧在国务院提出生利政策四端：一、开辟商埠；二、推广路政；三、开采矿产；四、采伐森林。请外交、工商、农林、交通各部总长极力进行。

△ 孙中山抵大阪，出席大阪市长主持的大阪市民欢迎大会，发表演说盛赞日本40年之进步发展，并望日本援助中国。

△ 宋教仁自宁抵沪。12日在沪演说中央行政与地方行政划分之政见。

△ 国民党赣支部公举贺国昌为支部正部长，唐国仁为副部长。

△ 陆军总长段祺瑞与德商捷成洋行签订借银20.4878283万两合同，以中国银行为担保，用于购置军械及栈租。

△ 德公使哈豪森照会北京外交部，要求两事：一、准德人筑自胶沂经莱芜至济南铁道；二、德商有开采该路附近30里内矿产权。

3月11日 赣事查办使王芝祥电北京政府称，此次江西拒汪风潮，实因汪瑞闿非赣人，众意不惬，并非李烈钧违抗中央命令，破坏军民分治，排斥汪民政长；并荐乡望素孚之赵从蕃署江西民政长。袁于是日复电照准，并颁布任命令。

△ 驻迪化俄领照会新疆都督杨增新，无理阻挠新疆军队驻防萨克赛河。杨接得此照后，于12日急电袁世凯，请饬外交部严重交涉。

△ 美国人穆德在上海召集外籍基督教传教士开会，到130余人。议决："为了保证名符其实的占领，传教军队的每一种武器都应得到巨大的补充。我们最伟大的责任，是训练将成为信仰基督教的中国领袖的中国男女。"会间并成立中华续行委办会。会后大批美籍传教士接踵来华。

3月12日 《民立报》发表宋教仁对该报记者之谈话，略谓宋表示希望黄（兴）、唐（绍仪）二公当选正式政府总理。

△ 内务部通令各省民政长，禁止父母强迫子女为僧尼及官吏强迫僧尼还俗。

3月13日 孙中山抵神户，在神户华侨全体欢迎会上演说，号召全国同胞"以爱身爱家之思想，合而爱国，则我国之富强，对内对外，可以在地球上占第一强国"。

3月14日 江苏驻沪巡查长应夔丞电告内务部秘书洪述祖，已发出紧急剿捕宋教仁之命令。谓："梁山匪魁（指宋），四出扰乱，危险实甚，已发紧急命令，设法剿捕之，转呈候示。"

△ 孙中山自日本广岛电袁世凯，陈述对大借款意见，略谓大借款关系外交与将来承认民国问题，资本团如此要挟，目前无妨停顿，惟不可遽行宣告决裂。

△ 长沙成立孔道会，举舒礼鉴为会长。

3月15日 国民党本部通电宣布，晋支部长阎锡山政务繁重，兼顾不遑，擢选温寿泉接任，并称该支部无脱党情事，晋议员亦无一人脱党。

3月16日 袁世凯再电哲布尊丹巴，劝其"取消独立，免受异族之灭亡"。

△ 广东都督胡汉民召集粤省军事会议，议决10项，其要旨为：征

库、征藏同时并举;粤省先备精兵二旅候令出发;请饬陆军部速定各省进兵事宜,通告全国。

3月17日 日本政府以辽东半岛租期将满,要求展期20年。是日,驻日公使汪大燮将此事急电北京外交部请示办法。

△ 德公使哈豪森照会北京外交部,谓两国政府前曾有约合资修筑胶沂铁路(今山东胶县至临沂),今中国无力兴修,德国当实行约中所订下述二条:一、独资修筑胶沂路;二、该路附近30里内之矿产德商得自由采之。陆徵祥当即照复德使,告以此项条约应在修改之列。

△ 蔡锷电告北京政府,暹罗(今泰国)派代表来省,力邀同盟,以保东亚大陆,请示遵行。

3月18日 宋教仁在国民党交通部公宴会发表演说,略谓:"吾人只求制定真正的共和宪法,产出纯粹的政党内阁,此后政治进行,先问诸法,然后问诸人。凡共和国家存在之原理,大抵如此。吾党现今应有之党略,亦当依此方针,以谋稳健之进行。"

△ 各省军事代表在总统府开会,议决改组全国军队,减为34个师,规定大省2师,小省1师,边疆大省可增至14师;每连兵额平时126名,战时可增至170名,由退伍兵员内选充。

△ 由各省都督发起组织之研究宪法会在北京成立,举杨度为会长、马良为副会长。该组织对外标榜"系纯粹学会性质","与政治无关,并不承何人意旨,不受何人质问,其范围仅止研究二字",其实乃袁世凯御用机构。

△ 各党议员开会讨论大总统之选举法,共和、统一、民主三党均主以得票三分之二为当选,国民党提出以得过选举人半数者方为当选。

△ 美总统威尔逊发表宣言,声明美国政府不再委托美国财团参加六国银行团对中国之借款。19日,美国财团正式通知英、法、德、日、俄五国财团及北京政府,声明退出六国银行团。

3月19日 袁世凯通告"定于中华民国二年四月八日行民国议会开会礼"。

△ 国务院将袁世凯交来徐绍桢“请将天坛改为礼拜堂配以孔子”呈文一件,转发各省民政长,令就此事“筹议呈复”。

△ 袁世凯就湖北商人裘平治等17人上书请“暂改帝国立宪,缓图共和”事,发布通令宣称“本大总统受国民托付之重,就职宣誓,深愿竭其能力,发扬共和之精神,荡涤专制之瑕秽,永不使帝制再见于中国,皇天后土实闻此言”。特饬湖北民政长“严行查拿,按律惩治,以为猖狂恣肆干冒不韪者戒”。

△ 袁世凯令准兼署教育总长刘冠雄辞职,特任农林总长陈振先兼署。

3月20日 夜10时45分,宋教仁自上海乘车北上,在沪宁路上海站遇刺,伤要害。入医院后,自分必死,遂立即授意黄兴代拟致袁世凯电,内中有云:“今国基未固,民福不增,遽尔撒手,死有余恨。伏冀大总统开诚心,布公道,竭力保障民权,俾国会得确定不拔之宪法,则仁虽死之日,犹生之年。临死哀言,尚祈鉴纳。”

△ 内务部接陆军部转来袁世凯指令:为防止泄漏外交、军事秘密,即转饬各报馆,“对于外交、军事秘密事件一律不准登载,违者按律严惩”。内务部旋责成京师警察厅将此令转知各报。21日,该厅发布通告,决定自即日起实行新闻检查。

3月21日 黄兴电袁世凯、国务院、参议院,报告宋教仁遇刺经过及住院治疗情形,并告“当场凶手窜逸,未及捕获”。

△ 袁世凯接宋教仁遇刺电后,电复假意慰问,内中有云:“岂意众目昭彰之地,竟有凶人敢行暗杀,人心险恶,法纪何在?!惟祈天相吉人,调治平复,幸勿作衰败之语,徒长悲观。”同日,又电江苏都督程德全、民政长应德闳、上海交涉使陈贻范、上海县知事及沪宁铁路总办,令“立悬重赏,限期破获,按法重惩”,并派陈贻范及上海县知事前往医院“慰问”,以掩世人耳目。

△ 江苏都督程德全、民政长应德闳电袁世凯、国务院,报告宋教仁遇刺;同时并电上海县知事及南北警察局长等,应一体严督探警侦

缉,务期必获。

3月22日 晨4时47分,宋教仁不治身死。黄兴随将此耗电达袁世凯、国务院及参议院。

△ 孙中山自日本长崎电国民党本部及上海交通部,痛悼宋教仁,“望党人合力查此事原因,以谋昭雪”。

△ 国民党本部为宋教仁逝世特开职员会,议决定于30日开追悼大会;通电各省支部抱定本党政见,继承宋教仁未尽之志;并举代表四人谒袁世凯,表明本党对宋案之态度。

△ 黄兴、陈其美致函上海总巡捕房,悬赏银一万元,缉拿宋案正凶。

△ 黄兴以迭接都中诸友来电,殷殷垂询宋案真相,特致电北京《民主报》主持人仇蕴存,说明宋教仁被刺身死经过情形,“乞登报章,以慰哀感”。

△ 袁世凯得宋教仁死讯后,再佯饬程德全、应德闳“迅缉凶犯,穷究主名,务得确情,按法严办”。随后复以“疏忽过甚”罪名,令国务总理赵秉钧、交通总长朱启钤“将沪宁路总办、站长及巡警人员分别议处”,“悬赏缉凶”,并令赵、朱二人“分饬各铁路局及沿路巡警局,于国会各议员暨各政党重要人物来京时,特别加意保护。勿任再有疏忽,滋生意外事端”。

△ 国民党本部代表吴景濂、张继、殷汝骊、张耀曾面见袁世凯,要求追查宋案正凶。袁表示将责成苏督严拿正犯。

△ 国民党东京支部急电北京参议院,请严缉宋案凶手,谓“勿论凶手何人,恳严彻办,以杜危机”。

△ 《不忍》月刊在上海创刊,康有为作序,谓民国成立后,“睹民生之多艰,吾不能忍也;哀国土之沦丧,吾不能忍也;痛人心之隳落,吾不能忍也;嗟纪纲之亡绝,吾不能忍也;视政治之窳败,吾不能忍也;伤教化之陵夷,吾不能忍也;见法律之蹂躏,吾不能忍也;睹政党之争乱,吾不能忍也;慨国粹之丧失,吾不能忍也;惧国命之分亡,吾不能忍也……

此所以为不忍杂志耶”。该刊以宣扬尊孔读经为惟一职志。

3 月 23 日 国民党上海交通部举行宋教仁殡仪，由医院殡殓移往湖南会馆暂行厝葬，伍廷芳等数千人送殡，党员 1500 人执绋，沿途 10 余里，道旁观者男女老幼万头攒动。黄兴、陈其美在会馆前迎候，行礼致哀者络绎不绝。

△ 上海英法二租界捕房据可靠线索，逮捕宋案同谋犯应夔丞。次日搜查应宅，于宅内捕获刺杀宋教仁之正凶武士英（即吴福铭），并搜得密谋刺宋之确凿证据多件，由此谋杀宋教仁之凶犯乃尽行暴露。

3 月 24 日 袁世凯任命胡万泰为安徽陆军第一师师长；黎天才为江南留鄂陆军第一师师长。

△ 参议院吴景濂等 72 名国民党议员为悼念宋教仁，电国民党上海交通部并转黄兴，表示“贯彻吾党主张，确定共和之宪法，借慰英魂于地下”。

△ 库伦蒙军进犯大王庙，与驻当地新练骑兵一团战于距该地 60 里之锡林郭勒河。是役因团长沈某调度失宜，几全军覆没。幸赖援军大败蒙军于距经棚（今内蒙古自治区克什克腾旗）40 里之沙托子，始挽回战局。

△ 浦口承揽搬运之民生公司强行开除两班湖北籍工人。工人不服，前往公司理论。公司即电浦口路局调派警兵镇压，枪杀工人两名，刀伤并拘捕多人。

3 月 25 日 孙中山在日本获悉宋教仁遇刺身死，是日返抵上海。当晚与黄兴等党内领导人商讨对策，“决意无论如何按正当之手段，诉之于世界之公议，而将袁排斥之”，计划由参议院预期集会，提出弹劾袁世凯案。

△ 上海会审公堂对宋案初步审讯，主使犯应夔丞狡赖，凶犯武士英供认不讳。

△ 江苏都督程德全应黄兴电邀由宁抵沪，督率各员亲自办理宋案。27 日，江苏民政长应德闳亦赴沪吊唁，并会同程德全办理宋案。

△ 驻湖北樊城第二十一团一、二两营士兵，因被裁撤，要求发饷一年，团长不允，遂于夜间9时哗变，放火劫掠，后被该团第三营协同驻襄阳第十八旅驱散。

3月26日 袁世凯任命张謇督办导淮事宜。

△ 宋案主使者、内务部秘书洪述祖离京出逃，袁世凯命令拿捕。30日，洪犯在青岛为德租界工部局拘留，次日取供后释放。

△ 日公使伊集院彦吉访陆徵祥，称奉日政府令，要求详订东三省地方条约，并面交日方草拟条约六款："一、黑龙江一带为中日公认商民同利之航路，不准他国同沾利益；二、东省地方办理新政及垦务须向日本借款；三、沿南满铁路线内及由长春至大连租界内所管地，须永远租借；四、限制南满中国军队；五、日人在奉游学及游历须切实保护；六、宽甸、怀仁（今桓仁）、通化、临江四县内二十余处矿产归日人开采。"

3月27日 国务院通电各省都督、民政长，录宋案要犯应夔丞23日函及该函所附《监督议院政府神圣裁判机关简明宣告文》，"宣告文"除指明暗杀宋教仁外，并将梁启超、孙中山等各方重要人物均列为暗杀对象，要求各省密查防范。

△ 参议院开会议决两案移送政府公布：一、通过铁路总公司条例案；二、省议会暂行法。

△ 国民党上海交通部宴请国会议员，孙中山即席报告访日观感，讲述中日关系。

3月28日 袁世凯据稽勋局呈请，批准优恤宋教仁，并将生平勋绩交国史馆立传。

△ 赵秉钧谒袁世凯，谓现在宋案外间竟有人疑彼主使，彼万难缄默，拟即辞职往沪与凶手对质，以期水落石出。袁予以劝慰。

△ 达赖自1912年底胁迫驻藏办事长官钟颖撤离拉萨移驻靖西后，复以兵力逼钟离藏。是日，钟被迫再移往中印边境之那当，旋至印度噶伦堡，复遭当地政府驱逐，5月15日抵印京德里。6月1日，钟接国务院转达袁世凯令，着其"回国听候查办"。6月1日，袁世凯正式任

命陆兴祺为护理驻藏办事长官，钟颖遂于6月6日将印信交陆兴祺，旋即离印返国。

3月29日 工商总长刘揆一离京赴沪吊唁宋教仁，并会商身后事宜。

△ 河南警察厅长严觐光呈都督张镇芳，告以白朗军从确山窜至桐柏、泌阳、确山之界山谷，被泌阳、信阳两军夹攻，复窜入石磙河（距确山县城60里），驻确山城外第八镇陆军步队二连奉命连夜开拔往剿。

△ 俄公使库朋斯齐于中俄双方磋商外蒙问题会议上，再次无理干涉北京政府在中国边省添兵布防，并威胁云："本国对于此事异常郑重，中国果有征蒙之举动，本国便不能不视之为两国之争端。且贵国边界军队不啻公然预备战事。本大臣敢断言，本国政府不能不有相当之预备也。"

△ 外交部接库伦电称，若中国政府欲库伦解除《俄蒙协约》，须履行下述条件：一、库伦政府永久保存；二、中国不遣官吏干涉蒙事；三、中库各遣代表订立专约；四、双方军队自行撤回；五、中国政府不得阻止库伦向外国借款；六、库伦政府自行委任蒙官，中国政府不得干预。

△ 汉冶萍公司股东大会，举盛宣怀为总理。

3月30日 孙中山电请袁世凯与北京外交团交涉，宋案收回自办，勿在上海会审公堂审问。

△ 国民党本部在北京开追悼宋教仁大会，到者千余人，吴景濂、张继、林述庆、张耀曾、谷钟秀、李肇甫、孙毓筠等均与会。吴景濂宣布开会主旨，指出宋教仁之死，非独国民党死一理事，实中华民国死一伟人；宋为政见而死，"吾辈当继先生未尽之志，庶先生虽死犹生"。李肇甫陈说宋之历史。赵秉钧派代表王治馨出席大会，谎称洪述祖系个人主动，大总统、赵总理"毫未预闻"，并将洪来电及应氏电文交吴景濂存查。

△ 国民党横滨、神户两支部分别举行追悼宋教仁大会。4月3、6两日，东京、大阪两支部分别举行追悼宋教仁大会。

△ 国民党上海交通部接署名“混同党支部”恐吓信，警告“宋案不事深求，彼此均存颜面”，“万一颜面竟破，转瞬兵端即见”。

3 月 31 日 宋案在上海会审公堂进行第一次预审，观审者极众，国民党上海交通部延请德雷斯与哈华托两大律师承办此案，主使犯应夔丞、凶犯武士英委请爱理思、沃沛、罗礼士三律师辩护。应、武两犯被押送至公堂，公堂正会审官、关谳员与驻沪英副领事宣读应夔丞运动王阿发谋刺宋教仁及唆使武士英行刺宋教仁案，旋被告律师要求延期两周审讯，经辩论后改订于 4 月 4 日审问。

△ 袁世凯公布《中国铁路总公司条例》，凡 13 条。

△ 驻北京外交团，就宋教仁遇刺逝世，向中国政府表示哀悼。

3 月下旬 党人宁调元在沪会见孙中山、黄兴，力言东南各省已趋一致，袁世凯自绝于民国，建议迅速举兵，北定中原。

是月 王锡蕃等在山东济南发起组织孔道会。8 月 20 日，王等上书袁世凯，力言成立该会之必要，并请袁“鼎力维持”。9 月 12 日，内务部批准该会立案。

4 月

4 月 1 日 袁世凯公布《行政执行法》，凡 11 条。

△ 袁世凯加班禅“致忠阐化”名号。

△ 国民党鲁支部在济南开追悼宋教仁大会，会上党员相继演说，礼毕读哀词。

△ 梁启超在《庸言》半月刊第一卷第九号发表《暗杀之罪恶》一文，为宋教仁被刺表示“哀愤”。称颂宋教仁是“我国现代第一流政治家”，指出“歼此良人，实贻国家以不可复之损失，匪直为宋君哀，实为国家前途哀也”。

△ 《言治》月刊在天津创刊，由北洋法政学会编辑。

△ 葡萄牙公使照会北京外交部，提出澳门划界事以光绪十三年

(1887)所订两约为条件:一、中国承认葡人有永居权;二、葡人不得中国许可不得将澳门让与他国。

4月2日 袁世凯公布《省议会暂行法》,凡五章41条。

4月3日 内务部次长言敦源偕国务院秘书程经世奉政府委托至山东交涉洪述祖回京归案。5日,言、程抵济南晤鲁督周自齐,始知洪已为德人拘留。8日,言、程在青岛往见洪,促其回京,为洪所拒。

△ 午后6时45分,南京、上海均发生较强地震;7时,镇江地震,倒塌房屋甚多。6日午后6时许,地震波及苏州、松江等地。8日午后5时,扬州亦震,倒塌房屋数处。

4月4日 宋案在上海会审公堂进行第二次预审,观审者数千人,凶犯武士英供认行凶系一人起意,一人行动;又谓"宋教仁要做国务总理,所以我要刺他"。

△ 各省军事会议代表在北京发起军界回袍会,是日开成立会。

△ 直隶都督冯国璋遣代表沈瑞麟与比利时证券银行及安华士银行签订借款50万英镑合同,以直隶省烟酒税为担保,用于该省行政费。

4月5日 宋案在上海会审公堂进行第三次预审,双方律师互辩,原告律师请公开搜查所得之电报密码、往来电报信件及手枪等各项证据,英副领事以此事关系政事,须请命于领事团,辩论未决。

△ 中央佛教会在北京开成立会,到者千余人,黎元洪及各省都督多致祝词,各部总次长等亦多派代表往贺。

4月6日 袁世凯调其驻彰德嫡系部队入京,为选举正式总统时进行弹压之用。

4月7日 宋案在上海会审公堂进行第四次预审,证人王阿发供认受应夔丞之雇刺杀宋教仁,并谓应说"办到手,可得一差事,并得洋1000元"。

△ 前清陕甘总督升允归附民国后,旋与俄、库阴相勾结,谋复亡清,是日潜抵库伦。

△ 德公使哈豪森自3月17日向外交部提出准德国独资修筑胶

沂路等无理要求遭拒后，继又强行要求四事：一、德国在山东得修筑四处铁路；二、中德合资开采胶州矿产；三、中国不拘何地均应准德人自由航行；四、德侨在中国内地得自由营业。经国务会议否决后，是日外交部以“有损国权，碍难照准”复之。

4月8日 中华民国第一届正式国会在北京开会，到会议员682人，其中参议员179人，众议员503人。袁世凯委梁士诒送颂词到会。按照《临时约法》第二十八条之规定，临时参议院于同日宣告解散。

△ 巴西政府宣布承认中华民国，此为各国承认中华民国之始。9日，国务院、教育部分别通告各官署、学校，于12日悬中巴两国国旗志庆；各校并放假一日。

△ 国民党赣支部在南昌开追悼宋教仁大会，到千余人，支部长廖国仁宣布开会宗旨，俞应麓等演说，表示决心继宋教仁之志，前仆后继，百折不回。

△ 日军300余名借口保护日商，强行进驻延吉。

4月9日 宋案在上海会审公堂进行第五次预审，讯问证人王阿发、吴忠华及主使犯应夔丞。

△ 袁世凯召见九江镇守使戈克安，面询江西情况。

△ 秘鲁政府承认中华民国。

△ 上海《中华民报》发表题为《强盗政府》社论，揭露袁世凯政府“日以杀人为事，其行为无殊于强盗”。社论着重指出：“强盗政府一日不仆倒，则共和即将断送。……袁世凯乎，实为全国人民之公敌也，手不操戈矛之大盗也。共和政治之能在于中国否，当视此大盗之能驱除否。”

4月10日 袁世凯公布《西藏第一届国会议员选举法》，凡四条，其中规定：“西藏参议院及众议院议员之选举得于政府所在地行之”；“西藏之选举监督以蒙藏事务局总裁充之”。

△ 财政、海军二部经德商瑞记洋行与奥国下奥证券公司分别签订借款120万英镑及200万英镑两项合同。此项借款名为订购舰艇，

实乃济北京政府穷蹙之开支。

4月11日 宋案在上海会审公堂进行第六次预审，讯问应夔丞与武士英、王阿发之关系及有关“毁宋”等电文之何指，应仍未供认犯罪事实。

△ 袁世凯以其御用报纸《国报》刊载诬陷黄兴、柏文蔚、李烈钧造反消息，是日故作震惊，佯指该报“情词荒诞，任意造谣，淆惑众听”，令内务部“饬查根究，以靖人心”。

△ 外交总长陆徵祥就买卖城（今阿尔丹布拉克）华商屡遭俄人驱逐事，照会俄公使库朋斯齐，谓此举实有背于1860年11月14日所订之中俄《北京续增条约》，要求从速制止。

△ 福建民政长张元奇与日商台湾银行签订借款100万日元合同，以泉州、沙埕等五地常关收入年额30万元为担保，用于福建省行政费。

4月12日 宋案在上海会审公堂进行第七次预审，被告律师辩护被告为“政治犯”，应在租界内特设法庭讯理，不得移交与反对党之公堂。原告律师则认此为暗杀案。至移交事，经关谳员与英领事商议，应即商明领事团移交中国内地法庭归案讯办。

△ 国民大学在北京开学。黄兴继宋教仁为校长。是年秋，该校与吴淞中国公学合并，更名为私立中国公学大学部。

4月13日 国民党上海交通部假张园举行追悼宋教仁大会。到会者约三万人。黄兴因病未出席，追悼会由陈其美代为主持。会上发言致悼者有居正、徐血儿、吴玉章、于右任、沈缦云、伍廷芳、马君武等30余人。追悼会至午后5时许结束。17日，该交通部复于南市新舞台举行追悼宋教仁大会，到者5000余人。

△ 国民党奉支部在沈阳开追悼宋教仁大会，到3000人。同日，国民党晋支部亦开会追悼宋教仁。

△ 中日国民同盟会奉天支部成立。参与成立会者，日方有驻奉天领事、三井洋行经理、南满铁路日本工程师等；华方有奉天交涉使、省

议会议长、商会会长等。

△　英公使朱尔典邀美、法、德、日、俄、墨(西哥)、比、瑞(士)、奥、葡各国公使开会,讨论承认民国及借款两案。各使赞同英使意见,俟正式政府成立再行承认;借款事美使表示不预闻。

4月14日　袁世凯据黎元洪9日电,以“潜谋内乱罪”下令通缉湖北革命将校季雨霖、熊炳坤、曾尚武、容景芳,着就地“组织军法会审”,将季等“先行褫职,归案查办”。

△　黎元洪以共和党理事长身份在北京公宴该党国会议员,到300余人。梁启超发表题为《共和党之地位与其态度》之长篇演说。

△　俄公使库朋斯齐于中俄双方磋商外蒙问题会议上,再次就北京政府往黑龙江边界调兵一事提出质问,并无理要求双方协定中国在东三省驻兵数目。当陆徵祥问及为何俄在北满亦增派军队时,俄使竟谓“并无所闻”,并威胁云:“双方长此争执,本大臣实不敢保将来本国政府无此举动。”陆复告以热河大王庙、公鸡庙等处“到有蒙兵多人,势且内犯”,俄使当即予以否认。后于22日会间又诡称:“外蒙之兵不过抵御中国之攻击,并非内犯”,且再次催迫协定中国在东三省驻兵数目。

4月15日　袁世凯公布《中国银行条例》,凡30条。

△　国民党旅日各支部机关刊物《国民杂志》创刊,以“发扬党纲,阐明平民政治原理”为宗旨。该刊系月刊,在东京编辑发行。国内上海、南京、汉口、衡阳、北京、天津、奉天、大连等地均有代派处。杂志社社长夏之时,副社长吴作镆,总编辑邓泽。该刊共出四期,7月15日以后停刊。

△　前镇江都督、克复南京首功之林述庆,8日在北京将校俱乐部赴梁士诒宴,归即病,医治罔效,是日夜12时身死。弥留时七窍流血,遍体皆黑。

4月16日　袁世凯召集各国务员及总统各顾问开会,讨论新内阁之组织法,议决请孙中山、黄兴至京,并由梁士诒代表政府向北京国民党领袖转请黄兴组织内阁。

△ 汕头国民党机关报《大风日报》发表题为《万恶政府》之时论，历数袁世凯政府结党营私、丧权辱国、排除异己、杀戮党人之种种罪恶，指出："桀纣之世无比横暴，共和之政府甚于黑暗野蛮之专制。"

4 月 17 日 国民党上海分部开追悼宋教仁大会，陈其美主祭，到 3000 余人，10 余人演说，群情愤激，均主严究主名。

△ 袁世凯任命陈炳焜为广西陆军第一师师长，谭浩明为广西陆军第二师师长。

△ 山东都督周自齐电告北京政府，德国胶督已讯洪述祖，直认刺宋不讳，并称纯系个人行动，并无政治关系。

△ 上海《中华民报》再次发表题为《讨逆》社论，其中列举袁世凯 10 大逆迹，呼吁全国人民"诛奸讨逆"，"勿任彼逆贼断送共和"。

4 月 18 日 工商总长刘揆一同英商薛福草签 500 万英镑借款合同，以东北矿产为担保，用于汉冶萍公司收归国有并创办钢铁厂。

△ 由国事维持会发起组织之宪法研究会在北京成立。举孙毓筠为会长，汤化龙、黄为基为副会长。

4 月 19 日 江苏都督程德全将洪述祖所发电报中之要件抄录电告袁世凯及国务院，要求将洪犯迅速解沪质讯。

△ 自是日起，广西桂林接连三日大风，并杂雨雹，风力之猛为历年所仅见。水东门外泊船毁数百只，文昌门外民房、税卡一扫而空，城内外数十年大树百余株尽皆连根拔倒。内城公廨、寺庙、民房、店屋、石坊吹倒者不可胜计，外城居民死伤尤众。

4 月 20 日 共和、民主、统一三党在共和党本部开联合会，初步议定三党合并，取名进步党。议举黎元洪为理事长，张謇、那彦图、汤化龙、王赓（即王揖唐）为理事。

4 月中旬 英公使朱尔典照会北京外交部，英政府愿将片马归予中国，条件如下：一、扬子江流域不得对他国开放租界；二、准英国于内地开一特别通商巨埠；三、海关总税务司一职永归英人充任。是月中旬，陆徵祥对上述条件答复四点：一、扬子江为我国领土，无论如何不得侵占；二、开放内地各口岸作为商埠，须俟交还片马始发生效力；三、聘用税司权自我操，无订立条约之必要；四、如六个月内不将片马交还，惟有请各国公论。

4月21日　驻美公使张荫棠电外交部，美国以宋案发生，决暂缓承认中华民国。

△　英在片马增兵，且拟于该处开筑军用铁路。是日，北京政府分电四川、云南二督，令“从实调查”。

4月23日　袁世凯接湘人章宗翊呈请劝进帝位，即电谭延闿逮办。

△　章太炎在上海国民党交通部发表演说，对于宋案主张“法律解决与政治解决相扶并进”；“政府宁可受人民堂堂正正之诘责，不宜防川致溃”。

△　夜12时，安徽都督柏文蔚在南京寓所遇刺，未中。

4月24日　国会参众两院举行第一次正式会议，讨论议事细则、旁听规则及正副议长互选规则、选举正副议长日期等案。

△　刺杀宋教仁之凶犯武士英暴死狱中。

△　国民党皖支部在芜湖开追悼宋教仁大会，到3000人，咸主张请特别法庭从速宣布证据。

4月25日　参议院开会，到212人，用有记名投票法选举，张继、王正廷被选为正、副议长。

△　新当选参议院正、副议长张继、王正廷获悉善后大借款之密报，即以正、副议长资格去见袁世凯，打算陈述反对违法借款之意见。袁托故拒见，张、王留书而去。

△　江苏都督程德全、民政长应德闳据袁世凯3月22日所发“穷究”宋案“主名”、“务得确情”令，经月余之调查，是日夜将宋案主要证据44件分电袁世凯、参众两院、国务院、各省都督、民政长及各报馆。自26日起，各报先后将上述证据悉行公布，舆论大哗。

4月26日　夜，赵秉钧、周学熙、陆徵祥在北京汇丰银行与英、法、德、俄、日五国银行团签订金额 2500 万英镑之《中国政府 1913 年善后五厘金币借款》(即《善后大借款合同》),以全部盐税及关税余额为担保。次日凌晨签订完毕。

△ 众议院在北京开议长选举会,到 550 人,投票结果,因无人获过半数票,改期决选。28 日,众议院开决选议长会,到 543 人,仍未选出议长。

△ 袁世凯复书张继、王正廷,表示“国家需款孔急,不能再事迁延”,并派梁士诒前往解释。

△ 宋案主要证据公布后,是日孙中山、黄兴联名通电各省议会、政团、报馆,请“严究主名,同伸公愤”。

△ 黄兴就拟在上海组织特别法庭审理宋案,为司法总长许世英无理阻挠一事电袁世凯,力言组织该庭之必要,略谓“此案词连政府”,“国务总理赵秉钧且为暗杀主谋之犯。法院即在政府藩篱之下,此案果上诉至于该院,能否望其加罪,政府无所相挠,此更为一大疑问”,为此请袁主持公道,“维大局而定人心”。

△ 黄兴通电袁世凯、国务院、参众两院、黎元洪及各省都督、民政长,申明反对善后大借款,略谓:“今宋案证据已经发表,词连政府,人心骇皇,倘违法借款之事同时发生,则人心瓦解、大局动摇乃意中事……此种举动,兴逆料国民决不承认。敢申忠告,冀幸当局者停止进行。”

△ 袁世凯任命孙多森为中国银行总裁。

△ 湖北大冶水泥厂前与日本三菱公司两次借款 72 万日元,因逾期未能归还,是日黎元洪应驻汉日领之要求,将该厂发封抵债。

4 月 27 日 参议院正副议长张继、王正廷以善后大借款未交院议擅行签字,是日联名通电全国,指责政府“违法专行”,并呼吁各方“设法挽救”。

△ 谭人凤电袁世凯,谓宋案证据披露,人心愤激,“何法维持,希见示”。次日,袁复电承认应夔丞、洪述祖二人确与宋案有关,对“毁宋酬勋”电则表示“最为可疑”。

△　上海民众通电袁世凯、赵秉钧，内称“宋案铁证披露，涉及二公。望总统务以国法为重，挈同总理即日辞职，受法庭之裁判”。

△　由广东省议会发起之中华民国省议会联合会在天津开成立会，以“联合各省，代表民意，求真正共和，作国会后盾”为宗旨。成立次日即通电反对善后大借款。

△　全国国民反对借款联合大会在北京散发题为《断送民国之借款政策》传单，其中指出：“此种借款为中央政府一种断送民国之险恶政策。其利害影响关系于我四万万同胞生命财产，不得不抉发其罪恶，以唤起我全国同胞出而反对之、取消之者也。”传单历举袁世凯借款之阴谋，并呼吁议员“捐弃身家性命，力争废约”。

△　上海欢迎国会团致电参、众两院议员，痛陈该团对于时局之意见，内云：当兹宋案宣布之日，袁世凯非但“不思引罪伏法”，反“公然大借外债，购买大宗军械，嗾使段、冯、张、倪、徐五贼增兵转饷，准备与国民挑战”；并着重指出：“袁逆固胆大妄为、奸诈百出者也。……以兵力威吓议员、解散国会、捕戮党人，意中事也。彼时乱机四伏，恐非本团所忍言。”电末恳劝诸议员“惩前毖后，殷鉴事先，速转马首而南，挽回大局”。

△　国民党上海交通部假张园举行黄花岗纪念会并追悼林述庆，到者数千人，由陈其美主持并宣读祭文。

△　南社社友在北京集会，与会者数十人，议决进行数事：一、设机关部于北京；二、重修《明史》；三、编《南明史》；四、征求太平天国之遗史；五、征求光复以前之殉难者；六、征集民国时人小像；七、征求宋遯初（宋教仁字）先生遗墨；八、编辑《南社》杂志。

△　孔社在北京开成立会，宣称“以阐扬孔学，融汇百家，讲求实用，巩固国基为宗旨”。举徐琪为社长；徐世昌、世续、王闿运、赵惟熙、陈昭常等为名誉社长。是日，袁世凯派秘书夏寿田代袁往贺，并致祝词。

4月28日　袁世凯复电黄兴，为赵秉钧开脱罪责，称“如欲凭应、洪往来函电，遽指为主谋暗杀之要犯，实非法理之平”。电中并诬黄“过于摧抑”司法独立之原则，且影射黄等潜谋“二次革命”。

△ 国务总理兼内务总长赵秉钧通电为其谋杀宋教仁罪状狡辩，略称3月10日以前洪致应各函电，“皆于谋杀无涉”；“应犯谋刺宋教仁，其杀机起于《民立报》载宋在宁演说”；“去宋之动机起于应之自动，而非别于主动之人，文理解释，皎然明白，证明中央政府于宋案无涉者也”。又谓应犯3月13日以后致洪各电，“关系洪案，自出于本总理及政府意计之外，且洪述祖虽系内务部秘书，然内务总长于其行政法上之犯罪，虽有怠于督监之责任，于其刑法上之犯罪，则无代为受过之由”。

△ 湖北省议会电北京政府，反对善后大借款。同日并电参议院，请“死力抵抗，勿稍退步”。继之，江西、浙江、湖南、广东、安徽、奉天、江苏、吉林、云南、陕西、甘肃、广西、福建、河南、贵州等省议会亦均通电反对。

△ 安徽都督柏文蔚通电反对善后大借款，电中指责政府借款不由议院议决通过，此乃“蔑视议会”；申明“政府今日之所为誓死以为不可”，要求袁世凯“为国法计，为人心计，立罢前议，以解天下之疑”。

△ 银行团于大借款中首交财政部50万英镑。该部得款后，立拨其中一部分寄张勋及徐宝山，名为军饷及裁兵费，实则为袁世凯发动内战进行准备。

△ 国务院及财政总长周学熙就黄兴26日通电反对善后大借款事，是日分别通电狡辩。二电均强言此项借款条件上年已经临时参议院议决。周电并诬黄兴所言乃“欲加之罪，何患无辞”。

4月29日 参议院以善后大借款未经该院通过，“与《临时约法》第十九条第四项之规定显相违反”，议决无效，并将议决结果通知袁世凯。

△ 江西都督李烈钧通电反对善后大借款，电中指斥此项借款“不交国会议决，遽然签字，蔑视国会，违悖约法，丧失主权”，实为“灭国亡种借债”，要求袁世凯“速罢此议”。

△ 晚，外交部照会英、法、德、俄、日五国公使，告以中国政府承认担负大借款之完全责任，将来政府递嬗亦无变更。

△ 上海国民党人不顾袁世凯、许世英等之阻挠，径组织特别法庭，并令上海地方检察厅票传杀害宋教仁之主谋犯赵秉钧到案受审。是日赵电复该厅，借口组织特别法庭未经司法总长许可，拒绝到案。

4月30日 众议院举汤化龙为议长。5月1日，举陈国祥为副议长。

△ 孙中山同美国传教士柏锡福谈话，不同意柏氏用选举方法反袁之主张，指出“袁是决不肯自行退位而让别人当选为总统的”，并认为“如果发生内战……将以袁的下台而告终”。

△ 司法部以“无法律可据”为借口，决定不得在上海组织特别法庭审理宋案，令将该案“归上海地方审判检察厅审理”。

△ 北京“国事维持会”发出“保全大局通告”，为大借款辩护，认为借款为时势之必需，而手续之不完，则由临时参议院之放弃职权，不能专责政府。

△ 上海英美租界工部局借口“近来报纸每有非分之记载、图画，攸关国家政事，煽惑攻击公家，过分诽谤责备……似将扰乱治安”，是日发布通告取缔报纸言论自由。

4月下旬 俄公使库朋斯齐照会外交部，提出四项无理要求：“一、请许俄人在黑龙江有开矿专权；二、居住哈尔滨之华人须纳捐于俄工部局；三、中国军队调往外蒙或通过哈尔滨，须先期咨照俄官；四、凡华人欲搭俄船，亦须咨照俄官领取执照。”

是月 白朗军300余攻河南禹州（今禹县），守军弃城而逃。白朗军入据禹州，得手枪200余支、车200辆。

△ 达赖在英帝国主义唆使下，一面迭电袁世凯催派代表赴印度大吉岭议商藏事；一面召集藏官及堪布喇嘛开会，议决排汉办法四条：“一、由内地来藏之汉人，限半年以内一律离境；二、汉人之为西藏土著者，限一年以内一律出境；三、三十年以内，藏地不得驻扎汉兵；四、若民

国政府派兵来藏，藏人不能阻止时，即请英人出而阻止，并以特别权利报酬英人。”

△ 湖南水灾，是月连降大雨，湘江水位猛涨三四十英尺，江水泛滥，上下游各县均被淹，灾情之重为1906年后所仅见。省城长沙自23日起，接连五日雨雹交作，继以大风，天气奇寒，无异严冬。江内沉船700余只，毁伤数千只。沿江一带水深四五尺，甚者一丈有奇。屋宇尽没，溺毙居民以数千计。城内电报、交通停阻6日。长沙附近所属各乡镇，田园屋宇亦尽行淹没，春秧俱萎，米价陡涨。灾民无以为食，往城内求生者日以千计，流离困苦达于极点。

5　月

5月1日　赵秉钧托病辞国务总理及内务总长职，袁世凯未准，令给假15日“俾资调理”；国务总理一职令陆军总长段祺瑞暂代，内务总长一职令次长言敦源暂代。

△ 赵秉钧与日本正金银行签订借款八万元合同，用于行政费。

△ 袁世凯准兼署教育总长陈振先辞职，令次长董鸿祎暂代。

△ 袁世凯以甘肃都督兼民政长赵惟熙病假3月，令张炳华护理。

△ 黄兴就4月28日国务院、周学熙分别通电为违法借款辩解事，再次通电指斥政府“玩国民于股掌，视议会如寇雠”，并严诘：“倘以此激动民心，酿成巨变，责将谁负？”6日，财政部通电各省都督、民政长及省议长，对黄电所疑各节有所说明。

△ 广东都督胡汉民通电反对善后大借款。电中指责北京政府此举乃“蔑视约法，弁髦议会”，粤人“誓死不认”，要求“立罢前议，勿失人心”。5日，再发通电，内称“正式参议院既经议决签约为无效，则尤无发生效力之理由”，并警告袁世凯“服从民意，立罢前议，勿使激成巨变”。

△ 湖南都督谭延闿为宋案致电袁世凯，要求“厉行前次‘严稽主

名’电令，迅饬组织特别法庭，秉公讯判，按律惩治”，并吁请参众两院、各省行政立法机关“主持公道”。

△ 上海社会党、自由党、工党等团体为宋案、借款两事召开全国公民大会，到三万余人。大会首先宣布袁世凯三大罪状：一、暗杀国民党领袖人物；二、将以兵力蹂躏共和；三、擅借2500万镑外债，不待国会通过私令签押。继通过决议五条：一、要求国会即日提出弹劾袁世凯、赵秉钧案，令袁、赵即日去职受法律裁判，由副总统代行临时总统职权；二、剥夺袁世凯候选总统资格；三、不承认未经国会通过私行签押之大借款；四、各省暂行停解中央款项；五、各地不奉行中央所发之军事乱命。旋将此决议分别电告北京参众两院及各省，请协力进行；并另电袁世凯、赵秉钧，令其“即日解职候审”。会后，各团体组成固定机构，定名全国公民会。10日，公布会章，宣布以“巩固共和基础，扫除共和障碍，力谋国利民福”为宗旨。本部设上海，并拟于各省设立支部。

△ 总统府秘书厅以4月29日北京《国风日报》、《国光新闻》、《新中国报》所载评论宋案文章中有“万恶政府”、“政府杀人”、“政府罪状”及“民贼独夫”等字样，是日特致函内务部，请对上述各报“严重取缔”。内务部当即通知各省都督、民政长及京师警察厅，令警告京内外各报馆，倘再故违，即行取缔。

△ 中国社会党在上海举行“五一”纪念会，到500余人。社会党代表江亢虎，中华民国工党代表沈卓吾，自由党代表梁悦魂，蒙事演讲团代表及英国工党党员查克逊等均在会上发言。

△ 《中华实业丛报》在上海创刊。该刊由吴稚晖、王幼安编辑，专事鼓吹实业救国。第一期《本报宣言》中指出：“凡强国所以致此者，其原千条万端，而悉归于实业。……实业者，得之则利重于丘山，失之则祸在眉睫，此本社丛报编纂之所由。”

5月2日 袁世凯咨请参众两院，迅速选举正式大总统。略谓：“今正式国会完全成立，自此以往，临时之事业将终，正式之时代开始。深望国民代表，迅速选举正式大总统，以谋全国人民之福利，而固民国新造之宏基。”

△ 美国政府承认中华民国。同日,墨西哥政府承认中华民国。

△ 袁世凯令准财政部所拟《金库条例草案》12条,并令“由部通行各省,先行试办”。

△ 众议院议员陈鸿钧、邹鲁、陈垣、谷钟秀等40余人,就政府违法借款事,对国务总理赵秉钧、财政总长周学熙提出弹劾。

△ 孙中山自上海致电英国友人康德黎,请代发英文《告各国政府与人民书》。该文告揭露北京政府向五国银行团协议2500万镑借款之阴谋,指出政府此种独断与非法行为,加深了人民因宋教仁被刺案而起的义愤,如果银行家们向北京政府贷款,使其可能用于掀起内战,势必给人民带来灾难与痛苦。吁请各国政府与人民施加影响,以阻止银行家们供给北京政府以金钱,俾免其发动战争。次日,伦敦《每日邮报》发表孙中山《致各国政府与人民书》。

5月3日 袁世凯借口4月29日路透社报道“有人在沪运动第二次革命,谆劝商家捐助筹饷,反对中央”,及英文《大陆报》称“上海有人运动沪宁铁路,预备运兵赴宁”,是日通令各省都督、民政长转饬各地方官,“遇有不逞之徒潜谋内乱,敛财聚众,确有实据者,立予逮捕严究”。

△ 袁世凯发布通令,诬各方对宋案及善后大借款之强大舆论为“直欲酿成绝大风潮,以遂其倾覆政府、扰乱大局之计”,令各省都督、民政长“通行晓谕”,不容“散布浮言,坐贻实祸”。

△ 袁世凯就广东都督胡汉民、安徽都督李烈钧反对大借款通电事颁令特将大借款详情宣布大略,强言该案早经临时参议院通过,“政府对于此事,自问于约法毫无违反”;并诬胡、李通电“淆惑观听”。是日,国务院将此令电达黎元洪及各省都督、民政长。

△ 袁世凯咨参众两院,请速选举正式总统。

△ 中国社会党致电黎元洪,提出:“本党以宋案属法律问题……无论是非曲直,政府与人民均无应用兵力解决之理。”

△ 广州各界召开大会,反对政府违法借款。会间议决成立拒债

救亡会，举张寿荣为主席，并决定设总机关于上海，各省一律设分机关。随即以广东拒债救亡会名义分别通电参众两院、各省都督、民政长、各政团、新闻团、各报馆，请一致反对借款，“力持大义，共伸公愤”。又电美澳各埠华侨，“请协同电京力争”。同时并电五国银行团，告以北京政府违法借款，“国民决不承认，盐务抵押国民尤誓死不从，幸勿交款”。

△　财政总长周学熙在举国一致反对善后大借款之强大舆论压力下，被迫向袁世凯提出辞呈。袁未准。

△　刺宋主犯、内务部秘书洪述祖自青岛通电，为宋案推卸罪责，声称彼与应夔丞之函电“强认为谋杀之证据，殊与事实不符”，并称“毁宋”二字“并无杀字意义在内”。

△　天津警察厅厅长杨以德因天津《新春秋报》指斥袁世凯为“杀人卖国贼”，是日串通地方检察厅，借口该报“妨碍治安”，票传经理人到厅审讯，并拘捕卖报者数人。5 月 11 日，更将该报封禁。

△　福建莆田农民武装——兴化民军攻占仙游。县知事、都司等均逃匿。该军入城高揭“官逼民变”旗帜，出示安民，令商家照常开市，居民完纳本年钱粮后蠲免三年。富户则须多捐助饷。19 日晨，莆田驻军会同泉州、漳州驻军合攻仙游，农民军奋勇御敌。午后 1 时许，北门陷。农民军开西门突围出。官军入城后大肆屠戮，阖城尽遭血洗，十室九空。

△　古巴政府承认中华民国。

5 月 4 日　黎元洪通电全国为“宋案”及大借款案辩护，略谓：刺宋一案，证据不出之于法庭，而出之于军府，加人以犯罪之名，先自居于违法之实；至借款一事，乃参议院通过，当责议院以丧权，不能罪政府以违法；主张“借款之案，稽之于议院；刺宋之案，诉之于法庭”。

△　中华民国省议会联合会全体在津代表议决，是日由天津迁往上海。

△　广西参议院议员选举办理违法，内务总长呈请下令全体改选，是日，袁世凯为此发布命令二通：一、该省行政长官陆荣廷称病不能莅

会，责成该省内务司长代理选举监督；二、定于 5 月 10 日举行改选。

△ 沪上名流岑春煊、伍廷芳等 10 人致电袁世凯、参众两院、国务院、黎元洪及各省都督、民政长、省议会、各政团、各报馆，发表对时局四点主张：一、宋案词连政府，赵总理既涉嫌疑，届时亦应出庭受质方能表白；二、借款必须通过议院，否则亟应设法取消；三、制造宪法为国会完全独立之责，政府不得干涉；四、“议论贵乎正确”，望各报“凭诸公理，按诸事实，毋为不经之谈”。

△ 江西都督李烈钧通电驳斥国事维持会 4 月 30 日“保全大局通告”，谓“该会不以政府奇秘借债为破产亡国，反对参议院全国所争为破产亡国，倒行逆施，至于此极”。

△ 南昌各党团为宋案、借款事召开公民联合大会，到 5000 人，会上通过与 5 月 1 日上海全国公民大会内容大体相同之决议。并电北京参众两院及各省，请协同力争。

△ 国民党员、工商总长刘揆一借调和党争为名，集国民、进步两党党员 30 余人组织相友会，是日在北京开成立会，刘自任会长。

5 月 5 日 众议院开会，代总理段祺瑞出席答复质问，向议员表示“政府对于此借款手续实欠妥协，而其不得已之苦衷，尚乞诸君曲为原谅”。经过激烈辩论，以政府违法借款，决定将政府送达该院有关大借款之咨文退回，以示否认。6 日，进步党议员出而阻挠，设法将此项决议推翻。7 日再付表决。该党议员竟中途退席，使众议院不足法定人数，无法表决，以至咨文未能退回。8 日，参议院于表决退回该项咨文时，亦因进步党议员阻挠而无结果。10 日、12 日再付表决。该党议员复中途退席，使参议院亦未能将该项咨文退回政府。

△ 众议院开特别会议，对于五国银行团善后借款案多数否决。谓政府违法签约，咨送参议院查照备案，决不承认。

△ 袁世凯令李纯所部第六师自保定移驻信阳。10 日，再令该师进驻武昌。

△ 国民党议员景耀月、孙毓筠等集国民、进步两党党员 80 余人

组织政友会，是日在北京开成立会。宣称以“讨论政务，统一政见”为宗旨，并订会纲七条。会员中国民党人占五分之三，进步党人占五分之二，举景耀月为会长，于右任、彭占元为副会长。

△　湖南都督谭延闿、江西都督李烈钧、安徽都督柏文蔚、广东都督胡汉民联名通电，反对违法借款，指出：“宋案证据宣布，词连政府，有以巨金资助凶手之语，全国汹汹，方虞震动。今复不经院议违法借款，人心一失，窃恐虽有大力，无以善其后。应请大总统立罢前议。”并吁请各方“协力抗争，毋使民国因借款而亡”。

△　汉口国民大会为宋案、借款事召开特别大会，到5000余人。会上通过与上海全国公民大会内容大体相同之决议。

△　云南都督蔡锷、民政长罗佩金联名通电，主张迅速组织特别法庭审理宋案，“彻底穷究，按法惩办”。

△　江苏、浙江、四川、广东等省盐商致电国务院，反对以全国盐税抵借外款。内称：“盐为全国命脉……倘照条件所订，产盐省分设稽核分所，派华洋员协理，何异断送四百兆生命于彼手。……望从速改议。”

△　山东都督周自齐通电拥护大借款，略谓：“政府履行参议院通过之案，乃外间竟有违法私借之言。苟非别有深心，定是故为高论。”

△　袁世凯聘美国人古德诺为宪法顾问，是日抵京。

5月6日　袁世凯于总统府召开秘密会，为发动内战进行军事部署。其第一期总方略为：“对于湘、赣、皖、苏作战，利用京汉、津浦两路线集中，以鄂省为主要策源地，并以海军策应沿岸。”“京汉方面，对于湘、赣、皖取攻击目标”，以北洋第六师一部驻武汉三镇，为攻赣主力，河南第一师、毅军赵倜部、北洋第二师为预备队，另将倪嗣冲部及雷震春禁卫军一部集中河南郾城，以贾鲁河为补给线。并将黎天才第一师一部及雷震春禁卫军一部调驻湖北荆州（今江陵）、新沟、蔡甸（今汉阳县）一带，借以防湘。“津浦方面，对于苏宁取攻击目标”，以北洋第五师及张勋部为主力，北洋第四师为预备队，以徐宝山部“为扰乱苏宁内部之牵制队”。此外，并拟将预备征蒙之何宗莲部经海路调粤，将福建驻军一部调沪,“如不可恃,则以驻西陵、南苑、定州等处第三师之一部充之”。

△ 上海地方检察厅以“国务总理赵秉钧、秘书程经世均涉宋案嫌疑”,是日再发传票二张,函送北京地方检察厅请代传归案。

△ 九江各界为宋案、借款事召开公民大会,声讨袁世凯、赵秉钧。到 8000 余人。大会议决致电北京参众两院,“请即提起弹劾,勒令袁、赵解职,并否认借款”;又电五国银行团,申明:“袁世凯私借巨款,不由国会通过,此等不法行为,民等死不承认。”

△ 万国改良会会长美国人丁义华 3 日自北京致电孙中山、黄兴,对于宋案、借款二事极力袒护袁世凯,并影射孙、黄欲借此造成南北分裂,争权夺利。是日,孙中山、黄兴联名电复丁义华,就来电中恶意影射痛加驳斥,并揭露反动当局对宋案“强自辩护,不谋正当解决之法以平公愤”,对借款“不交国会议决,擅行签押”,望丁义华“能研究真相,发为正论”。

5 月 7 日 袁世凯以风闻有人潜谋内乱,难保无煽惑勾串军警情事,是日颁令军警遵守纪律、服从命令,并令行各该管将领官弁严加防范,“遇有借端煽乱之人,应即按照军法尽法惩治”。

△ 袁世凯咨文国会,声称大借款合同签字经上年 12 月 27 日参议院通过,并说明手续略未完备,未用书面提案,省去三读之经过,并称此次合同签字,在势无可取消,望国会曲谅苦衷。

△ 袁世凯以宋教仁被刺一案,牵涉内务部秘书洪述祖,是日下令免去洪述祖本官,归案办理。

△ 上海总商会就宋案及借款事电袁世凯、黎元洪、国务院、参众两议院,略谓该两案之争议,“致人心静而复动,国家安而复危,金融尚未流通,贸易陡然阻滞,各埠成交之华物,纷纷函电止退,影响及于中外,危殆情形难以言状”。并谓“商人在商言商,不知附和……迭据各业团体交相诟责,殊难缄默。务祈大总统、国务院、参众两议院、各省都督、民政长,以保卫商民、维持秩序为宗旨,无使我商民喘息余生再罹

惨祸”。

△ 外交部照会英公使朱尔典，提议修改1911年中英缔结之《禁烟条件》。

△ 俄外交大臣萨沙诺夫密函俄公使库朋斯齐，令向北京政府施加强大压力，迫其按《俄蒙协约》原则与俄政府就外蒙问题达成协议。函中并令俄使照会北京政府：“如坚持拖延与俄国达成关于外蒙问题之协议，并继续在蒙古王公中煽动反俄，则俄国将与蒙古政府建立新关系，彼时将于全然不同之基础上与中国政府进行谈判。”

5月8日 袁世凯向两院发出咨文，要求承认善后大借款，咨文称：“设再迁延，(列强)势必横加干涉，实行监督财政，致陷民国有破产之虞。……此次合同签字，在势无可取消。”

△ 袁世凯下令对湘赣皖粤四督反对政府大借款之通电予以警告。称四督之电“雌黄信口”，“捏词耸听，淆乱人心”，“似此上无道揆，下无守法，人心一失，大命随之，该都督等亦难辞其责任”。是日，国务院将此令电达黎元洪及各省都督、民政长、省议会。

△ 赵秉钧抗拒上海地方检察厅票传，并伪造证据，于是日致电该厅，诬陷黄兴与应夔丞有关系，“密与书信来往与银钱来往……煽惑苏浙皖徐军队，阴谋内乱”，并质问“何以黄克强获免于诉追，而秉钧则必须质讯”。

△ 袁世凯任命卢弼署国务院秘书长。

△ 武昌各界原定是日假黄鹤楼召开公民大会，反对政府违法借款，讵料黎元洪至期竟派武装士兵数百人强占会场，不准开会。群情激愤，遂致函省议会，请提出弹劾，“以伸民权”。

△ 华侨联合会自3月8日起至5月8日止进行各埠投票，改选正副会长。是日开会公布选举结果，汪精卫、吴世荣再次当选为正副会长。

5月9日 袁世凯就上海总商会阳(9日)电，要求“保卫商民，维持秩序”为借口，令各省都督、民政长转令各地方长官，“遇有开会聚众，散布浮言，潜谋内乱者，立予查拿惩办，以保商民而安市面”。是日，国务院将此令电达黎元洪及各省都督、民政长。

△ 袁世凯通电各省答复上海岑春煊、伍廷芳支（4日）电所陈四事，并谓“诸公在沪言沪，或未悉原案实情，请约同志数人联袂来京，调查正确，必有真知灼见”。

△ 袁世凯任命江畬经暂行护理福建民政长。

△ 黎元洪电黄兴、李烈钧、柏文蔚、胡汉民、谭延闿，再就宋案、借款二事为袁世凯开脱，内称：“今日舍借款无救急之方，舍五国无现成之款。……至于宋案，当然由法庭主持办理，政府有无犯罪，司法独立，自有特权”；并谓“项城为救时之英雄，决不逆潮流而犯名义”，劝黄兴等勿“市虎杯蛇，疑心暗鬼”，而应“委曲求全”，“各守秩序，静候法庭、议院之解决，以免举国纷扰”。

△ 前参议院议员那彦图、汤化龙、丁世峄等44人为政府违法大借款辩护，称此次善后借款，“确为前参议院通过之件，惟决议方法上与普通法律不同，事前未刊日程，事后亦未另具公文。然以参议院先例征之，则海兰铁路借款合同之议决，亦即如此”。

△ 天津国民书社开始发行人物评品社所编《照妖镜中之袁世凯》一书。天津警察厅厅长杨以德于27日将该书社工作人员陈中学等四人逮捕，书亦被禁。

△ 俄公使库朋斯齐于中俄双方磋商外蒙问题会议上，再次催促协定中国在东三省驻兵数目，并进而威胁云：“本国陆军部拟派二师团至满洲，本大臣深不愿此举见诸实行。”

5月10日 福建公民大会在福州开成立会，到数万人。大会分电北京参众两院及五国银行团，申明：“临时政府借债条约未经国会通过，擅以盐税抵押，闽人誓不承认。”

△ 《民权报》是日刊载荷属72埠代表钟幼珊、张俊臣等致参众两院、各党派、各报馆电，指斥“袁世凯、赵秉钧擅自签押苛刻大借款，违法卖国”，请“急拒以救危亡”。

5月上旬 蒋尊簋、沈定一、章太炎等人在上海发起组织弭祸会并发表公启，要求袁世凯退位以弭战祸，内称："本会为保全大局，力求和平，惟有求大总统退位，并矢言不再任总统。……舍此以外，别无弭祸之方、济变之术。"

5月11日 南京各党团联合召开公民大会，反对政府违法借款，到者约万人。

△ 天津女学生周予儆被袁党以巨金收买，是日至京畿军政执法处宪兵队"自首"，捏称："一时受人之愚，投身黄兴所组织之暗杀团，今特自首赎罪"；"暗杀团潜在京、津组织血光党，以图炸毙要人，为颠覆政府、引起暴动之计。"并诬指参议院议员谢持为该党财政长。军政执法处据此诬供，竟于17日晨5时将谢非法逮捕。旋因参议院议长张继等提出抗议，谢于当日获释。23日再度被捕。

5月12日 北京《国风日报》刊载《忠告政府与军警同胞》一文。京师警察厅加该报以"煽惑军警，妨害治安"罪，于当日午后6时派军警宪兵百余名包围报馆，并将该报协理裴梓青、编辑郭究竟及社员二人逮捕，交检察厅审讯。次日，《国风日报》出白版四页以示抗议，并于头版以头号大字刊登广告一则，文曰："本报昨因军警干涉，自昼达暮声势汹汹，拘去协理及编辑人，扰攘竟日，不获事事。空白三页，阅者谅之。"19日，该报再出白版二页，头版内载《本报暂行停刊痛启》，宣告自即日起被迫停刊。

5月13日 袁世凯以据报沿江各省日来颇有以私人资格结社集会，干预军事之举，是日电令各省都督、民政长认真调查，"如有以私人团体干涉军事，或关于军事之秘密结会者，即行勒令解散。如果有故为宽纵者，惟该督民政长是问"。

△ 袁世凯据北京、汉口、上海、苏州等地商会电告，谓有鼓吹反对政府破坏大局，牵动商业情形，是日通令各省都督、民政长查禁谣言，严惩勒捐，晓喻商民，照常营业，并着"各该长官督饬军警竭力保护，如有匪徒借端扰乱，损害商人，惟该都督、民政长是问"。

△　袁世凯令李纯加陆军上将衔。

△　袁世凯任命陈钰暂行护理山西民政长。

△　黄兴电复黎元洪，声明对时局之态度，重申对于宋案纯主法律解决，借债要求交国会通过。

△　陕西都督张凤翙、直隶都督冯国璋、奉天都督张锡銮、山东都督周自齐、河南都督张镇芳、山西都督阎锡山、甘肃护理都督张炳华等10人，由张凤翙领衔发出通电，诬指黄兴、李烈钧、胡汉民等“不惜名誉，不爱国家，始以宋案牵诬政府，继以借款冀逞阴谋。……欲借此淆惑观听，演出亡国恶剧”。“自今以始，倘有不逞之徒，敢以讹言起难端，以阴谋破大局者，则当戮力同心，布告天下，愿与国民共弃之”。吉林都督陈昭常、贵州都督唐继尧、广西都督陆荣廷、新疆都督杨增新随后亦列名该电。

△　湖南公民团在长沙开成立会，到万余人。会上就宋案、借款事通过决议五条，其主要内容为：“宋案一日不了，袁世凯一日不能行使总统职权，我湖南应不受中央命令，暂时脱离关系；违法借约一日不取消，湖南应停止中央解款，宣告永不负该款之义务”；“宋案如中央政府不允组织特别法院，应由本团联络各省公民共同组织。”

5 月 14 日　山东都督周自齐以济南《齐鲁民报》8 日发表《为宋案敬告北方军界同志》社论，指为“有意煽惑”，函令地方检察厅提起公诉，是日强行判决罚金百元，停版七日。

△　俄公使库朋斯齐于中俄双方磋商外蒙问题会议上，再次催促协定中国在东三省驻兵数目，并进而无理要求“此事至少贵国必须有一公文载明现在吉林、黑龙江两省驻兵实数，并须担任以后有增添军队，按照条约知照俄国政府。至现在查阅实数，须有一俄国武备随员会同中国官员办理”。

5 月 15 日　袁世凯令陆军部撤销黄兴陆军上将衔，并令“勿庸发给补官证书”。

△　中华实业银行在上海开业。该行系国内资本家与南洋华商合

资创办，资本总额 600 万元，实收四成。总行设上海，分行设新加坡。总理沈缦云，协理吴世荣，经理席缙华。

5 月 16 日 袁世凯准财政总长周学熙给假一月，令该部部务由署财政次长梁士诒(5 月 11 日任命)暂行代理。

△ 袁世凯任命饶怀文为南京军官学校校长，郑祖彝为烟台海军学校校长。

△ 袁世凯公布《步兵操典》，凡三编 390 条。

△ 北京政府为应付举国反对大借款之强烈舆论，是日由财政部颁发“布告第二号”，公布善后借款合同经参议院通过情形，“俾息污言，而明真相”。

5 月 17 日 孙中山致函日人井上馨，望其支持反袁事业，略谓：“……敝国国民与现政府之冲突，自系敝国国内之事，惟有关世界大局者，尚望阁下有以维持之。即如交款一端……苟能限制不许充为战费，则袁氏或不致残民以逞。若敝国之和平可保，则东亚之和平即可保。”

△ 总统府秘书厅奉袁世凯令，将各地赞成及否认大借款之来电逐一汇集，“以征舆论”。计自 4 月 26 日大借款签字之日起，至是日止，共收来电 284 件，其中赞成者 105 件，否认者 179 件。

5 月 18 日 众议院议员邹鲁、李肇甫、伍汉持等 18 人，以宋案主谋犯赵秉钧抗拒上海地方检察厅票传，久不到案，是日向赵提出书面质问。

△ 内蒙各部以库伦当局屡派军南犯，议决练兵自卫，是日将所拟具体办法七条交署绥远城将军张绍曾电达北京政府。

△ 福建浦城、建瓯、崇安、松溪等县民众因米荒暴动，抢夺绅富。松溪县民并迫该县知事勒令奸商降低米价。福建都督孙道仁、护理民政长江畲经得报后，非但不设法解决米荒，反于是日及 25 日迭电内务部并转袁世凯，强诬饥民为匪，请批准“严拿为首倡乱之人，照军法从事”，“格杀勿论”。

5 月 19 日 国务院令江苏都督程德全、民政长应德闳解散省议会联合会。省议会联合会置之不理,并未因此令而解散。

△ 自宋案、借款两事发生,举国愤激。北京政府为钳制舆论,特令各地报务员不许拍发有关宋案、借款及军队南调之电报。报务员群起反对,是日由上海电报学生会发起,约同上海、广东、汕头等地报务员举行同盟罢工,并声称如政府仍用专制手段禁发电报,则将约同全国报务员一致罢工抵制。

5月20日 中俄双方于北京就外蒙问题初步达成协议六款,俄国承认蒙古为中国领土完整之一部分,中国政府给予俄民在蒙古商务利益。该协议于26日经北京政府国务会议议决,28日咨交众议院。30日,众议院开秘密会,由陆徵祥就协议条文进行说明。6月3日,参议院开秘密会,段祺瑞、陆徵祥均出席,会间陆就协议条文再度进行说明。

△ 国民党上海交通部机关刊物《国民月刊》创刊。孙中山、黄兴分别为该刊撰写《出世辞》。孙中山在《出世辞》中,勉全体党员"以进步思想、乐观精神,准公理,据政纲,以达巩固中华民国、图谋民生幸福之目的"。该刊仅出两期。第一卷第二号于7月份出版,旋即停刊。

△ 国民党在《国民月刊》创刊号发表反对政府违法大借款"宣言"及"通告"。"宣言"宣布:"为今之计,虽有政府迅将合同提交议院,本党亦无不力予维持,俾底于成。否则本党惟有终始一致,不承认此违法之签约,但使共和制度一日尚存,则一日违法签约之合同即为无效,敢布区区,公诸国人。"

△ 白朗在豫南西平、确山、桐柏、泌阳一带活动,舞阳、郾城、西平各地响应,旋又率五六百人进至确山一带。是日,豫南观察使吕调元条陈都督张镇芳,要求派兵往剿。

5月中旬 四川各界为宋案、借款事召开大会,到三万余人。会间议决成立四川公民会,并发出通电,略谓:"借款宋案二事皆系政府违法负我人民,而非人民违法开罪政府。……为政府计,此时既处于被控违法之地位,只宜引咎思过,将当时隐衷布告人民",若"反诬人民为潜谋内乱",妄图以此钳制人口,一旦激成众怒,必召大乱。

5月21日 袁世凯令梁士诒、段芝贵、曾彝进传语国民党人，谓："现在看透孙、黄除捣乱外无本领。左又是捣乱，右又是捣乱。我受四万万人民付托之重，不能以四万万人之财产生命听人捣乱。自信政治军事经验、外交信用不下于人……彼等若敢另行组织政府，我即敢举兵征伐之。……吾力未尝不能平之。"

5月22日 上海地方检察厅电促北京地方检察厅，速提宋案主谋犯赵秉钧及其秘书程经世归案。

△ 赣事查办使王芝祥返京，面见袁世凯力陈南方并无反抗中央情形，劝袁对赣、湘、皖、粤四督务持和平态度，以维持大局。

△ 共和党甘肃支部田骏丰等，甘肃省议会议员马良翰等，由甘肃护理都督张炳华代发通电，要求各方对于政府大借款予以追认，"勿使政府两难，处于悲境"。

5月23日 黎元洪串通驻汉口法领事强行限制在法租界发行之汉口《民国日报》。26日，该报遣社员二人往晤法领进行交涉，遭拒，该报乃决定移出法租界发行，社址则仍在法租界。

5月24日 袁世凯任命陈琪为赴美赛会监督，兼充筹备巴拿马赛会事务局局长。

△ 晨7时许，驻扬州第二军军长徐宝山于宅内被炸身死。30日，袁世凯依段祺瑞所请，准将该军改编为江苏陆军第四师，并任命徐宝珍（徐宝山之弟）为该师师长。

5月25日 袁世凯为促使达赖内向，免犯川边，是日发布命令，责成川边驻军"抚辑番民，保护庙宇，僧俗人等毋得稍致损害。……凡附近各处番人无叛逆显状者，皆不得派兵前往。其各边军队有扰害番民者，准即呈诉。……僧俗人等亦宜各释疑虑，勿得阻兵持众，驱逐汉人，隔绝道路，以期永远相安"。

△ 广西都督陆荣廷为大借款辩护，声称"借款问题，绝无反对理由"，"纵令此案手续微有未具，为大局计，亦应曲谅"。

△ 浙江杭州警察厅以5月24日《浙报》刊载《咄咄戒严期内之征

兵》消息一条，透露浙省戒严、征兵乃为防止二次革命，遂加该报以违反政府新闻禁令、“捏造谣言”、“煽惑军心”、“有意扰乱治安，居心叵测”等罪名，强令自 5 月 25 日起停版三星期。

△ 中日国民协会在北京正式成立，宣称以“联络中日感情，图相互之亲善”为宗旨。会长张继，副会长汤化龙、严谷深藏。

△ 库伦蒙军七八百名突袭哲里木盟科尔沁旗，大肆劫掠，抢牛羊数百头，占民房数十户，并纵火杀戮，肆意逞凶。后经奉天都督张锡銮派兵征讨，库军不敌，始行回窜。

5 月 26 日 袁世凯任命驻德兼驻丹麦公使颜惠庆为全权代表，前往荷兰海牙出席万国禁烟会议。

△ 进步党人张謇准备在南北之间进行“调停”，是日密函同党赵凤昌，请先与南京都督府陈陶遗、江苏民政长应德闳、苏路公司代表杨廷栋及刘厚生“密计手续次序”。

△ 天津警察厅厅长杨以德据周予儆诬供，指天津《民意报》主任赵铁桥为血光党副会长，是日派军警前往围捕。赵适外出，得免。军警竟将该报馆全部捣毁。《民意报》被迫停刊。

5 月 29 日 共和、民主、统一三党经多次宣布合并，是日正式合并为进步党，宣布党义三条：“一、取国家主义，建设强善政府；二、尊人民公意，拥护法律自由；三、应世界大势，增进平和实利。”同时公布对时局问题五点主张：“一、拥护袁世凯为正式大总统候补者；二、改组现内阁；三、可先选总统，后制宪法；四、大借款在今日之财政上不能反对，只可监督用途；五、宋教仁案以法律解决之。”该党举黎元洪为理事长，梁启超、张謇、伍廷芳、那彦图、汤化龙、王赓、孙武、蒲殿俊、王印川九人为理事；举阿穆尔灵圭、张绍曾、冯国璋、周自齐、熊希龄、阎锡山、胡景伊、尹昌衡、蔡锷、朱瑞、唐继尧、陆荣廷、张镇芳、杨增新、张凤翙、程德全、陈国祥、徐勤、庄蕴宽、汪大燮、陈昭常、齐耀琳、陈炯明 23 人为名誉理事。

△ 凌晨 2 时零 5 分，中华民国工党领袖徐企文手持书有“中华民国国民军”之白色旗帜，率七八十人攻上海江南制造局，旋被击退。徐

等二人被捕，死难数人，余均逃散。次日，袁世凯下令悬赏缉拿为首诸人，并饬“严究党羽，尽法惩治”。6月3日，举事重要成员柳人环及其余12人在江西被捕。

△ 前清陕甘总督升允自库伦分别致函新疆都督杨增新及阿尔泰办事长官帕勒塔，胁迫二人背叛民国，投靠俄、库。其后于6至9月间，复先后致函甘肃都督赵惟熙、宁夏护军使马福祥、旅京蒙古王公那彦图、博迪苏、蒙藏事务局总裁贡桑诺尔布、署绥远城将军张绍曾、署热河都统姜桂题、甘肃陇东护军使张行志、兖州镇抚使张勋等人，请协同推翻民国，恢复亡清。

△ 教育部代总长董鸿祎就北京大学预科学生反对升学考试事，向校长何燏时发布指令，命何“查明为首之人，立即斥退”。何燏时接此指令后，即于30日上午将此次学潮中之学生代表八人通告“斥退”，并通知军警入校“弹压”。午后，预科学生200余人齐至教育部，要求面见董鸿祎进行申诉。董借口未举代表，拒不接见。学生遂露宿部中廊下，至31日午后始行返校。

△ 工商部咨各省民政长，请各地实力提倡设立贫民工场，俾对无业者教养兼施。

△ 北京政府总税务司安格联与日公使伊集院代表中日两国签定《中日朝鲜南满往来运货减税试行办法》六款，其中规定：“凡应税货物装货车由东三省运往朝鲜新义州以东各地方，及由新义州以东各地方运入东三省者，均应分别完纳海关进出口税三分之二，即较前减税三分之一。”该办法自6月2日起施行。

△ 奉天都督张锡銮与南满铁道会社签订借款60万日元合同，以奉天电灯厂、电话局及商埠全部土地等为担保，用于该省军政费。

5月30日 临时副总统兼湖北都督黎元洪、署民政长夏寿康，直隶都督兼民政长冯国璋，奉天都督兼民政长张锡銮，吉林都督兼民政长陈昭常，黑龙江都督兼民政长宋小濂，江苏都督程德全、民政长应德闳，浙江都督兼民政长朱瑞，福建都督孙道仁、护理民政长江畬经，山东都督兼民政长周自齐，河南都督兼民政长张镇芳，山西都督阎锡山、护理民政长陈钰，陕西都督兼民政长张凤翙，甘肃护理都督兼护理民政长张炳华，四川护理都督胡景伊，广西都督兼民政长陆荣廷，云南都督蔡锷、民政长罗佩金，贵州都督兼民政长唐继尧，热河都统熊希龄23人，由黎元洪领衔致电参众两院，极言否认大借款之“六危”，略谓“当此公私交困、内外俱穷，舍借款无良方”；若“推翻借款，远患近忧、外争内乱，于势实万无可逃”，其结果必致“政府土崩”，“国会星散”，“国民流离旷野”，“同罹敲精补髓之刑”。电中并将政府违法借款之责，悉诬加于临时参议院“事先之同意”；进而要求反对大借款诸议员“推诚行恕，达变通权，念时局之艰难，加借款以承认”，勿“逞一时之快论，为万世之罪人”。

△ 财政部公布《善后借款合同经参议院通过情形纪实》，声称善后借款经民国元年12月27日参议院通过，“当然发生效力”，“政府履行议决之案，是尊重立法，不得谓之违法”。

△ 晨，京畿军政执法处派军警百余名搜查北京国光新闻社，肆行骚扰，后无所获离去。该报被迫停刊三日。

5月31日 北京地方检察厅据周予儆之诬供，借口黄兴“组织暗杀团，谋炸要人”，特将该案移上海地方检察厅，由上海交涉使陈贻范转饬会审公堂“审理”。公堂立出传票，发交捕房，派探往传。领事团以该案“既无切实证据，原告又不到沪质讯，与租界定章不符”，遂令总巡捕房于6月5日将传票退还公堂。

△ 汉阳兵工厂工人因该厂总理刘庆恩强以贬值纸币发放工资，举行罢工。早9时，工人2000余由总代表梁世显率领，渡江前往都督府，面黎元洪申述。黎拒不见。6月1日，刘庆恩竟指梁世显为徐企文同党，派兵将其解往都督府。黎元洪即将梁交军法课讯办，后并迭催“迅即正法”。14日，梁被害。10日，武汉各厂工人为梁世显被杀事举行集会，又遭黎元洪派军警镇压，群情益愤。刘庆恩因工人坚持罢工，竟将熟练工人千余名一体开除以相威胁。但工人在各方支援下，仍不复工，致使该厂陷于瘫痪。黎元洪无计可施，被迫将刘庆恩免职，并允

将工资以银元、纸币分成搭配。汉阳兵工厂工人斗争终于获得胜利。黎元洪于工潮平息后，未几即将刘庆恩复职。

△　设于南京四象桥聚英旅馆内之革命党地下机关遭宪兵司令部破坏，二人被捕，所藏快枪47支、手枪11支、子弹万余发均被搜出。

△　工商部公布《意国奈波里埠中意商会宣言书》，内称该会以“扩充中意商业、工业上辑睦之交”为宗旨，其目的在使中意商人直接交易，以免外国在华商人、经纪居间渔利。华方会长为工商总长刘揆一，意方会长为农工商部长尼的。

5月下旬　海军部决定分中国沿海为三大军区：一、自鸭绿江至烟台为北区，设司令部于秦皇岛；二、自烟台至三都澳为中区，设司令部于崇明岛；三、自三都澳至澳门为南区，设司令部于琼州岛（今海南岛）。

是月　中国最近人口，据统计为4.42548128亿人。

△　驻奉天第二十七师师长张作霖发出通电，诬指黄兴、李烈钧等反对大借款，“无非欲推倒政府，自便私图”，提出“惩戒”黄（兴）、李（烈钧），“制裁”上海全国公民会。

△　升允在库伦连发檄文三道，妄图纠集20行省官绅，起兵推翻民国，恢复亡清。檄中扬言：“已与俄、蒙协约，同诛叛我清室者。”文末均署“宣统复辟，岁在癸丑”字样。

△　长沙和丰火柴公司工人开会集议，要求厂方增加工资。事为厂主所知，以“秘密开会，未报巡警，违犯法律，大干例禁”为借口，将为首者汤大安、谢六秋二人开除。工人全体罢工抗议。湖南都督谭延闿得报，勒令该公司“将滋事之人一律开革，另行招雇”，并令“警察厅转饬该区兵士随时查察，妥为弹压，如敢再肆刁抗，即行拿办”。该厂主在谭延闿庇护下，竟将工人全部遣散。

6　月

6月1日　白朗军进攻河南唐河县，架梯入城，与驻军独立第五十九团激战。旋据县署，焚案卷，夺获大炮六门，机关枪两挺及许多枪械子弹，声势大振。旋主动弃城北上，连克数村镇，复经南召直攻鲁山。

△ 陆军部以江南造船局发生工党领袖徐企文率众攻击事件，是日电令该局总督陈棍，将“凡有稍涉工党名义”之组织“一律解散”。

△ 外交部函知内务部：湘、皖、鲁三省烟苗确已净绝，中英委派各员履勘完竣，依禁烟条件第三款，自6月15日起，准于该三省内禁运印烟入境。

6月2日 袁世凯鉴于北京大学学潮，深恐波及全国各校，是日通令整饬学风，“着教育部行知京师各学校校长，并督饬各省教育司长，凡关于教育行政，一以整齐严肃为主。学生有不守学规情事，应随时斥退之，以免害群，以示惩儆”。同日，并令教育部将北大预科“滋事学生严切查办，毋稍宽假”。

△ 蔡元培、汪精卫在德、法考察，因宋案及大借款案发生，时局危迫，迭接各方函电促返，于5月5日自巴黎取道西伯利亚返国。是日晨抵上海。

6月3日 司法总长许世英发布限制新闻自由之通令。内称：“有闻必录虽为报界之通例，然传闻失实最足以淆乱是非”，“且报律、刑律均有应遵守之范围，是言论自由仍须以法律为标准”；“深愿发言论事勿为成见所拘，勿为感情所迫，勿伐异而党同，勿扬汤而止沸”。

△ 袁世凯令准再给赵秉钧“病假”15日。

△ 午后，章太炎离京赴东三省筹边使任。及至吉林，始知筹边使一职乃无任所之虚衔，遂转道上海。19日，电袁世凯辞职。

△ 江南制造局奉陆军部电令，于午前11时以“南琛”舰将徐企文解往北京，交京畿军政执法处收押。

△ 北京留法俭学会所办留法预备学校，第三班学生40余名预备期满，是日早8时离京赴法俭学。

6月4日 袁世凯令准赵渊辞山西民政长本职，以陈钰继之。

△ 袁世凯令湖北第一师师长黎本唐调京候用，任石星川署该师

师长。

△ 湖南境内粤汉铁路收归国有,交通部派员前往清理湘路公司帐目。

△ 北京政府聘英人李佳特为盐税顾问,是日离伦敦来华。

6月5日 汪精卫、蔡元培归国后,同进步党人张謇、赵凤昌谋调和南北感情,是日电袁世凯劝其勿为已甚,并将于日内邀伍廷芳等北上,面陈南中情形。后因袁下令免赣督李烈钧职,遂作罢论。

△ 赵凤昌自上海电告南京都督府陈陶遗:胡瑛来商,孙中山、黄兴已一致和平,并派汪精卫协商其间,请程德全、张謇速密电北京政府,"勿遽信伪谣,勿骤有更动",免生阻碍。

6月6日 教育部代总长董鸿祎为防止学潮继续扩大,是日再令北京大学校长何燏时,"即将现时在校之预科学生暂行解散。俟暑假后开学时,除已被斥退之八人外,凡现经请假出校诸生均准回校"。

△ 交通总长朱启钤与英国中英公司签订借款五万英镑合同,作为广九铁路追加借款。年息七厘,二年偿还。

6月7日 浙江都督朱瑞、云南都督蔡锷、四川护理都督胡景伊联名致电袁世凯及各省都督等,列举时局建言五端,要求袁世凯"整饬纲维,申明法纪,厉行整齐严肃之治,以收扶衰起敝之功"。

6月8日 孙中山、黄兴、陈其美联名复函上海全国商会联合会,指出:"共和时代人人有拥护共和之责任,苟有立心不轨,破坏共和者,众当弃之,断不宜姑息养奸,自贻伊戚,此固全国人心之所同,然抑亦鄙人等之素志也。"

△ 南京私立民国政法大学全体学生1000余人,因要求省议会准将该校改为官立,遭校方阻挠破坏,是日举行罢课。17日,江苏省议会将该校改官立案否决。午刻散会,学生拥至议长室据理力争。在场议员竟呼警察逮捕学生11人,解送警厅拘留。

6月9日 袁世凯加李烈钧"擅自改编师团"、"调兵派员管理九江炮台,迫胁镇守使戈克安离浔"、"调兵运械进逼鄂境"等罪名,令免其江西都督职。同日，以黎元洪兼领江西都督事；以贺国昌护理江西民政长；任命欧阳武为江西护军使兼充第一师师长，节制所有江西陆军各营；任命陈廷训为江西要塞司令，节制所有九江、湖口一带江防各营队。

△ 袁世凯令江苏都督程德全查明上海全国公民会设立处所及所发宣言书等件，“如有妄谬不经，希图破坏大局，立即饬令解散”；并令各省都督、民政长“饬属严禁，不得任其设立支部、布散流言”。

△ 白朗军 3000 余攻河南鲁山，未克。10 日，分兵二路，一路往攻宝丰，一路由白朗亲率再攻鲁山，占该县附近之大营、狼店、逢窑等地，歼敌数百人。

△ 晨 5 时半，澳门一带突起旋风，泊船撞毁极多，水道为之阻塞，综计溺毙者不下百人。

6 月 10 日 教育部布告：准许私立大学附设专门部，惟学科、科目、年限等，均须按照专门学校规程办理。

△ 外交总长陆徵祥与美国加尼吉平和社签订借款 20 万美元合同，用于支付留美学费。

6 月 11 日 陈陶怡、刘厚生携汪精卫拟定之南北和平三条件抵南通，面见张謇。三条件大要为：一、国民党决举袁世凯为正式大总统；二、四省都督请总统于临时期内暂不撤换；三、宋案将来罪至洪、应而止，传赵到案之主张自然消灭。12 日，张謇将此项条件函告袁世凯，谓“汪、蔡、孙、黄当面通过，确是同意”。

△ 上海交涉使陈贻范征得领事团同意，饬会审公堂再出传票，传讯黄兴。黄立即到庭，但因原告未到，证据亦无，终不得开审，黄遂离去。

△ 交通部聘日人平井一郎为铁路顾问，是日抵京。

6 月 12 日 江苏省铁路沪嘉（沪杭甬）线收归国有，交通部派员前往办理苏路清算事宜。

△ 上海龙章造纸厂女工 500 余名，因反对工头任意毒打、罚款，是日全体罢工，要求开除工头、增加工资。罢工持续 5 日，至 17 日，在

资方诱骗下，终因生活无着，被迫复工。

6月13日 袁世凯令准吉林都督兼民政长陈昭常辞职，以张锡銮兼署吉林都督，齐耀珊为吉林民政长，孟恩远为吉林护军使，节制吉林军队。

△ 袁世凯任命尹昌衡为川边经略使，胡景伊为四川都督。

△ 黄兴以湖南总银行电请沪行查询黄兴将常丰存米全数在沪抵押银两是否属实一事，致电湖南都督谭延闿，请查明何人发电，有何凭据，“彻底查究宣示，以杜诬蔑，而息谣风”。

△ 张謇就汪精卫南北和平三条件事再函袁世凯献策；其内容为：一、“宋案既不可传赵，周(予儆)案亦不可传黄”；二、“赣省既撤，临时期中湘皖可不再提”；三、“申诫军人不干预政治”；四、“通令为孙、黄分辩……使不逞之徒无所假托”；五、“电请汪、蔡入都，俾使指其党之暴乱分子，使选举时稳定一致，以示公之贤而亲仁，并无党见”；并谓：“謇于其党二年以来，独见汪之可敬可爱而已，公宜以诚礼待之。”

△ 洛阳南城大街聚昶号商铺，因受司法巡警勒索，向地方审判厅提出控告。审判厅非但不责惩该警，反指该商铺为讹诈。洛阳各商铺极为愤激，于是日全城罢市，以示抗议。

6月14日 袁世凯令免胡汉民广东都督兼民政长职，并任命陈炯明为广东都督、陈昭常为广东民政长。

△ 袁世凯任命胡汉民为西藏宣抚使。17日，胡汉民电请袁世凯收回成命。

△ 黎元洪密电袁世凯，报告其近日准备内战之五项措施：一、都督府戒严令增加附条五则；二、赶造油布桥为战时军队渡河之用；三、调李纯机关枪队驻武穴、田家镇一带；四、设马政局，委该府军事顾问龚光照任局长；五、令步队第七独立旅添练机关枪两队。

△ 陆军部奉袁世凯令，电各省都督、军长：嗣后凡由中央已经任命之师长、旅长及司令长等，遇有更调，必先商明陆军部呈请核办。

6月15日 进步党开会，梁启超主席并发表演说，提出总统推袁，内阁改组,先定宪法,后举总统主张;又谓宋案纯为法律问题,借款最要关键,则为监督用途。表决结果,多数赞成,即作为该党主张。

△ 孙中山电复万国改良会丁义华,表示嗣后专办铁路,不愿闻政事。

△ 陈家鼎集国民、进步两党议员数十人,是日正式成立癸丑同志会,宗旨为"力矫两党(指国民党、进步党)之弊,而以主张正义,发挥真实民意为指归"。举刘公为会长,张我华、王湘为副会长,陈家鼎为政务部长。

△ 白朗军千余人攻占禹县,知事弃城逃匿。白朗军入城后,打劫豪富,收缴枪 300 支,捆载大车 200 辆,随即放款济贫,乡民从者甚众,16 日闻敌援军至,主动转至鲁山一带。自此白朗声振豫西,各地绿林附合者骤达 2000 人。

△ 袁世凯宪法顾问日人有贺长雄于《法学会杂志》第一卷第五号发表《共和宪法上之条约权》一文,对中华民国宪法之制定进行直接干预,并为袁世凯力争扩大处理外交事务之职权。

6 月 16 日 袁世凯电复张謇,指责孙、黄"佯谋下台,实则猛进",表示"为公为私,退无余地",并密告已托梁士诒转约汪精卫北上。

△ 国务总理兼内务总长赵秉钧呈请免职,袁世凯批令再给假半月,所请仍毋庸议。

△ 外交总长陆徵祥因病呈请准假 10 日,袁世凯批令病愈应即视事,毋庸拘定假期。

△ 内务部公布编制各省区沿革一览表,按省、道编制,并有各县之新旧名称对照说明。

6 月 17 日 共和党日前宣布脱离进步党,是日召开第一次会议讨论"重振党务方法及以后政策"。27 日,发布通告书,以进步党"专以取媚政府为事,毫无政党资格,与之合并实为大辱"等理由四端,申明"脱离腐败不堪之进步党"。29 日,共和党在北京宣武门外湖广会馆正式复立会。

△　张謇接袁世凯16日电后，即转致赵凤昌，请赵转达汪、蔡诸人。旋赵与蔡元培等商议，俱认袁电意重在“佯谋下台，实则猛进”一语，表示“此间仍宗前议，不以赣粤改辙”；并告以“汪已赴粤劝导同志归于稳定一致”，“孙、黄必当表示以安定人心，惟待汪回沪商定表示之法耳”。

△　袁世凯令准汉粤川铁路督办岑春煊辞职。

△　内务部再发限制新闻自由之通令。是日通告指责内外报纸对宋案，大借款案，外蒙事件等，“肆意诋毁，痛加诬蔑”，“流言所及，人心为之动摇”。“若不依法限制，实足扰乱大局，妨害治安”。并谓：“用特剀切布告各该报馆须知……倘视诰诫为具文，置法律于不顾，漫无抉择，率意登载，或昌言无忌，淆惑视听，则是有意煽惑人心，妨害秩序，法律具在，断难宽容。”

△　卸任江西都督李烈钧抵安庆，次日乘“新丰”舰东下，19日抵上海。

△　川边经略使尹昌衡以川边赤地千里，经略之实万难践履为由，致电袁世凯请辞。后未获准。

△　北京大学校长何燏时向袁世凯请辞。是日，袁批复不准。

△　内务部会同财政部拨银五万元赈济广西水灾。

△　午前11时，汉口人力车工人龚银保在俄界入厕，将车停于厕外。俄巡捕借口违章停车，竟将龚银保凶殴至死。在场人力车工人当将该犯扭送俄捕房。午后，汉口人力车工人全体罢工。驻汉俄领事闻讯，反调俄水兵上岸，以武力相威胁。黎元洪于舆论迫促下，派员前往交涉，均遭俄领蛮横拒绝。

△　万国妇女参政联合会在匈牙利首都布达佩斯开幕。中国派代表与会，并向大会献“中国妇女参政”旗。

6月18日　袁世凯据交通部呈请，准汉粤川铁路归该部直辖，无庸再派专员，并责成交通次长冯元鼎赴汉口接管，执行督办职权，所有该路工程事宜仍由詹天佑会同办理。

△ 孙中山自上海乘轮抵澳门。陈炯明、胡汉民皆到澳门熟商。

△ 保定陆军军官学校校长蒋百里因陆军部事事与之为难，愤而在校自杀，未遂。事后，该校职员张翼鹏等具呈控告陆军部军学司司长魏宗瀚“除斥异己，任用私人，刁难把持，诸事掣肘”，以至酿成此事。21日，袁世凯派荫昌、陈宧前往查办。蒋百里旋即提出辞职。

6月19日 国务院审计处派李景堃赴法、比、意，汪振声赴英、德、美考察财政。

△ 为准备发动内战，镇压南方反袁势力，是日海军总长刘冠雄在大沽检阅海军，“海圻”、“海琛”、“海容”、“飞鹰”、“泰安”、“镇海”等10舰均参与演习。

6月20日 内务部公布《寺院管理暂行规则》，凡七条。

6月中旬 梁启超致电云南都督蔡锷，谓“总理一席，人望在君，时事艰难，何不来京一行，共商大政”。

6月21日 袁世凯发布通令，告诫军人服从命令，勿得逾越范围，其非分之事慎勿干涉，致淆政体，“毋使依附之徒托名暴动，倾覆邦家”。

△ 袁世凯以政府经济困难，债累山积，通令“由参谋、陆军两部会商财政部，妥筹限制兵额”，以“裁兵节饷”；并令“各部、各省权衡缓急，大加裁减京外行政经费”。

△ 孙中山在澳门约陈炯明在军舰上会面，促陈同意“四省独立，广东同时宣布”。

6月22日 袁世凯发布尊孔祀孔令，内称：“前经国务院通电各省，征集多数国民祀孔意见……应俟各省一律议复到京，即查照民国体制，根据古义，将祀孔典礼折衷至当，详细规定，以表尊崇而垂久远。”

△ 袁世凯以西藏活佛班禅额尔德尼输诚民国，尊重中央，特电嘉慰。并谓：“务望振兴黄教，抚辑所属僧侣，保持藏和平。”

△ 日本政府任命山座圆次郎继伊集院彦吉为驻华特命全权公使。

6月23日 袁世凯密遣孙宝琦、李盛铎赴日，7月2日抵东京。此行明为考察日本经济，实在诋毁孙中山、黄兴及其领导之国民党，为袁世凯即将发动内战开脱罪责，并设法阻挠日本急进派协助南方反袁势力与袁为敌。二次革命起，孙、李于 7 月 19 日离日返国。

△　党人宁调元奉黄兴命偕熊樾山秘密赴汉口，组织鄂省反袁革命机关，是日乘轮抵汉。在汉期间，曾召集各方同志数十人紧急会议，派季雨霖、詹大悲、邹永成等指挥军队，皮宗石、李剑农等起草文告宣言，定期在武汉三镇同时发难。

6 月 24 日　孙中山自澳门抵香港，当即对英文《早士蔑西报》记者发表谈话，阐述宋案发生以后之政见。

△　袁世凯令准财政总长周学熙再给假一个月安心调理，所请免官之处仍毋庸议。

△　袁世凯任命戴戡为贵州民政长。

△　武汉军警会同法国巡捕搜查汉口民国日报馆，逮捕编辑曾毅等四人，关押于法巡捕房。詹大悲见事已泄，于当晚督队攻汉阳制造局，失败。

△　驻汉英领事应黎元洪请，迫令《震旦民报》迁出英租界，该报于是日被迫停刊。

6 月 25 日　众议院开秘密会，对北京政府未经国会通过，于 4 月 10 日私借奥款事提出质问，财政总长梁士诒出席作答。各派议员对梁之解释均感不满。后经查阅合同原稿，与梁所谈情况竟不相符。议员异常激愤，咸以政府所签是项合同为非法，相约提出弹劾。

△　宋案要犯洪述祖经外交部多次与德使交涉，均拒不引渡。是日，该使照会外交部，竟谓“中德并无引渡条约，势难办到”，只可将青岛法庭讯取洪之口供送达。

△　武昌数处发动反袁起义，党人及下级军官被捕者 70 余人，次晨被杀于市。

6 月 26 日　袁世凯再电张謇对其“苦心调和”南北，予以嘉许。并谓：“果如蔡、胡所云，是彼此释嫌，同图建设，如天之福，国赖以存。鄙人决不为已甚。汪何日回沪？孙、黄表示之法，甚所愿闻。”次日，张謇据以抄转赵凤昌，请与孙中山、黄兴接洽。

△ 宋教仁葬于上海，送葬者达数万人，谭人凤、王宠惠、居正、胡瑛、章太炎等均参加葬礼。

△ 党人宁调元、熊樾山在汉口被捕，搜出李烈钧签署之特别证件及密码本，讨袁临时鄂军机关总部事务人员名单及派人赴荆、沙等处及邻省各处川资清单等件。宁、熊被羁押于汉口德租界巡捕房。

△ 白朗军攻河南方城县，获全胜，毙敌军统领牛得功。河南都督张镇芳闻报，急调师长张锡元率部1200名驰往镇压，并飞调驻防郏县一团、许昌一旅等部队前往合剿。

6月27日 黄兴致电陈炯明，请“接任都督，宣布独立讨袁”。

△ 刺宋逃之凶犯洪述祖在青岛经胶澳审判厅依法审讯于5月31日所录之德文供词，是日经外交部译送总统秘书厅。

△ 财政部拨银五万元赈济安徽水灾。

6月29日 江苏省教育会开会，举张謇、黄炎培为正、副会长。

△ 财政部拨款五万元赈济湖南水灾。

6月30日 袁世凯令免柏文蔚安徽都督兼民政长职，改以陕甘筹边使虚衔委之。同日，任命孙多森为安徽民政长兼署安徽都督。

△ 参众两院开宪法会议，共选出宪法起草委员60名，两院各半，联合组成宪法起草委员会，其中国民党33人，进步党19人，共和党七人，超然社一人。

是月 国民党就北京政府违法借款发表宣言，声称：“为大局计，惟有政府速将借款合同提交议院。两院于借款合同即一字不易，亦为议院中自主之权，本党亦惟有力予维持，俾底于成。否则，本党惟有竭其力之所至，根据约法，攻击政府。但使共和制度一日尚存，则一日不能承认此违法签约之借款。”

△ 陈少白在广州创立粤航股份有限公司，承办轮船运送业务，本公司设于广州，分公司设于香港，资本银100万元。

7 月

7月1日 黄兴再电陈炯明，促速接任广东都督，宣布独立，联合讨袁，切勿再延。

△ 夜10时，河南开封城西南火药局爆炸，局舍悉成深坑。留局人员14名均被炸死，附近民居、学校、庙宇亦遭波及。与火药局爆炸同时，远处城西北之国民党河南省支部亦发生爆炸。

△ 热河都统熊希龄电袁世凯，报告战胜盘据乌泊罗河一带之库伦蒙军事，内称："毙匪多名，并攻取匪卡五处，夺获枪械马匹多件。"

△ 署绥远城将军张绍曾电袁世凯，报告战胜侵袭内蒙之库伦蒙军事，内称："连日剿匪获胜，迭破板申图山口、丹伯岭诸要隘，肃清西苏尼特王府及滂江等处，擒斩200余名。"

7月2日 江西要塞司令陈廷训分电袁世凯、参陆两部及黎元洪，称九江、湖口"匪党往来如织，防不胜防。近闻煽惑上下炮台，克期举事"，请速派军队及兵轮来浔，以资镇慑。4日，黎元洪奉袁世凯令，电饬驻湖北蕲春之李纯，"酌派军队前往镇慑"。

7月3日 黄兴三电陈炯明，促速接任广东都督，指出："再不接任粤督，独立讨袁，党人将不能相谅。"

△ 袁世凯派海军中将郑汝成、团长臧致平率警卫队1300余名进驻上海江南制造局，并令协同驻沪海军总司令李鼎新共谋镇压上海革命。

△ 白朗军破河南荆紫关。守将王天佑大败，逃往淅川。

△ 山西都督阎锡山电袁世凯，报告战胜入侵后套一带之库伦蒙军事，内称："此次晋军赴援后套一带，先后剿平台梁、大奈太等处蒙匪，现又攻克苏白尔盖昭庙，并分援白灵，节节获胜。"

7月4日 进步党与国民党协商决定弹劾政府。是日，国会各派议员对政府提出四大弹劾案：一、邹鲁等120人提出弹劾全体国务员案；二、张华澜等12人提出弹劾国务员违法案；三、何雯等18人提出弹劾财政总长违法擅借奥款案；四、李国珍等75人提出弹劾国务总理及财政总长违法擅借奥款案。

△ 中国铁路总公司与伦敦西南区宝林有限公司，在上海签订筹建广州至重庆铁路及日后接展至兰州之简明合同。规定借款本息由中华民国政府担保，兼允许以广州重庆铁路为特别抵押。

7月5日 袁世凯任命张凤台为河南民政长。

△ 凌晨2时，库伦蒙军骑兵四五千名进犯阿尔泰察罕通古，与当地驻军接战。天明，蒙军败退。11日早8时，蒙军骑兵3000名再犯察罕通古，又被驻军击退。

△ 袁世凯令陈威代理中国银行总裁。

7月6日 豫南总司令李纯奉黎元洪命，派所部第六师第二十三团附机关枪一连于5日由湖北蕲春开赴九江，是日抵达。同日，江西护军使欧阳武急电北京国务院及黎元洪，痛陈李部进驻九江之不可，要求"迅速调退北兵"，并电向袁世凯辞职。

△ 谭人凤自汉口致函黎元洪，指斥其"近日政策，专以仇杀湖南人为事，而其被杀之人，则不审罪状，不问姓名，概以乱党二字加之，立予枪毙，此等暗无天日、惨无人道之举，即前清官吏如赵屠户（赵尔丰）其人者尚未闻"；"湖南人不可侮，请勿轻启衅仇，自祸祸鄂，兼祸天下"。

△ 俄政府以6月25日照会中要求赔偿、惩办诸事未得满意答复，是日遂调俄军3000名自哈尔滨开驻齐齐哈尔附近之富老儿庄，扬言非罢斥黑龙江都督兼民政长宋小濂，赔偿损失，即自由行动。北京政府闻讯急令外交部于10日复文俄使库朋斯齐，允予赔偿，并酌情惩办各地官吏。俄使始允电阻俄兵前进。袁世凯旋令准宋小濂因"病"离职，并于16日命毕桂芳暂行护理黑龙江都督及民政长。后于8月8日终将宋小濂免职。

7月7日 袁世凯据黎元洪呈报，是日下令通缉谋在湖北讨袁之党人夏述堂、王之光、季良轩（即季雨霖）、钟勖庄、温楚珩、杨子偬（即杨王鹏）、赵鹏飞、彭养光、詹大悲、邹永成、岳泉源、张秉文、彭临九、张南星、刘仲州等人，着各该都督、民政长、将军、都统、护军使一体悬赏，饬属严拿。

△ 袁世凯令川边经略使尹昌衡兼领川边都督事。

△ 江西省议会议员颜丙临、欧阳莘等 72 人电袁世凯、国务院、参众两院，要求转电黎元洪，“克日将抵浔，北军撤回，以免牵动全局”。

△ 驻沪海军总司令李鼎新为镇压上海革命，调“楚泰”炮舰、“海筹”巡洋舰驶抵上海。同日，江南制造局炮厂将七生五口径管退快炮 10 尊交陆军部拨解军用。

7 月 8 日 袁世凯召集全体国务员会议改组内阁问题，各员意见不一。段祺瑞等主张任命徐世昌或熊希龄为国务总理，各部总长仍旧；陆徵祥等主张仍由段祺瑞代理总理，内务、财政、教育三总长另简；梁士诒等主张全体改组，由赵秉钧领衔提出辞表。

△ 众议院开秘密会，通过 5 月 20 日中俄双方就外蒙问题达成之协议六款。

△ 李烈钧自上海潜抵江西湖口，约会第九、第十两团密谋举事，并调集辎重、工程两营分扼要隘，同时勒令各炮台司令交出炮台。

△ 李纯率步兵一团、骑兵百余名、机关枪一连并携山炮六门进驻九江南门外十里铺。10 日，欧阳武再急电袁世凯、国务院、参众两院，并径电黎元洪，要求将李纯所部“即日调回”。

△ 四川各法团联合会刊布都督胡景伊蹂躏议会，破坏法律等十大罪状。

7 月 9 日 交通部公布《铁路收用土地暂行章程》，凡八章 55 条，规定：铁路用地分国有、公有、民有三种；民有土地给价购买，国有土地不给价或呈部核办；公有土地按国有或民有土地办理。

7 月 10 日 12 时及午后 2 时，驻德安赣军第一旅旅长林虎迭电护军使欧阳武，告以李纯所部袁军已由南康（今星子）及沙河两路进逼该旅防地，请速示办法。

△ 国民党本部开参众两院国民党全体议员会商改组内阁问题，代理主席李根源，议决国务总理一席，绝对否认徐世昌、熊希龄，赞成汤化龙、蔡锷、伍廷芳、程德全。

△ 阿尔泰护军使马福祥电袁世凯，报告俘获库伦伪东西盟统帅、东盟扎萨克旗佛僧班的达及其伪参谋彭素胡鄂木加、伪统领韩福海、巴图得胜等人，并请解京备讯。

△ 热河都统熊希龄再电袁世凯，报告战胜盘据浩落图庙地方之库伦蒙军事，内称："统领米振标所部在浩落图庙地方与悍匪四五千人接仗，自卯至未，奋勇力战，连夺山险十余处，毙匪首七名，匪众二百余名。"

7月11日 李烈钧致电江西各界，痛斥袁世凯违反约法及派兵扰乱赣省之罪行，宣称"回赣随同军界诸君，声罪致讨"。

△ 江西要塞司令陈廷训10日分电袁世凯、黎元洪，告以湖口炮台已为民军所困，"恳添派军队及兵轮来浔"。次日，江西第二师师长刘世钧亦分电袁、黎，告以"湖口风声益紧"，"恳即电饬李总司令相机前进"。是日，袁世凯遂以此为借口，电黎元洪转饬李纯部"暂缓撤回，借资镇慑"，并令黎"酌调六师后方各团及二师旅团迅速赴浔"。

△ 晚8时许，李纯所部袁军分两路向赣军林虎旅驻地行衅。护军使欧阳武得报，电饬该旅后退20里。

△ 参议院开秘密会，将5月20日中俄双方就外蒙问题达成之协议六款否决。

△ 陕西神木县乡民因当局只准官种罂粟，不准民种，生计顿绝，遂聚集七八千人前往县衙，杀知事及防营百余名，旋掠衙署、仓库、商号，并焚毁教堂。陕西都督张凤翙闻报，派兵驰往镇压。

7月12日 李烈钧湖口起兵，二次革命爆发。早8时，赣军林虎旅在李纯所部袁军节节进逼下，被迫奋起应战。至午，林军乘胜占领青山瓜子岭一带，并占金鸡炮台。午后再战，直至深夜，袁军退往赛湖。李烈钧于湖口得林虎与袁军开战消息，当即召集会议，议决宣布江西独立，发布讨袁檄文，略谓："袁世凯乘时窃柄，帝制自为，灭绝人道，而暗杀元勋，弁髦约法而擅借巨款。……近复盛暑兴师，蹂躏赣省，以兵威劫天下，视吾民若寇仇，实属有负国民之委托。我国民宜亟起自卫，与天下共击之。"同日并与人民约法三章："一、誓诛民贼；二、巩固共和政体；三、保障中外人民生命财产。"

△ 江西讨袁军电驻京各国公使及驻各埠领事，内称："袁世凯帝制自为，意图破坏共和，为全国之公敌。本军因国民公意，兴师讨贼，以靖乱源。凡本军于战斗区域以内，势力所及之地，其居留地外人之生命财产无不加意保护，并于本军总司令部按照国际法及国际惯例处置一切交涉事宜。愿各公使、领事严守中立。"

△ 黄兴自上海抵南京，连日召集第一、第八两师官兵开会，议决声援江西。

△ 袁世凯接黎元洪、李纯、陈廷训报，知江西战端已开，急令海军部派汤芗铭乘"飞鹰"舰驰赴江西，督率各舰与赣军接战；并密电黎元洪，令驻湖北海军集中长江上游，以为江西袁军后援；同日并密令驻沪海军总司令李鼎新督饬所属，备战待命。

△ 袁世凯准黎元洪所请，令李纯署九江镇守使。

7月13日 江西省议会开特别大会发表宣言，宣布袁世凯"为人民之公敌，人人得而诛之"，本各界人民公意，举李烈钧为江西讨袁军总司令，欧阳武为都督，贺国昌为省长。同日将选举结果通电各省，并宣告与北京政府断绝关系。

△ 黄兴在沪接见南京第八师两旅长王孝缜、黄恺元，允赴宁主持讨袁军事。同日，黄往见孙中山，商赴宁举兵讨袁，旋嘱王、黄两旅长当夜回宁布置起义。

△ 早8时，赣军林虎旅与李纯所部袁军在瑞昌附近接战，袁军节节败退，晚退入九江。李纯急将分驻武汉、蔡甸、岳口等处之第十一混成旅及新编黎天才、石星川两混成旅调入江西。

△ 早8时，驻徐州之冷遹所部第三师讨袁军向驻山东韩庄之靳

云鹏所部第五师袁军发动进攻，鏖战连日，冷军先处优势，后以兖州张勋军及田中玉军往援靳军，冷军遭数面夹攻，始退据山东、江苏交界之利国驿。19 日，袁军陷利国驿。

△ 袁世凯再令海军部电饬驻泊烟台、大沽之“海容”、“海琛”两舰即行南下，巡缉长江。

△ 袁世凯通令告诫各政党咸趋正轨，共谋国利民福，并着陆军部严申军人入党之禁令，“如有军人收受党证者，立即销毁，从严革究”。

△ 袁世凯通令振兴实业，“以裕国计”。规定：“举凡路矿林垦蚕桑畜牧，以及工艺场厂，一切商办公司，其现办者，务须加意保护，即已停办及有应办而未办者，亦应设法维持，善为倡导。”

△ 俄公使库朋斯齐照会外交部，声明取消 5 月 20 日中俄蒙事协定，并另提“中国承认蒙古自治”、“俄国认中国为蒙古之上国”等四项条款以为重行磋商之根据。

7 月 14 日 黄兴抵宁，主持讨袁军事。

△ 月初白朗军破河南荆紫关后，自淅川进至湖北均县贾家寨。袁世凯闻报，立饬湖北、河南、陕西三省军队联合围攻。是日，白朗军与该三省联军大战于贾家寨东，白朗军胜，缴获子弹数十箱。

△ 教育部批准武昌中华大学立案，并指定陈宣恺为该校代表人。

7 月 15 日 江苏都督程德全在黄兴等人迫促下，发出通告，宣布江苏独立，委黄兴为江苏讨袁军总司令，并咨委陈其美为驻沪讨袁军总司令。程德全、应德闳、黄兴旋将江苏独立事联名电告各方。

△ 黄兴于程德全宣布江苏独立后，即日誓师，通电讨袁。16 日，江苏讨袁军总司令部正式成立，黄兴任命章士钊为秘书长。

△ 柏文蔚在南京被举为临淮关总司令。

△ 驻芜湖安徽第二旅旅长龚振鹏发布讨袁檄文，历数袁世凯十大罪状，请“与天下共弃之”。

△ 江西 79 县公民露布讨袁檄文，宣布“义旗所指，除为其私党外，不妄戮一人”，“尚望我全国各省同胞闻风响应，协力同心，凡有阻我

义师为共和障碍者，与天下共击之”。

△ 袁世凯加李烈钧“背叛民国，破坏共和”罪名，下令褫夺其陆军中将并上将衔，着欧阳武、李纯“设法拿办”。

△ 袁世凯以福建原任护理民政长江畬经病假，是日任命刘次源暂护福建民政长。

△ 袁世凯再令海军部急调驻泊武昌之“江元”、“江利”、“湖鹰”、“湖隼”四舰驰赴湖口，镇压起义。

△ 中、英两国第七次会谈藏事，北京外交部参事顾维钧往英使馆会晤其署使艾斯敦，就代表任命状及签字方式交换意见，无结果。

7月16日 黄兴、柏文蔚等在南京开军事会议，举岑春煊为各省讨袁军大元帅。岑于18日自上海抵南京，19日就大元帅职。22日，省议会联合会开会，补行正式选举程序。18省代表一致票举岑春煊为讨袁军大元帅，并规定“凡各独立省分都督及讨袁军总司令一律归其节制”。会后，省议会联合会备文咨达岑氏，告以“即照临时约法临时总统职权行使”，随咨并授以“中华民国讨袁军大元帅之印”一颗。

△ 黄兴令驻南京之第一师一部开赴宿迁，第八师一旅沿津浦路开赴徐州，配合驻徐州之冷遹第三师防堵张勋所部袁军南下。同日，又调第一师第二团之一部及第八师步兵一团附机关枪一连，开往临淮关准备北伐。17日，再调第一师一旅开赴徐州。

△ 松江响应南京独立，是日组成讨袁军，举钮永建为总司令，葆安水师营统领沈葆义为师长，帮统何嘉禄为团长，当夜宣布独立。17日，松江讨袁军一部应陈其美借调开赴上海，计步兵二营、水师三营，约3000人，由总司令钮永建率领，何嘉禄任总指挥兼步兵团团长，午后4时许，陆续抵达。

△ 袁世凯令准国务总理兼内务总长赵秉钧辞职。次日，改任赵为步军统领兼管理京师巡警事务。21日，再任赵为北京警备地域司令官，并以陆建章副之。

△ 江苏都督程德全、民政长应德闳因不赞成江苏独立，是日乘夜

车离南京前往上海。17日,分别将行踪电告参众两院、北京政府、各省都督、民政长,借以表白。21日,袁世凯令程德全、应德闳"即在就近地方暂组军政、民政各机关、行署,并着程德全督饬师长章驾时等,选择得力军警严守要隘,迅图恢复"。

△ 袁世凯发布命令,将挑起战端之责悉归诸李烈钧,并称"本大总统忍之又忍,为赣省生命财产计,不惜委曲求全。区区此心,当为国人所共谅",为其称兵祸国推卸罪责。

△ 袁世凯任命段芝贵为陆军第一军军长,归副总统领湖北都督事兼领江西都督事黎元洪节制。同日并任段为江西宣抚使,令其驰赴江西,"沿途所至,宣布德意"。17日,再任赵惟熙为江西宣抚副使。

△ 驻沪海军总司令李鼎新以九江袁军连日败北,特令驻泊高昌庙之"肇和"、"应瑞"、"镜清"等舰及各鱼雷艇加强警戒。

△ 江西省议会、督军、省长发出联合通电,请各省一致声罪致讨袁世凯,"划除专制,巩固共和"。

△ 章太炎发表宣言,指梁士诒、陈宧、段芝贵、赵秉钧为四凶;同日并电黎元洪,称政府恶贯既盈,众怒难犯,亟宜厉兵北向,请诛罪人,以为南方指导。

△ 国事维持会上海交通部通电调和大局,吁请黎元洪迅撤北军,以谢赣人;赣垣诸公,勿同室操戈,自取糜烂。

△ 英政府借口保护旅藏教士及英商,自印度调英兵2000余入藏。

7月17日 安徽宣布独立。安庆军商绅各界会议决定即日宣告独立,推举柏文蔚为安徽讨袁军总司令,并举第一师师长胡万泰暂行代理都督,孙多森仍任民政长。21日,胡、孙先后离省,由宪兵司令祁耿寰暂摄都督事。后复举刘国栋代之。27日,柏文蔚携胡万泰自南京抵省,旋就安徽都督职,并组织讨袁军。

△ 驻安徽之"建威"、"楚谦"、"楚泰"三舰,通电"与袁政府断绝关系"。

△ 镇江各界响应南京，宣布独立。随后镇江炮台亦宣布独立。19日，派讨袁军1500名往援上海。

△ 上海南商会为“临时维持地方治安”，特邀集商团公会、救火联合会、教育会开会，组成上海保卫团，举李平书为团长。18日，因上海宣布独立后淞沪警察厅厅长穆抒斋辞职，上海各团体举李平书暂代。

△ 袁世凯以欧阳武不受笼络并通电发其隐私，是日发布命令，指欧阳武为“捏词诬蔑，称兵犯顺，视政府如仇敌，视国会若土苴，推翻共和，破坏民国，全国公敌，万世罪人”。

△ 袁世凯令交通总长朱启钤暂代国务总理。

△ 袁世凯任命刘若曾署直隶民政长。

△ 国务院通电为袁提兵入赣辩解，宣称赣省如不取消独立，袁军“万难遽撤”。

△ 北洋第二师第四旅由旅长鲍贵卿率领抵九江。该师全体旋亦开抵江西前线。

7月18日 晨，陈其美宣布上海独立，通电讨袁，吴淞炮台同时响应。早9时，陈其美、钮永建、李平书及上海各团体代表在市政厅开会，商讨组织讨袁军、保卫地方秩序及敦促驻制造局之袁军归附等事。

△ 晚8时，驻沪松江讨袁军总指挥兼步兵团团长何嘉禄率队抵龙华，封制造局火药厂，驻守该厂士兵并未阻拦。

△ 广东都督陈炯明召集军事会议宣布独立。是晚，历数袁世凯十二大罪状，宣布“克日督率粤省六万健儿，北上讨袁”。陈仍任都督并兼广东讨袁军总司令。

△ 中华民国省议会联合会发布《告友邦书》，申明：袁世凯“不得以尺寸领土、丝毫权利割让列邦；列邦亦不得以金钱暨战品贷与袁氏政府。……苟其甘冒不韪，贷与金钱或输战品，是与袁氏个人交易之行为，与中华民国无涉，吾民决不承认”。

△ 外交部密电驻日公使汪大燮，令照会日本外务省，请严禁日人协助讨袁军。

△ 交通部训令各路邮电局在事员司人等“毋为乱党所利用”，报务员不得收转“叛党煽乱电文”，“并将中央发出各电故意秘匿”。“若果有附和情形，该管员司不仅予以行政上之处分，并应受刑事上之惩罚”。

△ 袁世凯令准工商总长刘揆一辞职。21日令该部次长向瑞琨暂代。

△ 袁世凯任命周肇祥署京师警察厅总监。22日，改令董玉麐代理此职。

△ 汪精卫自上海发表宣言，提出“为今日计，袁氏宜即自辞职，国会速择选举地点，开会选举正式大总统。……今者欲解战祸，舍此更无他道”。

△ 鄂赣两院议员郑万瞻等37人讨论江西时局，议决电请李烈钧、李纯双方暂停战事，并派代表见袁世凯请求和平解决。

7月19日 第十四师师长许崇智、福建都督孙道仁在福州浙江会馆召集各界开讨袁同盟会，许任福建讨袁军总司令，孙仍任都督，宣布与袁政府断绝关系。20日，孙道仁、许崇智联名通电宣告独立，组织讨袁义军。

△ 驻扬州江苏陆第四师师长徐宝珍颁布示谕，宣言与袁政府断绝关系。

△ 浙江宁波独立，旅长顾乃斌电浙督朱瑞、师长吕公望等，促即日独立，宣布讨袁，慎勿观望。

△ 陆军总长段祺瑞再增调2000名袁军进驻江南制造局。至此，该局驻军已达9000人。同日段复以“边防需用”为辞，饬该局赶造军械，并决定将该局全体办事人员、工人及驻军薪资、饷银一律增加，“以资鼓励”。

△ 袁世凯令陆军总长段祺瑞仍行代理国务总理。

△ 宪法起草委员会在北京天坛开会，举汤漪为委员长，王家襄为副委员长。另举蒋举清、杨铭源、黄云鹏、王家襄、夏同龢、杨永泰六人为理事，分拟宪草。

△　蔡元培、汪精卫、唐绍仪密电袁世凯，劝其宣布辞职。22 日，袁复电拒绝，并为其强据总统一席进行诡辩。

△　冷遹第三师因利国驿失陷退往柳泉，张勋所部袁军紧逼柳泉。双方激战至 22 日，讨袁军不支，再弃柳泉南撤。

△　江西德安全国公民讨贼团向独立各省发出通电，请即领兵出发，直捣贼巢，“势必生吃袁贼、黎狗之肉”，“以伸共讨而快人心”。

△　上海保卫团团长李平书赴江南制造局，面商郑汝成、陈梘，请顾全大局，赞成独立，免开衅端。郑汝成佯示颇愿和平解决，实则蓄意扼杀革命。

7 月 20 日　浙江都督朱瑞电各省都督、民政长并岑春煊、黄兴，宣告浙江“中立”，内称：“自今以往，但当一意保我治安，不问其他。如有乘机骚扰或派遣军队者，不问来自何处，凡妨害我浙生民财产者，一律视为公敌。”

△　广东旅港各大行商纷电北京政府，反对广东独立。

△　章太炎、蔡元培联名通电宣布浙督朱瑞劣迹，如其一意党附政府，延不宣告独立，应请浙人共逐之。

△　江苏讨袁军总司令黄兴派阎作霖、杨体锐携函往见白朗，告以东南各省独立形势，劝其相机进取豫省，多毁铁路，以分袁世凯兵力，而助二次革命，并立不朽之勋业。

△　上海全国公民会连发两电：其一通电各方，呼吁举国一致讨袁；其二致北京参众两院留院议员，请即日将国会迁出北京开议。电中并告上海已设立国会议员招待所，务乞早来。

△　段芝贵率拱卫军第八营抵九江。

△　驻沪海军总司令李鼎新、上海江南制造局督理陈梘等得知龙华火药厂被松军封占，大为恐慌。午后依郑汝成策，李、郑、陈三人离制造局，同登“海筹”舰，并协同“肇和”、“应瑞”两舰开赴吴淞，阴谋抢先攻取吴淞炮台。

△　《民立报》刊载旅美华侨自旧金山来电，内称：“袁氏罪恶贯盈，

侨民愿筹巨款为讨袁军后盾。”

△ 京师警察厅查封北京日日新闻社，该报被迫停刊。

7月中旬 参议院议长张继自上海电请参议院全体议员“迁出北京，择地开议，以纠元凶，而伸国法”。

△ 湖口开战后，驻防江西、湖北交界处之袁军1126人反正，并致函北方军界，内称：“此次战争，非南北战争，亦非党派战争，乃共和与专制战，公理与独夫战，人民与恶政府战”。“与其为袁世凯争皇帝而死，不如为四万万同胞求幸福而死”，呼吁“去逆效顺”，“共讨袁贼”。

7月21日 江苏讨袁军总司令黄兴电上海各西报，历数袁世凯种种罪恶，并申明“自战事宣布后，北京政府已失其宪法上效用，请列强告戒各资本团，勿再付款项于北京政府”，此后“所订合同、借款等，无论如何一概不能承认”。

△ 袁世凯通令禁止京外官员弃职潜逃，或附和二次革命，宣称“凡京外奉职人员，如有弁髦官守，任意潜逃或假借名义甘心助乱者，一经拿获，定必从严惩处，决不姑容”。

△ 袁世凯发布“平叛”通令，宣称“用兵定乱，为行使约法上之统治权，民国政府当然有此责任”；同日宣布在北京和湖口、徐州等战地戒严。

△ 袁世凯通令整饬纲纪，以济时艰，宣称“不许谋覆国家之凶徒，得以自恣”。

△ 驻湖北荆门县沙洋镇之前第八师季雨霖旧部，在团长刘铁率领下起义，组成讨袁军，举刘为鄂西讨袁军总司令，连日攻占荆门、天门、钟祥等县署及电、税、盐各局，缴团警枪、弹无算。25日，刘铁电黄兴、李烈钧，告以“各军响应，听候调遣”。旋于31日率队数千人分东北两路会攻荆州（今江陵），与袁军苦战数昼夜。后以敌军增援，于8月2日失败。

7月22日 孙中山发表宣言，促全体国民一致主张，令袁氏辞职，以息战祸。同日，孙中山电袁世凯劝其辞职。电云：“公今日舍辞职外决无他策。昔日为任天下之重而来，今日为息天下之祸而去，出处光明，于公何憾？公能行此，文必力劝东南军民易恶感为善意，不使公怀骑虎之虑。若公必欲残民以逞，善言不入，文不忍东南人民久困兵革，必以前此反对君主专制之决心反对公之一人，义无反顾。谨为最后之忠告，惟裁鉴之。”

△　留日学生开会讨论时局，通过请袁世凯速退临时大总统之位；请参众两院据法弹劾袁氏及请各省速行独立等五项决议。

△　袁世凯下令褫夺黄兴、陈其美、柏文蔚一切荣典、军职。随后又下令加黄兴以种种罪名，并诬指黄兴、陈其美、柏文蔚等反袁活动为“明目张胆，倒行逆施”，“着冯国璋、张勋迅行剿办叛兵，一面悬赏缉拿逆首”。

△　袁世凯密遣蔡廷幹运动外交团，不准革命党领袖人物在各地租界居留，并允报以“特别利益”。上海公共租界工部局旋于23日提出取消孙中山、黄兴、陈其美、岑春煊等八人租界居留权。26日，经驻沪领事团议决同意，并饬工部局出示宣布。

△　共和党本部开会讨论赣宁战事，会后通电各省该党党员都督及师长等，令各严守中立。

△　交通总长朱启钤、代理财政总长梁士诒以修筑同成铁路（大同至成都）为名，与法比两国铁路公司代表陶普施签订借款1000万英镑合同，以同成铁路全部财产及收入为担保。因此项借款于8月间已挪作镇压南方讨袁军军费，同成铁路迄未动工修筑。

△　京师警察厅奉袁世凯令，借口20日北京《民国报》所发时评“扰害治安”、“鼓吹二次革命”，是日迫令该报停刊。同日北京《民主报》、《亚东新闻》两报馆亦均遭宪兵查抄，并同罹停刊之祸。

7月23日　凌晨3时，陈其美派钮永建、刘福彪等率讨袁军分道向江南制造局发动进攻。驻防制造局内之六十一团及三十七团攻击制造局西栅，福字营助攻，松军、镇军攻击望道桥制造局正门，北军死战。海军李鼎新、郑汝成则自“海筹”舰发炮轰击吴淞炮台。接战5时许，讨袁军损失颇重。

△ 袁世凯令“销去”孙中山筹办全国铁路全权。31日,又令“所有铁路公司条例内事权暂由交通部执行”。

△ 袁世凯任命冯国璋为江淮宣抚使。

△ 蔡元培发表《敬告各省议会》文,略谓:“吾意各省议会,悉宜宣布赞成讨袁之主张,以表示全省之民意。”并应电促本省议员南下,另择地点开议,改选正式总统。

△ 北京《民主报》刊载《各地华侨讨袁宣言书》,历数袁世凯祸国殃民种种罪恶,并谓:“袁贼既先自开衅与我国民战,则共和政治已被袁贼蹂躏无余地。我海外侨民数十年来希望之初心至此已成为泡影,此我侪所万不能再承认为中华民国大总统也。今者赣省义师既宣布讨贼,苏、皖、湘、粤、闽诸省亦相继响应,我华侨不乏爱国之士,允宜同伸义愤,共殛元凶。”

△ 晚10时,袁世凯密遣军警数百人包围北京公余俱乐部,当场逮捕参议员冯自由、汤漪、王鸿庞、彭健标、李自芳、何士果、熊成章及众议员司徒颖等10余人。旋押解至侦缉队拘留。24日,转解京师警察厅。午后4时,该厅以“误会”为辞,将被捕诸人释放,惟留临时稽勋局局长冯自由一人。晚8时,新署内务次长王治馨及内务部参事程克先后来厅,迫冯“以稽勋局名义通电各省,反对此次南方举兵以表明心迹”。均为冯拒之。26日午,冯获释,即于是日提出辞呈,27日出京。

△ 北洋第二师第三旅旅长王金镜率部进攻九江附近之姑塘,次日与伍毓瑞所率赣军守兵在狭市激战一昼夜,北军进迫姑塘。26日,第二师鲍旅分兵支援王旅,占领姑塘。

7月24日 自柳泉南撤之讨袁军,于敌军马、步、炮各队追迫下,经徐州再往蚌埠撤退。是日午后,袁军陷徐州。

△ 江西袁军主力马继增旅、张敬尧团于23日晚向湖口运动,是日陷新港、梅花树、灰山等要隘,晚逼湖口西炮台。

△ 云南都督蔡锷电湖南都督谭延闿、长江巡阅使谭人凤,略谓国

事阽危，不能诉诸武力；黄兴、李烈钧此举“铤而走险”，劝其勿“随声附和”，否则湘省将“三面受敌，其何以支”？并谓拟组织滇、黔、川、桂四省联合军驻武汉，“劝令宁、赣罢兵”。

△ 袁世凯令外交部照会各国公使，要求各国勿借款予独立各省；如各省以某项收入抵押借款，政府“概不认偿还之责”。同日，省议会联合会亦电驻京各使馆，声明自讨袁军举义后，北京政府与各国所订借款条约，“国民概不承认”。

△ 浙江都督朱瑞下令查封《平民报》、《浙报》、《天钟报》、《浙江民报》、《浙声》五报馆。各报被迫停刊。

△ 应夔丞自上海越狱脱逃。

7月25日 湖南都督谭延闿在省内外反袁形势迫促下通电宣布湖南独立，与袁政府断绝关系。

△ 程德全通电声明第八师师长陈之骥等要求独立，经“严为拒斥，誓死不从”，并说明“十五以后，一切文电由宁递发者，均系假用德全名义”。旋即冒死离沪，谋图恢复。

△ 凌晨4时，江西袁军马继增旅陷湖口西炮台。晚8时，湖口及东炮台在鲍贵卿混成第四旅及汤芗铭所率炮舰夹击下亦陷。28日，袁世凯发布命令，着“先发犒赏银10万元”，并令“悬赏购缉”李烈钧。

△ 江西袁军右翼支队陷姑塘。旋分三路往攻瑞昌、南康、德安。

△ 蔡元培在《民立报》发表《论非常议会》一文，主张宜仿南京参议院前例，以省议会联合会代行国会职权，不必成立非常国会。

△ 袁世凯任命应德闳兼会办江苏军务。

△ 袁世凯以“附和乱党，背叛共和”罪名，下令褫革代理福建陆军第十四师师长许崇智军职，并严行查拿。

△ 袁世凯令京师警察厅逮捕社会党北京支部负责人陈翼龙（即陈意农），后加以秘密组织锄奸团、救国社并“联络外国党人潜谋不轨”等罪，于8月7日由京畿军政执法处“按照军法处以死刑”。

7月26日 袁世凯电令冯国璋、张勋进军南京：着张勋督率全军由水道取道清、扬，会合该处军队，进攻镇江；第二军着由铁路速取临淮，再趋浦口，与武卫军联络，恢复南京。

△ 袁世凯下令褫夺陈炯明广东都督官职，并撤销陆军中将暨上将衔，着龙济光督饬各师旅长派兵声讨，悬赏拿办。同日任命龙济光为广东镇抚使。

△ 梁启超致书袁世凯，提出“今欲戡乱图治，惟当挟国会以号召天下，名正言顺，然后所向莫与敌也”；并表示进步党正设法维持三分之二以上议员留京，望速发议员公费，不可再缓。

△ 程德全电黄兴，要求黄“取消讨袁名义，投戈释甲，痛自引咎，以谢天下”。

△ 新疆都督杨增新致电袁世凯，以布尔根河“地险兵单，万难守御”为由，呈报已将该地全部驻军马、步各一营撤退，并驻察罕通古。自此布尔根河一带即弃守。9月，库伦蒙军大队将该地区尽行占据。

7月27日 袁世凯为使军警随时监视议员行动，下令军警各管官“随时认真保护议员”。

△ 袁世凯任命倪嗣冲继孙多森为安徽都督兼署民政长。

△ 袁世凯任命彭光烈为川边陆军第一师师长，孙兆鸾为川边陆军第二师师长，刘存厚为四川陆军第二师师长，熊克武为四川陆军第三师师长。

△ 是日晨，租界工部局借口闸北中国商人请求保护生命财产，派遣总巡捕卜罗斯率马队30余人侵入中国地界，开往闸北南海会馆和湖州会馆，驱逐讨袁军。蒋介石所率原六十一团一部约207名讨袁军为英军缴械。于是，闸北一度为英、美军队控制。

△ 新任日公使山座园次郎抵京。次日对《民立报》访员表示日本政府对中国此次战事严守中立，“不干预”中国内政。

7月28日 晚，江苏讨袁军总司令黄兴以战事失利，弃南京潜往上海。程德全随即通电宣告南京取消独立，并委杜淮川代理第一师师长，“先行赴宁，料理一切”。

△　岑春煊以南北决裂，和平无法维持，是日在上海发表声明，表示坚辞和议事；随即离沪赴粤。

△　伍廷芳以上海制造局战事，人民生命财产横遭兵燹，是日电请袁世凯和平解决。31日，袁复电伍，声称其“受国民托负之重”，“严防痛剿，责所难辞”，并邀伍来京面谈，“倘以电来，未便奉复”。

△　袁世凯任命郑汝成为上海镇守使。

△　袁世凯为便于防范并逮捕革命党人，与北京使团协商，请按1901年《辛丑条约》之规定，使馆界内勿准华人居住。是日北京使团通过此议，并命六国饭店老板，“所有现居该饭店之华将，一律请其他住”。

△　中英两国第八次会谈西藏事，外交次长刘式训往见英署使艾斯敦，交换中、英、藏三方代表地位之意见，无结果。

7月29日　岑春煊自上海抵广州，当日致电陆荣廷、龙济光、龙觐光，请宣布讨袁，并约陆“至梧州面筹一切”。

△　谭延闿、程潜等电重庆熊克武，告以“北军会攻九江，武昌空虚，我军正可乘机直取武汉。……万望尊处神速决断，全师直出荆湖，会攻武昌，不必请命于成都”。此电于31日被贵州都督唐继尧截获，并电告黎元洪。黎于8月3日将此电转达袁世凯。

△　中、英两国第九次会谈西藏事，外交部秘书严鹤龄往英使馆晤巴参赞，决定中、英、藏三方代表在西姆拉会议中均处平等地位。

7月30日　肇庆统领李耀汉、德庆县长廖迈都等奉龙济光密电，率兵将陈炯明封锁封江、川口之江大炮舰夺获。泊于该地之“安南”、“瑞和”等四舰亦同时倒戈拥袁。夜，龙率所部抵肇庆。

△　原驻徐州冷遹所部江苏第三师讨袁军通电参陆两部，声明取消独立，并“特恳速令固镇以北军队停止前进”。两部旋电复三师，谓“该师轻听乱党伪令，突攻韩庄……即是叛逆，岂取消独立所可了事。如果真心服从，应诣冯军使前缴械，听候安置。倘仍狡辩游移，是自取灭亡”。8月1日，参陆两部电冯国璋转达袁世凯指令：“该师限一日缴械，酌给月饷遣散，违则进攻。”

△ 参议院开会通过熊希龄为国务总理。

7月31日 袁世凯任命熊希龄为国务总理。

△ 袁世凯着北京警备地域司令官赵秉钧传讯国民党干部人员，限令三日内将黄兴、陈其美、李烈钧、陈炯明、柏文蔚等“一律除名”，并自行宣布“不预逆谋”。8月3日，国民党本部负责人吴景濂、王正廷前往警备司令部，申明遵令将黄兴等五人开除出党。

△ 袁世凯以欧阳武“自称江西都督，昌言北伐”，“实属甘心叛徒，罪不容诛”，下令撤销其护军使，褫去陆军中将并上将衔，着段芝贵、李纯“严行拿办”。

△ 袁世凯以九江镇守副使刘世均率兵起义，下令撤销刘职，褫去军衔，并“着段芝贵、李纯、汤芗铭等分别督饬海陆军队，一体严拿务获”。

△ 程德全、应德闳奉袁世凯电令，悬赏缉拿黄兴、陈其美、李烈钧、柏文蔚、钮永建、黄郛、章梓、居正、刘福彪等人，言明获黄兴赏10万元，获陈其美赏五万元，余均亦有赏。

△ 浙江都督朱瑞派遣浙军开赴上海支援北军。海军总长刘冠雄率领四艘舰船护送北洋第四师李厚基旅南下，陆续抵达制造局。讨袁军自28日最后一次进攻制造局后，很快脱离了战线。松军被迫转移至吴淞一带。是日，制造局之役至此完全失败。上海讨袁军退守江湾—吴淞一隅。

△ 福建讨袁军总司令许崇智，鉴于江西、上海等地讨袁军节节失利，而本省军队亦难于调动，是日乘轮离省。

△ 北京《中央新闻》遭政府当局封禁，被迫停刊。同日，上海《民立报》亦被禁在北京发行。

8 月

8月1日 讨袁军林虎旅与袁军于上月31日激战于庐山以南之黄老门，历一昼夜，林军不支退德安。黄老门、马回岭均入袁军手。是晨，林虎知德安不守，下令向建昌（今南城）、吴城转移，德安陷。同日瑞昌、南康亦陷。

△ 夜，冯国璋率部抵安徽宿州，随遣其先头部队十九混成团于2日晨由固镇渡淮河进逼蚌埠。午前，蚌埠陷。讨袁军撤往临淮关。冯于当日进驻固镇。

△ 袁世凯任命姜桂题署热河都统。

△ 京师警察厅封禁北京《正宗爱国报》及《京话报》，并逮捕《正宗爱国报》编辑丁宝臣，交京畿军政执法处审讯。后该处加丁宝臣以“煽惑军心”、“妨害大局”及私通民国领袖罪名，于19日凌晨4时押赴刑场杀害。

8月2日 孙中山偕胡汉民等乘德邮船离沪赴粤谋再举，3日抵福州马尾，得悉广州局势不稳，旋改乘日轮取道台湾，流亡日本。

△ 晨5时，袁舰暗袭吴淞炮台。讨袁军开炮还击，中旗舰“海圻号”瞭望台。战斗未及一小时，袁舰即遁去。

△ 拂晓，安徽倪嗣冲所部袁军攻凤台。战斗历12小时，讨袁军失利，午后4时凤台陷。

8月3日 袁世凯授意化名“寄吾”之亲信密电在香港之暗探谋杀孙中山，允事成之后，“执行人员除补官赏勋外，并奖洋十万元”。

△ 袁世凯密电冯国璋、张勋：“凡遇有自称取消独立之军队，必勒令缴械，给资遣散，诛其渠魁。倘借口取消，持械观望，仍以叛军论，勿稍姑息为要。”

△ 袁世凯密电冯国璋、倪嗣冲，谓“宁垣取消独立，请仍饬各军迅速前进，克日到宁，以免旷日持久，别生波折”。

△ 袁世凯任命龙济光为广东都督兼署民政长。

8月4日 驻重庆四川第三师师长熊克武据蓬溪、西充、南充，定远（今胜武）、合川等县，宣布重庆独立，发表誓师文及正告四川军界同胞文，宣布“直接讨胡（景伊）间接讨袁”。熊被举为四川讨袁军总司令，即日誓师，通电讨袁。随后，川东各县亦宣布独立。

△　四川革命党人张百祥于川西一带组织讨袁军。张被举为全蜀民军总司令长，是日发布檄文，历数袁世凯、胡景伊沆瀣一气，祸国殃川之罪；呼吁全川军民共讨袁、胡。

△　驻广东第二师师长苏慎初、第五旅旅长张我权倒戈拥袁，炮轰都督府。陈炯明潜往香港，广东取消独立。苏慎初被举为都督兼民政长。袁随即加苏陆军上将衔并给勋三位，提升张我权为第一师师长，以暂安其心。

△　云南都督蔡锷通电全国反对讨袁，声称："讨袁之名，断难成立"，"讨袁之事，更属悖谬"；提出"所有此次为首发难之人，不能不按法惩治，以为破坏大局者戒。其余附和者流，但能悔祸罢兵，似可概从宽免"。

△　月初，白朗军 2000 人与驻河南泌阳周符麟部 7000 人于泌阳附近百泉山接战。白朗与其弟白圃率部分路夹攻，终将周军击溃，缴获大炮数尊，枪、弹无算。是日乘胜至襄阳（今湖北襄樊市）会师。

△　袁世凯任命李纯为江西护军使。

△　教育部公布《实业学校令》、《实业学校规程》。

8 月 5 日　黎元洪会同直、晋、鲁、豫、黑、陕、甘、浙、川、黔、滇、桂、闽及新疆 14 省都督、民政长致电参众两院，迫速举总统。略谓诸议员"应请将一切议案概从缓议，同心协力编制宪法，先将选举总统之一则，即从选举总统入手，或将宪法全部从速制定，即行选举总统。两月之内，一气呵成。国本既定，人心遂安"。

△　熊克武电北京参议院及各省，声明"4 日督师宣告独立，期与各省义军共讨元恶"，并宣布本人已被推戴为四川讨袁军总司令，杨庶堪主持民政。

△　广东省议会以苏慎初辞都督兼民政长职，是日改举张我权为都督兼民政长。

△　蔡锷电袁世凯暨国务院，提出内国战争不宜授职给勋，略谓："军重在对外，凡非杀敌致果者，均不得荣膺上赏。""内国战争，实出于

万不得已……若胜者膺赏，是以国家品器奖励残杀同胞，恐此后人人只知内竞，无事对外。”又谓：“夫杀同胞之人，蒙非常之赏，得逾分之拔擢，将来对外有功，将以何项勋赏加之？”

△　北京公使团开会，议决对南方讨袁军“不认其为革命性质”，仍认袁世凯政府公文为有效；并应北京外交部所请，相约各国“严守中立”，如有破坏成议、暗助讨袁军者，即“按照国际公法，背约罚办”。旋又通过决议一项：为便于袁政府搜捕革命党人，“凡华人之旅居北京租界内旅馆者，须逐一严诘”；其与讨袁军通声气者，“即行逐出”。会后并将此决定通示各国驻天津、汉口各领事署，饬“一律照办”。

△　早9时，倪嗣冲驱部众四万，夺占安徽讨袁军驻守之四顶、八公两山。午后4时陷寿州。6日陷正阳。

△　北京政府内务部警政司司长祥寿为该部草拟呈袁世凯密函一件，内称：京师警察厅已“先后将认为与时机有妨害之《民主报》、《民国报》、《亚东新闻》、《华报》、《京话日报》、《爱国报》一律令其停版。复以南京《中华报》、浙江《天钟报》、湖南《女权报》、上海《中华民报》、《民立报》并无在京发行所，经该厅通饬各派报处禁止送阅，并由该厅呈由司令官知照交通部，转饬邮政局勿为递送”。函中并谓：已训令京师警察厅暨通电各省都督、民政长、热河、察哈尔都统，对于造谣各报一体按照法律切实办理。

△　日本步兵大尉川崎亨一途经山东兖州，被张勋武卫前军疑为南方讨袁军所派密探，予以拘留，8日获释。此即所谓“兖州事件”。由此构成9月份日本政府向北京政府提出交涉之一则借口。

8月6日　四川讨袁军总司令熊克武电驻成都彭光烈第一师、孙兆鸾第二师、刘存厚第四师及驻资州（今资中）周骏师，呼吁勿“为一二民贼守护，使军界同胞自相戕害，以见笑联军，重祸川民”，请尽速起兵，共讨袁、胡。彭、孙、刘、周等接此电后，均不予理会。

△　岑春煊以讨袁形势逆转，4日由广州乘船往澳门暂避，是日由澳门经香港转船赴南洋。

△ 冯国璋所部袁军陷临淮关、沙河集，7日陷滁州。讨袁军退集浦口。

△ 袁世凯加江西省议会以“谬举都督”、“破坏统一”罪名，令段芝贵、李纯将该议会解散，同时并令用兵各省行政长官或司令官等，停止各该省议会开会。

△ 袁世凯任命郑汝成为上海警备地域司令官。8月9日，以吴淞、宝山一带尚有战事，改任郑为淞沪一带接战地域司令官。14日，复令其兼上海制造局督理。

△ 袁世凯任命周骏为四川陆军第一师师长。

△ 袁世凯以鄂豫招抚使蒋翊武布告讨袁，下令褫去其军衔、勋位，“由湖北、湖南、河南各都督严行拿办，并着各省都督一体饬属通缉”。9月9日，蒋翊武在广西境内被捕。广西都督陆荣廷奉袁世凯电令，旋将蒋翊武“就地枪毙”。

△ 多伦镇守使王怀庆派淮军纵队司令李际春率混成支队往攻盘据内蒙正蓝、正白两旗之库伦蒙军，是日拂晓于正白旗接战。历9小时，淮军胜，蒙军退往正蓝旗。淮军复追至正蓝旗，自9日早9时起再战，连续两昼夜，至11日早8时共歼蒙军六七百名，蒙军不支，急往北路败退。淮军遂将正蓝、正白两旗全部收复。

△ 四川都督胡景伊令军事警察厅厅长余司礼封禁成都《四川民报》、《宪演报》、《人权报》，并关闭重庆《新中华报》设于成都之分销处。各报工作人员事先闻风走避。

8月7日 凌晨1时，驻安庆第一师师长胡万泰、第一旅旅长顾琢塘等倒戈拥袁，率所部围都督府，并与讨袁军激战于城郊狮子山。历四个小时，讨袁军失利，柏文蔚率众200余向大通方向转移，旋抵芜湖。胡遂通电取消安徽独立，并电请袁世凯促新任都督、民政长从速来皖。28日，倪嗣冲率部抵安庆。

△ 四川讨袁军总司令熊克武发出檄文，声讨袁氏爪牙胡景伊，要求全川7000万父老子弟亟起而共讨之。

△ 沪军福字营司令刘福彪被袁世凯以巨金收买，倒戈拥袁。事为上海讨袁军侦悉，是日先行围捕。福字营不敌，溃败。泊于吴淞之袁舰闻炮声，误以为内应，发炮猛轰吴淞炮台。驻守炮台之讨袁军立即予以还击，重创“海圻”舰。余舰逃窜。

△ 袁世凯下令查禁社会党，令称：“兹据京师、天津等处呈报，破获社会党秘密机关，搜出种种犯内乱罪证据，并查有勾结外国虚无党，妨碍国际和平情事”，着各省都督、民政长及各军司令官，将所有社会党本部、支部一律严行查禁，并令分别解散及惩治一切“扰害煽乱”之党会。

△ 驻河南宛陵（今长葛）刘凤同部起义，会同白朗军占领南阳，宣布讨袁。8日，驻新蔡阎子固部亦起义讨袁，并与刘部会合，一致行动。

△ 日政府借口保卫南京领事署及日侨，派巡洋舰三艘、炮艇一艘抵南京。日水兵百余人随即登陆入城。

8月8日 何海鸣为首之南京革命党人乘代理第一师师长杜淮川赴固镇之隙，率众据江苏都督府，再次宣布独立。何任江苏讨袁军临时总司令，推驻南京第八师师长、冯国璋婿陈之骥为江苏都督。陈之骥闻讯，即率兵围都督府，拘何海鸣，余众被迫解散。南京二次独立仅数小时即告取消。

△ 福建都督孙道仁宣布福建取消独立。14日，致电袁世凯、国务院、参众两院及各部总长，报告福建取消独立及一切复旧经过。

△ 孙中山自台湾基隆抵日本门司港，次日抵神户。孙中山在台赴日舟中电日本友人犬养毅、头山满、萱野长知等，谓：“文如远去欧美，对我党前途实多影响，故无论如何希在日暂住，俾便指挥，9日船抵神户，并望与同志叙晤密商。”

△ 袁军李纯部占领江西吴城，李烈钧部退向南昌。

△ 胡景伊派川东宣抚使兼第一支队长王陵基率兵五营攻熊克武所部讨袁军。10日，王部陷南充，旋西充亦陷。12日，两军于烈面溪（今烈面镇）激战，讨袁军先胜后负，定远陷。

△ 袁世凯加广东省议会以“甘心效逆”罪名，令龙济光“即援照江西办法”，“立将该省议会解散”；“其签名助逆各议员，犯有内乱罪名，应即一并确切查明，按律究办”。

8月9日 江西宣布独立后，被举为该省都督之欧阳武、省长贺国昌，见袁军节节进逼，讨袁军处境日劣，是日离南昌潜往吉安。欧阳武只身逃走，赴青山自称“止戈和尚”。

△ 袁世凯任命雷震春兼陆军第七师师长，王汝贤为陆军第八师师长。

8月10日 袁世凯据黎元洪所请，准将居正、胡秉柯、杨时杰、田桐、白逾桓、刘英，按照内乱罪犯，咨参众两院革除议员名籍；其得有勋位、军职者，一律褫夺，按律拿办。

△ 袁世凯加谭人凤、程潜、陈强、程子楷、唐蟒以“谋叛民国”、“甘心叛逆”罪名，下令撤销谭人凤长江巡阅使，褫夺程潜等人军职，着湖南都督谭延闿饬所部“严拿惩办”，并着各省都督、民政长“一体严缉”。

△ 袁世凯任命黄士龙为广东护军使。

△ 浙江都督朱瑞加杭州《汉民日报》编辑邵振青以“扰害治安”罪，将邵杀害。

8月11日 何海鸣在南京第三次宣布独立。驻南京第八师师长陈之骥将宣布独立之革命党人何海鸣拘捕后，是日凌晨渡江往谒冯国璋，请速派兵入城镇压。乃陈方出城，第一师第二十九团即将何海鸣释放并拥入都督府，仍举何为讨袁军总司令，再次宣布独立。是为南京第三次独立。二十九团随将第八师司令部封闭，击溃该师第三十一团及卫戍团，夺回天堡城。陈之骥见大势已去，乘日舰回沪。

△ 李烈钧率部回防南昌，宪兵司令廖伯琅闭城不纳，李部越城而上，打开城门，迎李入城，廖即逃走。李烈钧在南昌重新整编部队，任伍毓瑞为南昌卫戍司令，向乐化、樵舍一线布置防务。

△ 浦口讨袁军派代表往滁州向冯国璋“归诚”。12日，袁世凯令参陆两部电冯，告以“务先令其缴纳枪械，庶无后虑”，并嘱“仍饬我军迅

速进发，妥为防范”。

△　龙济光率部自肇庆抵广州，逐苏慎初、张我权，旋与据守观音山之讨袁军激战。13日午后，讨袁军不支撤离。18日，袁世凯下令犒赏龙部，并下令将苏慎初、张我权“褫革军官军职及所得荣典，交龙济光认真查办”。

△　参议院议长张继自上海致函参议院全体议员，借口脑病，提出辞职。20日，参议院开会议决，同意张继辞职。

△　袁世凯令段芝贵兼安徽宣抚使。

△　日军中尉西村彦吉经汉口刘家庙袁军司令部，守军疑为南方革命党人伪装，将其拘留，旋被汉口镇守使杜锡钧开释。此即所谓“汉口事件”，由此构成9月份日本政府向北京政府提出交涉之第二借口。

△　中日兴业公司总会在东京成立，资本总额500万日元，中日各半。按：该公司原为孙中山于是年2月赴日考察铁路及实业时所发起，此次正式成立，原定举孙担任总裁，但因二次革命起，日本各大资本家咸以孙“处于嫌疑地位”，故将总裁一席暂空，待日后补选；副总裁由日人仓知铁吉担任。

8月12日　柏文蔚自芜湖行辕电安徽60县知事，历数胡万泰险诈百端、倒戈拥袁之罪，令各知事勿“为胡贼所煽惑”，并将“所有丁漕厘税赶紧摧解来芜，接济军饷”。

△　袁世凯加熊克武“附和乱党，图谋背叛”罪，令即褫革军官、军职，责成四川都督胡景伊督饬所部严拿惩办，并着黎元洪、张凤翙、蔡锷、唐继尧“会合兜剿”。

8月13日　谭延闿迫于各地讨袁军失利形势，是日出示布告，宣布湖南取消独立，呈请辞职。布告称：“现在闽、粤、宁、皖，已均各取消独立，大势所趋，皆以保境息民为主。湘省既不能以独立为支柱，又何可以全省为牺牲？……本都督已一面发布命令，即行罢兵，一面电达中央，静待处分。”

△　吴淞炮台失陷，上海讨袁军失败。早8时，刘冠雄所率海军会

同李厚基旅夺占吴淞南北塘、狮子林各炮台。吴淞要塞司令居正、宝山讨袁军司令钮永建率部千余人退守嘉定。陈其美逃入租界躲避。

△ 张勋抵龙谭。次日拂晓，张勋所部武卫军偕第四师袭占紫金山。南京讨袁军守城部队发炮反击，中午夺回天堡城，轰击紫金山。下午6时，张勋部弃山而走。

△ 驻隆城（今隆昌）川军步、骑、炮、工、机关枪队等共20连宣布归附驻永川讨袁军，14日夜正式通电讨袁。15日晨，永川讨袁军第一支队进驻隆城。

△ 吉林当局奉北京国务院令，借口统一共和党吉林支部主办之《新吉林报》为“乱党机关报”，将该报封禁。

△ 台湾同胞捐款百万元为讨袁军经费。

8月14日 袁世凯通令缉拿安徽二次革命领导人龚振鹏、郑芳荪、张汇滔等21人，着各省都督、民政长饬属一体严拿。

△ 武卫军陷镇江，张勋抵瓜州设营。

△ 袁世凯令海军总长刘冠雄兼南洋巡阅使。同日，任命萨镇冰督办淞沪水陆警察事宜。

△ 袁世凯任命李准为广东宣慰使。

△ 黎元洪通电各方代为谭延闿“表明心迹”，电称“湘省虽称独立，始终未尝暴动，今复自行取消，要皆谭督一人维持之力”，“仍请诸公再设法挽留，以平湘乱”。

△ 香港英总督宣布：奉英政府训令，永远不准孙中山、黄兴、陈炯明、胡汉民、岑春煊到港。

△ 共和党在袁世凯授意下急电促章太炎入京。是日晨，章自津入京，住共和党本部。袁世凯令京畿军政执法处处长陆建章派密探予以监视，继被袁软禁。

8月15日 午前，武卫军前队自镇江潜抵南京近郊，乘讨袁军不备，突占紫金山、天堡城。

△ 北京警备司令部据江西宣抚使段芝贵密电，以江西籍众议员

徐秀钧系李烈钧同党，是日乘徐由津至京之际，将其逮捕，旋解往江西交段芝贵审讯，9月2日早8时徐被害。

△ 孔教会代表陈焕章、夏曾佑、梁启超、王式通等上书参众两院，请于宪法中明文规定孔教为国教。自8月21日至10月17日，浙江都督兼民政长朱瑞，山东代理都督靳云鹏、署民政长田文烈，临时副总统兼湖北都督黎元洪，河南都督张镇芳、民政长张凤台，署湖北民政长夏寿康，福建护理民政长刘次源，吉林护军使孟恩远，广西都督陆荣廷，署江西都督李纯，安徽都督兼民政长倪嗣冲，云南护理都督谢汝翼、署民政长李鸿祥等先后通电，促参众两院尽速通过陈焕章等"定孔教为国教"之申请。

8月16日 袁世凯下令解散湖南省议会。湖南省议会于7月29日致电参众两院及各省议会，请"由各省通电取消参众两院"。后该电被汉口电报局截留，呈报袁世凯。是日，袁加湖南省议会以"侵夺国会权限，违背约法"罪，着湖南都督谭延闿立将该省议会解散。

△ 孙中山离神户赴东京，旋胡汉民、廖仲恺来同孙中山会合。

8月17日 广东新会东北之天河、周郡两围基决口，数十万人流离失所。至22日，水势继涨至9尺有奇，临近各地均遭波及，居民病饿淹毙者为数极众。

8月18日 南昌在袁军马继增旅与张敬尧团水陆夹攻下失陷。李烈钧率部千余人转移丰城。江西讨袁军失败。

△ 夜，南京讨袁军发动反攻，20日晨复将天堡城夺回。天堡城五易其手。至21日午后，天堡城终为袁军所陷。

△ 袁世凯令第五师师长靳云鹏暂行代理山东都督，田文烈署山东民政长。

△ 孙中山、张继抵横滨，19日抵东京。

△ 广东都督兼民政长龙济光加广州《平民报》以"袒护逆党"、"煽惑国民"罪名，迫令该报"永远停版"。

△ 库伦蒙军千余名进犯辽源(今吉林双辽)。奉天都督张锡銮派

步兵统领吴俊陞率部迎战。蒙军败,被歼40余名,余均逃窜。

8月19日 安徽讨袁军总司令柏文蔚应江苏讨袁军总司令何海鸣之请,是日夜率部2000人自芜湖抵南京。芜湖仍由龚振鹏防守。20日,柏率队入城。临时都督张尧卿及何海鸣开会欢迎,并举柏文蔚为江南大都督。柏随即发布《告军士文》,鼓励将士对袁贼"齐心合力,声罪致讨","扫除专制","还我共和"。旋又重新改组行政机构,由柏文蔚任江苏都督兼第八师师长,何海鸣仍任江苏讨袁军总司令,张尧卿任要塞司令。

△ 冯国璋所部袁军前队由浦口渡江抵下关。驻守狮子山炮台之讨袁军俟其登岸即开炮轰击,冯军死伤甚众。

△ 孙中山于东京致函日本《教会科学杂志》,内称:"此次中国战事全由袁世凯玷辱其总统之职而起……今袁世凯继满清而行专制,我必为国民之正义而战。现虽大受创挫,然最后之胜利决为吾人获之无疑。"

△ 岑春煊抵新加坡。

△ 黎元洪串通汉口日领事署,将设于日租界之革命党地下机关理发会破坏,捕17人,内有妇女四名。

△ 北京国务院密电福建都督府,指福建《民报》、《群报》、《共和报》为"乱党机关报","确系有意煽乱",着将三报"即日封禁","并将主笔苏郁文、黄光弼、陈群等严拿务获"。电中并令逮捕积极赞助福建独立讨袁之福州进步团体桥南社重要成员林斯琛、郑祖荫、彭荫祥、黄展云、刘通等人,着"尽法惩治,毋任漏网,并将乱党机关部及国民党克日查明封禁"。福建都督孙道仁接电后,即会同护理民政长江畬经饬属分别封禁、查拿。20日夜,福州警察厅将上述三报馆先后封闭。三报均于次日被迫停刊。28日,黄展云、陈群、祝茂郊等三人被捕,余未获。

△ 河南商办洛潼铁路(洛阳至潼关)收归国有。

8月20日 黎元洪电复胡景伊,告以援川鄂军一团,克期由荆州赴川;陕省已派一师,22日前可达大宁;并拟电商滇黔两督拨派军队赴援。

△ 午后，袁舰“海圻”、“海容”、“永丰”及水雷艇一艘抵镇江。23日，“南琛”、“楚有”、“镜清”、“应瑞”四舰及运载袁军之“新康”、“顺大”两兵轮继达，以备水陆会攻南京。

△ 刘师复主编《晦鸣录》在广州创刊。此为中国最早宣传无政府主义团体晦鸣学社之机关刊物。《晦鸣录》系周刊，其中各篇均为中文及世界语两种文字对照。该刊仅出二期，即被广东都督兼民政长龙济光于9月8日迫令“永远停版”，晦鸣学社亦同时被封。12月20日，该刊转澳门出版第三期，并更名《民声》。《民声》继出二期后，龙济光奉袁世凯令，串通澳门葡萄牙当局又将该刊封禁。

8月21日 袁世凯加岑春煊以“反抗中央，图谋不轨”罪，着“沿边各都督、民政长一体拿办”。

△ 袁世凯令周自齐署中国银行总裁。

8月22日 凌晨3时，熊希龄自热河抵京，27日正式受任国务总理职。

△ 众议院粤籍议员伍汉持，前因请袁世凯辞职以免战祸，至获罪逃匿天津。是日，天津警察厅厅长杨以德秉承袁意将伍以“谋乱”罪枪毙。

△ 驻法、德、比、俄公使胡惟德、颜惠庆、王广圻、刘镜人联名致电袁世凯、北京外交部、参众两院，请速先订定选举法，举定总统后再订宪法。

△ 袁世凯令广东镇抚副使龙觐光兼管粤江水上警察，并节制内河外海各兵轮炮舰。

△ 广东都督龙济光悬赏通缉该省国民党要员陈炯明、邓铿、朱执信、姚雨平、廖仲恺等10人。

8月23日 新任江苏交涉员（即上海交涉使）张煜全奉北京国务院令，加上海英租界《中华民报》以“假造事实，诋毁政府”罪名，是日饬会审公堂票传该报总编辑邓家彦到案，会同英副领事加以审讯，后竟强行判决将邓押西牢六个月，《中华民报》罚款500元。9月17日，该报终以债务关系被迫停刊。

8 月 24 日 云南都督蔡锷致电袁世凯暨参谋部、陆军部，报告滇军援川情形，称滇军混成旅巧(18)日由省出发，9 月中旬可分抵叙、泸，又防军两营巧日由昭出发，奉命暂驻滇边防待命。

8 月 25 日 夜，冯国璋军大队在刘冠雄所派“海琛”、“应瑞”、“楚有”、“永丰”等舰掩护下，自浦口渡江，至下关登陆。

8 月 26 日 晨，讨袁军于南京朝阳门城头高插张勋军所用旗帜。攻雨花台之张勋部炮队望见旗帜，误以为攻朝阳门之步兵业已得手，即嘱骑兵先入。及至骑兵拥入城内，讨袁军暗藏之机枪即猛烈射击，全歼张军一营。后到者再蹈前辙，复被城内外所伏讨袁军毙伤千余人。

△ 袁世凯令贵州都督唐继尧兼滇黔援川军总司令，以镇压四川讨袁军。

△ 浙江前处防统领、浙督朱瑞同学何知章电朱瑞，历数袁世凯六大罪状，斥朱瑞宣布浙省“中立”，“岂惟无勇，抑甚无耻”，促其“从速宣告独立”。31 日，朱瑞发布通电，为其首鼠两端、宣布“中立”进行诡辩。

△ 外交部任命周诒春为清华学校校长；周未到任前由赵国材暂行代表。

8 月 27 日 夜，袁军会攻南京。张勋军攻太平门，冯国璋军攻下关，雷震春部攻聚宝门，刘冠雄督舰助冯军攻狮子山炮台。讨袁军奋力防守，袁军终未得逞。

△ 黄兴抵东京。当日与先期抵东京之孙中山会面，战友重逢，在检讨“二次革命”失败原因时，意见分歧。

△ 参众两院同时开会，讨论政府逮捕议员事，均异常愤慨，一致停止开会，举定王正廷为代表往见袁世凯，要求说明逮捕议员之理由。

△ 袁世凯任命李纯兼江西民政长。

△ 财政会议在北京开幕。北方八省代表出席，其他各省在京人员及财政部重要人员亦列席。财政次长梁士诒在会上发表演说，提出节饷、减政、整理旧税、增加新税四项政策。

△　北京警备司令部迭接段芝贵、雷震春、鲍贵卿25、26两日密电，指参议员朱念祖、赵世钰、张我华、高荫藻、丁象谦五人，众议员刘恩格、褚辅成、常恒芳三人，与南方讨袁军领袖关系密切，谋乱京师。是日警备司令部加朱等八人“串通乱党”罪，予以逮捕。

△　江西宣抚使段芝贵向袁世凯呈报：去岁6月7日被袁以兵力强行撤职之秦州军政府都督黄钺，自长沙去函指斥袁世凯调兵江西为“固君位”，并呼吁袁军“顿兵不动”，使袁难遂其谋。是日袁世凯加黄钺“背叛共和”罪，令湖南都督谭延闿“严拿惩办”，“并着各省都督、民政长饬属通缉”。

△　南京商会派代表出面劝讨袁军让城他去，并表示愿付巨款以酬，何海鸣愤极，即派卫队及炸弹队将商会代表驱走。

△　汉阳兵工厂工人联络当地部分驻军，约期于是日凌晨3时举事。黎元洪闻报，当即令护卫、近卫、巡缉各队分守要隘，并急电汉口镇守使杜锡钧调驻汉口吴庆桐营士兵500名，于27日凌晨1时暗渡汉阳，占龟山。吴庆桐旋率部围兵工厂，捕杀为首工人三名，并将被害者家属拘禁。其后，复连抄工人住所40余户，捕56人，一并解往武昌，交军法课讯办。

8月28日　国务总理熊希龄开茶话会邀集参众两院议员各党代表发表政见，表示决定完成责任内阁，使中国为法制国。

△　袁世凯任命马继增为陆军第六师师长。

△　教育部代总长董鸿祎向各校职教员发布训令禁止学生入党，内称“遇有此等学生，务宜切实告诫，使之专心向学。如屡戒不悛，应即按照学校管理规程予以惩戒或径令其退学，毋稍姑宽”；职教员“毋得借学校机关，为党略上之作用”。

8月29日　芜湖于袁军汤芗铭、胡万泰部水陆夹击下失陷，龚振鹏出走。安徽讨袁军失败。

△　柏文蔚因与何海鸣、张尧卿意见不合，离南京潜赴芜湖，旋抵上海。是日早8时，离上海赴日。9月5日抵东京。柏走后，由何海鸣

代理江苏都督兼第八师师长。

△ 深夜，天津警察厅厅长杨以德秘密逮捕天津国民党交通部主任干事任知方及总务科主任干事邹耀廷，旋于 30 日下午解往北京，交京畿军政执法处。9 月 1 日，未宣布任何罪状即将二人枪毙。天津国民党交通部亦被破坏。

8 月 30 日 晨，何海鸣召集讨袁军各师高级军官会议，决定于 31 日晚 9 时分四路进击盘据紫金山、天堡城、幕府山及朝阳门外之袁军。届时，因一师违令不发，而其余各师亦均未得手，致扭转战局之计划未能实现。

△ 内务部下令解散中华民国自由党。内务部秉承袁世凯既定意图，借口自由党"擅用印文"，"所结党徒又多下流社会；当兹人心不靖，诚恐匪徒煽惑，滋生事端"，于是日下令将该党各省支部一律解散。

△ 库伦蒙军头目烈拉玛、忙及巴图率队突袭途经内蒙正蓝旗属力不胡图格地方之多伦驻军，旋被击退。31 日晨，烈拉玛等复率大股蒙军 5000 余名再袭多伦驻军于哈噶蹋拉地方。当由淮军纵队司令李际春等督队奋战。至晚，蒙军伤亡过半，急往大王庙方向逃窜。9 月 1 日，淮军于奎素地方宿营。2 日晨 7 时，蒙军 800 名突抄该军后路，经该军并力猛击，此股蒙军终被全歼。

8 月 31 日 社会党在上海召集特别联合大会，出席党员代表百余人，议决请愿国会力谋恢复。

9 月

9 月 1 日 上午 9 时，武卫军以扬州徐宝珍第四师为前队，炸毁南京城垣入城。11 时许，冯国璋军前队入太平门。旋雷震春部亦开入城内。下午 5 时，袁军大队经神策、凤仪二门入城。北极阁、富贵山、骆驼山、狮子山各要塞先后为袁军所占。讨袁军小部叛变降敌，大部且战且退，陆续自大南门及水汉两西门夺路而出。南京失陷。二次革命失败。

△　冯国璋军火烧南京下关。烈焰三日不熄，大观楼至靖海寺，悉付之一炬。下关房屋十焚八九，居民无处栖身。

△　张勋军攻陷南京后，狂肆屠戮，日本侨民三人亦被杀。此即所谓"南京事件"。由此构成是月日本政府向北京政府提出交涉之第三项借口。

△　西藏宣抚使陈贻范离京赴印度，与英政府及西藏地方政府代表会商藏事。

△　参谋本部于2月初在北京南苑开始筹办航空学校，是日正式开学，共有学员62名，秦国镛任校长。

9月2日　晨，何海鸣率南京讨袁军余部自南门突围，旋潜赴上海。

△　凌晨4时，雷震春部及徐宝珍部合攻驻守雨花台之讨袁军。激战6小时，讨袁军失利。上午10时，雨花台陷。

△　李烈钧抵长沙，旋乘船潜往上海转赴日本。

△　倪嗣冲率部入安庆后，认为倒戈拥袁之第一师师长胡万泰手握兵权，事事掣肘，是日密电袁世凯，指胡反复无常，实为"皖乱"祸首，"现在乱事未平，固不得不笼络驾驭，借定反侧"，但嗣后胡"如再通电，务请置诸不理"。

9月3日　袁世凯令免江苏都督程德全职，以张勋继任。

△　参议院选王家襄为议长。

△　袁世凯任命朱熙署江苏陆军第二师师长。

△　袁世凯令免蒋百里陆军军官学校校长，以曲同丰继任。

△　早8时，孔教会在北京国子监举行秋丁祀孔。众议院议长汤化龙主祭，袁世凯特派梁士诒为代表前往献香，梁启超、陈昭常、王锡蕃、陈焕章及日本顾问有贺长雄等均与祭。会上梁士诒、梁启超等并发表尊孔演说。

9月4日　袁世凯令准外交总长陆徵祥、财政总长周学熙、司法总长许世英、农林总长陈振先、交通总长朱启钤辞职，以外交次长曹汝霖、财政次长梁士诒、司法次长汪守珍、农林次长罗振方、交通次长叶恭绰暂行代理部务。

△ 众议院开会，通过张耀曾、谷钟秀、郑万瞻提出之《议员保障法案》，凡四条。

△ 晨，冯国璋、张勋入南京。

△ 坚决讨袁之安徽宪兵司令祁耿寰，是日被驻安庆第一师师长胡万泰捕获杀害。

9月5日 众议院议决先定总统选举法及其权限，于选举总统后再定宪法。6日，将此议案咨达参议院。8日，参议院议决通过。

9月6日 袁世凯以张勋所部武卫军在南京奸淫抢劫，使北军“丧尽名誉，大干军律”，是日电令各该长官，对奸抢有据之士兵，立按军法严办。

△ 袁世凯令免江苏民政长应德闳职，以韩国钧继任。

△ 参议院议员周廷励、朱兆莘在北京发起组织集益社，是日正式成立。该社以广东省籍议员占多数。

9月7日 袁世凯以北军在南京抢掠烧杀遭致外人抗议，是日令各统兵大员严申诫令。

△ 铁路协会（负责人梁士诒）、潜社（由国民党分出，负责人马小进）、集益社（负责人朱兆莘）、超然杜（负责人郭人漳）、国会同志会（负责人李庆芳）等在北京组成袁世凯御用之公民党，该党以梁士诒为党魁，通电宣布政见，鼓吹从速举正式总统。

△ 长沙革命党人地下机关于3、5两日连遭破坏，密谋举事之为首党人刘崧衡亦于6日被捕遇害。长沙驻军中谋举事者知事泄，乃急于是日傍晚提前行动，后遭镇压失败。为首诸人被处死，余均被迫缴械。

△ 袁世凯以南京“重遭惨劫”，电饬郑汝成运米5000石赶办急赈，并饬财政部拨银10万元，接济南京灾民。

△ 南京日领事署传信员于传信途中被张勋军所阻，并撕毁、践踏该员所携之日旗。为此，驻南京日领向张勋提出抗议。

9月8日 川军王陵基部攻合川。熊克武亲率讨袁军数千人与之激战于大石桥。讨袁军先胜后负,9日合川失陷。至此重庆屏障失,粮源亦绝。

△ 重庆市商会暨农工教育各会代表通电陈述四川民生痛苦情形,望大总统、副总统遴派贤员调处,力取和平。

△ 京畿军政执法处将5月29日为首进攻上海江南制造局之徐企文、柳人环二人枪杀。

9月9日 日本政府就兖州、汉口、南京三项事件特开阁议,训令驻京日使山座园次郎向北京政府正式交涉。10日,山座面晤袁世凯,就上述三事提出口头抗议,并于次日照会北京外交部,要求惩凶;赔款;严惩肇事有关人员;北京政府公开向日政府道歉;张勋须亲赴南京日领事馆道歉;行凶之军队须至日领事馆前行举枪礼以示惩戒。13日,北京政府照复日方,所提条件"一律承认"。

△ 北京《国报》因日前发表社论,反对先举总统后定宪法,文内并有"御用党"字样,是日凌晨1时被京师警察厅封禁。该报经理黎宗岳亦被捕,旋交京畿军政执法处讯办。

9月10日 袁世凯任命屈映光署浙江民政长。

△ 冯国璋离南京北上,12日午抵北京。所部袁军均移驻浦口至徐州一线。是月下旬,冯返抵南京,后因与张勋不和,11月1日复离南京改驻浦口。

△ 陈其美、居正、田桐离上海,林森离北京,分赴日本。

△ 自是日起,白朗军大队围攻河南泌阳,连续三昼夜。13日,参陆两部急电河南都督张镇芳,令速派军队驰往解围。

△ 黎元洪电复重庆商会暨农工教育各会代表,称政府已调滇、黔、陕、鄂各军援川,川事自有正当之解决,望传语商民毋庸过虑。

△ 北京军警联合会在街头散发传单,宣布议员九大罪状,并声称其有议员潜谋不法者,当与全国共弃之。

△ 常州地方审判厅加当地《公言报》以"附和乱党"罪,迫令停刊。

9月11日 袁世凯任命熊希龄内阁各部总长:外交孙宝琦,内务朱启钤,司法梁启超,教育汪大燮,工商兼农林张謇,交通周自齐,陆军段祺瑞,海军刘冠雄,财政熊希龄兼。熊希龄内阁组成。

△ 深夜,四川讨袁军总司令熊克武弃重庆出走。

△ 川边炉城(打箭炉)统领张煦响应熊克武,举兵独立,旋为川边经略使尹昌衡部在丁桥附近所败,张即遁走。15日,袁世凯下令通缉张煦。

△ 驻京奉线昌黎站日兵一名,因强夺站上小贩食品,发生争执。华警出而排解,该日兵竟回营纠集同伙数十人,持枪前往警署,击毙华警五人。18日,北京外交部就此事向日公使山座园次郎提出抗议。山座坚持须实地调查,双方乃派员前往昌黎。

9月12日 援川黔军第一混成旅黄毓成部进据重庆,四川讨袁军失败,杨庶堪出走。二次革命至此结束。

△ 午后1时,参众两院首次联合开会,决议咨请宪法起草委员会于五日内将宪法中有关选举总统之必要部分从速拟定,再交两院议决。

△ 袁世凯就武卫军攻陷南京时杀害日侨三名并抢掠日商店铺,招致日方抗议事,下令"着江苏都督张勋迅速查明戕掠凶犯,按军法从严治罪。……所有被戕掠之日本商民,着李盛铎查明损害情形,按数赔偿,并妥为慰问"。

△ 袁世凯任命马福祥为甘肃、宁夏护军使兼署宁夏将军。

△ 北京军警联合会致函参众两院,警告该院宪法起草委员会起草宪法时毋掉轻心,并促加强中央政府权力,以谋统一。

9月13日 袁世凯任命李开侁署广东民政长。

△ 北京政府分电四川、云南都督,西姆拉会议开议在即,请转告川边经略使尹昌衡勿得进兵西藏,以防意外。

9月14日 胡景伊以重庆已克复,电黎元洪,请转饬援川各军停止前进。

9月15日 何海鸣自上海密函潜迹北京之革命党人鼎公,同意按其所拟计划，于选举总统日设法炸毁会场。鼎公等接信后，即依所嘱与在军警界有年之党人某密谋筹划。旋经某与京师警卫队分队官陈周膺联系，陈允承担此任。后以携运炸弹之党人胡侠魂逾期方至，事未果行。陈周膺遂再谋10月10日袁世凯于太和殿就正式总统职时刺袁。10月9日，陈被派于次日司太和殿外戒备之职，乃要求警卫官改派殿内，致启其疑。当晚陈被捕，并于其之住所搜获炸弹多枚，事泄。陈于10月14日被京畿军政执法处杀害。

△　欧阳武在江西吉安青原山中被江西水巡局局长倪占魁逮捕，是日解至南昌交李纯收押。27日，李纯遣人将其押解北京，旋被陆军部判处八年有期徒刑。

9月16日　袁世凯以贵州党人方策、蔡奎祥、简书、许嘉谟四人在京组织冤愤团，散发宣言书，加以“昌言煽乱”、“甘心附逆”等罪名，下明令通缉。

△　袁世凯令准免四川民政长张培爵本职。

△　凌晨4时，广东都督兼民政长龙济光奉袁世凯令，分别加该省警察厅厅长陈景华、韶州清乡督办陈仲宾以“密谋煽乱，残害民命”及“私运军械，接济赣匪”等罪名，将二人杀害。

9月17日　袁世凯任命靳云鹏署山东都督。

△　袁世凯以贵州援川第一混成旅入据重庆，通令嘉奖该旅长黄毓成，特授勋五位，并任黄为重庆镇守使。

△　黎元洪电复胡景伊，谓已令援川各军停止前进，并另电黄毓成留渝，且俟后命。

△　孙中山在东京访日本财阀涩泽荣一，希望援助讨袁。

△　外交部就兖州、汉口、南京三事件，派代表前往日使馆向日本政府递交道歉书。同日，在南京日领监视下，两名武卫军处死，94名被判监禁两月，营长被判监禁10年，该营其余各官一律免职。28日上午，张勋亲赴南京日领事馆谢罪。下午，陆军中将白宝山奉张勋令率队900名至日领事馆前行举枪礼三次。北京政府承认赔款641845元。

△ 广州兵工厂总理、美籍华人容闳之子，在北京被京师警察厅指为与讨袁军有关，将其逮捕，并“蹴唾”其护照，加以虐待。美政府闻讯，于是月中旬电令驻京美使向北京政府提出惩办虐待容氏之官兵、谢罪、赔款等项要求。是日，北京政府照复美使，对所提各条一律承认，国务总理熊希龄并亲至美使馆道歉，其事乃罢。

△ 奉天都督兼民政长张锡銮与日本南满铁道会社签订借款200万日元合同，以奉天烟、酒、牲畜等税为担保，用于该省行政费。

△ 蔡元培抵新加坡，晤岑春煊后，即赴德留学。

△ 教育部定旧历八月二十七日（阳历9月27日）孔子生日为圣节，令各学校放假一日，并在该校行礼，是日电各省都督、民政长，请即转饬所属一体遵照。

9月18日 黎元洪电胡景伊、周骏、黄毓成，商重庆善后办法，主张由黄镇守使直接呈商胡景伊都督，川军周（道刚）王（陵基）两师长暂缓东下，以免川黔各军发生意外冲突。

△ 川军第二师师长王陵基率部开抵重庆，黔军黄毓成旅关闭城门，不许川军入城。20日，川军周道刚第三师前队抵浮图关，同黔军发生冲突，城内外炮声不绝。

△ 教育部公布《颁发历书条例》及《翻印历书条例》各七条。

△ 中俄双方磋商外蒙问题会议在北京复会，中国方面代表为外交总长孙宝琦，俄国方面代表仍为俄使库朋斯齐。会间，孙宝琦要求仍就5月20日双方初步达成之协议六款进行协商，俄使不允。

9月19日 袁世凯任命韦绍皋署广西民政长。

△ 袁世凯任命张广建为陕甘筹边使。

△ 内务部通令“京师及地方现任警察官吏均不得加入政党，其已经列党者迅即宣告脱离”。

△ 黎元洪电令鄂省各知事，重申禁烟令，以免英国借口复运印烟入华。

9月20日 重庆镇守使黄毓成电黎元洪，告以川军刘（存厚）、周

（道刚）两师前队已到渝，奉胡督命驱逐黔军，请速饬开抵夔府之鄂、陕军队，星夜前来，以武力促成川黔两军和解。

△ 胡景伊电黎元洪，请转饬湘、鄂两省查缉熊克武、杨庶堪。

△ 陆军总长段祺瑞据总统府军事会议决定，是日电张勋将驻南京第一、第八两师"一律缴销军械，即时解散"。

△ 宪法起草委员会推定宪法草案第一至第九章各章起草人，至是该委员会开始起草宪法草案工作。

△ 上海自由谈话会所办《自由杂志》创刊，由童爱楼编辑。该刊多滑稽游戏之词，期以此术讥讽时政，免于被禁，然仅出二期即被迫停刊。

△ 英公使朱尔典曾于3月间偕同英属波罗岛总督至外交部"声请召北省农户数百家前往波罗岛试行垦殖"。双方议定招垦条款13条及章程11条。经国务会议公决允行，并派谢天保充任驻波罗岛华民垦殖监理员。9月中旬，外交总长孙宝琦将此事经过各情及所订条款、章程呈报袁世凯。是日，袁批准照行。

9月中旬 广西柳州巡防营统领刘古香、帮统刘震寰率部举事，攻县署，释囚犯，夺枪械，旋占全城，宣布独立；并设北伐军司令部，誓师讨袁。广西都督陆荣廷调兵星夜赴柳州镇压，经五昼夜巷战，讨袁军失败，为首诸人除刘震寰逃脱外，刘古香等六人均被捕遇害。

9月21日 凌晨1时，川军王陵基部与黔军黄毓成部为争夺重庆而互相火并。王部不支。午后，经驻重庆英、法、美、德、日五国领事及各团体出面调停，王陵基率部移驻江北。

△ 重庆镇守使黄毓成电黎元洪，报告与川军王陵基部冲突情形，并请大总统派员查办。24日黎复电黄，称已转知胡督，胡已允设法调停，仍请黄设法暂忍目前困难，竭力维持。

9月23日 宪法起草委员会加推张耀曾、汪荣宝、黄云鹏、孙钟、李庆芳五人为宪法条文起草委员。

△ 库伦蒙军大队乘驻经棚、大王庙之王怀庆军调防他往，接防之

米振标军未到之隙，夺占经棚、大王庙。

9 月 24 日　袁世凯任命陈廷杰署四川民政长。

9 月 25 日　袁世凯任命饶汉祥署湖北民政长。

△　袁世凯任命汤睿为中国银行总裁。

△　四川旅宜绅商各界电陈该省受援川各军骚扰情形，恳责成川督胡景伊督率所部军队，迅清内匪，并恳分饬援川各军申明纪律，严惩抢劫。

△　白朗军 2000 余人攻湖北枣阳，夜 12 时占领该县。29 日，黎元洪急电袁世凯、国务院及参陆两部"速赐救援"。

9 月 26 日　参众两院开联席会议，通过《宪法会议规则》，凡 58 条。

9 月 27 日　孙中山在东京筹组中华革命党，亲自拟定入党誓约，规定凡欲加入中华革命党者，无论其在党的历史及资格如何深久，皆须重写誓约，加按指模，以示坚决。是日，王统、黄元秀、朱卓文、陆惠生、马素五人宣誓首批入党，孙中山为介绍人并为主盟人。

△　袁世凯公布《议院法》，凡 19 章 94 条。

△　黎元洪电北京参众两院，称颂袁世凯"雄才伟略"，"再造共和"，敦请两院速定大计，先选总统。

△　孔教会于孔丘生日在山东曲阜开第一次全国大会，正式成立总会，会址自上海迁北京，举康有为任会长，陈焕章任总干事，各省成立分会或支会，曲阜设总会事务所。

△　北京孔社开"孔子诞日纪念会"，连续三日。袁世凯、黎元洪、赵秉钧、内务部及署直隶民政长刘若曾均派代表参加。袁世凯并捐赠该会 3000 元以示支持。

△　黎元洪在武昌祀孔。湖北都督府各司长、各道观察使、中学以上校长均至孔庙行三跪九叩首礼。

9 月 28 日　袁世凯令准云南都督蔡锷病假三月，令"来京调养"。云南都督一职由贵州都督唐继尧署理。唐未到任前，着谢汝翼护理。

△　袁世凯任命赵倜为河南护军使，刘显世为贵州护军使。

9月29日　袁世凯令准黎元洪辞“兼领江西都督事”，并令李纯署理该职。

△　袁世凯以库伦蒙军对河套以西与甘肃省宁夏北路毗连之厄鲁特阿拉善一旗侵扰日厉，特令该旗“就近归宁夏将军节制，以重责成”。

9月30日　袁世凯任命川军第一师师长周骏代黄毓成为重庆镇守使。

△　袁世凯以盐务筹备处筹备事宜已竣，令将该处改为盐政署，任张弧为盐政署长。

10　月

10月1日　交通部与日本递信省在北京签订中日《铁路联络条约》，凡六条，自是日起中日铁路开始联运。

10月2日　白朗军于湖北枣阳拘禁美国、挪威传教士八名。袁世凯闻报，急调河南、湖北两省驻军各一部，分途往攻驻罗山及枣阳之白朗军。8日，驻汉各国领事集议迫黎元洪尽速设法追还被拘之传教士，并将豫南及鄂北数十县之外国传教士154名接至汉口暂避。

△　福建德化县乡民焚毁莲山乡外国教堂两座。袁世凯闻报，令促福建都督孙道仁“添队剿办”。

10月3日　袁世凯令湖南都督谭延闿及各省都督、民政长查禁并解散党人谭人凤设立之改进会以及自由党、人道会、环球大同民党。

△　沈维礼等在上海发起成立寰球尊孔总教会。

10月4日　宪法会议议决并公布《大总统选举法》，凡七条，规定“大总统任期五年，如再被选，得连任一次”。

△　袁世凯令准云南民政长罗佩金辞职，以唐继尧兼署云南民政长；唐未到任前，着李鸿祥护理。

△　北京政府代表萨福楙与日本政府代表田中次郎在东京签订

《日本水线登岸合同》，其中规定：允许日本政府“将海底电线一条自长崎放至附近上海之一处登岸”；并允“于水线登岸之处至上海租界日本电报局，建设一相接必须之陆线”。

10月5日 外交总长孙宝琦与日公使山座园次郎秘密交换《满蒙五路借款修筑预约办法大纲》之文书，其中约定北京政府借用日资修筑四平至洮南、开原至海龙、长春至洮南、洮南至承德、海龙至吉林五铁路。

△ 黄毓成率援川黔军离重庆回贵州。次日，川军师长刘存厚率部由永川开抵重庆。

10月6日 国会选举袁世凯为总统。两院议员出席703人。袁世凯授意其亲信组成“公民团”数千人包围会场，胁迫议员举袁为总统。自早8时至晚10时，经三次投票，袁世凯始以507票当选为中华民国第一任正式大总统。

△ 驻北京日斯巴尼亚（今译西班牙）、瑞典、比利时、俄国、丹麦、法国、葡萄牙、日本、荷兰、德国、英国、奥地利、意大利13国公使于接得袁世凯当选总统之正式通知后，同时照会北京外交部，称“奉本国政府训令，正式承认中华民国”。

△ 下午5时，白朗军自湖北枣阳突围与袁军接战，至晚向西转移。

△ 河南革命党人阎梦松奉黄兴命在新蔡谋独立，事泄被捕，是日在开封遇害。同时遇害之革命党人尚有张蓉芙等29人。

△ 进步党理事长黎元洪，是日串通驻汉口法领事将5日于汉口法租界创刊之进步党报纸《中报》指为“言论不正”，迫令停版。

10月7日 国会选举副总统，两院议员出席者719人，黎元洪以611票当选。

△ 袁世凯任命王瑚署湖南民政长。

10月8日 瑞士、脑威（今译挪威）两国政府正式承认中华民国。

△ 河南都督张镇芳以白朗军攻占湖北枣阳，拘禁外国传教士八

名事，应驻汉英、美领事及传教士之要求，是日电外交、参、陆各部，提议办法四端，改进剿为和议。

△ 江西都昌县城郊会党千余人举事。知事罗成藻闻讯，下乡"查办"，被杀。举事群众旋往攻县城，被李纯调水师镇压，失败。

10月9日 国务总理兼财政总长熊希龄与中法实业银行总理签订1.5亿法郎《实业五厘金币借款合同》，作为"兴办国家实业与建造公共工程"之用，并议定第一期工程系建造浦口商埠。同年12月5日，双方复补签该合同之附件，以明确原合同中之若干条款。

10月10日 袁世凯在北京故宫太和殿就中华民国正式总统职。同日，黎元洪在武昌湖北都督府就正式副总统职。

△ 安徽都督兼民政长倪嗣冲与英商汇丰银行签订借银30万两合同，以芜湖米捐为担保。

10月11日 袁世凯明令所有京外文武官员均着照旧供职。

10月12日 安徽都督兼民政长倪嗣冲致电袁、黎、国务院、参众两院、各省都督、民政长等，提议：一、首倡讨袁者"固罪在不赦"，即附从者亦应"轻则禁锢终身，重则立置法典"；二、现存社团、帮会"一律从严查办"；三、"请通令京外各处，将国民党一律解散"。

10月13日 中、英及中国西藏地方政府代表在印度西姆拉开会，讨论西藏问题。中国代表为西藏宣抚使陈贻范、副使王海平，英国代表为麦克马洪，西藏地方政府代表为伦兴香托拉。会议月余，毫无结果，于12月18日暂行停议。

△ 袁世凯据署江西都督李纯、民政长汪瑞闿呈报，以参与二次革命之前江西省议会副议长颜丙临、欧阳莘、议员晁用中、吴鸿钧等17人"逆迹昭著，情节最重"，令李、汪等"严密查拿，按法惩办"；赞助二次革命之前省议会议长任寿祺、议员王光祖、涂树霖等17人"于乱事有密切关系"，投票选举李烈钧、欧阳武之议员叶含英、吴肇荆等12人"甘心从逆"，令李、汪等将此29人亦"一律拿捕，分别情罪轻重，讯明究办"。

△ 袁世凯任命许世英为奉天民政长。

△ 袁世凯令财政部拨银10万元救济安徽旱灾。

△ 东蒙各旗第二次大会在长春召开。北京政府派蒙藏事务局副总裁荣勋参加，东北三省代表及各旗王公均与会。会间议商有关东蒙军政、财经数事，至16日闭会。

10月14日 《中华民国宪法》（草案）（即《天坛宪草》）脱稿，凡11章113条。

△ 袁世凯任命李鸿祥署云南民政长。

△ 国务总理兼财政总长熊希龄与比利时军火商汉斯·赫尔费德代表签订50万英镑《军事债票借款合同》。

△ 外交部照会各国公使，提议修改关税，进口洋货实行值百抽五税则。

△ 国民党议员张耀曾、谷钟秀、汤漪、钟才宏、杨永泰、沈钧儒、孙润宇，进步党议员丁世峄、李国珍、蓝公武、汪彭年、刘崇佑等于14日发起组织民宪党，以“贯彻民主精神，厉行立宪政治”为宗旨。是日开正式成立会。20日，发表宣言，声明均“与旧党断绝关系”。列名宣言者除上述12人外，尚有解树强、曹玉德、张治祥等人。

10月15日 北京总检察厅通缉孙中山、张继及二次革命首要，计沪宁黄兴、陈其美、钮永建、何海鸣、岑春煊等36人；赣省李烈钧、欧阳武等九人；皖省柏文蔚等24人；闽省许崇智等七人；粤省陈炯明等11人；湘省谭人凤等16人；蜀省熊克武等二人。

△ 袁世凯宪法顾问英人毕葛德、日人有贺长雄、美人古德诺在《法学会杂志》第一卷第八号上分别发表文章，对宪法起草委员会拟定之宪法草案肆意批评，为袁世凯扩张总统权力制造舆论。古德诺在《中华民国宪法之评议》一文中，指责宪法草案“欲使大总统处于无权之地位”，“此种采用内阁制之宪法绝无设立之必要”。

△ 白朗军攻克河南新野。

△ 原倾附库伦当局之内蒙哲里木盟科尔沁旗首领那逊阿尔毕吉，率其所部申明拥护北京政府。是日袁世凯下令“晋封郡王，以示优异”。

10 月 16 日 袁世凯向众议院提出增修临时约法案，要求在新定宪法草案中明文规定大总统不经国会同意即可“制定官制官规”；“任免文武职员”，“宣战媾和及缔结条约”；并规定“大总统为保持公安、防御灾患，于国会闭会时，得制定与法律同效力之教令”及“有紧急之需用而不及召集国会时，得以教令为临时财政处分”。

△ 袁世凯任命吴炳湘为京师警察厅总监。

△ 白朗军攻克河南邓县，旋分兵连克唐河、桐柏、裕州（今方城）、卢氏等县，并设大本营于河南、湖北交界之桐柏山。

10 月 17 日 农林工商总长张謇抵北京，当即发表农商政策，并于同日偕熊希龄、梁启超同访袁世凯，旋即发表《政府大政方针宣言书》。

△ 袁世凯令准免国务院秘书长张国淦职，改任陈汉第为国务院秘书长。

10 月 18 日 袁世凯咨宪法会议，指责该会公布《大总统选举法案》为非法，实乃借端与议会争宪法公布权。咨文内称：“无论此次议定之大总统选举法案或将来议定之宪法案，断无不经大总统公布而遽可以施行之理。总之，民国议会对于民国宪法案只有起草权及议定权，实无所谓宣布权。”

△ 政德会、相友会、超然社、集益社、宪法公会诸小党，在梁士诒操纵下联合成大中党，以夏同龢为干事长。旋即发表宣言书，主张“巩固共和，保持统一”；“采用国家主义，运政治于立宪轨道，以明纲要”。

△ 内蒙东苏尼特旗首领扎萨克玛克苏尔札普，率部叛依库伦，是日袁世凯令褫革其亲王爵秩。

10 月 19 日 袁世凯任命高增爵署陕西民政长。

△ 袁世凯任命林万里帮办福建善后事宜。

10 月 20 日 袁世凯令国务总理暨内务总长厘定各官吏到任凭限，并严定文官考试任用甄别惩戒各法，次第实行。

△ 教育部通电各省，拟详细厘定留学生规程，并决定于新规程未公布施行前，暂停遣送学生出国留学。

△ 《生活日报》在上海创刊，宣称以“开导社会，增进人民智识，研究生活问题”为宗旨，并声明该报“无偏无党”。

10月中旬 北京政府以各国均已承认中华民国，特照会各国政府，所有驻外临时外交代表一律改称全权公使。按：在此之前，全权公使一称于袁世凯命令中早已使用。

10月21日 何海鸣潜离沪赴日，是午抵门司，旋即转赴东京。

△ 外交部就昌黎日兵枪杀华警事件向日方提出惩办凶手、抚恤被害者家属、调换驻昌黎之日军等六项要求。磋商再四，日方始允抚恤、道歉，但拒不惩凶。外交次长曹汝霖则蓄意袒护日方，竟谓“日兵无罪，何所用谢”。此项交涉旋又停顿，后不了了之。

10月22日 袁世凯以其向众议院提出之增修临时约法案中各条具体意见，并未被宪法起草委员会所接受，从而加入新拟之宪草，是日咨达宪法会议，告知已特饬国务院派施愚等八人为委员，出席宪法会议，“代达对于民国宪法意见”，实欲强行干涉制宪。次日，袁世凯未得宪法会议之答复，即将施愚等八人派往该会。宪法会议予以拒绝。

△ 袁世凯聘英人吉利斯吉为总统府海军顾问。

10月23日 《新上海报》在上海创刊，由朱恨孟编辑，宣称以“发挥民意，鼓励民生，改良社会，提倡实业”为宗旨。

10月24日 袁世凯令湖南都督谭延闿、湖南查办使郭人漳“均来京另候任用”。同日令汤芗铭署湖南都督兼查办使，并于湖南民政长王瑚未到任前，暂行兼理民政长职。

△ 袁世凯任命张鸣岐为广西民政长。

△ 袁世凯令将阿拉善旗、鄂尔多斯旗及伊克昭盟所属之乌审、鄂托克二旗均划归宁夏将军节制。

10月25日 袁世凯以宪法草案中于己不利之条文甚多，而派往宪法会议干涉制宪之各员亦遭拒绝，是日特通电各省军政官员，授意群起反对宪法草案。袁于电中指责该草案之制定悉为国民党议员所破坏，所定条文“直成为国会专制”；并谓“此等违背共和政体之宪法，影响于国家治乱兴亡者极大”，“务望逐条研究……于电到五日内，迅速条陈电复”。

10月26日　台湾革命志士罗福星、吴觉民、黄光枢等秘密联络台湾各地爱国人士，谋一举驱逐日本殖民当局，使台湾重归祖国。是日，罗等潜往新竹警察厅缴取枪械，被捕。日本殖民当局随即于台湾各地大肆搜捕爱国人士，先后被捕者共279人，于11月27日在新竹、苗栗两地组织特别法庭严加审讯。罗等慷慨陈词，谓“台湾人本中国人民，断无永久屈服日本之理”，吾等起事乃为“恢复台湾”、“夺回故土”，今虽失败，将来中国必“重领台湾”。12月4日，罗等6人被判死刑，被判有期徒刑者131人。此即震动一时之“台湾事件”。

10月27日　国务总理兼财政总长熊希龄致电各省都督、民政长，列举财政困窘之情形六端，并吁请各省将应征之入款，“于谋自给而外，应悉数缴于中央”，以救财政危机。

10月28日　直隶都督冯国璋、民政长刘若曾迎合袁世凯意旨，通电声称“宪法起草委员会所议草案，种种背谬，不堪枚举”，要求对于宪法草案行政权各条，“务宜殚心研究，详加修改”。

△　袁世凯任命赵倜会办河南剿匪事宜。

10月29日　江苏都督张勋、江淮宣抚使冯国璋、江苏民政长韩国钧联名致电袁世凯，表明反对宪法草案，并请“从速禁除”国民党。内称：“宪法起草为国民党人所主持……剥夺行政权已尽。”“该党主张奇谬……非将该党从速禁除无以定国本之动摇。”“应请大总统明发命令，将该国民党本支各部一律解散。……一面切实察看该党国会议员，如有迹涉嫌疑者，即行依法究治，以伸国宪，而绝祸根。”

△　安徽都督兼民政长倪嗣冲等致电袁世凯，表明反对宪法草案，并请“迅将国会解散”，“驱逐”国民党议员。

△　河南都督张镇芳致电袁世凯，表明反对宪法草案，并请将国民党籍议员“概行开除”。

△　四川都督胡景伊致电袁世凯，表明反对宪法草案，并请“宣布

国民党为乱党”。

△ 浙江都督朱瑞、民政长屈映光联名通电附和袁世凯，称宪法委员会所拟草案束缚行政，要求参众两院“促其反省，以图补救”。

△ 蒋介石在上海加入中华革命党，为国内最早加入该党之人。

△ 北京警备地域司令官赵秉钧以是月 21 日北京《超然报》刊载《顺天府中之黑幕》报道一则，加该报“肆意诋毁军人名誉”，“实足妨害时机”罪名，令京师警察厅“即将该报馆停止出版，一面将该编辑人提讯，认真追究”。30 日，警察厅奉令传讯《超然报》编辑章纵瀛，并将该报封禁。

10 月 30 日 宪法起草委员会三读通过《天坛宪草》。

△ 袁世凯任命朱庆澜为黑龙江护军使兼署民政长。

△ 交通总长周自齐与中英有限公司订立《沪宁铁路购地借款合同》，借款 100 万英镑。

10 月 31 日 署湖南都督兼民政长汤芗铭致电袁世凯，表明反对宪法草案，并请“解散国会”。内称：“解散国会正合人民公意，应请大总统毅然独断，即时解散，并饬下各省切实搜捕乱党，以绝根株。”

△ 广东都督龙济光、民政长李开侁通电附和袁世凯，要求制定宪法“须由总统参预”，“须经总统公布”，如各议员坚持反对，则恳请总统解散议员，另行选举；或执行国民总投票，以求真正舆论。

△ 贵州都督唐继尧、护军使刘显世、民政长戴戡通电附和袁世凯，要求从速修正宪法草案，“如有谬执前议，敢于破坏者，立予解散”。

是月 陈其美、戴季陶等 22 人在东京加入中华革命党。

△ 江苏灌云县农民千余人由高五秃、李佩连率领，宣布讨袁。江苏都督张勋屡次派兵镇压，均被击退。11 月底，张勋再调重兵前往。

△ 宋案要犯应夔丞自青岛具呈北京国务院，并请转呈袁世凯，公然要求为其“平反”。呈中竟称：“宋教仁为主谋内乱之人，而竟死有余荣；武士英有为民除害之功，而竟冤沉海底。……设当时无武士英之一击，恐今日域中未必能成具体之民国矣”；并谓：“自念因奔走革命而已

破其产，复因维持共和而几丧其身。”至11月中旬，应竟离青岛抵北京，公然出入闹市。北京政府当局则听之任之。

△ 殷炳继等在北京组织大成社，以鼓吹尊孔读经、导引孝悌为宗旨。北京政府内务部随即批准立案。

△ 国务院指上海《飞艇报》“语多捏造，妨害治安”，令江苏民政长韩国钧“切实取缔”。

11 月

11月1日 黎元洪通电附和袁世凯，称宪法委员会所订宪法草案可议尚多，务望两院诸公共体时艰，顾全大局，将宪法草案详加讨论，重行厘定。

△ 袁世凯明令特赦江西都督欧阳武。

11月2日 署江西都督李纯、民政长汪瑞闿联名通电附和袁世凯，称宪法草案“直同亡国之符券”，国会议员“直为造乱之妖孽”，事机危迫，“惟有仰之大总统力维大局，俯顺民情，立将国会宣布解散，另行组织，并将曾隶国民党素有暴烈行为者，通令各省查明，不准再选充议员”。

△ 国立武昌高等师范学校开学。

11月3日 袁世凯公布《国籍法施行规则》，凡15条，其中规定有关取得中华民国国籍、出籍、复籍等细则。

△ 教育部通告各省，教育经费不得挪作别用。

△ 护甘肃都督兼民政长张炳华电袁世凯、国务院，声称宪法草案“乖戾违法”，“决不能用”，根本解决办法应将两院议员，“凡在国民党籍者，概行开除，另行改选”。

11月4日 袁世凯下令解散国民党，取消国民党议员资格。令称：“此次内乱，该国民党本部与该国民党国会议员潜相构煽”，“乱国残民，于斯为烈”，应饬北京警备地域司令官迅将该国民党京师本部立予解散;仍通行各戒严地域司令官、各都督、民政长转饬各该地方警察厅及该管地方官,凡国民党所设机关,限令到三日内一律勒令解决。自江西湖口地方倡乱之日起,凡国会议员之隶籍该国民党者,一律追缴议员证书、徽章。同日,袁世凯发布罗织国民党党员及该党议员“作乱及助乱情形、证据”之布告,以为取缔国民党之借口。

△ 午后4时,京师警察厅派军警300余名包围国民党本部,连续搜查四小时之久。至晚8时,将该党党员名册及重要文件、档案等一并收缴。该厅并派出大批巡警,分头追缴国民党议员之证书、徽章。数日间,除将自湖口起兵之日起仍隶籍国民党之在京国会议员证书、徽章悉行追缴外,竟将湖口起兵前已声明脱离该党及兼党之在京议员证书、徽章亦概行追缴;并将离京国民党议员之证书等件一律注销。由此京内外被剥夺议员资格者共438人。另有国民党议员马君武等10人被指为“违法当选”,王人文业已“声明辞职”,亦均在“应行注销”之列,合449人。至此,国会遂因不足法定人数无从开议而名存实亡。

△ 袁世凯以宪法起草委员会对于大总统“有”(25日)电所指出“荒谬有害”之条文,于二读、三读会时“不予修正改良,反较初次变本加厉”,再次通电全国,再度列举宪法草案之谬误,望各文武长官逐条研究,发表意见,以供参考。

△ 云南都督蔡锷被调入京,12日自昆明启程北上,是日抵达。

11月5日 袁世凯令国务院通电各省,分别举派二人来京,以便召开地方行政会议(后改称政治会议),议商要政。

△ 冯国璋联合蒋雁行、徐宝珍等15人通电,指责宪法起草委员会所定宪法,“乃国民党之宪法,而非共和国之宪法也,乃取缔一人,务令终成为无政府之宪法,而非对我四万万人组织强有力政府之宪法”。要求重加修正,另定条款。

△ 广西都督兼民政长陆荣廷通电要求大总统当机立断,定完善之宪法,如议会谬执成见,惟有申诉国民,将该会解散。

△ 外交总长孙宝琦与俄公使库朋斯齐签押中俄蒙事声明文件五

款，附件四款。声明规定俄国仅承认中国在外蒙之宗主权，而北京政府则被迫承认外蒙古之自治及《俄蒙商务专条》；此外，并于附件中认可“前清驻扎库伦办事大臣、乌里雅苏台将军及科布多参赞大臣所辖之境均为外蒙古自治区域”。

11月6日　进步党开会讨论时局。汤化龙报告国民党被解散经过，要求进步党员维持大局，“万不可以感情用事，飘然引去，置国事于不顾”。与会者通过要求袁世凯保留业已脱离国民党籍之议员、设法维持国会、防止株连等三项决议。

△　袁世凯通令各省行政长官，速修复镇压太平天国革命之各“勋臣”祠，“以示优崇”。

△　凌越自上海赴日本东京，是日谒孙中山。是年冬，孙中山派凌越仍返上海主持联络白朗军事宜。

△　外交总长孙宝琦照会俄公使库朋斯齐，要求俄国政府施影响于库伦当局，勿再遣军骚扰内蒙。俄方旋照复北京外交部，以“无法保证我方劝说可产生任何效果”为借口，阴谋迫使北京政府接受中、俄、库三方会谈。

△　在上海法租界发行之英文日刊《民国西报》，因持论反对袁世凯，是日被驻沪法总领事迫令停刊。

11月7日　参众两院议员开联合会，赞同进步党维持国会之主张。旋由王家襄、汤化龙两议长面见袁世凯，代表国会议员提出解决办法三项：一、江西起事以前脱离国民党，曾登报声明者，恢复其议员资格；二、其他反对江西事件，发表书状电文等证据明瞭者，恢复其议员资格；三、加入他党，其入党名簿记载其姓名者，不以国民党目之。袁表示此事关系颇大，须政府调查后方能决定。后国务院以调查方式困难，加以否决。

△　袁世凯下令禁止各省增发纸币，并饬财政部迅行派员分驻各省官银钱行号监视一切。

△　黎元洪、饶汉祥联名通电，主张整饬官常。电文列举民初以来

各省布政理刑皆有土著官员，其流弊有三，其害有五；提出嗣后行政官吏，自简任官以上，均不得用本省人；司法官自荐任以上，均不得用本省人，各县知事均须距籍 500 里以外。

△ 云南都督谢汝翼、民政长李鸿祥通电认为宪法草案“大背于法理”，应请大总统将“有(25 日)电所指各条”提交议会，痛加修改。

11 月 8 日 北京内务部电告各省都督、民政长称，自各省奉袁世凯令解散国民党支、分部后，“如遇有意存煽惑，登载报纸或印刷品，或散布传单，是即以乱党自居。……应即严饬各地方官吏、警察厅署，一律严加取缔，并就近知照该地邮局不准递送”。

△ 陕西都督张凤翙、署民政长高增爵通电指责宪法草案“搅乱政体”，“侮蔑国体”，当然无效，请大总统另设宪法起草机关，审慎定议草案，然后由国会通过，总统公布。

△ 黑龙江护军使朱庆澜等通电反对宪法草案，并主张“将误国殃民之国会立予解散；另行选举，其叛迹昭著之国民党，亦应一律解散”。

11 月 9 日 黎元洪以“定孔教为国教”一议被宪法起草委员会多数否决，是日再致电袁世凯及各省都督、民政长，内称：“祀孔配天实为国家万年根本至计”，请袁于宪法未定以前，通令京内外各学校，一律崇祀孔子。

11 月 10 日 宪法起草委员会因国民党员被取消议员资格，不足法定人数，乃自行解散。《天坛宪草》归于流产。

△ 奉天都督张锡銮、民政长许世英、吉林民政长齐耀琳、黑龙江护军使兼民政长朱庆澜联衔通电，指出宪法草案谬误八端，主张改良宪法草案。

△ 国务院电令各省：“务于本年内按照《文官惩戒法草案》组织高等文官惩戒委员会。”

△ 署广东民政长李开侁令警察厅将广州《中国报》、《震旦报》、《国民报》、《粤东公报》、《民国报》、《民生报》六种国民党报纸一律封禁，并拘捕各报主笔。

△　库伦当局伪外务大臣杭达亲王照会俄驻库伦代表密勒尔，表示不愿承认中国之宗主权。

11月上旬　库伦蒙军头目马龙甲率队2800余名猛袭张家口北200余里之驻军。驻军大败，死400余名，伤百余名。

11月11日　山东都督靳云鹏、署民政长田文烈通电要求大总统下令取消原宪法草案，另由各省遴选法理、政治富有经验之人员组织宪法起草委员会。

△　察哈尔都统何宗莲通电主张宪法起草委员会应随国民党籍议员资格之取消而连带取消；宪法草案全文，亦当然归于无效，俟递补议员到院后，另行组织起草。

△　白朗军围攻河南信阳。是日袁世凯急电黎元洪，令速调军队驰往镇压。旋由北京陆军部调拨奉天一混成团，会同河南陆军一旅及驻湖北第二师2000余人奔赴柳林、信阳，与白朗军接仗。自16日至18日，连续激战三日，袁军终未得手。后白朗军以弹药告罄，乃于18日晚主动向南阳转移。同日，白朗军宋老年、李鸿宾等部克河南宝丰。

11月12日　袁世凯下令取消省议会国民党籍议员资格。令称："统查暴徒之阴谋，一面利用中央议会，一面复欲利用地方议会，无非为攘权构乱之私。若不及早廓清，诚恐地方高级议事机关，长为乱党所利用，影响大局，为害实多。除广东、江西、湖南等省议会附和独立业经饬令解散，另行选举外，仰各都督、民政长迅即查明自江西湖口地方倡乱之日起，所有省议会议员籍隶国民党者，一律追缴议员证书。"

△　黎元洪、饶汉祥联名通电主张援引大总统令，断自湖口倡乱之日起，所有湖北省、县议会国民党议员，一律追缴证书、徽章，限令即日出会。

△　袁世凯再令各省都督、民政长"通饬所属文武官吏，概不准干涉盐务。无论何项名目，不得丝毫拨用"。

△　袁世凯准署北京大学校长何燏时辞职。13日，教育部委任北京大学工科大学学长胡仁源暂行兼管该校事宜。

△ 北京内务部以“女子参政同盟会在法律上并无其名”为借口，令京师警察厅即将该会解散，并着饬各区如有该会支部，亦即解散。

11月13日 参议院议长王家襄、众议院议长汤化龙联合发表声明，内称：“自11月4日大总统命令之结果，两院议员被取去证书、徽章，至400余人不能到院列席，迭次开会均以不足法定人数不能开议，不得已于11月14日(星期五)起暂行停发议事日程。”

△ 广东都督龙济光、广东镇抚使龙觐光、署广东民政长李开侁联衔通电指陈宪法草案之谬误，务求两院诸公痛加纠正，勿以草案已定之条文而稍涉回护。

△ 上午10时，瑞典公使倭伦白向袁世凯递交国书。下午4时，德国公使哈豪森向袁世凯递交国书。

△ 俄代理外交大臣尼拉托夫密电俄公使库朋斯齐，令其警告北京政府不得继续镇压叛依库伦之内蒙各王公，否则俄政府将无法约束库伦蒙军进犯内蒙；并谓不能坐视俄在内蒙之贸易因中国军队之镇压而遭受损害。电中并指令库朋斯齐：“鉴于内蒙昭乌达盟已为日人势力范围，故可会同日使联合进行干涉。”库朋斯齐接此电后，因恐日方将此预谋暗告北京政府以坐收渔利，乃于15日电尼拉托夫，请允与袁世凯秘密接触，以免北京政府倾向日方而不利于俄。18日，俄外交大臣沙查诺夫密电库朋斯齐，准其所请，并嘱以“温和手法”进行之。库朋斯齐旋密晤袁世凯，将俄方意态转达。

11月14日 袁世凯下令嗣后行政、司法各官吏均应蠲除省界；前经通饬各省民政长毋得以本县人充本县知事，仍应期在必行。

△ 上午10时，俄国公使库朋斯齐向袁世凯递交国书。下午4时，丹麦公使阿列斐向袁世凯递交国书。

△ 袁世凯令准工商总长兼导淮督办张謇在北京暂设导淮总局，以便由该局出面，将淮河流域农产收入抵借外债。

△ 财政总长熊希龄、交通总长周自齐与英国华中铁路有限公司代表梅尔思在北京签订300万英镑《浦信铁路借款合同》，用于修筑浦

口至信阳之铁路。

11月15日 内务部再电各省都督、民政长，告以自袁世凯下令解散国民党后，“凡开会演说反对政府命令者，照有意曲庇党人例拿办”；“报纸如有登载失实，或故甚其词，任意捏造事实，或訾议命令，淆乱是非，有意为该党辩护者，亦照曲庇党人例拿办”；“凡该党被解散之强硬分子，须设法办理……凡有秘密结社集会者，宜加派军警严令查禁”；“发布广告、传单等项为该党辩护及意在煽惑者，即照妨害治安例，严令查拿”；“国民党支分部每以改一党名、易一匾额希图蒙混，名去实存，务宜清其本源，切实办理”。

△ 上午10时，法国公使康德向袁世凯递交国书。下午4时，美国公使芮恩施向袁世凯递交国书。

11月16日 驻守江阴炮台之海军陆战团第一、二营士兵，因不愿奉调开赴福建，加以接连三个月未发饷银，于当晚9时许哗变。变兵四出抢劫并焚毁商店、民居甚多，至次晨3时许始返。事后冯国璋奉袁世凯密电，于28日凌晨4时将该团团长郭以廉、副官张寿荣及有关各官兵一并处死，继将附近镇压不力之军队尽行解散。12月1日袁世凯始将此项命令正式公布。

11月17日 众议院议员邓毓怡等194人就袁世凯解散国民党及取消国民党议员问题，联名向政府提出质问书，指出国会议员不能由政府取消；“至追缴证书、徽章，直至命令取消议员，细按约法，大总统无此特权”，“兹依议院法第四十条提出质问，应请政府于三日内明白答复”。

△ 上午10时，比利时公使贾尔牒向袁世凯递交国书。下午4时，日本公使山座园次郎向袁世凯递交国书。

11月19日 吴俊陞、米振标率部收复前被库伦蒙军夺占之大王庙。

△ 沙俄为垄断外蒙市场，以便倾销其商品，是日代理外交大臣尼拉托夫密电库朋斯齐，令其尽速电示驻天津及其他各地俄领，以中俄关于外蒙问题声明签订后，尚未商定具体运华路线为借口，对途经张家口

运销中国内地货物至外蒙之商队停发许可证，以便俄国商品得大量输入外蒙。21 日，俄外交部及尼拉托夫本人又分别密电驻库伦俄外交代表密勒尔，告知已训令驻外蒙各俄领，以停发许可证、断绝经张家口、海拉尔至库伦之商路运输及增抽赋税等手段，力阻中国内地货物输往外蒙。

11 月 20 日 袁世凯任命汪声玲为福建民政长。

11 月 22 日 国务会议议决，划分国家税、地方税法草案，由财政部咨送各省都督、民政长查照，并转饬所属一体遵照。

11 月 23 日 袁世凯宣告北京解严；并于同日命令该管军警对“不轨之徒敢于溷迹京师潜谋破坏者，即行设法查拿尽法惩办”。

△ 袁世凯下令各军统将务以除暴安良为宗旨，所有安分蒙民，切当优加体恤，格外保护，不准丝毫骚扰。

△ 孙中山电美国友人荷马李夫人，指出中国处在“黎明前最黑暗的时刻”，“斗争可能是持久而烦冗的，但必胜无疑，因为正义最终一定胜利”。

△ 交通部奉袁世凯谕电各省都督、民政长并通令各电局：“各省议会与地方议事机关，其法定职权应以关系一省为限。所有国家大政及关系国家法令事件，均非各省议会所能干涉。……嗣后各省议会除报告开会、闭会及按法申请解释法令事件，准其电达政府、议院外，凡有干涉国家大政及抵抗中央命令各电，各局均不准转发。该管电局人员如敢故违，由部查明，从严惩办。”

11 月 25 日 内政部发布改良各地看守所之训令，内称：“查阅近来京外各地方检察厅呈报看守所统计月表，收容人数强半逾额。少者数百，多者近千。地方湫隘，疾疫于以勃兴；秽恶郁蒸，死亡不时见告。是使被告人所受之痛苦，较之已决之囚尤为酷烈。”

11 月 26 日 袁世凯下令组织政治会议，是日特派李经羲、梁敦彦、樊增祥、蔡锷、宝熙、马良、杨度、赵惟熙八人为政治会议成员；同时并令再由国务总理举派二人，各部总长每部举派一人，法官二人，蒙藏事务局酌量举派数人，会同各省所派人员，合组政治会议。

△　袁世凯下令厘定尊孔典礼。略谓："孔子之道，如日月经天，江河行地，树万世之师表，亘百代而常新。……现值新邦肇造，允宜益致尊崇。"并谓："所有衍圣公暨配祀贤哲后裔，膺受前代荣典，祀典均仍其旧"，应由主管部博考成书，"分别厘定"。同日，袁世凯接见衍圣公孔令贻，授予一等嘉禾章。

11月27日　袁世凯以前清陕甘总督升允依附库伦，图谋内乱，破坏民国，是日通令京外文武各官及汉满蒙回藏人等毋被摇煽。

△　江西都督李纯通电认为宪法起草委员会国民党议员居最多数，今既解散该党议员，是宪法起草委员已无存在之理由，应主另行组织制宪机关。

△　孙中山致电嘉勉刘谦祥慨捐全年工金1000元助革命军义饷。

△　北京之佛教、基督教、天主教、回教（即伊斯兰教）等团体，组成宗教联合会，以抵制"定孔教为国教"之议。

11月28日　署直隶民政长刘若曾通电认为立法不善，必贵治本，主张参议院亟谋改组，议员宜大加核减。

11月29日　袁世凯令裁撤福建护军使，任命李厚基为福建镇守使。

△　冯国璋奉袁世凯令，将扬州徐宝珍所部第四师裁撤。是日，袁世凯以"来京另候简用"为词，将徐调离扬州。

△　北京邮政工人因反对北京邮政总稽查马玉昆强行增加送信班次，举行全体罢工。马玉昆闻讯，竟于12月1日另召237人，并将首倡罢工之五、六两支局邮政工人尽行开除。但邮政工人不畏胁迫，坚持斗争。直至12月中旬，罢工仍未停息。

11月30日　进步党在北京召开该党议员会，由汤化龙主持。会间议决五事：一、对于国会取绝对维持主义；二、请该党国务员表明赞同维持国会与否之态度，如不赞同，则应声明系个人行为，与党无涉；三、将维持国会之主张通知各支分部征求意见；四、向该党理事长黎元洪请示办法;五、该党议员于国会问题未解决前不得辞职或离京。

11月下旬 潜迹香港之国民党要人朱执信,密遣党员卢作夫妇、谭柱、周义、冯桓、冯橙携运武器前往广东,拟与广州之党员梁秉铎等会合举事。卢等行抵江门(今新会),即被广东都督龙济光所派密探捕获,梁秉铎旋亦被捕。经审讯后,除卢作之妻因怀孕缓刑外,梁等六人均于12月初惨遭杀害。

是月 邓铿等57人在东京加入中华革命党。

△ 四川都督胡景伊通电,“应请大总统立颁明令,宣布国民党为乱党,凡国民党员在两院者,悉行勒令解职,另请非国民党籍之候补者充任。……至民国宪法,请仿法国先例,由大总统派员提出草案,庶良法可期制定,国家之幸,莫大于斯”。

12 月

12月1日 参众两院剩余议员300余人开谈话会,众议院议长汤化龙主持。会上宣读前此公推丁世峄、黄云鹏就非法取消国民党议员所拟质问政府书,与会议员一致签名赞成。

△ 袁世凯任命章宗祥为中央高等文官惩戒委员会委员长。

12月2日 袁世凯公布《知事任用暂行条例》,凡七条;《知事试验暂行条例》,凡26条。

△ 外交部就日本使馆照会抗议日船行驶扬子江屡遭搜查狙击事,函请浙江都督朱瑞及江苏都督张勋,加意保护外人商船,毋任军警骚扰,致酿意外。

△ 汉冶萍煤铁厂矿有限公司董事会会长盛宣怀与日本国八幡制铁所及日本横滨正金银行代表在上海签订矿石价值900万日元之预付契约及600万日元之借款两项合同,用于大冶添设熔矿炉,扩充改良汉阳铁厂、大冶铁路电厂及江西萍乡煤矿电厂洗煤所等项。借款分40年偿还,以分批售予制铁所头等铁矿石1500万吨及生铁800万吨抵债。

△ 康有为电袁世凯，请厘定祀孔典礼，增设经学课程，注意考核德行，规定道德方针。

△ 奉天民政长许世英电袁世凯、黎元洪、国务院及各省都督、民政长，请袁“令饬教育部以孔道、孔学编入于伦理教科书，定为强迫教育中之必授之课”，不必将孔学定为国教载于宪法，以免“人心之离析”。

△ 台湾志士赖来、谢石金、詹墩等10人，于台中武装袭击日本东势角支厅，赖、詹战死，其所率革命志士遂即崩溃。

12月3日 参议院议员张其密、籍宗寅、王家襄、丁世峄、龚焕辰等61人为取消国民党籍议员资格事向政府提出质问书，略称政府擅以命令取消与内乱无关的国民党籍议员400余人，致两院不足法定人数，不能开会，已一月于兹，约法犹在，政体未更，故提出质问，望政府速予答复。

△ 参议院议员龚焕辰、郭同、汪彭年，众议院议员牟琳、萧晋荣、虞廷恺等在北京发起组织宪法期成会，是日开成立会，到130余人。主席汪彭年，报告开会之宗旨，会上散发宣言及会章。该会意在维持国会，修订宪法草案。因其宗旨与袁世凯图谋相违，未几即无形解散。

12月4日 上午10时，英公使朱尔典向袁世凯递交国书。下午4时，荷公使贝拉斯向袁世凯递交国书。

△ 北京国务院下令查禁《社会杂志》。该杂志系汪精卫在法国巴黎所发行。除由外交部与驻京法使转商法政府禁止发行外，并由交通部饬邮政司电令各处邮局，对递送国内各地之《社会杂志》予以扣留，尤其行销之上海等地，应严加禁止。

12月5日 袁世凯令准福建都督孙道仁“电请来京面陈事件”，任命刘冠雄暂兼代理福建都督。

12月6日 库伦当局伪总理大臣三音诺颜汗抵俄京彼得堡，乞求帝俄给予军事及财政支持。俄政府对其笼络备至，并给予200万卢布新贷款。

12月8日 杨春魁率云南大理哥老会及驻军2000余人，声称“奉孙文、李根源等命令，二次革命”，发动武装起义，杀统兵官10余人，据大理、下关，成立同盟会独立总机关部和迤西总司令部，以杨春魁为云南独立同盟军迤西总司令，宣布脱离袁世凯，即日独立。旋攻占邓川、洱源、宾川、漾濞、剑川、永平、巍山、盐丰等县。云南都督唐继尧派兵镇压，次日大理陷，杨率部突围，旋被焚至死。

12月9日 袁世凯任命刘玉麟为驻英公使，陆宗舆为驻日公使，唐在复为驻荷公使，高而谦为驻意公使，沈瑞麟为驻奥公使。

12月10日 袁世凯令段祺瑞“暂兼代领湖北都督事”。

△ 袁世凯令驻荷公使魏宸组开缺回国，另候任用。

△ 袁世凯下令汉蒙人民悉泯畛域，同谋乐利，并着各边将军、都统及各路统帅等严切出示晓谕：如汉蒙人民敢有藉端报复扰害者，即按土匪惩办以靖乱源；其汉蒙官员、商民人等，有能劝谕相安，联络亲睦者，准予优奖。

△ 署湖南都督汤芗铭封闭谭人凤在长沙创办之中华印刷社。

12月11日 黎元洪于9日晚应袁世凯召，是日晨抵京。

12月12日 袁世凯任命李经羲为政治会议议长，并特派杨士琦、饶汉祥为政治会议委员。

△ 袁世凯特赦前湖南都督谭延闿，仍褫夺其陆军上将衔，“以示薄惩”。

△ 袁世凯令准署湖北民政长饶汉祥辞职，以吕调元继任。

△ 袁世凯通令严守军民分治，尊重法权，京外各军队长官务宜恪遵军纪，毋得误用职权，妄事干预。

△ 北京孔社于孟轲忌日举行祀孟活动。会间宣读祭文，内称：“世无孔子，尧舜道泯；世无亚圣，孔子道隐”，“亚圣之功，不在禹下”。

12月13日 袁世凯以各界军警近仍有入党之事，再令严禁军警入党。略称：“凡各军警长官等务宜本身作则，未入者必力为屏绝，已入者即声明脱离，并严约所属人等一体遵照。”

△ 前清光绪帝德宗及隆裕太后入葬崇陵。袁世凯特派赵秉钧、

梁启超、梁士诒、朱启钤、荫昌、崑源、陆建章、马龙标前往致祭。国务院事先通电各省，是日一律下半旗致悼。教育部并通告京中各校均停课一日。

△ 中美国民同盟会在北京开会欢迎美国新任驻京公使芮恩施，到会来宾约600余人。

12月14日 袁世凯任命张国淦为政治会议副议长，顾鳌为政治会议秘书长。

12月15日 政治会议开幕。政治会议委员80人，出席69人，赴总统府居仁堂觐见。袁世凯致训词，要求委员以“救国救民”为己任，“切实负起责任，凡利之当兴，害之当除，群策群力，一致进行……转危为安，即唯君是望”。下午，政治会议在北海团城承光殿举行开会式，李经羲致词，要求委员“无负大总统召集本会之盛意”。

12月16日 22省都督、民政长、护军使等，迎合袁世凯急欲解散国会增修约法之意图，是日由黎元洪领衔电呈袁世凯，内称：国会“开会七阅月，糜帑数百万，而于立法一事寂然无闻”，“现在政治会议已经召集”，应“操制定宪法之全权”，“请大总统饬下国务院咨询各员以救国大计”。

△ 袁世凯令免张勋江苏都督职，改任为长江巡阅使，并于同日令冯国璋署江苏都督，赵秉钧署直隶都督。

△ 交通部因财政支绌，决定将全国45处邮政管理局缩减为23处，分辖全国7500所邮政分局。

△ 库伦当局伪总理大臣三音诺颜汗于俄京致函俄外交大臣沙萨诺夫，告以库伦当局同意参加中、俄、库三方会谈，要求俄方于会谈中给予支持，并表示不承认中国对外蒙之宗主权，且欲并吞内蒙及呼伦贝尔。

12月18日 袁世凯以黎元洪16日电呈为由，向政治会议各员咨询“救国大计”，令迅速讨论办法，详细具复。

△ 袁世凯据四川旅京同乡黄大暹等呈控，川省官吏以搜乱党为

名，非法苛勒，重庆株连 300 余家，是日令四川都督、民政长彻查。24 日，川督胡景伊、民政长陈廷栋电呈袁世凯，对黄大暹等所控事实予以否认。

△ 黔军旅长黄毓成与川军支队长王陵基于 9 月间攻陷重庆后，互相火并，至使重庆商民备受其祸，群情激愤。袁世凯迫于情势，是日令将黄毓成、王陵基“交陆军部分别严议惩处”，并着川督胡景伊对所有重庆被灾商民“妥为抚慰”。

△ 淞沪警察厅厅长穆湘瑶奉江苏民政长韩国钧密令，上午 11 时携暗探、巡长、巡士数十名，至西门外打铁滨，包围民国法政大学，将设于该校之新同盟会机关部破坏，并搜得《新同盟会会章》、该会机关部旗帜及传单等件。当将该会成员李桢、姚文华、刘文瑞三人逮捕，后并逮捕该会负责人校长龚荫槐及李时戡，均解交镇守使郑汝成讯办。韩国钧旋将此事呈报袁世凯及国务院，并令将该校取消，校舍发封。教育部据此，决定将江苏、浙江、安徽三省 18 所私立法政大学及专门学校概行停办改组，并派出临时视学员前往江苏等七省，专事检察私立法政学校，以资“整顿”。

12 月 19 日 袁世凯令准黎元洪辞兼领湖北都督职。

△ 袁世凯令周自齐暂兼代理陆军总长。

12 月 20 日 意公使斯弗尔扎向袁世凯递交国书。

△ 中俄两国政府为衔接两国边界电线，以便传递俄国与中国喀什噶尔境内各处往来电报起见，是日由交通总长周自齐与俄公使库朋斯齐在北京签订《伊尔克斯唐中俄接线条款》。

12 月中旬 前清陕甘总督升允离库伦潜抵青岛。

△ 美国旧金山华侨所办《中华民国公报》在上海发售。经内务部检查，指为“语多悖谬，有害治安”，特令江苏民政长韩国钧转饬淞沪警察厅严禁发售。

12 月 21 日 袁世凯任命张謇为全国水利局总裁。

△ 深夜，云南昆明、宜良、昆阳、晋宁、姚安、通海、江川、河西、新

兴(今玉溪)、峨峨(今峨山彝族自治县)、个旧等地均有地震。峨峨受灾最甚,公署、局所、学校、城垣、桥梁、寺观概行倾覆,民居被毁者十之八九,总计城乡死亡共942人,伤112人。河西城乡因房屋倒塌压毙344人,伤156人。新兴压毙16人,伤1人,通海县署、军械局均震倒,九街下甲汤家营、沈家营民房共倒千余所,压毙9人,西区董家营压毙5人,个旧倒屋无算,电局衙署亦均倒塌。

12月22日 袁世凯再次以16日黎元洪等电呈为由,借口"增修约法为当务之急",而"国会现状一时断难集议",特向政治会议咨询"增修约法程序",令与前此咨询之"救国大计""并案讨论办法,分别具复"。

△ 袁世凯公布《修正各部官制通则》并外交、内务、财政、司法、教育、农商、交通等部官制及国务院秘书厅官制。

12月23日 国务总理熊希龄驳复众议院议员邓毓怡等194人及参议院议员张其密等61人先后就袁世凯解散国民党及取消国民党议员问题提出之质问书,声称政府"对于不足法定人数之议员非法所提出之质问书,应不负法律上答复之义务";追缴国民党议员证书、徽章,"事关国家治乱,何能执常例以相绳"。

△ 袁世凯下令各省民政长会同国税厅整顿财政,所有各地丁漕粮租税课等项田赋,应由国税厅委令各县知事认真征收,民政长切实督催,解交国税厅分别支配。

△ 袁世凯通令:"自民国元年起,所有进封蒙古各王公,均准其照进封一位世袭罔替。其有进封二三次者,仍按原有封爵,准以进一位世袭罔替。所得逾格之封,但及本身,不得再袭,以杜冒滥。"

12月24日 袁世凯批准《政治会议规则》。

△ 袁世凯任命张謇为农商总长。27日,农林、工商两部正式合并为农商部。

△ 袁世凯公布《盐税条例》,凡13条。规定除蒙古、青海、新疆、西藏外,民国产盐销盐各地方均适用此条例。

△ 袁世凯任命田文烈为山东民政长。

△ 黎元洪通电脱离进步党,内称:"本月十三日明奉命令,严申诰诫,元洪身为军人,自应恪共服从,首先脱党。请自今始,凡从前政党理事长等项名目一概取消,所有党务不再与闻。"

12月25日 袁世凯派黄开文充同成铁路督办,施肇基兼充会办。

△ 孙中山致函邓泽如及南洋同志,告以二次革命失败后,内地各处革命分子较湖北革命前更多,且袁氏种种政策,害人终必害己。当此四方不靖之时,不特应聚精会神,以去乱根之袁氏,更应计及袁氏倒后,如何对内、如何对外之方策。

△ 《雅言》半月刊在上海创刊,由康逄窅编辑。该刊系为袁世凯制造舆论之工具。

12月26日 袁世凯令准云南都督蔡锷辞职。

△ 袁世凯任命夏偕复为驻美兼驻古巴公使。

12月27日 袁世凯下令全国水利局从速筹办水利:大川巨工,以国家之力治之,其支流湖沼,宜由各地方组合,水利团体多开沟渠。务令旱潦无虞,农产日丰,野少旷土,国无游民。其商埠海口关乎航路之交通,尤应切实考核,认真筹办。

△ 袁世凯下令各省民政长、国税厅长条陈税法,限一月内分别拟议,详细呈复,以凭采择施行。

△ 孔道总会于北京事务所开特别大会。主席王锡蕃报告总会事务所组织完成,各省分会成立甚多,北京总会成立刻不容缓。薛正清演说,孔子非为单纯宗教家,孔道会不反对宗教,却不专讲宗孔。河南、山东、陕西各省代表出席大会。

12月28日 袁世凯据司法总长梁启超条陈,下令整顿司法。令称:司法独立之大义,始终必当坚持;法曹现在之弊端,尤顷刻不容坐视。该总长"所订计划具见周详,宜即实行,以观后效"。

△ 袁世凯下令各边将军、都统、镇守使、司令、师长等设法招徕蒙民,加意抚辑。凡来归蒙民,原有耕牧之地者,均令照管业,困苦者优给抚恤,毁坏者酌为修复。该汉蒙各官经理著效者,应优予奖励;所有蒙

古官民涉有嫌疑曾受胁迫者,均勿得复问。

△ 袁世凯令简任官非觐见后毋许就职,并令国务院拟定简任、荐任官授职赴任规条。

12月29日 下午1时,政治会议首次正式开会,讨论袁世凯18日及22日先后提交之"救国大计咨询案"及"增修约法程序咨询案"。与会各员均以两案关系重大,应先派员审查,然后议决。当由议长指定蔡锷、孙毓筠等15人为审查员,并由蔡锷任审查长。定于次年1月2、6两日开审查会。

△ 袁世凯据署湖南都督汤芗铭电请,是日通令各省都督、民政长及各地方官转饬所属,严拿二次革命时赞助讨袁之湖南人士周震鳞等43人。

△ 内务部公布《古物陈列所章程》及《保存古物协进会章程》。旋于北京成立古物陈列所,并附设保存古物协进会,以为筹办博物院之预备。

12月30日 袁世凯据兼代领福建都督刘冠雄电呈福建财政困难,请裁去都督以节经费,是日下令"福建都督缺着即裁撤,交镇守使接管";"刘冠雄俟经手事件清理完竣,回京供职";原福建都督孙道仁留京任用。

△ 北京政府拟于天坛祈年殿"尊圣配天",是日将祭天祀孔案汇交政治会议讨论。

△ 驻英公使刘玉麟代表北京政府与比利时证券银行代表在伦敦签订《军事债票借款部分发售合同》,其中规定北京政府特制面值62.5万英镑之债票,由比证券银行分期认购。第一期认购额为31.25万英镑,以95%之金镑交付。此项借款定于1918年还清,用于行政经费。

12月31日 袁世凯公布《知事奖励条例》及《知事惩戒条例》。

△ 袁世凯任命戴陈霖为驻日斯巴尼亚(今译西班牙)兼驻葡萄牙公使,陈箓为驻墨西哥公使,刘式训为驻巴西兼驻秘鲁公使。

△ 外交总长孙宝琦与德公使哈豪森代表中、德两国政府议定济

顺、高韩两铁路办法大纲，并规定两路行车总管、总工程司及总司账均须聘用德人。由此德国获得在山东修筑高密至韩庄与济南至顺德两路之权利。

12月下旬 护理甘肃都督张炳华、前甘肃提督马安良、甘肃宁夏护军使兼署宁夏将军马福祥、新疆都督杨增新、伊犁镇边使广福等联衔致电袁世凯，请勿定孔教为国教，内称："西北各边非蒙即回，民情固执，以宗教为第二生命，倘有误会，必至贻忧大局。"

是月 夏重民等113人在东京加入中华革命党。同月，陈德出等六人在大连加入中华革命党。

△ 山东栖霞县农民为反对官绅以"验契"为名阴谋侵夺土地，聚众千余人，由宋金榜、李炳燧率领，进行抗验契斗争。该县知事俞庆澜派兵镇压，捕宋、李。旋举事农民将李炳燧夺回，并俘县役九名，扣劣绅八名。当地豪富均遭"劫掠"。全县震动。烟台镇守使聂宪藩闻报，急增调军队前往镇压，并于25日将此事电呈袁世凯及参陆两部。

△ 英在片马增兵五六千名，旋分兵三路进据称戛、六库、腾越(今腾冲)，并大肆侵扰滇西。直至1914年第一次世界大战起，英兵始撤离云南。

△ 上海时事新报馆编辑出版《时事汇报》月刊。该刊共出六期。次年5月停刊。

△ 《孔社杂志》(月刊)在北京创刊，由该社社长徐琪主编，宣称"以阐扬孔学，融汇百家，讲求实用，巩固国基为宗旨"。

1914年(民国三年)

1　月

1月1日　中华民国开国纪念日,驻京外交团由英国公使朱尔典领衔,向袁世凯大总统觐贺,参加者计有英、美、法、德、俄、日等14国。

△　袁世凯令黎元洪给予一等嘉禾章。

△　中国邮政改制,是日起实行新邮区制,每省为一邮区,独上海、东三省各为一邮区,全国共成立21个邮区。

△　由比款承造之河南汴洛铁路并入海兰公司办理。

△　沪嘉铁路收归国有,是日由交通部接收。

△　《中华实业界》、《中华小说界》于上海创刊,由中华书局编辑发行。

1月3日　袁世凯批准内务部改定各省重复县名,两县同名者74,三县同名者12,四县同名者4,五县同名者3,六县同名者1。两县同名,存其先置。

△　章太炎欲乘车离京,为军警所阻,7日至总统府求见袁世凯遭拒,遂大闹总统府,被软禁,旋移至北京龙泉寺。

1月4日　袁世凯特派许世英为政治会议委员。

△　袁世凯任命张锡銮暂兼署奉天民政长。

1月5日　袁世凯以广东阳春县破获国民党机关，灵山、化县亦有国民党人联合“绿林”约期举事，令广东都督龙济光“查缉乱党”，“务绝根株”。

△　袁世凯任命胡仁源署北京大学校长。

1月7日　袁世凯通令各省，切实查禁国民党印刷品，“如有散布或售卖该乱党各种印刷文件”，从严惩办。

△　吉林延吉县韩侨数百人为反对官府不准擅自集会结社，赴县署滋事，并纠众2000人焚毁垦民会房舍，经调兵弹压，骚乱始平息。

△　袁世凯令准免广东民政长陈昭常本职。

△　袁世凯令朱庆澜加陆军上将衔。

△　袁世凯任命江朝宗为镶红旗汉军都统。

△　袁世凯任命王金镜为陆军第二师混成第二旅旅长。

1月8日　袁世凯令规定大总统、副总统年俸及公费、交际费数额，据上年12月30日国务会议议决，大总统年俸定为36万元，公费每年150万元，交际费每年54万元；副总统年俸为12万元，交际费为24万元，不另开支公费。“本大总统欲躬行节俭，应减定为俸金月支三万元，姑按八成起支，公费月支四万元，交际费月支四万元”。

△　袁世凯令归化（今呼和浩特）、张家口、多伦诺尔（今多伦）、赤峰、洮南（今吉林洮安）、龙口、葫芦岛七处自辟为通商口岸。

1月9日　白朗军在河南确山县新安店与陆军第二师王占元部激战，京汉路交通中断。10日，白朗军攻罗山未下，11日破光山，14日占潢川。

△　袁世凯通令各省严禁哥老会“设立码头暨开山立堂或另立共进、改进等项名目”；已设各处，“迅速解散，以杜乱萌”。

△　阿尔泰办事长官帕勒塔因病辞职，袁世凯命刘长炳暂行署理。

△　袁世凯任命巢凤冈督办东三省官银钱局及广信公司事宜，并充东三省中国总分银行会办；潘鸿宾督办东三省中国总分银行事宜，并会办东三省官银钱号及广信公司事宜。

1月10日 袁世凯下令解散国会，宣布停止参、众两院议员职务，一律资遣回籍。

△ 政治会议循袁世凯之意，呈请特设"造法机关"，修改约法。次日，袁命拟具具体办法呈报。24日，政治会议通过《约法会议组织条例》，并呈报袁世凯。

△ 袁世凯令陕西都督张凤翙严拿革命党，就地惩办。

1月11日 袁世凯公布《契税条例》，凡12条；《验契条例》，凡17条；《所得税条例》，凡27条；《贩卖烟酒特许牌照税条例》，凡15条。

1月13日 袁世凯公布《公司条例》，凡251条；《公司保息条例》，凡18条。《保息条例》规定：政府发公债2000万元为保息基金，新设棉织、毛织、制铁、制丝、制茶、制糖等公司，开工三年之内，按实收资本可呈请保息。

△ 袁世凯令裁撤川边经略使，尹昌衡着留京候用；设川边镇守使，任命张毅为镇守使，归四川都督节制。

△ 袁世凯任命汪声铃会办福建军务。

△ 日斯巴尼亚（今译西班牙）国驻京公使白斯德觐见袁世凯呈递国书。

1月14日 湖南湘潭国民党机关被破坏，杨礼臣等三人被捕。杨于3月4日被杀害，余判徒刑。

△ 袁世凯任命宋联奎护理陕西民政长。

△ 袁世凯批准裁撤稽勋局。

1月16日 袁世凯以"近岁国家收入奇绌"，令各省按旧制新章"严定责成"，"优加奖励"，督催各项应征应缴之款。

△ 袁世凯公布《督征经征分征官解款足额奖励条例》，凡10条；《督征经征分征官额外增加奖励条例》，凡11条。规定自500万元以上起，各省除盐、关两税外，原有国税征收足额报解京师者，分别奖给劳绩金与奖章。

△ 白朗军破商城，次日攻固始，中途向南。安徽都督倪嗣冲急调

皖军各营往六安、颍州、寿县防守。

1月17日　总统府召集财政会议，讨论国币条例及其施行细则等案，国务总理熊希龄、司法总长梁启超等40余人出席，梁士诒主席。

△　袁世凯公布《文官甄别程序条例》，凡15条。同日批准定于本月25日开始甄别高等文官。

1月18日　山东兖州镇守使田中玉秉承袁世凯旨意，派军队驻曲阜保护孔林孔庙。

1月19日　白朗军在六安金家寨击溃巡防队一营，进入安徽省境。舒城韦道应、乔三等绿林队伍六七百人起而响应，白朗军声势更盛。怀远、滁县、定远等县群众武装斗争纷起，至6月间先后失败。

△　葡萄牙驻华公使符礼德觐见袁世凯呈递国书。

△　内务部通令规定保护宗教以有系统、有经典、有历史之宗教为限，其他秘密结社严为查禁。

△　刺杀宋教仁主使犯应桂馨（即应夔丞）在京津火车上被暗杀。按：应在青岛屡上书袁世凯请奖，袁为灭口，遂指使执法处特务将应刺杀。

1月20日　河南都督张镇芳以督剿白朗军不力，是日袁世凯令先行褫职，准其留任立功。

△　袁世凯委派陈锦涛赴欧美游说各资本家及工程家会商组织中、英、美、法、德五国国际建筑公司，承办中国铁路借款及包工事。陈在法国活动，消息外传，五国银行团大加攻击，事遂搁置。

1月21日　袁世凯令：江西民政长汪瑞闿紊淆财政，任用非人，颇滋物议，现经查属实，应即解任，付中央高等文官惩戒委员会议处；任命戚扬代理江西民政长。

1月22日　黑龙江省与华俄道胜银行签订400万卢布借款合同，作为军政经费，以全省金矿为担保。

1月23日　陈其美奉孙中山命偕戴季陶及日人山田纯三郎自日本神户赴大连策划讨袁军事。26日抵大连，27日接见当地诸同志，决从奉鲁方面着手运动。后因日本官厅受袁党运动，多方阻挠压迫，遂于3 月 17 日还东京。

△ 内务部通告《临时政府期内教会立案一览表》，自民国元年 7 月 17 日至二年 10 月 13 日，有“孔教”、佛教、道教、回教、基督教、耶稣教及其他七类，团体最多者为“孔教”，最早批准立案者为“中国回教俱进会”。

1 月 24 日 安徽都督倪嗣冲通电倡议修改约法，改行总统制。

△ 白朗军 23 日破安徽霍山县城，是日攻占六安。27 日弃城西走，活动于霍山、六安间，部众六七千人。袁世凯急令湖北、河南、安徽三省“会剿”。

△ 袁世凯批准内务部规定每年农历元旦、端午、中秋及冬至节日全国官民休假一日。

1 月 25 日 奉天溪碱（本溪湖至碱厂）铁路本溪湖至牛心台段建成，为日本满铁株式会社所建之轻便铁路。9 月 25 日，满铁株式会社始与奉天巡按使及本溪湖煤铁有限公司签订溪碱铁路备忘录，规定该路由“满铁”与公司合办。

1 月 26 日 袁世凯公布《约法会议组织条例》，凡 22 条。第一条规定：“约法会议以议决增修约法案及附属于约法之重要法案为其职权”，由京师选出议员四人，每省选出二人，蒙、藏、青海选出八人，全国商会联合会选出四人组成之。

△ 袁世凯任命赵倜“督办豫南剿匪事宜”，所有派往豫南“剿匪”各军均归节制调遣。

1 月 27 日 袁世凯以“各省盗风未靖，匪警时闻，小之闻劫市乡，大之攻陷城邑”，令各都督及民政长严办“盗匪”，“慎选贤能，认真防剿”。7 月 20 日又令各省地方官警与军队合力防剿。

1 月 28 日 袁世凯批交内务部从优奖恤四川戊戌政变遇难者刘光第、杨锐，以昭激劝；并由该部分令湖南、福建、山西、广东各省民政长，迅即造具谭嗣同、林旭、杨深秀、康广仁各事实清册，一并交部，从优奖恤。

1月29日　内务部再次通令各省民政长迅速追缴省议会国民党议员证书，并查明是否尚足法定人数。

△　政治会议循袁世凯之意，议决祭天祀孔。祭天日期定为冬至，祭礼用跪拜，祭品用牲牢，祭服请大总统饬下所司酌古准今制定特别冠服。祀孔沿用清朝旧例，作为大祀，祭期仍用春秋上丁，礼节祭服与祭天同。

△　国务院以国家财政困难已极，凡内外官吏，应敦尚俭朴，爱惜公帑，以为崇实黜华之计，通令五年内京内外各官公署不得借口兴筑，“以节浮糜”。令曰：“乃近年从政者往往涂饰外观，罔知大体，动辄改建公署，广拓洋楼，土木丹青，经营无艺，多则数十万，少亦十余万金，大吏奢侈豪华，员司藉图肥己，兴言积弊，可为悼心。”由此披露北京政府腐败现象之一斑。

△　奉天省增设台安县，由辽中、黑山两县析置。

1月30日　北京政府与美国红十字会签订2000万美元导淮借款草约。5月12日垫款10万美元，后以欧战爆发，事遂中止。

△　白朗军在安徽六安县叶家集击溃赵倜两个营，折向六安以南地区活动。

1月31日　袁世凯以从前抡才试士，向有门生夫子之名称，恶习相沿，积重难返。现在法官甄别知事试验以及将来文官考试，不日次第举行，为正本清源之计，是日通令严禁门生夫子之名称。

是月　湖南国民党人邹永成、王道于日本东京发起组织“民义社”，以锄除民贼、巩固共和为宗旨，号召实行三次革命（后民义社集体加入中华革命党）。是年春，该社成员纷纷回国组织反袁运动。

△　吴藻华、冯自由、周应时、夏之麒、居正等43人在日本东京加入中华革命党。

△　齐（齐齐哈尔）昂（昂昂溪）轻便铁路自红旗营子屯修至昂昂溪站，与中东铁路接轨。

△　热河道改为特别区域，设热河都统，辖承德等 14 县及卓索图、昭乌达二盟。

△　徐连鑫等集资 20 万元在黑龙江宁安县创办长宁面粉公司。

△　《正谊》杂志于上海创刊，谷钟秀主编。该刊以"负指导社会并忠告政府之责任"为宗旨。

2　月

2 月 1 日　袁世凯任命段芝贵署理湖北都督，兼领湖北都督段祺瑞着即回京供职。

△　袁世凯公布《法律编查会规则》，凡 14 条。规定该会负责调查编纂民事、刑事等法规。原"法典编纂会"于 3 日裁撤。18 日，"法律编查会"成立，梁启超任会长。

△　袁世凯令商办福建漳(州)厦(门)铁路暂归交通部管理。按：漳(州)厦(门)铁路自 1905 年招股商办，历年赔累甚多，铁路公司呈请收归国有。

2 月 2 日　前四川都督尹昌衡被控侵吞公款，私通革命党，在北京被捕。

△　汉口商民反对大冶水泥厂向天津法国保商银行借款，以偿日商三菱欠款。

2 月 3 日　湖北、湖南、贵州、浙江等 10 余省都督、民政长曾先后致电袁世凯，谓各级自治机关"良莠不齐"，"动称民权，不知国法"，请下令解散。是日，袁颁令停办各级地方自治会。

△　袁世凯任命龙觐光为广惠镇守使兼充广东陆军第一师师长，马存发为广东陆军第一混成旅旅长，段尔驺为广东陆军第二混成旅旅长。

△　袁世凯据国务会议议决，核准特设清史馆，延聘专家分任编纂。

2月4日 袁世凯通令各省严禁党人私立新同盟会机关，散布牌记，“一经拿获，立即就地严惩”。

△ 袁世凯据各省都督、民政长之请，将暂行解散各省议会，重订组织方法，另行召集一案，交政治会议议决。

△ 袁世凯公布《约法会议议员选举会选举日期令》，凡四条。

△ 孙中山致书南洋诸同志，告以积极筹划讨袁事宜。

2月6日 袁世凯命令停办京师地方自治会，其自治制度由内务部一并厘订汇案办理。

△ 袁世凯以财政窘困，致电各省严征国税，“将旧税一一恢复”，并按新订各项税则切实征收。7日，派视察员分赴各省，会同地方当局议定财政办法。

△ 陆军部电饬段芝贵严剿白朗军，谓白朗军进入安徽省后，“毫匪、乱党、青红各帮、饥民”纷纷加入，已由千余人增至六七千人。同日，白朗军占霍山。

△ 袁世凯令裁撤伊犁镇边使，改设镇守使，以杨飞霞署理。

△ 教育部公布《侨民子弟回国就学规程》，凡七条。

2月7日 袁世凯通令各省崇祀孔子，以春秋两丁（即阴历二、八月上旬之丁日）行祀孔礼。20日公布《崇圣典例》，并通令全国以祭天之礼为通祭，各省每年冬至行祀天礼。

△ 袁世凯就请定国教事，令称信教自由，未便特定国教，“致戾群情”。

△ 袁世凯公布《国币条例》，凡13条；《国币条例实施细则》，凡11条。

△ 袁世凯援前清旧例，明令进封和阗回部辅国公木沙为镇国公。

2月8日 袁世凯通令各省对各处教堂教士“一体加意保护”。

△ 袁世凯令管理哲盟各旗寺庙呼图克图色旺诺尔布，给予达尔罕呼图克图名号，并赏用黄围车。

2月9日 国务总理兼财政总长熊希龄呈辞。同日，袁世凯令准免国务总理熊希龄财政总长兼职，特任周自齐调署财政总长，并仍兼代理陆军总长。

△　袁世凯特任朱启钤兼代交通总长。

△　孙中山为培植民国建设人才，与陈其美、黄兴、李烈钧、戴季陶、犬养毅、头山满、寺尾亨、副岛义一、林权助等 30 余人，在东京发起创立政法学校，推寺尾亨为校长，是日举行开学典礼，孙中山亲临主持。入校学习人数先后达 400 余名。

2 月 10 日　政治会议开会，议决 10 月 10 日为万年国庆巨典，而南京临时政府成立之日，暨 2 月 12 日南北统一纪念日悉予停止，至各省独立纪念日则应通令禁止。5 月 9 日，袁世凯批示：准如所议，俟参政院成立后并交修正。

△　北京政府与美商美孚煤油公司签订《中美合资创办石油公司合同》，使美国获得开采陕西延长、直隶承德油矿专利权。经勘探，美国以无利可图，于 1917 年宣布废约。

2 月 11 日　国务总理熊希龄通令京外经手借款官吏，不得再有回扣情事，否则以赃私论，交司法机关严惩。

△　袁世凯核准贵州民政长呈请增设县治及移置县治案。增设邛水、大塘、长寨、册亨、三合、沿河、后坪、省溪八县；贵筑县移治札佐，普定县移治定南，都匀县移治平舟，改称平舟县，开泰县移治锦屏，改称锦屏县。

△　袁世凯特派张凤台为政治会议委员。

△　袁世凯任命田文烈为河南民政长；任命高景祺为山东民政长，未到任以前，着龚积柄暂行护理。

△　政治会议呈请规复文庙事，袁世凯批交内务部分别令行各省饬属办理。

△　交通部与法国中法实业银行签订钦(州)渝(重庆)铁路借款合同。借款总额六亿法郎。旋因欧战爆发，仅付垫款 3210.55 万法郎。

2 月 12 日　袁世凯令准免国务总理熊希龄本职，特任孙宝琦代理国务总理。

2月13日 袁世凯任命段祺瑞兼代领河南都督，留任河南都督张镇芳准予离任。

△ 袁世凯公布《约法会议议员资格审定会组织令》，凡九条。

2月14日 财政部公布民国二年度“修正全国预算”(1913年7月至1914年6月)，岁入5.57296145亿元，岁出6.42236876亿元，出入相抵，不敷8494.0731万元。

△ 袁世凯以司法独立为理由，严令禁止法官加入政党，其经名列党籍者，应一律脱党。

△ 交通部与中英公司签订37.5万英镑《上海枫泾铁路清还抵欠借款合同》，以此项借款清还1912年1月27日南京临时政府向日商大仓组所借之300万日元。

△ 交通部与商办江苏铁路公司在北京签订《赎回上海枫泾铁路议订条款》，将上海枫泾铁路收归国有，路款由交通部偿付。

2月15日 袁世凯训令河南民政长田文烈，谓河南为本大总统桑梓之邦，宗族亲旧，服官本省者当不乏人，“询考所及，黜陟进退，务须一秉大公，苟有庸劣官员，无论是否本大总统族戚，严行摈斥，毋使害群。其贪黩不法者，立即查明参办，勿瞻徇情面，勿顾畏人言，严杜干谒之风，力挽夤缘之习”。

△ 财政部以本年旧历系有闰之年，是日通电各省本年粮租，仍照旧例加摊闰征收。

△ 江苏东海保安营哗变，连长数人率全营官兵挟该营统领仲兆踞出营，向沭阳逃逸。

2月16日 内务部举行第一届县知事考试，各省应试者2068人。

△ 广东因滥发纸币，月初币价跌至五成二三，商民恐慌。是日，官商集议维持办法，决设维持纸币委员会，发行公债，开放娼妓营业，并拨官产500余万元用作保证金。

2月17日 兼代领河南都督段祺瑞呈请准前河南都督张镇芳回

任。是日，袁世凯令张镇芳仍留河南会办剿抚事宜，“所请回任之处，应毋庸议”。

2月18日 厦门鼓浪屿租界因印捕擅捕市民，激起公愤，发生冲突，印捕开枪击伤市民四人，捕九人。事件发生后，领事团拒绝将被捕人等移交会审公堂，并强行驱逐公堂中国审员，又派巡捕占据公堂，遂起交涉。至5月11日领事团始将公堂交出。

△ 袁世凯下令严禁上级官署对所属以及商民因公请求事项托故留难及需索费用，违者严惩，“以儆官邪”。

△ 司法总长梁启超向袁世凯呈辞，并条陈司法计划十端，请饬继任者议行。

2月19日 袁世凯任命孙宝琦为高等文官甄别会委员长，梁启超为币制局总裁，汪荣宝为驻比利时特任全权公使；特派刘若曾为政治会议委员。

△ 袁世凯任命直隶都督赵秉钧兼署民政长。

△ 教育部公布《半日学校规程》。半日学校为幼年失学者而设，入学程度为未入初等小学或已入而未结业者，修业期限三年。

△ 教育部通令各省力筹普及初等小学义务教育。

2月20日 袁世凯令准教育总长汪大燮辞职，遗缺以严修继任，严未到任前，由蔡儒楷暂行署理。

△ 袁世凯令准免司法总长梁启超本职，特任章宗祥为司法总长。

△ 袁世凯任命董康署大理院院长。

2月中旬 英使馆武官罗伯逊往信阳王占元部活动，并于月底向北京政府提出围剿白朗军的“剿匪节略”，建议派轻便马队跟踪追击，配以步兵“围堵”。

2月22日 段祺瑞指挥湖北、安徽、河南三省军队，在豫、皖两省交界之六安、商城、固始等地区，分兵驻扎，层层设防，拟将白朗军歼之于霍邱、霍山、叶家集之间。是日10时，白朗军万余人由商城鄷家集北面金刚山一带突围，激战一昼夜，次日黎明破围西走。27日出现于豫、鄂交界之武胜关，武汉为之震动。3 月 6 日，段祺瑞急命鄂军总司令王占元率军返回湖北防守。

△ 袁世凯任命石星川为湖北陆军第一师师长。

2 月 23 日 袁世凯任命董康为文官高等惩戒委员会委员长。

2 月 24 日 袁世凯通令各省民政长仿照四川方法，于各县成立警队，由县知事自行招练。3 月 19 日又批转《改订四川通省团练章程》，令各省仿效执行。

△ 奉天旗民因旗饷数月未发，聚众数百人至公署及内务司长私宅哭闹，官厅劝喻不听，调宪兵驱逐，并拘捕八人，余逃散。

2 月 25 日 山东乐安县民众暴动，击杀赴乡督催验契之县知事王文域，岱北观察使带队驰往查办。

2 月 26 日 政治会议议长李经羲以议决解散各省省议会一案，呈复袁世凯称，"揆之法理，按诸事势"，各该都督、民政长等以解散各省议会为请，"均属可行"。"拟请大总统俯如所陈，将各省省议会一律解散"。

2 月 27 日 直隶都督兼民政长赵秉钧暴死。袁世凯任命朱家宝为直隶民政长兼署理都督。

△ 袁世凯令淞沪一带宣告解严，所有淞沪一带接战地域司令官着即撤销。

2 月 28 日 袁世凯下令解散各省省议会。

△ 白朗军突围返回河南，其大队往新野、邓县，另队于信阳以南进入湖北省境应山、随县等地活动。

是月 中华革命党在东京、上海、大连、菲律宾等地发展党员。陈中孚等 30 余人在东京入党；蔡突灵等 20 余人在上海入党；石磊等人在大连入党；吴宗明、郑国樑、黄汉卿等人在菲律宾入党。

△ 黄兴与李烈钧在日本东京创办"浩然庐"，着意研究军事，培植革命力量。

△ 内政、教育两部因地方自治会取消，特订定维持教育办法六

条,内容包括经费照旧、校长不得率行更换、已规定计划依次进行等,通令施行。

△ 吴家煦等在上海创设中华博物研究会。

△ 俄公使库朋斯齐向外交部提出阿尔泰撤兵条件六条,内有不得勒收哈萨克牧地、承认俄人于阿尔泰区域享有不动产及任便居住渔猎耕种之权等,并声明中国如能确实施行,俄兵始能撤退。经双方往返磋商无结果。

3 月

3月1日 北京政府照会瑞士政府,声明正式加入"万国邮会"。

3月2日 袁世凯公布《治安警察条例》,凡41条,规定禁止"秘密结社"、"同盟罢工"、"同盟解雇"、"强索报酬"等。

△ 袁世凯公布《商人通例》,凡73条。7月19日公布《商人通例施行细则》,凡14条。

△ 袁世凯特派蒋尊簋为政治会议委员。

3月3日 台湾新竹厅苗栗抗日起义(事在1913年10月26日)领袖、同盟会会员罗福星,在台北监狱为日本殖民当局杀害。

△ 安徽铁路芜湖至广德线于1905年准由商办,时逾十载,成路无多,股东请归国有,是日铁路公司与交通部签订合约,27日由交通部接管。

△ 袁世凯公布《国有荒地承垦条例》,凡四章29条,规定承垦人经官署核准,每亩纳保证金一角,开垦后按土质肥瘦分五等交纳地价,每亩由一元五角至三角,按等递减。

△ 袁世凯任命汪度为云南陆军第二师师长兼迤南剿匪事宜。

△ 教育部通令各省推广高等小学及初等高等并设之小学。

3月4日 袁世凯公布《制盐特许条例》,凡18条。

△ 袁世凯任命熊希龄筹办全国煤油矿事宜。

△ 公立台中中学破土兴建，至次年12月建成，为台湾第一所中学。

3月6日 袁世凯令护理甘肃都督兼民政长张炳华来京另候任用，任命张广建为甘肃民政长兼都督。

△ 山西盂县乡民抗交验契等税，聚众反抗，县署派兵镇压，击毙乡民40多人。

3月7日 白朗军过襄阳围攻老河口，次日攻克，缴获大批武器弹药，焚烧英商亚细亚煤油公司及英美烟公司等。9日返回河南，13日围攻淅川，未下，破荆紫关，遂在内乡、南召一带活动。

△ 财政部通电各省减轻契税，卖契税照契价9%改收2%，典契税照契价6%改收1%，以一年为限。13日电复各省，以税率锐减，恐碍收入，应在卖契6%、典契4%以下，及2%、1%以上，自订税率报部核准施行。

△ 汉口英租界印捕因驱逐肩贩追至华界，与巡警冲突，英领调水兵、商团防堵，镇守使杜锡钧等亦率军警到场。经派员商诸英领，将英兵商团撤退，带回滋事印捕，事始平息。

3月8日 白朗军在老河口开军事会议，发出布告称："第一驱袁，第二建立良好政府，第三友善邻邦。"

3月9日 袁世凯令设清史馆。9月1日开馆，延聘赵尔巽为馆长。

△ 袁世凯任命孔庚为陆军第九师师长。

3月10日 广东饶平县黄冈驻军营长吴文华率兵举事，自称广潮总司令，宣布独立，称"三次革命"，旋败。国民党人朱执信、洪兆麟等乘机在惠州、阳江等地组织反袁武装。

△ 北京航空学校飞机三架，由航校校长秦国镛等三人驾驶，首次自南苑至保定试飞成功。

3月11日 袁世凯颁布《褒扬条例》，凡13条，规定：凡"孝行"、"妇女节操可以风世者"等由大总统给予"匾额题字，并金质或银质褒章”，受褒人及其家族“愿建坊立碑者，得自为之”。

△ 袁世凯公布《矿业条例》，凡九章 111 条。31 日公布《矿业条例施行细则》，凡 86 条。

△ 袁世凯以围剿白朗军连遭挫败，致电段祺瑞，谓“发兵二万人，奔驰两阅月，卒未殄灭，各国视之，大损威信”，而老河口又发生“戕杀外人重案，若不迅速扑灭，恐起交涉，牵动大局”，命组织轻便部队“配利器”，“加饷费”，迅速围剿。

△ 北京政府参谋总长黎元洪公布《陆军大学校条例》，凡 45 条。

△ 中英藏西姆拉会议会商西藏问题已达四月，是日英代表麦克马洪正式提出调停西藏问题约稿 11 条，内容有中国对西藏拥有宗主权，并承认外藏有自治权等项。

3 月 12 日 袁世凯派总统府秘书长梁士诒至北京孔庙代行“春丁祀孔”礼。礼毕，梁宣讲《论语》“导之以德，齐之以礼”。

△ 袁世凯公布《会计条例》，凡九章 36 条；《审计条例》凡八章 29 条。

△ 孙中山派夏重民约梁卫平、朱执信、邓铿等去香港部署反袁军事。21 日夏等抵港，嗣在九龙设办事处，开展工作。

△ 袁世凯令：知事任用，免试者审查宜慎，倘荐举非人，惟原保长官是问。

△ 袁世凯任命颜惠庆为参加万国禁烟会议全权代表。

3 月 13 日 袁世凯通令查缉革命党人，着各省严密查拿，认真防范。

△ 袁世凯令河南、湖北、陕西各省都督协力搜捕白朗军，务期“尽绝根株”，并妥保各国教士，“毋任稍有惊扰”。

△ 四川都督胡景伊致电兼代领河南都督段祺瑞、署理湖北都督段芝贵及陕西都督张凤翙，谓转奉大总统令，严防白朗军窜入川陕边界。

△ 孙中山致函中华革命党菲律宾联络委员伍平一，请其在南洋筹款。

3 月 14 日　国民党议员林英钟、徐镜心、段世恒等五人，因与东京党人秘密联系，从事反袁活动在北京被捕，林、徐二人旋遭杀害。

△　袁世凯公布约法会议当选议员 57 人。

3 月 15 日　袁世凯令准甘肃都督赵惟熙辞职。

△　全国商会联合会在上海开成立大会。次日推选周晋镳为会长。大会至 4 月 11 日闭幕，各地商会提出裁厘加税、修改海关进口税、减轻土货出口税等提案。

△　云南东川县李品正为抗拒铲烟，聚众 2000 余人举事，与守军力战数日，部众伤亡甚重，事败。

3 月 16 日　奉天国民党人孙祥夫、刘芝舟、马明远等在大连、长春、公主岭等地设立机关密谋反袁。是日，大连机关遭破坏，马明远被捕遭杀害。

△　四川垫江县红灯教彭兴安等聚众六七百人举事攻城，为当地驻军所败。

△　俄公使库朋斯齐向外交总长孙宝琦要求获得修筑与经营海兰泡至哈尔滨和呼盟地区中东路各支线等优先权，并要求在各条铁路区域内拥有采矿、伐木的优先权。

3 月 17 日　北京政府赔偿南京商民因去岁南京战事损失银 150 万元。

△　北京俄使馆撤退驻军，旋将前年调驻直隶之俄军队一律撤退。

△　奉天都督与日本驻奉天总领事联合召开“恳亲会”。此后每月 17 日开一次，故称“十七日会”。

△　袁世凯任命张鸣岐会办广西军务。

3 月 18 日　约法会议开会，举孙毓筠为议长，施愚为副议长，议员 57 人，实到仅 44 人。

△　白朗军万余人由富水关进入陕西境内，克商南。20 日晨破龙驹寨(丹凤)，陕督张凤翙亲率队驰赴商县防守。袁世凯命四川派兵驰援汉中。

3月20日 袁世凯以增修"约法大纲"咨交约法会议，规定该会"为中华民国特设之造法机关，其职权首在议决增修约法"。并提出增修内容七项：一、外交大权应归诸总统，凡宣战媾和及缔结条约，无须经参议院同意；二、总统制定官制官规，及任用国务员与外交大使、公使，无须经参议院同意；三、采用总统制；四、正式宪法应由国会以外之国民会议制定，由总统公布，正式宪法起草权应归于总统及参议院；五、关于人民公权之褫夺回复，总统自由决定；六、总统应有紧急命令权；七、总统应有财政紧急处分权。

△ 袁世凯令准免奉天民政长许世英本职。

△ 中国参加在东京开幕的日本大正博览会。其展品计有陶瓷、金漆、竹木、美术工艺、丝织品等8000余件。7月31日闭幕。

3月21日 袁世凯电饬段祺瑞、段芝贵等速平白朗军，略谓"白匪久未平，各国报纸谓政府力弱，不足以保治安，乱党又从中鼓吹，殊损威信。因而近日债票跌至百分之十二三，续借款愈难办，关系全局甚重"。

△ 袁世凯任命顾品珍为云南陆军第一师师长。

△ 黑龙江省行政公署颁布清丈兼招垦章程及招垦各规则。

△ 中华革命党江西支部在东京开成立会，举徐苏中为支部长。

3月22日 白朗军占商城，24日破山阳，30日取孝义(今柞水)，图汉中受阻，乃逾秦岭趋鄠县(今户县)。4月上旬前锋逼近西安，以"中原扶汉军大都督"名义在西安附近张贴安民布告。西安为之震动，袁世凯急调赵倜率精兵5000入陕。

3月24日 英国政府代表麦克马洪同西藏地方政府代表伦兴夏札，在印度德里背着中国中央政府，以秘密换文方式，擅自划定中印边界线，即所谓麦克马洪线，将中印东段边境历来属于中国领土的察隅等地区约九万余平方公里土地划入印度版图。

△ 袁世凯令国务院从优议恤前清四川总督赵尔丰，并着内务部查取事实，宣付史馆。

3月25日 袁世凯令广东都督龙济光严拿乘黄冈兵变在惠州等

处"谋乱"之革命党人朱执信、洪兆麟、陆常等。

△ 袁世凯任命王式通调充政治会议秘书长,顾鳌调充约法会议秘书长。

△ 袁世凯任命戚扬署江西民政长。

3月26日 安徽定远乡民组织"江淮义侠军",于是日举事,29日攻占县城,31日遭镇压败散。与此同时,合肥广兴集亦有"义侠军"活动。

△ 袁世凯任命宋联奎会办陕西军务。

3月29日 新疆土鲁番维吾尔族农民艾买提率众举事,反对封建主伊明郡王的残酷剥削。吐鲁番县署派兵镇压,艾买提率众退入克孜里山坚持斗争,后转移至奇台县境天山活动。12月,艾买提被叛徒杀害,起义失败。

△ 英公使朱尔典照会外交部,要求保护西安教士,剿办白朗军。是日,袁世凯致电陆军总长段祺瑞严饬各军队"克期扑灭"。

△ 教育部通令各省民政长加意维护小学,张作霖所请多设村塾以代小学事应毋庸议。

3月31日 袁世凯任命汪大燮为平政院院长。同日又公布《平政院编制令》,凡29条。规定平政院直隶于大总统,审理行政官吏之违法不正行为。平政院设肃政厅,置肃政史,纠弹行政官吏之违反宪法、行贿受贿、滥用威权、玩视民瘼事件。

△ 直隶民政长兼署都督朱家宝电请刻日奔丧回籍,袁世凯令给假一个月,直隶民政长着吴焘护理。

△ 北京政府与中英公司签定800万英镑宁湘铁路(南京至株洲)借款合同,后因欧战爆发中止,仅垫款50万英镑。

△ 袁世凯公布《权度条例》,凡24条,统一全国度量衡。规定:权度分甲乙两种:甲、营造尺库平制,长度以营造尺一尺为单位,重量以库平一两为单位;乙、万国权度通制,长度以一新尺为单位,重以一新斤为单位。

△　袁世凯公布《民业铁路条例》，凡 65 条。规定："民国人民，集合资本，依本条例之规定，建筑铁路者，为民业铁路。""铁路公司之组织，以股分有限公司为限。"

△　袁世凯任命宋联奎署陕西民政长，准免原署陕西民政长高增爵本职。

是月　龙济光借口顺德县上淇乡有"乱党机关"，派兵前往抢掠烧杀，毁房三四十间，杀害乡民数十名，伤者百人。

△　中华革命党在东京、上海、大连继续发展党员。宋拼三等 20 余人在东京入党；金维系等 20 余人在上海入党；王良佐等在大连入党。

4　月

4 月 1 日　交通部创办京汉、京奉、京张、津浦、沪宁五铁路联运，自是日起实行。此为我国统一实行联运之始。

△　川省铁路收归国有，是日接收告竣。

△　财政部与中法实业银行订立实业借款合同，总额 1.5 亿法郎。

4 月 2 日　袁世凯令从速设置平政院并于该院附设肃政厅，由各部院长官或最高咨询机关荐举彦良，出任平政院评事、肃政厅肃政史，"俾执法不稍旁挠，立言悉祛偏党，共扶国纪，用树风声"。

△　袁世凯公布《报纸条例》，凡 35 条。规定凡涉及"淆乱政体"、"妨害治安"等一概不准登载，违者重惩。

△　袁世凯以张謇出差，特任章宗祥暂兼代理农商总长。

△　袁世凯令改良教育，整饬学风。责成教育部分行主管司长，对于各学校力持严重主义，养成优美整肃之学风，编订教科书尤贵宗旨正大，以免纷歧。

△　袁世凯令准免署湖南民政长王瑚本职。

4 月 3 日　德国外交大臣雅哥电示驻英大使李绪诺维斯基，针对英、俄两国在中国西藏和外蒙古的活动，命其向英提出：门户开放原则应不仅适用于中国本部各省,也应适用于中国边疆各地区。8 日,德驻英大使就此向英外交部提出。英外交部复称,各国在中国存在着一定的利益范围,例如英人在扬子地区,德国在山东。表示拒绝。

△ 袁世凯令调陆军总长段祺瑞回京供职;任命田文烈兼护理河南都督。

△ 袁世凯下令责成各主管部认真清理官产。令曰:“国家岁入,租税而外,官产亦属大宗,值此财政支绌之时,亟宜由各主管部,分类清厘,以裕国计。”

4 月 4 日 美国定明年在旧金山开设巴拿马万国博览会,特派爱旦穆来华劝导赴会,是日爱旦穆抵北京谒见袁世凯。

4 月 5 日 袁世凯公布《县知事兼理司法事务暂行条例》,凡 13 条,规定未设法院各县之司法事务委任县知事处理。同日又公布《县知事审理诉讼暂行章程》,凡 13 章 48 条,规定未设审验厅各县,第一审应属初级或地方厅管辖之民刑事诉讼,均由县知事审理。

4 月 6 日 北京南苑航空学校组成飞机支队前往陕西参加围剿白朗军。是日该校法式双翼飞机四架由京汉路转陇海路运至渑池,又以人力运抵潼关装配,26 日起在陕西各地从事侦察。此为我国飞机用于军事之始。

△ 奥斯马加国(奥匈帝国)驻华公使讷色恩觐见袁世凯呈递国书。

4 月 7 日 袁世凯公布《交通银行则例》,凡 23 条,规定该行可分理国家金库,资本定为库平足银 1000 万两,官四、商六。总行设于北京。

4 月 8 日 白朗军在陕西攻破盩厔,连下鄠县、乾县、永寿。袁世凯除急调赵倜所部入防西安外,又命京畿军事执法处处长陆建章率拱卫军 12 营并雷震春部 8 营沿京汉路南下入陕。

△ 上海沪海道尹兼特派交涉员与驻沪法总领事签订《上海法租界推广条约》,扩大法租界范围。

4月10日 袁世凯公布《纠弹条例》，凡14条，规定官吏有下列条款情事之一者，依本条例纠弹之：一、违反宪法事件；二、行贿受贿事件；三、滥用威权事件；四、玩视民瘼事件。

4月11日 俄皇决定以我国之唐努乌梁海为其“保护地”。6月出兵侵占该地，并任命格里哥列夫为乌梁海事务长官，组织大规模俄国移民。7月17日，沙俄正式兼并唐努乌梁海。

△ 交通部与商办浙江铁路公司股东代表虞洽卿等签订浙路收归国有合约，议定将杭州至枫泾、曹娥至宁波两段铁路及杭州江干至湖墅支线交归国有，公司所有股本由政府偿还。6月16日交通部派员管理。9月19日在北京签订《收回沪杭甬浙段铁路议订条款》。自此江、浙两省商办铁路全部收为国有，北京政府遂将沪杭、曹甬两段铁路及江湖支线与英人握有实权之沪宁路合并为沪宁、沪杭甬两路管理局，并修建一条两路联合线，于1916年完工。

△ 袁世凯公布《植棉、制糖、牧羊奖励条例》，凡八条；《吗啡治罪条例》，凡12条。

△ 袁世凯批准交通部呈请，嗣后关于借款修筑铁路，除已订合同或草约，暨业经计议所及者外，其余概缓筹办。

△ 《民声》在上海秘密出版第五期。该杂志系刘师复主编《晦鸣录》周刊改名。是日由澳门转上海继续出版。为免再遭封禁，自是期起，托言于日本东京发行。

4月13日 袁世凯公布《修正知事试验条例》，凡28条。14日内务部公布《修正知事试验条例施行细则》，凡27条。

4月14日 白朗军破邠县(今彬县)，次日与陕军陈树藩混成旅在太峪镇大战，双方伤亡均重。

△ 去年9月昌黎县日军枪杀华警案，迭经外交部与日公使山座圆次郎交涉，以日方允将滋事军人交审，给被害警长恤金6000元，巡警四名每名5000元而了结。是日，山座圆次郎至国务院向外交总长孙宝琦道歉。

4月15日　甘肃都督张广建调集甘军崔正午部援陕，在陇县、凤翔一带布置防守。另派提督焦大聚率兵驻通渭马营镇扼守通兰州之要路。是日，白朗军至长武为甘军所阻，南向破麟游，17日过岐山。

△　高等文官惩戒委员会议决：江西民政长汪瑞闿紊乱财政，任用非人，予以褫职。

4月16日　袁世凯令调陆建章为陆军第七师师长，18日加陆军上将衔。

△　吉林西南路观察使呈报，日本人在长春开设药铺40余家，“无不以私卖吗啡为主业”。

4月17日　云南临安县（今建水）驻军一营，与当地会党“大汉同胞会”、“共和会”联合举事，围攻驻军团部，占据县城。次日，驻军团长与当地官绅率民团联合镇压，事败。

△　袁世凯任命丁效兰为陆军第六混成旅旅长。

4月18日　孙中山自日本致书南洋邓泽如，说明筹组中华革命党主张，并望赞成其事，在南洋各埠成立支部。同日致书南洋华侨李源水，望其担任组织中华革命党支部。

△　袁世凯任命陆建章督办西路剿匪事宜，加陆军上将衔。同日任命赵倜会办西路剿匪事宜。

4月19日　德国外交大臣雅哥电示驻英德使李绪诺维斯基，谓德国不能承认英国在中国长江流域“有一个独占权力的势力范围”，表明对华政策“必须在任何情况下以保持中国的完整及在全中国为我们的商业维持门户开放为原则”。

4月20日　白朗军攻破陕西凤翔，甘军崔正午部五营不战而溃。白朗军沿渭水入甘肃境，逼向通渭，赵倜率军跟踪。30日双方在通渭接仗，白朗军走陇西。甘军在秦州（今天水）、伏羌（今甘谷县）布防。

△　黑龙江省城巡防营第一路官兵数百人因裁汰军官不满，是晚哗变，持械进攻督军署，经旅长许兰洲等劝阻，始各回营。

△　陆军部颁布《宪兵学校条例》，凡30条。

△ 教育部以前审定教科书稍失宽滥，亟应按切时势，妥为修改，是日布告所有民国二年以前审定之教科书，统限于三个月内送部复审。

4 月 21 日 袁世凯任命潘矩楹署绥远城将军，准免原任张绍曾本职。

4 月 22 日 袁世凯令：陆军少将赵恒惕等在湘省独立时“阴谋协助革命”，处以三等有期徒刑，并褫军官。

4 月 24 日 袁世凯任命王占元帮办湖北军务，曹锟为长江上游警备总司令官，吴光新署理陆军第二十师师长。

△ 袁世凯任命志锜筹办八旗生计事宜。

△ 袁世凯令各省长官慎选心术纯正、操守廉洁，且富于政事学识及经验者，特荐免试知事。其非深知有素者不得滥予送试，倘或徇情滥保，致所保人员有贪婪不法情事，定将原保长官严惩。

4 月 25 日 国民党人戴季陶主办之《民权报》于 1913 年停版后，该报成员刘铁冷、蒋箸超等编辑《民权素》杂志，是日在上海创刊。序言称：民党机关报纸相继被封，“而抨击政府之最有力之《民权报》亦随潮流而去，独此《民权素》者辍于《民权报》之零缣断素，得巍然刊于世”。

△ 袁世凯以四川省盐业维持会借口维持，阻挠整理盐务，特勒令将该会解散。

△ 袁世凯任命朱启钤督办京都市政事宜。

4 月 27 日 麦克马洪对调停西藏问题约稿提出修正案，在附图上将白康普陀岭、阿美马项岭东北之地划归青海。中国代表陈贻范被迫于约稿上画行，但声明画行与签约不同，签约须候政府训示。28 日，中国政府接陈贻范报告，即去电声明：“执事受迫画行，政府不能承认，应即声明取消。”29 日又通知驻英公使刘玉麟，希英政府电英员按中国政府业经让步办法接续磋议。

△ 海军部与德商瑞记洋行签订 50 万镑第三次借款合同，作为海军经费。

△ 袁世凯令设淮南垦务局，并派韩国钧为督办。

4 月 28 日 袁世凯任命唐继尧兼署云南民政长，原署民政长李鸿祥着赴京觐见。

△ 袁世凯令前江西民政长汪瑞闿即行褫职。

△ 广东梅县驻军一营举事，营长王国柱自称“广东讨龙军潮梅总司令”，以革命军广东大都督陈炯明名义出示布告，29 日攻入海阳城，未几败散。

△ 袁世凯公布《公海渔业奖励条例》，凡 11 条；《渔轮护洋缉盗奖励条例》，凡 12 条。

△ 教育部令各省竭力维持教育，尤以小学乃国民教育根本，不容置为缓图。师范中学已设者维持，未设者暂缓。一省有公立法政专门学校二所以上者酌量归并，农、工、商、医各专门学校有同类二所以上者亦酌裁。

4 月 29 日 约法会议议决以《中华民国约法》代替《临时约法》。

△ 袁世凯任命戚扬为江西民政长。

4 月 30 日 袁世凯令废除各省初级司法机关。

△ 袁世凯任命田文烈兼署河南都督并加陆军上将衔。

是月 奉天省抚顺煤矿（1905 年日俄战争后为日霸占，归“满铁”经营）古城子矿区建设东北第一个露天煤矿，1915 年 4 月正式投产。

△ 邓家彦、路孝忱等 40 余人在东京加入中华革命党；赖天球等 30 余人在上海加入中华革命党。

△ 伍廷芳、唐绍仪等在上海创办金星保险股份有限公司，经营人寿、水、火保险，资本 100 万元，总公司设上海，于国内各大城市设分公司。

△ 俞家骥在山西大同创办大通机器面粉厂，资本五万两，总号设大同，于北京、张北、丰镇等处设立分号。

5 月

5月1日 袁世凯公布《中华民国约法》，废止《临时约法》。新约法凡10章68条，改责任内阁制为总统制，扩大总统权限，规定“大总统为国家之元首，总揽统治权”。总统对外代表国家，集行政、军事、立法等项大权于一身，并“为陆海军大元帅，统率全国陆海军”。总统制定官制官规，任免文武职官，开战、媾和，缔结条约，宣布戒严，召集及解散立法院，“发布与法律有同等效力之教令”。

△ 袁世凯令废止国务院官制，设政事堂于总统府。特任徐世昌为国务卿，孙宝琦外交总长，朱启钤内务总长，周自齐财政总长，段祺瑞陆军总长，刘冠雄海军总长，章宗祥司法总长，汤化龙教育总长，张謇农商总长，梁敦彦交通总长。张謇未回京前，由章宗祥兼代。

△ 袁世凯特派戴陈霖为全权代表出席西班牙万国邮政大会会议邮政事宜。

5月2日 白朗军由陇西入宁远(今武山县)，甘军统领陈正魁率部两营在宁远洛门镇防守，被白朗军设伏围歼，陈仅以身免。次日，赵倜部毅军四营自陇西来援，白朗军走伏羌。

△ 袁世凯任命杨士琦、钱能训为政事堂左右丞。4日政事堂成立。

△ 袁世凯任命梁士诒为税务督办。

△ 廖仲恺在东京加入中华革命党。

5月3日 袁世凯通令赦免去年7月赣宁变乱之附乱人等，“或因事被胁，或无识盲从，应从宽赦免，予以自新，令各回籍安业”。

△ 袁世凯公布《大总统府政事堂组织令》，凡12条。规定：大总统府设政事堂；政事堂依约法设国务卿一人，赞襄大总统政务；政事堂设左右丞，赞助国务卿与闻政事。

△ 袁世凯公布《矿业注册条例》，凡三章49条。

△ 袁世凯任命许世英为福建民政长，准免原任汪声玲本职。4日，又任命许世英会办福建军务。

△ 袁世凯任命林长民、金邦平、伍朝枢、方枢、郭则沄为政事堂参议。

5月4日 白朗军由伏羌攻秦州，5日城破，甘军八营溃散，总兵马国仁被击毙。白朗军首领李鸿宾战死。白朗军旋即南下入徽县、成县，两县驻军闻风远遁，县吏迎降。

△ 袁世凯令改蒙藏事务局为蒙藏事务院。

△ 税务处令总税务司自6月1日起所有中俄百里交界取消免税，一律由滨江、珲春等关按章征税。

5月5日 袁世凯公布《禁种罂粟条例》，凡11条，规定如发现栽种罂粟，即速强制铲除，必要时得请驻军协助。

△ 袁世凯任命贡桑诺尔布为蒙藏事务院总裁，熙彦副之。

△ 袁世凯任命齐耀琳会办吉林军务。

5月6日 前云南迤西镇守使谢汝翼由滇越铁路入京，车行至阿迷县境，被已革连长何荣昌枪击殒命。是日袁世凯令谢汝翼照陆军上将例议恤。

5月7日 台湾六甲支厅罗阿头等率众发动抗日起义，袭击大丘园、王爷宫等地日本派出所，旋主动退入王爷宫造林地坚持斗争。嘉义、台南两厅调集大队军警分路"围剿"，罗阿头等数人弹尽援绝自杀，李岑等八人战死，其他百余人全部就逮，起义军失败。

△ 驻黑龙江讷河县第二路防军第三营士兵30余人哗变，捣毁电报局，抢掠铺商。

5月8日 袁世凯公布《陆海军大元帅统率办事处组织令》，凡12条，规定于大总统府设统率办事处，参谋总长、陆军总长、海军总长皆为办事员，应每日入值。

△ 袁世凯令嘉慰河南护军使赵倜，且以其攻白朗有功，前得褫职处分，应即开复。

△ 袁世凯令：镶蓝旗满洲都统秀吉等朋分公款，有玷官箴，应即一并褫职；钟禄挟嫌控告，亦属不安本分，并交该旗严行管束。

△ 袁世凯任命郑开文代理广东第一混成旅旅长；任命马龙标为京师军警督察长。

△ 浙江杭县留下镇茶商，因县署派员勒派学捐罢市。茶农因新茶上市销路无门，遂聚千余人捣毁收捐委员住所，警察厅惧事态扩大，派员劝说各店照常开业。

5月9日 袁世凯设立“陆海军大元帅统率办事处”，特派荫昌、王士珍、萨镇冰为办事员。12日，总统府军事处裁撤。

△ 袁世凯任命荫昌为侍从武官长。

△ 袁世凯令山东民政长高景祺准免本职，任命蔡儒楷为山东民政长。

5月10日 国民党机关报《民国》杂志于东京创刊，胡汉民任总编辑。各期所刊皆以反袁为宗旨，揭露袁世凯独裁专制、媚外卖国，鼓吹“三次革命”。

△ 章士钊主编《甲寅》杂志于东京创刊，在上海发行。创刊号宣告“本杂志以条陈时弊朴实说理为宗旨”。

△ 陆军第三师第五旅扩编为陆军第十师。是日，袁世凯任命卢永祥为师长。

△ 袁世凯令山东民政长蔡儒楷未到任以前，任命龚积柄暂行护理。

5月11日 孙中山致书日本首相大隈重信，望其助中国革命党倒袁，革新内政，以挽救东亚危局。

5月12日 袁世凯以陆海军大元帅统率办事处组织令现已公布，令“本府军事处着即裁撤”。

△ 袁世凯任命巴哈布为镶蓝旗满洲都统。

△ 袁世凯任命尹同愈会办徐淮海一带清乡事宜。

△ 教育总长汤化龙呈复袁世凯，报告对海外留学事宜之办法及

对内教育方针。袁世凯批："教育关系紧要，应由该部认真整理，用策进行。其海外留学事宜，并由该部与驻日公使随时妥商办理。"

5月13日　奉天安东县乡民抗纳牲畜税，官署派军警捕人，乡民聚众2000余人包围警局，并抢走枪械，后经当地商会出面调解了事。

5月14日　袁世凯以财政困难，负债累累，濒于破产，令将可稍从缓之新政暂行节缩；所有各项新政基础，仍当加意保全。

△　大总统府政事堂举行政治讨论会第一次会议。

△　白朗军破阶州（今武都），次日走西固。川军于21日陆续抵阶州防白朗军入川，白朗军趋岷州。

△　袁世凯任命驻荷兰公使唐在复为全权代表，会同颜惠庆前往海牙出席万国禁烟会议。

△　上海石油公司总经理曹锡圭，以暗通革命党人，接济款械，经袁世凯批准判处死刑。

△　袁世凯饬令将第一次接见县知事时所颁训词，录登《政府公报》，俾众周知。并着各省民政长通饬各县知事，务各按照训词，躬体力行，勉为循吏。

△　中华革命党筹备委员会委员田桐通告各委员："顷得孙先生面示：本党干部未曾成立以前，组织一筹备委员会，以柏文蔚、周应时、陈其美、刘承烈、邓家彦、胡汉民、杨庶堪、居正、侯度生、张肇基、凌越、文群、陈扬镳、张百麟、田桐等为筹备委员，本日上午八时半在民国社开第一次筹备委员会。"

5月15日　2月18日厦门鼓浪屿事件，中英屡经交涉，是日达成协议：北京政府惩办肇事商民，会审公堂仍由中国地方当局派员出席会审，惟会审委员曹友兰不得复职。

△　江西南浔铁路公司与日本东亚兴业株式会社签订第二次250万日元借款合同。

△　江苏江宁县朱门镇国民党人联合当地帮会设立机关，密谋举事反袁，是日秘密机关遭破坏。

5月16日 财政总长周自齐奉准开设物产证券懋迁公司，资本100万元，官商各半，派王璟芳筹办。

5月17日 袁世凯公布《行政诉讼条例》，凡三章35条；《诉愿条例》，凡19条。

△ 袁世凯公布《蒙藏院官制》，凡15条。

5月18日 第二届县知事试验完竣，是日分别榜示。县知事试验于5月4日举行第一试，6日举行第二试，14—17日举行口试，统计与试者2600余人，取录甲等49人，乙等295人，丙等128人。22日，知事试验委员会主试委员长汪大燮呈报袁世凯，陈明办理情形，并开呈录取及格员名清单。

5月19日 教育部核准北京私立民国大学、私立中华大学、私立明德大学、私立中国公学大学部四校立案。

△ 教育部令各省民政长筹设商业学校，造就商业人才。

5月20日 袁世凯公布《地方保卫团条例》，凡六章27条，规定各县未设警察地方得设立保卫团。各县原有“乡团保甲”按此条例整顿。县内划分区团，各团按户指定一人编入保卫团，负责“清查户口”、“搜捕盗匪”。

5月21日 北京体育竞进会在天坛举行第一次全国联合运动大会。竞赛项目有田径、足球、棒球、篮球、网球等。

5月22日 袁世凯通令各省民政长：“务将所属现任知事，切实考核，严密查访，如有劣员，立时撤换，勿稍瞻徇，其人地相宜之员，务令久于其任，勿轻更调。现在第二届县知事考核竣事……自应先就分发到省人员，分别酌量荐委，勿任滥用亲私。”

△ 黑龙江省城巡防营因有5月份薪饷暂不发给传说，二次哗变，在东门外纵火抢劫，并入城抢劫中小商铺数家，天明始出东门而去。

5月23日 白朗军破岷州（今泯县），25日克洮州（今临潭），筹集粮草发生困难，杀马匹充饥。

△ 袁世凯公布《省官制》，凡16条；《道官制》，凡14条；《县官

制》,凡9条。规定省设巡按使,管辖全省民政各官及巡防营警备队等。道置道尹,县置知事。

△　袁世凯令各省民政长改为巡按使。令曰:“官制业经公布,所有各省民政长,应各就现在实缺、署理、护理之职,均改为巡按使。”同日又令各省观察使改为道尹。

△　袁世凯令裁撤各省内务、教育及实业各司长。同日又令裁撤各省国税厅筹备处及财政司,其职务着归财政厅接办。

△　袁世凯令司法部通饬所属,凡关于官吏赃罪,在暂行新刑律未改定前,“应暂参用旧律峻法严惩,其有情节最重者,亦应处极刑”。

△　袁世凯令教育部分行各省民政长督饬所属,切实振兴小学。令曰:“各县知事为亲民之官,兴学尤其职责,遇有地方劣绅,借办学之名侵渔公款者,自应严予惩处,一面延纳公正绅士,商榷进行,以树教育普及之基础。”

5月24日　袁世凯公布《参政院组织法》,凡15条,规定“参政院应大总统之咨询,审议重要政务”。

△　袁世凯令:人民之自由平等,以法律为范围,其有假为新说,骫法乱纪者,不能曲宥。

5月25日　国史馆成立。6月17日开馆,王闿运为馆长。

△　袁世凯令各省严饬所属缉拿革命党人王榕、张声焕。

△　内务总长朱启钤订定《京畿游览场所章程》,凡10条,呈准所有京畿名胜,如:天坛、文庙、国子监、黄寺、雍和宫、北海、景山、颐和园、玉泉山、汤山、历代山陵等处,除北海、景山、颐和园、玉泉山外,酌择一二处先行开放。

5月26日　袁世凯令:参政院现已成立,政治会议应即停止。同日特任黎元洪、汪大燮为参政院正副院长;陆徵祥、于式枚、瞿鸿禨、吕海寰、梁启超、王闿运、劳乃宣、赵尔巽、李经羲、锡良、荫昌、萨镇冰、蔡锷、熊希龄、周学熙、梁士诒、王家襄、施愚、汪有龄、蒋尊簋、徐绍桢、王揖唐、李家驹、袁树勋、阿穆尔灵圭、张振勋、张荫棠等71人为参政。

△　袁世凯任命周树模为平政院院长，未到任前，原任汪大燮暂缓交卸；张国淦为参政院秘书长，未到任前，着林长民代理。

△　袁世凯任命顾鳌署法制局局长。

△　袁世凯任命金永、李国筠分别为山西、广东巡按使。

△　袁世凯令：三年度各省军政行政等费用，不准逾越核定概算，并切实执行各省筹款办法及增收节减支款计划，以济需要，而支危局。

△　袁世凯公布《大总统公文程式令》，凡11条；《大总统府政事堂公文程式令》，凡七条；《官署公文程式令》，凡12条。

5月28日　袁世凯令准交通总长朱启钤所请，展修京都环城铁路，接通京奉东便门车站。

5月29日　孙中山致函黄兴，称“二次革命”失败，“全在不听我之号令”，对黄兴阻止起兵表示不满；望党人“今后若仍承认弟为党魁者，必当完全服从党魁之命令”；对黄之未参加中华革命党表示谅解，并提出“弟有所求于兄者，则望兄让我干此第三次之事，限以二年为期，过此犹不成，兄可继续出而任事，弟当让兄独办”。

5月30日　沪宁讨袁军第一路司令蒋介石谋起兵于上海，是日因小沙渡秘密机关被破获而失败。

△　袁世凯令准于国税项下拨钱一万串，赈济湖南醴陵、桑植两县水灾。

5月31日　白朗军攻占洮州后，赵倜率所部并联合甘军，分别进驻陇西、临洮、礼县一带策划四面包围。是日白朗军进至漳县，攻城不下，次日与赵倜军接仗，白朗军败走宁远。

△　江苏泗阳县金锁镇三元会会首苗立言自称“九省大元帅”，旗书“龙华大会”，以“灭袁扶明”为口号，聚众举事。县署派兵镇压，遂即溃散。

△　奉天西安县（今吉林辽源）税局征收牲畜捐，立逼改换新税票，“每猪征钱四毛，牲畜一头征钱十元有奇”，激起民愤，聚众2000余人齐集县署抗争。

△　安徽颍州大刀会举事，遭都督倪嗣冲派兵镇压，失败。

△　财政部与英、法、德、俄、日五国银行团签订《整理广东纸币办法及拨用盐款合同》，规定由善后借款中整顿盐务费内拨出以100万英镑为限之准备金，作为发行新币、收回广东旧币之用。

△　福安保险公司于天津创办，经营人寿、水、火灾保险，资本100万元。

是月　孙中山发出《讨袁告示》、《讨袁檄文》。

△　胡汉民、苏天涯、刘崛等30余人在东京加入中华革命党。

△　杨云峰等集资30万元，在吉林省城开办“裕顺火磨公司”。

△　周肇昌、王敏公等集资250万元，在湖北沙市设立绩成纺纱股份有限公司。

△　梁士诒创办通惠实业公司，以孙多森任总经理。

6　月

6月1日　政事堂批令取消国税、地方税名目，以增加中央财政收入。按：1913年实行划分国税、地方税范围以来，各省多将国税项内税收拨入地方税，中央收入“反少于前”。

△　湖北省清乡公所在全省69县设立清乡分所，以“调查户口，清除匪类”为名镇压“党人”，并于汉川、沔阳、潜江、天门、荆门、钟祥、京山、应城、云梦、安陆10县，分区驻扎军队重点清查，规定户族可指名报告或密告。

△　重庆警察厅悬赏缉拿“党人”，查获1名奖银1000元，4人以上者奖6000元；查获“匪犯者”100元，3人以上者每名各奖150元。

△　中国银行粤省分行成立，王璟芳为行长，兼理收回纸币事宜。维持纸币委员会于先一日解散。

△　《东方杂志》第十卷第十二号发表中国侨民统计数字，据概略统计，中国国民显持国籍而蕃衍于外者，约540余万人。

6 月 2 日 袁世凯公布《各省所属道区域表》，全国共划分 89 道。7 月 6 日又公布《修正各省所属道区域表直隶省口北道区域》。

△ 黄兴函复孙中山，对上月 29 日信中有关宋案发生后之种种不满，有所裁答，并谓："惟先生欲弟让先生为第三次之革命，以二年为期，如过期不成，即让弟独办，等语。弟窃思以后革命，原求政治之改良，此乃个人之天职，非为一公司之权利可相让渡可能包办者比，以后请先生勿以此相要。弟如有机会，当尽我责任为之，可断言与先生之进行决无妨碍。"

△ 白朗军在甘肃伏羌与赵倜所部各军激战，再败，白朗本人负伤，退往秦安。

6 月 3 日 孙中山函复黄兴，略谓："为欲建设一完善民国，非有弟之志，非行弟之法不可。兄所见既异，不肯附从以再图第三次之革命，则弟甚望兄能静养两年，俾弟一试吾法。"又谓："此后彼此可不谈公事，但私交上兄实为我良友，切勿以公事不投而间之也。"

△ 黄兴致函刘承烈，重申对党务态度。表示"……至于欲反对自己十余年所提倡之平等自由主义，不惜以权利相号召，效袁氏之所为，虽爱我于兄，兴亦不敢从兄之后"。

6 月 4 日 广东国民党人朱执信于吴川、电白、信宜三县地区组织反袁武装，是日龙济光派军队于黄坡分路"围剿"，驻广州湾法国侵略军会同堵截，朱执信败走海上。

△ 白朗军 6000 余人破秦安，克清水，急欲东归，8 日由宝鸡破围南走。

6 月 5 日 德驻英大使李绪诺维斯基就中英西姆拉会议事，向英外交大臣葛雷提出：德国政府认为西藏地区"是中国的一部分"，因此德在华所享有之"无限制最惠国待遇，现在像过去一样，也适用于西藏。关于蒙古，我们去年 11 月对俄国也采取了同样立场"。

△ 袁世凯公布《官吏犯赃治罪条例》，凡 10 条。规定官吏犯枉法赃至 500 元以上者及卷携公款潜逃至 5000 元以上者均处死刑；不枉法

赃至 1000 元以上者处无期徒刑；徒刑得遣赴新疆及极边烟瘴等省。

△ 政治会议业经奉令停止，是日行闭会礼。

6 月 6 日 袁世凯令各省巡防警备队胥由巡按使管辖，如有特别情形，应候另案裁酌办理。

△ 筹办全国煤油矿事宜熊希龄呈请柬派祝毓瑛、魏易、董显光及王鸿猷随同出洋考察实业，是日袁世凯批令照准。

6 月 8 日 袁世凯公布《平政院裁决执行条例》，凡五条。规定："行政诉讼事件之执行，对于主管官署违法之命令或处分，得取消或变更之。""主管官署对于行政诉讼事件不按照平政院裁决执行者，肃政史得提起纠弹，请付惩戒。"

6 月 10 日 广西西江流域是日起连降大雨，漓江、右江、左江水势暴涨，致西江水位高于平时数丈。梧州、浔江、柳州、平乐等道所属 38 县均被水淹，为 1844 年以来未有之大水。

△ 财政部规定常关税率为海关税率一半，是日经批准实行。

△ 留美学生在美国发起组织"中国科学社"。

6 月上旬 藏民占据三十九族全部，并欲逼迫川边军队退出昌都，声言已与北京政府议定，以昌都归西藏自治。边军因未奉政府命令，坚持不退。

△ 直隶临榆县（今划归秦皇岛市和抚宁县）乡民群起反抗验契，聚众入城，全城罢市。永年县连年荒旱，聚众至县署抗税，并击毁公案。行唐县知事催促验契，乡民入城，声称将摘去县署之功德匾额，县警开枪击毙 10 人，伤五六人。

6 月 12 日 袁世凯令：陆军少将衔续桐溪、步兵上校弓富魁在山西希图革命，一并褫革军官，由该省都督阎锡山严拿讯办。

△ 袁世凯批准中国银行直隶财政部。

△ 北京政府令鲁、豫、苏三省都督搜捕"万佛共和会"，并闻该会拟设分会于上海，特令上海镇守使一律防范。

6 月 13 日 日本政府就传闻英国与中国政府商建由北京经热河

至赤峰铁路事发表声明,重申“南满东蒙”日本有特殊利益,希各国予以尊重。

△ 袁世凯令内务部会同税务处拟订限制古物出口章程,严格取缔京外商民嗜利私售,并由各地方官实行禁止,以防散佚。

6月14日 袁世凯令准设察哈尔特别区域,辖锡林郭勒盟和察哈尔左右翼八旗,达里冈厓、商都各牧场,以及张北、独石、多伦(以上三县原属直隶)、丰镇、凉城、兴和、陶林(以上四县原属绥远)七县。

△ 袁世凯任命詹天佑为汉粤川铁路督办。

6月15日 孙中山致书陈新政及南洋诸同志,论组织中华革命党之意义。称:“此次重组革命党,首以服从命令为唯一之要件,凡投身革命党中,以救国救民为己任,对于党魁则当服从命令,对于国民则当牺牲一己之权利。”

△ 自6日至是日,湖北武昌国民党反袁团体“讨袁党改政团”、“军政学社”、“义侠团”等所设秘密机关连遭破坏,40余人被捕,其中李和生、刘汉杰等八人于17日被枪杀。

△ 袁世凯据江北护军使电称:“睢宿泗县一带,三元会匪,聚众起事”,是日下令查禁三元会党。

6月16日 袁世凯电斥陆建章、张敬尧率队万余人在宝鸡“数十里内尚不能截剿残匪”,乃使白朗军破围而走,令“将路防纵匪各官从严参办”。

△ 孙中山与陈其美、田桐、胡汉民等人在东京协商中华革命党干部人选,设总理、协理、各部部长。推孙中山为总理,拟推黄兴为协理(未定)。各部部长:总务陈其美,党务田桐,财政张静江,军事柏文蔚,政事胡汉民。

△ 外交部商得英公使朱尔典同意,是日起禁止印度烟土运入浙境。

△ 孙中山致书郑螺生等,告以派许崇智、宋振等人赴菲律宾、南洋等地视察党务,筹措军费。

6月17日 外交、海军、交通三部电令东三省巡按使将东三省之国际河流情况调查具报，以便拟定征收航税办法及各国军舰游弋专条，以固主权。

△ 白朗军于宝鸡突围后，分前后两路东返，宋老年率一路在前开路，白朗一路尾随，共约三四千人。10日过盩厔（今周至）。13日由子午谷走镇安，是日破城，21日过山阳。

6月18日 袁世凯令内务部通咨各省详细调查各地社会情形，以及公益事宜管理方法等，作为厘订自治章程之依据。

6月20日 参政院行开院礼，出席参政44人，徐世昌代表袁世凯宣读颂辞，黎元洪代表参政院致答词。

△ 袁世凯令陕督张凤翙入京觐见，任命陆建章署理陕西都督。

△ 袁世凯任命施肇基为驻英公使；前任驻英公使刘玉麟奉令回国。

△ 袁世凯任命丁振铎为审计院院长。

6月21日 孙中山在《民国》杂志社召开筹备成立中华革命党党员大会，陈其美在会上作中华革命党总章的说明报告。

△ 湖南长沙国民党秘密机关连遭破坏，被捕40余人，其中29人于是日及次日被汤芗铭下令枪杀。

6月22日 中华革命党在日本东京举行选举大会，八省代表出席，孙中山被推选为总理。

△ 农商部批准中日实业有限公司注册，资本500万元，中日各半。本店设东京，于北京设总营业所，上海设分所。该公司成立后，即对安徽繁昌桃冲铁矿贷款，嗣又有电话借款、山东实业借款、汉口造纸厂借款。

△ 袁世凯任命范守佑兼充湖北清乡总办。

△ 凌霄等奉孙中山密派赴湘西截械起义，事泄，是晨被驻湘袁军逮捕。欧阳煜、李贵成、田文魁被处死，凌霄死而复苏。

△ 袁世凯以参政院参政张荫棠、劳乃宣辞职照准，令钱恂、杨度

为参政。

6 月 24 日 袁世凯颁令:“嗣后肃政史封呈事件,有能献纳箴规,指陈利病者,本大总统必亲加省览,虚衷采纳,藉彰台官謇谔之休,力惩晚近阿谀之习。”按:袁曾对肃政史面谕:“愿闻己过,直言无隐。”据此,代理都肃政史夏寿康等呈大总统请明令宣布,故有此令。

△ 教育总长汤化龙通咨各省区,谓:“本部拟于中小学校修身国文教科书中采取经训,务以孔子之言为旨归,曾经详具理由呈请大总统批准在案。”“从前业经审定发行之本,如有违背斯义或漏未列入者,并即妥慎改订,呈部审查,以重教育。”

△ 广东入夏以来,连降大雨,西江水位暴涨,自是日至 27 日,高要、高明、南海、顺德、新会、三水、鹤山、四会等县共 68 围先后溃决,罗定、西宁、东安三县亦同时告灾,灾民达 200 万,灾情之重为数十年所罕见。

△ 赵倜率部抵陕西龙驹寨,立即派队在山阳竹林关、荆紫关布防。白朗军宋老年部是日在富水关突围,路经杨家沟与刘镇华之镇嵩军激战一昼夜。次日,白朗率大队亦至,遂破围而走。29 日由荆紫关西坪一带返回河南。

△ 张家口发生兵变,店铺被抢劫烧毁 100 余家。都统何宗莲派兵缉拿,25 日至 27 日先后枪毙变兵百余人,并于 7 月 1 日将两连变兵诡称遣送回籍,驱上火车,载赴山谷地区,预先布置伏兵,全部击毙。

6 月 25 日 英公使朱尔典照会外交部,就西姆拉条约事威胁中国政府“本月底再不签字,则英国政府将与西藏单独缔约”。

6 月 26 日 粤省广宁、肇庆夏季大雨,河堤被决 20 余处,灾黎数十万。是日,袁世凯准拨银五万元赈灾。

△ 江西霪雨积旬,南赣诸河及鄱阳湖泛滥,圩堤溃决,南昌、新建、建昌(今永修)等县尽成泽国,田庐人口漂没无算,为数十年来所未有。是日,袁世凯着财政部筹拨银三万元赈济。

6 月 27 日 安徽国民党人在巢县密设机关,联络全椒、含山等县会党群众 1000 余人,预定 7 月举事。事泄,党人崔国栋等六人于是日被捕遇害。

△ 代理都肃政史夏寿康等纠弹前顺天府府尹王治馨纳贿贪婪,赃款竟至数万元,是日,袁世凯着先解去正蓝旗汉军副都统职,交步军统领看管,并由平政院严行审理。

6 月 28 日 袁世凯公布《各省军政民政长官管辖军队权限条例》,凡六条。规定凡陆军节制系统办事权限,由主管部署及都督呈咨办理,巡防警备等队均归巡按使管辖。

△ 奉天国民党人在开原联络当地绿林武装 30 多人图谋举事反袁,事泄,在四家子为官兵包围,仅 10 余人突围脱险。

△ 革命党人李国柱奉孙中山命由日本潜返湖南,是日在湖南郴县组成讨袁军,旗书"中华民国民主孙",布告远近,宣布讨袁。讨袁军击毙袁军五营营长吴万春,三营长企图调兵抵抗,而兵不用命,讨袁军迅速占领县城,湖南都督汤芗铭派兵镇压,讨袁军旋南下攻占宜章。此为"二次革命"失败后,中华革命党在国内策划之首次武装讨袁起事。

△ 教育部呈准就北京国子监地方筹办历史博物馆。

6 月 29 日 袁世凯令:立法院未成立前,以参政院代行立法院职权。

△ 内务部呈准各省道尹所在地,并附道尹驻在地表。

6 月 30 日 袁世凯下令裁撤各省都督,于京师建将军府,并设将军诸名号,督理各省军政。

△ 袁世凯特任陆军总长、陆军上将段祺瑞为建威上将军兼管理将军府事务。

△ 袁世凯特任陆军上将张勋为定武上将军兼长江巡阅使。

△ 袁世凯令直隶巡按使朱家宝着加将军衔,督理直隶军务。

△ 袁世凯特任陆军上将衔张锡銮为镇安上将军,督理奉天军务兼节制吉林、黑龙江军务;特任陆军中将孟恩远为镇安左将军,督理吉林军务;特任陆军中将朱庆澜为镇安右将军,督理黑龙江军务。

△ 袁世凯特任陆军中将靳云鹏为泰武将军，督理山东军务。

△ 袁世凯令河南巡按使田文烈着加将军衔，督理河南军务。

△ 袁世凯特任陆军上将冯国璋为宣武上将军，督理江苏军务。

△ 袁世凯特任陆军中将朱瑞为兴武将军，督理浙江军务。

△ 袁世凯特任陆军中将李纯为昌武将军，督理江西军务。

△ 袁世凯特任陆军中将倪嗣冲为安武将军，督理安徽军务。

△ 袁世凯特任陆军上将段芝贵为彰武上将军，督理湖北军务。

△ 袁世觊特任海军中将汤芗铭为靖武将军，督理湖南军务。

△ 袁世凯特任陆军中将陆建章为咸武将军，督理陕西军务。

△ 袁世凯令甘肃巡按使张广建着加将军衔，督理甘肃军务。

△ 袁世凯令新疆巡按使杨增新着加将军衔，督理新疆军务。

△ 袁世凯特任陆军中将胡景伊为成武将军，督理四川军务。

△ 袁世凯特任陆军上将龙济光为振武上将军，督理广东军务。

△ 袁世凯特任陆军中将陆荣廷为宁武将军，督理广西军务。

△ 袁世凯特任陆军中将唐继尧为开武将军，督理云南军务。

△ 袁世凯特任陆军上将姜桂题为昭武上将军兼热河都统，督理热河军务。

△ 袁世凯特任陆军中将蔡锷为昭威将军；特任陆军中将蒋尊簋为宣威将军；特任陆军中将张凤翙为扬威将军。

△ 黄兴由日本去美国，行前于27日在寓所宴请孙中山叙别。孙中山集古句书联相赠："安危他日终须仗；甘苦来时要共尝。"

△ 日本政府发表声明，声称他国如于南满、东蒙地区经营铁路，须事先知照日本。

△ 法国传教士彭茂美及仆从一名、护送人三名在川边喇嘛了附近遇匪被害，是日袁世凯下令勒限缉凶，并查办防范不力人员。

是月 湖南连日阴雨，湘、资、沅、澧各水暴涨，长沙、宝庆、新化、湘潭、衡山、益阳、道县、江华、祁阳、常宁、平江、攸县、武冈、永顺、沅江、湘阴、醴陵等县皆被水淹。

△　福建闽中一带连日阴雨，上游建溪河水暴涨，下灌福州，福州全城被淹。

△　乐汝成等在山东济南创办泰康罐头食品公司，资本仅 5000 元，仿制饼干糖果及罐头食品，至 1918 年已遍销山东及平津等地。1921 年在上海设批发所，1923 年设总厂，资本增至 15 万元。1933 年增至 50 万元。

△　华年人寿保险公司在汉口创办，资本 100 万元。

△　张绥铁路张家口至大同玉河西岸正站竣工通车。

△　曹亚伯等 50 余人在东京加入中华革命党。

7　月

7 月 1 日　袁世凯令：各省都督现经裁撤改设将军，所有统系权限，仍适用前制定之各省军政民政长官管辖军队权限条例。

△　政事堂礼制馆成立，内务部原设之编订礼制会即行归并。

△　中国银行广东分行是日起兑换新币，旧币限一个月内收回。按：广东分行成立后，由善后借款整顿盐务费项下拨 100 万英镑作准备金，发行“五元特别券”，旧币以五成兑换新券，同时并发行五元、一元新币。据该分行报告自 7 月 1 日至 31 日共收回旧币 3164.5 万余元。

△　顺天府府尹沈金鉴以南漕改折，粮运已停，而京师根本重地，民食关系綦重，拟具招商承运米数 50 万石办法，是日奉准施行。

△　驻日公使陆宗祥照会日本外务省，要求惩治中国在日之革命党人。

△　湖北汉川县国民党人联合会党举事反袁，遭军警镇压，失败。

△　江苏嘉定县署在该县南翔镇地区茶叶税内附加学堂捐，加征 10 倍，后又改充警务经费，并派员勒索，该镇商店于是日一律罢市。

△　革命党人雷瀛奉孙中山命自日本回湖南策动武装讨袁，经半年策划，拥有桂阳县警两连及粤桂边境大山中之民军千余人，组成以雷

英为总司令，自任参谋长之湖南讨袁军，是日在桂阳起兵，约定义旗一举，粤桂边境民军即攻占临武、蓝山、嘉禾等县，并南下袭取衡阳。

7月2日 袁世凯公布《惩治盗匪条例》，凡10条，规定死刑九款，由巡按使核准即可执行；但在军队驻地“事机急迫”、“有劫夺之虞”等情况下，由军队长官审判执行。

△ 袁世凯特派沈瑞麟为吊唁专使，参加奥国皇太子葬礼。

△ 湖北国民党人在汉水流域各县联络退伍士兵1000多人，在脉望嘴（属汉川县）等处同时举事反袁，遭各地清乡驻军镇压，失败。

△ 河南南阳镇守使吴庆桐向段祺瑞报告，白朗军返回河南家乡后，纷纷逃散，或弃枪回家，或分成小股，白朗率众数百人返回宝丰、鲁山、临汝一带山区活动。

7月3日 英国代表麦克马洪与西藏地方代表伦兴夏札在印度西姆拉擅自签订《西姆拉条约》，英国承认西藏自治。北京政府代表陈贻范根据指示，拒绝签字，并在会议上正式声明：“凡英国和西藏本日或他日所签订条约或类似的文件，中国政府一概不能承认。”3日和7日驻英公使刘玉麟两次正式照会英国政府作同样声明。西姆拉会议自1913年10月召开，至此无结果而散。

△ 北京政府赔偿辛亥革命时期各国寓华人士之直接损失，是日开始交付德、英、荷、俄、美、意、奥七国赔款8284.7405万元。

△ 袁世凯公布《警察官吏恤金给与条例》，凡14条。

△ 参政院议事会讨论《违令惩罚法案》、《行政诉讼法案》、《诉愿法案》、《纠弹法案》等。

7月4日 袁世凯特任丁槐为奋威将军。

△ 袁世凯令着前署云南民政长李鸿祥留京另候任用。

7月5日 内务部拟订祀天通礼，除规定祭礼、祭品外，复将祭冠祭服，自大总统以下，分为特任官、简任官、荐任官、委任官及士庶五等。是日，袁世凯批交政事堂礼制馆遵行。

△ 奉天怀德县（今属吉林省）乡民为反对税局勒收人头税等（大

口一元，小口五角，鸡、鸭、鹅、犬均令各纳三角)，聚众捣毁税局。是日，张作霖派员前往处理，被迫同意停征苛税。

△ 广西连日大雨，梧州、浔州(今桂平)、柳州、平乐等处河水骤涨三四丈至十余丈不等，雒容县(今合并于鹿寨县)城官署民房，均被淹倒塌，为数十年未有之巨灾。是日，袁世凯令财政部速筹赈款银五万元急赈，并筹运粮米妥办赈抚。

7月6日 袁世凯令改绥远城将军为绥远都统，下设绥远道，辖归绥等八县；于热河特别区域设热河道，辖承德等14县；察哈尔特别区域设兴和道，辖张北等七县。

△ 袁世凯公布《都统府官制》，凡25条。规定热河、绥远及察哈尔各设都统一人，“都统统辖所部军队，管理该管区域内军政、民政事务”。

△ 孙中山派蒋介石、丁仁杰、山田纯三郎赴东北进行反袁活动。

7月7日 袁世凯令各省节省军用，以裕国力，称：“近年库款万绌，外债日多，险象日现，几濒于危，而推究支出之巨，实以军费为大端。”

△ 外交部照会日代公使小幡酉吉，日本擅将关东州租借地列入日本邮政区域，“实属有碍中国主权，未便承认”。

7月8日 中华革命党在东京开成立大会，到300余人，孙中山就任总理，入党者须立誓约，打指印，即颁布《中华革命党党章》，凡39条。规定“以实行民权、民生两主义为宗旨”，“以扫除专制政治建设完全民国为目的”。设支部于国内外各地，国内支部专事组织武装讨袁，海外支部负责筹款。

△ 中华革命党总理孙中山任命该党各部正副部长：总务部长陈其美，谢持为副；党务部长居正，冯自由为副；军务部长许崇智，周应时为副；政治部长胡汉民，杨庶堪为副；财政部长张静江，廖仲恺为副。

△ 袁世凯公布《学术评定委员会组织令》，凡11条。7月17日派汤化龙兼充学术评定委员会委员长。8月7日，该会正式成立。

△ 袁世凯公布《奖学基金条例》，凡13条。规定凡本国或外国高等学校毕业者提出论文或著述，经学术委员会评取后，每年得领学资400元，满四年为止，全国学资额1200名。

△ 袁世凯以苏比利亚侨商捐款103万元，令财政部拨充广东水灾赈款。

7月9日 蒋介石等奉孙中山命赴黑龙江省联络省巡防队，密谋举兵南下，是日自东京抵安东。24日到齐齐哈尔。28日以欧战爆发，急回东京复命，主张另辟革命途径。

△ 黄兴抵檀香山，对侨胞演说，宣传讨袁意义。同日接见《太平洋商务报》记者，谈称："中华民国必须要成为一个名符其实的共和国，她的人民能够像美国人民一样的能够享受广泛的自由。……我们将继续为自由奋斗到底。"并谓"吾人带有孙逸仙博士对美国人民的宣言，吾等希望美国人民了解真理"。

7月10日 袁世凯公布修正外交部、内务部、财政部、陆军部、海军部、司法部、教育部、农商部、交通部官制。《修正外交部官制》，凡17条，规定：外交部"管理国际交涉，及关于居留外人，并在外侨民事务，保护在外商业"；《修正内务部官制》，凡20条，规定：内务部"管理地方行政，及选举、赈恤、救济、慈善、感化、人口、土地、警察、著作、出版、土木工程、礼俗、宗教、卫生等行政事务"；《修正财政部官制》，凡20条，规定：财政部"管辖会计、出纳、租税、公债、泉币、政府专卖、储金、银行，及其他一切财政，并监督地方公共团体之财政"；《修正陆军部官制》，凡23条，规定：陆军部"管理陆军军政"；《修正海军部官制》，凡21条，规定：海军部"管理海军军政"；《修正司法部官制》，凡18条，规定：司法部"管理民事、刑事、非讼事件、人户籍登记，监狱及出狱人保护事务，并其他一切司法行政"；《修正教育部官制》，凡19条，规定：教育部"管理教育学艺，及历象事务"；《修正农商部官制》，凡20条，规定：农商部"管理农林、水产、牧畜、工商矿事务"；《修正交通部官制》，凡22条，规定：交通部"管理路政、邮政、电政、航政，监督水陆运输，及关于电器事业，经画全国路邮航电各事项”。以上各部均直隶于大总统。

△　袁世凯令:办理验契人员不得蹈前征粮恶习,浮收勒措,责成各巡按使、道尹严加考察参办,至劣绅土棍,藉端梗抗者,亦应重惩。

△　袁世凯命冯玉祥为陆军第十四旅旅长。

△　政事堂设立法制、政治、财政三讨论会。

7月11日　驻日公使陆宗舆照会日本政府,要求取缔孙中山等革命党人在日活动。

△　袁世凯任命周树模兼任文官高等惩戒委员会委员长,原兼委员长董康准予开去兼职。

△　袁世凯以各部官制业已修正公布,令于各部官制实施之日废止各部官制通则。

△　袁世凯令宁夏将军事务着即改由宁夏护军使管理。同日又令绥远都统所辖伊克昭盟所属之乌审、鄂托克二旗,仍暂归宁夏护军使节制。

△　袁世凯令准福建金门岛添设金门县。

△　停泊上海制造局江面之海军练习舰“通济号”因所储炮药受热爆炸,炸毁仓房,炸毙学生员司等32人。

7月12日　中华革命党人在日本东京举行“讨袁死难同志追悼会”,开会公启谓自二次革命以来,党人先后死难不下万人。

△　袁世凯任命胡忠亮兼四川陆军第三师师长。

7月14日　袁世凯公布《违令罚法》,凡五条;《拘押民事被告人暂行规则》,凡14条;《民事假扣押假处分及假执行暂行规则》,凡41条;《不动产执行规则》,凡五章42条。《不动产执行规则》规定:“本规则称不动产指土地房屋与其重要成分而言”;“对于不动产之强制执行以查封拍卖管理之方法行之。”

△　中法共订《上海租界管辖条款》11条发表,规定麋鹿路及肇周路以一半归法国公董局管理。

△　“满铁”以“振兴公司”为名,向农商部第二矿务监督署呈报《中

日合办辽阳海城间之铁矿合同》。次年3月，北京政府以“铁矿国有”驳回。

7月15日 袁世凯任命刘心源为湖南巡按使；齐耀琳为江苏巡按使；孟宪彝署理吉林巡按使；韩国钧为安徽巡按使，原兼署巡按使倪嗣冲准予开去兼职。

△ 黄兴抵旧金山，对《旧金山年报》记者谈称，此次来美的目的乃在研究美国的政治现势与政府制度，以备将来为中国为更大的服务。揭露袁世凯有帝制自为之野心，指出：“袁世凯并不是一个强人，他仅是一个专制的、狂妄的、叛国的独裁者。”“袁世凯是绝对不会成功的。”“对于袁世凯以及任何人想做皇帝，他们（中国人民）绝不会长久的缄默不言。”

7月16日 吉林省城因松花江水陡涨，漫溢城区，水深数尺，吉长铁路停驶。

7月17日 袁世凯任命钮传善署陕西巡按使，原任宋联奎准免本职。

7月18日 袁世凯公布《将军府编制令》，凡10条，规定：“将军府直隶于大总统，为军事上之最高顾问机关。”

△ 袁世凯令：王占元、曹锟、杨善德、郑汝成加将军衔。

△ 袁世凯令：福建镇守使裁撤，任命李厚基为福建护军使。

△ 袁世凯令：京外各衙署局所，如有“督理”名目，着即一律更改。

7月19日 袁世凯公布《商业注册规则》，凡九条；《公司注册规则》，凡七条。

7月20日 袁世凯公布《行政诉讼法》，凡四章35条；《诉愿法》，凡18条；《纠弹法》，凡13条。《纠弹法》规定肃政史对违宪、行贿受贿、营私舞弊及溺职殃民事件之官吏，均得依其职权径呈大总统纠弹。

△ 袁世凯公布《官吏犯罪特别管辖令》，凡六条。

△ 安徽休宁县屯溪镇华山驻军哗变，杀队长，下山抢劫，天明向浙江开化方面逃窜。

△ 《学生杂志》于上海创刊，商务印书馆主编。

△ 孙中山函告在东北之山田纯三郎等人，一切讨袁计划，悉照前书施行。

7月21日 为"围剿"白朗军余部，赵倜率所部毅军、镇嵩军等万余人，在河南鲁山、宝丰、临汝、方城等县村镇驻扎，"清乡严洗"。是日赵倜向袁世凯报告"清乡"情况。

7月22日 袁世凯任命叶颂清为浙江陆军第六师师长。

△ 袁世凯令热河、绥远、察哈尔都统府均改称为都统署。

7月23日 日本政府任命日置益为驻华公使（原任公使山座圆次郎5月27日死于北京任内）。

△ 袁世凯令准肃政史恽毓龄辞职，24日任命孟锡珏为肃政史。

△ 袁世凯令再捐银三万元，发交财政部拨给广东、广西各一万元，江西、湖南各5000元，赈济四省水灾灾民。

△ 美国西雅图国民党分部长伍曜南致函孙中山，告以该埠党员筹集革命军需美金30万元。是日，孙中山复函嘉勉。

△ 黄兴移居旧金山郊外"太平洋林园"，26日在屋仑华侨欢迎会上演说，指出"袁世凯所行暴政，犹甚于专制君主"，反袁革命，"应乎时"，"顺乎人"，势在必行。

7月24日 日本撤退驻津军队，25日又撤驻京军队，山海关、秦皇岛、锦州驻军亦同时撤退。至此，辛亥年以护侨为名进驻京津等地日军两大队已撤尽。

△ 财政部奉准办理特种营业执照税。

7月25日 北京政府与英商宝林公司签订1000万英镑沙兴铁路（湖北沙市至贵州兴义及湖南常德至长沙支线）借款合同，后以欧战爆发，仅垫付五万英镑，事遂中止。

△ 袁世凯令新疆活佛罗布桑呢玛给予默尔根绰尔济名号。

7月26日 革命党人陈校经、陈应品、邓蔚林在湖南临武起事，讨袁军杀官据城，陈校经率队出城入嘉禾县，占领县城，随又率军进攻蓝山。

7月27日 黄兴致书日人萱野长知，告以将向世人举发袁世凯之罪状，“使世界各国皆知袁氏当国一日，即乱国一日，欲保东亚之平和，非先去袁氏不可”。

△ 奥地利国公使照会外交部，说明奥国与塞尔维亚断绝国交缘由。28日奥、塞相互布告宣战，第一次世界大战爆发。按：6月28日，奥国皇储斐迪南在波斯尼亚首府萨拉热窝被刺，塞尔维亚被指为暗杀之主谋，成为第一次世界大战爆发之导火线。

7月28日 袁世凯公布《文官官秩令》，凡七条，分卿、大夫、士，以上、中、下列为九秩。

△ 江西南昌“党人”组织“华民军”事泄，“华民军江西支部长”陈秀伟等10余人被捕。

7月29日 孙中山致书南洋新加坡洪门同志，望“固结团体，振起精神，再做革命工作”。

7月30日 袁世凯公布《徒刑改遣条例》，凡11条，规定无期徒刑及五年以上特定有期徒刑，得改发遣。改遣犯人须出本省足3000里。

△ 袁世凯任命张树元为陆军第五师师长。

7月31日 袁世凯任命萨福楙为中国银行总裁，原任汤睿辞职照准。

△ 袁世凯令督理军务各将军与原设都督职权相同，着陆军部转行所属一体遵照。

是月 江西余江县会党于金谿、贵溪、余江三县交界山区马祖岩图谋举事，事泄，江西将军李纯派兵前往搜捕，会党转入临川县境，聚众数百人持械抗拒，后经军警镇压，败散。

△ 黄天、在理、白莲、红灯、六门神等各会道门在东三省蔓延，尤以黄天教为甚，延及双阳、五常、德惠、长寿、长春等县。

△ 浙江宁波范氏天一阁藏书被窃，上海来青阁、六艺书局购入1300余册，范氏家族告官追究。

△ 江苏省沭阳、东海、灌云一带连年遭灾，今年又旱，灾情之重为

近几十年所未见。丹阳县旱灾最重，“贫者大都借草根树皮充饥”，灾民近30万人。

△ 江苏省江都、高邮、宝应、沛县、铜山、阜宁、盐城、萧县、淮安、淮阴、泗阳、宿迁等县；河南省修武、沁阳、西华、郾城、汲县、濬县、考城、虞城等县，蝗灾严重。皖鲁各省飞蝗遍食禾稻，尤以江北为甚。

△ 江西霪雨浃旬，抚、赣诸江河与鄱阳湖水同时泛滥，南昌、丰城、建昌、遂川、清江、萍乡、宜春圩堤溃决，田庐均遭淹没，灾情之重为数十年所未有。

△ 广东大水灾，梁士诒联合在京广东同乡募赈，并请北京政府拨税务巨款，集资百万，交凌润台、李守一归广东设救济公所赈灾，并修筑各属基围。

△ 荣敬仁、丁梓江在上海创办福新第二面粉厂，资本10万元。后于1919年7月焚毁，1921年重建恢复生产，增加资本至60万元。

8 月

8月1日 日代公使小幡酉吉因奉天第二十八师随营学堂辞退日本教习渡濑二郎，向北京政府提出交涉，指此举为“排日”。

8月2日 袁世凯令京外各官署，嗣后不得轻率请奖给，职官一经任命，不得任意迁调。

8月3日 白朗为北洋陆军第三混成旅张敬尧部击伤，是日死于河南鲁山县石庄。刘镇华镇嵩军闻讯，于5日掘尸报袁请功。至此白朗起义军完全失败。

△ 外交部通告各国不得在中国领土领海及英、法、德、俄、日等国租借地交战。

△ 驻美公使夏偕复照会美国政府，请欧洲交战诸国同意不在中国领土、租借地发生战争行为。美国据此分别于11日、13日与英、德磋商，无结果而罢。10日，日本代使小幡酉吉至外交部诘责“此等关系

东方重大事件,中国何径先向美邦提议”。

△ 袁世凯下令查禁“人权急进社”活动。按:该社由张继、李烈钧、陈刚、居正及张静江等人所组织,设总部于法国,并于南洋群岛、日本、上海等处设置支部。

△ 袁世凯公布《民国三年内国公债条例》,凡16条,以整理金融、补助国库为由,发行公债1600万元。12月21日又追加募集额800万元。实际共募集2543.448万元。

△ 袁世凯令:湖南、安徽、江苏、吉林四省巡按使及热河、绥远与察哈尔等处将军监督各该省处财政事务。

△ 德公使哈豪森照会北京政府外交部,告知德国已于本月1日与俄国开战。同日,俄使库朋斯齐亦就俄德两国开战事照会北京政府外交部。

8月4日 英驻日大使格林求见日外务大臣加藤高明,提出当战争波及远东,香港、威海卫受到德国袭击时,英国希望日本给予援助。7日,英政府照会日本外务部,希日本舰队在中国海攻击德国舰队。

△ 德公使哈豪森为德法开战,照会北京政府外交部。同日,意公使为意国中立照会外交部。

△ 袁世凯据河南巡按使田文烈呈报该省灾情,着财政部速拨银三万元,刻日汇豫,“特再由本大总统捐银一万元,一并汇交该巡按使,遴派妥员,分别散放”。该省先后遭风、雹、水、虫等灾害,灾区达45县,其中以邓县、方城、泌阳、南阳、淅川、遂平、潢川、息县、西平、确山、南召、罗山12县灾情最重。

△ 财政部呈准设立内国公债局,10日开局,推梁士诒为总理。

8月5日 袁世凯任命商德全署理天津镇守使。

8月6日 袁世凯就欧洲大战爆发发表中立宣言,并公布《局外中立条规》,凡24条。

△ 袁世凯令:奥塞等国失和,中国因皆系友邦,已布令恪守局外中立,凡通商口岸等处各国人民财产、教堂及各国使馆一体慎加保护。

△ 外交部电驻日公使陆宗舆探询日本是否赞同由中、日、美三国共同劝告欧战诸国限制战区，勿及远东，以缩小战祸。8日，陆访晤日首相大隈重信，提议此事，大隈不纳，且言“如东方有战，日本不能中立”。

8月7日 外交部就中国对欧战严守中立事照会驻华各公使，并抄送中立条规。12日，各使复照，各国政府承认中国中立。

△ 袁世凯令：湖南、安徽、江苏、吉林、陕西等省巡按使监督各该省司法行政事务。

△ 财政部与比国证券银行签订40万镑借款合同，以田赋及关税余款为担保。

△ 财政部呈准《官产处分条例》，规定官产之处分，分别为变卖、租佃及垦荒三种办法。

△ 袁世凯任命张子贞为云南陆军第一师师长，施从滨为陆军第一混成旅旅长，吴庆桐为第二混成旅旅长，张敬尧为第三混成旅旅长，伍祥桢为第四混成旅旅长，刘询为第五混成旅旅长，王金镜为第六混成旅旅长，唐天喜为第七混成旅旅长，徐占凤为第八混成旅旅长。

8月8日 财政部以各省自办内外各债，每有未经中央核准，径自商办者，既乖财政统一之要旨，且或启交涉而堕国信，是日呈准嗣后非经大总统批准不得自行举办。

△ 农商部呈准公布《东三省国有林发放规则》，凡18条。

△ 袁世凯任命傅增湘为肃政史。

△ 袁世凯公布《县佐官制》，凡六条，规定：“县佐设于该县辖境内之要津地方为限，不得与县知事同城。”“县佐承县知事之命，掌巡缴弹压及其他勘灾捕蝗、催科堤防水利并县知事委托各项事务。”

8月9日 湖北兴山县知事阎凤冈借验契敲诈勒索，民不堪扰，是日及12日群众数百人哄闹县署，要求免征苛税，县警开枪镇压，逮捕10余人。

△ 袁世凯特任赵倜为宏威将军。

8 月 10 日　袁世凯任命任可澄为云南巡按使，原任唐继尧准开去兼职。

△　袁世凯以苏北一带数月无雨，天时亢旱，飞蝗成灾，着财政部拨银五万元赈灾。

△　袁世凯公布《巡按使委任道尹监督财政权限暂行条例》，凡 18 条。

△　新疆将军杨增新派马队两营在和阗捕杀哥老会首领刘镛等六人，严禁哥老会所立码头山堂。

8 月 11 日　北京政府中立办事处成立，袁世凯派梁士诒、孙宝琦等组织办理中立事务。

△　江苏巡按使韩国钧奉准疏浚江北运河，委江苏内务司长马士杰为总办。

8 月 12 日　袁世凯令：中将衔陆军少将张敬尧、陆军中将刘镇华“前因堵匪不力曾经褫官，现白狼(朗)业经围剿殄除，均着开复原官”。

△　袁世凯任命丁效兰为陆军第九混成旅旅长。

8 月 13 日　李根源等在东京之部分国民党人以讨论欧战为名，成立“欧事研究会”，是日草拟“协议条件”三条，主张“不分党界”，尊重孙中山，对国内取“渐进主义”。嗣后，美国、南洋、欧洲及国内上海等地入会会员百余人。

△　德使馆参赞马尔参向外交部表示，愿将胶州湾租借地直接归还中国。是日，日代使小幡酉吉向外交次长曹汝霖提出警告，阻止中国接受德国建议。

△　袁世凯任命蔡成勋署陆军第一师师长。

8 月 14 日　袁世凯令：各将军、巡按使、都统晓谕商民，共筹保卫闾阎，认真办理原有民团、商团。

△　孙中山致函美籍友人戴屈克，请其劝阻美国银行家借款给袁世凯，并痛陈外国资本家借势操纵中国内政之非是。

△　袁世凯令授王士珍为陆军上将。

8 月 15 日　黄兴应旧金山共和俱乐部之邀演讲《共和政体下的中国》，抨击袁世凯祸国殃民。

△　袁世凯令：云南、陕西巡按使监督该省财政事务。19 日又令云南巡按使监督该省司法行政事务。

△　日外相加藤约见驻日公使陆宗舆，面交日政府致德最后通牒抄件，并声称："如德不允，即须开战。""日英德即至开战，区域有限，中国既守中立，自无预战之理。惟若中国自生内乱不能自平时，日英为保持东亚和平，亦愿相助平乱，但并无从中图利之意。"

△　日本对德国提出最后通牒，要求在 9 月 15 日前无条件将全部胶州湾租借地交付日本，即时撤走德国在日、中两国海面上军舰，否则立即解除武装。以上两项 8 月 23 日中午以前如无满意答复，日本将采取必要措置。18 日，英国政府发表宣言，声称英日两国政府认为，英日同盟所预期为保护远东全盘利益有采取行动之必要。

△　中国留美学生在美国欧柏林城组织勤学会。后于 1916 年 8 月 15 日改名为"欧柏林中国学生工读会"，标明宗旨为"以半工半读为助成学业之方法，以节省费用为推广留学之方法"。

△　清华学校首次选送女生汤蔼林等 10 人赴美留学。

8 月 16 日　北京商民在虎坊桥湖广会馆开提倡内国公债会。

△　英公使朱尔典照会外交部，英国已对奥国开战。

8 月 17 日　中国军警与日军在奉天昌图县八面城发生冲突，日本借此擅自向郑家屯(今双辽)派兵一个中队。

△　日代使小幡向外交部声明，日本政府前日致牒驻日德使，要求德国舰队于 8 月 23 日为限退出青岛，将该地交给日本，并声称以后中日两国各以诚心相见，日本必能尊重中国之中立。

8 月 18 日　上海中华革命党人哈在田等拟于江苏南通举事反袁，图谋占领如皋、泰兴、扬州等地。是日"党人"四五十人到南通被发觉，遂在城下与袁军激战达数小时，伤亡 10 余人，被捕 24 人。

△　参政院召开第一次会议，梁士诒等提出修正总统选举法案，决

定不付审查，即咨政府转交约法会议增修。24 日，袁世凯将参政院建议修正总统选举法议案咨交约法会议审议。

8 月 19 日 袁世凯公布《官吏违令惩罚令》，凡 8 条。规定：官吏故意违反或擅自变更教令，情节重者，处六个月以下之徒刑，因妨害内政外交及其他政务之事实者，处一年半以下之徒刑。

△ 政事堂电令各省设立中立分处。

△ 法公使照会外交部称，法奥两国外交关系于是月 12 日破裂，法国对奥宣战。

△ 北京政府饬陆军、内务两部派军警 1000 名保护各国使馆。

△ 署察哈尔都统何宗莲因张家口兵变案被褫职。

8 月 20 日 德公使哈豪森照会外交部，请禁止外国军队经过中国领土，以维中国中立之立场。

△ 德国青岛总督出示，限境内日人于 23 日前离开青岛。

△ 海军部电令加派军舰驶赴秦皇岛附近，防护各交战国舰队侵越青岛附近各洋面。

△ 日本新任驻华公使日置益抵北京，26 日向袁世凯呈递国书。

△ 浙江余姚县乡民因调查学龄儿童与警备队格斗，伤毙哨长士兵 10 余人，县署派兵镇压，捕首犯数名解县正法。

8 月 21 日 美国照会日本政府，谓日德宣战后，希日本尊重中国领土完整和维护各国在华商业利益均等；如中国内地发生动乱，日本采取必要措施时，应根据 1908 年美日《罗脱—高平协定》精神，事先与美国协商。

△ 袁世凯下令开复前河南都督张镇芳褫职处分。

8 月 22 日 袁世凯令："嗣后在职文武官吏，非有必须陈请之理由，毋庸率请入觐，非先经呈准，不得擅离职守，违者提付惩戒。"

△ 江苏泗阳县洋河地区会党首领丁三花、仲八等聚众千余人举事，占据仁里圩、闸塘周围 20 里村镇，活动于泗阳、安徽泗县交界地区，江苏防营屡攻失利。是日，苏、皖两省派兵"围剿"，会党溃散。

△　黑龙江省巡按使朱庆澜与东三省中国银行行长潘鸿宾签订由中国银行发行小洋券换回黑龙江官帖合同。

8 月 23 日　中华革命党本部通告约束党员规则四条，党员个人不得自由行动，不得发表违反党义言论。

△　袁世凯令各省巡按使督同财政厅长，认真考察官吏，不得违章征收国税，罔利营私，剥民肥己，违者严办。

△　英国驱逐舰夜间攻击青岛。

△　外交部照会德使哈豪森，抗议德国利用青岛港海陆军设备，捕获敌国商船，显系轶出条约范围。

△　日本对德宣战。25 日，日使日置益以日对德宣战照会外交部。

△　财政部呈准试办江苏省清丈，并咨浙江省仿照办理。

8 月 24 日　日公使日置益面见外交总长孙宝琦，无理要求北京政府按 1904 年日俄战争先例，将山东省黄河以南划为日本对德“作战区域”，并撤退胶济铁路中国驻军。其后于 25、26、29 日一再催促北京政府接受日本上述要求。

△　英、德鱼雷艇队在胶州湾洋面交战。

8 月 26 日　北京政府以日德宣战后，青岛战事在即，一面与日使磋商划定中立地点，一面派员赴山东筹备中立事宜。

△　政事堂礼制馆拟订《祀孔典礼》一卷，并附说明书，经国务卿徐世昌核定，袁世凯批令执行。

△　财政部制订《整理东三省纸币办法大纲》，规定由中国银行发行新纸币，换回流通之银元票、钱票、官帖等；各私立行号、铺商不得再发私帖。此大纲后未执行。

△　江苏省教育会开年会，选举张謇、黄炎培为正副会长。

8 月 27 日　日本第二舰队司令官加藤定吉宣布封锁胶州湾，31 日相继占领胶州湾附近各岛屿。

8 月 28 日　外交部以欧战发生，国际款项业已停止支付，特照会各国公使，要求缓偿到期短期债款。旋经各国公使先后照复承诺。

△ 外交部照会英公使朱尔典，抗议英国在威海卫、香港破坏中国中立。旋据英使照复声称，英国对于中国中立始终敬守。

8 月 29 日 外交部就 8 月 17 日日军侵驻郑家屯一事，向日本提出抗议，日方置之不理。

△ 袁世凯令禁官吏牌赌冶游，淫佚骄奢，一经查实，定即严惩。

△ 袁世凯任命麦秩严为肃政史。

△ 袁世凯任命杨春普署第十九师师长。

8 月 30 日 外交部通知驻日公使陆宗舆转告日政府：胶济路潍河以东至青岛路线“日人可任便布置”，希日政府“明我好意，勿为过分之举”。

△ 日公使日置益照会北京政府外交部，声明日本对奥国宣战。

△ 袁世凯令：安徽今年夏秋之间风雹旱蝗，灾荒几及全省，特着财政部拨款银三万元，袁自捐银 5000 元急赈。

8 月 31 日 江苏省咨请教育部就两江优级师范学校改办南京高等师范学校。该校于次年 9 月 10 日开学，后于 1923 年并入东南大学。

是月 黄展云、谢持、吴铁城、许崇智等百余人在东京加入中华革命党。

△ 直隶霸县黄坨镇河水决堤，雄县、蠡县等县均被淹。宝坻运河决口，全县被淹，灾民 10 余万。

△ 浙江吴兴织绉机工数千人要求增加工资罢工。

△ 安徽省财政厅及中华银行向日商三井会社借银 20 万元，作为行政经费。

△ 刘长荫于浙江长兴创办长兴煤矿，后以资金不敷，1918 年 3 月与朱葆三、刘万青组织股份有限公司，资本 150 万元，总店设上海。

9 月

9 月 1 日 孙中山发表《中华革命党宣言》，通告海内外，宣布中华革命党成立，所有海外国民党组织未经解散者，“一律改组为中华革命党”（凡在外国侨居者，仍可用国民党名义）。指出此次组党办法“务在正本清源：（一）摒斥官僚；（二）淘汰伪革命党，以收完全统一之效”。号召党人“担负责任，切实进行”。

△ 中华革命党党务部长居正公布主盟人，主盟新进时应遵守事项六条，及介绍人介绍新进入党时应遵事项七条。

△ 北京政府为保守中立，派军舰防守领海，以防侵害，并规定领海防守区域，北段由鸭绿江至芝罘，中段由芝罘至三都澳，南段由三都澳至头岬。

△ 政事堂通电各省将军、巡按使，略称：“本日下午，日置益奉其政府训令称，此次日本攻击胶澳，全系日、英同盟关系，决无野心于中国领土。”

△ 比利时公使照会外交部，奥国已向比国开战。

△ 革命党人韩恢在宿迁颍口联络绿林集众800余人发动反袁起义，旋因徐州派兵镇压而失败。

△ 袁世凯公布《狩猎法》，凡14条，规定每年狩猎时间自10月1日起至次年3月末日止。

9月2日 日军第十八师团2000余人在山东黄县之龙口（今龙口市）等处登陆，占龙口电局及黄县县城。次日，日军大队陆续上岸，强迫地方当局供应军需用品。

△ 袁世凯任命唐国谟为陆军第十混成旅旅长，王麒为第十一混成旅旅长。

△ 内务部呈准奉天省设双山镇改设县治。

9月3日 外交部照会各国公使，声明参照1904年日俄战争先例，在山东省龙口、莱州及接连胶州湾附近地方为日德交战区，中国政府不负完全中立责任。

△ 德公使哈豪森照会外交部，抗议日军在龙口登岸，称此举妨得中国中立，德国政府必须自行设法对待。

△ 黄兴复函李根源等人，承认为欧事研究会会员。

9月4日 海军总长刘冠雄由京启程，亲赴鄂、浔、宁、沪等地巡视，并示遵守中立。

9月5日 外交部照会英、日、俄、法、德等国公使，请保护胶澳战区之中国人民财产。

△ 内务、财政两部以康有为沉冤已雪，呈准发还没收之财产，并酌补其族人银二万元。

9月6日 中华革命党人何海鸣、姜华廷等在东北铁岭、公主岭、四平街等地设立机关，策划举兵反袁，谋占昌图，事泄，姜等在开原被捕。

△ 日军侵入山东莱州。

△ 袁世凯令：裁撤陆军第九师师长员缺，任命黄国樑为陆军第十二混成旅旅长，孔庚兼充第十三混成旅旅长，董崇仁兼充第十四混成旅旅长。

9月8日 中俄及外蒙古地方当局代表三方在恰克图会商蒙事，是日开预备会。中国代表毕桂芳、陈箓，俄国代表亚历山大密勒尔，外蒙古地方代表达锡札布（后改为希尔宁达木定）。

△ 袁世凯据“衍圣公”孔令贻呈请，批准曲阜孔庙祀田仍归孔府所有。按：孔府祀田，最多时达100万亩，遍及山东、直隶、河南、江苏、安徽五省。

△ 孙中山致函南洋邓泽如，望在南洋筹款，接济讨袁之需，并请到东京中华革命党本部，助理党中财政事务。

△ 奉天本溪中华革命党人联络当地绿林队伍举兵讨袁，攻占县城，破狱释囚。张作霖派兵前往镇压。

9月9日 日军对胶澳战区各县大肆骚扰，抢掠财物，奸淫妇女，任意枪杀民众，无恶不作。

△ 袁世凯特任那彦图为绥威将军。

△ 袁世凯任命许兰洲署黑龙江陆军第一师师长。

9月10日 在山东龙口登陆日军，是日侵占平度，12日抵即墨、高密，13日侵占胶州。

△ 外交部驳复德公使哈豪森3日对于扩张山东战区之抗议，声明将来在胶州湾附近之交战地内，无论生有如何结果，中国政府概不负责。

△ 袁世凯令各将军、巡按使认真保护各国留驻人民。

△ 袁世凯特任蒋雁行为靖威将军。

△ 袁世凯令热河都统、绥远都统、察哈尔都统监督各该管区域司法行政事务。

△ 内务部奉令优恤先烈杨锐、刘光第、谭嗣同、林旭、杨深秀、康广仁，并于京师建立祠宇，将事实宣付清史馆立传。

9月12日 袁世凯公布《征收厘税考成条例》、《征收田赋考成条例》，对完成和未完成厘金、田赋征收额之地方官吏分别予以奖励和惩处。此项条例之实施使北京政府收入大增，据是年度北京政府概算所载，全国各省田赋收入较清末旧额增收加倍。

△ 袁世凯公布《商会法》，凡三章60条。规定“各省城各商埠及其他商务繁盛之区域得设商会”，“研究促进工商业之方法”。

△ 黄兴复函谭人凤等赞同促进党内团结，一致讨袁救国；并表示：“兴刻在美，当极力为各方之调和，并一面揭开袁贼之黑幕，渐图挽回外人之议论，使表同情于吾党。”

△ 王荆山在长春创办裕昌源火磨（面粉厂），资本50万元。

△ 北京政府特赦参与湘省二次独立之赵恒惕、陈复初、江隽等人，准免执刑。

9月14日 袁世凯令河南省第一师改编为陆军第九师，任命张锡元为师长。

△ 朱执信奉孙中山命至南洋筹款反袁，是日抵新加坡，旋偕邓泽如去各埠筹款，至10月1日返新加坡，共筹款四万余元。

9月15日 中俄及外蒙古地方当局三方恰克图会议举行第一次

会议。北京政府代表于会上声明:“此次会议性质乃确定中央与自治区之交际,而俄国为之居间,与外交会议不同”,会议应以 1913 年 11 月 5 日《中俄声明文件》及声明另件为根据。

△ 中美两国在华盛顿签订《解纷免战条约》,商定两国政府遇有外交所不能解决之争端,应由国际委员会查复,查复之际不用武力。

△ 袁世凯令郭尊炘为参政院参政,原任参政吕海寰辞职照准。

△ 日军在山东发行纸币,毁伤米稻,虐待居民,外交部向日公使日置益严重交涉。

△ 山东省潍县、胶县、昌邑、平度、高密、即墨等县水灾,灾区面积东西 300 余里,南北百余里。是日,袁世凯令财政部拨银三万元,袁自捐银 5000 元救灾。

9 月 17 日 北京政府与英商萨穆尔公司签订 1000 万英镑《汉口修建借款合同》。

△ 袁世凯令:嗣后凡留学外洋归国,得有博士学士文凭者,均应赴政事堂报名受验,以备任使。

△ 袁世凯以甘肃巡按使张广建“于此次本总统生日祝寿呈文附有方物”,特传谕申斥,所呈方物,一律发还。“嗣后文武百僚如有借节祝寿为名,意存赏试者,以违令论”。

9 月 18 日 第二批日军于山东半岛崂山湾登陆,次日占柳树台。

△ 陆军第七师裁撤,改编为第十五、第十六两混成旅,以贾德耀、冯玉祥分任旅长,原第七师师长陆建章免职。

9 月 19 日 袁世凯任命李长泰为陆军第八师师长。

△ 袁世凯通令告诫各县知事对其管区内之缉捕、审断、教养三事,应身体力行,不可自甘菲薄,玩视民瘼。

△ 湖北告灾,江汉、襄阳、荆南各属 30 余县旱、虫灾严重,仅汉川、沔阳、随县、光化四县灾民即有 60 万人。是日袁世凯令,财政部拨银二万元赈灾。

9 月 20 日 孙中山在东京召开中华革命党干部会,讨论“革命方略”，廖仲恺、胡汉民、田桐、谢持、许崇智、杨庶堪、居正、丁仁杰、戴季陶、王统一等 11 人出席，孙中山主席，至 12 月 16 日，共开 17 次讨论会。

△　革命党人范鸿仙在沪谋攻江南制造局，事泄，在上海嵩山路办事机关被刺身死。党人 200 余人先后遇难。

△　袁世凯任命赵倜督理河南军务，田文烈会办河南军务。

△　日军驱逐龙口中国税关人员，旋经交涉，10 月 7 日回局办公。

△　奉天省与日商大仓组签订 150 万元借款合同，用于归还 1912 年 10 月 16 日借款及本溪湖煤矿增资中方股本。

△　川边乡城防兵营兵变，肆行劫掠后纷逃滇境，成都派军驰剿。

9 月 21 日　外交部照会各交战国公使，声明胶济路除已划入交战区域一部外，归中国暂行保管。

△　袁世凯令：嗣后京外文武长官保荐人员，必须真知灼见，尤要在操守廉洁，心术端正，勿违公议而徇私交，勿采虚荣而忘实践，倘有滥举非人，劣迹败露者，定将分别惩戒原保长官。

△　农商部准日商大仓组在江西余干、进贤两县采矿。

9 月 22 日　日外务省训令日置益公使立即向中国政府交涉，借口军事需要，日军将占领胶济路全线，并由日本经营管理。28 日，日置益就此照会北京政府。次日，外交部指示驻日公使陆宗舆向日本政府提出抗议。

△　革命党人林直勉、林树巍、薛岳等在广州湾被法警逮捕，孙中山驰电安南总督营救。后经多方营救，至次年 9 月始获开释。

△　袁世凯以欧战爆发以来，南洋华工陆续被遣回国，是日令福建巡按使于该省暂存候拨项下提银三万元，作为赈恤闽省回国华工之用。

9 月 23 日　英军 900 人在山东半岛崂山湾登陆，助日军攻青岛。

△　革命党人程家柽讨袁事泄被捕，是日在北京遇难。

9 月 24 日　袁世凯公布《中国红十字会条例》，凡 11 条。规定设总会于北京，置会长一人，各省设分会。

9月25日 袁世凯发布祭孔告令。内称:“中国数千年来立国根本在于道德,凡国家政治、家庭伦纪、社会风俗,无一非先圣学说发皇流衍。是以国有治乱,运有隆污,惟此孔子之道亘古常新,与天无极”,规定9月28日“旧历仲秋上丁”中央与各地方一律举行“祀孔典礼”。

9月26日 日军400余人侵占潍县车站。外交部向日使日置益提出抗议,要求立即撤退。28日,日使复称:胶济路系德国财产,故按站占领。

△ 日军攻击青岛外围德军第一线阵地。27日,迫进青岛,占领孤山至巫山一带高地。28日,日第二舰队攻击胶州湾,第四舰队占领崂山湾。

△ 外交部照会各国公使,禁止外人游历交战区域,以免危险。

9月27日 袁世凯任命张元奇为奉天巡按使。

△ 德公使哈豪森照会外交部,抗议日人进占潍县车站。

9月28日 袁世凯率各部总长并文武官吏,着新式祭服,在北京孔庙举行“秋丁祀孔”礼。

△ 袁世凯令:各省巡按使派定专员搜集有关清史资料,送交清史馆,以备审择。

9月29日 外交部电令驻日公使陆宗舆,向日政府抗议日军侵占胶济铁路。

△ 黄兴抵芝加哥,力阻袁世凯之代表向美国借款。

△ 南澳县奉准全归广东管辖。按:该县向归闽、粤两省分辖。

△ 参议院代行立法院开议,审议《审计法》、《会计法》两案。

9月30日 袁世凯令:会办热河军务陈光远到京另有任用,会办一差裁撤。

△ 俄国驻库伦总领事与外蒙古地方代表签订“铁道条约”、“电线条约”,使俄国在外蒙取得铁路建筑权,及由俄境伊尔库茨克省之孟达至乌里雅苏台电线架设权。

△ 外交部向日公使日置益提出抗议照会,谓胶济路系中德商办

产业，请转达政府速电将在区域外军队撤退。

是月 范旭东在天津宁河县塘沽创办久大精盐公司，为我国精盐业之始。初时资本仅五万元，未及10年资本增至250万元，经理处及总店设天津，支店遍及国内各大城市。

△ 周庆云在浙江杭县创办虎林丝织股份有限公司，资本30万元。

10 月

10月1日 驻日公使陆宗舆就日军侵占胶济路会见日外务大臣加藤高明，要求日军撤退。日方坚持胶济路为德国财产，当与胶澳一并占领，并要中国军队由上述地区撤走。

△ 外交部致牒日德两国公使约束军队，不得占领电局，检查邮件，劫夺库银，逮捕华人胁其充兵。

△ 广西南宁革命党人组织之"广西猛进会"遭破坏，会长李群、总指挥黄俊杰等五人被捕遭杀害。

10月2日 参政院代行立法院开议，通过参政梁启超提议，对日英联军在山东破坏中国中立行动，向政府提出外交质问书。

△ 外交次长曹汝霖与日公使日置益会商，提出非正式之调停案：一、战争期内中国政府不允将胶济路卖与或让与日本外之第三国；二、战后日德对胶济路有何协议，中国政府不持异议。日使称此时实无商量余地。

△ 日公使日置益复照北京政府外交部，声称胶济路实属德国公司，日政府因与德国宣战，不得不占该路。

△ 袁世凯令教育部详细审查小学教科书，不得有排斥友邦之内容。

△ 袁世凯公布《审计法》、《会计法》。《审计法》，凡19条，规定：审计院除法令规定之大总统、副总统岁费暨政府机密费外，应行审定者

计有:“一、总决算;二、各官署每月之收支计算;三、特别会计之收支计算;四、官有物之收支计算;五、由政府发给补助费,或特与保证之收支计算;六、法令特定为应经审计院审定之收支计算。”《会计法》,凡九章37条,规定:“政府会计年度,以每年7月1日开始,次年6月30日终止。”

△ 黄兴抵纽约,次日接见《纽约时报》记者,痛斥袁世凯暴虐,与民主之理想相违背。

△ 袁世凯令准农商总长张謇给假两月赴淮北查勘水灾,总长一职由周学熙代理。

10月3日 日军由潍县沿铁路线西进,5日侵占青州车站,6日侵占济南车站,胶济路全线为日军占领。袁世凯命令中国驻军撤出铁路沿线地区。

10月4日 外交部电告驻日公使陆宗舆,德已允让出胶济路交中国接管,候战后解决。同日,陆电外交部称,松井外相对胶济路由中国接管,根本不能承认。

△ 袁世凯令:各地方长官晓谕军民,加意保护外人游历,以敦睦谊。

△ 袁世凯令:各省将军、巡按使切实保护各地办理团练正绅之生命财产,使其毫无顾虑,一意图功,廓清匪孽,绥靖闾阎。

△ 顺天府改为京兆地方,辖大兴等20县,设京兆尹为行政长官。是日,袁世凯公布《京兆尹官制》及《京兆地方区域表》。

10月5日 日公使日置益复照北京政府外交部,声称:日既与德开战,举凡德人在东方所有权利,日本均可以兵力取得之;日为军事起见,实有占据胶济铁路全路之必要。

△ 外交、交通两部分别派遣刘崇杰、权量赴济南,注意维持山东秩序。

△ 新疆将军杨增新呈报北京政府,谓迪化县哥老会周乔生等开设山堂,散发票布,定于旧历中秋举事,刻已破获,首要枪杀,余众解散。

10月6日　外交部照会日公使日置益，抗议胶济路日军西进，要求从速撤回。

10月7日　外交部就日军非法侵占胶济铁路，再次向日公使日置益提出抗议。次日，日使复称：此为日本预定军事计划，至尊重中立，仍不渝初衷。9日，外交部再次向日使提出抗议。10日，日使复照外交部，声称："日军占据山东铁路，乃行军计划之一部分，开战之初即向中国声明。"

△　中华革命党总理孙中山委郑汉淇为马尼拉支部长，田桐为湖北支部长，杨益谦为云南支部长，徐苏中为江西支部长。

△　袁世凯特任李经羲为审计院院长。

△　袁世凯任命吕调元为陕西巡按使，段书云为湖北巡按使。

△　袁世凯任命张镇芳为参政院参政。

10月8日　袁世凯派朱启钤督办八旗生计事宜。

△　袁世凯令：顺天府府尹沈金鉴着改任京兆伊。

10月9日　袁世凯令：各省行政长官分饬所属，采访民国死难士民事实，汇咨内务部立案，以待褒扬，俾阐幽光，而垂久远。

△　袁世凯公布《修正各省所属道区域表》。按：此次修正道区域表计奉天、安徽、福建、贵州等四省共七个道。

10月10日　朱执信自南洋抵香港，与邓铿等策划举兵，东北一路（分惠州、潮州等四路）由邓派人负责；西南一路（分番禺、花县等五路）由朱会同各处同志办理。

△　日军非法侵占山东博山煤矿。

△　日海军舰队炮击青岛德军各炮台。

△　外交部以英助日攻击青岛，占领胶济路，特向英公使朱尔典提出抗议。次日，英使复照外交部，声称德人以胶济路供军用，日因正当防卫而占领，英不能干涉。

10月上旬　俄国撤退辛亥年（1911）派驻汉口之军队。

△　俄使署确认一月前该使署与北京政府订立以俄国资本敷设齐

齐哈尔至瑷珲铁路之合同。

10月11日 中国、交通两银行筹集资本100万元设立新华储蓄银行,总行设北京,发行储蓄券,是日,袁世凯批准并公布章程。

△ 内务部于北京故宫武英殿设立之古物陈列所开幕,售票供游人参观。

10月12日 中华革命党总理孙中山委海内外各地支部长:巴东杨汉孙,江苏吴藻华,芙蓉伍憙石,新加坡张永福,檀香山谢已原,陕西宋元恺,河南凌钺,安徽张汇滔。

10月14日 内务、陆军两部奉袁世凯令,会同颁发通告"揭晓孙黄罪状",并劝令人民与军队切勿为"乱党煽惑"。是日,上海镇守使郑汝成接此通告分饬所属张贴。

10月15日 陆军第三混成旅及该旅备补营改编为陆军第七师,以张敬尧为师长。

△ 税务督办梁士诒呈准减轻出洋茶税,以兴实业。

10月16日 各省将军联名致电袁世凯,要求与日方交涉自济南撤军。袁复电称英使保证日军于胶济路外不致有何行动,各将军务须镇静以待,不必惊扰,致碍外交前途。

△ 袁世凯令奉天、陕西、湖北三省巡按使监督各该省司法行政事务。

△ 孔教会在山东曲阜开祭孔大会,各省赴曲阜参加大会者,火车票七折优待。同日,孔道会、孔社在北京分别举行大规模"孔子圣诞纪念会"等活动。

△ 郭福林等集资20万元在瑷珲开设永济面粉有限公司,兼营电灯业。

10月17日 日外务省训令日置益公使:攻占青岛后海关应置于日军管理下,海关职员全部任命日人。日使随即照会北京政府。外交部答复称,青岛未交还中国前,海关可暂用日人或英人。

△ 中华革命党军事部副部长周应时自上海致函军事部长许崇

智，报告江浙两省讨袁军事进行情形。

10月19日 日军在山东平度县出示“斩律五条”，内有“如该村有一人犯妨碍日军行动者，该村人民尽处斩刑”等语，舆论为之大哗，是日，外交部以此向日公使提出抗议，日方置之不理。

△ 蒙古实业公司自清宣统二年(1910)成立以来，耗银七万余两，但业务难以开展，是日股东临时会议决议停业。

△ 交通部与美国培斯尔漠钢厂订立借款200万元合同，以部分付还京张铁路借款，余向该厂购买铁路车辆。

10月20日 中华革命党总理孙中山致函邓泽如，论统一事权与统一筹款，指出“革命党能统一，则革命之事业已成功过半……无统一则有第一次之成功亦失败”。并告以中华革命党“自成立以来，各省已陆续统一，远至四川、云、贵、山、陕、甘肃，近至江、浙、闽、赣、两湖，皆惟弟之号令是从”。

△ 中华革命党总理孙中山致函委任邓泽如为财政部部长，并以此名义在南洋筹款。

△ 袁世凯特任孙武为义威将军。

10月21日 袁世凯令：王治馨在顺天府府尹任内，鬻官纳贿，处以死刑并立予枪毙。

△ 智利要求北京政府互设公使署，派遣公使。

10月22日 中华革命党人夏之麒，16日召集党人决定于浙江举事，党人陆续集中杭州，谋先攻打将军署，杀浙江将军朱瑞。事为军警侦知，自是日起，秘密机关连遭破坏，先后被捕30余人，内有10余人遭杀害，夏之麒避走日本。

△ 袁世凯以代理农商总长周学熙请假，农商总长特任章宗祥暂行兼代。

△ 广东省为筹水灾善后经费，呈准设立水灾有奖善后议会，以七成开彩，五厘为会中经费，二成五充赈，致赌禁复开。

10月23日 袁世凯成立模范团，第一期由袁自兼团长，士兵由陆军各师连排长和保定军官学校挑选充任，实系军官训练团，以备编练模范军之用。

△　中华革命党总理孙中山委刘崛为广西革命军司令长官，邓铿为广东革命军司令长官。

△　日本在济南设领事署。

10 月 24 日　袁世凯任命李进才为拱卫军总司令官。

10 月 25 日　日公使日置益声明建筑龙口等处轻便铁路，本诸攻击青岛政策，不得不然，战局终结，当即撤除。

△　中华革命党人在广州成立敢死队、炸弹队，进行恐怖暗杀活动。自是日起广州城内连续发生爆炸案。

△　前西藏办事长官钟颖被控在藏劝捐敛财，纵兵抢劫，致西藏叛离，被军政执法处逮捕讯办。

10 月 26 日　北京政府筹办盐业银行，令张镇芳主任筹办事宜。

10 月 27 日　袁世凯公布《立法院组织法》，凡九章 50 条，规定"立法院为民国议会"，由中央选出 40 人，各省、区选出 235 人组成。然终袁之世，并未实行，只以参政院代行立法院职权。同日公布《立法院议员选举法》，凡 13 章 109 条。

△　参政严复在参政院会议上提出《导扬中华民国立国精神建议案》，主张以忠孝节义为立国精神，经参政多数同意，即日咨送政府。

△　保定陆军军官学校第一期毕业生举行毕业典礼。

△　中华革命党云南支部总务徐天禄在昆明遇难。

△　中华革命党总理孙中山委任中华革命党本部各部职员：总务部长陈其美，副部长谢持；党务部长居正，副部长冯自由；军事部长许崇智，副部长周应时；政治部长胡汉民，副部长杨庶堪，财政部长邓泽如，副部长何天炯。

△　上海油漆业工人以银价骤涨，铜元贬值，要求增加工资，举行同盟罢工。是日资方被迫同意，允于 11 月 7 日开始增加。届时资方毁约，工人再次罢工。12 月 20 日，上海官署惧事态扩大，出面调停，议定

每工增加25文。

10月28日 湖南革命党人所设反袁秘密机关14处遭破坏，被捕30余人。11月11日，赵荣等18人被湖南将军汤芗铭杀害。

△ 中华革命党总理孙中山委黄甲元为烈港支部长，陈新政为庇能支部长，沈选青为巴城支部长。

10月29日 日本黑龙会代表内田良平向外务省政务局长小池张造提出黑龙会《对华问题解决意见书》（通称黑龙会备忘录），共分三节：一、欧战与中国问题，二、中国问题与防御同盟——中日防御同盟秘密条款，三、中国问题和现内阁的外交。鼓吹乘西方帝国主义无力东顾之时，日本应建立侵略中国的优势地位，并附函称："今欧洲大战为解决本问题千载难逢之机遇，不可有一日之踌躇逡巡。"

△ 察哈尔都统奉准未移驻多伦前，仍管理张家口行政权。

10月30日 中华革命党总理孙中山委郑文炳为麻城支部长；高建瓴为湖北革命军荆沙司令官。

△ 袁世凯以立法院组织选举各法业经公布，自应分别举办，克期观成，令筹备立法院事务局及各省地方长官切实按法通筹办理。

10月31日 日军对青岛发起总攻。日英军舰炮击德军阵地。

△ 袁世凯以广东、浙江、四川、广西、上海等省市，连续破坏中华革命党人秘密机关，案情均有"孙文主谋，构乱遣党"事，是日通令各省严密防缉党人活动。

10月下旬 洪兆麟领导革命军在惠州起事。同时，邓国平领导增城、龙门革命军攻东莞、石龙，激战一日，子弹耗竭，遂散。数日后惠州起事亦不得手，洪负伤逃香港。

是月 中华革命党为讨袁发表《告同胞书》，历数袁祸国殃民罪状，号召全国同胞"声罪致讨，共树白日旌旗，扫除独夫凶焰……重建共和，共襄义举"。

△ 日本大仓组技师大日方一辅在热河阜新（今属辽宁省）调查煤矿，为胡匪所杀，引起交涉。中国方面被迫同意出让该矿开采权作为赔

偿费,设立中日合办大兴、大新两公司。1916 年由满铁株式会社经营。1936 年以后日本开始大规模采掘。1944 年成立阜新炭矿株式会社,管理阜新附近各矿。

△ 高懿丞在杭州租用已停工之通益公旧厂(清末开设,为杭州最早的近代纱厂)设备,创办鼎新纺织公司,纱锭 2.036 万枚,资本 20 万元。

11 月

11 月 1 日 袁世凯任命林葆怿为第一舰队司令,饶怀文为练习舰队司令。

△ 殖边银行正式成立,资本 2000 万元,总行设北京。享有发行兑换券特权。

△ 上海水木业工人 4000 余人要求增加工资,举行同盟罢工。24 日,业主被迫同意每工增加 30 文。

11 月 2 日 中华革命党总理孙中山委苏无涯为广西支部长。

11 月 3 日 袁世凯公布《森林法》,凡六章 32 条。

△ 袁世凯颁"箴规世道人心"告令,批准参政院《导扬中华民国立国精神建议案》,以忠孝节义为立国精神,勖勉国人。

△ 袁世凯任命刘跃龙为陆军第二混成旅旅长,原任吴庆桐准免兼职。

11 月 6 日 袁世凯颁令告诫统兵将校,嗣后如有隐饷自肥者,依法严惩。

11 月 7 日 日英联军攻占青岛,德军投降。10 日,日军正式接收青岛。16 日 9 时,日本独立第十八师团入城。29 日,日人擅自成立青岛市政厅,由日军师团长神尾光臣任行政长官。

△ 中华革命党总理孙中山委郑汉淇为菲律宾支部长。

11 月 9 日 河南中原公司(系由中州、豫泰、明德、凭心四煤矿公司合并组成）与英商福公司联合组成“福中总公司”，是日双方签订草合同，规定资本100万元，总事务所设焦作。

11月10日 外交部照会日公使日置益，要求拆除日军在山东胶州、即墨间所架设军用电线及龙口经莱州、平度所筑轻便铁路。18日又提出撤退青岛日军要求。日本对此均置之不理。

△ 日本海军第二舰队司令官加藤宣布解除胶州湾之封锁。

11月11日 日本内阁通过“对华交涉案”（即“二十一条”），次日电召日置益公使回国。

△ 袁世凯以陆海军大元帅名义颁布《军人训条》，凡10条，第一条称“军人宜效命国家，忠事元首，坚心定志，切戒妄听邪言”。

△ 袁世凯任命曾鉴督办四川筹备事宜。

△ 日政府决议青岛善后，大战未毕前，青岛及交战地，概施行军政时期，山东路矿归守备队司令官监督，海关由日人管理。

△ 朱执信在顺德县举事讨袁，是日晨千余人扑攻佛山，与当地防营激战，上午9时龙济光由广州派援军四营赶来，党人队伍撤退。

△ 黄兴致书萱野长知，谴责日本内阁袒袁政策，“只顾目前小利，于黄种前途毫不思及”。

11月12日 袁世凯公布《官吏犯赃治罪法执行令》，凡七条。

△ 陕西延长油井由美孚油公司提供第一批凿井机器大小1900余件，重1700余吨，已全数运抵延长，技师选定县西地点开始施工。

11月13日 肃政史夏寿康呈请“严行查禁复辟谬说”，袁世凯批交内务部查照办理。

△ 袁世凯任命龙建章署贵州巡按使。原任戴勘着赴京觐见。

△ 袁世凯任命谭学衡督办广东治河事宜。

11月14日 袁世凯任命张国淦为参政院参政；林长民为参政院秘书长。

△ 中华革命党总理孙中山委戴季陶为浙江支部长。

11月15日 中华革命党总务部在东京召开各省支部长会议，总务部长陈其美患病,由副部长谢持主席。

△ 北京《亚细亚日报》于是日至18日连续登载劳乃宣《正续共和解》、《君主民主平议》及劳致徐世昌、赵尔巽等人函,鼓吹复辟。

11月16日 袁世凯召集军政要员开谈话会,决定制止复辟谬说办法三项。

△司法部颁发《易笞条例》,凡11条,恢复南京临时政府明令已废之笞刑。

△ 朱执信遣陆志云率义军3000人攻占广东电白,18日因反正之陆军营长林成登叛变,激战两昼夜后撤退。

11月17日 国史馆协修宋育仁呈请宣统复辟,称中国人民只知有皇帝,不知有总统,即遭步军统领江朝宗逮捕。29日,袁世凯批令内务部将宋押解回四川富顺原籍。

△ 中华革命党总理孙中山委安健为贵州革命军司令长官,阎崇义为山西支部长。

△ 袁世凯以山西旗民生计困苦,令准于该省大盈仓存谷项下酌给2000石,以资赈恤,并着同武将军阎锡山,山西巡按使金永另筹久远生计,毋任失所。

11月18日 袁世凯令徐世光督办直隶濮阳黄河决口事宜,直隶、山东、河南三省巡按使为会办。黄河于1913年7月在濮阳双合岭地方决口后,河堤迄未修复,今年水势复盛,濮阳、寿张、范县均遭水淹。

11月19日 袁世凯美籍政治顾问古德诺,在纽约法政学校演说"中国新约法论",谓临时约法不合中国国情,"采用内阁制,事权集于国会,因之起党派之纷争,而总统反不足轻重",新约法"所规定政府之形式与中国之历史习惯更为相合",因"目前之中国人民无合群共动之能力"。

△ 北京政府总检察厅通饬各省检察厅,严禁刊布书籍、文章煽惑复辟谬说,肆行煽惑者依法惩办。次日,内务部亦就此通咨各省将军、巡按使。

△ 山东霪雨成灾，袁世凯特捐二万元并令财政部拨银八万元赈抚。

11月20日 参政院代行立法院开会，因外面现在散布清帝复位流言，孙毓筠提议变更议事日程，提出“复辟谬说，淆乱国体，咨请查办”。获多数通过，咨送政府。

△ 袁世凯令创立关岳庙制，由礼制馆妥议关(羽)岳(飞)合祀典礼。

△ 中华革命党总理孙中山委宋瑞珊为高丽丸分部部长，陈槐卿为天津丸分部长。

△ 农商总长张謇呈请辞职未准。

11月22日 袁世凯令：各道道尹切实考察所属县知事，秉公举劾，振兴吏治。“嗣后各县知事如有婪赃骫法，罔上殃民情节较重之案，不由道尹举发者，将该道尹一并交付惩戒”。

11月23日 袁世凯以近日有人倡“归政清廷之说”，通令各省严禁复辟邪说，如有“著书立说及开会集议以紊乱国宪者，即照内乱罪从严惩办”。

△ 袁世凯令农商部迅议办法，厉行经济政策，整饬国货，以利民生。

11月25日 山东地方政府与日军代表商订《胶济路临时治安条款》，凡15条。

11月26日 中华革命党总理孙中山委张汇滔为江北皖北革命军司令长官。

11月27日 袁世凯公布《惩治盗匪法》，凡11条；12月6日公布《惩治盗匪法施行法》，凡五条。

11月28日 革命党人赵壁12日在南京被捕，是日遇害。

△ 中华革命党总理孙中山委叶独醒为宿务支部长，傅荣华为吉礁支部长，吴藻华为江南皖南革命军司令长官。

11月29日 袁世凯公布《妨害内债信用惩罚令》，凡六条。

11月30日 袁世凯令内外行政长官“剀切申明，严行督察，以古人尽瘁事国之义交相勖勉，以巩我新造之邦家”。

△ 湖北将军段芝贵、巡按使段书云向袁世凯报告全省清乡成绩，谓“此次清乡重在清查乱党”，自6月以来破获“乱党之案百数十起”。

△ 法国主教林懋德觐见袁世凯，呈递教皇宾那第十五通告登极亲笔书衔主教、大司铎、秘书司铎名单：主教：林懋德；大司铎：德懋谦；秘书司铎：包世杰。

是月 日本陆军大臣冈市之助向内阁提出《日华交涉事项备忘录》，其要点：一、延长旅大租借期限；二、租借吉林延边一带；三、南满、安奉两铁路永远为日本所有；四、吉长铁路让售与日本；五、在南满、东蒙地区，日本得享有土地所有和居住自由并矿山采掘、铁路敷设等权利；六、在中国本部日本应有铁路敷设权；七、中国在军事和武器制造上得接受日本指导；八、若向外国借款或出让利权时，应事先与日本协商后处理。

△ 孙中山通告各埠洪门改组为中华革命党支部，惟对外准暂用旧名。

△ 邓铿、朱执信派人联络广州观音山炮兵内应，事泄，革命党人数十人遭龙济光捕杀。

△ 外蒙古地方当局与俄国签订借款300万卢布密约，以“商税、金矿及各种出产为抵押”，作为训练军队（聘请俄国教官）、整顿财政之用。

△ 交通部偿还铁路借款，9、10、11三个月共700余万元。

△ 财政部向袁世凯呈报各省、区办理金库情形。已设分库有：天津、济南、太原、南京、杭州、福州、广州、安庆等。代办金库机构有：东三省官银号、吉林官银钱号、黑龙江广信公司、陕西秦丰银行、甘肃官银钱局、湖南银行、湖北官钱局、江西民国银行、贵州银行、广西银行；河南、云南、四川为财政厅，热河为财政分厅，绥远为绥远署。

12 月

12 月 1 日 中华革命党各省支部长会议决议由总务部催戴季陶速将支部长会议章程草就，提交下次会议。

△ 青岛日守备司令官神尾光臣通告："因军事之必要，收管胶州海关。"

△ 袁世凯任命溥伦为参政院参政。

△ 四川达县防军一营哗变，川东道尹派兵查办。

△ 聚兴诚商号改组为银行，资本 100 万元，总行设重庆。

12 月 2 日 日本内阁就"对华政策"(即"二十一条")上奏天皇批准。

12 月 3 日 日外相加藤高明以"二十一条"要求全文交日置益公使，令其回华相机向中国政府提出。

△ 农商部批准商人陈滔、胡奎文创办张(张家口)多(多伦诺尔)汽车公司，修建公路 400 公里。

12 月 4 日 中华革命党总理孙中山委卢伯�为西伯利亚船分部长，黄林为地洋丸分部长，罗光汉为蒙古船分部长，蔡文修为中国船分部长，戴焯为满洲船分部长。

△ 袁世凯公布《出版法》，凡 23 条，规定文书图画有"混乱政体者、妨害治安者"等不准出版。

△ 云南将军唐继尧出巡滇越边境。

12 月 5 日 日本新任关东都督中村觉向日本内阁提出"对华要求"事项：一、日本在南满及东蒙地区得享有居住、营业、不动产所有权，及开办铁路矿山并其他企业优先权；二、奉天巡按使聘请日本顾问若干名，以改进奉天政治、财政、警务、法律；三、奉天将军聘请日本军事顾问若干名，进行军事改革。

△ 中华革命党总理孙中山委谢谦谐为巨港支部长。

12月6日 山东省各界发起组织“东亚和平维持会”，推定代表赴京上书请愿，要求北京政府取消山东军用区域，交涉撤退胶济路日军，在欧战议和以前调查损失，要求日本赔偿。

△ 中国参加美国旧金山巴拿马赛会部分展品400箱由上海启运，另1600箱随运，监督陈琪及农商部委员陈承修随船赴美。

△ 袁世凯公布《惩治盗匪法施行法》，凡五条。同日，袁世凯以《惩治盗匪法施行法》已经公布，令着京外文武长官迅速呈报各该地方现办盗匪情形是否适用该法，听候命令遵行。

12月7日 中国撤退山东战线区域驻兵，并通告日本政府请同时撤兵。

△ 中华革命党总理孙中山委梁愚为日里属支部长。

12月8日 邓泽如在槟城敦劝陈炯明、李烈钧加入中华革命党，一致讨袁救国。陈、李以“总章不善，易惹国人反对”而未从。

12月10日 中华革命党总理孙中山委梁允祺、刘福田为新加坡联络委员。

△ 孙中山与中华革命党军事部长许崇智讨论苏省军事及西南川滇黔之决定事项。

12月11日 袁令内务部、财政部会同酌定清丈地亩办法，以期“田制精审，民累蠲除”。

△ 邓泽如函孙中山辞中华革命党财政部长，孙徇其请。邓函并称：“李烈钧绝不赞成将国外之国民党取消”，“李、陈（炯明）在欧已联络一气。”

12月12日 美国友人戴屈克受孙中山委托办理与美财政界接洽事宜，是日自芝加哥致函孙中山，报告在美策动反对借款及反袁世凯事。

12月13日 袁世凯以广东将军龙济光、浙江将军朱瑞迭次破获革命党人反袁秘密机关，分别授予一等嘉禾章及文虎章。

△ 外交部据外交文书所编《光绪宣统条约》成书。

12月14日　代理公使小幡酉吉向北京政府推荐青岛正副税务司及帮办八人，要求北京政府任命。外交部以违反中国海关用人先例，拒绝未允。后日本允以立花正树为青岛税务司，但其余应按日方要求任用，北京政府被迫同意。

12月15日　袁世凯公布《文官任职令》，凡七条，并附《文官任职表》。

△　中华革命党各省支部长会刘大同报告东三省可着手运动张作霖。

△　日公使日置益自东京回北京。

12月16日　孙中山召集之中华革命党干部会议举行第十七次会议，廖仲恺、胡汉民、谢持、丁仁杰、田桐、居正、王统一、何天炯、戴季陶等10人出席，孙中山主席，制定《中华革命党革命方略》六编，以中华革命党总理为中华革命军大元帅，并代表中华民国为大总统。中华革命军之目的为：推翻专制政府，建立完全民国，启发人民生业，巩固国家主权。中华民国以青天白日满地红旗为国旗。

△　中华革命党干部陈家鼐至东京本部报告，请派任烈回湖南运动军队。

12月17日　中华革命党总理孙中山委张宗海为甘肃支部长，陈家鼐为湖南支部长，何天炯为广东支部长。

△　外交部致日公使日置益节略，抗议青岛日守备司令官神尾光臣侵占青岛海关，要求迅予交还。

12月18日　日军在龙口、高密间架设电线。

12月19日　袁世凯申令：外省官吏对上年“赣宁之乱”，除首要者依法严办外，不得株连无辜，诬良邀功。

12月20日　由林献堂与日人板垣退助等首创之“台湾同化会”总会是日在台北成立。1915年1月26日，被台湾总督府以妨害公安为由命令解散。

12月21日　袁世凯公布《扩充民国三年内国公债债额条例》，规定扩充债额以800万元为限，本银以京汉铁路余利为担保，并由政府保息。

12月22日 袁世凯公布《私盐治罪法》，凡10条。

△ 中华革命党各省支部长在东京举行特别会议，推何天炯主席，原定讨论支部会议规定草案，会间发生争论，未得结果。

12月23日 袁世凯身着祀孔古装，模仿封建帝王，登北京天坛举行祀天礼。

12月24日 财政部天津造币总厂依照《国币条例》开铸袁世凯头像银币。嗣后财政部南京江南造币厂亦开始铸造。

△ 袁世凯任命鲍贵卿兼充陆军第三混成旅旅长。

12月25日 中华革命党湖南支部改选，覃振为支部长。

12月26日 袁世凯批准美国退还庚子赔款零款美金110万元拨充留美学费，并酌提款项拨充古物保存所经费。

12月27日 袁世凯令准币制局总裁梁启超辞职；同日又令币制局裁撤，归并财政部办理。

12月28日 参政会代行立法院职权开会四个月，已届期满，袁世凯下令宣告闭会。

△ 约法会议三读通过《修正大总统选举法》，选举法规定：总统任期10年并可连任，继任人由现任总统推荐三人，将其姓名“亲书于嘉禾金简”，密藏石室，届时交付选举。

△ 中华革命党总理孙中山致函邓泽如，改委邓为南洋各埠筹款委员长。同日又委王善继为河南军事联络员，白耀辰为关外军事联络员。

△ 日本拒绝北京政府管理青岛海关。是日驻青岛日本侵略军司令部公布海关临时规则六条，擅自开关收税。

12月29日 外交部次长曹汝霖通知日公使日置益，以青岛德军投降，决定声明取消鲁省所划战区。与此同时，驻日公使陆宗舆就此问题照会日本政府。日外务大臣加藤高明电示日置益，采取强硬态度阻止北京政府发表此项声明。

△　袁世凯公布《地方自治试行条例》，凡38条；《缉私条例》，凡八条；《证券交易所法》，凡八章35条。

△　袁世凯公布《修正大总统选举法》，凡15条。

△　肃政史傅增湘等呈准凡选举监督以下各职员，不得任用党人，已列名党籍者必先令其宣告脱离，方准任事。

12月30日　孙中山以国民党理事长名义致函坝罗同志，告以国民党改组为中华革命党，并通告海外各埠国民党支部、交通部，“如有未经加入中华革命党者，务希填写誓约，照总章重新改组，外虽不妨暂仍其名，内必一律厉行其实”。

12月31日　英文《北京日报》著文宣称《修正大总统选举法》无论有何缺点，“须知此选举法应中国之特需，由是观之，则此法诚有利于中国”。

是月　教育部拟定《整理教育方案草案》，提出教育三项要旨：一、注重自治教育，提倡民办教育；二、注重精神教育；三、注重全面教育，于学校教育外加入社会教育；并据此提出整理方案30条，其中第五条规定：“中小学校修身、国文教科书采取经训，以保存固有之道德，大学院添设经学院，以发挥先哲之学说”，经训“务以孔子之言为旨归”，大力提倡尊孔读经。

△　广东水上警察厅布告，本年共破获王铁军、邓同治、刘省吾、陈方公等革命党人机关10余起。

△　安徽省向北京政府呈报灾情，谓“今年夏秋之间，风、雹、旱、蝗灾荒，几及全省”，更以连年荒歉，急待赈济。

△　陕西省向北京政府呈报灾情，谓华县、略阳、平利、岐山、郃县、扶风、商南、醴泉（今礼泉）、武功等10县，本年7、8月间被雹被水成灾；又蒲城蝗灾，朝邑黄河决口。

△　直隶省向北京政府呈报灾情，以蝗虫、河堤决口“相继为灾”，请免宁河等47县本年各项钱粮。

△　甘肃省向北京政府呈报灾情，以渭源、狄道（今临洮）、陇西、临

潭、大通(今属青海省)、金县(今榆中县)水患冰雹为灾,请免本年钱粮。

△ 泰隆机器面粉厂创办于江苏无锡,资本20万元。1916年由茂新面粉厂租用,改称茂新三厂。

是年 5、6月间,直隶省临榆县(今抚宁县)商民为反对验契,全城罢市;永年县乡民因连年荒旱要求缓缴验契税,聚众数千人闯入县署;唐县乡民聚众抗缴验契税,包围县署,县警开枪镇压,打死10人。

△ 虞洽卿在上海创办三北轮埠股份有限公司,资本20万元。初仅轮船一艘,航行于上海宁波间。1918年资本增至100万元。1919年增至200万元。先后购买千吨级轮船六艘,航线亦增加长江、南洋、北洋等线,并兼航海参崴、仰光、日本、南洋群岛各地。在长江各埠设有分公司、码头仓库、趸船等,在长江航线中与招商局、英商太古、怡和、日商日清等家轮船公司竞争。

△ 英商香港染织厂迁上海,易名杨树浦纱厂,纱锭5.5632万枚。1921年该厂与公益、怡和二厂合并为怡和纱厂有限公司。

△ 日商在上海设内外棉第五厂、纺织第二厂。

△ 日商以75万日元在吉林省城开设火柴股份公司。

△ 辽宁盖县师范语文教员蒋荫棠作《苏武牧羊歌》,音乐教员田锡侯谱曲,先在盖县传唱,后遍及全国。

△ 读音统一会在京会员王璞等25人成立读音统一期成会,提倡在全国推行注音字母。

△ 王纯根主编《礼拜六》周刊于上海创刊。该刊专载才子佳人式爱情小说,撰稿人多为鸳鸯蝴蝶派。

△ 四川优级师范学校改称四川高等师范学校。1926年后改组为成都师范大学及成都大学。

△ 美国雅礼会与湖南育群学会于长沙联合创设湘雅医学专门学校。1924年改名湘雅医科大学。1929年改名湘雅医学院。

△ 周耀先于杭州创办哑童学校。

1915 年(民国四年)

1　月

1 月 1 日　袁世凯授国务卿徐世昌为上卿;政事堂左右丞杨士奇、钱能训,外交总长孙宝琦,内务总长朱启钤,财政总长周自齐,农商总长张謇,交通总长梁敦彦,清史馆馆长赵尔巽,审计院院长李经羲,税务督办梁士诒,蒙藏院总裁贡桑诺尔布,文官高等惩戒委员长周树谟,参政院副议长汪大燮为中卿,赵尔巽、李经羲、梁敦彦均加上卿衔;司法总长章宗祥,教育总长汤化龙,大理院长董康,都肃政史庄蕴宽为少卿,章宗祥、汤化龙加中卿衔。以作实行帝制之先声。

△　袁世凯颁布《附乱自首特赦令》,规定:凡在 1914 年 12 月 31 日以前,"犯附和乱党之罪,凡系被胁或系盲从,查无扰害行为,而实非甘心从逆者,无论在国内国外,得因其自首特赦之"。

△　袁世凯申令"注重国民教育……则必于忠孝节义植其基"。6 日,教育部据此拟定《提倡忠孝节义施行办法》,经袁批准,并令应将《孟子》、《论语》分别列入初等及高等小学教科书。

△　交通部令全国各铁路即日起实行统一铁路统计年报。是为我国铁路有统一会计统计年度之始。

△　吴淞、广州两处无线电局建设工竣,是日开始收发电报与海上

船舶通信业务，并公布《无线电发报章程》。

△ 福建省金门县正式成立。

1月2日 中华革命党总理孙中山委梁宗汉为湖北革命军司令长官。

1月3日 北京航空学校首届毕业生34人举行毕业典礼。

1月4日 驻京日公使日置益访外交次长曹汝霖，转达日本政府拒绝立即取消山东交战区域。曹以北京政府迫于山东各界及地方团体之强烈反对，要求日本谅解。7日，外交部照会英、日两国公使，正式声明取消山东交战区，并告以"贵国现在该区域内之军队一律撤退，以符尊重中国中立之意"。

△ 中俄蒙恰克图会议第22次会议，通过：一、承认外蒙有办理内政及订立工商条约权；二、中俄不干涉外蒙自治内政。

△ 中华革命党总理孙中山委李箕为广东游击司令。

1月5日 中华革命党总理孙中山委刘光为山东支部长。

1月6日 袁世凯颁布《权度法》与《权度营业特许法》。《权度法》规定采营造尺库平制与万国权度通制并行。

△ 署理贵州巡按使龙建章，沥陈黔省财政困难情形，每年流出千四五百万，收入不过二三百万，相抵不敷一千一二百万，"再过三年，全省之金钱，搜刮一空，遍地饥民，尽成乞丐"。呈请袁世凯拨留黔省盐税，以延黔民生命。当经袁批交财政部核议。18日，财政部呈准由部筹发80万元，以资协济，所请留黔省盐税，碍难照办。

1月7日 袁世凯令各省切实查禁革命党人各种印刷文件，"从严惩办"。

△ 外交部照会英、日两国公使，谓："现在战事已终，双方交战国之军事设备，已完全解除，自无再行使用龙口及胶州湾附近一带，为行军地点之需要。"声明："所有前次本国划出该项区域之通告，自应声明取消，回复原状。"

△ 教育部通饬各校一律禁用翻版图书，如有误用翻版图书者，应

随时纠剔，改用原本。

1月8日 日外务大臣加藤高明电示日置益公使，定期向北京政府提出“二十一条”交涉，催询已否约定会晤袁世凯日期，并电示“仍照原案及早尽速进行”。11日，加藤再次电示日置益，向北京政府提出“二十一条”时，尽量避免逐条讨论，应坚持按号(按:“二十一条”共分五号)交涉，一揽子解决。

△ 中俄蒙恰克图会议第23次会议，讨论北京政府驻库伦大员及其佐理专员所带卫队数目及俄国领事卫队数目等条款。

△ 中华革命党党员张拱辰等在南通举事，因计划不周，为人告密而失败，刘桂山、宋守仁、章荣等被捕。

1月9日 袁世凯令裁撤上海中立办事处。

△ 袁世凯授直隶巡按使朱家宝、江苏巡按使齐耀琳、广西巡按使张鸣岐为中卿。

△ 舆地学家杨守敬病卒。

1月10日 袁世凯批准奉天开办全省官地清丈局，清丈官地。13日，新民县乡民二三百人执械围攻该县清丈局，相持两昼夜，遭巡警镇压。

△ 南(昌)浔(九江)铁路竣工。2月4日全线通车。全长128公里。

△ 俄国诱使外蒙古地方当局订立银行条约，规定在库伦成立俄蒙银行第一分行，总行设俄京，资本500万卢布，该行有权在俄国铸造蒙古货币，并以限制北京政府在外蒙古设立银行为交换条件。

△ 中华革命党总理孙中山委刘大同为东三省支部长，何荫三为仰光支部长。

△ 日公使日置益复照外交部，拒绝取消交战区。并声明日军行动设施“不能因此通告受何等影响，亦不能因此而受拘束”。16日，外交部再次照会日使，重申7日声明。

1月11日 中华革命党总理孙中山委覃振为湖南支部长。

1月12日　财政部公布《稽查造币总分厂简章》，凡11条。

△　袁世凯令开去田文烈陆军中将，授为中卿。

△　袁世凯为维行政系统，申令各省巡按使，各省水利分局局长员缺，由各该巡按使择相当之员，商明全国水利局，联衔荐任。

1月13日　模范团团副陈光远率领该团第一期全体官兵至北京关岳庙宣誓，袁世凯派荫昌监誓。陈宣读誓词，谓："服从命令，尽忠报国，诚意卫民，尊敬长上，不惜性命，言行信实，习勤耐劳，不入党会。誓愿八条，甘心遵守，违反其一，天诛法谴。"

△　袁世凯以天津启新洋灰公司办理成效卓著，特授该公司经理陈惟壬、李士鉴四等嘉禾章。

△　袁世凯任命江瀚为参政院参政。

△　中华革命党总理孙中山委沈鸿柏为麻六甲支部长。

△　奉天本溪湖煤铁公司制铁所于1913年兴工，1914年12月工竣，是日开始生产，日产生铁130吨。1917年12月第二座熔铁炉投产。

1月14日　水利局总裁张謇向袁世凯呈报河海工程专门学校筹办情形，聘前江苏教育司长黄炎培为该校筹备主任。

△　财政部补订契税实施细则，通饬各省区财政厅转饬所属一体遵办。同日订定印花税法罚金执行规则，呈准通行办理。

1月15日　国务卿徐世昌为公开甄拔留学生订定《甄拔考验规则》八条，公布施行。

△　财政部币制委员会成立，以章宗元为委员长。凡币制重要问题，悉付该会讨论。

△　日公使日置益照会外交部，坚持关东州租借地列为日本邮政区域，谬称："该地邮便悉由帝国机关施行，故当然将该地认为帝国邮政之一区域。"

1月16日　外交部电令驻日公使陆宗舆向日外务省解释，山东战区必须立即撤销，如何撤兵仍可从长商量。

△　上海太古、招商等 17 家轮船公司堆装工人 600 余人要求增加工资，举行同盟罢工。

△　袁世凯特任蔡锷督办经界局事务。

△　中华革命党总理孙中山委卢师谛为四川革命军司令长官。

1 月 17 日　袁世凯令各省将军、都统、巡按使、护军使及京兆尹，肃清盗匪，勿养痈为患，为害地方。

△　财政部为统一各省勘报灾歉办法，特订定《勘报灾歉条例》，凡 18 条，呈准通行办理。

1 月 18 日　日公使日置益向袁世凯提出“二十一条”要求，要袁“迅速商议解决，并守秘密”。袁接阅后答称：“容详细考虑，再由外交部答复。”“二十一条”要求分为五号，主要内容是：第一号四条，承认日本继承德国在山东的一切特权并加以扩大；第二号七条，承认日本在南满和内蒙东部的各项特权（居住权、工商经营权、筑路和开矿权），旅顺、大连的租借期和南满、安奉两铁路期限延至 99 年；第三号二条，中日合办汉冶萍公司；第四号一条，中国沿海的港湾岛屿不得租借或割让给别国；第五号七条，中国政府聘用日人为政治、财政、军事顾问，中日合办警察和兵工厂，承认日本在武昌与九江南昌，及南昌杭州、南昌潮州间的铁路建筑权，并承认日人在华布教权。

△　晚，奉袁世凯之命，陆徵祥召集孙宝琦、曹汝霖、梁士诒举行秘密会议，孙主席，讨论“二十一条”。孙、曹主张只有接受，梁、陆则认为应该谈判。未能达成一致。

△　外交部为能加入欧战议和大会，合理解决山东问题，密函驻外各公使密探驻在国意旨。

△　袁世凯颁布修正《崇圣典例》，将原定“孔氏各项祀田，由各该管地方官清厘升科，归国家征收”，改为“祀田租税仍由衍圣公自行征收，并着各该管地方官妥为保护”。

1 月 19 日　袁世凯接见其日本军事顾问坂西利八郎，拒日对华“二十一条”要求，声称：“日本竟以亡国奴视中国，中国决不作高丽第二。”

△ 孙宝琦向袁世凯报告昨晚会议结果，并向袁请示，袁亦主张与日方谈判。当夜，孙即递辞呈，并向袁荐陆徵祥继任外交总长。

1月20日 日公使日置益亲往北京政府外交部补递“二十一条”条款，作为正式交涉根据。

△ 日公使日置益会见陆徵祥，商讨“二十一条”会谈时间，订于2月2日下午3时，首开谈判。

△ 《大中华》杂志在上海创刊，梁启超主编，并为该刊撰写发刊词。

△ 蓝公武针对袁世凯尊孔复古活动，在《大中华》杂志著《辟近日复古之谬》一文予以驳斥，指出尧、舜、禹、汤、文、武、周公、孔子之道，“非今所可奉以为教化之法则”，今日改革之道“不在复古，而在革新，不在礼教，而在科学，不欲以孔孟之言行为表率，而欲奉世界之伟人为导师”。

1月21日 据奉天巡按使署报称：革命党人在大连设立机关，首领孟冠州等，参加者五六百人。

△ 中华革命党总理孙中山批准军事部长许崇智等所拟《中华革命军委任通则》，并委庞三杰为鲁豫淮游击司令官，领导丰、砀（山）、沛三县起义。

1月22日 驻英日使井上胜之助会晤英外交大臣葛雷，将对华“二十一条”要求一至四号秘密通知英国。25日，日外务大臣加藤高明将上述内容通知驻日英使格林。

△ 东京《朝日新闻》印发号外，刊载日本对华提出“二十一条”要求。日本政府立即出动大批警察予以没收销毁，但消息终于外泄。

△ 北京《亚细亚日报》与英文《北京日报》首先刊载“日本又向外交部提出新要求”（指“二十一条”）之消息。31日，《亚细亚日报》译刊《朝日新闻》号外全文。为此，27日及31日，日公使日置益及使馆书记官小幡分别警告外交部次长曹汝霖及外交部，曹允商请内务部取缔。2

月 2 日，政事堂在各报刊登通告，严禁外交人员及各部院录事人等向报纸泄露中日交涉消息，违者依法惩治。

△ 中俄蒙恰克图会议讨论税则问题，中方主张中国商货完全免税，俄蒙主张值百抽五，意见不一，议而未决。

△ 袁世凯颁布《教育纲要》，申明教育宗旨为注重道德、实利、尚武，强调各校应“崇奉古圣贤以为师法，宜尊孔以端其基，尚孟以致其用”。

△ 教育部通告著作人及出版人，应激励真诚，共图利济，凡所营作，一以裨益社会为归。

△ 中华革命党总理孙中山委凌霄为贵州支部长；林天奇为吉礁支部名誉部长。

1 月 23 日 四川成都《国民公报》登载袁世凯亲信陈宧即将入川任职新闻，当日即被以“无端造谣，煽惑军心”罪名封闭，报社主笔潜逃。

1 月 24 日 英、法、俄驻华公使为“二十一条”事先后访问日使馆。英使朱尔典一再询问条款内容。日置益急电东京请示：万一英使复来追询第五号，将如何回答。次日外务大臣加藤电示：“一、严重提示中国政府泄露秘密后果；二、东京已于 25 日约见英使，只以第一至四号通告；三、万一朱使追问，可以个别悬案中二三事，系出于对华劝告性质，酌量回答。”

△ 中华革命党总理孙中山委夏尔玙为浙江革命军司令长官。

1 月 25 日 新任驻京德使辛慈向袁世凯呈递国书。

△ 中华革命党总理孙中山委徐苏中为江西支部长。

1 月 26 日 日外务大臣加藤电示日置益，“交涉迅速解决极为重要，中国政府希每周会谈一次，殊嫌缓慢。交涉一久，内容自然外泄，势将妨碍交涉进展，希贵官先要求中国政府对全部条款作主义上诺否的表示”。

△ 中华革命党总理孙中山委蔡济民为湖北革命军司令长官。

1 月 27 日 袁世凯特任陆徵祥为外交总长；孙宝琦为审计院院

长;李兆珍为参政院参政。

△　袁世凯令准审计院院长李经羲辞职,遗缺特任孙宝琦继任。

△　袁世凯授陆徵祥、联芳、宝熙、郭曾炘、熊希龄、李盛铎、张镇芳、宋小濂、姚锡光、周学熙、李家驹、严修为中卿;梁启超、赵惟熙、曹汝霖为少卿,加中卿衔。

△　袁世凯据财政总长周自齐所请,准将善后借款停止四省(直隶、山东、河南、江苏)保息。

△　财政总长周自齐通令革除老少盐名目,以后小民肩挑背负,如有违章逃税情事,得按违警罚处。

1月28日　第一师师长洪承点前以涉嫌"附乱"被通缉,是日袁世凯批令准予特赦,并销去通缉原案。

△　袁世凯任命徐廷荣为绥远陆军混成旅旅长。

△　中华民国政治顾问莫理循呈递备忘录,希望北京政府公布日本的"二十一条"要求,争取世界同情中国。

1月29日　中华革命党总理孙中山批准《中华革命军司令部通则》。

1月30日　袁世凯追赠赵秉钧上卿,宋教仁、沈秉堃中卿。

1月31日　中华革命党总理孙中山委林森为美洲支部长,冯自由为副。

1月下旬　统率处连接各地上将军及将军电询中日交涉近状及政府对策。袁世凯特谕该处复电,略称:"以外交政策自有相当办法,该上将军将军等应敬候中央政令,不得滥行干涉。"

是月　袁世凯长子袁克定邀宴梁启超,探询改变国体意见,杨度亦在座。

△　《科学》杂志在上海创刊,中国科学社主编。该刊以"传播世界最新科学知识为宗旨"。

2　月

2月1日　袁世凯为中日交涉问题，召集国务卿徐世昌及各部总长开秘密会议。会上各部代呈各省商学各界及华侨各团体联名电请政府抗议中日交涉，严辞拒绝日本一切要求之电文130余件。

△　财政、陆军二部会呈缉私办法，是日袁世凯批令：枭风猖獗之处，如有持械拒捕，准其格杀勿论；当场拿获准其就地惩办。

△　中华革命党通告海外党员严防袁世凯离间，并说明革命意义。

△　中华革命党总理孙中山委哈在田、臧在新、丁明钦、程壮、詹炳炎分任徐州、淮上、海州、通州、扬州革命军司令官。

△　中俄蒙恰克图会议第28次会议继续讨论税则问题。俄使提折衷修正案："中国商民运入外蒙货物，应照中国内地捐交纳；该内地捐价单，由外蒙官府规定，征求中国驻库大员同意"，货捐值百抽2.5。外蒙代表反对，谓货捐数目应由外蒙自定。讨论无结果。

△　山东峄县中兴煤矿矿井起火发生爆炸，炸死矿工400余人。

2月2日　外交总长陆徵祥、次长曹汝霖、秘书施履本与日公使日置益、参赞小幡酉吉、书记官高尾亨在外交部举行关于"二十一条"第一次交涉。会上陆主逐条按顺序详细审议，日使坚持逐号一揽子讨论。会间，陆对第一号第一条提出修正，即日本将胶州湾交还中国，中国同意将德国在山东其他特权让与日本，当即为日置益拒绝。

2月3日　日外务大臣加藤约驻日公使陆宗舆密谈，暗示不坚持"二十一条"中之第五号。陆致电外交部转达加藤旨意，并称："袁大总统如有意联交，即或遇革命纷乱之事，日政府自应中政府希望，尽力援助，并非干涉。"

△　日公使派使馆书记官高尾亨往访外交次长曹汝霖，指责北京政府对"二十一条"交涉故意迁延，催促从速进行。

2月4日　日外务大臣加藤电令驻俄大使本野、驻美大使珍田，将

“二十一条”一至四号秘密通告各驻在国政府。5 日，加藤又秘密将上述内容通告俄国、法国驻日大使。8 日，通告美国驻日大使。

△ 中华革命党总务部长陈其美离东京回沪策动各地讨袁军事，是日自沪致函黄兴，首述过去惑于孙文理想黄兴实行之非，次则胪举党人有负于孙文者五项，并劝其自美言旋，共肩艰巨。黄兴不应。

△ 中华革命党总理孙中山委郑炳垣为浙江革命军第一旅旅长，邵元冲、金维系分任浙江革命军绍兴、严州司令官。

2 月 5 日 中日“二十一条”举行第二次交涉。陆徵祥发表对全案的意见：对第一第二号部分条款提出修正，而对其余各号条款表示难以接受，并声明：“同意先就全部条款，分别说明意见，但中国政府于讨论细节时，逐条尚有意见提出。”日使要求北京政府提出修正案，陆允 9 日将修正案送日使馆。

△ 袁世凯接见中华民国政治顾问莫理循，谈话一小时，告知“二十一条”内容。

△ 税务处督办梁士诒商请外交部派员赴澳门查勘葡人新占、旧占界址。

△ 孙中山派邓铿等由日本赴南洋，宣传中华革命党改组之意旨。

2 月 6 日 日公使日置益致电日外务大臣加藤，报告两次“二十一条”交涉情况，提出为迫使袁世凯妥协，迅速全部地接受“二十一条”，要求授权对北京政府提出“严重警告”。7 日，加藤电复同意。8 日，日使访陆面告：“照上次会议中国政府所宣布的大纲，日本政府断不允接受。”并提出“警告”。

△ 袁世凯密颁军令，通电各省将军称，日来关于外交方面谣传甚多，所有各省军队务须严防煽惑，如有发生意外之举，即以该将军等是问。

△ 北京政府又接各将军巡按使等联衔密电，请政府宣布日本要求各条款之内容，以免纷纷猜疑，致酿风潮。7 日，统率处分复各省将军，略称：“此次交涉虽属困难，并不似所传之甚。政府现正审慎筹划，

决不轻弃主权。”

△ 教育总长汤化龙辞职未准。

2月7日 福建巡按使许世英昨今两日三次急电袁世凯，称闽省军警商民对中日交涉均极激愤，连日集议联合对策，若从严缔禁，恐激成反抗风潮，请示相当办法。袁复电指示设法劝导，力行防范，免生意外。

△ 中华革命党总理孙中山委黄展云继许崇智为福建支部长，王敬祥为神户大阪支部长，盛碧潭为浙江革命军宁波司令官。

2月8日 美国总统威尔逊为中日“二十一条”交涉致函驻华公使芮恩施，谓“余感觉对于现在之交涉，予中国以任何直接劝告，或任何直接干涉，均属害多益少，且将引起日方之猜忌及敌意，中国将首蒙不利。……现在余正慎重注意情形，准备步骤于适当时机行之”。

△ 川省都江堰工程年久失修，水溢成灾，署四川巡按使陈廷杰呈报都江堰工办理情形，并请设局遴员，予以疏浚修复。是日，袁世凯批令内务部全国水利局速议具复。

△ 袁世凯特任孟宪彝为吉林巡按使，并授少卿。

2月9日 外交部对“二十一条”提出第一次修正案，日使以未能全部接受日本要求，表示大为不满，并以不开议为要挟。北京政府对日妥协，“允将旅顺、大连、南满铁路展期99年，三、四两号亦允酌议”。经多次接洽，12日，日使始将一、二、三号修正案收下，转达日本政府。

△ 外交次长曹汝霖电驻日公使陆宗舆称：“此次提案时，日本公使声明一、二两号绸缪订约，三、四两号互换文书，五号系劝告性质，希望实行”，故对于五号拟“坚持不议”。

△ 《泰晤士报》驻京记者富莱兹在东京访问日本外相加藤高明，探询中日交涉日本所提要求真相。加藤透露除前密告驻日英使格林内容外，还有一些项目。

2月10日 英驻日大使格林向加藤外相声明：英国政府关于日本对华要求条款漏告第五号，深表遗憾。11日，伦敦《泰晤士报》驻北京记者端纳将“二十一条”全文电伦敦本社。

2月上旬　统率办事处密电直隶、湖北、奉天、山东、上海等省市，严防乱党以中日交涉为借口扰害租界，“应即严督所属各军警严行侦察缉办，以资防范”。

2月11日　留日学生千余人冒雨在东京集会，反对日本政府对华提出“二十一条”，大会决议：“（一）电请政府拒绝要求，并公布条件；（二）以文字警告劝导海内外国民；（三）拟定留日学生对外宣言；（四）设立分机关于京沪；（五）准备归国之办法。”14日选举驻京、沪代表。15日成立评议部。20日各代表由长崎归国，分赴京、沪等地。

△　欧事研究会李根源、程潜、熊克武等在东京联名通电一致对外，称：“吾人第一主见，乃先国家而后政治，先政治而后党派，国若不成，政于何有？”

△　驻荷公使唐在复签署荷京禁烟会议议决办法，并声明即日开始实行。

△　中华革命党总理孙中山委周知礼为云南支部长。

2月12日　驻日公使陆宗舆访晤日外相加藤高明，声明：“政府允议至四号，让步已达极点，万难再议五号。”加藤坚持商谈第五号条款。

△　袁世凯公布《修正国籍法施行规则》，凡13条。3月2日，内务部改订发给关于国籍之许可执照简章八则，通令京外各行政长官并咨由外交部转给驻外各使领署馆遵办。

△　财政部整顿铜元，订定限制铜元办法，凡铜元充斥者实行停铸，以稳定币制。

△　袁世凯聘梁启超为政治顾问。梁未受命。

△　孙中山委张静江为中华革命党财政部长，廖仲恺为副。

2月13日　财政部为各省查追官产，应归该管地方行政官厅办理，毋庸交由法庭审判。是日，袁世凯批示由部通行遵照。

2月14日　方梦超、潘梦民、黄毅等在上海发起组织对日同志会。

2月15日　外交总长陆徵祥会晤日公使日置益，婉请不议“二十一条”第五号，由日本撤回。日置益则称奉政府电训，对第五号极为重视，促速提修正案。

△ 中华革命党总理孙中山委军事部副部长周应时兼任江苏革命军司令长官。

△ 中华民国政治顾问莫理循将当日从袁世凯的秘书蔡廷幹处获得的“二十一条”英译本，转交驻京英公使朱尔典。17 日转交给《泰晤士报》记者端纳。24 日寄给《泰晤士报》外事版编辑斯蒂德。

2 月 16 日 日公使日置益访外交总长陆徵祥，一再迫议第五号，仍无结果。17 日，外交部致电驻日公使陆宗舆，谓“昨日日公使奉训条来称，中国政府不能商议第五号理由，日政府殊难了解，力请对于第五号中国政府允以可与商议云云，答以第五号碍难商议”。

△ 日本阁议通过对中国“二十一条”要求新修正案，加藤外相将新案训令日置益公使，后以迫议第五号无结果，未提交中国。

△ 中俄蒙恰克图会议第 31 次会议续议税则问题，中国专使声明，坚持在外蒙之中国商民应享不纳任何税捐之权。俄使坚持原议，称外蒙有自定货捐之权。外蒙代表亦称中国政府不应干预外蒙税则问题。税则谈判遂告停顿。

△ 袁世凯任命阿穆尔灵圭为镶蓝旗汉军都统。

△ 中华革命党总理孙中山委黄国华为福州革命军司令官。

2 月 17 日 日置益公使电日外务省，主张先退还中国之修正案，迫使中国允对第五号作商议。

△ 山西垣曲驻军一个支队哗变，击毙排长、什长，晋南镇守使董崇仁派兵弹压。

△ 袁世凯令准将“自制工品”择要酌量减免关税。

2 月 18 日 驻英公使施肇基与智利驻英公使艾德华在伦敦代表两国政府签订《通好条约》。

2 月 20 日 美驻日大使询问日本政府对华要求中是否有第五号。从是日至 27 日，日本政府将第五号分别秘密通知英、美、法、俄等国。

△　袁世凯任命陈宧会办四川军务。

△　巴拿马太平洋万国博览会在美国旧金山开幕，农商部派员参加。3 月 9 日，中国馆开馆。

2 月 21 日　加拿大温哥华华侨救亡会成立，以“合群御外，挽救危亡”为宗旨。25 日，公举陈道之为会长。28 日，开第二次大会，华侨 2000 余人参加，反对日本提出的“二十一条”。

△　新华储蓄银行在北京正式开幕。

2 月 22 日　中日举行第三次“二十一条”交涉，谈判第一号一、二两款，日要求一款缓议。中方接受第二款不将山东省内各岛屿及沿海一带土地让与或租与外国。

△　统率处通电江苏、广东、湖北、奉天等省将军，责成数事：一、中日交涉，不得妄事电争，顺从中央命令；二、必须严束军队，查禁谣诼；三、必须慎保外人，防范排外；四、必须严防“乱党”，以保治安。

△　日本提出“二十一条”后，袁世凯派政事堂参议金邦平赴日活动，是日金抵东京。

△　英驻日大使格林访加藤高明，表示在对华交涉中希望日本尊重英国在华既得权利及尊重中国“独立自主”。

△　税务处通电各海关，自 3 月 1 日起免征通花边等五宗物品出口暨复进口各税；外销草帽缏及地席减半征收出口税。

△　政事堂举行甄拔留学生考试，是日初试。其后经复试及两次口试，于 3 月 19 日揭晓，录取 151 名。

△　中华革命党总理孙中山委徐镜清为福建革命军第二师师长兼延邵司令官，沈国英为泉州司令官，江涛为兴化司令官，邹云彪为汀龙司令官。

2 月 23 日　袁世凯授胡惟德为中卿。

2 月 24 日　袁世凯颁布《修正觐见条例》，其中规定特任、简任、荐任“须于任命后觐见大总统”。

2 月 25 日　黄兴在美国为“二十一条”交涉与旅居南洋之李烈钧、

柏文蔚、陈炯明等往返函商，是日联名通电上海各报，谓“自后非有社会真切之要求，决不轻言国事”，主张“暂停革命”，一致对外。

△ 中日举行第四次“二十一条”交涉。日本坚持第二号“在南满洲及东部内蒙古享有优越地位”，陆徵祥提出东部内蒙古除外，会议无结果。

△ 蔡元培与李石曾等愤日人提“二十一条”欲亡中国，在法国巴黎组织“华人御侮会”。

△ 袁世凯以预算不敷，谕令国务卿徐世昌裁汰冗员。

△ 中华革命党总理孙中山委林德轩为湖南革命军司令长官，祁耿寰为关外革命军司令长官。

2月26日 约法会议自去冬闭会后，是日始行复会，由议长孙毓筠主席，讨论国民会议组织法案，交付审查委员审查。

△ 日军在山东益都金岭镇至铁山修筑轻便铁道竣工，该地居民集会反对，派代表赴省呈诉。

2月27日 教育总长汤化龙以留日学生有全体回国共赴国难之议，特饬学生监督劝留日学生忍辱负重，力学救亡，“勿以一时之激刺，致干旷学之戾”。

2月28日 中日举行第五次“二十一条”交涉，续谈第一号三、四两款，北京政府允许如需用外款建造烟台或龙口接连胶济铁路之时，倘德国愿抛弃借款权，则尽先向日本借款，但未定案。关于第二号之优越地位及东部内蒙古问题，续行讨论，陆徵祥亦未允认。

△ 欧事研究会会员钮永建在纽约第二次救国大会上演说，呼吁全国人民，“不论何党何派，应协力一致为政府之后援，俾政府得以全力为对日之交涉”。

是月 袁世凯密令直隶等省将军，严防乱党以中日交涉为借口扰害租界，“应即严督所属各军警严行侦察缉办，以资防范”。

△ 东京留日学生总会集会，推举早稻田大学留学生李大钊执笔草拟《警告全国父老书》。6月，由李编印《国耻纪念录》，揭露“二十一

条”侵华实质，号召国民奋起自救。

△ 袁世凯颁定“教育要旨”，为“爱国、尚武、崇实、法孔孟、重自治、戒贪争、戒躁进”七项。

△ 教育部核准上海神州法政专门学校立案。

△ 中华医学会在上海成立。11月创刊《中华医学》杂志。

3 月

3月1日 留日学生回沪代表以全体留日学生名义发表《泣告全国同胞书》，揭露日本政府灭亡中国野心。表示拒绝日本“二十一条”要求，“宁为亡国前之雄鬼，不为亡国后之遗民”。

△ 江苏银行总行由苏州移设上海，是日开幕，资本定额100万两。

3月2日 上海“国民对日同志会”发布会员规约，宣称：“本会以结合群力，拥护国权为宗旨，凡本会会员必具爱国之决心，若遇国家外交受无理之胁迫时，誓以死救国。”

3月3日 中日举行第六次“二十一条”交涉。第一号第四款议定，中国允将山东省内主要城市辟为商埠，所有应开地点及章程，与日本公使预先妥商决定。第三款后议。第二号旅大租借期限及南满铁路退还期限允展至99年。安奉铁路延期问题争辩无结果。

△ 中华革命党总理孙中山委许崇智、何天炯、叶夏声为南洋特务委员，谭根为航空队司令长官。

3月4日 革命党人、前四川民政长张培爵从事反袁活动，1月上旬在天津被捕，旋即解北京军政执法处，是日被杀害。

△ 北京政府代表海关监督安格联与俄国政府代表格雷夫在北京签订《关于中俄陆路通商章程第十四条所载免税物表之协定》。按照该协定，中俄又于7月27日在哈尔滨签订退还关税章程七条。

3月5日 日外务大臣加藤高明致电日置益公使，谓为迫使北京政府全部接受“二十一条”要求，将以换防名义向东三省、山东及京津地区增兵，进行武力威吓；并训令日置益促陆徵祥迅速“和平圆满地解决此次交涉”，否则，“日本政府不得已将采取必要手段”。

△　外交次长曹汝霖致函驻日公使陆宗舆，告以袁世凯派日籍顾问有贺长雄就中日“二十一条”交涉问题赴日活动，“游说元老”。

△　驻日公使陆宗舆电外交部报告有贺长雄在日接洽情形，略称：“松方(正义)自有贺报告后，谓中日邦交当惟大总统是赖，如五号一、三、四款有妨总统体面地位，当与山县(有朋)协力忠告政府，并劝止勿用武力伤感情。山县则谓旅大南满延期，誓达目的，用兵亦所不避；满蒙居住贸易可修正条件，使无妨中国主权及各国均等之约。”

△　袁世凯特任周自齐署理农商总长，周学熙署理财政总长。

△　司法总长章宗祥以选举、贪墨、赌博诸弊端最关治乱，饬令总检察厅转饬所属务宜注意，实心毅力，锐力排除。

3 月 6 日　中日举行第七次“二十一条”交涉，续谈安奉铁路展期、南满东蒙杂居问题，双方争持均无结果。

△　夜，中华革命党两湖招讨使罗石相率领部众 60 余人入湖北沔阳县城，破县署，释监犯，旋以无援自动撤离，罗等 10 余人先后在汉口被捕遇害。

3 月 7 日　袁世凯据陆军总长段祺瑞等所请，下令特赦黄英、范贤方、林支宇等 15 人，并一律销去通缉原案。

3 月 8 日　中俄蒙恰克图会议第三十五次会议，通过外蒙界线条文。其与中国之界限，以喀尔喀四盟及科布多所属，东与呼伦贝尔，南与内蒙，西南与新疆省之戈壁，西与阿尔泰接界之各蒙旗为界。正式划界由中俄两国及外蒙代表会同办理。

△　日公使日置益就“二十一条”事访曹汝霖，面告带有恫吓的声明道：“会议迁延，使日本国军民，势难再忍，若于数日内对于重要各条无满意之承认，恐生不测之事！”

3 月 9 日　中日举行第八次“二十一条”交涉，北京政府作重大让步，对旅大及南满、安奉两铁路租借期均延至99年。

△ 外交部致电驻日公使陆宗舆，令探听日方消息，谓“南满换防，本应四月底举行，此次提前换防，是否含有他种野心，抑仅作虚声，详探电复”。

△ 中华革命党总理孙中山致函南洋同志，谓：“弟睹祖国之濒危，与海内外同胞所受之苦痛，以为非急倒彼恶政府无以挽救，而往事之失，则当引为鉴戒，是以一面日图进取，一面重整党务，以企完全负责统一进行。”

△ 孙中山命中华革命军事部长许崇智等自日本赴南洋联络同志，扩大党势。

3月10日 英驻日大使格林照会日本政府，提出日中“二十一条”交涉中第五号有关南昌至杭州、武昌至九江、南昌至潮州等铁路权，中英已订有成约，要求日本注意。

△ 日本内阁会议决定在东三省、山东、京津地区增加军队，对中国进行恫吓。11日，日本颁布“南满驻屯军”换防令。从3月中旬至下旬，日本向山东、东三省等地增兵。

△ 驻日公使陆宗舆电外交部告以访晤日外相加藤情形，略称：“加藤谓中国政府真以诚意相见，余甚满足。深望来次会议，从速进行，自即圆满解决。”“此外，东蒙要件不能不议，三号当易商议，五号虽推诚后议，却不能全置不谈。”

△ 袁世凯通令严禁官吏违法为亲故关说请托，以澄清仕路，使“用人者各举其职，居位者悉当其才”。

△ 浙江绍兴船户千余人至警署请求免捐，岗警开枪恐吓，船民一拥入署，捣毁器物，折断枪支。县署派军队镇压。

△ 孙中山命中华革命党党务部发出通告，揭露日本“二十一条”要求与袁世凯阴谋称帝的关系，号召党员积极讨袁。

△ 山西省撤销清源、平顺、马邑三县。

△ 内务部呈山西省各县要津地方设置县佐，共36缺。

3月11日 中日举行第九次“二十一条”交涉，中国允许日方将前订安奉路99年期满无价交还事项删除。

3月12日 袁世凯颁布《国民会议组织法》，凡六章31条。

△ 政事堂电布各省，称“一切排日举动务应力为谕止，现在交涉未了，民气不宜嚣张”。

△ 中俄蒙恰克图会议第36次会议，重行讨论税则问题，仍无结果。

△ 中华革命党总理孙中山委熊秉坤、王华国、刘英分别为湖北第一、二、三区司令官。

△ 湖南乾城煤矿工人因反对延长工作时间，要求增加工资，举行罢工。矿警将熊得生等三人逮捕，激怒工人焚毁警署，救出熊等。县知事派警备队弹压，工人相率避贵州松桃县境。

3月13日 中日举行第十次“二十一条”交涉，北京政府代表继续对日妥协，按照日本要求完全同意旅大租借地及南满、安奉铁路展期99年，并将南满铁路原合同36年后给价收回一节取消。日方态度忽趋强硬。

△ 外交部照会日公使日置益，声明日本渔船不得越界渔捞。

△ 菲律宾小吕宋华侨救亡团致电北京政府，谓：“日人无理要求，请拒绝，宁战毋让，侨誓以生命财产为后盾。”

3月14日 日本增派侵略军三万人来山东等地进行威胁。22日，北京政府外交部照会日公使日置益，质询增兵原因。

△ 袁世凯通令各地方官对于整理场运，巡缉私盐各事宜，均应协力维持。各该巡按使表率僚属，责无旁贷，遇有协力盐务不力之县知事、县佐，立予参劾。

△ 袁世凯批令江苏将军冯国璋法办江北巨匪千里驹。

3月15日 全国水利局总裁张謇创办之南京河海工程专门学校是日正式开学。

△ 都肃政史庄蕴宽、肃政史王瑚等以交通部事权未统一，情面未

破除，弊病未剔革，以致路政不修，特呈请大总统饬部彻查纠正。

3月16日　中日举行第十一次"二十一条"交涉，中国允许在南满、东蒙建造铁路日本有借款优先权。

△　"劝用国货会"在上海宁波同乡会议事厅开成立大会，公举虞洽卿为会长。

3月17日　袁世凯派国务卿徐世昌至北京孔庙代行春丁祀孔礼。

△　日置益坠马受伤。18日，陆宗舆电外交部称："小池言：日置乃轻伤，来周仍可列会，小幡可先与曹次长接谈。"

△　吉林驻军第二十三师改编为两个混成旅，以裴其勋、高凤城分任第一、第二混成旅旅长。

3月18日　上海绅商学界反对中日"二十一条"交涉，在张园开国民大会，与会者三四万人，通过提倡国货、设公民捐输处等项决议。次日，"国民对日同志会"等团体致电袁世凯，谓"民等宁为战败忠魂，不作亡国奴隶，务乞速作战备，捍卫国家，人民誓死以赴国难"。

△　约法会议闭幕，议长、副议长、议员及国务卿、各部总长均到会，议长宣读袁世凯3月14日准约法会议咨请于3月18日闭会之申令，国务卿代表袁世凯致颂词，议长代表全体议员致答辞。

△　奉天将军张锡銮电告北京政府，日军300名侵入奉天省城，另有1500名分驻铁路沿线。

3月19日　外交部致电驻日公使陆宗舆，谓："日来据各方面报告，日本派多数军队向东三省、山东、津沽等处出发……希以政府训条向外部面询此次派兵用意之所在，以便安慰人心。"

△　袁世凯密电各省将军、巡按使，中日交涉前途无论如何困难，宜防制人民，不得轻举妄动。

△　中俄蒙恰克图会议第三十八次会议，仍议税则问题，中国与俄蒙各持己见，互不让步。

△　袁世凯以"要结乱兵，擅离职守"罪名，将前西藏办事长官钟颖处死。

△ 孙中山致函康德黎夫人，请劝英人勿助袁世凯，谓如英助袁，等于间接助德，将会丧失英在中国之地位。

3 月 20 日 中日举行第十二次“二十一条”交涉。因日公使日置益坠马伤足，日方以使馆书记官小幡酉吉为临时全权代表，继续迫议在东部内蒙古享有特权利益问题。

△ 财政部公告，赔偿英、德、法等 13 国因辛亥革命所受损失金额，共规银 5080241.92 两。

△ 内务部遵议僧侣传授法戒，应任信教自由，依法保护，呈准施行。

3 月 21 日 农商部拟订各省财政厅长兼理矿务职守规则，呈准内务部通行遵办。

3 月 22 日 中俄蒙恰克图会议第三十九次会议续议税则问题。

△ 司法总长章宗祥通饬各级监狱，应施监狱教诲，授以谋生之术，启其向善之机。

△ 旧金山华商总会飞电各处，宣称抵制日货，是日致电广州商会、报界公会转华安公所，告以“敝处停办日货，乞鼓吹继续进行，力争国体”。

△ 袁世凯授陆荣廷为陆军上将。

3 月 23 日 陆徵祥、曹汝霖、施履本至日使馆，就日置益病榻举行第十三次“二十一条”交涉。中国允许改订吉长铁路借款合同；日本对东三省南部税课抵借外债或聘用顾问有优先权及指定区域内有开矿权。

△ 驻京美公使芮恩施访晤袁世凯，交换对日交涉意见，袁以为美国若能予以协助，则一切危机，可能大部消除。

△ 外交部及统率办事处通电各省，报告“二十一条”要求交涉情形，声称中日交涉开议，相持匝月，迄无头绪，现定敬日（24 日）再议，“务期勿损国体，勿失土地”。

3 月 24 日 驻日公使陆宗舆晤日外相加藤高明，面诘增兵理由。

加藤声称系部队交替，稍增人员；又称“中国各处有排日骚动，自须相当警卫”。加藤并声言在满蒙拟请再开27处商埠。

△　财政部呈准在中国银行内专设一处办理货币交换事宜，并在各省设立货币交换所，使杂币得与银元纸币出入交换，以利货币流通。4月1日中国银行货币交换所筹办处开办。

△　袁世凯任命赵椿年会办中国银行事宜。

3月25日　袁世凯通令各省严禁人民抵制日货。着各将军、巡按使“认真防范，倘有乱徒假托名目，扰乱治安，着即严拿惩办”。按：日本向袁世凯提出“二十一条”要求后，北京、上海、汉口、广州、奉天、吉林、哈尔滨等地先后掀起抵制日货运动，迅速弥漫全国，日本对华输出商品锐减。1914年5月日本对华输出商品为1523.8万元，1915年5月减至939.5万元。

△　财政部以袁世凯3月10日申令：“嗣后各官吏有违法关说请托者，均准接受之人举法”，是日通饬属裁汰冗员，“自此次通饬以后，该厅长等务须实力整顿，勿再瞻顾情面，率引冗员滥竽充数”。

△　袁世凯公布《军刑改遣易棍条例》，规定犯陆军刑事条例无期徒刑及处三等以上有期徒刑者，得因其情节改为发遣；犯陆军刑事条例四等以下有期徒刑者，得因其情节易以棍刑。

3月26日　中俄蒙恰克图会议由于税则问题久议未决，中国专使陈箓电外交部请暂时撤使停议。

△　孔丘“忌日”，北京孔社举行纪念会。4月29日，该社成立二周年，开大会六天，举办图书展览及讲经等活动。

△　盐业银行开业，资本500万元，官股200万元，商股300万元，总行设北京，张镇芳、袁乃宽为正、副经理。

3月27日　中日“二十一条”交涉继续进行，中国提第三次修正案，允许日本臣民在东三省南部地方内地居住或经营生业，但应服从中国警察法令，完纳一切赋税；如有民刑事诉讼，由中国法官审判，日方可派官吏听审。日方仍不同意。30日会议，日方态度转趋强硬，杂居之外，要求添开商埠，领事裁判则坚持向例，第三号亦甚坚持。

3月28日 袁世凯派陆军总长段祺瑞至北京关岳庙代行合祀关岳礼。

△ 台湾台北新庄人杨临密谋起义抗日，事泄，被日人捕杀70余人，是为“新庄事件”。

3月29日 上海商界百余人在民国路举行第二次抵制日货大会。

3月30日 袁世凯申令告诫官吏戒偷惰，戒瞻徇，戒奢靡，戒嬉游，永作官箴。

3月31日 税务处督办梁士诒令饬总税务司安格联严缉私运吗啡、高根(可卡因)。

△ 袁世凯派梁启超考察沿江各省司法教育事宜。梁未受命。

是月 孙中山致函黄兴敦劝即日归国讨袁。函中论述“二次革命”失败原因，提出“癸丑之役，文主之最力，所以失败者，非袁氏兵力之强，实同党人心之涣”。并述及讨论起兵讨袁时与黄兴之意见分歧，“推原其故，文之非欤，公之咎欤?”认定黄兴应负失败责任。

△ 德国使馆参赞巴本希姆偕德人七名、汉人四名、蒙人一名，携带骆驼20只暨飞艇炸药等物，至内蒙谋招巴布扎布匪帮炸毁西伯利亚铁道，以断日俄交通。巴匪佯许以2000人相助，同时又阴令部下将此情况驰报海拉尔俄国领事，俄领事令速将德人等击毙，焚尸灭迹。巴匪遵照俄领指示即将德人等全部歼灭。德人所带银钱10余万及驼马、护照、军械等，由俄领悉交巴匪，分赏余党。

4 月

4月1日 中日“二十一条”交涉继续举行，中国提第四次修正案，将日所提原案第二号之二、三款关于南满杂居问题，除土地所有权改为土地租借权；耕作土地加“另订章程”字样外，余均与原案同。惟附加一条，声明中国政府委曲求全之办法。

△ 袁世凯颁布《四年内国公债条例》，定额2400万元，用于“整理旧债，补助国库”。

△ 奉天省设立全省官地清丈局，拟订《奉天全省官地清丈局章程》，清查官地。

△ 中华革命党总理孙中山委陈民钟为怡朗支部长。

△ 孙中山嘱中华革命党总务部副部长谢持：“凡属江浙方面关于军事者，一律令于上海接洽。”

4月2日 袁世凯令准甘肃靖远等县民国二年秋灾中被冰雹旱灾地亩蠲缓豁免钱粮。

4月3日 中华革命党总理孙中山委曾杰为河南革命军司令长官。

4月4日 中华革命党军务部长许崇智等抵芙蓉，携有孙中山致邓泽如函，告以“兹派许君崇智等南来，联络同志，扩张党势，并报告进行各情，到时请为接洽，并带往各埠介绍于各热心同志”。6日，邓泽如偕许崇智等赴巴罗，数日之间，晤区慎刚、郑螺生等，遍历高烟、巴厘、沙叻、吉隆坡、芙蓉、挂罗庇胜、麻六甲、新加坡诸埠，并往荷属诸埠。

4月5日 浙江将军朱瑞电呈，孙文派人携款分赴沿江沿海各省，“乘中日谈判之机，图谋扰乱……冀酿重大交涉，以便两月内起事”。已侦破宁海、嘉兴等处中华革命党机关，“获犯薛常火、何贤能、周鼎臣、程训颐等，起出誓约、志愿书，并伪委任状……业经讯明先后枪毙”。是日，袁世凯特令各省将军巡按使“严加防缉”。

△ 中俄蒙恰克图会议第四十一次会议通过税则条文，规定中国商民运货入外蒙，须按外蒙各项内地货捐一律交纳；外蒙商民运货入中国内地，亦应按中国所设各项货捐交纳；洋货由外蒙运入者，须照光绪七年陆路通商条约办理。

△ 袁世凯对经考试及第之留学生胡文耀、翁文灏、戴修瓒等151人，分别授予官秩，并令各机关妥慎遴用。

△ 袁世凯令准长江巡阅使张勋将武卫前军改编为“定武军”。

4月6日 袁世凯日籍顾问有贺长雄为中日“二十一条”交涉，回国游说“元老”，是日致电政事堂参议曾彝进告述活动情况，谓“松方意欲履行秘密一事，而以谈判未结，有所不便，极盼适当机会发生”。9日，曾复电，谓：“中国政府切望速行解决，只须日政府训令日置使，稍为让步，速予同意，便可了结”。

4月7日 财政部、陆军部、上海制造局与上海顺发洋行签订借款规平银435547两合同。

△ 陕西澄城县乡民权清彦等反对验契，聚众数百入城抗官劫署，道尹率警镇压，权清彦被捕遇害。

△ 中华革命党总理孙中山委萧佛成为暹罗支部长。

4月8日 虞洽卿等在上海发起中华救国储金团，该团以“国民协力保卫国家”为宗旨，“冀达人人爱国，人人输金之目的”。一个月间全国成立储金分事务所250余处。

△ 袁世凯授王士珍为陆军上将。

△ 旅京粤绅梁敦彦等以广东赌博最害人者为白鸽票及番摊，呈请大总统严饬永远禁绝，并不准设立名目，影射开设，以杜乱源。

4月9日 中日“二十一条”交涉，外交部对南满、东蒙杂居问题再提修正案，并附理由说帖称：“日本政府应鉴中国政府之诚实，不应再借口领事裁判权，而并此最让步之办法而亦不承认也。”日使受而未答。

△ 中华游美实业团团长张振勋、副团长聂其杰率代表团17人，应美商之请，由上海启程前往美国参观巴拿马太平洋万国博览会，并考察商务。

△ 中华革命党发布《为揭破中日黑幕以告国人书》，揭露袁世凯以日本赞助帝制，驱逐留日革命党人为承认“二十一条”之交换条件，号召党人“力行革命，推翻袁氏恶劣政府”。

△ 上海中国银行开始代收救国储金。上海设立事务所主持救国储金事务，各地已成立分所达70余处。

△ 袁世凯任命陆承武为陕西陆军第一混成旅旅长。

△ 袁世凯令免周学熙参政职，并准瞿鸿禨、严修、柯劭忞辞参政职，遗缺任命王祖同、凌福彭、王劭廉、张凤台接充。同日又任命徐鼐霖、齐耀琳、袁金铠署理参政。

△ 四川春旱严重，为数十年所未有，是日袁世凯令准拨银10万元，并准拨用路款赈济。

4月10日 中日举行第二十一次“二十一条”交涉。关于南满、东蒙杂居问题，日置益谓未奉政府训条，搁置未议。关于第五号中福建一款，中国允诺日后照日方意愿另行声明。其他各款坚持不议。

△ 驻日公使陆宗舆电外交部称：“有贺密告，松方甚感大总统盛意”，“松方并言万一谈判决裂，愿自行赴华解决，以全邦交。”

△ 是日至17日，吉林省城学生连日上街游行，反对“二十一条”，并组织“国货维持会”，掀起抵制日货运动。

△ 中华革命党总理孙中山准湖北革命军司令官蔡济民调整湖北革命军各区司令官，以赵鹏飞、熊秉坤、刘英、曾尚武、王华国分任第一、二、三、四、五区司令官。

4月12日 袁世凯任命李士伟为中国银行总裁，免去其参政本职，所遗参政之缺，由萨福楙接充。

△ 参政钱恂以浙江文澜阁所藏四库全书尚缺200余种，拟予补抄完全，是日经袁世凯批令准其前往文津、文溯两阁传抄。

△ 美国在长沙设领事馆，派代理上海会审公堂陪审官约翰生为领事。

△ 中华革命党总理孙中山委陆孟飞为英国利物浦支部长。

△ 中华革命党总理孙中山准委魏诚为江西筹饷局长。

4月13日 袁世凯通电各省将军、巡按使，略谓：“中日交涉刻正和平进行，我政府对于主权之侵害及与最惠国条款有妨碍之要求，业已竭力防遏。”

4月14日 袁世凯颁布《地方自治试行条例施行规则》，凡32条。

4月15日 中日举行第二十三次“二十一条”交涉，日使提议东蒙问题,中国代表仍持不能与南满并论之旨。嗣谈杂居问题,日使则谓未奉训令,不与商谈。

4 月 16 日 中华革命党总理孙中山委夏之麒为江西革命军司令长官。

△ 袁世凯以审计院院长孙宝琦请假,令着徐恩元暂行兼代审计院院长。

4 月 17 日 中日举行第二十四次“二十一条”交涉,日使仍迫议“东蒙”问题,中国方面仍坚持东蒙与南满不能并论。日使声明“各事讨论,须俟政府训令”,会议就此中止。

△ 中俄蒙恰克图会议,俄使提出为保存内外蒙人民游牧,中国政府不在与外蒙交界之各旗殖民之要求。中国专使陈箓坚拒,会议遂告停顿。

△ 司法部通饬所属,规定律师回避事项。律师执行职务时,如与审检厅长或厅员有家族(祖孙、父子及胞伯叔、胞兄弟之属)或姻亲(母之父及兄弟、妻之父及兄弟、嫡亲姑舅之子、己之女婿嫡甥及儿女姻亲之属)关系者,应即行声请回避,不得在该厅管辖区域内执行职务。

4 月 18 日 山东济宁官吏强制推行印花税,全城商号 2000 余家全体罢市。

△ 袁世凯颁布《电信条例》,凡 22 条,规定“电信由国家经营”。

4 月 19 日 袁世凯派章宗祥充第四期知事试验主试委员长。

4 月 20 日 日本阁议密定对华交涉让步条件。21 日,陆宗舆电告外交部称:日阁议让步条件,内容为:1. 胶澳还中国,开为商埠,日本设专管租界;2. 南满警察规则,须与日本协议,裁判仍行会审;3. 东蒙以四项条件解决:增开商埠;铁道不许与他国;租税不供担保;合办农业。4. 汉冶萍由人民协议,政府惟同意尽力。四号宣言已足。5. 福建因万国抗议,日已向美说明不许他国有军事经营,至经济经营则仍均等。五号各条只留会议记录,不强要求。

△ 袁世凯令准财政部所请,将会计年度改为自四年起,以每年 1

月 1 日开始至 12 月 31 日终止。

△ 袁世凯任命蔡成勋为陆军第一师师长。

△ 袁世凯令授绍英为中卿。

4 月 21 日 北京政府派毕桂芳赴新疆伊犁会勘霍尔果斯河中俄河界。

△ 江南留鄂第一师改为陆军第十一师。

4 月 22 日 袁世凯策令:南通县教育实业,及一切自治事宜,为全国之冠,农商总长张謇兄弟毅力热忱,洵堪矜式,着特给"观乡知道"匾额一方,以为热心自治者劝。

4 月 23 日 驻日公使陆宗舆电告外交部称:"顷悉元老与政府协议如下:日本将胶澳宣言交还中国,必一改从前态度,对我为大体之赞成。但改订要求中关于中国主权之点,特须考虑。"

△ 全国教育联合会于天津召开第一次会议,与会代表 51 人,代表 18 省区。该会以"体察国内教育状况,并应世界趋势,讨论全国教育事宜,共同进行"为宗旨。会议通过将义务教育列入宪法,请设各省教育厅,改三学期为二学期等提案。5 月 12 日闭会。

4 月 24 日 陆宗舆电外交部称:"有贺君云:日内阁一变态度,轻减要求,虽有他因,而却以元老监制不能行最后手段之故。深望中国亦一变态度,顾全元老面子。"

4 月 25 日 袁世凯谕令曾彝进电有贺长雄,嘉勉其为"二十一条"奔走之功绩。

4 月 26 日 中日"二十一条"交涉自 17 日中止后,是日日使日置益复请谈判,并提出最后修正案 24 款,促北京政府速表同意。修正案将原案第五号改为照会或外交总长之声明方式,取消第三款合办警察及第二款寺院,第二号新增东部内蒙古要求四款。日置益声明"如中国政府将二十四款完全承认,则日本政府拟将胶州湾一带之地,以适当机会,附加条件,交还中国政府"。

△ 中华革命党总理孙中山批准伍云坡代理广东支部长,龙光继

任四川支部长。

4 月 27 日 袁世凯令准张謇辞农商总长职务，仍任全国水利局总裁。

△ 袁世凯任命张謇为参政院参政，因张謇请假，以徐鼐霖署理。

△ 袁世凯特任周自齐为农商总长，周学熙为财政总长。

4 月 28 日 陆宗舆致电外交部，告以"顷急派周秘书赴英馆密告扬子铁路新案情形(按:指 4 月 26 日日本所提出'二十一条'最后修正中有关武昌至九江、南昌至杭州等铁路权条款)，并探问意见。英大使甚感，特面告云:三日前英政府有一公文，详载扬子路线中英已有成约，请日政府注意"。30 日，陆又电外交部，谓"南省铁路，已将中日并无约言一层密告英馆，使有准备"。

△ 袁世凯以江苏宿迁等 24 县成灾歉收，申令蠲免本年钱漕，以纾民力。

△ 财政部设立全国烟酒专卖局，是日奉袁世凯批准，并任命钮传善为总办。

4 月 29 日 袁世凯申令整饬司法，着司法部及各省对法官"认真考察，不稍姑容"；"凡推检各官，治事未当，狱失其平，立予按法惩戒。其积案不办，托词玩忽者，亦须切实稽查，随时督责"。

△ 袁世凯派蔡乃煌充苏、赣、粤三省禁烟特派员。

△ 会办四川军务陈宧率伍祥祯、冯玉祥、李祥芝等三旅抵重庆。是为北军入川之始。

4 月 30 日 教育总长汤化龙呈拟义务教育施行程序 31 条，经袁世凯批准施行。

4 月下旬 袁世凯酝酿帝制，梁启超备悉其事，致函劝其悬崖勒马，急流勇退。函称:"国体问题已类骑虎……启超诚愿我大总统以一身开中国将来新英雄之纪元，不愿我大总统以一身作过去旧奸雄之结局。"

5　月

5 月 1 日　外交部备文答复上月 24 日日使提出之修正案并说明无可再让之理由。日本外务省召集会议，决定发出最后通牒。

△　苏赣粤三省禁烟特派员蔡乃煌与英商沪港烟土联社各商行、公司签订《苏赣粤三省禁卖土烟合同》。其中规定，联社自愿捐款赞助北京政府在该三省严查违法售卖土烟，使现存沪、港 6000 箱印度鸦片能尽早售卖。本合同 1917 年 4 月 1 日起生效。

△　广州商民因财政厅抽收品茗捐全体罢市，持续 5 日，各茶馆派代表与财政厅交涉，该厅被迫暂行缓办，商民复业。

△　南京屠户因反对屠宰税罢市。

△　江苏扬州商民反对征收落地税全体罢市，县知事被迫允从缓办，次日开市。

△　袁世凯任命陈宧署四川巡按使。

△　袁世凯任命黎天才为陆军第十一师师长。

△　日本政府任命陆军上将安东贞美接任台湾总督。

5 月 2 日　驻日公使陆宗舆电外交部称："顷探闻今日阁议，将于明日开御前会议，发最后通牒，有限期之说"；"有贺被政府派警护卫，拘束行动。"次日，陆又电外交部称："又探闻日政府系先发警告，看中国形势。"

△　领参谋总长事黎元洪、管理将军府事务陆军总长段祺瑞、海军总长刘冠雄率参谋陆海军三部职员等赴关岳庙举行宣誓，以示军人忠诚卫国。

5 月 3 日　财政部全国烟酒公卖局正式成立。30 日，公布《全国烟酒公卖局暂行章程》、《全国烟酒公卖暂行简章》。

△　贵州巡按使龙建章，调查黔省情形，拟具察吏、慎刑、除暴、理财、教育诸项整理办法，分目前与将来二计划。其目前计划为举办蚕

业，举办棉业，强迫垦殖，提倡民矿，推广官矿，筹设兴业银行七端。至于将来计划，为疏通航运，举办森林，开采煤铁各矿，设立高等矿业学堂。是日经袁世凯批交内务、财政、陆军、司法、教育、农商各部核议。

5 月 4 日 日本召开内阁会议、元老大臣会议，决定对华发出最后通牒并取消第五号。是日，陆宗舆致电外交部，谓“顷见新闻号外，有发最后通牒，事机切迫，请速示方针”。

△ 袁世凯申令准前任江西民政长汪瑞闿开复褫职处分，听候录用。

△ 英外务大臣葛雷致电驻日英使格林，请转告加藤：“英国对于中日两国国交决裂之推移，至为关切。”次日，英国通告日政府“如诉诸强压手段时，应先咨询英国之意见”。

△ 吉林六道沟、局子街日本领事馆召集日韩商人开会，通知中日交涉恐将决裂，嘱准备回国。

△ 张振勋率中华游美实业团抵旧金山，参观巴拿马博览会及参观工厂、游览市容。

5 月 5 日 陆宗舆致电外交部，谓：“昨今连日阁议，闻元老已赞成最后通牒，现正准备诸事。大隈口气坚强，无从再商。……我国内外局势，万不宜战，英美又无力干涉，若待其兵临占地索赔，所损匪细，且恐横生意外，大局不堪设想。望速定方针，先发电示，庶通牒交到时，舆可先面告以和平解决，冀免有军事行动，多生枝节。”

△ 日本政府宣布“南满洲戒严令”。

△ 中华革命党总理孙中山委张成谟为苏禄支部长，谭维洋为安徽支部长。

5 月 6 日 午间陆宗舆致电外交部，称“同午开御前会议，决定最后通牒”。下午 5 时又电称“顷闻最后通牒，限 9 日午后 6 时答复，内容未详。惟望接牒后，先将诺否方针密示”。

△ 司法部通饬各省高等审检厅长、审判处长、司法筹备处长，现在刑事诉讼审限规则业经公布施行，应即切实奉行，嗣后“如有积案不

办，托词玩忽者，应即分别详请惩戒，以除积习，而苏民困”。

△　总统府召开紧急外交会议，决再对日让步。即由外交次长曹汝霖赴日使馆通知日方，曹称“纯系个人意见”。

△　外交部电示陆宗舆，谓“本日政府会议，决定再让步方针，训电即发，希先与加藤预约面晤”。

△　美国向英、法、俄提议，共同干涉中日交涉，遭三国拒绝。8日，日本驻美大使珍田请美国政府勿共同干涉日中交涉。

△　美国国务卿白里安致函大隈及袁世凯，望日中交涉和平解决。

5月7日　下午3时，日公使日置益将最后通牒一件，附解释七条，送交外交部，限48小时内“照4月26日提出之修正案所记载者，不加以何等之更改，速行应诺，帝国政府兹再重行劝告，对于此劝告，期望中国政府至5月9日午后6时为止，为满足之答复；如到期不受到满足之答复，则帝国政府将执认为必要之手段”。

△　夜，外交部派员前往俄使馆就“二十一条”要求事寻求支持，俄使库朋斯齐竟然要北京政府“立即无条件地接受日本的最后通牒”。

△　英外交大臣葛雷电示驻华公使朱尔典，向北京政府非正式提出“强硬劝告”，立即接受日本有关“二十一条”最后修正案。

△　袁世凯连夜召开会议，次日上午继续会议，下午1时袁世凯又召集国务卿、左右丞、各部总长及参政赵尔巽、李盛铎、梁士诒、杨度、施愚等开特别会议，决定接受日本全部侵略要求，并拟定复文。

△　华商中原公司与英商福公司，在北京签订《合办福中公司合同》，双方议定两公司各出资50万元，专销两公司生产之煤炭。6月1日，福中总公司在河南修武、焦作开成立会。

5月8日　英公使朱尔典访晤外交总长陆徵祥，力劝中国接受日“二十一条”要求，谓“中日交涉，竟至决裂……各国即同情，亦无能为力。为目前计，只有忍辱负重之一法，接受日本要求，以避危机”。

△　袁世凯召集国务卿及各部总长开紧急会议，先由陆徵祥报告上午会见英使朱尔典之情况，然后讨论，发言者大都迎合袁意，认为只

有接受日本要求一途，惟独段祺瑞主张动员军队，对日示以强硬。最后，袁以“我国国力未充，目前尚难以兵戎相见”为由，决定忍辱接受日本最后通牒之要求。

△ 下午 5 时，袁世凯派外交部部员持复文送交日使日置益征求意见，日置益提出有关第五号添入“日后协商”字样，即可接受。

△ 北京商务总会致电各省商会，谓：“日本利用欧洲战事，乘我新造国家，提出吞并朝鲜同一之条件，逼我承认，5 月 7 日竟以武力为最后之要求，四十八钟内，倘不承认，立即进兵。……自本年 5 月 7 日始，我四万万人立此大誓……永存此志，勿忘国耻。”

5 月 9 日 袁世凯不顾全国人民反对，悍然接受丧权辱国的日本“二十一条”。外交总长陆徵祥、次长曹汝霖亲往日使馆递交复文，对日本最后通牒要求各节，概予承认。复文谓：“中国政府为维持东亚和平起见，对日本国政府 4 月 26 日提出之修正案，除第五号中五项容日后协商外，其第一号、第二号、第三号、第四号之各项，及第五号中关于福建问题以公文互换之件，照 4 月 26 日提出之修正案所记载者，并照日本政府所交最后通牒附加七件之解释，即行应诺。”

△ 国民对日同志会、中华国民请愿会、外交后援会、女子救国储金会四团体，四五万人为反对日本提出最后通牒，在上海法租界开国民大会，并致电袁世凯：誓死反对接受日本帝国主义灭亡中国的“二十一条”，“恳政府，本国民之决心背城一战，民等愿毁家捐躯后援政府”。全国各地为反抗日本帝国主义的侵略，出现抵制日货高潮。

△ 黄兴、陈炯明、李烈钧、柏文蔚、钮永建、程潜等 17 人联名通电，斥责袁世凯接受丧权辱国的“二十一条”，提出：“当此举国听命、内讧尽熄之时，政府膺四亿同胞付托之重，一味屈让，罔识其他，条约既成，国命以绝。”

△ 全国教育联合会规定各学校以每年 5 月 9 日为“国耻纪念日”。

△ 俄国边界官员锡特罗倭至库伦大员公署，告以中日交涉万一

决裂，日英联盟，俄亦加入，中俄虽未失和，然亦不能漠视，“如中日两国不幸失和，则贵专使行辕与北京政府，便不能自由通电”。

5月10日　孙中山致函邓泽如等，谓袁将称帝，“从此中华民国名义亦将归于消灭，内地不平之声甚烈，即袁所部如冯、段辈亦表反对。……党中重要人物，已冒险深入内地，急思发动，成败在此一举，不能复待”。

△　中华革命党军务部副部长周应时自上海致函总务部副部长谢持，内称“沪上人心，恨日恨袁已达极点。时势既变，吾党之方针，自不能坚持不变。……务请力主开会讨论，公决施行”。

△　中华民国政治顾问莫理循呈递备忘录，建议针对日本政府1915年5月10日向全世界公布的声明，立即公布中国方面的详细声明。

△　日外相加藤电北京政府外交部表示中日两国亲善。同日，外交总长陆徵祥电复加藤致谢，并称：“本总长盼望此后彼此睦谊益加巩固。”

5月11日　北京总商会发起救国储金，在中央公园举行大会，到会者二三十万人，储金100万元，并宣传抵制日货。5月23日开第二次大会，到会30余万人，储金近80万元，并宣传爱国自强，提倡国货。

△　袁世凯申令严禁陕西左近一带布种鸦片。

△　英驻日大使格林访晤日本外相加藤高明，谓：英国政府对日中“二十一条”交涉圆满解决，表示满意。13日，日驻英大使井上代表日本政府对英国在日中交涉中给予日本的支持深表“谢意”。

5月12日　袁世凯为履行中日交涉诺言，授意梁士诒在参政院提议通过沿海港口湾岸岛屿概不租让与外国议案。次日，袁据此以沿海险要关系国家安危为由，发表申令，谓嗣后“中国所有沿海港口湾岸岛屿，无论何国，概不允认租借与让与”。

5月13日　美国政府致中日两国政府照会送达外交部，宣称：如果中日两国所订条约有妨害美国在华利益，或有害于中国领土主权之完整及门户开放政策者，则美国概不承认。15日，再次照会声明："现在交涉中之条约，其中任何条款经中国政府承认，而对在华外人之地位有所变更者，在最惠国待遇之下，美国政府亦将享有其利益。"

△　外交部向各国宣布中日"二十一条"交涉之始末，历述委曲经过，以明最后通牒之接受，系迫不得已。并宣称："中国政府挽救之法已尽。……政府始终将能予允许之事，竭力退让，盖中国政府区区拥护之精神，仅仅保存自国主权之完全、各国在华条约上之权利与机会均等之主义而已。""不幸日本政府仍不惜取最后手段以相胁迫，此则中国政府所深为可惜也。"

△　汉口日侨准备举行"提灯庆祝会"庆贺中日交涉胜利，遭当地爱国青年阻止，全市商店闭门熄灯停止夜市。商民与日人冲突，捣毁日本商店，湖北将军段芝贵派军警弹压，旋即平息。15日，日使竟以"汉口暴动"为由，向外交部提出警告。

5月14日　袁世凯为接受"二十一条"，密谕全国职司忍辱负重，发愤图强。略谓："所望凡百职司，日以亡国灭种四字悬诸心目，激发天良，屏除私见，各尽职守，协力程功。"并谓："京外各官，当规劝僚属，申儆人民，忍辱负重，求其在己。切勿妄逞意气，空言嫚骂，非徒无益，反自招损。务各善体此意，努力为之。"

△　袁世凯令裁撤河南河北镇总兵员缺，改设豫北镇守使。

5月15日　外交部密电各省，严防"乱党乘机扰乱"。声称："此次交涉，倍极困难……中国经此番创巨痛深，自当坚忍，以图自强，不可徒逞一时意气，有类排外之举。……现在条约尚未签字，诚恐因此无意识举动，别生枝节，愈难收束。"

△　中国、日本、菲律宾三国在上海举行第二届远东运动大会。22日大会闭幕，中国优胜。

5月16日　河南洛宁县农民要求减免苛税，于14日起呈缴农具罢耕。是日，杨坡各里农民向驻军管带提出六项要求：1. 验契从宽；2. 印花缓办；3. 房地契官纸白纸听民自便；4. 警备队经费每两200文全免;5.上年分未完地丁不催;6.呈捐免缴。次日,再聚城外,该县知事带兵镇压,农民将县知事包围,被军警开枪打死一人。30日,县府又将农民马腾蛟逮捕枪杀。

△ 袁世凯派张镇芳为福中总公司督办。

5月17日 安徽芜湖常关改定新税则,原定5月1日施行。商会要求展期未准,群情愤激,是日相约罢市,道尹被迫接受商会要求,遂于21日开市。

5月18日 湖南长沙一青年,反对日本"二十一条",从天心阁跳城自杀。各地亦连续发生类似事件。全国对袁纷电指责。

△ 内蒙古王公联合会致函蒙藏院反对袁世凯出卖东蒙权利,谓"近闻日本之要求,妄加威吓,而政府委曲迁就,将东部内蒙古之种种权利断送日人。……王公等宁为玉碎,不为瓦全,宁为土地牺牲性命而不甘为他人之奴隶"。

△ 汉阳发生排日风潮,日商日信洋行华工与司事冲突殴斗,汉口日本三菱公司厂房被焚。

△ 袁世凯申令,准湖南长沙等县上年被灾田亩应征正赋按各该县灾歉分别蠲缓;又令将该省醴陵等县上年被水冲废田亩应完正赋租课自民国三年起永远豁免。

5月19日 北京私立新华商业专门学校设立校董会,推京师步兵统领江朝宗为总董,奉准教育部立案。该校前身为中央商业讲习所,于民元8月在京创立,民三年3月改组为新华商业专门学校,设商业预科、铁道专科各一班,银行两班。

5月20日 奉天省增设瞻榆县(今通榆县)。

5月21日 都肃政史庄蕴宽等上救亡条陈,一曰救时弊,一曰图根本。是日袁世凯颁救亡令,着京外各署按照该都肃政史等所陈各节,实力整顿。

5月22日 农商部咨请各省,就本地特有物产,改良振兴,切实筹办,以利实业。

5月23日　政事堂礼制馆奉准制定国乐乐章通行。歌词曰："中国雄立宇宙间，廓八埏，华胄来从昆仑颠，江河浩荡山绵连，勋华揖让开尧天，亿万年。"出于荫昌手笔。

△　教育总长汤化龙恳请辞职，奉批慰留。

5月24日　中华革命党致函洪门会，劝仍以全体加入同盟。

△　湖南青年学生彭超愤袁世凯签订"二十一条"，投湘江自杀。

5月25日　中日"二十一条"及换文，由外交总长陆徵祥与日本公使日置益在北京签字暨交换。计条约二件，换文13条，即：《关于山东条约》、《关于南满洲及东部内蒙古之条约》、《关于山东事项之换文》、《关于山东开埠事项之换文》、《关于旅大南满安奉期限之换文》、《关于东部内蒙古开埠事项之换文》、《关于南满洲开矿事项之换文》、《关于南满洲东部内蒙古铁路税课事项之换文》、《关于南满洲聘用顾问事项之换文》、《关于南满洲商租解释换文》、《关于南满洲东部内蒙古接洽警察法令课税之换文》、《关于南满洲东部内蒙古条约第二第五条延期实行之换文》、《关于汉冶萍事项之换文》、《关于福建问题之换文》、《关于交还胶澳之换文》。此约于6月2日经袁世凯批准，8日在东京换文。

△　袁世凯公布《国民会议组织法关于选举施行细则》，并令定9月30日为国民会议暨立法院议员初选资格调查完毕日期。

△　袁世凯颁布《证券交易所法施行细则》。

△　袁世凯令准湖南巡按使刘心源辞职，以陶思澄继任。

5月26日　袁世凯为签订中日丧权条约，镇压人民的爱国行动，严令各省"认真查禁，勿得稍涉大意"，"倘各该地方遇有乱徒借故暴动以及散布传单，煽惑生事，立即严拿惩办"。

△　参政院开会，外交总长陆徵祥出席报告"二十一条"谈判经过，略谓："我政府对此交涉，历时三月余，正式会议至二十五次，始终尊重邻邦之意，委曲求全，冀达和平解决之目的。……惜日本或藉词要挟，或托故增兵，终为武装之谈判，致不能达此目的。"并谓："迨一经决裂，我国必难幸胜，战后之损失，恐较之现在所要求重加倍蓰，……政府反

复讨论，不得不内顾国势，外察舆情，熟审利害，以为趋避……。”

△　中华游美实业团抵华盛顿，受到美国总统威尔逊的接待，威尔逊与张振勋分别致词。次日，实业团参观美国会，出席美商界宴会，张振勋与国务卿白乃安分别演说。

5月27日　外蒙古地方当局根据1月10日俄蒙双方订立之银行条约，是日在库伦开设“蒙古国家银行”。

5月28日　中俄蒙恰克图会议自去年9月至今，会议48次，是日正式通过全约22条及互换照会稿二件，并定于6月7日为签订之期。北京政府代表陈箓致电外交部报告会议结果，并呈请给予签约全权。

△　中华革命党总务部长陈其美自上海致函孙中山，报告上海军事进行情形。

5月29日　参政院呈请制定“惩办国贼”专条，诬指革命党人“妄以辛亥革命冒为己功”，亡命海外，假借外力，号召内奸，“出而为卖国求荣之举，私与外人订立密约，或勾结外人扰乱本国”。“应请政府制定惩办国贼专条，并饬查近日乱渠中之实有此项卖国行为者，严行治罪，宣示全国，以昭炯戒”。袁世凯令政事堂饬法制局查照办理。

5月31日　山西和顺县人民反对苛捐杂税，29、30两日聚众800余人，各携木棒炊具集会于城西之扒头村，决议31日入城。四乡农民闻讯赶至者约万余人，要求县府豁免一切苛捐杂税，县知事假意允诺。是日首领张保寿等率众入城，焚烧盐店，捣毁厘卡，县知事派兵逮捕祁观音保、任小小等六人。6月22日张保寿率众3000人强救祁观音保等未成，祁等四人终被杀害。

△　陆军总长段祺瑞称病呈请开缺，袁世凯予以慰留，给假两月，并令特任王士珍署陆军总长。

是月　袁世凯接受“二十一条”后，为缓和全国人民反对，通电各省，声称：“……此次交涉，大局虽无妨害，惟对满蒙山东等地之权利，大为丧失，抚躬自问，实无以对元元之民，行将通告天下，引咎自责。”

△　孙中山函复北京学生，揭露“二十一条”交涉真相，指出袁世凯

"以僭帝位之故,甘心卖国而不辞"。

△ 革命党人金鼎隆在奉天开原县聚众 500 余人,占据孙家店,在南满铁路沿线开展反袁活动。

6 月

6 月 1 日 驻荷兰公使唐在复与荷兰外务大臣陆东在海牙签订《公断专约》,规定:"缔约国允将两国间将来或有之争端为外交上所未能议结者交付常川公断法院公断。"

△ 北京政府自辟江苏浦口为商埠。

△ 奉天省警察厅发布禁止抵制日货之通告,宣称"断不可有排斥外货举动"。

△ 据《申报》讯:外交总长陆徵祥、外交次长曹汝霖以中日交涉,各省官民函电交责,特通电各省自请罢职。陆电略称:"自念此次交涉虽非一人之咎,惟仍恋栈在此,则徒滋口实。"曹电宣称:"此次中日交涉和平了结,并完全承认日本之要求,一出于大总统之独断,一出于各部长之公意……敢不唯命是听。"

△ 中华游美实业团抵纽约,纽约市长接见。3 日,张振勋与美商界代表会商筹办中美银行及中美轮船公司,达成初步协议。

6 月 2 日 袁世凯任命驻日公使陆宗舆为中日换约全权委员。

△ 革命党浙江宁波总司令王金发(王逸)在浙江进行反袁活动,为浙江将军朱瑞逮捕杀害。

△ 江苏沪海道尹杨晟呈袁世凯,请分饬农商财政各部减收出品税,切实提倡劝用国货。

△ 教育会联合会代表推陈宝泉等创办全国师范教育研究会。

6 月 3 日 陈光甫、庄得之、唐寿民等发起组织之上海商业储蓄银行成立,资本 10 万元,陈任总经理。

6 月 4 日 孙中山致函叶独醒请筹款反袁,谓"袁贼卖国,证迹彰明，内地人亦甚激昂，我党宜乘时奋起。惟款饷不足，令人焦愤。……还望兄等鼎力助我。今日根本救国，舍倒去恶劣政府，更无他术”。

△ 税务处厘定海关、常关名称，海关40，常关22，并编海关、常关地址道里表，是日经袁世凯批准通行。

6月5日 交通部与川汉铁路公司续订收归国有有关款项支付办法。

△ 中华革命党军务部长许崇智返回东京，向孙中山报告南洋情形。10日，许复奉命赴南洋活动。

6月6日 黑龙江省城召开救国储金大会，绅学各界当场认储1.5万余元。同日，直隶救国储金团在天津举行救国储金大会，商学各界共储金27.7万余元。

6月7日 恰克图会议结束，《中俄蒙协约》正式签字换约，共22条。其要点为：外蒙古承认民国二年11月5日中俄声明文件及中俄声明另件；外蒙古承认中国宗主权，中国、俄国承认外蒙古自治，为中国领土之一部分；自治外蒙无权与各外国订立政治及土地关系之国际条约；外蒙古博克多哲布尊丹巴呼图克图汗名号受大中华民国大总统册封；中国驻库伦大员卫队数目不超过200名，该大员之佐理专员分驻乌里雅苏台、科布多及蒙古恰克图各处，每处卫队不超过50名；中国货物运入外蒙须纳内地货捐，洋货由外蒙运入内地，照中俄1881年陆路通商条约所定关税交纳。

△ 中华革命党湖南南路总指挥胡昌坤等在新田部署起事，事泄被捕。是日胡等三人在新田遇害。

6月8日 农商部为谋全国实业之发展，设置劝业委员会，嗣派雍涛为会长。

△ 内务部电江苏巡按使查禁《救国急进会宣言》、《救亡根本谈》、《纪念碑小说》、《中国白话报》、《爱国晚报》、《救亡报》、《五七报》、《公论报》。

△ 据《申报》讯：据政府统计，全国共有官立学堂8.5998万所，收学生87.576万人。

6月9日 外蒙古博克多哲布尊丹巴呼图克图根据《中俄蒙协约》，电北京政府宣告取消独立。

6月10日 驻日公使陆宗舆电外交部称："东报屡载，我教育部将中日国耻纪念编入教科书……彼国朝野惊骇，渐筹警备。窃意我国对于国耻，太觉铺张扬厉，甚恐内长虚矫，外速实祸。"

△ 袁世凯令筹备立法院事务局及办理国民会议事务局迅速办理选举调查事宜，以便实行选举。

△ 唐绍仪、伍廷芳等在上海发起中华共济会。该会章程称："本会以众志成城为正谊。"

△ 中华游美实业团在纽约参观爱迪生电机厂，会见伟大的发明家爱迪生。

6月12日 袁世凯策令外蒙王、公爵职及喇嘛各名号，"无论沿袭前清及得自外蒙者，均着一仍其旧"。

△ 袁世凯册封哲布尊丹巴呼图克图为外蒙古博克多哲布尊丹巴呼图克图汗，并任命徐绍桢、荣勋为册封专使。

△ 袁世凯申令《中俄蒙协约》业经签字互换，外蒙为中国领土之一部分，并承认中国宗主权，库伦独立亦已取消，免究所有内外蒙人等干涉前清时代库伦独立情事。

△ 内务部密饬各邮局检查反对中日交涉邮电，"若遇有此种通电函件，立予扣留销毁"。

△ 中俄混合委员会委员在霍尔果斯议定霍尔果斯河划界文据，界线沿该河道接至伊犁河。

△ 南京英妇被士兵殴伤。旋英使照会外交部，要求缉凶严惩。7月19日，袁世凯令饬江苏省将军巡按使缉凶，务获严惩。10月，案犯王铎被判有期徒刑三年。

6月14日 袁世凯批准广西省会仍建桂林，为巡按使驻扎地；将军仍驻南宁，以重防务。因有碍难情形，10月28日内务部呈准该省会缓迁。

△　袁世凯申令在政事堂设立筹办全国生计委员会，主持研究发达实业，改善平民生计。

6月15日　粤汉铁路广（州）韶（关）段竣工通车。

6月16日　袁世凯特任陈箓为都护使充驻扎库伦办事大员。

△　上海法租界会审公堂票传《五七报》经理方天权、《救亡报》经理曾孟鸣、《爱国晚报》经理顾孟平到案，判曾、顾各押两星期，方押一月，报馆封闭。

6月17日　穆藕初等所办之上海德大纱厂正式开工，纱锭一万枚，工人500名。后于1925年售与申新纺织公司，改为申新五厂。

6月18日　美国波士顿华侨邝翥云等以该地施行苛例，华侨5000人将失业，特电请政府向美国政府交涉。

6月19日　教育部派本部社会教育司司长夏曾佑筹设京师图书馆，以方家胡同前国子监南学为馆址。7月31日，袁世凯派夏曾佑为京师图书馆馆长。

△　沈阳日商延寿堂药店炸弹爆炸，四人受伤，日人谓系华人投掷。21日，奉天召开日居留民大会，决议要求日政府严重交涉，严禁中国排斥日货，改良中国警察制度。26日，驻奉日警拘捕法政学堂学生三人，指为嫌疑犯。奉天巡按使电外交部向日交涉。

6月20日　袁世凯以津浦铁路局长赵庆华舞弊营私一案，牵及交通次长叶恭绰，令叶暂行停职。至10月19日复职。

△　袁世凯以财政次长兼盐务署长张弧假公舞弊，下令免去本兼职务，以龚心湛继任。

6月21日　筹办全国煤油矿事宜熊希龄呈报陕西延长宜君油井停工，并拟在段家湾另辟新井。

6月22日　袁世凯为镇压革命党人，颁布《惩办国贼条例》，凡八条。

△　江苏将军冯国璋奉召抵京，参政院参政梁启超同行。同日，冯觐见袁世凯，向袁探听帝制虚实，谓：“外间传说大总统欲改帝制，请预

为秘示，以便在地方上着手布置。”袁斥欲改帝制传说纯属“谣言”，且谓：“我有一个孩子在伦敦求学，我已叫他在那里购置薄产，倘有人再逼我，我把那里做我的菟裘，从此不问国事。”

△ 袁世凯任命四川巡按使陈宧兼行督理该省军务，次日授陈为毅威将军。

△ 袁世凯令绥远都统陆军中将潘矩楹加陆军上将衔。

6 月 23 日 上海公共租界会审公堂以“印发对日传单并收藏抵制日货传单，有碍租界治安”罪，判处国民对日同志会和留日学生代表黄毅、方梦超、萧汝霖各交铺保 500 元，吴兆理交 200 元，苏理平、蔡屏藩、汉恒各交 100 元。

6 月 24 日 热河朝阳县乡民为反抗拔除鸦片烟苗，聚众三万余人与官军作战，热河都统派兵镇压，并召绅民劝导，始渐平息。

△ 中日满蒙条约善后会议在北京举行，自是日至 7 月 31 日，共开会 13 次。

△ 上海军警机关派探在洋泾浜浦滩捕获党人李亚东、牛振寰。

△ 袁世凯令授奉天将军张锡銮为陆军上将。

6 月 25 日 袁世凯申令：前兼代四川巡按使刘莹泽业经明令褫职，其任内保荐奖叙各案，应即一并撤销。

6 月 26 日 袁世凯任命纳顺洪为广东陆军第一混成旅旅长，未到任前着李文富署理。

6 月 27 日 四川峨眉县知事张伯英在眉山万年寺中拿获自称皇帝之朱复明，就地正法。

6 月 28 日 外交部参事顾维钧携西姆拉草约修改本与英使朱尔典协商西藏问题，中国要求附件所载“西藏为中国领土”一节以及“承认中国在西藏自治区域有宗主权”一项列入正约文中。8 月 7 日，驻英公使施肇基电告外交部，谓英国不愿变更原案。藏事谈判复陷停顿。

6 月 29 日 台湾爱国志士余清芳、江定、罗俊在台南西来庵谋起义抗日，事泄，罗于是日在嘉义竹头崎（今嘉义县竹崎乡）之尖山森林中被日警逮捕，余等逃入台南、嘉义、阿缑三厅交界之后堀仔山中。9月6日，罗被处绞刑。

△ 袁世凯申令整饬司法，慎速审理；审理逾限，藉案营私，“立予严惩”。

△ 袁世凯通令禁止抵制外货，“着各将军巡按使遇有抵制外货及排斥外人之举，务竭诚谕禁，遇有扰乱行为，切实查办”。

△ 袁世凯授毕桂芳中卿。

△ 直隶濮阳双合岭黄河决口工程合龙工竣。

6月30日 袁世凯颁布《森林法施行细则》及《造林奖励条例》。

△ 上海公共租界工部局议决，抽签闭歇土膏店四分之一，计145家。

6月下旬 皖、赣、湘、鄂各省霪雨日久，江西之新建，湖南之益阳，安徽之宁国、安庆，湖北之武昌均报水灾。

是月 蔡元培、李石曾与华工李广安、张秀波、齐云卿在法国巴黎组织勤工俭学会，以“勤于工作，俭于求学，以进劳动者之智识”为宗旨。

7 月

7月1日 袁世凯申令参政院推举宪法起草委员，组织委员会，起草宪法。3日，参政院推梁启超、李家驹、杨度、严复等10人为中华民国宪法起草委员。

△ 财政部派员分赴各省筹办烟酒公卖，电请各省巡按使都统饬属协助。

△ 中华民国浙江银行改组，易名浙江地方实业银行，资本100万元，官六商四，总行设杭州，分行设上海。1923年3月官商划分，各自营业，官股称浙江地方银行，商股改组为浙江实业银行。

7月2日 袁世凯申令严禁非法党会，各省如遇仁义会等秘密机关，即时破获，首要立正典刑，胁从即行解散。

7 月 3 日　袁世凯调张鸣岐为广东巡按使；调李国筠为广西巡按使，未到任前由陆荣廷暂行兼署。10 日，陆荣廷辞兼职，由田承斌暂行护理。

△　财政部批准商办富华殖业银行立案。该行由姚锡光、张殿英等集资创办，以“辅助国家调剂金融，贷款振兴塞北垦牧矿林等实业”为宗旨。

7 月 4 日　袁世凯申令慎选法官。

7 月 6 日　袁世凯申令诰诫经征赋税官吏严自检束，洁己奉公，慎防中饱；并声称：“自上年春间，誓不复借外债以供消耗，迭由财政部督饬经征官吏整顿旧税，推行新税，近来颇有起色，外债得以支付，国中秩序亦勉可维持，危亡之忧，庶几获免。”

△　袁世凯以宪法起草委员业经参政院推举为梁启超、李家驹、汪荣宝、杨度、施愚、严复、马良等 10 人，令由委员依法组织宪法起草委员会。

△　日警在台南厅噍吧哖（今玉井乡）支厅牛港仔山架设电线，与余清芳革命军一部遭遇，双方互有死伤，江定之子江怜战死。革命军退入甲仙埔（今高雄县甲仙乡）支厅大坵园庄方面。

7 月 7 日　袁世凯令专门行政须用专门人才，不得以一知半解之徒充任。

△　中华革命党人、救亡会广东第一支部长伍钧甫在广东三水被广东将军龙济光部捕获杀害。

△　黑龙江巡按使呈报山东灾民移殖黑省情况，称先后已有 212 户，1141 人移讷河、拜泉、肇东、通河等县安置。

7 月 8 日　日本以袁世凯公布《惩办国贼条例》中有“私与外国订立契约”一条，认为与“合办事业”有碍，特向外交部提出抗议。外交部立即解释，说明其所适用之范围，并将说明书分送各国使馆。

△　袁世凯申令改良监狱，倡导作业感化，在监人犯习于勤劳，俾出狱后得以自谋生活，成为生利之人，永不再犯。

△ 筹办全国生计委员会成立，以汤睿为会长。

7月9日 台湾余清芳乘日警出动围捕，率革命军袭击甲仙埔支厅大坵园、小张犁、蚊子脚、河清湖等警所，尽杀警员，并占领警所。14日，日警200余人反攻，革命军退回山地。

△ 中华革命党总理孙中山委黄廷剑为关外游击司令官。

7月10日 湖南北伐军总司令熊镜生、旅长王玉林、敢死队队长梁有元及衡永郴桂军区长李坤密谋反袁，事泄，被汤芗铭捕获杀害。

△ 袁世凯任命费树蔚为肃政史，原任程崇信辞职。

7月上旬 湖北蝗灾。是月2日以来，武汉上空无日不见大批蝗虫遮天蔽日。汉阳东家涝禾苗十食七八，汉川受害最酷，不独伤禾，已啮熟麦，该县黑牛渡几野无青草。沔阳、天门、潜江、夏口、黄陂、武昌、鄂城俱遭其灾。

7月11日 袁世凯任命顾维钧为驻墨西哥特命全权公使。

△ 袁世凯令徐恩元暂行兼代审计院院长职务。

△ 袁世凯申令禁赌，将嗜赌之前湖北财政厅长胡文藻褫职。

△ 袁世凯令准农商部拟订之《小矿业暂行条例》通行。

7月12日 中华民国政治顾问莫理循致函梁士诒，希望中国政府不要依赖列强的干涉，而应采取自救的方式解决中日之间的问题。

7月13日 袁世凯令准广西省巡按使李国筠免职，特任王祖同为该省巡按使。

△ 广州西关十三行发生火灾，连烧20余小时，焚去铺户2000余间。17日，袁世凯令财政部发银10万元并自捐一万元赈广州火灾。

7月14日 日本在九江、济南开设领事馆。

△ 袁世凯任命李国筠为参政院参政。

△ “新泰”商轮载货超重，昨夜在吴淞口石坝头遇狂风袭击覆没，一百数十人遇难。

△ 广东连日风雨，三江江水暴涨，南海、三水、高要、四会、德庆、新兴、茂名、吴川、化县（今化州）、信宜、合浦各县冲决围基、坍塌房屋、

淹毙人畜、损害田禾不可胜计。省垣居民露踞屋巅，交通几乎断绝。灾区之广，灾情之重，为多年所未有。是日，袁世凯令财政部速发银洋10万元赈济。

7月15日 袁世凯任命裴其勋为吉林陆军第一混成旅旅长，高凤城为第二混成旅旅长，徐世扬为第三混成旅旅长。

7月17日 中华革命党人钟明光炸广东将军龙济光，伤龙左脚。钟当场被捕，次日遇害。

△ 袁世凯据参政蔡锷呈请开发滇省矿产，以保利权，而纾财力。是日面谕国务卿徐世昌，命云南巡按使会商财政、农商两部，妥速核议办法，切实具复。

7月18日 袁世凯令准教育部设通俗教育研究会，以研究通俗教育事项，改良社会，普及教育为宗旨。9月6日，该研究会在京成立。

△ 袁世凯授阮忠枢中卿。

△ 教育部奉准在各省设立法政讲习所，以培养自治人才。

△ 吉林通化警团围剿革命党武装于乱泥塘，旋在临江(今浑江)小干沟交战，排长、团丁各一名被革命党武装击毙。

7月19日 袁世凯以近畿各属水利失修，夏旱秋潦，岁为巨患，特派徐世光督办近畿疏通河道事宜。

△ 广西郁漓两水漫溢成灾，灵川、贵县、兴安、桂平、邕宁、横县、永淳(今并入横县、宾阳及邕宁)、平南、藤县、苍梧、上林、桂林等县灾情均重。是日，袁世凯令财政部速拨银五万元急赈。

7月20日 梁启超发表《复古思潮平议》一文，反对取消国会。

△ 前四川巡按使陈廷杰因受贿枉法被平政院饬警解院讯问后收押，23日发交步军统领衙门看管。

7月21日 袁世凯下令划定京兆为特别区域，以作自治模范，并任王达筹办京兆地方自治事宜。

△ 苏州机织工人要求增加工资举行罢工，道署拘捕陈全福等14人。经双方谈判，允加花缎织工每尺三分，素缎织工每尺二分(每分作

钱七文)，陈全福等14人释放，于23日复工。

7月22日　袁世凯申令在京师设立模范小学，为各省表率。所有建筑开办经费，由袁自行捐发，以树风声。

7月23日　教育部公布大学及专门学校名称。国立、公立大学及专门学校计有国立北京大学、公立北洋大学等53所；私立大学及专门学校计有北京私立中华大学、民国大学等21所。

△　李国筠与台湾银行签订借款40万港币合同，以小押饷、硝磺税及屠宰捐中每年划出28.5万元为担保。

7月24日　国民党美洲支部在旧金山开恳亲大会，各埠代表数百人参加，中华革命党总理孙中山致电祝贺大会召开。黄兴被推举为名誉会长。冯自由、林森等与黄兴、钮永建商谈“团结一致讨袁方策”。8月3日闭会。

△　江西赣县7月初旬大雨如注，山洪暴发，冲毁城垣，平地水深丈余，淹毙人口无算。万安、泰和、吉安适当其冲，吉水、新淦(今新干)、丰城、清江、南昌、新建各县同遭波及，上犹、雩都(今于都)、南康、会昌、瑞金、宜丰、奉新、安义、永修被水亦甚重。是日，袁世凯令财政部迅发银五万元赈赣灾。

7月25日　陆军第二十七师师长张作霖奉召入京觐见袁世凯，袁慰赏有加，以示恩遇。9月，张具密电呈袁，劝晋帝位。

7月26日　中华游美实业团结束两个余月的访美旅程，是日，张振勋率实业团返抵上海。

7月27日　湖北将军段芝贵应召入京述职。

△　是夜至28日江苏、浙江两省飓风为灾，庐舍禾稼，人口牲畜，均受损害。

7月29日　袁世凯令河南陆军第九师改编为第一、二两混成旅，师部裁撤，师长张锡元调京另候任用。31日，任命成慎、柴得贵分别为第一、二混成旅旅长。

7月30日　《觉报》于昆明创刊，徐纂武任总编辑，宣布该报宗旨为“以造福国家、有益社会为目的，其他强权暴力，一概置而不计”。

7月31日 袁世凯公布《国民学校令》、《高等小学校令》：改初等小学为国民学校，申明国民学校施行国家根本教育，以注意儿童身心之发育，施以适当陶冶，并授以道德、知识、技能为宗旨；并规定以读经列为国民学校、高等小学校的必修课目。

△ 袁世凯任命韩国钧为湖南巡按使；李兆珍为安徽巡按使，未到任前由徐鼎康护理。

△ 宪法起草委员会成立，以李家驹为主席。

△ 农商部呈准定每年清明为植树节。

是月 欧事研究会冯自由受钮永建等之委托，自美国至日本东京谒晤孙中山，商讨共同促进党内团结、推翻袁世凯之方略。

△ 姚庭、杨海在浙江嘉兴组织救亡会，准备讨袁。

△ 《中国历代经界纪要》、《各国经界纪要》成书，经界局督办蔡锷作序。

△ 教育部中央观象台编辑的《观象丛报》在北京创刊。

△ 日人石本贯太郎在本溪成立“彩合”公司，资本10万元，经营无烟煤采掘、贩卖。

△ 民国三年度（1914年8月至1915年7月）统计，全国大专院校共102所，其中：大学7所，学生730人；专科学校95所，学生31346人；中学784所，学生82778人；师范学校231所，学生26679人；职业学校82所，学生9600人；小学121081所，学生3921727人。

△ 奉天新民大雨，江水漫决，被灾村屯130余处，淹毙居民甚多。盘山、沈阳、辽阳、海城、营口、彰武、兴城、凤城、黑山、宽甸等县均有水灾。吉林依兰、伊通、富锦、饶河及黑龙江兰西诸县发生水灾。

8 月

8月1日 上海中国银行、交通银行与钱业公会是日起将以前所开龙银行市一律取消，只开新币（袁世凯头像银元）行市。凡江南、湖北、广东及大清银币四种银元，均按新币行市通用，其他各种龙洋，得向中交两行兑换新币。从此全国银元市价统一。

△ 内国公债局总理梁士诒呈报民国三年内国公债办理结束，实收银元23908411.2元。

△ 财政部奉准贵州省发行实业公债100万元。

△ 《小说大观》在上海创刊，包天笑编辑，1921年6月停刊，共出15集。

8月2日 台湾爱国志士余清芳、江定率志士数百人袭击南庄警所，击毙日警11人，焚警所。

△ 黑龙江克山设治局改设克山县，由讷河县析置。

8月3日 袁世凯宪法顾问美人古德诺在北京《亚细亚日报》发表《共和与君主论》，鼓吹帝制，谬称：中国“四年以前，由专制一变而为共和，此诚太骤之举动，难望有良好之结果者也。……然中国如用君主制，较共和制为宜，此殆无可疑者也。盖中国如欲保存独立，不得不用立宪政治，而从其国之历史习惯、社会经济之状况，与夫列强之关系观之，则中国之立宪，以君主制行之为易，以共和制行之则较难也。”

△ 段祺瑞就与袁世凯关系事通电辟谣，略谓：“以大总统知祺瑞之深，信祺瑞之坚，遇祺瑞之厚，殆无可加，是以感恩知己，数十年如一日，分虽部属，情逾骨肉。”并谓：“某国报纸以挑拨离间之诡计，直欲诬罔祺瑞为忘恩负义之徒，甚至伪造被人行刺之谣，更属毫无影响，不得不略表心迹，以息谣言。”

△ 袁世凯申令各省加意防缉孙中山“遣人暗杀”。

△ 中华革命党总理孙中山委林龙祥为山口羊支部长，陈铁伍为泗水支部长。

△ 广西巡按使呈准将南宁道属安定、白山、古零、兴隆、定罗、旧城、都阳、归德、果化九土司改流，设置都安、隆山（今马山）、果德（今平果）三县。

8月4日 中华革命党总理孙中山复函巴东支部杨汉孙，再次说明中华革命党之组织原则，论述“统一事权，服从命令”之重要性。指出李烈钧、柏文蔚、谭人凤等拒绝参加中华革命党之理由是错误的。强调：“军事进行时期，党魁特权，统一一切，党员各就其职务能力，服从命令，此安得妄以专制为诟病，以不自由为屈辱者?”

△ 广西巡按使张鸣岐奉准试办自由开采锑矿，自设公司收买运销，并免矿产矿区两税。

△ 台湾爱国志士余清芳率义军进攻噍吧哖支厅，与日警激战终日，牺牲309人，5日晚，日援军赶到，余率义军向东转移。

8月5日 江苏巡按使齐耀琳、浦口商埠督办刘恩源会定将永生洲、九洑洲、柳洲划入浦口商埠范围。

△ 江苏医学会成立。次日，公举汤尔和为会长。

△ 直隶濮阳黄河决口。

△ 《日本潮》在上海创刊，由群益书社编辑发行。

8月6日 总税务司安格联与日公使日置益在北京签订《恢复青岛海关协定》四条，其中规定：在本协定有“德国”字样者，易以“日本”字样；关于青岛海关恢复与其规定及手续，中、日两国政府间俱认有效；原属税务司所管之海关公文簿籍、公款及所属财产，于日军占领时押收者，仍交还与总税务司。

△ 教育部呈准施行《地方学事通则草案》，规定由自治区按照地方试行条例及关于教育之法令规程办理地方教育事务；在自治区未成立地方，由县知事督率劝学所处理。

△ 吉林省城模范监狱囚犯700余人暴动，占领军械房，纵火焚烧狱室，与军警激战一昼夜，弹尽而失败，五六十人当场格毙，500余人处刑，员役及犯人数百人被杀。

8月7日 兼署黑龙江巡按使朱庆澜呈准，匪类种烟，纠众拒捕，格杀勿论。

△ 护理驻藏办事长官陆兴祺呈报资遣出藏流落哲孟雄之难民

190名，是日由印度搭轮回国。

8月9日　袁世凯令湖南巡按使韩国钧未到任前，着严家炽暂行兼护。

△　袁世凯令财政部迅拨赈款10万元并自捐一万元赈上月27及28日江苏风灾。

8月10日　袁世凯令严禁侵占寺庙财产，违者依法治罪。

△　是日至28日，教育部召开全国师范校长会议，提出整顿全国师范教育意见书、女子师范特别注意之事项及师范教育进行方法意见书等。

8月11日　袁世凯特别委任湖南巡按使韩国钧、安徽巡按使李兆珍监督各该省司法行政事务。

8月12日　袁世凯以京张铁路纪纲败坏，路政泄沓，发生矿煤车票营私需索等案，将前铁路局长关冕钧撤职。

△　袁世凯令财政部各拨银三万元赈奉天、河南水灾。

8月13日　教育部通咨各学校得承领附近官荒山地，以收入作基本金。

△　杨度致函严复，解释近日商组筹安会，“实承极峰之旨”，并谓“发起人启事，明日将登报，已代署尊名”。

8月14日　杨度纠合孙毓筠、严复、刘师培、李燮和、胡瑛承袁意旨，在北京发表《发起筹安会宣言书》，公开鼓吹帝制。《宣言》声称“纠集同志组成此会，以筹一国之治安，将于国势之前途及共和之利害，各摅所见，以尽切磋之义，并以贡献于国民。国中远识之士鉴其愚诚，惠然肯来，共为商榷，中国幸甚”。在此以前，杨度写成《君宪救国论》一文，托内史夏寿田转呈袁世凯，鼓吹帝制。

△　黑龙江巡按使朱庆澜以商民季学绰、赵安桢集资创办余庆淘金矿至今甫及四年，于矿务财政两有裨益，近复创办裕源金矿，并帮办濬源公司事务，其经营实业之热心毅力，尤堪嘉尚，请分别给予七等、九等嘉禾章，袁世凯从之。

8 月 15 日 蔡锷赴天津与梁启超密商反袁，梁谓“余之责任在言论，故余必须立刻作文，堂堂正正以反对之”。并要蔡“宜深自韬晦勿为所忌，乃可以密图匡复”。

△ 贺振雄上书肃政厅代呈袁世凯，恳请诛奸救国，“立饬军政执法处严拿杨度一干祸国贼等，明正典刑，以正国是”。

△ 袁世凯令被灾各省筹设水利分局或水利委员会河海工程测绘养成所，称：“各省水灾迭见，虽由雨泽过多，要以平日水利不修为其本病。”

△ 袁世凯批准财政部呈请设立民国实业银行，并拟具章程及招股办法。9 月，民国实业银行成立。12 月 25 日，袁世凯命该行改名为中国实业银行。

△ 《国货月报》在上海创刊，该刊“以发达工商，提倡国货”为宗旨，黄砺生编辑，泰华书局发行。

8 月 17 日 据《申报》载北京电称：袁世凯就应否干涉筹安会答人称：“予所居地位，只知民主政体之组织，不应别有主张。且帝王总统，均非所愿恋……何敢以非所愿非所恋二者之嫌疑，而强加干涉？”

△ 革命党人在沪法租界金利源码头掷弹炸上海镇守使郑汝成未遂，郑道华因该案被捕，11 月 26 日被害。

8 月 18 日 前湖南省议会议员李诲具禀京师总检察厅，请提起公诉，“将国贼孙毓筠、杨度等按照内乱罪从严惩治，以弭大患”。

△ 袁世凯任命黄鹄举署四川陆军第一混成旅旅长，钟体道署第二混成旅旅长。

△ 上海浦东陆行镇商民反对屠宰捐，全体罢市。

8 月 19 日 袁世凯特任王揖唐为吉林巡按使，原任孟宪彝开缺，另候任用。

△ 杨度致函王闿运，谓：“京华诸君子为措国家于磐石之安，置生民于康乐之境，爰有改制之议……如得我公一言欣助，不啻项城可释重惑，即万民亦皆额首。”

8月20日 筹安会宣告正式成立，杨度出任理事长，孙毓筠任副理事长，严复、刘师培、李燮和、胡瑛为理事。同日，筹安会通电全国，谓："本会之立，将筹一国之治安，研究君主、民主国体二者以何适于中国，专以学理是非，事实利害为讨论范围，至范围以外各事，本会概不涉及，以此为至严之界限。"

△ 梁启超在《大中华》杂志第一卷八期发表《异哉所谓国体问题者》一文，反对变更国体，谓"于国体挟一爱憎之见，而以人为的造成事实，以求与其爱憎相应，则祸害之中于国家，将无已时"，反对"在现行国体之下，而思以言论鼓吹他种国体"，要求袁世凯以共和之名，行专制之实。该文又发表在9月3日《京报》，次日《国民公报》转载，6日上海《申报》、《时报》、《神州日报》相继刊出，7日天津《大公报》转载。遍传全国各大城市。

△ 蔡锷电贵州护军使刘显世，告以："京中近组织筹安会，研究国体问题……此事关系国家前途甚巨"，"兹拟令五峰（即韩凤楼）前赴滇、黔，切商一是。"

△ 袁世凯公布《县治户口编查规则》，其中规定："编查区域划定后就区内住户分编牌甲，以十户为一牌，十牌为一甲"；甲长、牌长由县知事委派。清查到"户内有曾受徒刑以上之刑事处分者；户内有素行不正或行迹可疑者；户内有多数非家属人杂居者"，由牌长另行记明于编查底册。同日又公布《警察厅户口调查规则》。

△ 全国水利局总裁张謇请假回籍，襄理地方水灾善后。

8月21日 交通部奉准试行《专用铁路暂行规则》。

△ 财政部奉准中国银行增加官股1000万元，由官产收入项下拨给。

8月22日 袁世凯任命张锡銮为彰武上将军，督理湖北军务，未到任前以王占元署理；段芝贵为镇安上将军，督理奉天军务，兼节制吉林、黑龙江军务。

△ 台湾爱国志士余清芳等一行八人在楠西乡被村民诈捕，移送

噍吧哖支厅，9月23日于台南监狱被处绞刑。同时被判死刑者903人。

△ 袁世凯令财政部拨银10万元赈浙江上月水风灾。

△ 袁世凯令财政部速发银三万元赈黑龙江水灾。

△ 意公使照会外交部，告以意大利与土耳其宣战。

8月24日 段芝贵、袁乃宽在京发起召开军警大会，雷震春、江朝宗等44人参加，讨论“筹安事宜”，一致签名“赞成君主”。

△ 筹安会通电各省将军、巡按使、都统、巡阅使、护军使、各省城商会，请派代表到京加入讨论变更国体问题。

△ 侵占青岛日军开始撤退。

8月25日 蔡锷邀请北京军界蒋尊簋、孙武、唐在礼、蒋作宾等人在云南会馆开将校联欢会，发起军界请愿改行帝制。蔡锷为打消袁世凯怀疑，率先签名。

△ 欧事研究会谷钟秀、杨永泰、徐傅霖等在上海发表《维持共和会宣言》，宣称“某某不忍乱亡惨祸之将至，重念缔造共和之艰难，誓友鸿愿，力予维持”。

△ 山西将军阎锡山、河南将军赵倜、吉林巡按使王揖唐、福建巡按使许世英等电复筹安会，派代表入京参与“国体问题”的讨论。

△ 湖南将军汤芗铭致电袁世凯劝进帝制，谓：“伏望我大总统俯从民意，速定一尊，申数千年天泽定分之大义，慰亿万苍生一心一德之归诚。”

△ 袁世凯特任陈宧为成武将军，督理四川军务。

△ 袁世凯特任胡景伊为毅威将军，并为参政院参政。

△ 袁世凯特别委任吉林巡按使王揖唐监督该省财政事务。

△ 汉口酒坊反对烟酒公卖举行罢市。

8月26日 署理湖北军务王占元、绥远都统潘矩楹等先后电复筹安会，谓“提倡君主立宪，极表同情”。

△ 蔡锷致电贵州护军使刘显世称：“筹安会发起后，京外多主张

赞同,军界重要诸人亦皆预闻其事”,“该会即有电相嘱,仍以推举代表为宜”。18日再电刘:“国体事现仍进行,各省军、巡来电,主张均归一致,尊处尽可电院表示赞同。”

△ 袁世凯任命张怀芝为察哈尔都统。9月9日,又特别委任张怀芝监督察哈尔财政事务。

△ 袁世凯令准免吴光新陆军第二十师师长,遗缺由范国璋继任。

8月27日 据《申报》北京讯:“政府就各省电询对筹安会之态度事复电表示,筹安会乃积学之士所组织,以研究君主制与民主制之优劣,不涉政治,苟不扰乱国家治安,则政府未便干涉。”

△ 党人黄少白、黄同生、周白雷在上海闸北华通坊为淞沪警察厅侦缉队捕获,旋押解南京讯办。

8月28日 袁世凯颁布《国民会议议员初选举施行令》、《立法院议员选举法第六章初选举施行细则》。

△ 筹安会声明,谓古德诺对于君主或共和问题,除呈送总统之节略外,无他意见。

△ 外交部订定聘用洋员合同条例五条,呈准通行各机关照办。该条例规定非必要时,不得聘用洋员;洋员只可条陈意见,不得干涉内政等。

△ 中华革命党总理孙中山致函菲律宾宿务埠革命党人,揭露袁世凯“私与日人结托,急欲制其王冠”;勉以积极筹募讨袁经费。

8月29日 筹安会发表第二次宣言,主张君主立宪,谓:“日昨投票议决,全体一致主张君主立宪。……本会以为谋国之道,先拨乱而后求其治。我国拨乱之法,莫如废民主而立君主;求治之法,莫如废民主专制而行君主立宪。此本会讨论之结果也。”

△ 陆军总长段祺瑞称病退居西山,拒不劝进,并迭请辞职,是日袁世凯令准免职,以王士珍继任。

△ 中华革命党李萁、李海云、叶夏声等上书孙中山,请指派胡汉民赴港主持粤省讨袁工作。

8月30日　段芝贵、梁士诒、朱启钤等10人密电各省将军、巡按使假造民意，请愿改变国体，谓："现拟第一办法，用各省公民名义，向参政院代行立法院上请愿改革书，每省各具一请愿书，均由此间代办，随将底稿电闻，请将尊名并贵省绅商列入。"

△　外交部分电驻外使馆，称政府对筹安会并无成见，不加干涉。

△　财政部奉准筹设黑龙江采金局，以朱照为局长。

8月31日　袁世凯申令："依约法第六十七条，立法院未成立以前，以参政院代行其职权。又依立法院组织法第八条，立法院之开会日期，自每年9月1日至12月末日止。本年之立法院犹未成立，所有约法规定属于立法院之职权，参政院应即按照会期代行之。"

△　袁世凯令：国民会议议员初选日期定为10月20日，必要时得提前或延期五日举行。

△　陈其美由沪至东京，与孙中山计议西南起兵讨袁。

△　《通俗杂志》半月刊在上海创刊，李辛白编辑。

是月　湖南教育会会长叶德辉在长沙成立"经学会"，鼓吹"尊孔读经"，后又于12月上呈袁世凯，要求："明定读经程序，妥订教授系统"；主张初等小学读《论语》、《孝经》，高等小学读《大学》、《孟子》，中学必读《尚书》、《左传》。袁于12月16日批示："交教育部核议具复。"

△　中华革命党政治部部长胡汉民自东京致书杨度，数其发起筹安会等罪状，并指出"民国确认足下为罪人，袁家究不以足下为忠仆，徒博得十万金一时之挥霍，而身死名裂，何所取哉"。

△　第二十七师师长张作霖密电袁世凯劝进，略谓："东三省人民渴望甚殷。关外有异议者，惟作霖是问，作霖一身当之。内省若有反对者，作霖愿率所部以平乱，虽刀锯斧钺加身，亦不稍怯也。"

△　驻海拉尔俄领事致函巴布扎布，赠送自来德手枪24支，并代向日本购快枪一万支。自是巴匪声势大盛。

△　甘肃庆阳、合水、环县等地爆发大规模抗捐抗税运动。张才人率众数千人在环县起义，戕官据城，于9月转攻庆阳焚烧教堂两所，后

被甘肃将军张广建派兵平定。

△ 中华农学会成立,由留日农业研究者数十人发起,张謇为名誉会长,以联络同志共图中国农学之发展及农业之改进为宗旨。

9 月

9月1日 留日学生侨商于东京基督教青年会馆集会,反对袁世凯复辟帝制,与会者千余人。李执中主席,文群、覃振、戴季陶、田桐、陈家鼐、李根源、杨庶堪等发表演说,抨击筹安会,吁请全民一心,诛除袁逆。大会通过《留日学界侨商声讨筹安会宣言》,并致电北京、上海各报馆称:"筹安会反叛民国,大逆不道,请遵据约法,大张笔伐,以息邪说,而伸正义。"

△ 参政院代行立法院开会审议各请愿团实现君主制之要求。是日,有自称山东、江苏、甘肃、云南、广西、湖南、新疆、绥远等省"公民代表"呈递变更国体请愿书。

△ 贵州巡按使龙建章密电国务卿徐世昌,痛陈变更国体危险,请"取消筹安会,以释群疑"。

△ 袁世凯以陆军军官学校校长曲同丰另候任用,遗缺令王汝贤接充。

△ 日本要求废除中日间岛协约,外交部拒绝。

△ 长沙《大公报》创刊,李抱一、张秋尘任总编辑。

△ 美国教会在南京设立金陵女子大学,是日开学授课,校长为德本康夫人。

9月2日 段芝贵、龙济光、赵倜等19名将军联名密呈袁世凯劝进,恳请"改君主国体,以固根本,而救危亡"。

△ 段芝贵、梁士诒、朱启钤、周自齐、张镇芳、唐在礼、雷震春、江朝宗、吴炳湘、袁乃宽10人联名密电各省将军、巡按使,称:"共和不能适用,亟应改为君主立宪,以救危亡","望熟筹解决电复。"

△ 财政部呈准中国银行添招商股 1000 万元。

9 月 3 日 张勋、冯国璋、齐耀琳密电政事堂，称："京中有人发起筹安会……因此种举动仅由三五私人立会号召，何敢率行附和，致蹈越职违法之嫌。"主张此事应由国务卿领衔，联合京内外文武长官列名陈请，交参政院代行立法院公议。

△ 山西将军阎锡山电呈袁世凯，请求废除共和，改定君主立宪国体，声称："以中国之情，决不宜沿用共和制度，非采取德日两国君主立宪法，不足以立国而救亡。"

△ 孙中山致函荷属泗水中华革命党人，揭露袁世凯帝制阴谋，谓："北京近有筹安会之设，盛倡帝制之说，有反对者竟被逮捕。袁氏积恶至此，将来反动，比之满清末年尤大。"

9 月 4 日 参政院参政汪凤瀛致书筹安会杨度，直言帝制之七不可，并称"就目前时势论之，断不可于国体再议更张，以动摇国脉"。

△ 农商部与蒙藏院派员合组调查队三队，调查内蒙古矿业、森林。

9 月 5 日 袁世凯为加紧推行帝制，公布国民会议议员复选日期暨筹备期限令，规定"国民会议议员复选举于中华民国四年 11 月 20 日举行"；同日并公布国民会议议员单选互选日期暨筹备期限令，规定"国民会议议员单选举于中华民国四年 10 月 20 日举行，国民会议议员互选于中华民国四年 10 月 30 日举行"。

△ 政事堂统率处密电各省将军、巡按使、镇守使、师长严防谣诼，略谓："目下筹安会之学说风动全国……深恐无知愚民妄生谣诼，或有奸民乱党藉端煽惑，均未可定。"

△ 中华革命军江西司令长官夏之麒自沪致函陈其美，请速示讨袁方针。

△ 广西邕宁等 30 余县水灾，灾民流离数十万，庐屋冲塌 10 余万间，田禾财产牲畜荡然无存。是日，袁世凯令财政部发银五万元急赈广西水灾。

9月6日 袁世凯派政事堂左丞杨士琦出席参政院，代袁发表关于变更国体宣言，谓："近见各省国民纷纷向代行立法院请愿改革国体，于本大总统现居之地位，似难相容，然大总统之地位本为国民所公举，自应仍听之国民。……国民请愿，不外乎巩固国基，振兴国势，如征求多数国民之公意，自必有妥善之上法。"

△ 贵州巡按使龙建章密电国务卿徐世昌，反对变更国体，称："国体问题并无研究价值，俟天下太平再行提议"，"今日天下正大有可为之时，若因此停顿，殊为可惜，故期期以为不可。"同日，直隶将军朱家宝致电政事堂，表示变更国体"兹事体大，不得不审慎"。

△ 驻日公使陆宗舆密电外交部，谓大隈首相言："中国民主君主本非日本所问，惟万勿因此致乱，有妨邻国商务。"10日，陆又密电称："伊集院密告：帝制尚非其时，即欲改制，亦以取法尧舜，示人无家天下之心为佳。"

△ 崇明灾民数千人连日"闹荒"，县知事电请沪海道尹派员查办，内称："警兵前往干涉，则持众抵抗，危急万状。"

9月7日 北京《天民报》以反对帝制被封。

△ 五国银行团拨还中国善后借款余款55万镑，以充行政经费。

9月9日 肃政厅全体肃政史呈请袁世凯取消筹安会，略谓："杨度身为参政，孙毓筠曾任约法会议议长，唱此异说，无怪人民惊疑。应请迅予取消，以靖人心。"袁令内务部确切考查，明定范围，示以限制。

△ 广西将军陆荣廷致电政事堂，不同意变更国体，称冯电（按：指3日冯国璋等致政事堂密电）："持论正确，先获我心，应请国务卿立断定夺，领衔陈请交议，以昭详慎。"

△ 有自称京内外24处商会代表向参政院呈递变更国体请愿书，由北京、上海商务总会领衔。15日，上海总商会致函各报馆，否认有领衔24商会请愿之事。

9月10日 上海《亚细亚日报》创刊，以赞助帝制运动为宗旨，总理薛大可。次日晚7时，党人王道派杨玉桥投掷炸弹于该报社门内，发生爆炸,死伤数人。杨为英捕所执,旋被引渡上海护军使署。12月17日夜,该报编辑部再次被炸。

△ 外交部与俄公使库朋斯齐交涉,制止俄人在外蒙随意开矿。

△ 教育总长汤化龙因病请假,袁世凯特任章宗祥兼代教育总长。

△ 袁世凯令前据肃政史夏寿康等呈劾福建巡按使许世英劣迹昭著,贻害地方等情,经查多属传闻,准予从宽免议。

△ 总检察厅检察长罗文幹因欲查究筹安会叛逆责任未果,乃托母病请求辞职。是日,袁世凯批令准假两月,其职务派朱深暂行兼代。

△ 两江优级师范学校改办的南京高等师范学校成立,校长江谦。1923年改为东南大学。

△ 《中华国货月报》在上海创刊,李卓民编辑。

9月上旬 外交部抗议俄人在中东、南满两路及山东烟台、龙口等处招募华工赴俄开矿。

9月11日 云南将军唐继尧召集团以上军官在警卫混成团本部开秘密会议,发动讨袁,议决三事:"一、积极提倡部下爱国精神;二、整理武装,准备作战;三、严守秘密。"

△ 黑龙江金矿试验场在汤原县成立。后于1918年改称梧桐河金矿局。

9月12日 政事堂知照内务部,筹安会只限于国体问题作学理之研究,不得溢出范围。

9月13日 袁世凯派国务卿徐世昌至北京孔庙代行仲秋上丁祀孔礼。

9月15日 《青年杂志》在上海创刊,陈独秀主编,并撰写《敬告青年》一文,谓吾国社会之隆兴,"惟属望于新鲜活泼之青年,有以自觉而奋斗",提出"科学"与"人权"两口号,指出"国人而欲脱蒙昧时代,羞为浅化之民也,则急起直追当以科学与人权并重"。

△ 参政院代行立法院审查国体请愿案,以此案关系国家根本,非立法院职权所能解决,建议召集国民会议取决。

△　天津绅商成立国土国权维持会，反对法领事越界在墙子河外老西开地方向居民收捐。

△　日军在昌图、梨树两县交界之勾界堡遭胡匪袭击，毙日兵二名。

△　孙中山派朱执信赴南洋筹款。

9月16日　山西将军阎锡山致电参政院，要求定君主立宪，迅予表决，声称："自立之道，非厉行军国主义，不足以图强。欲厉行军国主义，非先定君主立宪，断不能收上下一致精神贯彻之效。"

9月17日　胡匪200余名攻占长白县城，中日商民10余人被掳。

△　财政、农商二部以湖南矿产极富，中路锑矿，南路锡矿，中西南三路铜铅煤矿，中南两路煤矿，水口山铅矿年产达三四百万元之巨，官矿矿地多达数百处，呈请简派大员前往督办，是日，袁世凯特命陶思澄督办湖南官矿事宜。

9月18日　中华革命党通告海内外同胞，申讨袁罪。谓："虽曰民国，共和真髓，实无一存。……时事急矣，能速革命，而后有国，否则事机一去，噬脐不及。"

△　袁世凯特任奉天将军段芝贵兼署奉天巡按使。

△　内务部呈准将贵州仁怀县析置鳛水县。

△　交通部批准黄恩培等集资开办福建龙溪程溪墟至漳州灰窑轻便铁路立案。

9月19日　北京帝制派梁士诒等发起"全国请愿联合会"，推定沈云霈为会长，那彦图、张锦芳为副会长，并向参政院请愿，要求组织"国民代表大会"，投票解决国体问题。

△　都肃政史庄蕴宽等呈请将筹安会克日取消，以杜观望，而靖人心。

△　内务部呈复袁世凯限制筹安会，称："该会发起人皆学识闳通、声望卓著之士，于此项讨论界说、范围，亦已郑重声明。……倘认为有扰乱秩序之虞及其他秘密之行为，警察官吏自当加以干涉，俾有限制，而保治安。"

9 月 20 日　参政院代行立法院议决并咨请政府提前于年内召集国民会议，或另筹征求民意之妥善办法以解决国体问题。

△　云南巡按使任可澄条陈振兴云南矿务办法。滇矿以锡、铜、锑为大宗，宜先从金矿着手，次就铁矿经营。滇省财政支绌，开发之道，应筹借外债及招集华侨资本，并请特派大员来滇督办。

9 月 21 日　冯国璋以各省纷电劝进帝制，是日密电袁世凯，请"俯同民好，早定大计，而奠久安长治之基"。

9 月 22 日　袁世凯任命马继增兼帮办江西军务。

△　财政、农商二部呈请派大员督办湖北矿政。

△　前清崇陵工竣，列支工款达 407.9867 万元，由善后借款项下分批拨付。

9 月 23 日　是晚（阴历中秋）日本首相大隈邀陆宗舆在官邸赏月，告以可就承认帝制问题举行会谈，谓"总统如诚意联日，日本自当努力援助，可除一切障碍"。次日，陆即将大隈所言电告袁世凯。

△　中华革命党总理孙中山委胡汉民、宋亚藩（即宋振）、杨庶堪为菲律宾筹饷特派员。11 月 12 日，胡等由日本启程赴菲。

9 月 24 日　全国请愿联合会向参政院递请愿书，指责召集国民会议解决国体，为越俎代庖，表示反对。

9 月 25 日　袁世凯咨复参政院，于 11 月 20 日召集国民会议解决国体。

△　袁世凯公布《修正会计法》，规定会计年度以每年 1 月 1 日开始，12 月 31 日终止。

△　袁世凯任命刘祖武为云南陆军第二师师长。

9 月 26 日　筹安会副理事长孙毓筠密电各省将军、巡按使等提出包办选举国民会议办法，谓："现拟另筹征求民意办法，由各省将军、巡按使、都统就在省各县绅民中，每县择定一人，召集临时国民会议。"

△　驻日公使陆宗舆电外交次长曹汝霖，商派大员与日本密洽帝制。

△　袁世凯令准免湖南巡按使韩国钧本职，调京兆尹沈金鉴接充；并任命王达为京兆尹。

△　政事堂密电各省将军、巡按使，停止本年国庆日活动。

9月27日　福建省奉准增设东山县治，由漳浦、诏安两县析置。

△　广东奉准变通铁矿开采办法，暂不实行封禁。

9月28日　参政院议决以“国民代表大会”解决国体，指定梁士诒、汪有龄、陈国祥、蔡锷、王劭廉、施愚等起草办法。

△　昆明《党报》发表反对筹安会社论《对于筹安会之商榷》；10月2日又发表《驳筹安会》，揭露杨度等“阳借筹安之名，阴行劝进之术”。

△　中华民国政治顾问莫理循呈递备忘录，建议任用印度行政官员采行土地税改革。

△　日本要求在赤峰、郑家屯及内蒙各处增设领事。

△　陕西蓝田县农民反对税契，包围县城，县知事被迫宣布停收税契，缓征粮款。

9月29日　留美学生祁暄发明中国打字机器，农商部给予专利五年。

9月30日　政事堂密电各省查禁秘密党会，略称：“逆党组织秘密党会，意在倾覆祖国，邪说流行，殊为大局之害，应由各省从事严禁，慎毋稍予放纵，致使滋蔓难图。”

△　袁世凯公布《文官高等考试令》、《外交官领事官考试令》、《司法官考试令》、《文官普通考试令》、《文官甄用令》，并通令此后无论何项文职，均以考试或甄用合格者为进身之正轨。

△　袁世凯任命王广圻为驻意大利特任全权公使；原任高而谦因病辞职。

△　中华革命党总理孙中山函告南洋同志，派陈其美、胡汉民、许崇智、杨庶堪、宋振、郑鹤年、邓铿七人赴南洋筹饷，并协理党务。

9月下旬　蔡锷密函黄兴，谈国内形势与袁世凯阴谋称帝情况，并告以即赴西南发难，征求黄兴意见。

是月 总统府法律顾问日人有贺长雄撰《新式国家三要件议》一文，进呈袁世凯，建议从速开设立法院，司法权独立，振兴小学教育。

△ 段芝贵、姜桂题、倪嗣冲等以安徽“公民”名义具呈请愿书，谓“今日之政体，非君主立宪不足定国是，安人心”。同日，张作霖、冯德麟等也以奉天“公民”名义上请愿书。

△ 直隶、河南孔社致电参政院，请“早定君主立宪”，“复尊君亲上之本”。

10 月

10月1日 黎元洪向参政院咨请辞副总统职。

△ 《新中华》杂志在上海创刊，次年6月停刊，共出六期。

△ 中华革命党总理孙中山委吴铁城为檀香山筹饷局局长。

10月2日 英公使朱尔典晋谒袁世凯，密谈有关帝制问题。袁称，对内可以放心，对外则不能不虑也。朱声称英国对袁进行帝制极表欢迎，“行君主立宪政体，是中国不能逃避之举，且系根本解决之法”。

10月3日 统率办事处密电各省将军、巡按使，询治安及国体问题意见。

△ 内务部密电各省“清除乱党，严防煽动”。

△ 袁世凯特任郑汝成为彰威将军仍兼上海镇守使；杨善德为克威将军仍兼松江镇守使；曹锟为虎威将军；王占元为壮威将军。

△ 袁世凯令青海办事长官一缺裁撤，改设甘边宁海镇守使；同日又任命马麒为该镇守使。

10月4日 统率处据袁世凯旨意发出致各省将军、巡按使江（3日）电后，是日，长江巡阅使张勋复电，谓“勋军驻扎地点，均已布置严密，务使跳梁之辈无隙可乘，他省如有不虞，并可督饬军队以剿除自效”。5日，四川将军陈宧复电，谓“湖北将军当采兆民之公论，当机立断，速定大计以固邦本而顺人心”；段芝贵复电，谓“全省人民于改定国体问题，极为欢惬，齐心向顺无间，境内治安，芝贵可负完全责任”。6日，上海镇守使郑汝成复电谓：“汝成之力足以担任维持，惟乞转主座，俯顺群情，速定大计。”

△ 黑龙江省海伦县乡民数千人因不满货牙公司抽税，将该公司捣毁。

△ 袁世凯授雷震春为震威将军。

△ 教育部通咨各省区长官，请饬各学校注重体育，组织课外运动，在省城设公众运动场所，以为模范。

10月5日 袁世凯令准教育总长汤化龙因病辞职，由张一麐继任。

△ 袁世凯令着上将衔陆军中将何宗莲开复原官，并给还勋章。

△ 财政部批准中美银行立案。该行由华商张振勋等联络美商所组织，资本1000万元，中美各半。

△ 周学熙、孙多森、施肇曾为兴办农工商实业，集资银500万元组织通惠实业股份有限公司，是日成立，设总公司于北京，上海、汉口设分公司。

10月6日 梁士诒等为加速帝制进行，借口国民会议系决定宪法机构，不适宜解决国体问题，遂以参政身份，纠合数人起草“国民代表大会组织法”，建议召集“国民代表大会”表决国体问题。是日，参政院代行立法院通过此案，并咨请袁世凯公布。

△ 中华革命党总理孙中山委黄绰民为横滨支部长。

△ 山东中华民国救亡讨袁军发布《告示》，谓“兴师讨贼系国民应尽之义”，如有附和国贼者，“定与严诛”。

10月7日 内务部总长朱启钤及周自齐、梁士诒等10人密电各省将军、巡按使，谓：“国民代表大会拥戴电中，须有恭戴今大总统袁世凯为中华帝国皇帝字样；委任参政院为国民代表大会总代表电，须用各省国民代表大会名义。……至商、军、政各界推戴电签名者愈多愈妙。投票后三日内必须电告中央，将来宣诏登极时，国民代表大会及商、军、政各界庆祝书，亦请预拟备用。”

△　云南将军唐继尧再次召集军官会议，决以武力反对帝制，并决定起义时机，若时机不成熟，则滇省宣告独立。

10月8日　袁世凯颁布《国民代表大会组织法》，凡16条。10日发布申令称："本大总统受国民之付托，以救国救民为己任，民所好恶，良用兢兢，惟有遵照约法，以国民为主体，务得全国多数正确之民意，以定从违。"

△　袁世凯明令公布参政院代行立法院关于请求由国民代表大会代表决定国体之咨文。

△　袁世凯公布《农工银行条例》。17日设立农工银行筹备处。11月7日农工银行在通县、昌平开始营业。

10月9日　以朱启钤等为首之办理国民会议事务局密电各省巡按使，预拟操纵选举国民代表办法："投票决定国体，必有全体一致之精神，方可以震动中外之耳目。然欲收此良果，必先于当选之人悉心考究，确信其能受指挥，方可入选。"未投票之先，"遴选妥员，分途联络……而礼貌之间，无损于威，酒醴之劳，无伤于财，必使下之身心乐为上用，而后如身之使臂，臂之使指"。

△　袁世凯令：前河南巡防营统领马云卿假权营私，误国害民，诬良为匪，勒索赃款六万余两，按法即行枪毙。

△　袁世凯给予总税务司安格联一等嘉禾章。

10月10日　办理国民会议事务局密电各省，声称："此次所谓以国民代表大会决定云者，不过取正式之赞同，更无研究之隙地。将来投票决定，必须使各地代表共同一致主张改为君宪国体，而非以共和君主两种主义听国民选择自由，故于选举投票之前，应由贵监督暗中物色可以代表此种民意之人，先事预备，并多方设法使于投票时得以当选。"

△　朱执信抵香港，与邓铿策划举兵反袁。10月下旬及11月上旬革命军相继起事于惠州、博罗、佛山。

△　袁世凯令福建护军使李厚基、贵州护军使刘显世均加陆军上将衔。

△　澳门华民维持国体联合会发表宣言，号召中外同胞，“扬袂而起”，反对帝制。

△　《中华新报》在上海创刊，谷钟秀、杨永泰等主编。发刊词斥袁“于对外丧权辱国之后，乃为一姓之子孙帝王万世之谋，以二三近幸官僚之化身，悍然冒称国民之公意”。

△　比利时天主教神甫雷鸣远在天津创办《益世报》。

10月上旬　陆军总长王士珍、海军总长刘冠雄、直隶巡按使朱家宝、京师警察总监吴炳湘等纠约蒙藏部落及全国陆海军事长官、各省行政长官等数百人分批联名具呈袁世凯，请求变更国体，实行君主立宪。

10月11日　办理国民会议事务局致电各省将军、巡按使要求对选举密件应确守秘密，“密件若传于道路，尤恐贻政治历史之污点”。

△　朱启钤等密电各省：“每县初选当选人来省报到，必须设招待员接洽，疏通意见，再由监督长官以谈话宴饮为名，召之至署，将君宪要旨及中国大势，并拟定充选之人名示之，须用种种方法，总以必达目的为止。”

△　旅美华侨丁义华，为文警告我政府与国人，指出：“溯自前月筹安会发生，其始立言，以研究学理，讨论民主君主问题为宗旨，故大总统发表意见，有国民如愿讨论此问题，未便禁止之语……岂料该会决非研究讨论，一意鼓吹速改君主，并预备宪法以辅之，大有共和国体已无讨论之余地，由此观之，足见该会早定目的，讨论研究，欺世之言也！”

△　日首相大隈重信致电驻华代理公使小幡酉吉，称：“由日本自身利害加以衡量，日本毕竟无法容忍事态（按：指袁称帝）之自然发展。”

10月12日　政事堂电各省巡按使：奉大总统令，此次举行国民代表大会解决国体，非一人之关系，慎勿急遽潦草，致生流弊。

△　英公使朱尔典报告本国政府：中国帝制运动最近进行甚速，“各省将军、巡按使一致力促实行帝制”，此时不宜由外部进行干涉。

△　袁世凯任命广西巡按使王祖同会办广西军务。

△　袁世凯申令，晋北镇守使陆军中将孔庚着开复褫职留任处分。

10月13日 旅沪公民请愿团致电筹安会，告以该团成立，并推代表赴京请愿变更国体，领衔者百余人。但电文列名者大都称“不知其由来”。

10月14日 日本新任外相石井菊次郎到任，对华态度渐趋强硬。是日，日本阁议中国改变国体问题，决定干涉袁之帝制运动。

△ 袁世凯疑蔡锷反对帝制，是晚军政执法处派人闯入蔡宅搜查，无所获。次日，蔡质问执法处长雷震春，答系误搜，并于17日杀侦查人员以示歉意。

△ 中法派员会勘滇越边界。

△ 袁世凯加贵州护军使刘显世督理军务衔。

10月15日 陆宗舆致电外交部，报告日本阁议中国帝政问题，谓：“昨石井到阁，会议对华问题，则谓中国因改帝制，形势不稳，关系东亚和平，不得谓仅关系内政，日本不能不问，或须先正式询问中国，一询究否改制；二是否可保平和；三与日本如何提携。”

△ 日本政府决定劝阻袁世凯复辟帝制，内阁会议决议邀约英、俄、法、美共同向袁提出警告。同日训令驻英大使与英政府磋商，共同劝告袁延缓实行帝制。

△ 筹安会改为宪政协进会，确定“此后本会方针，应注重立宪问题”。

△ 袁世凯公布《司法官惩戒法》、《审计官惩戒法》。

△ 中美邮船公司成立，中美各出资本100万元。

10月16日 袁世凯就蒙藏院呈报准伊克昭盟长派员进京请速定国体事批令称：“改革国体，事端重大，自应听之国民，前准代行立法院咨请公布国民代表大会组织法业经颁行，应各保全治安，尊重民意，静候多数国民最后之解决。”

△ 前川边经略史尹昌衡因侵占公款处徒刑9年。

10月17日 袁世凯批准货币交换事宜归并中国银行办理，并于20日公布《取缔纸币条例》，凡九条，规定除中国银行外，凡官商银钱行号未发行纸币者不得发行，已发行者限满全数收回。

△　奉天长白中日军警冲突，日兵开枪击毙中国警兵。后经交涉，日方反要求中方优恤日兵、惩办中国警兵、在采木公司驻兵等。

△　中国帝政会要员蒋士立在东京赤坂寓所被党人吴先梅枪击，伤其胸腹。

△　驻长春日本领事署以护侨为名，在张家湾强设警察分所，长春道尹要求撤销，交涉无效。

10月18日　袁世凯致电各省尊重法律，妥办选举。

△　袁世凯特任龙觐光暂兼代理广东巡按使。

10月19日　参政院代行立法院决定国体投票之标题用"君主立宪"四字，投票者只书赞成不赞成。

△　津浦铁路积弊被纠弹案审理结束，是日袁世凯令该铁路局局长赵庆华交付惩戒，交通次长叶恭绰以无实据准免置议，销去停职处分。

△　中华革命党檀香山希炉筹饷局局长黎协被刺殉职。12月14日，孙中山特函希炉分部及筹饷局请从速催请法庭追查凶犯。

10月20日　上海《字林西报》发表《喜剧欤，抑滑稽剧欤》之社论，斥袁以帝制"攫取大权以快私欲"，"结果必将获中国从未演过之最不幸的滑稽剧之报酬"。

△　周学熙、李士伟发起之华新纺织公司是日由袁世凯批准，资本定为1000万元。

10月22日　袁世凯特派驻日特命全权公使陆宗舆为日本大正天皇即位大典庆贺专使。

△　袁世凯公布《土地收用法》，凡五章38条。其中规定："凡得收用之土地，分国有、公有、民有三种。"

△　袁世凯令，前陆军次长徐树铮被劾一案，或由误会，或由传讹，免予置议。

△　中美《解纷免战条约》互换约本。

10月23日 朱启钤等致电各省，规定劝进书中必须用国民代表“谨以国民公意，恭戴今大总统袁世凯为中华帝国皇帝，并以国家最上完全主权奉之于皇帝，承天建极，传之万世”等字样。

△ 袁世凯令派刘师培、谢桓武、王锡彤、林万里为参政院参政。

△ 江苏通海镇守使管云臣密电北京统率办事处，谓：“此间谣言甚多，民党机关报有《爱国报》、《爱国晚报》两种，均为何海鸣所开。另有《中华新报》系谷钟秀主笔，持论均极悖谬。所闻如斯，请希防备。”

△ 沪法新租界恺自迩路荫余里38号党人机关为法捕房破获，47人被捕。次日，党人萧美成率百余人在沪起事未成，朱少春等被捕。30日萧美成、李洪在法租界被捕，旋于12月解护军使署，次年1月27日萧遇害。

△ 日人强指辽河以西之锦县为南满地域混入杂居，房主被县署处罚，日领就此事向辽沈道尹荣厚提出抗议，为荣据理严拒。

△ 党人朱耀南在沪以“图劫警区军械，定期起事”罪被捕，11月28日在西炮台被害。

10月24日 袁世凯令福建巡按使督饬所属妥为保护回国华侨，以“收近悦远来之效”。

△ 袁世凯令准平政院院长周树模因病免职，遗缺特任钱能训署理。

10月25日 全国各省区按照袁世凯公布的《国民代表大会组织法》进行“国民代表”选举。

△ 驻日公使陆宗舆以帝制实情密告日外相石井菊次郎，并详述各省治安可靠证据。

△ 孙中山与宋庆龄在东京结婚。

△ 袁世凯令驻美公使兼古巴公使夏偕复开缺调京另候任用，遗缺以顾维钧继任。

△ 中国科学社正式成立，“以联络同志，共图中国之科学发达”为宗旨，公举任鸿隽、赵元任等五人为董事，杨铨（杏佛）为编辑部部长，

1917年呈准教育部立案。1918年办事机构由美国移归国内，在上海、南京设立中国科学社事务所执行社务。

10月26日 朱启钤、周自齐等10人密电各省将军、巡按使，谓："国体投票开票后，当即行推戴，无须再用投票手续，即由公等演说，君宪国体既定，不可一日无君，诸位代表应推戴袁世凯为中华帝国大皇帝，如赞成应起立。表决后即将拟定之国民推戴书交请各代表署名。"

△ 财政、农商两部奉准发行有奖实业债券2000万元，用于兴办银行、煤铁矿、纱丝茶糖等厂及其他重要生利事业。

10月27日 国务卿徐世昌称病续假，袁世凯特任外交总长陆徵祥暂兼代理国务卿。

△ 外交部致电陆宗舆，嘱向日本外务部密告："近接各省官吏电信……大约主张君主立宪者必居多数，届时政府亦无权违拂民意……。此次改变，出于全国人民一致之意愿，政府顺从民意，秩序必不至扰乱。……特于未经决定宣布之前，以实情密告，以免误会。"

△ 内务部电各省饬禁报载暴动谣传。

△ 外交部令驻英、俄、法、美四国公使，将帝制进行情况密告四国政府。

△ 日、英分别邀美一致劝中国延缓变更国体。11月4日，美复英、日谢绝参加。谓"中国变更国体纯属内政，任何干预均属侵犯中国主权而非正当"。

△ 中华革命党总理孙中山委石蕴光、刘国佐、韩僨分别为四川川东、川北、川南各区司令官；赖天球为南赣游击司令官，嗣改委为韶赣游击司令官。

△ 上海西洋泾浜永昌客栈党人机关被法捕破获，李德卿、阙朝书、王万英、杨文忠、余林、徐建侯六人被捕。12月22日，法租界公堂判李、阙引渡，余、王、杨押西牢两年。

10月28日 自是日开始，各省区"国民代表大会"进行"国体"投票。

△ 日代使小幡酉吉联合英、俄两国公使，就袁世凯称帝事至外交部提出联合劝告。略谓："突建帝制，将惹起意外之扰乱，中国之不幸莫过于此，东洋之和平亦不无因是陷于危殆之虞。帝国政府以友谊劝告延缓变更国体，防祸于未然。"外交总长陆徵祥答称："国体变更，全出国民公意，非政府所能禁止"，"各省官吏报告中枢，力任地方治安，并无变乱之虑。"

△ 统率办事处电传军令，通饬各省军警长官务严一切防乱手续，以免滋乱。

△ 袁世凯令：陆徵祥加上卿衔；徐邦杰加陆军上将衔。

10月29日 中华革命党军务部长许崇智自沪上书孙中山，请陈其美留沪，略谓："保皇、进步二党确有联合消息。吾党以周应时君独当其冲，恐应接不暇，拟留陈君驻沪。"孙见书允其所请。

△ 统率办事处致电库伦办事大员公署，谓：巴布扎布屡在内蒙各处骚扰，曾于6月间由参、陆两部电告库伦，派兵助剿。现在巴匪仍在内蒙滋扰，已派兵剿捕，望即将详情转达库伦官府"设法截堵，勿令逃窜"。

10月30日 江苏奉贤县清理沙田局，实行清丈，农民群起反抗，拥至局中请求缓办未准，群情愤激，是日聚众千人在十家村殴伤清丈员10余人，击毙一人。31日奉贤知事前往查勘，复被群众包围。上海镇守使郑汝成派兵前往镇压。

△ 党人张秀全在沪公共租界被捕，旋解南京转押北京"讯办"。次年1月6日被杀害。

10月31日 袁世凯特派大理院院长董康、肃政史蔡宝善等认真稽查选举，如有选举不合法或被选人不合格者立即饬令更正取消。

△ 袁世凯令中国、交通两银行负责辅助划一币制与整理公债。

是月 中华革命党总理孙中山命陈其美在上海，居正赴山东，朱大符(执信)赴广东，石青阳赴四川，夏之麒赴江西，于右任赴陕西，运动起兵讨袁。

△ 孔丘七十六代孙孔令贻电复宪政协会，赞成袁世凯称帝，“并望劝进，早日登极”。孔又领衔以孔、颜、曾、孟四姓“奉祀官”名义电呈政事堂及统率办事处，谓“共和国体，既不适用于中华，君主立宪，已征大同于民意，惟我大总统……亟宜早正帝位，统驭群伦”。

△ 原孔庚部班长卢占魁在包头兵变时收集变兵数百，并利用其在哥老会的影响，啃聚 1000 余人，骚扰包头以南地区，继由杀虎口、七墩口入山西，遭大同镇守使孔庚部堵截，至 12 月底始退出山西。

△ “满铁”向北京政府申请中日联合经营鞍山一带铁矿。1917 年 3 月 1 日，奉天省署向“满铁”颁发许可执照。“满铁”攫取鞍山一带铁矿矿区八处，总面积 2.15 万多亩。

△ 任天章等在吉林省城开设恒茂火磨有限公司，资本 32 万元。

11 月

11 月 1 日 外交次长曹汝霖往晤日、英、俄三国公使，口头答复 10 月 28 日之劝告，谓“国体改革取决于民，如有乱事，各省可负维持地方治安之责”。

△ 法公使康悌至外交部，向外交总长陆徵祥劝告中国政府展缓改变国体。3 日，康悌书面通告陆徵祥，奉本国政府训令加入日、英、俄对华之劝告。5 日，意国公使华蕾亦至外交部作同样声明。

△ 袁世凯任命钱能训兼任司法官惩戒委员会委员长。

△ 袁世凯批令全国水利局未便议并；该局总裁张謇呈请辞职应毋庸议。

△ 中华革命党总理孙中山委梁丽生为海防支部长，汉雨翘为印度支部长，叶夏声为港澳支部长，郑螺生为怡保支部长，梁省躬为太平支部长，叶青眼为闽南支部长。

△ 山东龙口开为商埠。

△ 应袁世凯要求，中华民国政治顾问莫理循撰写了中国站在协

约国一边参加第一次世界大战的十二条理由，并致力于敦促中国参战的工作。

11月3日　云南将军唐继尧密召所部军官举行第三次会议，续商反对帝制，要求“严防奸细，煽惑军心”，决定“讨袁关系重大，暗中积极准备，外示消极镇静”。

△　欧事研究会李根源、程潜由日本横滨乘船赴上海，南洋欧事研究会林虎、冷遹、章士钊等亦返沪，与上海欧事研究会谷钟秀、杨永泰、张季鸾等集会讨论国内时局，重新制定行动方针，决定同全国各界反袁人士“采取一致行动”；提出对敌策略为“反袁斗争主要是武装对抗，但也不排斥其他方法”。

△　中华革命党总理孙中山批准安徽同志组织中华革命军安徽机关部，以金维系为皖中司令兼任皖南事宜。

△　日外相石井晤驻日公使陆宗舆，谓：“此次日本劝告，全为各国商务及中国治安起见，并无丝毫私心。不意贵政府不谅各友邦诚意，竟尔拒绝，殊深遗憾，日政府自当另作计议。”

11月4日　日代公使小幡酉吉再赴外交部，要求以更明白之文，答复日、英、俄三国之劝告。陆徵祥答称：“国体投票各省依法办理，民意所趋，非政府之力所能左右。”“本政府初无急速谋变更国体之心，现仍无此意。”

△　内蒙哲里木盟科尔沁右翼前旗已革扎萨克多罗扎萨克图郡王乌泰进京投诚。是日，袁世凯下令开复其郡王原爵。

△　袁世凯任命朱深为总检察厅检察长，原任罗文幹免职。

11月5日　中华革命党总理孙中山委洪耀国为东婆罗支部长。

11月6日　外交总长陆徵祥与俄公使库朋斯齐在北京签订《呼伦条约》八款，规定：“海拉尔为直属中华民国中央政府之特区”；“海拉尔副都统以中华民国大总统任命之，并行使巡按使之职权”；平时海拉尔一切军事均由旗兵担任，如有“变乱”，中央政府须知照俄国后得派军队前往，秩序恢复即行撤退；海拉尔税收归地方，关税及盐税归中央政府；

将来海拉尔铺设铁路，中国政府首先向俄国借用资本；中国政府对于俄国投资家与海拉尔官署已经订立契约，凡经中、俄代表组成委员会审查者，均予以承认。按：呼伦贝尔蒙旗王公曾于辛亥革命时在俄国操纵下宣称“独立”，此时，俄国迫北京政府签约承认其在该地区之特殊利益及呼伦贝尔之特殊地位。

△　日本外务大臣石井菊次郎面晤陆宗舆，严词再询改制事。当日陆致电外交部，谓石井宣称：“如中国数月内仍改帝制，此时本大臣无以上对皇帝，下答议会，日本国民将认中政府为欺侮日政府之举。”

△　昆明《觉报》发表署名大觉之时评，号召人民奋起反对袁世凯帝制自为，谓“壮士不死则已，死则举大名耳”。

11月7日　朱启钤等密电各省，声称日借口中国恐有变乱，强拉英俄联合劝告，“此事万无缓办之理，各省票数全体推戴齐至时，政府自当稍取委蛇逊让态度，以表示重视邦交之意”。

△　进步党孙洪伊等发表《进步党反对帝制之通电》，指出“帝制发生，人心愤恨，若不即此终止，灭亡之祸，无可幸逃”。次日通电各省分支部“及时奋起，共谋补救”。

△　英公使朱尔典、俄公使库朋斯齐联袂访梁士诒，磋商中国协助英俄，加入联盟，以贷款与中国扩充兵工厂为协助之条件。

△　中华革命党江西革命军司令长官夏之麒在沪法租界被袁党收买凶手湘兰所刺殉职。

△　袁世凯公布《著作权法》和《违警罚法》。

△　教育部颁布《预备学校令》，规定预备学校教育以预备升入中学为本旨，修业年限为前期四年、后期三年。

△　袁世凯特派董康为全国选举资格审查会会长。

11月8日　筹备国民大会事务办理国民会议事务局通告，自10月29日至11月8日各省区依法举行决定国体投票数：计京兆20票，直隶119票，奉天56票，吉林37票，黑龙江22票，陕西90票，湖南75票，湖北69票，广东94票，江苏60票，山西102票，山东107票，浙江

75 票，福建 62 票，河南 108 票，安徽 60 票，江西 81 票，绥远 8 票，热河 15 票，察哈尔 7 票，共 20 处，已投决定票数 1276 票，“据各监督报告，均系一律赞成君主立宪”。

△ 中华革命党总理孙中山委谢介僧为湖南革命军司令长官部副官长，林修梅为参谋长，仇鳌为军事参议。

11 月 9 日 驻日公使陆宗舆奉北京政府命通告日政府，谓中国改革国体不于本年实行。

△ 教育部派张渲为武昌高等师范学校校长。

11 月 10 日 孙中山致函呼吁国际社会党执行局，帮助中国建成世界上第一个社会主义国家。略谓：“我让位给袁世凯以后，立即完全脱离政治，潜心研究逐步的社会主义理想来塑造政治的最佳途径。在彻底体认我这一生奋斗的惟一目标和愿望之后，我坚信，只有中国成为一个社会主义国家，我们的人民才能更幸福，他们的痛苦也才能减轻。社会主义将治愈中国的疾苦。”并谓：“我吁请你们协助我把中国建成全世界第一个社会主义国家，把你们的注意力和力量放在中国，提供各行各业的人才协助我们。我需要像贵局这样的机构，提供以人才，以便从事这项伟大的志业。”

△ 孙中山致函中华革命党某党人，谓袁世凯阴谋复辟帝制，内部已造成分裂，彼虽派人与我党接洽联络，然“从来官僚不足深恃”，仍须“厚集吾力，乘此时机，先发制人”。“先从西南，造我根据；至长江各省，纵官僚反正，我亦必占据要地，不落人后。计袁贼之覆亡，不出数月，中原大局，不难定也”。

△ 中华革命党人王晓峰、王明山奉陈其美命刺杀上海镇守使郑汝成，郑中弹毙命。王晓峰、王明山当场被捕，12 月 7 日遇害。

△ 外交部与统率办事处分别致电库伦办事大员公署，告以林西镇守使米振标军队于本月 5 日攻克白音皋，巴匪逃往游格吉庙，希外蒙地方当局协堵，“不使深入，免滋误会”。

11 月 11 日 外交总长陆徵祥邀日、英、俄、法四公使至外交部，声明国体改革已为大多数国民所决定，因准备头绪纷繁，急难实行，须稍延期，并称“意外之乱，果或猝起，中国政府自信无论何时均有完全消除之力”。

△　据《大公报》讯：袁世凯亲笔撰稿通电各省，“国体仍未改革，勿可称帝称臣，淆乱耳目”。

△　经界局督办蔡锷化装离京赴天津，避日租界，旋于19日搭日轮“山东丸”离津，敢道日本赴港转滇，参与反袁之役。

△　袁世凯任命陆军第四师师长杨善德暂行兼署上海镇守使。

△　教育部咨行各省区，请饬整顿实业学校。

11月12日　英国政府照会日本政府：为援助俄国对德作战，拟提议由中国政府供给俄国步枪和其他军需品，为此目的将给予中国一定财政援助，改良兵工厂，增加生产能力，同时进一步使中国对德宣战，就此事征求日本政府意见。日本借口维护“东亚和平”，反对中国参战。22日，英、法、俄驻日大使访晤日本外务大臣石井并递交照会，要求日本同意四国共同促使中国与德、奥两国断绝外交关系，以防止德国在华对协约国之阴谋活动。日本坚持反对态度。12月3日，日本内阁对此正式作出决定，并于6日通知英、法、俄三国驻日大使。

△　意国公使华蕾照会外交部“请缓行帝制”。

△　袁世凯通令各省严禁“乱党”印刷品由海外寄往内地，查出立即销毁，“以遏乱萌”。

△　袁世凯公布《民业铁路法》，凡75条，其中规定“民国人民集合资本依本法之规定建筑铁路者为民业铁路”，设立铁路公司须创办人开具禀请书，请交通部暂行立案。

11月14日　奉天日商延寿堂被炸案解决，中方赔款2.2万元，被捕中国学生同时获释。

11月15日　孙中山书告菲律宾各地华侨：“今袁氏谋篡，事迹显然，惟众叛亲离，势当瓦解，今正讨贼之时，宜协力筹款相助。”

11月16日　袁世凯令封爵暂照前清各项世爵办理。

△ 奉天将军段芝贵通饬所属，今后公文须改尊称，称袁世凯为中华帝国皇帝，以重体制。

11 月 18 日 日本内阁讨论对华政策，决定联合英、法、俄、意四国，就袁世凯帝制活动提出第二次劝告，并通知日本驻四国大使，分别向驻在国政府进行磋商。

△ 英、法、俄驻日大使会商中国加入协约国。

△ 袁世凯批准《禁止私放蒙荒通则》，凡七条。

△ 袁世凯批令：督办经界局事务蔡锷因病准予续假 7 日，俾资调理。

△ 袁世凯令准肃政史费树蔚免职。

△ 上海、松江两镇守使缺裁撤，改设松沪护军使，袁世凯令杨善德充任。

11 月 19 日 袁世凯任命江朝宗为步军统领。

△ 袁世凯任命徐源为肃政史。

△ 蔡锷以就医为名由天津乘船赴日本。

△ 上海小机业工人一千数百人因该业坊主购买日本机器，夺其生计，举行罢工。

11 月 20 日 中华革命党发布第十八号通告，指出郑汝成被击毙后，东南梗阻业已铲除，大江南北，势力磅礴，正宜乘时大举。

△ 袁世凯令贵州巡按使戴戡开缺留京听候任用，特任龙建章继任；任命潘矩楹为绥远都统。

△ 教育部呈准官吏不得兼充学校校长及限制兼任教员办法。

11 月 21 日 全国各省“代表大会”决定国体投票，均告完成，共计投 1859 票，一律赞成君主立宪。

△ 参政梁启超呈请辞职，袁世凯令给假两月，俾资调理。22 日，袁命戴戡署理参政。

△ 江西万载县人民反对烟酒公卖，聚众将县署捣毁。警察到场镇压。

△ 据《申报》讯:呼伦贝尔胜福之一部分羽党1000余名,已分别送内蒙扎萨克图旗原籍;余1000余人编为黑省巡防队,呼伦贝尔已完全投诚。

11月22日 英、法、俄三国驻日大使拟妥对华要求:一、诱导中国与德奥断交,加入协约国;二、驱逐中国境内德侨;三、中国提供兵工厂与协约国,并供给俄国武器。是日,三国驻日大使向日提出要求,望日谅解与协助,日拒之。

△ 日公使日置益向外交部责问中国参战事,外交部否认。

△ 经界局周钟岳代蔡锷呈请袁世凯准予续假三月,并请派员代理经界局督办和参政院参政职务。

△ 凌晨,察哈尔多伦镇守使萧良臣率兵攻外蒙游格吉庙巴布扎布匪巢,巴匪据庙抵抗,后逃往海拉尔为俄人所收容。是役巴匪被击毙千余名,生擒500余名,并将勾结巴匪之游格吉庙活佛拘留。27日,外蒙提出交涉。

11月23日 唐继尧发布第一号饬令,命历年来凡曾在各军队充任中下级官长,因过撤销差使,或因故自请长假,而现愿投效者,速按表式填注履历事由,陈呈各有关长官,限10日内详保到署听候定期查验。如才质可取,过差可原,即分别酌予任用。其赋闲日久,学术荒疏者,则令补习学术,以备异时补充之选。

△ 公使团照会外交部,以推广上海租界为退回会审公堂交换条件。

△ 外蒙古博克多哲布尊丹巴呼图克图不受册封,外交部向俄公使库朋斯齐提出交涉。

11月24日 袁世凯令蔡锷给假两月,所遗经界局事务以龚心湛兼署,参政缺以张元奇署理。奉天巡按使张元奇开缺。

△ 全国商会联合会在上海开临时大会,到代表80余人,改举张振勋为会长,讨论组织中美银行、中美轮船公司及中美商品陈列所等问题,获通过。30日闭会。

11月25日 外交次长曹汝霖电驻日公使陆宗舆，探询日本对华参战意见。

11月26日 黄兴致函张孝准，部署讨袁策略，计有发难地点、暗杀机关、争取冯(国璋)、陆(荣廷)及外交问题等。

△ 驻日公使陆宗舆电复曹汝霖，称："昨某馆员密谈，英已将中国加入事情请日本赞成，日政府尚未答复……英政府意似日本即不允英中日三国同盟，而英中二国亦可另订密约。"

11月27日 英驻日大使格林照会日本政府，否认有在北京进行"英中同盟"谈判之说，表示"英国若不同日本取得协议，无意与中国进行有关政事性的谈判"。按：据传英公使朱尔典与北京政府政治顾问莫理循为诱使中国对德宣战，在11月上旬向北京政府提出"英中同盟"的建议，其交换条件为：一、完全废除德国在华特权利益；二、中国作为交战一员，将以协约国同等资格出席战后和平会议。消息传出，引起日本政府极大注意。

11月28日 驻库伦俄领事向都护使充驻扎库伦办事大员陈箓抗议派兵进入蒙古剿匪。

11月29日 都护使充驻扎库伦办事大员陈箓电告黑龙江将军朱庆澜称，"巴匪余党已向洮南、海拉尔一带逃窜，请派兵设法堵击"。

△ 上海法租界捕房饬派探捕查封《爱国报》馆，主笔王血痕解法公堂"讯办"。

△ 北京"读音统一期成会"会员王璞等，呈请教育部立即将公布之注音字母推行全国，并由会员在京创立"注音字母传习所"，12月22日经袁批准立案。

11月30日 督办经界局事务蔡锷呈称赴日疗养，袁批："仍望早日回国销假任事，用副倚任。"

是月 中华革命党党务部长居正到青岛建立中华革命军东北军总司令部，并组成东北军两个纵队、五个支队。

△ 奉天辽阳县72乡饥民八万余掀起"吃大户"抢粮风潮。

△　中和煤矿股份有限公司成立。总事务所设北京，办事处设河北磁县峰峰村，资本总额 60 万元，生产烟煤焦炭。

△　中英合办门头沟煤矿公司成立，总事务所设天津，资本总额原定 20 万元，后增至 280 万元。

△　王郅隆等创立天津裕元纺织股份有限公司，纺制粗细棉纱附织布疋，资本银 250 万元。

△　外交部呈准在俄国伊尔库茨克及荷属南洋棉兰地方设立领事馆，并派管尚平为伊尔库茨克领事，张步青为棉兰领事。

12　月

12 月 1 日　登极大典筹备处在北京中央公园行开幕礼。19 日，袁世凯正式下令成立大典筹备处，以朱启钤为处长。

△　统率办事处办事员萨镇冰奉袁命到沪检阅海军，并命"肇和"舰于 6 日出海，开赴广东。

△　中国与巴西修改条约签字，其中规定"两国人民皆可侨居，须由本人自愿，均照最优国相待"；两国"互派使臣"；"两国通商照各国章程办理"等。

△　吉长铁路依"二十一条"要求签订新约，移交日本管理。

12 月 2 日　袁世凯晋封哲里木盟科尔沁左翼后旗管旗章京富勒珲为辅国公。

△　上海人力车夫 8000 人，反对华、洋各公司增加租价，举行同盟罢工。是日至次日，公共租界捕房拘捕车夫 100 余人，分别判押一天至两个月。

12 月 3 日　中华革命党总理孙中山委朱执信为广东革命军司令长官。

△　袁世凯任命程克为副都统，充任阿尔泰办事长官。

△　前吉林巡按使孟宪彝在任内赌博狎妓，行为失检被劾，是日袁

世凯申令移付惩戒。

12 月 4 日 交通总长梁敦彦与英商中英公司代表梅尔思签订短期借款合同,借款总额上海规银 210 万两,以京奉铁路余利为担保。

△ 袁世凯令:陆军第三混成旅旅长鲍贵卿现充讲武堂堂长,准免本职。

12 月 5 日 中华革命党人陈其美等在上海策动“肇和”军舰起义,下午陈其美派杨虎带队夺取“肇和”舰,并由该舰炮轰上海制造局。同时,党人自陆上分别攻击淞沪警察局、电话局等重要机关;袁军大队赶来镇压,党人败退。

△ 山东孔教会王锡蕃等致电参政院代行立法院,劝袁世凯早即帝位,略谓“君主问题业经表决”,“皆盼我皇帝应天顺人,不日即正大位”。

12 月 6 日 袁军自“应瑞”、“通济”两舰炮击“肇和”舰,“肇和”舰发炮还击,战斗持续一小时,“肇和”舰多处中弹,舰上伤亡枕藉,杨虎下令弃舰撤退,杨虎等凫水脱险,舰上数十人被袁军捕获遇难,“肇和”之役失败。

△ 党人进攻沪西门外第二区警署,陈玉麟、鲍德俊等被捕。16 日、20 日,陈、鲍先后在西炮台被杀害。

△ 袁世凯授南桂馨为陆军军需监。

△ 内务部呈准警察如有叛乱、抗命、投敌、逃亡、违令、侮辱、暴行、胁迫等罪行,适用陆军刑律治罪。

△ 袁世凯奖励兴办实业成绩较著之虞洽卿等 29 人。

12 月 7 日 袁世凯据海军总长刘冠雄等呈请昭雪前清尚书陈璧,特颁明令,予以慰勉。11 日任命为参政院参政,28 日授为中卿。

12 月 8 日 袁世凯晋封新土尔扈特旗头等台吉爱里宰德勒格尔为辅国公。

12 月 9 日 党人金汉章因涉嫌刺杀郑汝成案在沪被警佐逮捕,次日在西炮台遇害。

12 月 10 日 袁世凯令：海军总司令李鼎新为“肇和”舰案自请处分，交海军部议处；练习舰队司令徐振鹏平时失察，一并由海军部议处，以示惩儆。

12 月 11 日 参政院代行立法院自称“国民代表大会”总代表，举行全国国民代表大会解决国体总开票，秘书长报告全国代表 1993 票，全体一致赞成君主立宪。并向袁世凯上总推戴书，“推戴今大总统袁世凯为中华帝国皇帝”。袁佯为推辞，将推戴书发还，并下令称：“推戴一举，毋任惶骇。……民国初建，本大总统曾向参议院宣誓，愿竭能力发扬共和，今若帝制自为，则是背弃誓词，此于信义无可自解者也。……尚望国民代表大会总代表等，熟筹审虑，另行推戴，以固国基。”同日参政院又上第二次推戴书，颂袁有“经武”、“匡国”、“开化”、“靖难”、“定乱”、“交邻”之功，“尽瘁先朝”，“无负民国”。

△ 进步党党员安致远等 137 人致电进步党各省分支部表示对王印川以进步党本部名义发表拥护帝制宣言“概不承认”，并谓：“吾党四年以来拥护袁氏，断送国家，应速忏悔，声罪致讨，以补前过。”

△ 袁世凯任命黄振魁为陆军第三混成旅旅长。

12 月 12 日 袁世凯颁令接受帝位，声称：“天下兴亡，匹夫有责，予之爱国，讵在人后？但亿兆推戴，责任重大……竟使予无以自解，并无可诿避。”旋改国号为“中华帝国”，自称“中华帝国皇帝”。

△ 都护使充驻扎库伦办事大员陈箓接外交部电，谓俄使面称：“俄政府以巴布扎布防止德人谋炸东清铁道有功，碍难交出。巴匪现已穷蹙，拟在西伯利亚边地安置，与内蒙障隔，当可无事。”27 日，车林多尔济至署面告“巴布扎布现受外人保护，前经派兵前往驱逐，亦无从措手”。

12 月 13 日 袁世凯在居仁堂接受百官朝贺；同日并通令各省访查反对帝制，称改变国体出于“民意”，对于“好乱之徒”必须“严密访查，毋稍疏忽”。

△ 日公使日置益为袁改行帝制事照会外交部，要求北京政府于

15日以前给以满意答复。15日，日使联合英、法、俄、意四国公使至外交部提出第二次劝告，称："曩者各国对于中国帝制问题，曾向中国政府劝告，其时中国政府尝言固不急遽以从事，且声明担保中国疆内之治安。"并称"五国政府对于将来形势如何转移，仍旧持其静观厥后之态度"。外交总长陆徵祥答称"现在投票决定虽完，尚未正式实行帝制，盼各国尊重中国主权"。

△ 中华革命党总理孙中山委伍发文为彭亨文冬支部长。

12月14日 黄兴致电美国驻京公使芮恩施，请勿赞成袁世凯称帝，谓"吾国民断不能坐视袁氏任意复行帝制"。并表示："此时吾定返中国，再执干戈，随革命军同事疆场，竭尽吾最后之气力，驱逐国贼。……使吾国人民得共享自由共和政体之福。"

△ 云南巡按使任可澄电请袁世凯"立下取消帝制之命"，或"申明延期，俟数年后斟酌国势，再议实行"。

△ 袁世凯令参政院代行立法院即行推荐宪法起草人员。

△ 美洲致公总堂会长唐琼昌上书美国总统威尔逊，请勿承认袁世凯复辟帝制，"免致革命党前功尽废"。

△ "肇和"舰水手冯汉祥、谢求、庄玉坤、余燎、莫振声五人以"附和党人运动"罪被松沪护军使杨善德杀害于上海西炮台。20日，该舰水手叶大秀、王大共、刘元洪又以同一罪状被杀害。

12月15日 袁世凯册封黎元洪为武义亲王，黎坚辞不受。19日，袁又申令"毋许固辞"。

△ 中华革命党本部通告"肇和"舰起义失败经过。

△ 袁世凯颁令褫夺"肇和"舰长黄鸣球官职，交海军部从严查办。

12月16日 袁世凯申令："清室优待条件载在约法，永不变更。将来制定宪法时，自应附列宪法，继续有效。"

△ 袁世凯令迅速筹办立法院议员选举，准于来年以内召集立法院，以期发皇宪政。

△ 袁世凯令整顿厘金，特派田中玉、赵椿年赴各省考察，凡无关

紧要之厘卡,分别裁撤归并,舞弊营私情事从严究治。

△ 袁世凯特任前清资政院总裁溥伦为参政院院长。

△ 黄兴致函张承樾,谓对"肇和"舰起义表示欣慰,并慰勉返回讨袁。

△ 梁启超秘密离天津乘轮赴上海,与欧事研究会联系倒袁,18日到达。

△ 詹大悲、温楚珩在沪公共租界被巡捕及长江巡阅使驻沪调查长拘捕。

12月17日 欧事研究会会员李烈钧奉黄兴命回滇策动讨袁,是日偕熊克武、龚振鹏等经香港、海防、河内秘密抵达昆明。云南将军唐继尧派其弟唐继虞至老开迎迓。

△ 德、奥公使访晤外交总长陆徵祥,对袁世凯接受推戴称帝一事表示祝贺,并要求谒见袁世凯。

△ 自是日起,《政府公报》改大总统命令为"政事堂奉策令"。

△ 财政总长周学熙、交通总长梁敦彦与日本横滨正金银行代表签订《四郑铁路借款合同》,借款总额日金500万元,以四郑铁路一切动产、不动产及各项进款作为头次抵押。

12月18日 袁世凯闻李烈钧等至滇,特于是日致电唐继尧,准"以全权便宜处置。无论何人倘有谋乱行为,立置于法"。19日再电唐严密查防蔡锷、戴戡等行踪。唐置不问,于次日复电称:"倘两君径行到滇,当确探其宗旨,如果有密谋情事,当正言开譬,竭力消阻。"

△ 袁世凯申令:"满蒙回藏待遇条件载在约法,将来制定宪法时,自应一并列入宪法,继续有效。"

△ 袁世凯以有贺长雄发表《日本立宪而强》一文为帝制张目,特赏赐唐人墨迹,以酬其庸。有贺乃自称外臣,于是日具奏谢恩。23日,天津日侨集会,以有贺于日本未承认中华帝国之前,公然执外臣之礼,有玷日人体面,议决予以除名。

△ 袁世凯申令:"凡我旧侣及耆硕故人,均勿称臣。"

△　袁世凯特任冯国璋为参谋总长，未到任前，以唐在礼代理。

△　黄兴致函国内友人，慨言去国既远，唯有尽力外交与筹款助国内讨袁，并望国人于此国家纷乱及从事创造之时，勿各树党援，乘时取利。

△　蔡锷抵蒙自，袁世凯密电阿迷县知事张一鲲相机暗杀。

12 月 19 日　蔡锷偕戴戡秘密由日本经越南抵达昆明，当晚与唐继尧等商谈讨袁计划。

△　袁世凯申令修改法令，声称："立宪国首重法治"，"着政事堂饬法制局将民国元年以来法令，分别存留废止，悉心修正。"

12 月 20 日　外交次长曹汝霖访晤日使日置益，告知袁世凯希望至迟明年 2 月初旬（旧历正月初）称帝，并称："若正式宣布各国承认，则乱人自无，人心自安。"

△　梁启超致电唐继尧代转蔡锷："外交紧急，袁将卖国，请即发动。"

△　袁世凯申令以徐世昌、赵尔巽、李经羲、张謇为"嵩山四友"，"以尊国耆"。

△　江苏财政厅奉令自明年 1 月 1 日起货物税加征二成，上海各商自是日起群起反对。上海总商会连日召各行业开会，迭电北京要求免加，称此次加征为"政府欲置商民于死地"。

12 月 21 日　云南将军唐继尧邀集云南军政界要员开第四次反对帝制会议，蔡锷、李烈钧、戴戡、熊克武、王伯群、方声涛、但懋辛均与会，议定先电袁取消帝制，并惩办祸首，如无圆满答复，即以武力解决。同日，唐拘禁袁驻滇省代表何佩文。

△　国民会议事务局通告各省将有关此次国体问题文件，一律查明烧毁，谓："此次文电无论如何缜密，终贻痕迹，倘为外人侦悉，不免妄肆品评，更或史乘流传，遂留开国缺点。中央再四思维，以为不如一律查明烧毁"，"万望赶速缜密办理"。

△　黄兴自美密函张謇、汤寿潜、唐绍仪、赵凤昌、伍廷芳、庄蕴宽，

揭袁称帝必败，并称：“贤者不出，大难终不可平；国之存亡，系于今日”，望投入反袁称帝、维持共和国体之斗争。

△　梁启超在上海收到蔡锷来电，谓前队将于12月23日出发，出发20日之后发表滇省独立之通告。

△　袁世凯特任陆徵祥为国务卿仍兼外交总长。

△　袁世凯封龙济光、张勋、冯国璋等49人以公侯伯子男五等爵位。23日复封刘冠雄、雷震春、陈光远、张敬尧、张作霖等70余人爵位。

△　袁世凯令海军总司令李鼎新褫职留任，并褫去上将衔；练习舰队司令徐振鹏即行褫职，以示惩儆。

△　孟轲“忌日”，北京孔社举行祀孟礼。

12月22日　云南唐继尧召集第五次军事会议宣誓讨袁，“拥护共和，誓灭国贼”。

△　黄兴自美致书广西将军陆荣廷，促其兴师讨袁。谓：“袁逆谋叛民国，公然称帝……今日海内贤豪竭智并力，以正义讨昏暴，以人民公意诛独夫，义正言顺。……望足下节丧明之痛，兴讨贼之师，发扬奋迅，激励国民之气，无使时机坐失，贼势日张，则国家之福，亦足下之所赐也。”

△　袁世凯令：彰武上将军督理湖北军务张锡銮着开缺留京当差。同日授张为振威上将军、参政院参政。

△　袁世凯申令永远革除太监，内廷供役，酌量改用女官。

12月23日　云南将军唐继尧、巡按使任可澄联名致电袁世凯，请取消帝制，诛除祸首，“立将杨度、孙毓筠、严复、刘师培、李燮和、胡瑛等六人及朱启钤、段芝贵、周自齐、梁士诒、张镇芳、雷震春、袁乃宽等七人，即日明正典刑，以谢天下”，并要求袁以二十四小时答复，“谨率三军，翘企待命”。同日，唐、任等联名将此电通告全国，请“一致进行”。

△　唐继尧致电滇军各师、旅、团、营长，说明电袁世凯取消帝制原委，令“各照常办事，禁绝浮言，各保地方之治安，静待兹事之解决”。

12月24日 蔡锷、戴戡致电袁世凯，请"于滇将军、巡按所陈各节，迅予照准，立将段芝贵诸人明正典刑，并发明令，永除帝制"。

△ 夜，唐继尧在将军府召集军政与绅士50余人讨论独立事，蔡锷在会上宣读江苏将军冯国璋转来梁启超致蔡锷电，"大众以为任公已到宁，冯已同情起义可以响应"，全体议决：一、次日即通电各省宣布独立；二、废除将军、巡按使署，仍改为都督府，以唐继尧为都督；三、组织护国三军，以蔡锷、李烈钧、唐继尧分任第一、二、三军总司令。

△ 袁世凯重申鸦片禁令。

△ 中华革命党总理孙中山委洪铨禄为纳卯支部长。

12月25日 唐继尧、蔡锷、李烈钧、任可澄、刘显世、戴戡等通电全国，宣告云南独立。指出"元首谋逆……帝制自为"，表示："义不从贼，今已严拒伪命，奠定滇黔诸地方，为国婴守，并檄四方，声罪致讨。"护国战争爆发。

△ 袁对25日云南宣告独立电未作正面答复，是日由政事堂致电唐继尧、任可澄，以"想系他人捏造"，"请另具印文亲笔签名，寄京核转"为词希图转圜。

△ 孙中山为讨袁筹款致电林森，谓：以讨袁事起，需款甚急，促速汇款。

△ 袁世凯令永远革除挑选宫女之例。

12月26日 云南护国军总司令唐继尧、蔡锷、李烈钧等通电各省，敦促同举义师，戮力同心，铲除帝制，重建共和。

△ 是日中午12时，昆明政界各机关科长以上，各学校校长以上人员，齐集第一师师部大礼堂，听候唐继尧宣布独立事宜，蔡锷、李烈钧演说独立宗旨。

△ 护国军第一军总司令部在昆明成立，总司令蔡锷，参谋总长罗佩金。总司令部下辖三个梯团，刘云峰、赵又新、顾品珍分任一、二、三梯团长，总计兵力约9000人。

△ 广西将军陆荣廷佯拥帝制，通电各省，称已与王祖同会电警告

唐继尧、任可澄。28日又电袁请“大伸天讨”。

△　孙中山致电旧金山中华革命党人，告以各省讨袁近况，谓：“云南确布独立，苏赣沪鄂皆备即发。”

△　黄兴在《费城新闻》发表《辨奸论》一文，驳斥外人为袁世凯辩护之论据，表明中国人民讨袁到底之决心，呼吁美国朝野赞助中国人民之共和事业。

△　袁世凯申令参政院代行立法院称，现常年会业将届满，特依约法宣告延长会期两个月。

12月27日　唐继尧、蔡锷、任可澄、刘显世、戴戡暨军政全体通电讨袁，历数袁不仁、不义、不智、不信、不让之罪行，望各省军民长官共同驱袁。

△　云南护国军发表讨袁布告，谓：“共和成立，于兹四年，各国承认，内外相安。元首违法，背叛誓言，自为帝制，擅行变迁。……军府为此，申明大义，忠言劝告，取消帝制，还我共和，恢张民气。凡尔士民，勿庸惊疑，各安生业，勿受谣欺。”

△　参政院奏请制定宪法程序，其步骤为：“一、中华帝国宪法，由特派宪法起草员起草；二、草案成后，咨询参政院审议；三、经参政院审议后，复奏皇帝核定，提交国民会议讨论，其讨论程序以法律定之；四、经国民会议讨论后，奏请皇帝公布施行。”

△　袁世凯致电云南以外各省军民长官，声称：“唐继尧等曾迭电劝进，今忽反复，请取消帝制。诸长官有何意见，望速据实陈述，用备采纳。”28日，奉天将军段芝贵等奏称“愿率所部将士驰赴云南，殄此凶顽”。29日，安徽将军倪嗣冲电袁表示“愿整备三军，听候驱策”；山东将军靳云鹏、巡按使蔡儒楷电请袁速行“天讨”。

△　云南护国军第一军第一梯团由刘云峰率队出发北征，昆明民众夹道欢送。

12月28日　孙中山电嘱上海中华革命党人待机反袁，谓：“此间确息，唐、蔡已动。滇款无庸给。既有首雄，则袁之信用已破。此后吾党当力图万全而后动，务期一动即握重要之势力。”

△ 参政院因云南反对变更国体，提出关于外交事件之质问，要求政府答复，借以表白。外交次长曹汝霖至院答复，并决定将经过情形通电各省解释，谓各友邦无干涉中国内政之意。

△ 中华革命党总理孙中山委黄卓汉为砦眼亚比支部长，伍云坡为广东支部长。

△ 因上海《亚细亚日报》馆爆炸案被捕之谭桂福在西炮台遇害。

12月29日 袁世凯通电全国，宣布唐继尧、任可澄、蔡锷“通电煽乱”，唐、任即行褫职夺官及爵位勋章，听候查办；蔡褫职夺官，并夺勋位勋章，一并听候查办。

△ 袁世凯令云南陆军第一师师长张子贞着加将军衔，并特任其暂代督理云南军务；云南陆军第二师师长刘祖武代理云南巡按使。

△ 贵州巡按使龙建章通电，请召开国民会议，将国体变更一事重付表决，或由元首宣布取消帝制。

△ 袁世凯特任龚心湛督办经界局事务。

12月30日 第三师师长曹锟自岳州通电参政院代行立法院等称：“奉令讨贼，誓将出师，前队已拔，大军继发，天心既顺，荡平可期。”

△ 广东将军龙济光等致电政事堂，谓：“决定国体本诸国民公意，全国一致推戴，出自至诚，已无讨论余地。唐继尧等阴谋反复，久蓄逆谋”，“伏祈我皇上宸衷独断，于新历元旦诞登大位，以慰人心。”

12月31日 袁世凯申令改明年（民国五年）为洪宪元年。

△ 唐继尧、蔡锷、任可澄、刘显世、戴戡、张子贞、刘祖武再次通电讨袁，并称：“义师之兴，誓以四事：一曰与全国民戮力拥护共和国体，使帝制永不发生；二曰划定中央、地方权限，图各省民力之自由发展；三曰建设名实相副之立宪政治，以适应世界大势；四曰以诚意巩固邦交，增进国际团体上之资格。”

△ 袁世凯令：“派虎威将军曹锟为行军总司令，马继增为第一路司令官，督率第六师及第五旅由湖南经贵州向云南进发；张敬尧为第二

路司令官，督率第七师及第六旅由四川向云南进发。该总司令由四川前进，务激励将士，联合进行，早奏肤功。”

△　云南将军行署、巡按使署照会各国公使及各地领事：帝制问题发生以前所订之条约继续有效，帝制问题发生以后袁世凯及其政府所订之条约、契约及借款概不承认；在势力范围内居住之友邦人民之生命财产力任保护。愿各友邦共守善意中立，互敦永久睦谊。

△　暂行兼代广东巡按使龙济光与台湾银行签订广东水灾借款日金 60 万元合同，以卷烟、牛皮税及屠宰税为担保。

是月　中华革命党总理孙中山发表《讨袁宣言》，痛斥袁世凯“暴行帝制”等种种罪行，表示“誓死戮此民贼，以拯吾民”。

△　唐继尧致函黄兴，略称“已于本月 25 日由尧率领全省健儿宣布讨贼，甚盼薄海豪俊，共襄义举”。

△　唐继尧、蔡锷等分电驻外各公使共申讨袁，谓：“公等衔民国之命，当必效忠宣勤，务望鼎力维持，同申烈愤。”

△　吉林延吉天宝山银铜矿开办，资本 55 万元，该矿名为中日合办，实际全为日商资本。

△　钱润清创办蒙古制碱股份有限公司，资本 20 万元，本店设张家口，支店设北京。

△　清华学校编印《清华学报》(季刊)，在北京创刊。

是年　欧战爆发后，铜价上涨，日商在我国东北、山东、天津、上海等处，勾结当地奸商大量收购制钱运往欧洲出售，牟取暴利。据海关报告：1914 年制钱输出额天津 230 担，上海 3902 担；1915 年天津增至 18577 担，上海增至 26442 担。青岛一埠 1915 年制钱输出额竟达 44867 担。

△　袁世传于江苏创办贾汪煤矿公司，总公司设天津，分公司设上海。1917 年至 1921 年日产六七百吨。

△　直隶模范纱厂在天津创建，资本 25 万。1918 年与恒源帆布厂合并，改为恒源纺织有限公司。

△ 日商以“中日合办”名义重开延吉天宝山银铜矿，资本55万元。

△ 孔祥熙在山西太谷县组织裕华商业储蓄银行。

△ 中华书局出版《中华学生界》、《中华妇女界》、《中华大字典》；商务印书馆出版《妇女杂志》、《英文杂志》、《辞源》等书刊。

△ 福建省基督教会在福州创办福州协和大学，由庄才伟任校长。

△ 由美、英五个教会和伦敦医学会合办的私立北平协和医学校，改由美国洛克菲勒基金会驻华医社接办，改名协和医科大学。